赋能未来

新通信 | 新连接 | 新算力 | 新智能 | 新安全 | 新视觉

广告

电信云宽带

上网快 上云更快

更智能的云网络
国家云品质 全屋千兆 又快又稳 绿色安全

更丰富的云体验
云上守护 云上生活 云上工作 云上健康

更随心的云服务
尊享服务 即时服务 定制服务

数字时代
可靠的网络安全运营商

天翼安全科技有限公司

天翼安全科技有限公司（中国电信安全公司，简称电信安全）是中国电信集约开展网络安全业务的科技型、平台型专业公司，以研发运营一体化方式，整合全集团云网、安全、数据等优势资源和能力，为内外部客户提供云网安全、数据安全、信息安全等各类安全产品和服务。公司始终坚持以"传承红色基因，守护安全中国"为使命，致力于成为数字经济时代可靠的网络安全运营商！

作为维护网信安全的主力军，**电信安全**充分发挥运营商自身资源禀赋，打造具有核心竞争力的安全产品和服务。目前拥有多项安全服务资质，斩获国家各类优秀奖百余项，多次入围权威机构评选的网络安全百强企业。已为政务、金融、互联网等全行业千万家客户提供运营商级网络安全产品和服务。

广告

产品图谱

网络反诈中心
助力全链条打击
涉网诈骗活动

反诈雷达
打击金融涉诈卡
保护银行受害人

隐私哨兵
拒绝隐私信息泄露
守护网络晴朗空间

威胁情报
更快、更准、更新

云剑安全服务
用安全服务能力
重构企业安全基座

云脉SASE
让每一次连接
更快、更安全

天翼安全大脑
"最后一公里"
安全接入

云堤·抗D
重新定义
DDoS攻击防护

电信数盾
数据千万条
安全第一条

天翼安全猫
安全猫，开启纯净
上网第一步

等保助手
安全合规好帮手

网站安全专家
守护网站安全

云镜主机安全
智能防护
让主机更安全

广目
全网监测
攻击面100%发现

**托管式安全服务
（MSSP）**
中小企业的
安全运营管家

可信通信
搭建身份信任桥梁

域名无忧
域名安全
高枕无忧

信创安全
全栈信创
重塑"大安全"
防护体系

软件供应链安全
安全左移
全链路安全防护

密评助手
密改好帮手
放心过密评

见微安全大模型
见微铸就防线
科技护航未来

云堤高防
三线抗DDoS攻击
全面高效

安全专线
更快，更安全

传承红色基因　守护安全中国

广告

中国广电5G
惠民年卡

- 流量超大
- 通话超长
- 权益超多

不用省

5G 192

10099
广告

2023—2024
中国信息通信业发展分析报告

 中国通信企业协会 编

人民邮电出版社
北京

图书在版编目（CIP）数据

2023—2024中国信息通信业发展分析报告 / 中国通信企业协会编. -- 北京：人民邮电出版社，2024.6
ISBN 978-7-115-64242-4

Ⅰ．①2… Ⅱ．①中… Ⅲ．①通信技术－信息产业－产业发展－研究报告－中国－2023-2024 Ⅳ．①F492.3

中国国家版本馆CIP数据核字(2024)第077474号

内 容 提 要

本书是一部综合反映2023—2024年中国信息通信业发展的研究分析报告。本书对我国2023年信息通信业、数字经济、互联网、5G、信息安全的发展，以及新政策、新业务、新技术和由此带来的影响等进行了深度分析，并对我国2024年信息通信业的发展趋势做出了预测和展望，涵盖了运营、市场、业务、技术、管理等众多方面，以及信息通信业和互联网产业链的各个环节。附录包含工业和信息化部的重要文件及政策解读，还包括翔实全面的行业数据。

本书适合对中国信息通信业发展感兴趣的人士阅读，也可供信息通信专业的师生阅读。

◆ 编　　中国通信企业协会
责任编辑　王建军
责任印制　马振武

◆ 人民邮电出版社出版发行　北京市丰台区成寿寺路11号
邮编　100164　电子邮件　315@ptpress.com.cn
网址　https://www.ptpress.com.cn
北京隆昌伟业印刷有限公司印刷

◆ 开本：880×1230　1/16
印张：23.5　　彩插：102
字数：780千字　　2024年6月第1版
2024年6月北京第1次印刷

定价：400.00元

读者服务热线：(010)53913866　印装质量热线：(010)81055316
反盗版热线：(010)81055315
广告经营许可证：京东市监广登字20170147号

顾　　　问：吴基传　原邮电部、信息产业部部长
　　　　　　朱高峰　原邮电部副部长、中国工程院原副院长、中国工程院院士
　　　　　　宋直元　原邮电部副部长、工业和信息化部通信科学技术委员会名誉主任
　　　　　　谢高觉　原邮电部副部长、中国通信企业协会原会长
　　　　　　奚国华　工业和信息化部原副部长、中国通信企业协会名誉会长
　　　　　　刘利华　工业和信息化部原副部长、中国通信企业协会原会长
　　　　　　张　峰　工业和信息化部原总工程师、中国电子学会理事长
　　　　　　韩　夏　工业和信息化部通信科学技术委员会常务副主任兼秘书长
主　　　编：奚国华　中国通信企业协会名誉会长
常务主编：郭　浩　中国通信企业协会会长
　　　　　　赵晨阳　中国工信出版传媒集团副总经理、北京信通传媒有限责任公司总经理
执行主编：赵中新　中国通信企业协会副会长兼秘书长
专　家　组
组　　　长：赵俊涅　中国通信企业协会副秘书长
成　　　员：代晓慧　中国通信标准化协会副理事长兼秘书长
　　　　　　韦乐平　工业和信息化部通信科学技术委员会常务副主任
　　　　　　赵慧玲　工业和信息化部通信科学技术委员会专职常委
　　　　　　王志勤　中国信息通信研究院副院长
　　　　　　杨子真　中国信息通信研究院产业与规划研究所原副所长
　　　　　　何　霞　中国信息通信研究院政策与经济研究所原副总工程师
　　　　　　张成良　中国电信研究院院长
　　　　　　刘　涛　中国移动通信设计院原副院长
　　　　　　唐雄燕　中国联合网络通信有限公司研究院副院长、首席科学家
　　　　　　张云勇　中国联合网络通信有限公司云南省分公司党委书记、总经理
　　　　　　朱晨鸣　中通服咨询设计研究院有限公司总工程师
　　　　　　刘长波　天翼安全科技有限公司总经理助理

编 辑 组

组　　　长：梁海滨

副 组 长：房　桦　刘　婷

成　　　员：王建军　赵　娟　李娅绮　刘亚珍　张　迪　孙馨宇　周　珊
　　　　　　胡思宇　任一荻

前　言

2023年，我国信息通信业以习近平新时代中国特色社会主义思想为指导，全面贯彻落实党的二十大精神和二十届二中全会精神，深入学习贯彻习近平总书记关于新型工业化的重要论述，认真落实党中央国务院各项决策部署，坚持稳中求进的工作总基调，全力推进网络强国和数字中国建设，促进数字经济与实体经济深度融合，全行业主要运行指标平稳增长，5G、千兆光网等网络基础设施日益完备，各项应用普及全面加速，行业高质量发展稳步推进，以完成中央经济工作会议和全国新型工业化推进大会部署要求。

2023年，信息通信业进入新一轮的增长周期，5G＋垂直行业融合发展全面深化，数字化服务成为信息通信业的首要增长动力；互联网行业营业收入稳步回升，研发投入规模持续提高；软件和技术服务业发展稳中向好；电子信息制造业保持较快增长；新型基础设施建设加快，推动企业数字化转型不断加深、信息通信技术赋能实体经济加速；绿色低碳发展水平持续提升，带动信息通信产业规模持续增长。

《2023—2024中国信息通信业发展分析报告》（以下简称《报告》）针对2023年信息通信业的发展重点和2024年的发展趋势，以专家的视角，对5G技术及应用、数字经济、绿色数据中心、人工智能、5G应用、网络安全、工业互联网等热点问题进行了深度阐述。同时，本书还搜集了2023年中国信息通信业的各项重要评奖结果，并提供了大量全面反映当前信息通信业发展状况的专业统计数据。

《报告》邀请了近百位行业知名学者、专业人士、行业观察家、分析师、媒体人撰写相关稿件，并得到了中国信息通信研究院，中国电信、中国移动、中国联通等电信运营企业，通信院校和人民邮电出版社及中国通信企业协会各分支机构的大力支持，《报告》的成书过程中，北京信通传媒有限责任公司调动了大量的人力、物力，组织作者团队编写《报告》，并且进行了认真的编辑加工，使本书能够顺利出版。

《报告》还存在不足和需要改进之处，真诚希望业内外人士提出宝贵的意见和建议，以便我们在今后的编写过程中不断改进和提高。

中国通信企业协会
2024年4月

《2023—2024 中国信息通信业发展分析报告》征订启事

《中国信息通信业发展分析报告》由中国通信企业协会主编，人民邮电出版社出版，每年出版一本，旨在反映当年中国通信业的发展变化情况，分析行业发展的趋势，探讨行业热点、难点问题，为政府和相关部门提供行业发展方面的分析与建议。自2006年出版以来，其因为客观、中立的视角，翔实丰富的数据，而受到业界的欢迎和认可。

《2023—2024中国信息通信业发展分析报告》对我国2023年信息通信业、互联网、5G、数字经济的发展，以及新政策、新业务、新技术和由此带来的影响等进行了深度分析，并对我国2024年信息通信业的走向做出了预测和展望，内容涵盖了运营、市场、业务、技术、管理等众多方面，以及信息通信和互联网产业链的各个环节。

《2023—2024中国信息通信业发展分析报告》针对2023年信息通信行业的发展重点和2024年的趋势走向，以专家的视点，从不同角度对数字经济、5G、人工智能、低碳节能、网络安全、工业互联网等热点问题进行了深度阐述。各单位如需订购，请按以下方式联系。同时，书中还提供了大量全面反映当前信息通信业发展状况的专业统计数据。

联 系 人：李娅绮　刘　婷
联系电话：010-53915956
　　　　　010-68200121
通信地址：北京市丰台区顺八条一号二号楼北阳晨光大厦二层
邮政编码：100164
E-mail：378733088@qq.com

目　录

2024年全国工业和信息化工作会议 ······ 1

中国信息通信行业2023年十件大事 ······ 4

中国电信集团有限公司2024年工作会议 ······ 7

中国移动通信集团有限公司2024年工作会议 ······ 9

中国联合网络通信集团有限公司2024年工作会议 ······ 11

中国铁塔股份有限公司2024年工作会议 ······ 13

中国广播电视股份有限公司2024年工作会议 ······ 16

信息通信综合篇

2024年ICT产业趋势分析 ······ 21

2023年信息通信业发展回顾与2024年展望 ······ 24

中国电信集团有限公司2023年发展分析 ······ 27

中国移动通信集团公司2023年发展分析 ······ 31

中国联合网络通信集团有限公司2023年发展分析 ······ 36

中国铁塔股份有限公司2023年发展分析 ······ 40

中国广播电视股份有限公司2023年发展分析 ······ 46

2024年算力发展九大趋势展望 ······ 52

AIoT产业发展态势分析 ······ 55

全球人工智能治理情况分析与趋势展望 ······ 58

2023年中国5G专网发展及2024年趋势分析 ······ 61

我国ICT产业发展分析与展望 ······ 65

大宽带及网络融合篇

算力时代全光运力关键技术发展及展望 …………………………………………………… 71

RedCap产业发展的回顾与展望 …………………………………………………………… 76

空分复用光传输技术标准化进展和发展趋势 …………………………………………… 79

高速光网络发展态势及展望 ………………………………………………………………… 83

由F5G向F5G-A的技术发展趋势分析 …………………………………………………… 88

迈向千兆时代的宽带光网络 ………………………………………………………………… 94

卫星互联网产业发展态势及应用前景分析 ……………………………………………… 100

人工智能时代云计算的发展趋势 ………………………………………………………… 105

立足"科技+文化+融合创新" ……………………………………………………………… 109

探索中国式文化元宇宙发展新路径 ……………………………………………………… 109

数字经济与算力网络篇

数字经济发展分析与展望 ………………………………………………………………… 115

F5G赋能千行百业 促进数字经济发展 ………………………………………………… 120

数字孪生技术推动我国数字经济高质量发展 …………………………………………… 127

中国—东盟数字经济合作研究展望 ……………………………………………………… 131

算力赋能数字经济发展 …………………………………………………………………… 134

算力产业发展分析与展望 ………………………………………………………………… 139

我国算力服务平台发展态势分析 ………………………………………………………… 144

绿色算力产业发展的挑战与思考 ………………………………………………………… 148

算网一体高阶自智的演进思考 …………………………………………………………… 151

面向确定性算力网络的工业PON ………………………………………………………… 156

数字孪生与AI融合，构建铁塔基站三维数字资产 …………………………………… 159

"联通碳生活"通信行业碳普惠应用助力全民生产生活方式绿色转型 ………………… 164

通信+支付金融的数字化转型实践：品牌建设引领企业卓越之路 …………………… 169

关于中国Web 3.0可信账号和数字资产的分析及建议 ………………………………… 171

信息安全篇

- 5G与物联网时代下的个人信息安全难题及解决方案 176
- 工业领域网络安全技术体系研究 179
- 国外工业领域网络安全推进情况研究 184
- 国外工业互联网安全推进策略与产业发展研究 189
- 数字化转型下的"5G+工业互联网"安全 195
- 国内外车联网安全态势简析 198
- 车联网数据安全形势与发展建议研究 202
- 我国数据治理年度情况分析与趋势展望 205
- 我国数据跨境流动制度迈入新阶段 208
- 基于大网数据的APT拓线与溯源研究 212
- 数字化经济发展助推流量清洗迭代升级 222

工业互联网与人工智能篇

- 工业互联网推进新型工业化的历史逻辑、技术逻辑和现实逻辑 227
- 人工智能大模型的商业化现状、趋势和路径 230
- 人工智能前沿探究 234
- AI大语言模型技术与智慧城市应用现状解析 238
- 数字化背景下我国氢能行业对汽车的发展现状分析 241
- 智慧课堂发展与实践 244
- 探索人工智能视觉模型技术在智慧城市场景中的实践与成效 247

5G技术与行业应用发展篇

- 5G行业虚拟专网产业发展分析与展望 251
- 5G RedCap成为5G应用规模化推广新动力 254
- 多维创新驱动5G-A安全演进 257
- 我国移动通信终端2023年发展趋势与2024年未来展望 263
- 虚拟数字人与5G消息产品结合的应用思考 267

5G+超高清视频在视听领域的创新与实践探索 ········· 270

中国联通数字人民币创新实践 ········· 274

关于5G语音业务优化评估体系的深入研究 ········· 276

5G+数字农业发展分析 ········· 284

5G+VR创新农业社会化服务，推动农业现代化发展 ········· 288

基于自动路测算法对重点场景用户感知的提升与研究 ········· 293

专家视点与专题研究篇

新型工业化专家谈 ········· 297

6G专家谈 ········· 307

算力发展专家谈 ········· 312

数据要素专家谈 ········· 318

AI时代的数据要素开发与治理 ········· 324

安全视角下数据要素与数据交易研究 ········· 327

盘活数据价值，云计算迎接新生态 ········· 329

站在产业发展拐点上重塑新型整供关系——打造安全、韧性、绿色的汽车供应链 ········· 331

中国信息通信领域法治建设的进展与成效 ········· 336

新质生产力促进电信业务管理制度创新路径分析 ········· 340

IPv6安全标准化关键问题研究及推进建议 ········· 346

附录A

一图读懂10年来我国信息通信业发展情况 ········· 353

一图读懂：加快推动制造业绿色化发展的指导意见 ········· 358

一图读懂《关于推进5G轻量化（RedCap）技术演进和应用创新发展的通知》 ········· 368

附录B

ICT中国（2023）创新应用案例 ········· 377

ICT中国（2023）优秀组织单位 ········· 408

2023年中国通信企业团体标准……409

附录C

2023年通信业统计公报……413

2023年1～12月通信业主要指标完成情况（一）……424

2023年1～12月通信业主要指标完成情况（二）……425

2023年12月电话用户分省情况……426

2023年第四季度通信业主要通信能力……428

2023年第四季度通信水平分省情况……429

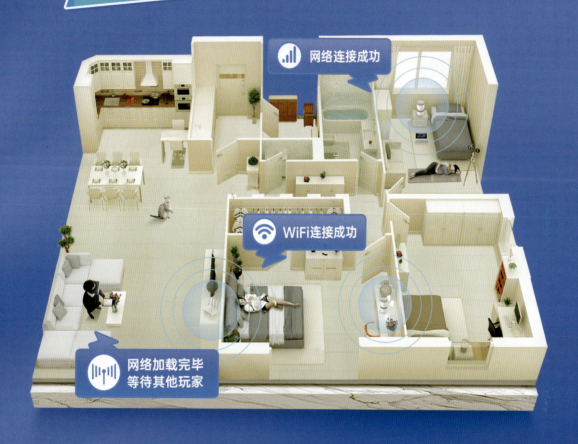

信号满屋就用 灵犀组网尊享版

FTTR 全光组网

 主光猫 x1 + 从光猫 x1 +

 千兆网络 下载快　 畅快上网 不等待　 无感切换 全覆盖　 多端互联 更自在

有线宽带产品仅限于中国电信北京公司网络接入资源已具备区域办理
更多信息详询10000或电信营业厅

广告
中国电信北京公司

用电信 才够安全

中国电信　安全宽带
家人上网不受骗　孩子上网防沉迷

| 安全宽带 **1388元/四年** | 安全存储 **1元/月** | 安全医疗 **29.9元/月** | 卫星通信 **10元/月** | 工作安全 **30元/月** |

安全居家
用智能摄像头、智能门锁保驾护航
安全管家服务专业安全守护

工作安全
用量子密信 办公安心
通话加密、文件加密、信息阅后即焚

安全存储
用天翼云盘 守护数据安全
大文件高速传输 大空间自动分类

安全医疗
每月线上问诊不限次
每年1次挂号，合约期内为2次

卫星通信
应急救灾 | 登山探险 | 海上通信 | 野外作业
最可靠的通信方式

广告

用户需另行缴纳100元宽带初装费　|　办指定业务享上述优惠，详询10000或电信营业厅　　　　中国电信北京公司

灵犀组网⁺

家庭网络优化服务 为信号加满分

上门速度⁺
专家速达响应快

全屋覆盖⁺
网络调优全屋通

定制服务⁺
专属服务保障多

家里wifi信号差？找灵犀组网⁺

尊享版：FTTR全光组网
全屋光纤无缝衔接
特惠999元 原价1500元
包含：主光猫*1+从光猫*1+分光器*1+组网服务

进阶版：AC+AP智能组网
小巧美观 强大覆盖
特惠888元 原价1299元
包含：AC主机*1+AP面板*2+组网服务

超值版：MESH组网
多路由网络优化
特惠780元 原价900元
包含：路由器*2+MESH组网服务

办指定业务享上述优惠，详情10000或电信营业厅

广告
中国电信北京公司

北京移动品质专线

品质光网
大带宽
低时延
高可靠
灵活调度

品质服务
天级开通
分钟级运维
秒级升速
专线状态可视

品质运维
重保服务
运行服务报告
VVIP客户尊享服务

品质安全
超大防护带宽
核心防护算法
技术专家服务

广告

详情咨询 100868

www.10086.cn 热线 10086 短信 10086 服务监督 10080
价格监督电话：12315、12345

做中小企业
数字化转型的贴身助手!

移动e企+,和中小企业一起成长

- 降本增效 扩大营收
- 一站交付 性价比高
- 按需配置 便利性强

企业热线 10086-8

广告

上海电信 6项服务承诺

✓ 全城宽带 免费移机
- 家庭宽带 免费移机
- 新老地址 并存一月
- 当日申请 当日安装

✓ 用户权益 随身拥有
- 宽带网龄 永久保留
- 新老客户 畅享权益
- 云宽带用户 3重福利

✓ 企业需求 一呼上门
- 信息服务 一线通办
- 资费公示 透明消费
- 快速响应 专人跟进
- 营商服务 便捷贴心

✓ 线上线下 外语服务
- 双语服务 沟通无忧
- 境外用户 业务办理
- 短期卡 简易办

✓ 全面适配 适老服务
- 1亭1号1网 数字便民
- 一键服务 援助老人
- 双厅助老 温情服务

✓ 免费延伸 公共服务
- 多重服务 免费惠享
  - 宽带，WiFi移机
  - 手机补卡
  - 公话亭3分钟通话
  - 网络测速
  - 家庭数字空间
  - 爱心翼站

更多服务持续升级，旨在为用户带来更优质的服务
畅享更美好的 **城市数字生活**

城市生活更美好
电信服务再升级

好服务 更随心

咨询办理：电信营业厅 | 网上营业厅：www.189.cn | 客服热线：10000号 | 公众号：上海电信 中国电信上海客服

中国电信上海公司

中国联合网络通信有限公司上海市分公司

中国联合网络通信集团有限公司(简称"中国联通")在国内31个省(自治区、直辖市)和境外多个国家和地区设有分支机构,拥有覆盖全国、通达世界的现代通信网络和全球客户服务体系,在2023年《财富》世界500强中位列第267位。作为支撑各行各业、广大人民群众的基础通信企业,中国联通在国民经济中具有基础性、支柱性、战略性、先导性的基本功能与地位作用。近年来,中国联通坚持扎根网信事业,践行央企使命,全面增强核心功能、提高核心竞争力,更好服务网络强国和数字中国建设、保障国家网络和信息安全,担当数字信息运营服务国家队和数字技术融合创新排头兵,充分发挥科技创新、产业控制、安全支撑作用。

为迈向具有全球竞争力的科技服务企业，中国联通扎实推进联网通信、算网数智两类主营业务，全面建设广度、厚度、深度行业一流的智能化综合性数字信息基础设施，为经济社会发展畅通信息"大动脉"、构筑数字新底座，以技术领先、高度集成的"全覆盖、全在线、全云化、绿色化、一站式"数字化服务，助力千行百业"上云用数赋智"，促进数字经济发展和信息消费升级，让全社会进一步共享信息通信发展新成果。

中国联合网络通信有限公司上海市分公司（简称"上海联通"）与中国联通集团同步完成融合重组，是中国联通在上海的重要分支机构。按照上海主要行政区划分，上海联通下设13个区分公司，全面服务于对口区域的经济建设和社会发展；专门设立智慧城市、数字政府、工业互联网、企业客户、云网生态、金融科技、交通物流、医疗健康8个事业部和联通（上海）产业互联网有限公司，组建由联通集团直属的装备制造军团，服务上海城市数字化转型需求，满足各行各业数字化转型需求；先后设立自贸区临港新片区分公司、张江高新区分公司、长三角办公室/虹桥商务区推进办公室、临数数智科技（上海）有限公司等，承接国家、集团和上海地方政府有关决策部署。全面构建了以客户为中心的扁平、协同、敏捷的组织。

在上海市委、市政府和集团公司的正确领导下，在集团公司的战略指引下，上海联通坚定不移贯彻落实网络强国、数字中国、科技创新、国企改革等重大决策部署，坚持联网通信业务和算网数智业务协调发展，以数字化网络化智能化主动融入党和国家事业发展大局，建成了完备的网络资源体系，加快以算力为代表的新一代新型数字信息基础设施建设，充分发挥"网、云、数、用、安"数字技术新优势，深度参与和服务上海"(2+2)+(3+6)+(4+5)"现代化产业体系，走出了一条以创新为引领的差异化发展道路，在善政、兴业、惠民层面做了大量的实践，努力成为千行百业优先选择的"数字伙伴"。公司着力发挥科创支撑引领作用，打造了以"四院八室"为核心的科创体系，科创人才占比达47%，队伍年轻、有活力、创新能力强是社会各界和政府给予上海联通的评价。

在经济效益稳步增长的同时，上海联通始终坚持党建统领全局，成功探索打造了"融入式"党建，先后荣获"全国文明单位""全国五一劳动奖状""全国和谐劳动关系创建示范企业"、上海市文明行业、上海市企业文化建设示范基地、国防邮电系统最美职工之家等荣誉，蝉联3届"全国文明单位"称号，蝉联9届"上海市文明单位"称号。

面向未来，上海联通将全面贯彻落实党的二十大精神，积极落实新一轮国企改革深化提升行动，更好发挥科技创新、产业控制、安全支撑作用，在服务国家战略、赋能上海"五个中心"建设、加快建成具有世界影响力的社会主义现代化国际大都市中找准新定位，厚植企业核心功能和核心竞争力，推动上海联通更可持续的高质量发展，以数字化网络化智能化助力中国式现代化新征程。

广告

联通安全管家
24H在线 全家人的安心守护

- 守护个人
- 守护子女
- 守护父母

全家守护 安全无忧

守护个人
- 疑似风险电话/骚扰
- 电话预警提醒、拦截
- AI助理智能代接漏话

守护子女
- 上网时段防沉迷管理
- 上网应用防沉迷管理
- 绿色上网，风险提醒

守护父母
- 可绑定5个亲情号码
- 风险电话，双方提醒
- 银龄守护，有效预警

广告

广东联通：全力助推科技和产业融合发展

2024年年初，广东率先推动全省高质量发展，发出动员令：推动产业和科技互促双强，全面提升科技高水平自立自强能力，加快建设现代化产业体系，不断塑造发展新动能新优势。作为在粤央企，广东联通聚焦网络强国、数字中国主责，拓展联网通信、算网数智业务，充分发挥国资央企科技创新、产业控制、安全支撑3个作用，全力助力推动科技和产业融合发展。

● 扎实推进科技自立自强

广东联通聚焦核心技术和关键应用，加快网络融合创新产品开发与推广，提升自主研发应用产品水平，努力推动5G等网络技术与各行业数字化转型相结合，推动产业升级，实现高质量发展。

聚焦构建5G网络关键能力，广东联通突破5G技术与传统定位技术融合难点，实现业界5G融合定位；积极推进5.5G新技术试点，打造RedCap商用试点，完成全国大规模连片部署和预商用验证；研究多业务融合的网络技术，持续提升面向工业场景的5G网络极致能力；通过一系列海洋网络技术创新解决近海和中远海5G全频段覆盖问题，实现海洋61.5km超远覆盖。

聚焦打造5G创新产品，广东联通孵化产品超过30款，其中自研轻量化5GC产品，可满足企业定制化需求，节省中小企业建网成本60%。打造政务、教育、企业、金融行业化随行专网产品，推出海洋专网+海上能源、港口、钢铁、矿山、快消、教育、执法等5G专网细分行业标准方案。

广东联通实现海洋61.5km超远覆盖

● 赋能千行百业数字转型

广东联通坚持云网安一体化建设，推动大数据、人工智能等新技术融合创新，助力制造业、新能源、农业、医疗、海洋经济、低空经济等产业转型升级。

在制造业方面，全力服务广东"制造业立省"要求，研发5G轻量化一体机、5G切片平台、融合定位平台、工业内网感知平台等产品，与珠海格力、宝钢湛江钢铁等企业共同打造8个"5G+工业互联网"512工程项目，打造智造云、工业大数据、工业智联等平台，牵头打造了国内5G引领的电子信息产业集群，联合打造了粤港澳大湾区综合型工业互联网公共技术服务平台，树立了50多个省级标杆，服务800多家中小企业。

在新能源智慧交通方面，与广汽集团、比亚迪等龙头企业共建5G联合实验室，完成40多个场景设计，具备智能网联示范基地设计规划、平台系统技术研发及信息化系统集成能力，共同打造产业标杆，成就了全球量产带有5G和V2X模块的5G新能源车，同时，推动5G切片网络技术在自动驾驶及车路协同领域应用。

在现代化农业方面，打造农业农村服务平台，服务了全省超42个产业园，助力荔枝、丝苗米、海鲈鱼、鲍鱼等特色产业数字化转型，实现产后加工、仓储运输、销售等社会化服务的有效对接，赋能产业增效增收，平台获农业农村部"数字农业农村新技术新产品新模式优秀项目"。

在智慧医疗方面，孵化落地联通数智医疗科技有限公司，依托联通云网禀赋打造"2+3+X"一体化产品能力体系，推出医疗健康数据湖平台，落地广东省健康数据湖医院，打造行业高标准医疗云平台，服务了全省近1000家医院。

在海洋经济方面，开发全国5G海洋专网，实现渔民渔业监管、海上风电、海洋牧场、海岛监管等多业态5G网络技术和应用创新，形成数字渔船解决方案，服务超过2.6万艘渔船，获得2023年GSMA"5G生产力挑战奖"和"第六届数字中国建设峰会十佳解决方案"荣誉。

在低空经济方面，牵头配合广东省通信学会筹建"数字低空专业委员会"，62家成员单位共同发起成立了"数字低空经济产业联盟"，由广东联通担任专委会主任单位暨产业联盟理事长单位。

● 筑牢产业高质量发展屏障

广东联通把产业链建设作为国资央企发挥战略支撑作用的具体路径，不断增强产业链控制力、影响力、带动力，着力在现代产业体系构建中更好发挥支撑作用，实施基础能力提升工程、重点技术攻关工程、打造原创技术策源地、基础网络强链补链等八大工程，筑牢产业高质量发展屏障。

在重点技术攻关方面，广东联通承建"5G应用安全创新示范中心"，发布标准、专利、产品、方案、5G密码服务平台、课程六大成果；在打造原创技术策源地方面，中国联通已在广州注册成立"联通（广东）网络信息安全科技有限公司"，打造成集产品研发、生产及运营服务于一体的全产业链业务实体；在产业重大投资方面，广东联通承接了全国超大城市安全运营中心——"广州数字安全运营中心"的运营服务工作，助力广州市数字政府安全治理水平提升。

同时，广东联通基于联通自研墨攻安全运营管理平台和天玑安全平台，打造面向本地特色产业的安全服务平台。广东联通担任"广东省信息安全产业生态创新联合体"牵头单位，积极组织联合体成员开展关键技术攻关与项目合作研发，整合各方资源优势赋能信息安全产业发展和运营服务水平提升，为工业企业数字化转型提供坚强支撑。

未来，广东联通将主动融入粤港澳大湾区发展大局，突出信息基础设施对经济社会转型发展的战略性、基础性、先导性作用，不断提升自主创新能力，持续助力推动科技和产业融合发展，全力赋能广东省高质量发展。

广告

广东联通：五大窗口服务承诺再升级，全力打造高品质服务

"我是中国联通用户，我多次到中国联通万福营业厅咨询手机使用等相关问题。该营业厅营业员都非常热心给我指导，给了我很大的帮助，我非常感激！"近日，深圳联通万福营业厅收到了一封感谢信，客户梁老先生由于年纪渐长，逐渐跟不上智能手机不断更新迭代的操作变化，联通营业厅的助老服务，切实解决了他的问题。

梁老先生的案例只是一个代表。去年以来，广东联通在全省范围内开展"联通好服务 用心为客户"窗口服务为民承诺活动，推出四项"用心服务"，同时以数字化手段优化服务流程，丰富服务场景，为用户提供更加个性化、便捷的服务体验，打造"近悦远来"的高品质服务口碑。近日，还将针对五大窗口服务承诺进行全新升级，全面提升服务品质。

● 四大用心服务，打造近悦远来口碑

为落实高品质服务标准，2023年以来，广东联通推出"用心便民、用心兴民、用心惠民、用心助民"四项"用心服务"，深化"办实事、解民忧"、"民呼我为，接诉即办"服务理念，打造"近悦远来"的高品质服务口碑。

聚焦家庭用户上网需求，广东联通推出"用心便民—千兆点亮万家"活动，组织智慧家庭工程师入户，为用户提供网络宽带免费检测、家庭网络布局优化等服务，耐心讲解手机和宽带的使用方法，一对一解决用户使用网络时的各种问题。目前，已累计为超10万家庭宽带用户提供免费上门检测、快速修障、家庭定制组网等一站式服务，助力千家万户实现美好数智生活。

聚焦解决中小企业存在的痛点问题，广东联通推出"用心兴民—网络护航百业"服务，提供免费检测、诊断、终端适配、设备维护、定制组网解决方案和安全产品便民服务，赋能中小企业数字化升级。

着眼手机用户需求，广东联通推出"用心惠民——便捷换机上门"服务，让客户足不出户即可享受取旧送新一站式上门服务，回收流程更为简单便捷，让换机更省心，充分保障广大消费者的使用服务体验。

为助力跨越"数字鸿沟"，广东联通推出"用心助民——公益传递爱心"服务，900多家营业厅转型为"智慧助老服务体验中心"和"爱心驿站"，全程协助老年人用户办理业务，针对身体不适、不便出行的老年人提供上门服务，实现适老服务"零距离"；深入社区举办公益大讲堂，并加强反电信网络诈骗宣传，走进敬老院、老年公寓和福利院，开展形式多样的爱老助老活动，真诚为民解忧，传递联通温度。

● 数字化转型加速，赋能服务升级

广东联通坚持用户至上，以数字化手段优化服务流程，丰富服务场景，为用户提供更加个性化、便捷的服务体验。通过引入人工智能、大数据等先进技术，实现了业务办理的智能化、自助化，不断提高了服务效率和用户满意度。

为了满足用户的需求，广东联通在公众号上搭建了宽带一键查询办理、App上线故障一键诊断修障等功能，用户能够方便地自助办理和查询业务受理进度，享受更加便捷的服务体验。

在数字化服务创新上，广东联通简化业务流程，推动线上线下服务融合，将部分复杂的需要到营业厅办理的业务，通过在线视频服务融合远程实名认证、电子签名等技术，实现用户足不出户即可完成业务办理。

同时，广东联通通过引入数智机器人，客服工单运营体系实现了机器帮人的新模式。数智机器人结合采用"机器人+智能算法"能够自动化处理工单流转中重复、繁琐的环节，从而减轻人工负担，提高工单处理效率，确保用户问题能够得到快速、准确地解决，进一步增强了用户满意度。

● 五大窗口承诺升级，星级服务再提感知

广东联通始终将客户关心的问题置于核心位置，积极落实高品质服务标准。近日，广东联通针对营业厅、智家工程师、10010热线、政企客户经理和中国联通App这五大服务窗口，全面升级服务承诺，同时接受广大客户监督评价，推动窗口服务提升。

面向营业厅，广东联通承诺暖心微笑服务、舒心体验环境、贴心高效办理、放心规范操作、安心全程负责；面向智家工程师，承诺施工慢必赔、故障连夜修、测速全达标、Wi-Fi全屋测、垃圾随手带；面向10010客服热线，承诺来电温情服务、在线应尽解、来电应尽接、问题限时解决、智能便捷高效、业务跨域通办；面向政企客户经理，承诺需求快速响应、方案精准定制、业务限时交付、问题全程跟踪、服务专业保障；面向中国联通App，承诺查询清晰易懂、服务足不出户、信息一点看全、业务一键办理、功能一应俱全。

一句承诺、一份责任、一声承诺、一份担当。这些承诺体现了广东联通的责任与担当，推动了服务精细化，为用户带来个性化体验。

展望未来，广东联通将继续坚持"以人民为中心"的发展思想，践行"客户为本"核心价值观，进一步聚焦客户关注的热点难点问题，持续推出更多惠民生、暖民心的服务举措，持续提升用户感知，用高品质服务助力满足人民对美好信息通信生活的向往。

广告

谁持画笔绘丹青？
浙江移动描摹"数智浙里"新画卷

在宁波爱柯迪工厂，AGV小车载着生产物资井然有序地穿梭于车间厂房；在金华市其良村，一场场5G直播让山沟土货成为了"香饽饽"；在缙云县仁岸村，工作人员通过手机就能远程监测水域情况……当数智技术邂逅千年古韵，历史悠久、文化灿烂的魅力浙江正在徐徐铺展开一幅崭新画卷。

谁持画笔绘丹青？"作为国民经济增长'顶梁柱'、科技创新'国家队'、产业发展'领头羊'，中国移动在浙江省锚定'世界信息服务科技创新公司'定位，系统打造新型信息基础设施，创新构建新型信息服务体系，积极主动融入浙江省'两个先行'发展大局，助力新质生产力在更大范围、更宽领域、更深层次拓展。"中国移动浙江公司党委书记、董事长、总经理杨剑宇表示。

夯基垒台，加强网络建设

"浙江移动根据中国移动集团公司统一部署，不断夯实数智化转型底座，持续完善以5G、算力网络、能力中台为重点的新型信息基础设施，不断丰富'连接+算力+能力'的新型信息服务体系。"杨剑宇介绍。

浙江移动一直致力于加强建设数智底座，建成了浙江省5G和光纤网络，引领算力网络从概念原型进入产业实践阶段，目前打造了全国优质的5G精品网络，建设14.7万个5G基站，在全国率先实现全省行政村5G全覆盖；有线宽带覆盖规模达到4200万户，千兆用户接入能力达到3600万户，所有城市网络能力均达到"千兆城市"标准。

敢为天下先的浙江人，曾经一次次写下虹彩年华。如今在新型信息基础设施建设方面，浙江移动也做到了多个全国领先。

一是在5G-A建设上，打造了全球5G-A通感一体基站低空场景连片组网，在杭州完成5G-A通感一体"水路空"三大场景部署；5G-A 3CC（三载波聚合）站点点亮浙江所有地市，

杭州已经形成了多个位置的5G-A连续组网覆盖。

并在杭州覆盖了亚运村、火车东站、萧山机场等多个区域，下行峰值速率接近5Gbit/s；预计今年杭州可完成5G-A千站覆盖。

二是在5G RedCap覆盖上，浙江已实现所有地市城区的RedCap连续覆盖，全省5G站点的RedCap开通数超过10000个，这将进一步加速5G轻量化物联网发展，为千行百业智改数转夯实网络基础。

三是在算力网络布局上，形成了"中心、边缘、热点"梯次布局的体系，已完成"5个中心节点+11个地市+31个区县"的多层级算力布局；通算算力规模超200万vCPU，积极打造"N+X"智算中心体系，智算算力规模超4.5Eflops；通过"同城1ms+区域3ms+全省5ms"低时延网络圈，实现全省算力节点高效互联。

值得一提的是，浙江移动不断实现技术创新，积极部署商用算力大脑，成为中国信通院全国算力大脑能力认证单位。

目前，5G-A网络已经覆盖了亚运村、火车东站、萧山机场等杭州多个区域，年内将实现千站覆盖。

信息服务，赋能转型升级

完善的新型信息基础设施建设为浙江数字经济发展奠定了良好基础，随着基础设施建设布局的不断强化，浙江移动加快构建"连接+算力+能力"的新型信息服务体系，支撑社会治理现代化，助力各类工业企业提质增效、转型升级。

"我们重点加强5G、算力网络、智慧中台融合互通、协同共建，促进资源、要素的高效汇聚、流动、共享，推动实现网络无所不达、算力无所不在、智能无所不及，支撑数字经济不断做强做优做大。"杨剑宇表示。

在5G网络方面，浙江移动通过构建品质一流的5G网络，为社会提供高速、移动、安全、泛在的"连接服务"，创新推广高品质的产品应用。例如，浙江移动建设了全球5G-A示范区，围绕无源物联、通感一体等特性，实现了"水路空"三大场景的通感应用，在杭州亚运村实现了道路车辆行人感知，在杭州富春江、千岛湖水域实现全球江域和湖域的通感一体基站商用验证，在杭州奥体中心实现全球连片通感低空网络。此外，基于5G精品网络，

5G-A网络支持下的裸眼3D体验

依托5G-A高速率、强算力支持的网络及中台AR智慧空间服务平台，浙江移动创新实现协同互动AR体验，呈现了西湖音乐喷泉AR互动秀。

浙江移动创新实现了裸眼3D手机、云手机、元宇宙比特空间、数字人等丰富的数智产品应用。

在算力网络方面，浙江移动实现了对安全、AI任务式、东数西算三大服务场景的商用支撑，积极落地和推广算网创新产品，目前累计支撑用户3000人以上；已在全国点亮中国移动重要区域型智算节点，拓展了浙大启真、西湖大学、图灵小镇、萧山智算等多个X型节点，在全省范围形成了双平面智算架构。在全国"华秦杯"算力应用创新大赛上，浙江移动名列前茅。

在能力中台构建方面，浙江移动打造业界标杆级能力中台，汇聚1.3万项数据资产，日均模型服务调用量达9400万，同时沉淀人工智能、精准定位、数字孪生等能力，输出统一封装、灵活调用的能力服务，累计上台能力达140项，上台能力规模居全网前列，全面赋能政务服务、城市规划、应急管理、文旅商贸、人口普查等多个重点领域。

数智之光,点亮魅力浙江

商贾云集,店肆林立,浙江历来都是中国经济较为发达、较为活跃和积极创新的地区之一,如今更是电子商务发展的龙头省份。当前,浙江进一步加紧落实数字经济创新提质"一号发展工程",点燃数字经济高质量发展新引擎。

"置身浙江数字经济发展浪潮中,浙江移动持续用数智力量赋能新型工业化,积极输出'5G+工业互联网'解决方案,深入开展'5G扬帆行动',加快推进行业应用'落地开花',推动5G深度赋能工业全场景、全周期、全环节,创新5G全连接工厂、数字孪生、工业视觉AI质检、车路协同、智慧物流、未来农场等场景应用,服务20万家企业上云。"杨剑宇表示。

浙江移动为镇海炼化量身定制打造"1(5G专网)+1(工业互联网平台)+N(5G应用场景)"智慧炼化架构,覆盖多个业务环节的安全管理,创造了目前国内建设周期最短、国产化程度最高、数字化应用最广的石化产业基地建设纪录。

随着5G网络"进工厂""入海港""下矿井",5G进一步赋能工业智能制造,实现了生产流程的优化、成本控制的精细化和市场响应的敏捷化,爱柯迪、新凤鸣、东方日升等一大批5G智慧工厂跃然成为各行业发展的龙头企业,为浙江加快数字化转型带来了规模示范效应。

浙江移动与真爱毯业公司共同联手创新,打造"5G+AI家纺编纱质检"解决方案,为每台经编机配置工业相机,应用AI视觉质检,生产效率提升了3倍,产品优品率也有更好的把控。

据介绍,目前浙江移动共开展300多项5G创新应用,发布1100多项5G应用成果,参与打造30个省级未来工厂、232个5G示范工厂,建设20余个区域级和产业集群级工业互联网平台,接入企业超千家,接入设备超万台。浙江移动成立了全连接工厂"特战队"和工业视觉质检"特战队",拓展了得力集团5G未来工厂和真爱毯业AI质检等一批标杆应用,成功打造13个中国移动5G示范项目,在中国移动集团积极落地了5G LAN、RedCap的商用试点。

此外,当前浙江正在加快绘就"千村引领、万村振兴、全域共富、城乡和美"新画卷。为了全面助力数字乡村建设,浙江移动高质量推进数智乡村振兴计划,率先实现全省行政村5G网络100%覆盖,持续加强城乡千兆宽带建设,夯实乡村数智底座,同时积极探索"产业大脑+未来农场"模式,大力推进物联网、大数据等信息技术在农业领域的应用,全面助力"千万工程"。

在"两山"理念的发源地湖州安吉余村,浙江移动依托数智化技术助力当地构建了新型智慧养殖体系,通过"5G物联网+余村溪泉鱼"实现了渔菜共生循环养殖;在嘉兴,基于5G专网打造华腾"数字化未来牧场",并已向9家牧场复制,打造了"未来牧场"加盟新模式。

在推动乡村经济发展的同时,浙江移动还利用数智力量不断推动城市基础设施向农村延伸、公共服务向农村覆盖、资源要素向农村流动,有效提升乡村治理效能。在现今的浙江农村,数千个社区和村用上了移动的智慧社区、数字乡村平台,村民们在家门口就能享受到医院专家优质的医疗服务。

目前,浙江移动共结对帮扶25个村镇,参与建设超100个未来乡村,拓展5G智慧农业示范项目达155个,在带动乡村数字经济发展的同时也为"千万工程"的迭代升级注入数智力量。

为经济插上翅膀,给工厂换上新装,让农村绽放新颜——5G、算力、人工智能等新技术正在点亮魅力浙江、开创璀璨未来。浙江移动正勇担央企责任,为浙江省加快形成新质生产力、全面推进中国式现代化作出新的更大贡献。

在安吉余村,浙江移动助力建设"5G物联网+余村溪泉鱼"新型智慧养殖体系。

擘画数字转型新图景，描绘中原新画卷
河南联通积极服务数字强省建设

近年来，河南联通坚决贯彻落实"强基固本、守正创新、融合开放"战略，把网络作为发展的基础，把服务作为发展的根本，把诚信作为发展的底线，一体化推进网络建设、市场经营和客户服务，勇担网络强国、数字中国主责，锚定联网通信、算网数智主业，强化央地合作，服务河南经济社会数字化转型升级、推动数字经济高质量发展，多次获评"服务河南经济社会发展优秀中央驻豫单位"称号。

在中国联通泛在低空测试基地查看无人机5G应急通信系统和飞行管控系统

新基建领航，构筑高速信息天路

河南联通深入落实网络强省战略。举全公司之力加快推进5G建设，让5G网络早日覆盖全省城乡、造福人民群众。经过公司上下共同努力，在2021年10月底，河南联通率先实现了5G网络乡乡通、镇镇通，河南乡村全面迈进5G新时代。目前，河南联通已经打造出室内室外、地上地下全覆盖的高品质5G精品网络，5G基站总数达到8.2万个，实现了乡镇及以上区域连续覆盖，热点行政村覆盖；联通优质5G网络联接千家万户、千楼万园、千企万厂、千场万景，为千行百业赋能赋智。同时，河南联通计划在"十四五"期间加大投入，力争到2025年累计建设5G基站10万个，夯实数字经济发展底座。

为给用户提供超高性能的算力服务，推动全省数字新基建云化升级，带动万企上云用数，中国联通在郑州开通服务联通的公有云核心节点。目前，联通云在全省数字经济、数字政务、数字文化、数字社会、数字生态文明建设中发挥出重要作用，服务上百个行业专网客户，打造数十个5G全连接工厂项目，服务各级智慧城市、上万个数字乡村建设，为全省推进数字化转型战略提供了强劲动力。

在革命圣地延安举办经营管理人员专业能力提升培训，重温建党光辉历程

下一步，河南联通将联合各行业开展行业公有云共创计划，聚焦医疗、金融、文旅、能源等领域，携手各科研院所、行业头部企业，通过成立联合实验室、联合开展核心技术攻关、共创专业化行业平台等方式促进产业融合，全面打好产业链团体赛，助力全行业上云用云。

定点帮扶村调研

广告

5G应用赋能，助力行业创新升级

河南联通主动服务制造强省建设大局，依托中国联通中原数据基地5G重点实验室，加强5G技术研发，先后完成无线基站相关的直放站补测项目、5G全连接平台差异化关键技术研究与应用项目、5GC增强能力SCP组网及兼容性测试项目，不断提高5G技术性能；同时，联合生态合作伙伴建立5G联合实验室，共同研发5G重点项目，诸多领域实现"从0到1"的突破，以高质量5G应用推动新型工业化。在2023年"绽放杯"5G应用征集大赛上，河南联通申报的5G网联无人机项目荣获全国赛一等奖。以安阳5G网联无人机、郑煤机5G+智能综采、安钢5G+智慧钢铁应用、黄河旋风5G工厂等为代表，河南联通为河南新型工业发展提供5G动能，共沉淀出86个5G重点应用场景，使5G应用由"样板房"走向"商品房"，为用户提供一体化集成产品、一揽子解决方案，对传统行业进行全方位、全链条数字化改造，带动了传统行业效益好转效率提升。截至2023年，河南联通重点推动的5G规模化应用复制项目累计797个，项目总投资23.8亿元，带动经济效益提升183亿元以上。

开展主题教育调研

河南联通启动高品质服务提升年活动

河南联通在"天安杯"网络安全职业技能竞赛上获佳绩

下一步，河南联通将加快5G赋能新型工业化，围绕钢铁、煤矿、水泥3个重点领域，装备制造等7大产业集群，统筹推进全产业链5G规模应用，支持重点企业开展5G应用场景建设和融合技术创新，持续促进5G应用和工业生产深度融合，让5G更好助力工业强省建设。

河南联通与中国老龄协会老年人才信息中心签订战略合作协议

广告

服务暖人心，打造卓越通信体验

牢记"人民邮电为人民"的红色通信初心，河南联通积极响应国家号召，扎实开展"我为群众办实事"实践活动，创新开展"智慧助老沃相伴 手机公益大讲堂"活动。三年来，智慧助老持续优化迭代升级，已成为河南联通高品质服务"金名片"，活动场次超3万场，惠及70万老年用户，获得行业主管部门、中国科协、社会媒体及老年用户的高度认可。聚焦老年用户数字生活"八大场景"，通过线上线下两类渠道、市县乡村4个区域为老年用户提供全方位、精准化、精细化服务。智慧助老代表河南联通参展"5·17世界电信日"，与中国科协、中国银行跨界合作获得高度认可，在2023银龄科普活动年度总结会上，作为中国联通集团省分公司代表发言，分享优秀经验。

河南联通与中建七局签署战略合作协议

把"让客户满意"作为衡量工作的标准，河南联通创新开展"联通好服务 用心为客户"五大窗口争先创优活动，打造优秀服务之星，提升卓越客户体验。立足五大服务窗口，对外公开服务承诺，推动全员践行高品质服务标准、共担高品质服务责任。营业窗口"首问负责、限时办结、服务差错零容忍"、智家工程师"限时装机修障、专业组网测速"、投诉处理专家新增"有问必答、有需必应"，一句句郑重的承诺，锻造着一支支能力过硬、作风过硬、口碑过硬的服务队伍，人民群众的获得感、幸福感、安全感不断增强。比服务、学先进、人人争当奋斗者，涌现出以危急时刻显担当的智家工程师苗森、黄永涛等为代表的一大批"服务之星"，获得社会的广泛关注和赞誉。

安阳联通参赛项目荣获"绽放杯"全国总决赛一等奖　　　　　　联通5G智慧工厂

广告

肩扛央企责任，展现社会担当

河南联通勇当全省网络安全现代产业链链长，充分发挥网络安全运营中心(SOC)作用，建成网络与信息安全一体化运营主阵地，有力推动全省网络安全现代产业体系建设，安全护航全省数字经济健康可持续发展。以SOC为依托，河南联通联合产业链开展技术创新和科研攻关，探索构建"云网数服"一体化安全能力体系，打造"全联通"高品质网络安全服务，先后高标准完成"两会"、亚运会、"HW"等重要保障任务，以科技力量筑牢网络安全坚固防线。坚持网络安全第一，勇当"保驾护航先锋队"。2023年，封堵恶意IP2.6万个、监测发现网络异常行为29万余起；加大诈骗窝点打击力度，加强警企合作，及时劝阻受害者12万户、处置涉诈App号码近4400个，破获窝点962个，撑起用户信息安全"守护伞"。

联通5G基站建设

助力抢险救灾，全力保障京津冀黑等地通信畅通。2023年夏天，河南联通抽调技术骨干，携带5G网联设备等应急保障装备星夜驰援。先后前往河北涿州、天津、黑龙江三地增援，行程累计上万千米，立下河南通信史上一家支援四家的战绩。驰援期间，河南联通共计执行重要抢险任务18次，为21个通信中断乡镇恢复通信，为联通争光、为河南争光，受到集团公司领导表扬。北京市防汛抗旱指挥部办公室专门发来感谢信，向河南联通勇挑央企重担、紧急驰援保通表示衷心感谢，称赞联通用大爱温暖了北京城。

河南联通欢迎首批驰援突击队凯旋

潮涌科技赋时代，互联万物织辉煌。未来画卷徐徐展，智慧生活熠熠光

展望未来，河南联通将抢抓新一轮科技革命和产业变革重要机遇，继续发挥综合信息服务商优势，持续强化设施建设、融合创新、产业合作，凝心聚力打造河南5G新高地，为广大用户创造高品质智慧生活，全力推动全省数字经济发展，为中国式现代化河南实践贡献联通智慧和力量。

广告

河北联通：数智力量添彩"未来之城"

> 2017年4月1日，国家决定设立雄安新区，一曲新时代"春天的故事"在燕赵大地唱响。

七年来，从无到有，从蓝图到实景，一座高水平现代化城市正在拔地而起。河北联通始终担当数字信息运营服务国家队和数字技术融合创新排头兵，发挥数智能力优势，高标准高质量推进雄安新区建设，不断助力"未来之城"拔节生长。

筑牢数字底座 绘就智慧底色

"创建数字智能之城。要坚持数字城市与现实城市同步规划、同步建设，适度超前布局智能基础设施"。可以说，雄安新区自设立之初便携带智慧基因，构筑坚强的数字底座、为智能之城提供强大支撑，是网络基础设施建设的重要方面。

打造并建成开通国际互联网数据专用通道……七年来，河北联通将服务网络强国建设与筑牢雄安新区数字基座相结合，着力规划建设高标准、优感知的新型通信网络，赋能智慧之城创新发展。

在雄安新区，河北联通积极布局5G精品网络建设，截至目前已累计投资5.5亿元，共新建5G基站1190个、5G室内覆盖信源设备1593套，基本实现5G网络全覆盖，人口覆盖率达到99.1%。

河北联通工作人员在雄安新区悦容公园进行网络调测

为优化5G网络深度覆盖，在雄县、容城、安新三县县区及容东、容西、雄东三大片区，河北联通率先创新大规模应用多收多发自动小区规划技术，提升数据速率、频谱利用率的同时，让用户体验更佳。"目前，我们共计已优化90个小区，5G MR覆盖率提升1.68%、平均用户数提升2.34%、总流量提升10.34%。"河北联通雄安分公司云网运营中心移网维护优化负责人王通介绍。

聚焦IPv6这一新型信息基础设施的技术演进和应用创新，雄安联通已于2021年率先完成端到端5G IPv6+单栈部署，并通过"IPv6+"Ready1.0测试评估。河北联通雄安分公司网络部主管郭艳坡介绍，"目前，我们打造的IPv6+智能城域网已覆盖雄安新区全域。同时，在全网部署多种IPv6+承载技术，实现更高效灵活的网络承载能力，可以综合承载5G回传、政企专线、边缘计算、家庭宽带等多种业务，满足多样化应用场景需求。"

建设开放发展先行区是雄安新区的重要功能定位和使命任务。为有效优化提升园区企业访问国际互联网的质量，2023年3月25日，河北联通在雄安新区正式建成开通国际互联网数据专用通道，成为继张家口冬奥国际互联网数据专用通道之后，河北省内的第二条国际互联网数据专用通道。"该通道开通带宽80Gbit/s，可实现一跳直达北京，平均丢包率降低74%、平均访问时延缩短近17%，有效优化园区企业访问国际互联网的速度和稳定性。"郭艳坡介绍。

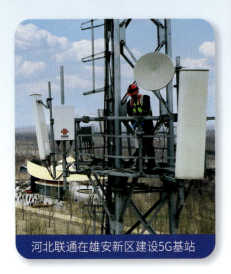
河北联通在雄安新区建设5G基站

打造优质体验 全力服务疏解

北京交通大学、北京科技大学、北京林业大学、中国地质大学（北京）4所首批疏解高校雄安校区全部开工建设；中国星网、中国中化、中国华能、中国矿产资源集团4家央企总部项目全部顺利落户；北京援建的"三校一院"（雄安北海幼儿园、雄安史家胡同小学、北京四中雄安校区、雄安宣武医院）办学开诊、运行平稳有序……作为北京非首都功能疏解集中承载地，目前，雄安新区已进入大规模建设与承接北京非首都功能疏解并重阶段。

河北联通坚持以客户为中心，充分发挥"一个联通、一体化能力聚合、一体化运营服务"能力优势，强化京雄联动，为疏解单位提供平滑顺畅的通信网络体验。

河北联通工作人员在雄安宣武医院周边布设线缆

2023年12月26日,在雄安新区成功开通010固话,实现京雄两地一致的使用体验;2024年1月3日,完成群组测试,实现京雄两地固话后四位短号互拨;开通两条北京至雄安新区10Gbit/s刚性管道,实现电路直达北京,打造时延更低的网络体验……

2023年10月,雄安宣武医院开始试运行。"为保障顺利开诊,我们积极联系院方新增光缆路由,在院区提前部署实施光缆双路由保护,极大提升业务运行的可靠性。"河北联通雄安分公司网络部主管崔二伟说。

对学校周边线路进行入地改造、提前完成线路迁改、增加新的光缆路由……为保障雄安北海幼儿园、雄安史家胡同小学、北京四中雄安校区在2023年9月顺利开学,雄安联通积极协调相关单位,根据现场实际情况及时调整设计方案,圆满完成业务开通。

发挥数智能力 让城市更"聪明"

七年来,雄安新区坚持高起点规划、高标准建设、高质量发展,地上、地下、云上"三座城"同生共长,在中国城市建设史上首次全域实现数字城市与现实城市同步建设。河北联通充分发挥算网数智能力,打造数字道路、智慧社区等智能化、数字化场景,让城市更"聪明"、管理更高效。

在雄安高铁站,乘客可以使用自助查询系统,在3D地图上查询站内布局、搜索目的地、获取线路指引,实现轻松导航不迷路。

在雄东片区,数字道路项目让交通出行更加安全、高效、便捷、绿色——行人过街时,斑马线上的道钉就会亮起来,提示车辆减速慢行;当视频监测到行人有闯红灯行为时,路口的高音喇叭会发出警示和提醒;在学校、医院、养老院等周边重点路段,自动精准识别并抓拍鸣笛车辆,缓解交通噪声污染……"我们搭建道路信息感知系统,在智能灯杆上布设雷达、智能摄像头等设备,采集车况路况等信息,实现人、车、路、物的互联互通,协助相关部门优化交通组织。"河北联通雄安分公司交付与运营BU项目总监贠辉介绍。

在雄安新区,智慧基因已渗透于日常生活的点滴之中。河北联通坚持数字赋能,为数字城市建设持续输出联通智慧,截至目前已在智慧交通、智慧建造、智慧生态等多个领域中标数字化项目476个。

随着雄安新区数字城市不断加速生长,背后的海量数据成为重要生产要素。

为此,雄安新区建设综合数据平台,承担起汇聚新区全域数据、统筹新区数据管理、实现新区数据融合应用的重要任务。未来,如何实现雄安新区全域全量全要素数据的共享和深度应用,更好支撑智能城市建设,成为重要课题。

雄安联通、联通数字科技有限公司参与承建的雄安新区综合数据平台(二期)项目,通过构建全栈式数据服务能力,在已实现的对数据能存、能管、能用的基础上,进一步强化数据用好、供好、管好、存好、护好等方面的功能,打造雄安新区数据资产的"大管家"。

"我们将通过构建新区城市级数据资产管理新模式,全面发挥城市数据底座支撑能力,实现以数据提升政务决策科学水平、推动公共服务能力创新升级、进一步优化民生服务效果三大目标,不断赋能雄安新区高质量发展。"河北联通雄安分公司政要客户二中心副经理张磊表示。

河北联通为雄安高铁站建设自助查询系统,让乘客站内导航更便利

河北联通为雄东片区数字道路打造的智能灯杆,助力相关部门及时掌握车况路况等信息

雄安新区综合数据平台登录界面

未来之城,阔步走来。新时代的"春天的故事"在这里续写着更多精彩篇章。河北联通将深入贯彻落实国家的战略部署,继续主动服务和融入雄安新区建设发展大局,为共绘中国式现代化美好图景贡献更大力量。

广告

云南移动
新质网络铺就发展高速路

"整合科技创新资源,引领发展战略性新兴产业和未来产业,加快形成新质生产力"。2023年底,云南移动完成双万兆速率验证,5G-A超宽带和50G PON技术应用在我省落地,2024年4月,5G-A在云南全省16个州市正式商用,泛在千兆体验、百亿连接全面"升级为"泛在万兆体验、千亿连接"。目前建成5G RedCap载频超2.2万个,实现全省城区、县城、乡镇以上区域连续覆盖;3CC示范区完成16个州市部署开通,无源物联2.0示范点落地昆明;在保山机场落地全球智慧机场5G-A通感应用探索,在曲靖大型场馆实现业界5G-A通感技术在"陆空"融合场景的技术试验,在昆明开放全国5G-A万兆体验营业厅……

领先的创新技术接续涌现,数字基础设施建设日新月异;围绕不同场景需求打造5G-A创新应用,千行百业在数字转型浪潮中快马扬鞭;新兴技术推动连接品质实现跨越式提升,人民群众用网满意度日益增长。随着数字经济发展关键基石的网络能力跃迁,一张横到底、纵到边、用得上、用得好的高质量通信网络在云岭大地展开,扛鼎起通信行业打开"新质生产力"大门的时代使命。

5G-A技术保驾护航 播撒欢乐赋平安

傣历新年的到来,云南省各地迎来一场场盛大的泼水节庆典,许多游客不远千里前来体验。

4月15日,西双版纳州景洪市,数万人相聚在泼水广场上参与狂欢、互送祝福。他们有的和远方的亲朋好友开启视频连线,分享快乐的心情;有的将泼水场景制作成照片和视频分享在各大平台;还有的当场开启高清直播,实时全景展示欢乐的氛围……同时在线人数峰值超5万人。

据了解,基于往年历史数据的详细分析,云南移动将多项创新技术应用在全省泼水节的通信网络保障上,提前布局,对相应区域做了扩容。其中3CC(三载波聚合)技术应用,在不增加建设成本的情况下,把5G的3个频段合并成为一个超级小区,实现系统吞吐量成倍的增长。在这一技术应用下,其下行峰值速率可以达到4.2Gbit/s,为网络直播、裸眼3D、云游戏等提供了更高品质的网络体验。此外,针对直播类上行容量需求,匹配应用4.9G双频上行增强技术,将上行数据扩容约3倍,完全保障实时高清直播无卡顿。

为了让节庆期间美好的旅游体验不打折,云南移动开通应急基站270余个,新增和扩容4G、5G小区近1685个,开通千兆专线20条用于泼水节活动直播;共派出应急通信保障人员超738人次,投入工程及保障车162辆次;热点区域综合应用3CC、4.9双频上行增强、5G-A大容量增强等技术,以极致的速率体验,实现了现场网络通话清晰、照片与视频发送流畅。

在西双版纳,针对景洪市江边、泼水广场、龙舟广场、曼听公园等人流活动热点区域进行点位增补、优化和网络扩容,开通3CC、1D3U等为游客提供极致网速,同时运用5G-A的大容量优势助力节日期间通话和直播活动顺利进行。在德宏,除了完成活动区域网络扩容,通过自主研发的"安保大数据平台"提供活动现场的客流动态和特征分析,同时使用中国移动对讲机、移动云盘APP和小程序

等信息化手段帮助组委会开展指挥调度工作。在普洱,提前进行活动区域周边基站4G/5G的全量扩容,开通1条直播专线,让更广泛的人群共享节日的喜悦。在元阳,通过4G软件载波扩容、5G软硬件扩容提升网络体验,并开通2条互联网专线,专项保障微信公众号"云上梯田和美元阳"、抖音号"元阳哈尼梯田"的网络直播。

高效的监控管理平台,领先的创新技术,流程化的保障体系,为全省泼水节庆区域网络信号不消失、不削减、不卡顿提供了完善的保障。泼水节期间,西双版纳州接待游客203.19万人次,德宏州州府的芒市广场泼水节开幕当天人数峰值达到约8万人,普洱、临沧、红河都傣族聚居地游客摩肩接踵,一条条高速信息通道载着游客们的快乐"时刻"传播到全国乃至世界各地,帮助云南省"泼"出"流量","播"出"欢乐"。

据了解,下一步云南移动还将把更多的先进信息技术手段应用于全省的应急保障工作中。技术方面,正在试点以便携式小型基站替代卫星电话,让单人通话转变为多人通话,推广后,将极大提升应急事件中指挥调度的效率。管理模式方面,经过多年打磨,云南移动已形成一套流程化、平台化的应急保障体系,或将与地震局等单位共享使用,通信科技赋能全省跨区域、跨行业的应急保障工作再上新台阶。

交通场景数智升级
山海无间紧相连

铁路连接物理距离,网"路"连接信息距离,在"交通强国"战略和"网络强国"战略指引下,云南移动在做到网络覆盖与铁路建设如影随形的同时,也正着力探索交通场景的数智升级,5G-A技术正在高铁全线崭露头角。

2024年,云南移动在中老铁路沿线的266个5G站点成功部署"三零绿色高铁"节能方案,在保障无线业务"零投诉、零脱网、零卡顿"的同时,实现5G基站数字化节能,为广大高铁客户提供了绿色、高速的用网体验,填补了国内高铁场景下的高效节能方案的空白,打造出国家"双碳"战略的高铁通信典范。

这是5G-A新型通信新技术在交通场景应用的一个缩影。随着技术的不断进步和场景需求的不断拓展,云南移动将新技术、新方法引入交通场景,持续推动高铁网络向覆盖更广、能力更强、体验更好的方向一路前行。

广告

以此次"三零绿色高铁"节能方案落地为例，经过大量的数据沉淀和智能分析，云南移动发现高铁网络具有非常鲜明的规律特点，在白天运行期间，过车时高铁站点的网络负荷值瞬时达到80%以上，持续数十秒，过车后又会骤降至极低，接近0%。以此数据为基础考量，在详细测试和分析了中老高铁网络的负荷情况后，结合高速列车运行呈潮汐变化的特征，云南移动首创"来车点亮"的高铁网络节能方案，通过来车识别、极致休眠等，实现分时施策、分站施策，让高铁线路上的网络在"日打盹、夜休眠"的不同状态之间进行灵活高效切换，实现节能运行。

为了实现小区的提前唤醒和睡眠节能，云南移动部署了'来车识别载波关断技术'；而对于夜间无车时段，则选择引入AAU自动启停技术，在确保设备可靠性基础上，实现无线通信主设备夜间'零'碳运行。"

经测试，中老铁路专网单站节能效率达60%以上，日均节电超过4920度，每年减少碳排放超过480吨。这一方案落地应用，不仅大幅降低了通信设备在业务闲时的能耗，还满足了即时业务体验与网络差异化性能的需求，使云南省成为全国首批大规模应用先进节能技术的省份，进一步加速了通信行业向绿色、低碳转型的步伐。

另外，依托5G-A数字孪生技术，昆楚大丽城际铁路专网建设成为新技术应用的先行者，也是受益者。云南移动通过构建数字站点孪生与无线信道孪生两项核心能力，以无人机自动飞控采集实现站点三维孪生，完成站点图像采集、3D实景模型制作，从而实现工参巡检勘察与天线资产AI识别，高效高质地保障了工程实施质量。同时构建高铁山区信道孪生，实现覆盖预测与寻优，缩短了优化周期。专网建成后，整条高铁线路5G下行平均速率提升了40.83Mbit/s，同时，对比传统规划及优化方式极大节省了人力成本，并缩短了优化周期。

广告

众所周知,在高铁场景下,一方面列车车体为金属材质且高度密封,导致较大的信号损耗;另一方面列车的高速行驶使得客户手机不断切换基站信号,妨碍手机信号收发;此外基站瞬间接入大量客户信号,网络负荷激增,影响客户网络体验。这三者共同组成了高铁场景中最大的难题——复杂的网络部署环境。云南移动创新引入公专网虚拟一体化、规模设备、纠偏技术、超级小区和高速客户识别等技术,解决了高铁场景下常见的多普勒频偏、高速切换、同频组网等难题,云南移动实现了信号升格、网络进阶。

针对连续穿梭隧道的高原地质特性,采用隧道泄漏电缆+场坪天线技术,增大宏站与隧道区域的重叠覆盖带区域,有效保障了手机信号在隧道内外顺利切换。运用超级小区技术,通过多RRU联合,将多个相邻小区合并形成一个较大的逻辑小区,有效减少业务切换,缓解小区间的干扰问题,提升了客户在乘坐高铁时使用手机打电话、看视频等用网体验。此外,2.6G 160MHz载波聚合应用进一步提升了高铁乘客上网速率感知。这一技术率先在弥蒙高铁商用,实现了全程平均下载速率706.25Mbit/s的极致客户体验。

"来车识别载波关断技术"以数智助力高铁向绿色低碳转型升级,高铁数字孪生使能高铁站点勘察、覆盖、优化更高效率、更高质量,高铁专网优异的网络质量为客户带来卓越的上网体验。截至目前,随着中老铁路、大临铁路、弥蒙高铁、丽香铁路等省内通车铁路4G/5G网络有效覆盖,5G专网覆盖9条线路和1200千米总里程,网路+铁路共同铺就我省发展大道,成为地区间互联互通的"加速器"和经济合作的"新引擎"。

回望过去,从4G到5G共建共享,到5G-A和50G PON技术应用率先在云南省落地;从部署千兆宽带接入,到"双千兆"智慧家庭全生态,再到双万兆网络示范区建立;从前瞻性投资兴建数据中心到正式发布算力时代全光底座,云南移动为经济社会发展畅通信息大动脉、构筑数字新底座。如今,变革再至,全光万兆时代正走入我们的生活。作为"万兆时代"的中坚力量,云南移动仍将踔厉前行,打造快人一步的网络速率、领先高质的网络能力、丰富多元的内容生态,为人民群众安全、高效、智慧的幸福生活赋注不一样的数智活力。

广告

做**优**做**强**
高品质网络 高品质产品 高品质服务

为中国式现代化的天津实践积极贡献联通智慧和联通力量

乘势而上开新局,砥砺奋进谱新篇。2023年,天津联通扎实开展主题教育,进一步增强"四个意识",坚定"四个自信",坚决捍卫"两个确立",做到"两个维护",以奋进之姿积极投身京津冀协同发展战略和天津现代化大都市建设大局,尽心竭力为全市超过1500万个人、家庭和政企客户提供优质的通信网络、产品和服务,全年营业收入完成88.8亿元,增幅5.3%,央企责任担当进一步彰显,企业经营效益稳步提升,发展活力和创新能力持续增强,推动高质量发展不断迈上新台阶。

1 深度融入京津冀协同发展大战略,加速建设中国联通京津冀数字科技产业园

京津冀协同发展,是国家作出的重大决策。天津坚持从全局谋一域、以一域服务全局,实施"京津冀协同发展走深走实行动"作为"十项行动"之首和地方发展的主引擎。中国联通集团"十四五"期间在天津市总计投资将达103亿元。为践行京津冀协同发展战略,天津联通加速推进"中国联通京津冀数字科技产业园"项目。该项目整体投资50亿元,总建筑面积近20万平方米,承载云服务器20万台,将成为中国联通京津冀智算中心,形成"1+3+4"产业体系,为天津信息技术创新产业、智能科技产业的发展提供强大动力,进一步推动大数据、人工智能、工业互联网、信创安全等产业协同发展,打造引领京津冀、辐射全国的数字化产业基地。在天津市、武清区及相关部门的大力支持帮助下,天津联通仅用一年时间就完成了该项目一期建设交付任务,于2023年12月20日顺利加电投产。

广告

2 积极投身现代化产业体系建设,以"5G+"助力科技创新、产业焕新、城市更新

近年来,天津联通着力打造高品质网络和高品质产品,持续以"5G+"引领千行百业智能化转型升级。2023年,天津联通成立了联通(天津)产业互联网有限公司、中国联通(天津)工业互联网研究院,并牵头成立天津市工业互联网研究院,搭建了天津市首个区级工业互联网信息平台,服务于产业链上下游600余家中小企业。积极落实天津市新型工业化部署,助力打造领先的"5G+"应用先锋城市,近年来,成功获批"5G应用安全创新示范中心",先后落地中国联通"5G+工业互联网""5G+车联网"联合实验室,在世界智能大会连续3届举办"5G+工业互联网高峰论坛",发布最新5G应用成果,赋能产业升级。积极参与天开高教科创园政务服务平台项目建设,提供一站式品牌宣传、政务、科创、金融、知识、商务等六大服务,构建国内一流智慧园区新标杆。积极助力天津市"国家级车联网先导区"建设,成立中国联通"5G+车联网"应用示范基地(天津)、天津海河教育园5G/V2X车联网先导示范区,参与天津(西青)国家级车联网先导区升级改造,与中汽中心携手打造的"5G+车联网"智能驾驶场景安全云平台项目,获得"2023年度中国智能交通协会科技进步奖一等奖"。

近年来,天津联通累计打造了华电5G智慧电厂、天津港5G智慧港口、海油工程5G智能工厂、中石化千兆光网等80余个标杆项目,累计荣获"绽放杯"等全国重要奖项131个,成为面向全国推广的"天津方案"。同时,以联通云、联通数全面助力政府数字化、智能化转型,积极推动市、区两级数字政府和智慧城市建设,已成为天津大型政务云服务商;以数字政府、平安社区建设为抓手,积极服务城市更新大局,助力提升城市品质。已累计承接全市4300个平安社区建设和10万个技防网点位建设,助力城市治理效能全面提升。

广告

3 践行"人民邮电为人民"初心使命，助力提升市民生活品质

天津联通积极践行央企社会责任，坚持"以客户为中心"的服务理念，持续打造"好网络、好产品、好服务"，形成"近悦远来"的服务口碑。全年为65岁以上老年客户提供236.6万次人工热线服务，开展助老活动超过4200场，参与人数约41.5万人；智家工程师累计上门服务120万次，在全国实现"双千兆"网络全域覆盖的基础上，天津联通聚焦智慧家庭领域，于2023年初发布了"光兆津门、数智惠民"行动计划，推出了以品质网络、优质服务引领的全新"三千兆"智慧生活产品。围绕安防看护、大屏娱乐、5G新通信等领域，提供包括基础通信、云监控、无线高清TV、联通云盘等在内的一站式解决方案服务，引领全市家庭步入智慧新生活。全市千兆宽带用户渗透率、千兆5G用户渗透率均位居全国前列。积极响应乡村全面振兴战略，围绕"三美四乡""五大振兴"目标，在完成全市所有自然村覆盖数字乡村平台的基础上，持续完善乡村治理、村民生活等实际场景，累计打造平安村、Wi-Fi村、千兆村、TV村等各类示范村361个，并打造多个爆款应用，有效助力农村数字化升级和生活品质提升。

4. 坚决扛起央企使命担当，顺利完成防汛抗洪抢险通信保障任务

天津联通全体干部员工以高度的政治责任感和使命感，全面完成防汛抗洪抢险救灾工作。当灾情发生后，立即组建23支应急保障团队，累计出动保障人员7900余人次、保障车辆1800余辆次，保障重要通信电路215条，确保各级防指、抗洪部队、大堤巡视区、转移群众安置点通信畅通。同时，配合市、区两级指挥部、建设指挥系统和视频会议系统，搭建防汛应急通信指挥部。灾情期间，持续为受灾用户提供免催免停通信服务，为5万余名转移群众免费提供上网流量，为安置点内全部手机用户提供免费的Wi-Fi服务。天津联通依靠自身过硬的综合实力，筑起了防汛抗洪抢险的通信安全屏障。抢险过程中还注重发挥科技优势，创新应用移动式方舱、便携式5G基站、卫星通信设备、5G无人机等科技成果，显著提升防汛抗洪工作的效率和质量。一系列举措得到市领导及人民群众的好评。

大道如砥，行者无疆。

在新征程上，天津联通将聚焦网络强国、数字中国主责和联网通信、算网数智主业，充分发扬自身"政治过硬、作风过硬、能力过硬、文化过硬"的优良传统，为中国式现代化的天津实践贡献更多联通力量！

福建联通：三十载奋进八闽 正青春联通未来

潮起东南逐浪高，闽山闽水物华新。

福建是新时代中国特色社会主义思想的重要孕育地和实践地，"数字福建"是数字中国的思想源头和实践起点。三十年来，在福建这片红色热土、数字经济高地上，福建联通始终牢记嘱托、砥砺奋进，全面融入和服务"数字福建"建设，与福建发展同频共振，与数字时代同心共行，在八闽大地书写精彩联通答卷。

牢记嘱托，砥砺奋进八闽山海

1994年11月1日，福建联通作为中国联通在福建设立的省级分公司正式成立。次日福建日报头版报道"我省通信运营体制的重大改革，'联通'福建分公司成立，宣告我省电信业独家经营的局面结束"，指出福建联通成立为福建省电信领域引入既合作又竞争的机制，对提高电信质量，加强经营管理，发展高新技术，改善服务水平，将产生积极推动作用。

1996年11月1日，福建联通举办130 GSM移动通信网开通运营庆典仪式，福建日报头版报道"标志着福建省电信市场开始呈现'双花齐放'的新格局"。

2001年，福建联通抓住建设"数字福建"这一契机，在推进国民经济和社会信息化的进程中大显身手，做好服务。联通是通信业改革发展的产物，福建联通发展之路，就是不断改革、不断创新之路。福建联通坚持走改革发展之路，不断深化改革、锐意进取。

20多年来，福建联通历任领导班子，领导全体干部员工接续奋斗，在服务"数字福建"中发展壮大。

回望网络建设足迹深入八闽，
精品网络、联通四海，是福建联通不变的坚持。

从1996年福建联通各地市GSM网陆续开通、2000年实现网络省内覆盖"县县通"，到如今在全省开通3.8万个5G基站，移动网人口覆盖率达99.9%、行政村覆盖率99.8%，5G网络覆盖所有地市城区、县城城区和乡镇镇区，并率先实现全省时速350公里福厦高铁的5G全覆盖。

从2013年建成了时延短的大陆直达台湾本岛的"大三通"海缆——"海峡光缆1号"，直连福建福州和台湾淡水，与厦金海缆形成了对台连接的双路由备份，是省内对台通信中率先拥有双路由、双海缆、双备份的运营商。到2024年正式发布中国联通福州区域性国际通信业务出入口局升级，通达范围新增东盟和亚太方向，为福建省落实"一带一路"倡议、两岸融合发展、"两国双园"等国家政策，提供了更为坚实的网络基础。

从2020年在省内率先建成"一城一池"的联通云能力，到2022年打造了高品级直连香港"一带一路"枢纽和宁夏"东数西算"中心的区域级智云中心——福州、厦门两大智云数据中心。发挥独有区位优势，携手宁夏联通建设国家"东数西算"战略的"第一朵云"——闽宁云，为共建"一带一路""闽台两岸融合""闽港合作"提供了全方位、更高质量服务。

广告

正青春勇立潮头，
追新逐质建功数字福建

三十年厚积薄发，继2018年创建中国联通东南研究院、2021年中国联通网络安全（福建）中心揭牌成立后，2022年5月正式成立中国联通（福建）工业互联网研究院，2023年6月落地中国联通智慧轻工军团，福建联通"两院、两云、一基地"的创新能力体系全面建成，在推动新型工业化中勇立潮头，在赋能千行百业中奋勇争先，在服务数智生活中创新突破，助力数字福建建设"新新"向荣。先后荣获全国五一劳动奖状、全国通信行业用户满意企业、国家高新技术企业、福建企业百强、福建省"未来独角兽"企业等荣誉。

**打造新质引擎——八闽追"新"，
点燃新质生产力"星火"燎原。**

发展新质生产力是推动高质量发展的内在要求和重要着力点。福建联通依托福建制造业大省产业优势，发挥中国联通（福建）工业互联网研究院专精特新核心优势，携手产业各方一路追"新"逐"质"，助力更多行业、更多企业"集群式"转型，推动工业互联网加速"规模化"发展。

在361度晋江五里服装基地，福建联通打造的5G智慧工厂，在服装制衣制造业业率先运用5G专网实现数字化生产，实现生产协同效率提升17%，产品不良率下降5%，订单及时交付率提升5%。聚焦鞋服产业转型升级，福建联通已陆续打造安踏5G智慧工厂、卡尔美5G智慧工厂、柒牌5G智慧工厂等一系列行业标杆，产业集群效应加速显现，由点及面助力福建全省鞋服行业数字化转型升级。

在盼盼食品5G智慧工厂的小面包生产线上，从和面到醒发、烘烤等多个工序环节，都通过5G技术的实时采集、分析和调度呈现在数据看板上。5G智慧工厂建成使用后，年产能增长11%，产品合格率提升18%。聚焦食品行业，福建联通依托"天味"食品云专精特新能力，以盼盼食品5G智慧工厂实践为例，沉淀出一套细分行业的标准化解决方案，已深度服务蜡笔小新、爱乡亲、妙客、喜多多、有零有食等食品企业，全面助力食品行业转型升级。

在福建金源纺织智能化技改项目车间，整齐划一的纺纱设备飞速穿梭，一台台数字机械设备，在工作人员的操控下收集材料、运送物料、检测面料……依托福建联通的"天梭"纺织云平台，金源纺织实现了订单生产、设备、质量、能源、仓库等业务流程的全面链接、高效协同。聚焦纺织行业，福建联通助力长源纺织、新兴纺织、鑫祥股份等一系列纺织企业迈向数字化转型升级。

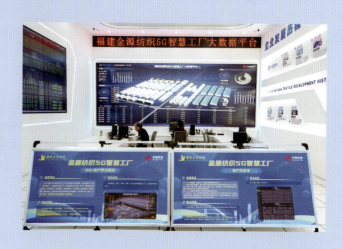

点点标杆案例，汇聚福建联通助力新型工业化发展的星辰大海。近年来，福建联通发挥中国联通（福建）工业互联网研究院和中国联通智慧轻工军团"一体化能力聚合、一体化运营服务"优势，深度赋能和服务企业数字化转型升级。建立了一支超300人的工业互联网专家团队；形成了一套服务体系，为4500多家企业提供数字化转型咨询诊断服务；打造了一批5G+工业互联网融合标杆，打工业互联网项目近700个，集中打造了福州长乐、泉州晋江、龙岩新罗等区域工业互联网集群，累计获得80多个奖项；构建了一套工业互联网平台体系，建成福建联通工业互联网平台，推动企业上云近1800家；率先打造省内运营商工业互联网标识解析二级节点，标识解析量突破7.7亿；聚合了一个产业生态圈，连续承办3届数字中国工业互联网产业生态大会，引入超200家生态合作伙伴。打造了"福创""福睿"等工业互联网平台，"天梭"纺织云、"天味"食品云、"天步"智鞋云等行业云平台和"轻云智造"等工业轻量化应用，持续擦亮福建工业互联网第一品牌。

广告

赋能千行百业——
以创新应用"新标杆"，
打造数字应用联通方案

依托创新核心能力优势，福建联通在福建乃至全国打造了多项技术突破。

服务数字政府，2013年，福建联通率先建成了省级电子政务移动办公云服务平台；到现在，联通发挥大数据能力优势，打造经济运行平台，定期为地方政府提供宏观经济运行分析数据，辅助政府决策。

促进数字文化繁荣发展，福建联通与福建文旅管理部门共同开展全年"文旅联万家、福气通八闽活动"，"清新福建国际畅游卡"不仅满足与时俱进的出入境人群通信服务需求，更为拉动文旅消费、助力文旅产业注入新的活力。

数字赋能生态文明建设，2018年充分发挥福建联通自有研发能力，在全国率先承建开通了省级河长制信息管理平台项目；2019年建设了"木兰溪数字化综合治理平台"，利用数字融合创新技术，通过"空天地"一体的感知系统，实现全流域治理问题100%线上处置，打造了全国生态文明"木兰溪"样本。

数字赋能智慧交通，打造了"政府主导，属地管理"的智慧路长平台，服务福建省内51个区县、6个外省23个区县，服务省内外路长2万3千多名，助力福建率先成为全国全省全面实施农村公路路长制的省份。

数字赋能乡村振兴，在宁德率先打造了全国5G智慧茶园标杆，将5G、物联网、信息化、大数据、区块链、云服务等智慧农业核心技术应用于福安坦洋村500亩茶园，实现智能化管理。

近年来，福建联通通过数智化手段，已经服务全省近5000个乡村，促进乡村治理数智化、精细化、现代化，为乡村振兴注入越来越多的联通智慧和力量。

服务智慧生活——
为民情怀、温暖八闽，创享美好数字生活。

让更多人群享受智慧生活，福建联通全面升级"六星宽带"服务体系，持续推进当日通、慢必赔、免费测、终身保"四项承诺"，专席尊享、专线服务、专区权益、专业设计、专家保障"五大专享"差异化服务，进一步擦亮"六星宽带"服务品牌，满足人民群众对美好信息生活需要，助力打造高品质生活。

关爱特殊群体、看见智慧服务。福建联通与福建残联持续深化"我为群众办实事 数字助残惠民生"战略合作，携手推进畅爱系列AI产品，已累计惠及5万余名福建残疾人、近万户残疾人家庭，让广大残疾人朋友感受到科技对生活带来的便利。

广告

向未来追梦无限,
潮起东南逐浪再攀新高

三十而立正青春,风劲帆满再出发。站在30周年的新起点,福建联通发展实力与日俱增、创新能力积厚成势、企业活力充分迸发,我们壮志在胸、豪情满怀!三十年同心同行,合作伙伴的携手共进、风雨同舟,福建联通追梦路上充满信心与勇气。

新征程的蓝图,已在砥砺前行中铺展;高质量发展的新篇章,将在接续奋斗里书写。福建联通总经理周立松表示,福建联通将持续扎根福建这片红色沃土,在创新发展中争先机,在攻坚克难中开新局,在干事创业中趟新路,以数字化科技创新驱动为引擎,加速推动"5G+AI+工业互联网"规模发展,为锻造新质生产力、推进新型工业化,为全方位推进高质量发展、奋力谱写中国式现代化福建篇章贡献更多联通力量。

广告

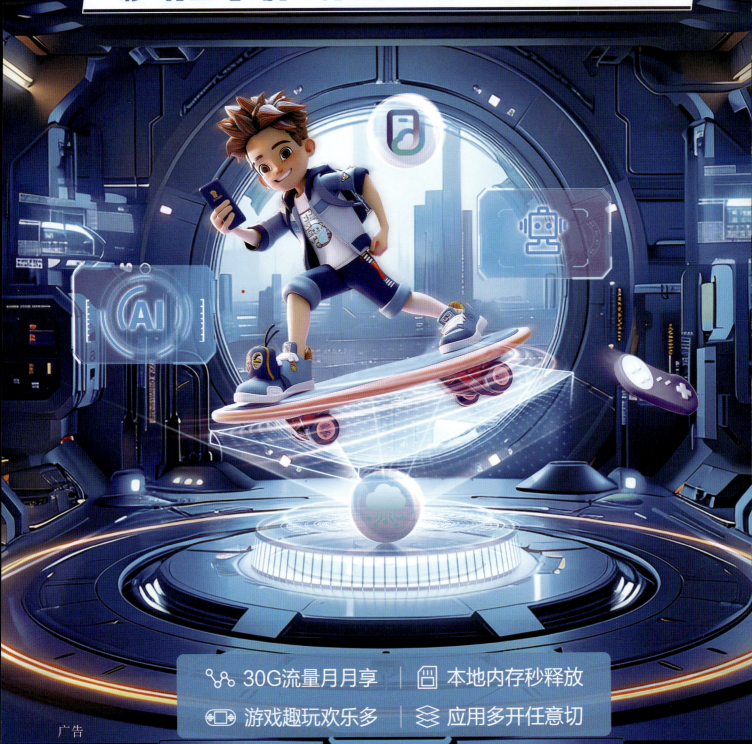

企业介绍

联通支付有限公司(简称"联通支付")是中国联通旗下的第三方支付平台,自2011年成立以来,始终以"安全"为核心,致力于提供"安心、便捷"的产品与服务。联通支付以沃支付为企业品牌,为个人客户提供综合性第三方支付服务和信息服务,为企业客户提供一体化的支付金融解决方案。

联通支付拥有中国人民银行发放的支付业务许可证和证监会发放的基金销售支付结算许可证,建设运营统一支付平台,同主流金融机构建立合作关系,签约商户覆盖线上线下、城市乡村,融合创新"通信+支付金融"业务模式,拥有亿级用户和千亿交易规模。

用户规模	合作伙伴
2亿+	200家+
专利授权	系统自主研发率
48项	94%
收单业务备案覆盖	POS终端
36省市	3万+
APP排名	行业评级
6名	保持领先

北京总部 　地址:北京市西城区二龙路33号
　　　　　　服务热线(7x24h):10188(个人咨询);4006889900(商户咨询)　　服务邮箱:liuyan@wo10188.com

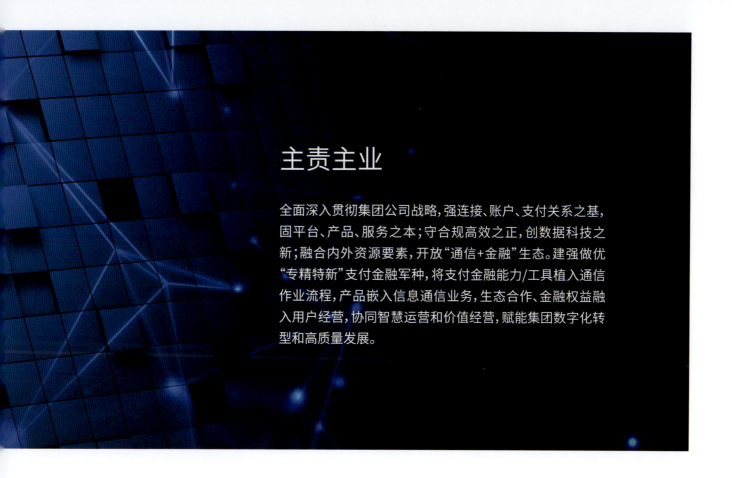

主责主业

全面深入贯彻集团公司战略,强连接、账户、支付关系之基,固平台、产品、服务之本;守合规高效之正,创数据科技之新;融合内外资源要素,开放"通信+金融"生态。建强做优"专精特新"支付金融军种,将支付金融能力/工具植入通信作业流程,产品嵌入信息通信业务,生态合作、金融权益融入用户经营,协同智慧运营和价值经营,赋能集团数字化转型和高质量发展。

专精特新能力

聚力打造行业领先的资金支付能力、强连接用户的账户和产品能力、差异化的生态服务能力、专业化的科技创新能力等4项能力。

▶ 行业领先的资金支付能力

聚合主流支付方式,打造行业先进的支付、清结算、商户管理、资金稽核能力,推进合规风控制度化、常态化,全面提升风控系统能力。强化统一支付能力应用,集约化管理和运营支付业务,沉淀和运用交易用户大数据。

▶ 强连接用户的账户和产品能力

做精领先的技术能力,坚持科技创新和自主研发,构建成熟先进的技术体系;做精统一支付金融平台,赋能智慧运营。健全通信用户支付账户,创新"通信+金融"产品,提升用户体验。

▶ 差异化的生态服务能力

强化产品标准化能力,聚焦垂直行业客户,结合联通产品和渠道优势,形成差异化支付金融解决方案,为客户提供专业服务。

▶ 专业化的科技创新能力

创新数据科技应用,发掘"通信+支付金融"大数据价值,建立个人/企业增信、授信模型,构建辅助决策和智能风控系统,打造"通信+数科"系列产品。

商务合作 | 商务服务电话:4006889900
商务服务邮箱:yetuo_wbywz@wo.cn

◀ **联系我们**

产品中心

联通支付发挥第三方支付全牌照优势,依托账户、支付、清结算、商户管理等能力,打造具有通信行业特色的全场景支付平台,高效合规提供支付及金融信息服务,广泛连接用户与商户,满足用户多元化消费需求,助力企业数字化转型。

产品线

数字支付 ▼

资金归集

为企业客户提供资金收付和归集服务的一站式综合解决方案

聚合支付

聚合沃支付、微信、支付宝、云闪付等支付方式的线下收款产品

收银台

聚合沃支付、微信、支付宝、云闪付等支付方式的线上收款产品

沃企行

为企业客户提供线上标准支付产品或定制化支付综合解决方案

电子券

为客户提供的数字化支付工具,满足客户精准灵活设计营销活动需求

广告

数字金融 ▼

沃分期

为满足用户分期消费需求，聚合银行、消金等金融机构资源，围绕"通信+终端"业务场景提供信息服务

沃易贷

与银行、消金等金融机构合作，为用户线上贷款提供信息服务

数据科技 ▼

平台生态 ▼

隐私计算

基于联邦学习、隐匿查询等隐私计算技术，融合多方数据为客户提供数据要素安全流通与应用服务

沃百富

发挥数字支付、场景连接、技术优势打造的电商平台，提供农产品销售、员工慰问等服务

广告

中讯概述
ENTERPRISE OVERVIEW

隶属关系
ENTERPRISE AFFILIATION

中讯邮电咨询设计院有限公司隶属于中国联合网络通信集团有限公司

中国联合网络通信集团有限公司

中国联合网络通信集团有限公司(简称"中国联通")于2009年1月6日由原中国网通和原中国联通合并重组而成,公司在国内31个省(自治区、直辖市)和境外多个国家和地区设有分支机构,拥有覆盖全国、通达世界的现代通信网络和全球客户服务体系,用户规模达到4.6亿户。

中国联通全面承接新时代赋予的新使命,"十四五"公司发展的定位明确为"数字信息基础设施运营服务国家队、网络强国数字中国智慧社会建设主力军、数字技术融合创新排头兵"。公司战略升级为"强基固本、守正创新、融合开放"。

中国联通是一家整体进行混合所有制改革试点的中央企业,公司在2021年《财务》世界500强中位列第260位。

企业简介
ENTERPRISE PROFILE

中讯邮电咨询设计院有限公司

1952年创建于北京，是一家综合性甲级咨询勘察设计单位，2006年成为中国联通全资子公司，2008年改制为中讯邮电咨询设计院有限公司（以下简称"中讯设计院"），是国家"高新技术企业"、国企"科改示范企业"、"对标提升"标杆企业。2023年入选获评"科改示范"企业2022年度考核"标杆"企业评级。

成立以来，中讯设计院先后承担了几十项通信高新技术工程设计，完成了中国通信骨干网50%以上的咨询设计项目，拥有通信工程、建筑工程设计、勘察、咨询甲级资质、涉密信息系统集成甲级资质、施工总承包资质、检验检测资质等多项核心资质，先后培养出7位国家工程设计大师，技术实力雄厚。

业务能力涵盖网络咨询规划设计、设计仿真软件开发、工业互联网、云网安全、双碳产品及解决方案等多领域，能够为电信运营商及政企客户提供咨询、设计、总包、软件开发、研件产品和运营支撑的全方位、全过程服务。

为提升企业核心竞争力、增强企业活力，中讯设计院于2022年引入诚通混改基金、国新科改基金、中国电科核心研投基金、广州工控资本、上海久有基金5家战略投资方，形成中国联通持股75%，战略投资方持股20%，员工持股5%的股权结构。

未来，中讯设计院将在中国联通新战略规划指引下，强基固本、守正创新，勇当"数字信息基础设施运营服务国家队、网络强国数字中国智慧社会建设主力军、数字技术融合创新排头兵"。

核心能力
CORE COMPETENCE

五大主责主业

"强技术之基，固人才之本，
守设计之正，创数智之新"

01 网络规划、总师支撑、咨询设计
加强网络新技术跟踪研究，以高质量的网络规划、咨询设计和高水平的数字化运营及网络支撑服务为基础，持续提升联通份额，全力拓展外部市场。

02 数智化规划设计工具研发与应用
以攻坚通信领域"卡脖子"技术为突破口，深入开展通信领域CAE软件及仿真技术研发，辅助提高公司规划设计效率效能，助力市场拓展，提升行业影响力。

03 工业互联网5G融合创新应用
落实5G应用"扬帆行动"计划，构建工业互联网重点领域行业数字化咨询规划、解决方案能力，打造有特色、差异化的创新产品及集成交付能力，赋能中国联通"大应用"体系，助推中讯设计院创新发展。

04 云网、物联网及终端等领域安全技术及产品
以集团公司"大安全"战略为引领，把握技术发展趋势，聚焦云网安全、物联网安全、终端安全三大领域，提供专业化的解决方案、产品与服务，为中讯设计院高质量发展拓展新赛道。

05 双碳领域技术研究、产品开发及咨询设计
持续开展双碳政策跟踪、前沿技术研究及产品开发，主导信息行业双碳标准编制，实现联通能源使用低碳化、智能化、可视化及碳排放管理数字化，对外提供高效综合节能产品及节能方案，打造公司新的业务增长极。

中国概述

七大核心能力

面向下一代通信网络领域的
规划咨询及设计能力

行业领先的数字化智能化
软件及平台开发能力

硬件产品研发制造及
交付能力

行业应用开发能力

安全领域核心技术能力

双碳技术研发和
产品供给能力

完善的端到端
交付能力和体系

广告

长飞光纤光缆股份有限公司

9100+
员工

90+
国家和地区

1200+
专利

长飞光纤光缆股份有限公司
YANGTZE OPTICAL FIBRE AND CABLE JOINT STOCK LIMITED COMPANY

地址 ADD：中国武汉光谷大道9号　9 Optics Valley Avenue, Wuhan, China
邮编 PC：430073　电话 Tel：400-006-6869
Email：400@yofc.com

广告

长飞光纤光缆股份有限公司(以下简称"长飞公司")成立于1988年5月,是专注于光纤光缆产业链及综合解决方案领域的科技创新型企业,也是全球领先的光纤预制棒、光纤、光缆及综合解决方案供应商。

长飞公司主要生产和销售通信行业广泛采用的各种标准规格的光纤预制棒、光纤、光缆,基于客户需求的各类特种光纤光缆、光模块、光器件、有源光缆、海缆,以及射频同轴电缆、配件等产品,公司拥有完备的集成系统、工程设计服务与解决方案,为世界通信行业及其他行业(包括公用事业、运输、石油化工、医疗等)提供各种光纤光缆产品及综合解决方案。

秉持"智慧联接 美好生活"的使命,长飞公司以"客户 责任 创新 共赢"为企业核心价值观,在全业务增长、国际化、多元化、技术创新与数字化转型、资本运营协同成长五大方面积极布局,致力于成为信息传输与智慧联接领域的领导者!

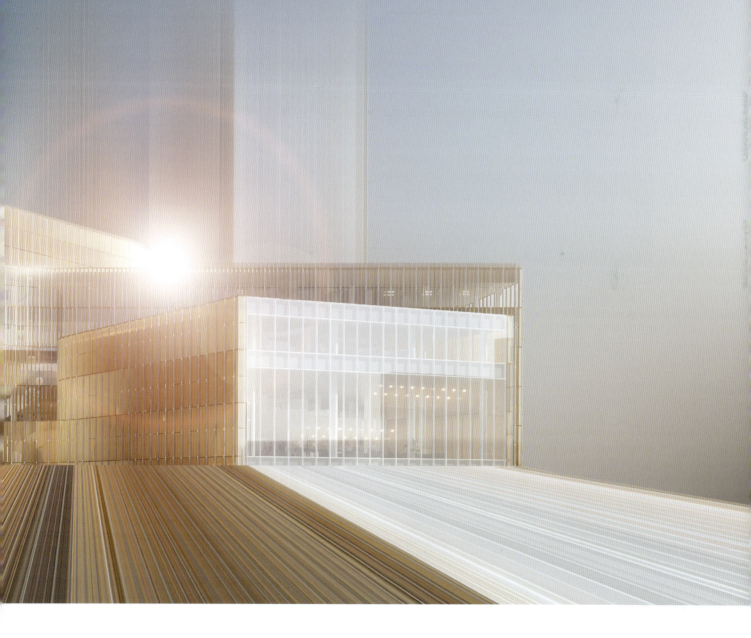

YOFC Smart Link Better Life. 广告

主营业务

光纤预制棒

- 全球自主掌握PCVD、VAD、OVD三种主流光纤预制棒制备技术并成功实现产业化。

全系列通信光纤

- 以客户需求为中心,开发出从陆地到海洋、从长途干线到光纤入户和数据中心的全系列产品。
- G.654.E光纤:长飞G.654.E光纤目前已在全球部署近200万芯公里,成功在中国移动、中国电信、中国联通、国家电网和菲律宾、巴西等多个国家网络基础设施项目建设中实现规模商用。
- OM4&OM5多模光纤:长飞多模系列光纤在全球众多大型数据中心中得到广泛应用。
- 空分复用&空芯光纤:依托光纤光缆先进制造与应用技术全国重点实验室积极布局,并在其研发中处于领先水平。

全系列通信光缆

- 全干式光缆:中国新型光缆产品,用于墨西哥国家宽带等工程项目。
- 微族光缆:微单元结构,易分歧;手动开剥,施工方便。
- 超大芯数光缆:在行业内率先实现批量化生产,助力横琴"智能岛"建设。
- 气吹微缆:推出180μm纤超细气吹微缆,打造中国气吹微缆干线(中国联通:武汉荆门)。

长飞光纤光缆股份有限公司
YANGTZE OPTICAL FIBRE AND CABLE JOINT STOCK LIMITED COMPANY

地址 ADD:中国武汉光谷大道9号　9 Optics Valley Avenue, Wuhan, China
邮编 PC: 430073　电话 Tel: 400-006-6869
Email: 400@yofc.com

广告

多元业务

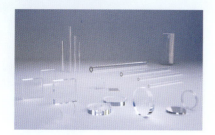

石英材料

开发多种石英产品制备与加工技术,为通信、半导体、光学加工等多个行业提供高品质石英产品。

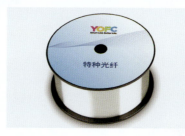

特种光纤

性能优异且高可靠性,广泛应用于光器件、激光器、工控电力、光纤传感、天文观测、海洋探测等领域。

电力线缆

提供满足电力行业OPGW产品标准、覆盖国网OPGW型谱的全系列电力线缆产品,多结构设计满足不同应用场景需求。

光模块

针对接入网、传输网、数据中心、无线网等应用提供稳定可靠、高效灵活的光模块产品和解决方案。

光器件

拥有全流程垂直集成无源配件、有源光组件等生产制造能力,为客户提供优质全面的光器件及上下游产品。

工业激光

可提供多种可选波长,不同光束模式以及准连续、窄线宽、超短脉冲等多样化光纤激光产品。

消费电子

拥有HDMI、DP、USB等多系列数据传输产品,广泛应用于医疗系统、机器视觉、车载航空、影视工程、影音娱乐、电子竞技、VR等领域。

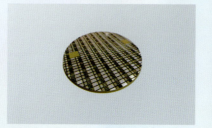

第三代半导体材料

专注于以碳化硅为代表的第三代半导体产品的设计、工艺研发、晶圆制造和封测,拥有国内一流英寸产线设备和先进的配套系统。

海洋工程

提供性能优异的海底光/电缆、光电复合缆、动态缆、脐带缆等海缆产品和配件,以及海上风机安装、海光/电缆敷设和相关运维服务。

YOFC Smart Link Better Life. 广告

加快向研究型大学迈进

国家"双一流"建设高校　　江苏高水平大学建设高峰计划A类建设高校
ESI中国大学综合排名百强　　中国大学综合实力百强

办学 81 年来，南京邮电大学始终秉承"信达天下、自强不息"的精神，传承红色基因、赓续红色血脉，坚持立德树人根本任务，坚持社会主义办学方向，坚持为党育人、为国育才，为国家输送了各类优秀人才 27 万余名，享有"华夏 IT 英才的摇篮"之誉。

当前，学校正全面推进国家"双一流"建设，坚持"强化特色引领、强化人才支撑、强化创新驱动"的战略思想，优化"信息材料、信息器件、信息系统、信息网络、信息应用"五位一体的大信息发展格局，凝心聚力、接续奋斗，不断开创学校高质量发展新局面！

华夏 IT 英才的摇篮

广告

江苏省主动配电网零碳运行控制工程研究中心

江苏省主动配电网零碳运行控制工程研究中心（原名江苏省主动配电网大数据分析与控制工程实验室）于2015年建立，实验室主要围绕主动配电网产业发展中存在的数据采集、大数据处理优化控制等关键问题，针对主动配电网发展高阶段的需求，建设大数据分析平台及自供电数据采集装置与无线集成通信传输系统研发平台，开展数据采集方法与装置、大数据分析优化控制等方面的研究，突破基于无线传感技术的低功耗自供电电能数据采集、主动配电网的宽带无线通讯、主动配电网大数据分析处理与负荷预测和主动配电网运行状态评估与预警、主动配电网多源互补有功分层协调控制、无功电压分层协调控制等关键技术，提升产业创新能力，促进区域经济发展和"双碳"目标的实现。

【实验室概要介绍】

在"双碳"目标下，电力系统正在向以新能源为主体的新型电力系统转化，在其发电侧，电源控制与支撑能力不断减弱；在电网侧，抗扰能力和弹性逐渐下降；在配用侧，伴随分布式新能源规模化接入，对电网需求不断增大，新型电力系统源网荷多段特性变化会严重威胁其安全优质经济运行，解决上述问题既经济又可行的技术途径是挖掘利用配用侧分布式可控资源的聚合调节潜力，从配用侧支撑新型电力系统安全优质经济运行。在上述迫切需求牵引下，南京邮电大学岳东教授团队依托江苏省主动配电网零碳运行控制工程研究中心和重大项目，以网络化、协同化、智能化的设计理念，建立了海量可控资源聚合下"云测协调调控-边侧协同互济-端侧聚合自治"智能调控架构。与此同时，考虑分布式资源规模化接入，以及配电网开放互联环境信息安全风险注入入口和传播路径增多，进而导致信息安全风险注入概率增大等问题，团队建立了"采-传-决-控"广义闭环主动安全防御架构体系，保证复杂多变环境下配电网层级智能调控系统的有效性。为了实现海量分布式资源的精细化调控，研究团队根据配电网紧急态安全性、警戒态优质性和运行态经济性的不同侧调控需求，分别提出了紧急态下网架智能重构与协调切换控制，警戒态下可控资源聚合灵活协同控制，运行态下层级多目标协同趋优调控等创新技术，并研发了层级智能控制装备体系。

基于上述技术，团队独辟蹊径，从配用侧源网荷储调控，主动支撑新型电力系统安稳经济运行角度，探索了一条解决以新能源为主体，新型电力系统安稳经济运行这一世界性难题的新途径，项目成果也在苏州工业园区主动配电网示范项目进行工程应用，该示范工程由国网苏州供电公司、南瑞集团和南京邮电大学共建，资金总投入2.26亿元，是目前10kV电压等级，国内外建设规模较大的主动配电网示范项目，项目成果应用于该示范工程，关键用户电压波动次数降低95%，馈线自愈成功率由87.7%提高至95.9%，用户年平均停电时间缩短至1.6分钟，使运行成本同比下降20%，运行能效同比提升10%，近两年新增经济效益达4.32亿元，核心技术与装备体系被院士领先的专家组鉴定达到国际水平，支撑获得2022年度江苏省科学技术奖一等奖等系列奖项。

广告

【团队及成果介绍】

研究中心以岳东教授(俄罗斯工程院外籍院士/IEEE Fellow)为主任，工程院院士薛禹胜教授为学术委员会主任，拥有以国家优青、海外优青、江苏省杰青等高端人才和专家教授30余人组成的核心研究团队。主持国家重点研发计划、国家自然科学重大项目/基金重点/面上/青年等国家级项目10项，江苏省前沿引领技术基础研究专项探索项目等项目10项，以及国家电网公司科技项目20余项，在电网信息物理融合建模、电力系统安全稳定量化分析及信物融合主动安全控制等方面取得了一系列理论研究成果，在IEEE Transactions on Smart Grid、IEEE Transactions on Industrial Electronics、IEEE Transactions on Industrial Informatics等著名国际刊物上发表高水平论文200余篇，授权与本课题相关国家发明专利90余项。

【成果介绍】

依托工程研究中心开发了新能源高渗透配电网智能调控与安全防御系统，为新能源规模化接入配电网的安稳经济优质运行提供了整体解决方案。其中包含网络化云决策控制系统、微电网(群)解决方案、智能配电网解决方案综合能源管理方案。

综合能源网络协同优化与控制系统是基于前瞻性的创新理念，采用大数据分析技术、人工智能算法、先进控制技术等，结合校园自身环境、负载特点和特有的应用需求，建设由多个部署在校园的新能源微电网构成的开放式智能微电网群。能够实现校园范围内的节能减排，并为科学研究、实验教学、大学生创新、产品研发和产品测试等提供全新的实训基地和平台。

广告

广告索引

前 插

A1	天翼电子商务有限公司
A2-5	中国电信股份有限公司
A6-9	中国移动通信集团有限公司
A10-13	中国联合网络通信有限公司
A14-15	天翼安全科技有限公司
A16	中国广播电视网络集团有限公司

企业专题

B1-4	中国电信股份有限公司北京分公司
B5-8	中国移动通信集团北京有限公司
B9-12	中国电信股份有限公司上海分公司
B13-16	中国联合网络通信有限公司上海市分公司
B17-20	中国移动通信集团广东有限公司
B21-24	中国联合网络通信有限公司广东省分公司
B25-28	中国移动通信集团浙江有限公司
B29-32	中国联合网络通信有限公司河南省分公司
B33-36	中国联合网络通信有限公司河北省分公司

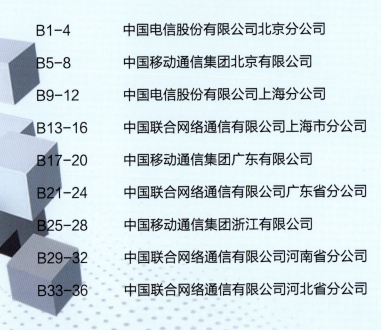

B37-40	中国移动通信集团云南有限公司
B41-44	中国联合网络通信有限公司天津市分公司
B45-48	中国联合网络通信有限公司福建省分公司
B49-52	咪咕文化科技有限公司
B53-56	中移互联网有限公司
B57-60	联通支付有限公司
B61-64	中讯邮电咨询设计院有限公司
B65-68	长飞光纤光缆股份有限公司
B69-72	南京邮电大学

跨页

C1-2	中国卫通集团股份有限公司
C3-4	中国移动国际有限公司
C5-6	中国联通(香港)运营有限公司
C7-8	中国电信股份有限公司浙江分公司
C9-10	中国电信股份有限公司四川分公司
C11-12	中国移动通信集团四川有限公司
C13-14	中国联合网络通信有限公司四川省分公司

C15-16	中国移动通信集团山东有限公司
C17-18	中国联合网络通信有限公司山东省分公司
C19-20	中国移动通信集团福建有限公司
C21-22	中国电信股份有限公司安徽分公司
C23-24	中国联合网络通信有限公司湖南省分公司
C25-26	中国电信股份有限公司河北分公司
C27-28	中国联合网络通信有限公司青海省分公司
C29-30	中移物联网有限公司
C31-32	联通视频科技有限公司
C33-34	中国移动通信集团设计院有限公司

中插

D1	中国移动通信集团江苏有限公司
D2	中国移动通信集团河北有限公司
D3	博浩科技有限公司
D4	中浙信科技咨询有限公司
D5	中贝通信集团股份有限公司
D6	江苏南方通信科技有限公司

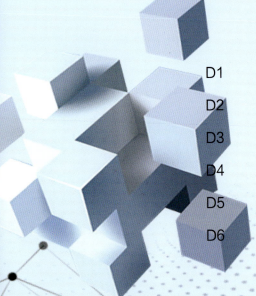

后插

E1　　江苏亨通光电股份有限公司

E2　　中天科技光纤有限公司

E3　　元道通信股份有限公司

E4　　广东南方通信建设有限公司

E5　　广西壮族自治区通信产业服务有限公司

E6　　广东长实通信科技有限公司

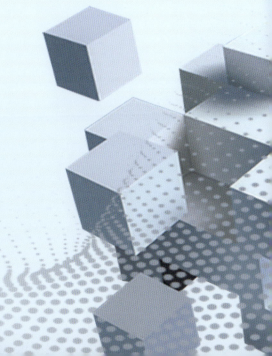

2024年全国工业和信息化工作会议

2023年12月21日,2024年全国工业和信息化工作会议在北京召开。

会议坚持以习近平新时代中国特色社会主义思想为指导,全面贯彻党的二十大和二十届二中全会精神,深入学习贯彻习近平总书记关于新型工业化的重要论述,认真落实中央经济工作会议和全国新型工业化推进大会部署要求,总结2023年工作,部署2024年的工作任务。

会议认为,推进新型工业化是以习近平同志为核心的党中央统筹中华民族伟大复兴战略全局和世界百年未有之大变局作出的重大战略部署。党的十八大以来,习近平总书记举旗定向、掌舵领航,就推进新型工业化的一系列重大理论和实践问题作出重要论述,极大地丰富和发展了我们党对工业化的规律性认识,为推进新型工业化提供了根本遵循和行动指南。学深悟透习近平总书记关于新型工业化的重要论述,必须坚持党对推进新型工业化的全面领导,深刻认识推进新型工业化的战略定位,牢牢锚定推进新型工业化的总体目标,准确把握推进新型工业化的重要原则,全面落实推进新型工业化的重点任务,掌握推进新型工业化的方法和路径,坚持学思用贯通、知信行统一,把学习成效转化为推进新型工业化的实际行动。

会议指出,2023年是全面贯彻落实党的二十大精神的开局之年,是我国工业发展史上具有里程碑意义的一年。党中央召开全国新型工业化推进大会,习近平总书记作出重要指示指出,新时代新征程,以中国式现代化全面推进强国建设、民族复兴伟业,实现新型工业化是关键任务。全系统认真贯彻落实党中央、国务院的决策部署,扎实开展学习贯彻习近平新时代中国特色社会主义思想主题教育,守正创新、团结奋斗,较好地完成了全年的工作任务。**工业经济呈现回升向好态势**。2023年全年,工业增加值同比增长4.3%以上,制造业增加值占GDP比重基本稳定,总体规模连续14年保持全球第一。"十四五"规划重大工程项目建设加快推进。国防科技工业和烟草行业保持较快增长。**制造业重点产业链高质量发展步伐加快**。产业基础再造工程和重大技术装备攻关工程稳步推进,工业母机、关键软件等重点领域创新实现新突破,C919大型客机投入商业运营,国产首艘大型邮轮"爱达·魔都号"正式命名交付,全球单机容量最大的16MW海上风电机组并网发电,国产体外膜氧合器(Extracorporeal Membrane Oxygenation,ECMO)完成注册取证,智能六行采棉机实现量产,神舟十六号、十七号顺利升空。**制造业创新体系建设不断加强**。国家级、省级制造业创新中心分别达到29个、260个,国家级高新技术产业开发区达到178家,高新技术企业达到46.5万家。落实《党和国家机构改革方案》,完成机构转隶和职能承接工作。**产业结构进一步优化升级**。2023年1~11月,规模以上高新技术制造业增加值同比增长2.3%、装备制造业增加值同比增长6.4%。新能源汽车、锂电池、光伏产品"新三样"出口快速增长,新能源汽车出口达109.1万辆。造船业三大指标国际市场份额继续保持全球领先。累计建设数字化车间和智能工厂近万家,创建国家级绿色工厂 5100 家，工业资源综合利用效率进一步提高。系列产业转移发展对接活动取得成效，45 家国家级先进制造业集群建设加快。**中小企业专精特新发展步伐加快。**累计培育"小巨人"企业 1.2 万家、专精特新中小企业 10.3 万家，遴选中小企业特色产业集群 100 个。启动首批 30 个城市中小企业数字化转型试点，开展系列中小企业服务活动，累计服务中小企业 950 余万家。**信息通信业高质量发展扎实推进。**2023 年全年，电信业务总量同比增长 16% 左右，软件和信息技术服务业收入同比增长 13% 左右。截至 2023 年 11 月底，累计建成 5G 基站 328.2 万个，千兆宽带用户比 2022 年同期翻番。6G 技术试验加快推进。信息通信监管改革创新深入推进，应急通信能力显著增强，网络和数据安全保障得到加强，无线电频谱资源开发利用水平、电磁空间安全保障能力进一步提升。圆满完成重大活动通信服务、网络安全、无线电安全等保障任务。**产业发展环境持续优化。**发布实施一批重要政策举措，建立制造业企业、中小企业常态化交流机制，实施"科技产业金融一体化"专项项目，持续推动国际合作走深走实。**推动全面从严治党向纵深发展。**全力支持配合中央巡视，坚持即知即改、抓实立行立改，以高质量党建引领高质量发展，党员干部干事创业的精气神进一步提振。

会议指出，2024 年是中华人民共和国成立 75 周年，是实现"十四五"规划目标任务的关键一年，也是全面落实全国新型工业化推进大会部署的重要一年。坚持稳中求进的工作总基调，完整、准确、全面地贯彻新发展理念，统筹高质量发展和高水平安全，大力推进新型工业化，实施制造业重点产业链高质量发展行动，提升产业科技创新能力，改造升级传统产业，巩固提升优势产业，培育壮大新兴产业，前瞻布局未来产业，支持中小企业专精特新发展，加快建设以科技创新为引领、以先进制造业为骨干的现代化产业体系，为以中国式现代化全面推进强国建设、民族复兴伟业提供坚实的物质技术基础。

会议强调，2024 年要围绕高质量发展，突出重点、把握关键，抓好 12 个方面的重点任务。**一是全力促进工业经济平稳增长。**抓好稳增长政策落地见效，深入实施十大行业稳增长工作方案，支持工业大省继续"挑大梁"，做好经济宣传、政策解读和舆论引导。深化原材料、消费品"三品"行动，提振新能源汽车、电子产品等大宗消费。深化产融合作，做好制造业重点外资项目服务保障。**二是全面实施制造业重点产业链高质量发展行动。**统筹推进关键核心技术攻关工程、产业基础再造工程和重大技术装备攻关工程，强化应用牵引，加快技术攻关突破和成果应用，实现"化点成珠、串珠成链"。**三是提升产业科技创新能力。**大力推进科技创新和产业创新深度融合，深入实施科技创新重大项目，持续优化创新平台网络，加快培育创新型企业，打造"火炬"品牌升级版。推进园区提质增效，启动创建国家新型工业化示范区。**四是加快改造提升传统产业。**实施制造业技术改造升级工程，支持企业设备更新，加快钢铁、有色、轻工等重点行业改造升级。推动制造业"智改数转网联"，深化智能制造试点示范，推进开源体系建设。继续办好产业转移发展对接活动。**五是巩固提升优势产业领先地位。**加快强链补链延链，提升全产业竞争力。支持新能源汽车换电模式发展，抓好公共领域车辆全面电动化先行区试点。加强光伏行业规范引导和质量监管。促进稀土在航空航天、电子信息、新能源等领域高端应用。**六是加快培育新兴产业。**启动智能网联汽车准入和上路通行试点，推进北斗规模应用和卫星互联网发展。壮大新能源、新材料、高端装备、生物医药及高端医疗装备、安全应急装备等新兴产业，打造生物制造、商业航天、低空经济等新的增长点。出台未来产业发展行动计划，瞄准人形机器人、量子信息等产业，着力突破关键技术、培育重点产品、拓展场景应用。**七是推动信息通信业高质量发展。**统筹"建、用、研"各项工作，推进5G、千兆光网规模部署，加快布局智能算力设施，加强6G预研。创新信息通信市场监管，纵深推进行风建设和纠风工作，完善应急通信预案和指挥体系。推动5G规模化应用，出台工业互联网高质量发展指导意见。开展关键信息基础设施防护提升专项行动，提升行业数据安全管理水平。**八是推动工业绿色低碳发展。**稳妥推进工业领域碳减排，严控钢铁、水泥、平板玻璃新增产能，开展工业数字化碳管理试点，深入实施工业能效、水效提升行动，积极探索新兴固废综合利用市场化途径，大力发展绿色低碳产业，全面推广绿色制造。**九是促进中小企业高质量发展。**实施一批普惠性帮扶政策，多渠道支持专精特新企业创新发展，深入开展中小企业数字化转型城市试点和"三赋"专项行动。加快建设全国中小企业服务"一张网"。深入实施促进大中小企业融通发展等系列活动。**十是优化国防科技工业体系布局，巩固提高一体化国家战略体系和能力。十一是支持部属高校"双一流"建设。**加强党建、思政和意识形态工作，构建特色鲜明、优势突出的学科专业体系，培养造就拔尖创新人才，支持部属高校参与国家实验室建设，保障校园安全稳定。**十二是提升行业治理现代化水平。**加强对产能过剩行业的规范指导。实施新产业标准化领航工程。落实制造业全面对外开放措施，放宽电信市场准入，深化双多边机制合作。抓好制造业人才培养等重点项目实施。加强通信管理局建设。支持部属单位聚焦主业、突出特色，打造核心支撑能力。加强民爆行业监管，抓好通信业及通信设施建设安全生产监管。做好重大活动和突发事件通信服务、网络安全、无线电安全等保障工作。

会议强调，**要进一步强化党的创新理论武装，**深入学习贯彻习近平新时代中国特色社会主义思想，学深悟透习近平总书记关于新型工业化的重要论述，坚定捍卫"两个确立"，坚决做到"两个维护"，做好"三个表率"，建设模范机关，走好"第一方阵"。**要狠抓贯彻落实，**按照不折不扣抓落实、雷厉风行抓落实、求真务实抓落实、敢做善为抓落实的要求，坚决落实中央经济工作会议和全国新型工业化推进大会部署，注重协同配合，加强调查研究，提高履职能力，坚决纠治形式主义、官僚主义，下决心精简论坛、展会等活动，带头过紧日子，全面完成2024年的各项目标任务。**要营造干事创业的良好氛围，**弘扬"两弹一星"精神、载人航天精神、工匠精神和"哈军工"优良传统，倡导严慎细实、雷厉风行、团结协作、敬业规范的工作作风，想干事的给机会、能干事的给舞台、干成事的给激励，进一步提振党员干部干事创业的精气神。**要全面加强党的建设，**把全面从严治党要求贯穿到各方面全过程，认真支持配合中央巡视，切实抓好中央巡视整改任务，一体推进不敢腐、不能腐、不想腐，牢牢守住廉洁、保密、安全"三条红线"，以高质量党建引领高质量发展。

会议要求，岁末年初之际，要绷紧保民生、保安全稳定这根弦，扎实做好企业帮扶、节日市场供应、通信服务、无线电检测、安全生产、应急值守等各项工作。组织做好对离退休干部、老职工的慰问。严格落实中央八项规定及其实施细则精神，严肃查处"四风"问题，确保节日期间风清气正。

中国信息通信行业 2023 年十件大事

中国通信企业协会

2023 年是全面贯彻落实党的二十大精神的开局之年，是实施"十四五"规划承前启后的关键一年，也是推动信息通信行业高质量发展、开创通信行业发展新局面的重要一年。

2023 年，信息通信行业高质量发展扎实推进，在新型信息基础设施建设、数字经济发展与数字中国建设、行业治理与网络安全等方面不断加强。中国通信企业协会组织行业专家对 2023 年信息通信行业的重大事件进行了分析梳理和评选，从凸显行业价值、推动业务创新和影响市场发展等角度筛选行业发展十件大事。

一、习近平总书记就做好网络安全和信息化工作，推进新型工业化作出重要指示，为实体经济与数字经济、产业信息化的融合发展提供科学指南

2023 年 7 月 14 日召开的全国网络安全和信息化工作会议传达了习近平总书记对网络安全和信息化工作的重要指示。9 月 22 日召开的全国新型工业化推进大会传达了习近平总书记的重要指示。习近平总书记的重要指示深刻阐述了新时代新征程推进新型工业化的重大意义、重要原则、重点任务。推进新型工业化，信息通信行业承担着光荣使命和重要职责，要巩固提升通信行业竞争优势和领先地位，推动工业互联网规模应用，为制造强国、质量强国、网络强国、数字中国建设提供坚实支撑，促进数字经济与实体经济深度融合。

二、电信业务收入和业务总量保持较好增长，其中新兴业务收入增势凸显

2023 年，我国通信行业保持平稳运行，5G、千兆光网、物联网等新型基础设施建设加快，网络连接终端用户规模不断扩大。2023 年 1～11 月，电信业务总量持续较快增长，按照 2022 年不变价计算的电信业务总量同比增长 16.6%。电信业务收入增长稳定，电信业务累计收入同比增长 6.9%，其中，以数据中心、云计算、大数据、物联网等为主的新兴数字化服务快速发展，新兴业务收入同比增速超过 20%，在电信业务收入中占比 21%，对电信业务收入的增长拉动作用持续增强，进一步优化电信业务结构，助推行业高质量发展。

三、天地一体通信加快布局，全球首次实现消费类手机直连卫星双向通信服务

2023 年 9 月 8 日，中国电信依托"天通一号"卫星移动通信系统及网络率先推出手机直连卫星业务，提供双向语音通话和短信收发通信服务，实现了大众消费类 5G 手机直连天通卫星，为用户带来全新的天地一体融合通信体验。中国电信通过产业协同、集智攻关，先后突破高性能内置天线、基带射频芯片一体化小型化、卫星核心网与移动核心网拉通、信令协议转换、用户身份统一认证、业务链路端到端建立等关键技术。

四、《数字中国建设整体布局规划》的印发与国家数据局的正式挂牌将加快推进数字中国的规划与建设

中共中央、国务院于2023年2月印发《数字中国建设整体布局规划》，提出新时代数字中国建设的"2522"整体布局，为加快建设数字中国明确路线、指明前进方向。10月25日，国家数据局正式挂牌成立，国家数据局负责协调推进数据基础制度建设，统筹数据资源整合共享和开发利用，推进数字中国、数字经济、数字社会规划和建设等。数字中国建设是一项系统工程，涉及多领域、多行业，国家数据局的成立，将从国家层面加快建立健全统筹协调机制，加快提升数字中国建设的整体性、系统性和协同性，统筹推进数字政府、数字经济、数字社会、数字文化和数字生态建设。

五、"双千兆"网络、算力基础设施高质量发展取得新突破

截至2023年11月底，我国已建成网络规模和应用水平全球领先的网络基础设施。已累计建成开通5G基站328.2万个，5G基站覆盖我国所有地级市城区、县城城区；5G行业虚拟专网超20000个，为行业提供稳定、可靠、安全的网络设施，5G行业应用已融入67个国民经济大类。1000Mbit/s及以上接入速率的固定互联网宽带接入用户达1.57亿户，占总用户数的24.6%，110个城市达到千兆城市标准。通过加快新型网络基础设施建设，我国实现了"县县通5G、村村通宽带"，移动互联网用户和固定宽带接入用户正加速向大带宽接入产品迁移。与此同时，随着互联网和AIGC等前沿技术应用的创新发展，我国算力基础设施规模不断加大，平台服务加快完善，运营能力大幅提升。目前我国算力总规模超过200EFLOPS，居全球第二位，2023年是我国算力产业爆发式增长的一年。

六、新一代人工智能引领数字化、智能化的生产生活驶入快车道

AIGC引发了生产方式、生活方式和社会治理方式的深刻变革，成为新一轮科技革命和产业变革的重要驱动力量和战略性技术。我国积极顺应新一代AI的发展潮流，在AI科技新赛道上加大研发投入，技术赋能效应凸显，产业生态蓬勃发展。2023年，百度文心一言、阿里云通义千问、华为盘古、科大讯飞星火等AI大模型持续迭代升级，"AI+"智能产业新业态新模式加速孕育。在工业制造领域，"AI+"的融合实践正在从边缘、辅助环节加速走向核心、创新环节，凸显以智能制造为主攻方向，以行业应用为牵引，推动制造业加速向数字化、网络化和智能化发展；AI技术让汽车智能化引领出行变革；电商平台运用AI技术实现了智能选品、购物推荐和"数字人"主播等购物新体验。在电网、能源、农林等行业，AI技术加快了生产作业流程的无人化、自动化和智能化应用。通过整合5G、大数据、云计算、工业互联网等先进的数字技术，新一代AI技术正在加快改变人们的生产和生活方式。

七、五部门联合印发《深入实施"东数西算"工程 加快构建全国一体化算力网的实施意见》

2023年12月，国家发展和改革委员会、国家数据局、中央网络安全和信息化委员会办公室、工业和信息化部、国家能源局印发《关于深入实施"东数西算"工程 加快构建全国一体化算力网的实施意见》（以下简称《实施意见》）。《实施意见》以算力高质量发展赋能经济高质量发展为主线，

充分发挥国家枢纽节点引领带动作用，协同推进"东数西算"工程，从通用算力、智能算力和超级算力一体化布局，东中西部算力一体化协同，算力与数据、算法一体化应用，算力与绿色电力一体化融合，算力发展与安全保障一体化推进5个统筹出发，推动建设联网调度、普惠易用和绿色安全的全国一体化算力网，提出到2025年年底，综合算力基础设施体系初步成型，算力网关键核心技术基本实现安全可靠，以网络化、普惠化和绿色化为特征的算力网高质量发展格局逐步形成。

八、我国加快高速光传输网络研发部署，骨干传输网跨入400Gbit/s时代

电信运营商积极推进相关技术研发和应用，加快400Gbit/s试验网建设，现网试点日益成熟完善。中国电信建成大湾区首张400Gbit/s全光运力网，ChinaNet骨干网完成400GE IP+光长途传输现网试点，将400Gbit/s等多种信号速率的波分复用（Wavelength Division Multiplexing，WDM）系统在多种光纤环境、组网条件下进行了多次传输实验。中国移动启动省际骨干传送网400Gbit/s光传送网（Optical Transport Network，OTN）新技术试验网设备集中采购，为400Gbit/s骨干网建设按下启动键。中国联通在山东、浙江、上海等多地完成了400Gbit/s技术测试，并在部分地区开通400Gbit/s波长传输业务。电信运营商多个试验网的建设完成，为未来高品质网络的演进升级构筑坚实的全光底座，我国骨干传输网跨入400Gbit/s时代。10月，工业和信息化部等部门联合印发的《算力基础设施高质量发展行动计划》，提出加快400Gbit/s、800Gbit/s高速光传输网络研发部署，提升枢纽网络传输效率，为加速400Gbit/s等高速光网络传输技术的发展注入强大动能。

九、我国将6GHz频段划分给5G/6G使用，为6G创新发展提供政策保障

第31届中国国际信息通信展览会上，工业和信息化部提出中国将全面推进6G技术研发，在2030年左右实现商用，抢占未来发展新优势。工业和信息化部已经明确将6GHz频段划分给5G/6G使用，为6G创新发展提供政策保障，推动形成6G全球统一标准。12月5日，在2023全球6G发展大会上，我国6G推进组首次对外发布了《6G网络架构展望》和《6G无线系统设计原则和典型特征》等技术方案，这将为6G从万物互联走向万物智联提供技术路径。我国6G将遵循"使用一代，建设一代，研发一代"的移动通信发展节奏。

十、未来网络试验设施完成行业首个"智驱安全网络"一体化架构的大网级应用部署

国家重大科技基础设施——未来网络试验设施（China Environment for Network Innovation，CENI）2023年完成了行业首个"智驱安全网络"一体化架构的应用部署。CENI部署的该项重大应用成果具备"安全网络功能融合""多级实时智能驱动""全网一体化协同"三大创新特点，旨在从架构层面解决传统网络中存在的"安全能力碎片化"和"安全与网络功能缺乏一体化协同"等问题。该成果通过了中国信息通信研究院组织的大规模技术验证，具备对5TB级拒绝服务攻击（Distributed Denial of Service，DDoS）的高效智能防御能力，并验证了CENI安全网络一体化架构在抵御大规模网络攻击方面具有的独特优势。

中国电信集团有限公司 2024 年工作会议

2023年12月20～22日，中国电信集团有限公司（以下简称中国电信）2024年度工作会议在北京召开。会议以习近平新时代中国特色社会主义思想为指导，提出全面贯彻落实党的二十大和二十届二中全会精神，认真落实中央经济工作会议要求，系统总结2023年的工作，认清当前形势，研究部署2024年的工作，全面深化改革开放，全面推进高质量发展。工业和信息化部总工程师赵志国出席会议并讲话，中国电信董事长、党组书记柯瑞文讲话，总经理、党组副书记邵广禄做工作报告，党组副书记刘桂清做总结讲话。

赵志国表示，信息通信业坚持以习近平新时代中国特色社会主义思想为指导，坚决贯彻落实党的二十大精神和党中央、国务院各项决策部署，行业发展质量稳步提升、产业综合实力显著增强、竞争优势和领先地位更加稳固，在新时代新征程上迈出了坚实步伐。赵志国充分肯定了中国电信近年来取得的工作成绩：大力弘扬红色电信精神，加快服务型、科技型、安全型企业建设，坚定履行政治责任、经济责任和社会责任，发挥了重要作用、作出了突出贡献。希望中国电信坚决贯彻落实习近平总书记重要指示批示精神，进一步将思想和行动统一到党的二十大和中央经济工作会议精神上来，在新征程上，全面加快创新发展步伐，实现企业使命、愿景和战略新的升华，开创企业高质量发展新局面：一是在网络上优化升级，促进数字经济底座更加稳固；二是在科技上创新引领，促进产业发展动能更加强劲；三是在业务上延伸拓展，促进产业数字化转型领域更加广泛；四是在服务上提质增效，促进行业服务口碑更加优良；五是在改革上深化提升，促进企业内生动力更加迸发；六是坚定不移推进全面从严治党，以高质量党建引领保障企业高质量发展。

柯瑞文传达了中央经济工作会议精神，对如何准确把握企业所处历史方位进行了系统阐释，他在讲话中强调，当前企业正处于高质量发展的关键时间节点，要胸怀"两个大局"，心系"国之大者"，把坚持高质量发展作为新时代的硬道理、作为全面建设社会主义现代化国家的首要任务，把推进中国式现代化作为最大的政治，坚决扛起新时代新征程企业的使命责任，不断增强核心功能、提高核心竞争力，更好发挥企业在建设现代化产业体系、构建新发展格局中的科技创新、产业控制、安全支撑作用，弘扬红色电信精神，充分发挥云网融合优势，加大科技创新力度，抢抓战略机遇，乘势而上，全面深化改革开放，全面推进高质量发展，并明确了2024年总体思路和重点工作。

邵广禄做工作报告，总结回顾了2023年中国电信全面落实"168"工作要求，在科技创新突破、战略性新兴业务发展、数字信息基础设施升级、深化企业改革、夯实基础管理、履行央企责任、推进主题教育和中央巡视整改等方面取得的成绩，强调要准确把握企业所处的历史方位，主动适应新的任务要求，牢牢把握战略机遇，把坚持高质量发展作为新时代的硬道理，并部署了2024年的具体工作。

会议强调，中国电信要深刻领会和把握我国

经济社会发展取得的重要成就，深刻领会和把握党中央对新时代做好经济工作的规律性认识，深刻领会和把握党中央对经济形势的科学判断，深刻领会和把握党中央对经济工作的总体要求、政策取向和重点任务，深刻领会和把握、坚持和加强党对经济工作全面领导的重要要求。全集团要深刻认识到在全面深入实施云改数转战略、推动高质量的实践中必须坚持党建统领，必须坚持守正创新，必须坚持开拓升级，必须坚持担当落实。全集团要准确把握企业所处的历史方位，下一步工作要坚定不移抓科技创新，推动战略性新兴产业和未来产业发展；要提供数字化、智能化、绿色化的产品服务，不断增强人民群众的获得感、幸福感和安全感；要统筹高质量发展和高水平安全，牢牢守住安全底线；要全面深化改革开放，充分激发企业内生动力活力；要坚持党建统领，弘扬红色电信精神，工作作风要"严、实、快"。

会议指出，2023 年，中国电信坚持以习近平新时代中国特色社会主义思想为指导，全面深入实施云改数转战略，全面落实年度工作要求，企业高质量发展取得新成效。具体体现在高质量发展持续向好，利润总额和企业增加值再创历史新高；加强关键技术攻关，取得一系列标志性创新成果；战略性新兴业务布局全面完成，市场新动能不断增强；数字信息基础设施建设加快升级；企业改革持续深化，中国特色现代企业制度更加成熟定型；积极履行社会责任，使命担当不断彰显；"政治三力"不断提高，党建工作在继承中发展、在创新中提质，为企业高质量发展提供坚实保障等方面。

会议要求，2024 年，中国电信要坚持以习近平新时代中国特色社会主义思想为指导，全面贯彻落实党的二十大和二十届二中全会精神，认真落实中央经济工作会议的要求，坚持稳中求进的工作总基调，完整、准确、全面贯彻新发展理念，统筹高质量发展和高水平安全，坚定履行建设网络强国和数字中国、维护网信安全的使命责任，锚定打造服务型、科技型、安全型企业的目标愿景，弘扬红色电信精神，坚持党建统领、守正创新、开拓升级、担当落实，持续深入实施云改数转战略，全面深化改革开放，全面推进高质量发展。会议提出，2024 年中国电信主要工作要围绕 6 个方面：一是持续深入推进服务型企业建设；二是科技型企业建设再上新台阶；三是扎实推进安全型企业建设，实现高质量发展和高水平安全统一；四是全面推进绿色转型发展；五是持续升级数字信息基础设施；六是全面深化改革开放。中国电信要以高质量党建引领保障企业高质量发展，在不折不扣抓落实上下功夫，在雷厉风行抓落实上下功夫，在求真务实抓落实上下功夫，在敢作善为抓落实上下功夫，全力以赴推进年度各项工作落地见效。

中国移动通信集团有限公司 2024 年工作会议

2023 年 12 月 27～28 日，中国移动通信集团有限公司（以下简称中国移动）2024 年工作会议召开。会议总结了 2023 年的工作情况，分析研判了形势变化，部署了 2024 年的工作任务。会议提出，全面贯彻落实党的二十大、二十届二中全会和中央经济工作会议精神，坚持和加强党的全面领导，完整、准确、全面贯彻新发展理念，稳中求进、守正创新，着力增强核心功能、提高核心竞争力，着力发挥科技创新、产业控制、安全支撑作用，深化落实"一二二五"战略实施思路，全面推进数智化转型、高质量发展，加快培育壮大战略性新兴产业，高水平建设世界一流信息服务科技创新公司，为以中国式现代化全面推进强国建设、民族复兴伟业作出更大贡献。工业和信息化部总工程师赵志国出席会议并讲话，中国移动党组书记、董事长杨杰讲话。

赵志国表示，信息通信业坚决贯彻落实党的二十大精神和党中央、国务院各项决策部署，行业发展质量稳步提升、产业综合实力显著增强、竞争优势和领先地位更加稳固，在新时代新征程上迈出了坚实步伐。赵志国充分肯定了中国移动深入推进创世界一流"力量大厦"的发展战略，在多方面取得优异的成绩：盈利水平进入全球电信运营企业的领先行列，网络能力持续领先，产业科技加速融合，社会责任有力担当。赵志国深入分析了下一步信息通信业高质量发展的奋进方向和重点工作，希望中国移动全面加快创新发展步伐，开创企业高质量发展新局面，以信息化推进中国式现代化，为制造强国、网络强国和数字中国建设提供坚实支撑：一是坚持党建引领，以高质量党建保障高质量发展；二是坚持注智赋能，推动高水平数实融合；三是坚持创新驱动，增强高质量发展动力；四是坚持人民至上，打造高品质服务标杆；五是坚持安全支撑，筑牢高水平安全防线。

杨杰做了题为《稳中求进提质效　守正创新促转型　全力推进高质量可持续发展》的讲话。杨杰指出，2023 年是全面贯彻党的二十大精神的开局之年，中国移动全面贯彻党的二十大精神，认真落实党中央、国务院决策部署，凝心聚力落实"一二二五"战略实施思路，不断筑牢创世界一流"力量大厦"，着力推动高质量可持续发展，铸就公司发展新的里程碑，为推动经济回升向好、全面建设社会主义现代化国家开好局起好步作出积极贡献。2023 年，中国移动认真配合中央巡视工作，从严从实推进巡视整改和专项治理，党建引领保障作用充分发挥；大力推进高质量可持续发展迈上新台阶，构建新型信息基础设施和新型信息服务体系成效显现，科技创新布局起势，改革管理提质增效，队伍建设汇智聚力，数智生态繁荣壮大，履行社会责任务实有为，赢得上级单位、产业伙伴、社会各界的广泛认可。

杨杰指出，我国发展面临的外部环境依然是战略机遇和风险挑战并存，我国经济发展面临的有利条件强于不利因素，回升向好、长期向好的基本趋势没有改变。要保持定力，增强发展的信心和底气，充分认识到国资央企迈上高质量发展新征程、培育新质生产力发展带来产业发展新空间、落实中国移动战略目标呼唤数智赋能新支撑、多重因素交织带来转型发展新挑战，做到因势而谋、应势而动、顺势而为、乘势而上，在更高层级数智化转型、更深层次高质量发展的重要阶段，要坚定不移做强做优做大，坚定不移服务国家重大战略，坚定不移推进高质量发展，坚定不移推进高水平科技自立自强，坚定不移统筹发展和安全，坚定不移加强党的全面领导。

杨杰强调，2024年是实现"十四五"规划目标任务的关键一年，公司上下要牢牢把握新时代新征程国资央企工作的总目标、总原则和总要求，重点抓好以下3个方面的工作。

一是围绕坚定不移做强做优做大国有资本和国有企业的总目标，推动高质量发展。

把高质量发展的要求贯穿企业做强做优做大全过程，加快数智化转型升级，切实提高发展的质量效益效率，夯实公司长期价值增长的根基。深化建设新型信息基础设施，夯实数智化转型底座。深化构建新型信息服务体系，提升数智化发展的质效。深化AI赋能应用，提高数智化经营的水平。深化锻造世界一流品牌，树立数智化领先形象。深化改革攻坚和管理提升，激发数智化内生活力。

二是落实积极服务国家重大战略的总要求，更好支撑服务党和国家工作大局。

勇担网信领域中央企业的职责使命，发挥好战略支撑作用，大力发展战略性新兴产业和未来产业，在服务国家重大战略中塑造转型新优势、开拓发展新空间。加强体系布局，大力实施"BASIC6"科创计划，系统优化科技创新体制机制，提升科技创新力。带动产业发展，强化主体支撑、融通带动、生态聚合，提升产业引领力。筑牢发展屏障，全力维护产业链和供应链的安全、保障网络平稳运行、营造清朗网络空间，提升安全支撑力。强化责任担当，积极服务区域协调发展，全面助力乡村振兴，赋能绿色低碳发展，助推中小企业数智化转型，支撑高质量共建"一带一路"，提升服务保障的能力。

三是把握坚持和加强党对国有企业的全面领导的总原则，以高质量党建引领保障公司高质量发展。

深入学习领会习近平总书记关于党的建设的重要思想，贯彻落实新时代党的建设总要求和新时代党的组织路线，坚定不移全面从严治党，加快构建"高标党建"工作格局，为公司高质量发展提供坚实的保障。加强党的政治建设，强化创新理论武装，坚持"两个一以贯之"，抓好基本队伍建设，推进全面从严治党，筑牢引领保障高质量发展的政治基础、思想基础、制度基础、组织基础和政治生态基础。

杨杰特别强调，中央巡视整改是当前和今后一个时期的重大政治任务，要进一步提高政治站位，强化责任担当，动真碰硬、真刀真枪、从严从实抓好巡视整改，深入开展专项治理整治，巩固拓展整改成果，扎实做好"后半篇文章"，切实将整改成效转化为高质量发展成效。

会议提出，中国移动要更加紧密地团结在党中央周围，稳中求进提质效，守正创新促转型，全面完成2024年各项目标任务，全力推进高质量可持续发展，高水平建设世界一流信息服务科技创新公司，为以中国式现代化全面推进强国建设、民族复兴作出更大贡献。

中国联合网络通信集团有限公司 2024 年工作会议

2023 年 12 月 28～29 日，中国联合网络通信集团有限公司（以下简称中国联通）在北京召开 2024 年工作会议，全面贯彻党的二十大和中央经济工作会议精神，贯彻落实党中央、国务院重大部署，认真落实中央企业负责人会议、全国工业和信息化工作会议要求，总结 2023 年的工作，部署 2024 年的工作任务。工业和信息化部党组成员、副部长张云明出席会议并讲话，中国联通党组书记、董事长陈忠岳讲话。

张云明表示，信息通信行业在学习贯彻习近平新时代中国特色社会主义思想和全面贯彻落实党的二十大精神的过程中，不懈探索、砥砺前行，逐渐形成并日益坚定了推进行业现代化发展的奋进方向，用思想观念、体制机制、工作能力的现代化来加快推进信息通信基础设施体系现代化、信息通信产业体系现代化、信息通信治理体系现代化、网络数据安全体系现代化。张云明充分肯定了中国联通一年来取得的工作成绩：中国联通紧紧锚定网络强国建设主航道，持续强化能力、深化改革、构筑优势，网络建设、科技创新、通信保障、用户服务、安全支撑成效显著。在新时代新征程上，希望中国联通将行业现代化发展重任和建设世界一流企业目标统筹起来、统一起来，向着"产品卓越、品牌卓著、创新领先、治理现代"的方向大步前进，实现企业使命、愿景和战略新的升华，开创企业高质量发展新局面：一是始终坚持人民至上的根本立场，纵深推进行风建设和纠风工作，提高用户满意度；二是始终坚持自信自立的立足基点，进一步巩固优势、深耕细作，开辟信息通信企业现代化发展新路径；三是始终坚持守正创新的科学态度，打造人才中心和创新高地，实现关键核心技术突破；四是始终坚持问题导向的实践要求，敢于斗争、善于斗争，在解决问题中积累经验、推动发展；五是始终坚持系统观念的思想方法，推动 5G、工业互联网规模化发展，推进数字技术和实体经济深度融合；六是始终坚持胸怀天下的格局情怀，深化国际交流合作，深度融入全球产业格局。

陈忠岳做了题为《聚焦主责主业 践行使命担当 开创中国联通高质量发展新局面》的讲话。

会议指出，2023 年是全面贯彻党的二十大精神的开局之年，是实施"十四五"规划承上启下的关键一年。2023 年，中国联通坚持以习近平新时代中国特色社会主义思想为指导，坚决落实党中央决策部署，认真践行央企使命任务，全力担当网络强国、数字中国建设主责，统筹推进"九个坚定不移""五个着力"，深入开展主题教育，全面落实中央巡视整改，真抓实干，稳中求进，高质量发展取得新成效。强化政治统领，党的领导和党的建设持续加强；强化规模价值，经营发展取得明显成效；强化能力建设，发展基础不断夯实；强化责任担当，服务大事要事成效显著；强化改革创新，转型升级提档加速；强化底线意识，风险防范能力不断加强。

会议强调，中国联通将勇担时代使命，在中国式现代化的伟大征程中作出新的更大贡献。奋进新征程，推动联通事业发展，**根本原则是坚持和加强党的全面领导，核心要求是服务国家战略，**

首要任务是高质量发展，不竭动力是改革创新。在奋进新征程、勇担新使命的实践中，中国联通必须深刻学习领会习近平总书记重要指示批示精神，落实中央巡视整改任务，按照国务院国有资产监督管理委员会关于加强主责主业管理的有关要求，完善发展战略，深化战略执行；必须坚持服务网络强国和数字中国建设，保障国家网络和信息安全，担当数字信息运营服务国家队和数字技术融合创新排头兵，加快成为具有全球竞争力的世界一流科技服务企业；必须坚持强基固本、守正创新、融合开放，深入实施科技强企、人才强企、改革强企、数转强企、品牌强企，优化升级重点行动计划。

2024年是中华人民共和国成立75周年，也是中国联通成立30周年、接续奋斗再出发的重要一年。面对新形势新任务，中国联通将坚持以习近平新时代中国特色社会主义思想为指导，全面贯彻党的二十大和中央经济工作会议精神，完整、准确、全面地贯彻新发展理念，坚持稳中求进、以进促稳、先立后破，聚焦网络强国、数字中国主责，拓展联网通信、算网数智业务，开创中国联通高质量发展新局面。

会议明确了2024年中国联通要重点抓好6个方面的工作。**一是扎实推进高质量党建。**巩固拓展主题教育成果，动真碰硬抓好巡视整改；加强党的领导和企业党建各项工作。**二是扎实推进高水平科技自立自强。**持续加强关键核心技术攻关，持续加强网络安全现代产业链"链长"实力，持续加强关键科创力量建设，持续加强专业技术人才队伍建设，持续加强创新成果转化。**三是扎实推进高质量发展。**全力实施联网通信发展行动计划，全力实施算网数智发展行动计划，全力深耕细分市场，全力强化品牌引领，全力强化价值创造。**四是扎实推进高质量网络和高品质服务。**深入实施数字新基建行动计划，深入实施高品质服务行动计划。**五是扎实推进深层次改革和高水平开放。**全面落实改革深化提升行动，全面深化数字化转型，全面深化开放合作。**六是扎实推进高水平安全。**确保网络与信息安全，确保反诈防诈精准高效，确保生产安全。

中国联通集团相关部门做专项工作部署，分子公司等单位做专题交流发言。会议表彰了"中国联通劳动模范"，号召广大干部职工以劳模先进为榜样，坚守红色通信初心，大力弘扬劳模精神、劳动精神、工匠精神，为加快推动企业高质量发展、加快建设世界一流企业而不懈奋斗。

中国铁塔股份有限公司 2024 年工作会议

2024年1月18~19日，中国铁塔股份有限公司（以下简称中国铁塔）2024年工作会议在北京召开。会议以习近平新时代中国特色社会主义思想为指导，全面贯彻党的二十大精神、二十届二中全会精神和中央经济工作会议精神，贯彻习近平总书记重要指示批示精神，落实中央企业负责人会议、全国工业和信息化工作会议部署，总结2023年的工作，分析形势与任务，安排部署2024年的工作。工业和信息化部党组成员、副部长张云明出席会议并讲话。

张云明表示，信息通信行业在学习贯彻习近平新时代中国特色社会主义思想和全面贯彻落实党的二十大精神的过程中，不懈探索、砥砺前行，逐渐形成并日益坚定了推进行业现代化发展的奋进方向，用思想观念、体制机制、工作能力的现代化来加快推进信息通信基础设施体系现代化、信息通信产业体系现代化、信息通信治理体系现代化、网络数据安全体系现代化。张云明充分肯定了中国铁塔一年来在积极推进共建共享、深化"一体两翼"协同发展、落实国企改革任务等方面取得的成绩，希望中国铁塔坚持以习近平新时代中国特色社会主义思想为指导，加快推进全面深化改革，提高企业科技创新能力，支撑网络强国和数字中国建设，为全面建设社会主义现代化国家、全面推进中华民族伟大复兴作出新贡献：一是坚持人民至上的根本立场，充分发挥移动信息基础设施资源统筹和专业化运营的优势，持续深化共建共享，让人民群众在行业现代化发展中有更多获得感、幸福感和安全感；二是坚持科技创新战略，以打造科技创新型企业为目标，全方位提升科技创新能力；三是坚持共建共享的发展要求，深入实施"一体两翼"战略，持续挖掘共享潜力；四是坚持稳定可靠的安全防线，协同基础电信企业，进一步提升重大自然灾害和突发事件的应急保障能力，全面做好重大活动安全保障。

中国铁塔党委书记、董事长张志勇做了题为《全面深化改革创新 持续推动高质量发展》的讲话，党委副书记高春雷做总结讲话。

会议强调，2023年是全面贯彻落实党的二十大精神的开局之年。中国铁塔深入学习贯彻习近平新时代中国特色社会主义思想和党的二十大精神，以及习近平总书记重要指示批示精神，胸怀"国之大者"，深刻认识中国铁塔作为国资央企肩负的特殊使命，聚焦提高核心竞争力、增强核心功能"两个途径"，发挥央企在建设现代化产业体系、构建新发展格局中的科技创新、产业控制、安全支撑"三个作用"，全力服务支撑网络强国、数字中国、"双碳"和质量强国等国家战略，深化实施"一体两翼"战略，一体推进"六高六新"，统筹把握和处理好质的有效提升和量的合理增长、发展与安全、当前与长远3个关系，高质量发展取得新进展和新成效。**一是推进高质量经营，发展质效明显提升**。锚定"两增三稳四提升"目标，经营发展保持良好势头。电信运营商业务抓早抓快，充分发挥通信基础设施建设国家队主力军的作用，全力支撑电信企业经济高效建设5G网络，实现稳健增长。2023年有效解决疑难站址8610个，深化"四个专项行动"，为用户节约网络运营成本超

5.6亿元。9年多来，新建铁塔共享率从14.3%大幅提升到85%，相当于少建新塔112.4万座，节约土地41.33平方千米，减少行业投资超过2000亿元，节约运营费用1600亿元。新一轮商务定价实现全面落地，为公司行稳致远打下坚实基础。智联业务量质并重发展，实现量的合理增长和质的有效提升，重点行业持续突破，市场竞争力稳步提升。近22万座"通信塔"升级为"数字塔"，广泛服务林草、环保、水利、农业、交通、国土等国计民生重要领域。能源业务快速增长，在全国300多个城市部署6.7万个智能化的轻型电动车换电站，换电业务头部地位持续巩固，备电、充电等新能源业务保持快速稳健发展。**二是深化高质量改革，发展活力充分激发**。围绕提高核心竞争力、增强核心功能，高起点谋划、高规格构建、高标准推进改革深化提升行动，推进体制机制创新，推进区域管理变革，激发组织的动力和活力。扎实推进智能运维、一码到底等重点工作，加快数字化企业建设。**三是加快高质量技术产品创新，发展动能持续增强**。以能力水平清单、任务项目清单、资源配置清单、成果转化清单（以下简称"四份清单"）全面推进科技创新，完善科技创新体系，持续提升创新效能。**四是建设高质量人才队伍，发展支撑更加坚实**。深入实施人才强企战略，人才队伍持续壮大，人才效能持续提升。**五是夯实高质量管理，发展基础持续夯实**。加大资产维护、更新改造的力度，网络安全性、健壮性持续提升，高质量完成亚运会、大运会等重大体育赛事通信保障任务，在抗击洪涝、地震等自然灾害中有力维护基础网络运行的生命线。持续深入推进提振增效，补短板、强弱项，夯实发展基础。塔长制安全生产责任体系进一步压实，安全管理能力进一步提升，资产运营持续深化，审计整改扎实推进。**六是强化高质量党建，发展引领有力有效**。坚持学习贯彻习近平总书记重要指示批示精神和党中央决策部署，建立长效机制，制度化、体系化推进学习贯彻落实工作。高标准抓好主题教育，把实的要求贯穿全过程，务求取得实效。深入开展"落实二十大　铁塔在行动"主题活动，引导干部员工建新功、创佳绩。持续深化中央巡视整改，深入推进全面从严治党向纵深发展。

会议强调，中国铁塔在一体推进"六高六新"工作实践中形成规律性认识：必须以习近平总书记重要指示批示精神作为一切工作的源头活水和逻辑起点，必须以推动高质量发展为首要任务，必须以全面深化改革为关键一招，必须以创新为第一动力，必须以用户为根、以员工为本，必须以高水平安全为发展保障，必须以担当落实为工作导向，这是中国铁塔党委理解把握运用习近平新时代中国特色社会主义思想蕴含的立场观点方法，在具体工作实践中形成的深刻体会，是未来推动中国铁塔全面成熟高质量发展需要长期坚持和发扬的宝贵经验。

2024年是中华人民共和国成立75周年，是实施"十四五"规划的关键一年。会议强调，要坚持以习近平新时代中国特色社会主义思想为指导，全面贯彻落实党的二十大精神和二十届二中全会精神，认真落实中央经济工作会议要求，坚持稳中求进、以进促稳、先立后破的工作总基调，完整、准确、全面地贯彻新发展理念，守正创新、接续奋斗、抢抓机遇、加快发展、能快则快，围绕提高核心竞争力、增强核心功能，扎实推进改革深化提升行动，深化"一体两翼"战略，持续构建"五化"运营体系，打造"五型"企业，一体推进"六高六新"，加快建设世界一流企业，全力推动发展改革和党的建设各项工作再上新台阶，更好发挥科技创新、产业控制、安全支撑作用，为全面推进强国建设、民族复兴伟业作出新的更大贡献。**一是高质量经营再上新台阶**。电信运营商业务要抓住行业落实"双千兆"文件和《建筑物移动通信基础设施工程技术标准》的发展机遇，巩固资源统筹地位，提高核心竞争力；坚持"全量获取、全量满足",加快电信运营商业务发展;坚持以用户为中心,持续开展"四个专项行动",着力提升用户满意度,真正实现"做到了、知道了、认可了"。智联业务坚持做精,要深耕重点行业,做深用户;提升陪伴式服务水平,做优服务;打造一流的平台和算法,做强能力。能源业务坚持做专,要坚持发挥共享协同优势,加快换电、充电业务发展,推动备电业务高质量发展,综合能源服务着力发展。建强应急保障能力,实现从救灾抢险到抗灾防灾的能力跃升。**二是高质量技术产品创新再上新台阶。**持续深化"四份清单"管理机制,加强科技创新工作闭环推进,让科技创新真正成为中国铁塔经营发展的主线、底色和底板。高标准起步、高质量建设区域创新中心。将中国铁塔数字化能力封装为数字化产品输出,助力传统产业"焕新"。构建边缘算力网络,以用户需求为牵引着力发展业务。**三是高质量改革再上新台阶。**以创建世界一流企业为目标,聚焦国资央企功能使命,深入推动实施改革深化提升行动,深化"四位一体"和密切联系群众服务基层机制,加快数字化企业建设,加快区域管理变革,持续激发动力和活力。**四是高质量人才再上新台阶。**加强人才管理,强化人才引进,优化人才结构,加强人才培养,优化人才发展体制机制,完善人才激励机制,着力建设高素质的人才队伍。**五是高质量管理再上新台阶。**对标一流强化运营管理水平,实现质量提高、服务提升。推进品牌引领行动,加强品牌建设。加强精益化运营管理,提升资金使用效益。全力推进"一体两翼"端到端大维护体系建设,打造电信运营商级维护服务能力。坚持问题导向,持续深化巡视、审计、商务定价落地的问题整改,将发现问题点变为管理提升点。全面推进"0361"塔长制体系建设,守牢安全生产底线,抓好网信安全、法治央企建设,全面提升防范和化解风险的能力。加强合作伙伴管理。**六是高质量党建再上新台阶。**巩固拓展主题教育成果,建立健全长效机制,以学铸魂、以学增智、以学正风、以学促干,切实把学习成效转化为践行"两个维护"的责任担当,确保习近平总书记重要指示批示和党中央重大决策部署一贯到底、落实落地。持续深入开展"落实二十大 铁塔在行动"主题活动。持续打造"五心党建"品牌,推动党建工作与生产经营深度融合。深入推进全面从严治党,让中央八项规定切实成为铁规矩、硬杠杆。狠抓工作落实,不折不扣抓落实,雷厉风行抓落实,求真务实抓落实,善作善为抓落实。

中国广播电视股份有限公司 2024 年工作会议

2024 年 1 月 3～4 日，中国广播电视股份有限公司（以下简称中国广电）2024 年工作会议在北京召开。会议以习近平新时代中国特色社会主义思想为指导，全面贯彻落实党的二十大和二十届二中全会精神，深入学习贯彻习近平文化思想和习近平总书记关于广电工作的重要指示批示精神，深入贯彻落实全国宣传思想文化工作会议、全国宣传部长会议精神，总结工作，分析形势，安排部署 2024 年广播电视和网络视听工作。中央宣传部副部长，国家广播电视总局党组书记、局长曹淑敏出席会议并讲话，国家广播电视总局党组成员、副局长朱咏雷做会议总结，国家广播电视总局党组成员、副局长董昕、杨国瑞出席会议。

会议指出，2023 年，广播电视和网络视听全行业履职尽责、担当作为、攻坚克难，有力服务了党和国家工作大局。用心、用情、用功做好习近平新时代中国特色社会主义思想宣传工作，理论节目深入人心，全国广电新媒体联盟壮大宣传声势，重大活动宣传报道出新出彩；视听内容创作生产持续繁荣，电视剧等多类型精品持续涌现；电视"套娃"收费和操作复杂等问题治理取得明显成效；行业发展迈上新台阶，国际传播取得新进展，行业治理、安全保障进一步提升，党的建设和人才队伍建设进一步加强。

会议强调，要以习近平文化思想为根本遵循，深刻把握广电工作的新形势和新要求，落实全国宣传思想文化工作会议、全国宣传部长会议精神和党中央的重大决策部署，把握信息化浪潮和科技发展趋势，直面行业自身面临的问题和挑战，迎难而上、开拓进取，努力谱写中国式现代化的广电崭新篇章。

会议指出，2024 年广播电视和网络视听工作要坚持以习近平新时代中国特色社会主义思想为指导，全面贯彻落实党的二十大和二十届二中全会精神，深入学习贯彻习近平文化思想，深刻领悟"两个确立"的决定性意义，增强"四个意识"、坚定"四个自信"、做到"两个维护"，自觉担负起新的文化使命，坚持系统观念、加强顶层设计、深化改革创新、锐意攻坚克难、有效应对风险，着力巩固提升传统广播电视、开拓创新推进媒体融合、整合聚合形成发展合力，推动广电高质量发展迈上新台阶。

会议强调，做好 2024 年工作，要加强党的创新理论武装，把习近平文化思想贯彻落实到工作全过程的各个方面。要以推进广播电视和网络视听高质量发展为主题，坚持"二三四"工作定位，锚定三大工作方向，抓好 8 项重点工作。**一是巩固壮大主流思想舆论**。深化习近平新时代中国特色社会主义思想宣传，加强经济宣传和舆论引导，认真做好中华人民共和国成立 75 周年等重大主题宣传。**二是丰富和优化内容供给**。加强分类指导，完善电视剧、纪录片、动画片、文艺节目、网络微短剧等精品内容创作矩阵；"抓作品"和"抓环境"相结合，营造良好的创作生产生态；"抓增量"和"抓存量"相结合，丰富播出内容。**三是做优做强新媒体**。加大力度推进广电新媒体建设，打造新型广电主流媒体，促进网络视听繁荣发展，加强全媒体传播。**四是以科技创新引领行业发展**。加快高清和超高清电视发展,加快有线电视网络整合和 5G 一体化发展,加快建设新型广电网络,强化科技创新对全领域、全链条的支撑作用。**五是全面提升行业治理水平**。深化电视"套娃"收费和操作复杂等问题治理,构建综合治理体系,强化对行业乱象的系统治理、综合治理。**六是积极深化改革,进一步解放和发展广电生产力**。深化广播电视台改革,推进公共服务提质增效,强化各层级各区域协同。**七是体系化推进安全保障**。统筹推进内容、传输、播出、网络、数据、设施等各类安全保障体系建设,完善安全保障体系;加快建设全国应急广播体系;注重防范和化解各类风险。**八是提升国际传播能力**。服务外交大局,增强国际传播的针对性、实效性和感召力。

会议要求,要加强党对广电工作的全面领导,强化党建引领、人才支撑和作风建设,努力展现广电行业的新气象和新作为,推动广播电视和网络视听的高质量发展,为以中国式现代化推进强国建设、民族复兴伟业贡献广电力量。

信息通信综合篇

2024年ICT产业趋势分析

一、科技型企业建设再上新台阶，电信运营商"蝶变"数字经济时代

当前，科技型企业作为我国经济发展的重要支柱，为数字经济发展贡献了突出力量。与此同时，传统电信运营商也迎来了"蝶变"数字经济时代的关键期，2023年，3家电信运营商纷纷提出战略性新兴产业发展战略，助力我国数字经济高质量发展。

2024年，电信运营商仍旧肩负着以科技力量大力发展数字经济的重要使命。中国电信提出将锚定"打造服务型、科技型、安全型企业"的目标愿景，让科技型企业建设再上新台阶；中国移动提出将大力发展战略性新兴产业和未来产业，大力实施"BASIC6"科技创新计划，提升科技创新力；中国联通提出将扎实推进高水平科技自立自强，持续加强关键核心技术攻关，加强关键科技创新力量建设，加强创新成果转化。

二、新型工业化扎实推进，为制造强国注入新动能

大力推进新型工业化是工业和信息化部的重要工作内容之一。以创新驱动发展，全面提升产业科技创新能力；推动制造业加快迈向价值链中高端，持续推进产业结构优化升级；充分利用5G等新一代信息技术对传统产业进行全方位、全链条的改造，大力推进数字经济和实体经济深度融合；深入践行"绿水青山就是金山银山"的理念，加快工业发展方式绿色化转型。推进新型工业化建设的时间表、路线图进一步明确，新突破、新成效持续涌现，为制造强国注入新动能。

三、R18标准冻结在即，5G-A商用步伐提速

5G-A有R18、R19和R20这3个版本。2024年上半年，第三代合作伙伴计划（3rd Generation Partnership Project，3GPP）R18 ASN.1将正式被冻结。2024年，5G-A或将规模应用，这意味着5G-A开始转向产业推进的新阶段。

5G-A是一个承前启后的阶段，它既继承和提升了5G原有的"三角能力"，又拓展了新的能力，形成了一个"六边形"的能力体系。构建能力平台，将为工业领域提供体系化解决方案，为数字经济发展注入新动能，为个人、行业和社会创造新价值。

四、数据要素乘数效应加速释放，赋能经济社会高质量发展

2023年，国家数据局揭牌成立；2024年1月4日，国家数据局等17部门联合印发《"数据要素×"三年行动计划（2024—2026年）》（以下简称《行动计划》）。

《行动计划》明确指出，预计到2026年年底，数据要素应用广度和深度大幅拓展，经济发展领

域数据要素的乘数效应得到显现，打造300个以上示范性强、显示度高、带动性广的典型应用场景。落实到行动上，国家数据局按照"有基础、有场景、有需求"的原则，结合目前发展情况，先选取12个行业和领域，发挥数据要素乘数效应。我国数据要素产业将在2024年达到发展新高度。

五、人形机器人专利数量全球第一，2024年有望成为量产元年

人民网研究院发布的《人形机器人技术专利分析报告》显示，中国在人形机器人专利申请数量和有效专利数量方面均位居全球第一。根据工业和信息化部印发的《人形机器人创新发展指导意见》，预计到2025年初步建立人形机器人创新体系，并在2027年实现综合实力达到世界先进水平的目标。

未来，人形机器人凭借其在人机交互、复杂任务自主决策、态势感知等方面的优异表现，有望实现在工业、服务等复杂、灵活、多变场景中的应用落地。同时，人形机器人产业的发展也将催生相关技术创新，推动整机、软件等关键产品的突破，助力相关技术与产品的普及应用，为新质生产力的发展发挥积极作用。

六、人工智能大模型热潮奔涌，助力智算网络加速升级

在经历了2023年的"百模大战"之后，2024年，大模型热度不减，对智算网络提出了更高的需求。众所周知，大模型的训练需要大量智能算力的支持。而在网络侧，大模型训练需要传递海量数据，对智算网络提出了超大规模、超低时延、超大带宽、超高可靠性等需求。为加大算力基础设施高质量建设力度，工业和信息化部等六部门印发《算力基础设施高质量发展行动计划》，提出到2025年我国算力规模超过300EFLOPS，智能算力占比达

35%。相信在政策驱动和产业多方协作下，我国智算网络将持续加速升级。

七、50Gbit/s PON进入商用元年，万兆光网时代渐行渐近

截至2023年，全球30余家电信运营商已经发布50G无源光纤网络（Passive Optical Network，PON）的样板点。我国3家电信运营商已完成50G ComboPON、对称50G PON、50G PON工业应用等不同场景下的现网试验。华为、中兴、烽火等设备商均已发布单波长50G PON的样机。

Omdia发布的《50G PON与万兆泛在网络的兴起》白皮书显示，50G PON将在2024年开始商用；2024—2028年，50G PON端口出货量将不断提升，并保持200%的年复合增长率；到2028年，50G PON将成为主流技术选型。随着50G PON技术的不断发展和普及，万兆光网时代即将来临。这一技术的应用，将极大提升网络带宽，满足不断增长的网络需求，进一步推动产业数字化、网络化和智能化的发展。

八、天地融合成为新焦点，终端直连卫星拓展信息消费新空间

目前，全球卫星互联网系统建设速度加快，用户规模不断增长，产业发展模式正在升级优化。卫星互联网与地面移动通信网互补融合，在技术和需求的双重驱动下，卫星互联网向高中低轨结合、超大规模部署、天地融合组网、星间路由交换等方向发展。

2024年，我国将针对卫星通信加快开展标准研究和试验验证。R18将对R17进行增强，重点包括覆盖增强、移动性增强、10GHz以上VSAT宽带数据服务等内容。目前在国内，中国通信标准化协会（China Communications Standards Association，CCSA）TC5、TC12正积极推进卫星互联网标准化工作。中国信息通信研究院数据显示，到2027年，我国卫星通信终端市场规模将达到10.2亿美元。

九、大模型、卫星通话等技术叠加，智能手机有望迎来复苏

2024年，各品牌搭载端侧大模型的新款手机将陆续上市，卫星通信也将在更多手机品牌上使用。生成式人工智能（Artificial Intelligence Generated Content，AIGC）、卫星通信等技术的普及将进一步提升产品的竞争力，有望刺激智能手机等消费电子终端需求回升。

此外，2024年手机市场整体回暖，细分市场中的折叠屏手机市场依然保持较高增速，高端市场也将保持一定增长。同时，华为智能手机的热销、智能手机与新能源车加速融合，均可能提升2024年的手机销量。

十、移动物联网技术持续演进，行业渗透加速驱动市场增长

随着5G-A的商用落地，5G发展进入"下半场"，通感一体、无源物联网、高精度定位等新能力的引入，能够满足更多样且复杂的场景需求，重构数智经济新范式。无源物联网、非地面网络将逐步应用于场景中，极大满足中低频段手持终端和物联网终端接入需求，为移动物联网产业带来新的价值。

随着应用规模的不断扩大及用户智慧化生活水平的逐步提高，智能血压仪及血糖仪、可穿戴设备等消费型物联网的市场规模也将大幅增长。降低能力（Reduced Capability，Redcap）模组的价格将下探至百元以内，以2G/3G/4G为主的物联网应用迭代走向5G化，5G RedCap将拥有更加广阔的市场空间。

十一、全球主要国家加强6G预研，纷纷抢占未来技术制高点

2024年，全球主要国家将加强6G预研。美国在政府和产业组织等层面积极推动6G研发合作；欧盟设立6G相关研发项目，加大资金投入，积极推进6G研发；日本政府通过推出相关政策和设立研究项目，立足产业优势推动6G发展；韩国以实现全球最早6G商用为目标，强化政府引导和产业带动模式，加速6G创新；我国前瞻启动6G研究，在政策制定、技术研究、标准推进、测试验证等方面采取有力举措，扎实推动6G发展。

在技术演进方面，网络内生AI将成为未来6G移动系统研究的核心特征之一，感知与通信融合也是未来网络的重要特征。

十二、量子信息技术创新日趋活跃，迈向一体化推进的关键阶段

经过40余年的发展，量子信息技术已经从仅有学术界关注的基础科学研究和前沿技术探索阶段，逐步发展到产业界共同参与的工程应用研究和未来产业培育的阶段，目前已进入科技攻关、工程研发、应用探索和产业培育一体化推进的关键发展阶段。我国高度重视量子信息领域发展，在政策布局、基础科研、工程研发、应用探索和生态培育等方面，取得诸多重要进展。展望2024年，我国将继续加大量子信息技术领域的相关投入，产业界将持续加强量子科技发展战略谋划和系统布局，希望取得更多技术、应用与产业化成果。

十三、智能网联汽车批量上路，标配智驾时代来临

当前，我国智能网联汽车产业发展取得积极成效，发展环境不断优化，智能座舱搭载量不断增加。2024年，随着新能源车的市场规模进一步扩大，智能座舱的搭载量将持续稳步提升。主流车企也在积极推进国内L3的量产应用，形成自主可控的L3产品开发能力，这将进一步促进智能网联汽车的发展。对于消费者而言，智驾已经越来越成为刚需。

（《通信世界》）

2023年信息通信业发展回顾与2024年展望

一、电信业务收入增速连续第4年超过GDP增速

《2023年通信业统计公报》(以下简称《统计公报》)和《2023年通信业统计公报解读》(以下简称《解读》)显示,"2023年电信业务收入累计完成1.68万亿元,比2022年增长6.2%"。这是自2020年以来,我国电信业务收入增速连续第4年超过全国GDP增速,这表明,电信行业作为信息社会的重要基础设施,在社会经济发展中的引领作用。

《统计公报》显示,截至2023年年底,全国5G基站已达337.7万个,占移动通信基站总数的29.1%。5G基站的年度新增数量持续增加,而2G/3G基站占比不断下降,这表明我国电信运营商持续推动移动通信网络的技术升级,4G、5G已经成为我国移动通信网络的绝对主流技术制式。2019—2023年中国移动通信基站数见表1。

表1 2019—2023年中国移动通信基站数

	2019年	2020年	2021年	2022年	2023年
基站总数/万个	841.0	931.0	996.3	1083.0	1162.0
5G基站数/万个	15.3	77.1	142.5	231.2	337.7
年度新增5G基站数/万个	—	61.8	65.4	88.7	106.5
5G基站占比	1.8%	8.3%	14.3%	21.3%	29.1%
4G基站数/万个	544.1	575.0	590.2	602.7	629.5
4G基站占比	64.7%	61.8%	59.2%	55.7%	54.2%
2G/3G基站占比	33.5%	29.9%	26.5%	23.0%	16.7%

数据来源:Omdia根据《统计公报》整理计算

根据《解读》,截至2023年年底,我国平均每万人拥有5G基站已达24个;增强室内覆盖信号的5G室内分布系统数突破100万个,是2022年年底的3倍多;5G网络覆盖所有地级市城区、县城城区,持续推进向重点场所深度覆盖,有效提升了5G用户的体验。移动网络质量领航方阵于2023年8月发布的《全国移动网络质量监测报告》显示,2023年上半年,全国5G网络下行和上行均值接入速率分别为351.14Mbit/s和80.05Mbit/s。在测速机构Speedtest的全球移动宽带性能排名中,中国名列第4。

在固定宽带领域,2023年具备千兆网络服务能力的10G PON端口数比2022年增长51.2%,能够覆盖超5亿户家庭。1000Mbit/s及以上接入速率的用户至2023年年底达到1.63亿户,2023年净增7153万户,占总用户数的25.7%,家庭签约带宽达到每户456.5Mbit/s。在Omdia发布的全球光纤宽带发展指数中,中国位列第3。

同时,算力网络也实现了阶段性跃升,截至2023年年底,3家基础电信企业为公众提供的数据中心机架数达97万架,比2022年年底净增15.2万架,净增量是2022年的近两倍。为顺应跨

网络算力调度、承载需求多样化等发展趋势，促进算力网络一体化与云网融合，电信运营商围绕算力枢纽、数据中心集群布局新建了约130条干线光缆，并启动了400Gbit/s全光省际骨干网建设。

二、亮眼数字中藏隐忧

过去，移动数据业务一直是电信业务收入的主力军，但2023年，尽管移动数据流量仍增长了15.2%，但移动数据业务收入却出现了前所未有的下滑，2023年移动数据流量业务收入比2022年下降0.9%，在电信业务收入中的占比由2022年的40.5%下降至37.8%，也是这一指标自2016年以来的最低值。

虽然整体移动数据流量仍取得15.2%的增长，但这一增速也是历史新低，且新增数据流量的绝对值也是连续第二年出现下降。在移动互联网市场领先的韩国，移动数据流量增速也已下滑10%～15%。移动数据流量已逐渐进入低速增长阶段，与之对应的移动数据业务收入可能在未来进一步降低。

回顾我国通信业发展历史，可以发现电信业务收入增长存在明显的周期性特征，在新一代移动通信技术开始商用之后的最初2～4年，电信业务收入往往能维持较高的增速，之后就会进入低速增长甚至收入下滑的时期。目前，5G商用已进入第5年，《统计公报》显示，2023年全年电信业务收入增速为6.2%，比2023年1～11月6.9%的收入增速已明显放缓，2023年12月当月的电信业务收入增长已经面临较大压力，甚至在细分领域出现下滑。这些都预示着，对于我国电信运营商来说，2024年可能是充满挑战的一年。

三、构造电信业的新质生产力

在传统移动数据业务面临增长压力的背景下，以云计算、大数据为代表的新兴业务已经成为我国通信行业新的增长引擎。《统计公报》显示，数据中心、云计算、大数据、物联网等新兴业务收入在2023年实现19.1%的增长，在电信业务收入中的占比由2022年的19.4%提升至21.2%，拉动电信业务收入增长3.6%。其中，云计算的表现尤为亮眼，在连续3年约100%的超高速增长之后，仍取得了37.5%的增长。电信运营商的云业务营收规模正在快速逼近市场领先的互联网公司。

我国电信运营商的云业务在迅速发展的政企数字化转型市场获得了增长机会，不断深化扩展的云网融合产品与服务，以及迅猛发展的智算需求，又进一步助推了这一发展势头，使我国电信运营商在云计算市场上获得了前所未有的发展机遇，有可能在国内云计算市场上取得领先优势。

如果电信运营商能够抓住机遇，保持在云计算、大数据、AI等新兴领域的持续投入，有希望在这些市场获取稳固的市场地位，保持持续的业绩增长，从而实现业务增长战略的根本性转型。

目前，电信运营商的云业务仍处于追求规模的阶段，为了快速扩大市场规模和占有率，利润率并不是当前电信运营商云业务战略中的首要考虑因素。大中型国有企业和地方政府出于数据安全的考虑，普遍倾向于混合云、专有云等需要定制化工作的部署方案，大量的定制化及系统集成工作也将制约电信运营商云业务的盈利能力，而较低的盈利能力又将制约电信运营商在云计算、大数据、AI等新兴技术领域的研发投入。电信运营商在这些新兴领域的技术积累本就弱于互联网公司，如果电信运营商不能维持较大强度的研发投入，必将影响电信运营商在这些新兴市场的长期竞争力。

所以，推动电信运营商的业务转型、发展电信业的新质生产力，必然要求电信运营商采用多种手段，从不同维度加大对新兴技术领域的战略性投入，包括但不限于平衡短期规模增长与长期盈利能力的关系，加大新兴技术领域的投资并购，持续优化组织流程，赋予新兴业务单元更大的灵活性与自主权等。

四、探索国际化发展的新机遇

在培育发展新兴业务的同时，电信运营商也必须认识到，虽然中国已是世界第二大经济体，但作为单一国家市场的空间有限，且云计算、AI等市场也已经较为饱和。国内云计算市场已有5～6个规模较大的云计算平台，而AI市场更是开始了"百模大战"。在这种情况下，国际化扩张就成为获取规模优势、持续保持竞争力的必然选择。

另外，随着中国企业"出海"的范围不断扩大，业务深度不断增加，国内的数字化平台必然被复制到海外分支，在全球范围内保持统一的数字化运营环境以提升用户体验。这也为云计算、大数据、物联网等新兴业务的国际化发展创造了机遇。

同时，作为国有头部企业，产业链、创新链双链融合发展的"链长"，中国电信应该担负起带动国内产业链国际化发展，为国内产业链撑起国际市场空间，进而在技术竞争中占据产业生态优势地位的历史责任。

2023年6月，中国电信宣布天翼云全面进军国际市场。2024年，期待我国更多的电信运营商加大国际化发展的探索力度，带动国内产业链开启国际化发展的新征程。

五、结束语

回顾2023年电信行业的发展，可以看到，电信行业的发展走向基本延续了过去几年中市场演变的脉络。作为收入主力军的移动数据业务收入占比，自2018年和2019年这两年达到峰值的46.6%之后就开始不断下滑，至2023年跌破40%，甚至已经低于2016年的水平。同时，数据中心、云计算、大数据、物联网等新兴业务保持快速发展的态势，新兴业务在通信业整体业务收入中的占比于2023年首次突破20%。

考虑到移动数据流量的增速已经明显放缓而政企数字化转型市场的需求依旧高涨，我们有理由相信，移动数据业务和新兴业务在通信业整体业务收入中的占比将在2024年继续保持此消彼长的态势，而收入结构的持续变化又必然将对电信运营商的组织结构、市场经营策略，以及研发投入分配产生影响。收入结构的持续演变正在推动我国电信运营商走上一条从量变到质变的转型发展之路，2024年之后的2～3年可能是这个演进过程中的关键时期，将决定电信运营商能否真正构造出以技术创新为根基的新质生产力，能否为6G时代的可持续发展奠定基础。

（Omdia 杨光）

中国电信集团有限公司 2023 年发展分析

2023年，中国电信集团公司（以下简称中国电信）持续深化云改数转战略，在业务、技术、管理等方面取得积极成效。通信服务收入保持平稳较快增长，新型网络基础设施，特别是算力设施建设加速推进，移动用户规模保持行业领先，5G和千兆宽带的用户数量保持快速增长势头，产业数字化业务占比持续提升。在技术创新方面，中国电信加大研发投入，强化科技创新，推进云网融合、5G、AI等关键技术突破；同时深化企业改革，完善组织流程。总体来看，中国电信在2023年抓住数字化转型机遇，业务收入实现稳健增长、技术创新取得突破、管理水平持续提升，为其高质量发展奠定坚实基础。

一、业务发展业绩

2023年是中国电信全面实施"云改数转"发展战略的一年，伴随着公司营业收入和净利润的双重提升，企业的高质量发展步入新的阶段。

（一）通信服务收入

2023年，中国电信营业收入达5078.42亿元，比2022年增长6.9%，其中，通信服务收入为4650亿元，同比增长6.9%，云网服务能力优势进一步扩大，产业数字化业务加速发展，综合智能信息产品和服务实现升级，带动收入继续增长，收入结构持续优化。中国电信营业收入近5年来一直保持较快增长状态，但近两年增速有所放缓，2019—2023年中国电信营业收入情况如图1所示。

移动通信服务收入达到1957亿元，同比增长2.4%，其中，移动增值及应用收入达到258亿元，同比增长12.4%，移动用户数净增1659万户，连续6年行业领先，用户规模达到4.08亿户，移动用户每用户平均收入（Average Revenue Per User，ARPU）达到45.4元，同比增长0.4%；智慧家庭业务收入达到190亿元，同比增长12.8%，宽带用户数净增926万户，达到1.90亿户，宽带综合ARPU4达到47.6元，同比增长2.8%。

以云计算为代表的产业数字化业务持续增

图1 2019—2023年中国电信营业收入情况

长，构筑公司核心增长引擎。2023 年产业数字化收入占比进一步提高，达到 1389 亿元，同比增长 17.9%，占服务收入比达到 29.9%，较 2022 年提高 2.8 个百分点。天翼云持续突破关键核心技术，进一步巩固市场与客户领先规模。在 5G 应用领域，全面打造行业领先的场景化专网方案，赋能高清视频、数采数控、无人巡检、双域切换、车联网等应用场景，5G 行业应用年度新增项目数同比增长 106.3%，累计超 3.1 万个。天翼物联网平台（AIoT）不断升级，提供"一站式"物联网终端接入、连接管理和应用使能服务，实现万物互联场景下的跨领域、跨行业协同，终端用户超 5.2 亿户。天翼视联网高效助力智慧城市建设，明厨亮灶、天翼应急等用户规模超 7700 万户。聚焦政务、工业、教育等 10 余个重点行业和超百个细分领域，以新兴技术为核心底座，加大平台研发建设与持续迭代。

（二）净利润

2023 年，中国电信净利润达 304.28 亿元，归属于母公司所有者的净利润为 304.45 亿元，同比增长 10.3%，同比 2022 年增速有所加快，2019—2023 年中国电信归母公司净利润情况如图 2 所示。自 2018 以来，中国电信已经连续 6 年净利润规模在 200 亿元以上，一直保持着较好的净利润水平。

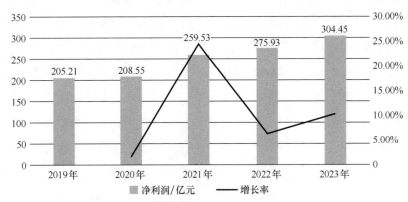

图 2　2019—2023 年中国电信归母公司净利润情况

（三）移动业务

2023 年，中国电信继续深入打造 5G 精品网络，持续提升网络覆盖与服务质量，不断提升客户体验，移动用户规模和价值稳步增长。

1. 用户规模与价值

中国电信基础业务收入稳健增长，用户规模不断扩大，价值持续提升。移动通信服务收入达 1957 亿元，同比增长 2.4%，其中，移动增值及应用收入达 258 亿元，同比增长 12.4%，移动用户数净增 1659 万户，连续 6 年行业领先，用户规模达 4.08 亿户，移动用户 ARPU 达 45.4 元，同比增长 0.4%。

2. 网络资源

中国电信、中国联通在 2023 年继续深化网络共建共享，完善 5G 覆盖深度和厚度，加快推进"4G 中频一张网"融合共享工作，已累计节约投资超过 3400 亿元，2023 年节约运营成本超过 390 亿元。2023 年年内新建 5G 基站超 22 万站，在用 5G 基站超 121 万个，实现乡镇及以上连续覆盖、发达行政村有效覆盖；4G 中频共享基站数超 200 万个，中频共享率超 90%。

中国电信在推进 800MHz 重耕方面着重施力，2023 年 8 月获准重耕 800MHz 频率用于 5G，截至 2024 年年初，已建成 25 万个具备 4G/5G 融合服务能力的 800MHz 基站，农村地区网络覆盖率不断提升，用户体验显著改善。

（四）固网业务

2023 年，中国电信固网及智慧家庭服务收入达 1231 亿元，同比增长 3.8%，其中，智慧家庭业务收入达 190 亿元，同比增长 12.8%，宽带用户数净增 926 万，达到 1.90 亿户，宽带综合 ARPU4 达到 47.6 元，同比增长 2.8%。

（五）科创研发

2023 年，中国电信继续加大研发投入，引领数字信息基础设施，聚焦云、网、人工智能、安全 / 量子等重点领域，全年研发费用达到 131 亿元，同比增长 24%，3 年累计增长 175.6%。研发投入总额占营业收入的 2.58%。中国电信持续加大高端科技人才引入，科技领军人才达到 138 人，3 年累计增长 392.9%；持续加大员工队伍转型，研发人员近 3.3 万人，3 年增长 174.5%，研发人员占比从 2020 年的 4.2% 提升到 11.8%。

（六）产业数字化业务

中国电信牢牢把握数字经济时代下网络化、数字化、智能化的综合信息服务需求，打造"云网能力底座 + 行业应用平台"深度融合的产业数字化发展模式，为千行百业提供数字化整体解决方案，坚持以融云、融 AI、融安全、融平台为驱动，纵深推进新兴业务能力布局，推动"第二曲线"快速发展，赋能数字经济高质量发展。网络安全、大数据、AI、数字化平台等新兴业务逐渐成为产数发展的新动力。2023 年，中国电信产数业务保持快速发展，收入达到 1389 亿元，同比增长 17.9%，较 2022 年提高 2.8 个百分点，对服务收入的增量贡献从 2021 年的 51.6% 提升至 70.4%。公司天翼云收入达到 972 亿元，同比增长 67.9%，国际业务收入超 137 亿元。

二、特色经验举措

（一）科技创新不断取得新突破，新质生产力加快形成

中国电信在过去一年中聚焦数字信息基础设施，面向云、网、人工智能、量子 / 安全四大技术方向加强关键核心技术攻关；重点布局云计算及算力、新一代信息通信、大数据、人工智能、安全、量子、数字平台七大战略性新兴产业和未来产业。

中国电信发挥 RDO[1] 体系协同优势，大力推进成果转化和产业化。2023 年全年发明专利申请量超 5000 件，自研 IT 系统和业务平台占比达 45.0%，同比提高 6.0 个百分点，在国际标准化组织牵头立项 98 项，居全球运营商前列。一系列突破性科技创新成果，推动新质生产力加快形成，助推战略性新兴业务快速发展，为基础业务和产数业务双轮驱动提供强劲引擎。

（二）加速产品服务升级，推动基础业务全面焕新

中国电信积极推进基础业务连接、应用和体验升级，加快 5G 和智家焕新升级。在 5G 焕新方面，推出 5G 手机直连卫星、5G 量子密话等特色应用，持续推动 5G 云计算机等算力产品规模发展，加快推进 5G 通信助理、视频彩铃等应用智能化升级，加大 5G 增强通话、5G 消息等应用推广，进一步筑牢差异化发展优势。在智家焕新方面，持续推进千兆网络能力提升和规模渗透，加快千兆用户向光纤到房间（Fiber to The Room，FTTR）升级；不断丰富云存储、云回看、云视频等云宽带应用，加快推广天翼看家、智能烟感等家庭 AI、安全产品，不断升级全屋智能应用及服务。在融通互促方面，持续推动智慧社区、数字乡村等数字平台能力升级，加快填充街道云及乡镇云、便民生活圈、老幼康养等平台应用及服务，促进乡村及社区管理、社区服务、家庭应用等多场景融通互促，拉动基础业务规模发展和价值提升。

（三）加速智能化发展，夯实新一代算力基础设施

中国电信积极打造云智、训推一体、云网边端协同的分布式算力基础设施，聚焦全国一体化算力网络枢纽节点区域，加大智算能力建设，2023 年全

---

1. RDO：R，Research（基础研究）；D，Development（应用技术研发）；O，Operation（运营）。

年智算新增 8.1 EFLOPS，达到 11.0 EFLOPS，增幅 279.3%，北京、上海、江苏、贵州、宁夏和内蒙古等节点已具备千卡以上训练资源，在京津冀、长三角、粤港澳等大模型产业、技术和人才的集聚区，加快部署新一代大规模智算集群，上海单池万卡液冷智算中心于 2024 年投产；推进数据中心向 AIDC 变革升级，积极打造支持"两弹一优" 10 风液混合模式的新一代数据中心，实现单机柜平均功率 2kW～50kW 的弹性适配能力，灵活满足通算、智算、超算规模集中部署的需求；打造高速、无损、弹性的智算中心网络，优化大带宽、广覆盖、低时延、高可靠的分布式计算网络，持续构建东西向流量 1ms/10ms/15ms 时延圈和南北向流量 1ms/5ms/20ms 时延圈，"东数西算"枢纽节点间平均互访时延同比下降 10% 以上；稳步推进通用算力建设，"一城一池"覆盖达 280 个城市，边缘节点超 1000 个，全年通算新增 1.0 EFLOPS，达到 4.1 EFLOPS。

（四）深化 AI 技术布局，推动行业大模型创新与应用

中国电信紧抓人工智能时代的发展机遇，发挥数据要素乘数作用，加快人工智能及大数据领域技术研发和应用落地。构建星辰大模型系列产品体系，打造通用基础大模型底座，覆盖语义、语音、视觉、多模态四大能力，并实现开源；面向政务、教育、交通等垂直领域发布 12 个行业大模型，在基层治理、智能客服、智慧城市等场景中赋能超过 600 个项目，推出"星辰 MaaS[1] 平台"，为用户提供算力、算法、数据、工具等"一站式"大模型研发、应用等服务；面向网络运营、经营分析、代码研发等内部生产经营推出 9 个自用大模型，助力企业加快数字化转型、实现降本增效。

（五）加强数字平台建设，推动行业数字化与产数业务快速增长

中国电信立足云网融合、战略性新兴产业、客户资源和属地化服务优势，持续提升客户服务能力，不断推进生态合作，在重点行业实现能力与规模双领先，推动产数业务快速发展。政企服务覆盖全部国民经济行业大类，政企客户规模持续提升，政企客户数同比增长 11.3%。天翼云持续突破关键核心技术，进一步巩固市场与客户领先规模。在 5G 应用领域，全面打造行业领先的场景化专网方案，赋能高清视频、数采数控、无人巡检、双域切换、车联网等应用场景，5G 行业应用年度新增项目数同比增长 106.3%；AIoT 不断升级，提供"一站式"物联网终端接入、连接管理和应用使能服务，实现万物互联场景下的跨领域、跨行业协同。

2023 年，中国电信重点打造 110 余个数字化平台规模赋能政务、企业、教育、医疗、金融等客户数字化转型升级。在数字政务领域，加大技术赋能与产品集成创新服务，持续提供并升级天翼政务云资源池与平台，已为 20 多个省、220 多个城市提供一网通办、一网统管、一网协同、城市运管服等各类综合应用。在新型工业化领域，通过 5G 确定性网络与自研工业 PON 为各类企业提供网络化连接；在智能化改造上，建设统一工业协议与规约库，自研翼云采终端已在 15 个行业规模应用，实现了生产数据实时精准采集；同时通过自研的翼云控平台大力推进可编程逻辑控制器（Programmable Logic Controller，PLC）云化解耦与 AI 应用，目前已在钢铁等 12 个行业实现了设备间的统一控制。在医疗领域，协助各级卫健委建设全民健康信息平台与紧密型县域医共体平台，实现区域内医疗数据互联互通，已覆盖 25 个省（自治区、直辖市）。在教育、交通物流、文化旅游、智慧社区、数字乡村等其他领域，持续建设并深耕行业专有平台应用能力。

（王浩宇）

---

1. MaaS（Model as a Service，模型即服务）

中国移动通信集团公司 2023 年发展分析

中国移动通信集团公司（以下简称中国移动）在 2023 年营业收入突破万亿元大关，利润再创历史新高。中国移动紧密契合国家发展战略，大力推进数字经济发展，加速推进万物互联和智能化信息社会的构建。在业务方面，中国移动推出多项便民利企的服务和产品，在语音通信、数据上网、有线宽带和物联网等方面持续提供更加优质、便捷的服务，在云计算、大数据、人工智能等新兴技术领域充分发挥技术优势，为用户提供强有力的技术支撑和解决方案。此外，中国移动高度重视科技创新，不断加大研发投入，推动一系列重大技术突破，显著提升企业核心竞争力。

一、企业业务发展情况

（一）营业收入突破亿万大关

2023 年中国移动营业收入为 10093.09 亿元，同比增长 7.7%，首次冲破 1 万亿元大关，成为全球通信行业首个"万亿营收"的运营商。中国移动营业总收入（通信服务收入）为 8635 亿元，同比增长 6.3%，2019—2023 年中国移动营业总收入及增长率如图 1 所示。

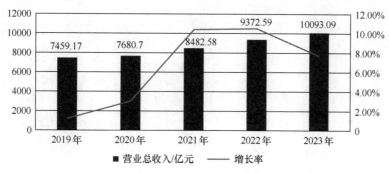

图 1 2019—2023 年中国移动营业总收入及增长率

（二）净利润再创历史新高

2023 年，中国移动的营业利润为 1681 亿元，同比增长 4.22%；归属于母公司股东的净利润为 1317.66 亿元，同比增长 5.03%，净利润实现稳步增长。近年来，中国移动的净利润规模均在 1000 亿元以上，保持了较高的净利润规模水平，盈利能力继续保持全球一流运营商领先水平。净资产收益率为 10%，较 2022 年同期提升 0.2 个百分点。

（三）CHBN[1] 四大市场全面增长

中国移动在 CHBN 市场实现全面增长，新动能增长势头强劲，特别是政企市场和新兴市场的突出表现，为其带来新的增长点。作为主营业务收入的主要部分，基础业务（个人市场和家庭市场）营业收入达 6211 亿元，同比增长 2.8%，占通信服

---

1. CHBN（C指个人市场、H指家庭市场、B指政企市场、N指新兴市场）

务收入的72%。"第二曲线"新动能增势强劲，政企市场收入达到1921亿元，同比增长14.2%。新兴市场增收趋势显著，收入达到493亿元，同比增长28.2%。

1. 个人市场——融合运营 根基坚实

（1）业务结构

2023年，中国移动个人市场收入达到4902亿元，同比增长0.3%。中国移动坚持"连接+应用+权益"融合拓展，在提供基本通信服务（连接）的同时，通过丰富的应用和服务（例如移动支付、视频流媒体、在线教育、云游戏等），以及针对性的权益（例如会员服务、积分兑换、优惠券、专属活动等）来增加用户黏性，提高用户体验。一方面，通过家庭市场、政企市场协同促进5G用户渗透率提升，针对细分用户、细分场景、细分市场加强精准运营，另一方面，推动权益超市向数字生活服务平台升级，联合"品牌运营+生态合作"创新打造动感地带芒果卡，个人市场规模和价值根基不断夯实，"压舱石"作用得到有效发挥。

（2）用户规模与结构

中国移动在个人移动用户规模方面继续保持领先，移动用户总数较2022年净增1599万，达到9.91亿户，在3家电信运营商中市场份额遥遥领先，其中，5G套餐用户数的显著增加达7.95亿户，同比净增1.8亿户，2021—2023年中国移动移动用户数如图2所示。通过产品权益服务深度融合，成功吸引大量新用户，权益融合用户净增4276万户达到3.3亿户，其中，移动云盘月活跃用户达到1.9亿户，净增2374万户；5G新通话高清视频使用用户达到1.33亿户，净增4132万户，其中AI应用订购用户数超307万；动感地带芒果

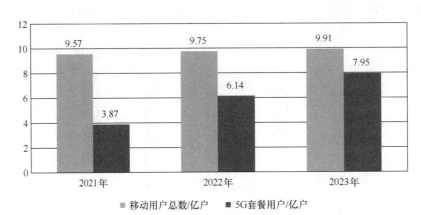

图2 2021—2023年中国移动移动用户数

卡自发行以来，5个月销量达到1147万张，广受年轻客群青睐。

（3）ARPU

在移动ARPU方面，中国移动保持领先地位，整体移动ARPU达到49.3元，同比增长0.6%，随着5G网络的进一步覆盖和应用生态的成熟，中国移动在未来1~2年，移动ARPU值将继续保持增长趋势。

2. 家庭市场——收入有所放缓但仍保持两位数增长

（1）收入规模及份额

2023年，中国移动致力于打造"全千兆+云生活"的智慧家庭生态圈，深化实施以千兆网络为引领的基础设施建设、以内容创新为驱动的大屏娱乐发展、以平台整合为动力的IoT技术应用、以生态合作为核心的家庭信息化解决方案

（HDICT）推广。通过不断探索和挖掘智能家居的增长潜力，扩展智慧家庭应用场景，中国移动成功实现家庭市场的稳健增长。2023年中国移动家庭市场收入实现1319亿元，较2022年增长了13.1%，其中，智慧家庭增值业务收入达336亿元，同比增长13.1%。

（2）业务发展质量及价值

中国移动家庭宽带用户基础不断扩大，截至2023年，用户数已增长至2.64亿，2023年全年净增2012万户。这一增长速度连续多年在行业内保持领先地位，显示中国移动在宽带服务领域的强大竞争力和市场影响力。在宽带服务细分市场中，千兆宽带的用户渗透率显著提升，达到了30.0%，较2022年年底增长14.3个百分点，表明中国移动的高速网络服务受到用户较高程度的认可和接受；移动高清业务用户数量达到2.07亿户，智能组网服务的客户同比激增36.7%，家庭安防客户也实现了40.5%的快速增长，这些数据均显示出公司在智慧家庭相关服务领域的快速增长和市场份额的扩大；HDICT服务的客户数达到2921万户，这一增长势头显著推动了家庭增值业务收入的增长。家庭增值业务收入对家庭市场收入增量的贡献率达到了25.6%，体现了HDICT服务在提升家庭市场价值中的关键作用。

（3）ARPU

2023年，中国移动家庭用户综合达到43.1元，同比增长2.4%。中国移动通过不断扩展用户基础、提升服务质量和推出增值服务，成功提升了家庭市场的整体收入和用户满意度，为公司的持续增长和市场领导地位奠定了坚实的基础。

3. 政企市场——"第二曲线"动能增势强劲

（1）收入规模及份额

2023年，3家电信运营商各自"第二曲线"业务呈逐年提高走势，中国移动的表现尤为突出，收入达到1921亿元，同比增长14.2%，占主营业务比重的22.2%。中国移动在网络、云计算和数字信息通信技术（DICT）领域进行整合与扩展，为不同行业提供定制化解决方案，同时持续研发新产品和服务，以满足政企客户日益增长的需求，从而吸引更多的政企客户。2023年中国移动政企客户达到2837万家，比2022年净增517万家。

（2）业务发展质量及价值

在云服务领域，移动云保持国内领先地位，收入达到833亿元，同比增长65.6%，其中自有能力收入同比增长超过100%。移动云的"五融"特色优势明显，云网、云边、云数、云智、云安不断深化，推动公司向"业界一流"的目标迈进。

在5G产业数字化方面，中国移动继续保持领先，2023年全年签约5G行业商用实例达到1.5万个，同比增长22.4%。5G DICT项目签约金额达到475亿元，同比增长30.1%；5G专网收入达到54亿元，同比增长113.1%。公司在智慧矿山、智慧工厂、智慧电力、智慧医院、智慧城市、自动驾驶等多个细分行业保持领先地位，展示了5G技术在产业数字化中的巨大潜力。

4. 新兴市场——继续保持快速增长

（1）收入规模

2023年，中国移动的数字化转型成果丰硕，新兴市场收入达到493亿元，较2022年增长了28.2%，对增量贡献高达89.7%，成为收入增长的主要引擎。

（2）业务发展质量及价值

中国移动新兴市场主要包含国际业务、数字内容和移动支付等业务。国际业务方面收入增至206.98亿元，同比增长24.2%，显示出其在全球市场上的竞争力和影响力不断提升；数字内容领域也实现高速增长，收入达到280.4亿元，同比增长31.6%，其中云游戏月活跃用户数达到1.2亿户，稳居行业领先地位；金融科技业务在2023年全年实现了766亿元的业务规模，充分展现中国移动的创新能力和市场拓展实力。中国移动通过打造一体化全场景数字消费入口，成功实现包月活跃用户同比增长 51.8%。

二、特色经验举措

2023 年，中国移动贯彻"一二二五"战略实施思路，在人工智能、5G 与云计算等重点方向加强建设与储备，推进 CHBN 全向发力、融合发展，公司整体业务实现良好增长。

1. 深化算力网络与人工智能产业布局

中国移动全力推动"AI+"行动加快突破，算力基础设施、算网应用与 AI 技术能力等多维度融合发展。

中国移动加大新型算力基础设施建设投入，初步建成技术和规模全面领先的全国性算力网络，数据中心能力覆盖国家"东数西算"全部枢纽节点，通用算力规模达到 8 EFLOPS。呼和浩特超大规模单体智算中心和 11 个省份的 12 个智算中心区域节点启动建设，"N+X"多层级、全覆盖智算能力布局加快形成，智能算力规模达到 10.1EFLOPS。

中国移动积极推进算网应用，"天穹"算网大脑全网试商用，支持东数西算、智算超算、数据快递等 115 种算网业务；发布"百川"算力并网平台，纳管 10 余家厂商超 3.3EFLOPS 社会算力，"算龙头"规模化、标准化、商业化运营蓄势待发。

在 AI 技术与应用方面，中国移动沉淀智能语音识别、自然语言处理、机器视觉、智能分析等 450 余项 AI 能力，赋能智慧政务、智慧客服、智慧城市等应用超 900 项；在 AI 通用大模型和行业大模型均取得突破，发布"九天·众擎"基座大模型，推出客服、政务、网络、企业通话、川流出行 5 款行业大模型。下一步，中国移动将继续发挥资源优势，构建 AI 产品族，推动移动云盘、视频彩铃、5G 新通话等产品 AI 化升级；拓展行业 AI 应用，推动医疗、教育、制造、能源、交通等热点行业 AI 应用突破，着力打造 Maas，向千行百业提供软硬结合的"AI 算力 + 大模型"服务。

2. "双千兆"保持领先，加速 5G 技术推广与应用

中国移动不断夯实数智化转型底座。"双千兆"保持领先，累计开通 5G 基站超 194 万个，同比增加 48 万个，5G 套餐用户近 8 亿户。

中国移动全力实施"5G+"计划，部署规模最大的 RedCap 商用网络，构建"1+5+5"创新示范之城，成功打造全球首个 5G 新通话网络，有序推进多载波聚合、通感一体无源物联、空天地一体、网元 AI 等 5G-A 新技术方案研究和试验，加速产业成熟。

在"5G + 行业应用"方面，中国移动 5G 产业数字化赋能领跑业界，全年签约 5G 行业商用实例达到 1.5 万个，同比增长 22.4%，5G DICT 项目签约金额达到 475 亿元，同比增长 30.1%；5G 专网收入达到 54 亿元，同比增长 113.1%，打造智慧矿山、智慧工厂、智慧电力、智慧医院、智慧城市、自动驾驶等 5G 商用案例超 3 万个，服务行业客户超 2500 万，多个细分行业保持领先。其中，车联网市场规模与能力双提升，与全国销量前十新能源品牌均达成合作；高精度定位服务累计调用超万亿次，联合启动全国规模最大的车道级导航应用。数字政府市场影响力持续扩大，沉淀数字政府能力图谱，省级、市级标杆项目示范效应显著，2023 全年落地政务信息化解决方案项目超 2000 个。

3. 持续推动云计算业务创新与完善

移动云已成为中国移动数字化业务支柱之一，中国移动具备全栈产品的自主研发能力，核心技术自主可控，按照"五融"总体思路发力引领云计算领域关键核心技术突破与服务创新。

2023 年，移动云先后推出技术内核 3.0、软硬一体片上计算架构，打造异构计算生态并联合玻色量子发布量子计算云平台，与启明星辰共同发布业内首个安全云脑。移动云第五代云主机计算性能提升 50%，块存储和 DPU 智能网卡等技术均位列国内前 3。此外，移动云聚焦算力产品多元化

创新，着力打造广泛覆盖CHBN应用场景、支持多形态终端接入的移动云计算机，年度销量超270万台。

截至2023年年底，中国移动累计申请云相关专利超1700件，牵头或参与制定相关国家和行业标准32项，拥有软件著作权300余项、获得各类ISO管理体系列资质14项、可信云评估认证80多个，并成功通过KCSP认证、CSA STAR认证、公安部网络安全等级保护四级认证等。在科技成果转化方面，中国移动已在北京、上海、广州等20多个城市落地孵化中心工作站38个，产业生态孵化中心已累计孵化优质项目84个。

此外，中国移动打造的"一云多芯、全栈自主、安全可信、生态丰富"的信创云解决方案先后入选工业和信息化部推荐解决方案名单和江苏省信息技术应用创新优秀解决方案，受到业界认可。同时，中国移动获工业和信息化部授予"新一代信息技术融合应用创新行业验证示范中心"共建单位称号。

（王浩宇）

中国联合网络通信集团有限公司 2023 年发展分析

中国联合网络通信集团有限公司（以下简称中国联通）2023年实现高质量发展并取得显著成果。中国联通聚焦联网通信和算网数智两大主业，经营发展稳中有进，基础能力得到快速提升，特色优势持续放大，创新转型不断做深做实，为今后长远发展奠定坚实基础。

一、业务发展成绩

（一）营业收入持续向好的业绩增长发展

2023年，中国联通营业收入达到3725.97亿元，与2022年同期相比增长5%。主营业务收入（通信服务收入）达到3352亿元，同比增长5%，其中基础业务（联网通信）收入为2446亿元，同比增长3.1%。

2019—2023年中国联通营业总收入及增速曲线如图1所示。

2023年，中国联通对业务板块进行重新规划，将传统的宽带、通信和移动网络业务整合至"联网通信业务"板块，同时将"算网数字业务"列为新兴业务领域，该领域覆盖联通云、数据中心、数科集成、数据服务、数智应用和网信安全六大板块。

中国联通的营业收入结构正在从传统的通信服务业务转向更加注重数字化业务和创新业务收入的方向发展。2023年，中国联通的算网数智业务收入达到752亿元，同比增长12.8%，在通信服务收入中占比22.4%，较2022年同期提升1.5个百分点，并为公司贡献了超过一半的新增收入；特别是联通云，全年实现营收510亿元，同比增长41.6%，这为中国联通在数字经济的新阶段加速转型和发展奠定了坚实的财务基础。

（二）净利润连续7年实现双位数提升

中国联通在财务表现方面取得显著的进步，这一点从其2023年的财务报告中得到了明确的体现。2023年中国联通的归母净利润达到81.73亿元，与2022年同期相比增长11.97%，但相比2022年15.8%的增速有所放缓。净资产收益率达到5.1%，创近年来新高。

（三）整体费用控制合理，创新业务持续投入

随着5G网络覆盖日益成熟，中国联通投资重心已从巩固基础的联网通信业务转向了增长潜力更大的算网数智业务，网络投资显现拐点。2023年中国联通资本开支达到739亿元，2024年该数值将缩减至650亿元。在营收和利润保持稳健增长的同时，中国联通的自由现金流同比增长10.8%，达到304亿元。资本结构得到持续优化，带息债务同比下降18%，至464亿元。资产负债率较2022年有所下降，达到46.0%。

中国联通近年来聚焦战略性新兴产业和未来产业，不断加大研发投入，研发费用呈逐年上升的趋势。中国联通2023年费用化研发投入为80.99亿元，研发总投入达到125.15亿元，占营业收入的3.4%，这显示了其对科技创新的高度重视和持续投入。

（四）移动业务用户规模与价值实现双增长，未来仍有较大爆发潜力

中国联通在移动联网领域的发展表现出强劲的势头，通过加强端网业协同，以5G化为牵引，移动用户增势强劲。截至2023年年底，中国联通

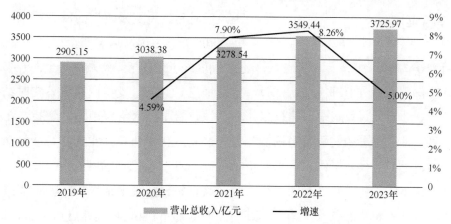

图1 2019—2023年中国联通营业总收入及增速曲线图

的移动用户数已经达到3.33亿，2023年全年净增用户1060万户，净增用户同比大幅提升90%。在用户结构方面，中国联通也取得持续优化，5G套餐用户数达到2.6亿，同比增长12%，5G用户渗透率达到78%。尽管移动ARPU较2022年下降0.1元，但这一下降趋势并未影响中国联通在移动联网市场的整体发展。

此外，中国联通积极抓住万物互联的发展机遇。2023年，中国联通物联网连接规模达到4.9亿个，其中"4G+5G"高速连接占比超过了90%。中国联通正在通过高速、稳定的网络连接为移动互联网市场的发展注入新的活力，展现出中国联通在移动用户增长、5G用户渗透，以及高速连接比例等方面的显著成就。这些成果不仅反映了中国联通在技术升级和服务优化方面的努力，也展示了中国联通在移动联网市场中的竞争力和发展潜力。

（五）固网宽带用户增幅创新高

在宽带联网领域，中国联通通过不断优化服务质量和提升网络速度，成功打造了千兆服务的良好口碑。截至2023年年底，中国联通的固网宽带用户数已经达到1.13亿，全年净增用户979万户，这一增长规模创下了近十年的新高。

用户结构的显著改善也是中国联通宽带业务的一大亮点。宽带用户融合渗透率逐年上升达到76%，千兆用户渗透率达到22%，同比增长6%。

在用户收入方面，固网宽带用户综合ARPU为47.6元，虽然较2022年下降0.2元，但仍与中国电信并列电信运营商首位，这反映中国联通在用户价值维护方面的竞争力。

在网络覆盖方面，中国联通在北方市场保持了自己的行业优势，同时南方市场的网络基础能力也得到了显著增强，专网的覆盖规模及多云连接不断扩大。

（六）基础设施规模持续提升，深化智算设施布局

中国联通在5G网络建设方面取得显著进展，5G中频基站数量超过121万个，当年新增22万个，900MHz基站达到68万个，4G共享基站数量超过200万个，移动网络覆盖与质量得到不断提高。中国联通积极响应国家"东数西算"战略，致力于打造绿色高效、安全可靠的算力基础设施，积极布局具有先进架构、安全可靠、服务优质的新型算力网络。

同时，中国联通主动应对智能计算力需求的转型升级，推动"1+N+X"的总体智能计算规划布局，依托东部智算产业发达区域和西部资源丰富区域的梯次布局，推进智算中心的建设和落地。中国联通已在国家枢纽节点之间建立超过100Gbit/s的高速传输通道，巩固了面向算力网络的全光传送底座，并且公众骨干IP网络的时延具有行业领先优势。

二、特色经验举措

（一）深化行业军团模式

中国联通继续深化行业军团业务拓展模式。2023年6月，中国联通根据《数字中国建设整体布局规划》成立第二批行业军团。新军团包括数字政务（数据治理+经济运行）军团、智慧城市军团、智慧仓储物流军团、智慧轻工军团、智慧农业军团、智慧海洋军团和智慧教育军团。通过军团模式，中国联通促进全集团能力要素深度融合、高效联动，探索形成"快速集结精锐资源、集中力量重点突破"的发展路径。

第一批军团成立一年来，已经取得了可喜的进展：装备制造军团牵头上海市重点项目"上海工业互联综合公共服务平台"，全面拉通政府、企业、解决方案供应商等产业链各相关环节，加速产业转型升级；智慧钢铁军团提供5G+赋能、AI+赋能和数智+赋能三大类30余项解决方案，服务河北省内外钢铁企业超过60家，打造多个大型标杆项目。其中，"智联钢铁云"是全国钢铁领域仅有的两朵钢铁云之一。

（二）加速四张精品网建设

中国联通在2023年继续加快5G、宽带、政企、算力"四张精品网"的建设，聚焦打造集高速泛在、云网融合、绿色低碳、安全可控于一体的智能化综合性数字信息基础设施。

在5G精品网方面，中国联通持续深化共建共享，与中国电信共同建成全球规模最大、速率最快的5G SA共建共享网络，5G中频基站规模超125万个，实现乡镇及以上区域连续覆盖、行政村有效覆盖，通过持续提升5G网络能力，为5G全连接工厂、智能制造等提供小于4ms的超低时延、大于99.9999%的超高可靠网络保障，目前已服务超过9000家5G专网服务行业客户。

在宽带精品网方面，中国联通以全屋光宽带作为联通智家产品的网络底座，聚焦用户"高速率、低时延、无缝漫游"的网络需求，服务用户超过700万。中国联通发布全屋光宽带3.0，实现网络联接、生态联接、终端联接全面升级：在网络方面，推出CU-OS，支持网络设备实时纳管、网络质量一点看全、网络应用随时掌控；在生态方面，通过CULINK协议，实现泛智能终端自主管控、互联互通，生态连接数已达3500万个；在终端方面，联合华为打造业界首个智慧家庭FTTR+应用组网产品星光F50，最高速度达到3000Mbit/s，并融合全光家庭存储和Wi-Fi看家等应用。

在算力精品网方面，目前中国联通算力中心覆盖国家八大枢纽节点和31个省（自治区、直辖市）。将优化算力布局、强化算网调度、丰富算网产品，为数字经济高质量发展提供强劲算力引擎。

此外，在政企精品网方面，中国联通将坚持技术引领，做强数字化智能专线服务，推进千行百业"上云用数赋智"。

（三）加强数智云基座建设

2023年，中国联通以"一朵云、三平台"战略为指引，持续加大联通云的研发投入，升级联通云至第7个版本，实现全栈产品100%自研，进一步丰富以联通云为核心的数字化转型工具箱，并全面赋能行业数字化转型。

中国联通着力发挥算网一体差异化优势，持续增强算力资源储备，云资源销售超过百万户，覆盖突破230个城市。重点在云服务器操作系统、数据库和云灾备等关键技术难点进行深耕突破，满足用户定制化场景需求，在政务、医疗、交通、教育等行业云形成丰富的细分场景解决方案，打造服务国家部委及地方政府的国家药监云、辽宁省政务云、广州市政务云和服务大型电商平台的茅台云等标杆项目案例，支撑20余家国资央企上云。在技术创新、生态共建等方面迭代出新，自主研发水平进一步提升，持续优化"虚拟化"及"云原生"双引擎基座。

（四）夯实网络安全能力服务

中国联通聚焦网络安全、数据安全、信息安全等重点方向，加强大安全战略业务布局。作为网络安全现代产业链链长单位，与产业链合作伙伴共同构建网络安全产业链，提供包括"安全荟"产业链安全云市场和"墨攻"安全运营服务平台在内的一系列网络安全服务。

基于"墨攻"平台打造"平台+组件+服务"一体化安全运营服务新模式，为用户建成国内首个超大型城市数字安全运营中心，落地50余个标杆项目，累计服务200多家政府和大型企业客户，联合共建150款安全产品。中国联通推动安全生态开放合作，吸引合作伙伴入驻"安全荟"，构建规模大、品种全、服务便捷的安全云市场，支撑网信安全收入实现120%的快速增长，已入驻合作伙伴超过100家，开放16项安全能力，服务超万家中小企业客户。

（王浩宇）

中国铁塔股份有限公司 2023 年发展分析

中国铁塔股份有限公司（以下简称中国铁塔）2023年深化实施"一体两翼"战略，相关成效持续凸显，业务多元化发展步伐稳健有力，营收保持稳定增长，严控营业成本支出，促成净利润水平继续保持较快提升的良好态势。中国铁塔塔类业务站址首次下降，租户数继续稳步增加，室分覆盖范围持续快速扩大，智联和能源业务客户数保持较快增长，共建共享集约发展水平进一步提升。

中国铁塔2023年取得优异发展成绩，其重要经验举措在于夯实发展基础，运营商业务主导地位持续巩固；强化核心能力，两翼业务继续保持快速增长；严控营业开支和融资成本，提升公司经营效益；从体制机制、组织变革、技术创新、人才发展等维度多管齐下，持续提升市场竞争力。

展望2024年，中国铁塔一是在业务发展方面，继续深入推进"一体两翼"战略落地；二是在科技创新方面，推动高质量技术产品创新再上新台阶；三是在运营管理方面，推动企业管理改革、人才工作、党的建设等再上新台阶。

一、业务发展成绩

中国铁塔坚持创新驱动引领，立足资源共享，深化实施"一体两翼"战略，即以面向通信行业的运营商业务为"一体"，以面向社会的智联业务和能源业务为"两翼"，持续做大共享协同文章，保持稳健发展。共享水平进一步提升，站均租户数由2022年年底的1.74升至1.79。营业收入保持稳定增长，盈利能力进一步增强，资本结构保持健康。2023年全年中国铁塔实现营业收入940.09亿元，同比增长2.0%，剔除商务定价影响后可比口径收入为977.23亿元，增长6.0%；EBITDA[1]为635.51亿元，增长1.1%，EBITDA率为67.6%；净利润为97.50亿元，同比增长11.0%；经营活动现金流净额为328.40亿元，资本开支为317.15亿元，自由现金流为11.25亿元；公司总资产为3260.07亿元，带息负债为946.26亿元，净债务杠杆率为31.4%。相关数据充分凸显了中国铁塔的高质量发展成色。

（一）"一体两翼"战略成效持续凸显，业务多元化发展步伐稳健有力，营收保持稳定增长，严控营业成本支出，促成净利润水平继续保持较快提升的良好态势

中国铁塔2015—2023年总收入和运营商业务收入规模以及运营商业务占收比情况如图1所示。

中国铁塔2022—2023年各业务收入份额占比情况如图2所示。

中国铁塔严控营业成本支出，营业成本占收比由2022年的85.6%降为84.6%，尤其是其中的站址运营及支撑开支，其主要开支项包括站址运营直接发生的短期站址租赁费、电费、维系费，以及与站址运营相关的IT服务费、车辆使用费、站址规划管理费等，相对2022年大幅减少了

---

1. EBITDA（Earnings Before Interest, Taxes, Depreciation and Amortization，税息折旧及摊销前利润）。

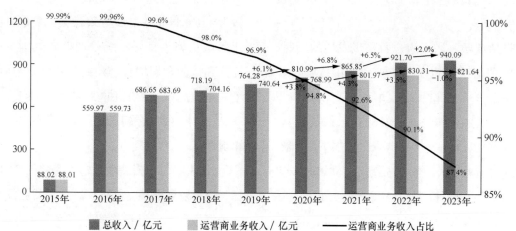

图 1　中国铁塔 2015—2023 年总收入和运营商业务收入规模和运营商业务占收比情况

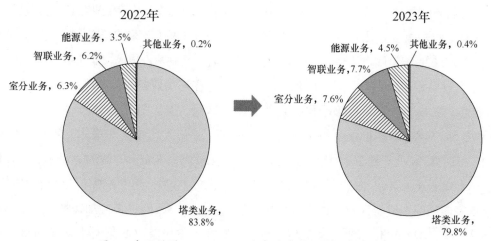

图 2　中国铁塔 2022—2023 年各业务收入份额占比情况

4.64 亿元，降幅 7.9%。另外，其他成本主要包括处置固定资产损失、资产减值损失、物业水电及办公管理费用等，相较 2022 年大幅减少了 5.04 亿元，降幅 13.7%。这也凸显了中国铁塔出色的运营能力。

（二）塔类业务站址首次下降，租户数继续稳步增加，室分覆盖范围持续快速扩大，智联和能源业务客户数保持较快增长，共建共享集约发展水平进一步提升

中国铁塔 2023 年塔类站址数达到 204.6 万个，较 2022 年减少 0.9 万个，降幅 0.4%。这是中国铁塔塔类站址数首次出现下降，公司共建共享取得实质性成效，即使塔类站址数下降，网络覆盖效果依然可以持续提升。中国铁塔运营商塔类租户达到 342.4 万户，较 2022 年年底增加 6.2 万户，保持平稳增长势头，同比增长 1.8%；运营商塔类站均租户数由 2022 年年底的 1.65 提升到 1.68，共享水平进一步提升。围绕 5G 网络建设这一当前重要任务，中国铁塔高效支撑 5G 网络覆盖加速推进，2023 年完成 5G 建设需求约 58.6 万个，其中 95% 以上通过共享已有资源实现。

2023 年，塔类业务租户数保持稳步增长态势，

塔类业务站址数则出现下滑，拉动塔类站均租户数2023年达到1.79，较2022年上升0.05，同比增长2.9%，中国铁塔建设的共享化水平进一步提升。

在塔类站址数、塔类租户数稳步发展的同时，室分业务的覆盖范围也在快速扩大。2023年，室分站点覆盖的楼宇面积、地铁里程和高铁隧道里程分别达到101.5亿平方米、11625千米和12447千米，同比2022年分别大幅增加27.6亿平方米、2014千米和2018千米。自中国铁塔成立以来，室分业务保持高速增长势头，2017—2023年，上述3项指标的复合年均增长率分别为48.1%、34.7%和24.0%。

此外，智联业务和能源业务在推动中国铁塔增长方面的重要地位和重要作用日益凸显。在智联业务方面，截至2023年年底，约21.7万个"通信塔"升级为"数字塔"，涵盖林草、环保、水利、农业、交通、国土、应急等40多个民生重要领域。智联业务租户数在整体租户中的占比节节上升，由2017年的0.7%上升到2022年的6.17%，2023年再进一步提升至6.4%。在能源业务方面，截至2023年年底，中国铁塔累计发展铁塔换电用户数约114.5万，较2022年年底增加24.3万，增幅26.9%，已成为全国规模最大的轻型电动车换电运营商，换电业务部署城市已超过300个。

二、特色经验举措

2023年是全面贯彻落实党的二十大精神的开局之年。中国铁塔深入学习贯彻习近平新时代中国特色社会主义思想和党的二十大精神，以及习近平总书记重要指示批示精神，胸怀"国之大者"，深刻认识中国铁塔作为国资央企肩负的特殊使命，聚焦提高核心竞争力、增强核心功能"两个途径"，发挥央企在建设现代化产业体系、构建新发展格局中的"科技创新、产业控制、安全支撑"3个作用，全力服务支撑网络强国、数字中国、"双碳"和质量强国等国家战略，立足"3个服务商"定位，深化实施"一体两翼"战略，一体推进"六高六新"，运营商业务发展持续稳健，智联业务和能源业务增长势头良好，统筹把握和处理好质的有效提升和量的合理增长、发展与安全、当前与长远3个关系，高质量发展取得新进展新成效。

（一）夯实发展基础，运营商业务主导地位持续巩固

2023年，中国铁塔锚定"两增三稳四提升"目标，经营发展保持良好势头。运营商业务抓早抓快，充分发挥通信基础设施建设国家队主力军作用，牢牢把握5G网络扩大广度覆盖和加强深度覆盖的发展契机，全力支撑电信企业经济高效建设5G网络，强化资源统筹共享和专业化运营优势，集约高效地满足客户网络建设需求，高质量发展基础不断夯实。

在塔类业务方面，围绕5G网络建设，积极争取政策支持，推动公共资源和跨行业资源开放共享，降低入场难度和成本，不断巩固资源统筹的核心优势；充分共享现有站址资源，广泛利用社会资源，推动移动网络覆盖综合解决方案有效落地，高效支撑5G网络覆盖加速推进，共享水平进一步提升；积极获取低频网络建设网络优化的新建需求，加强疑难站址攻坚，有力支撑塔类业务稳定发展；紧密把握5G完善覆盖需求的建设特点，持续创新低成本建设方案，积极创新服务产品，经济高效地满足客户需求。

在室分业务方面，依托工业和信息化部等十四部委共建共享文件，充分利用有利政策环境，持续深化"资源＋需求"一体化统筹发展模式，聚焦重点业务场景，进一步发挥统进场、统筹建设作用，有力增强室分市场服务支撑水平；持续提升产品方案设计水平，强化质量管理能力，夯实"低成本、优服务、绿色低碳"的优势；持续推动室分共享品创新和综合服务方案应用，为客户提供差异化、"无源＋有源"的室分共享方案，满足存量室分5G升级需求，进一步挖掘共享价值、扩大业务规模。

中国铁塔2023年有效解决疑难站址8610个，深化"4个专项行动"，为客户节约网络运营成本超5.6亿元。9年多来，新建铁塔共享率从14.3%大幅提升到85%，相当于少建新塔112.4万个，节约土地6.2万亩（约413.3平方千米），减少行业投资超过2000亿元，节约运营费用1600亿元。新一轮商务定价实现全面落地，为中国铁塔行稳致远打下坚实基础。

（二）强化核心能力，两翼业务继续保持快速增长

2023年，中国铁塔持续把握"数字经济"及"双碳"目标发展带来的机遇，聚焦重点领域强化创新引领，持续提升核心能力和竞争优势，继续保持"两翼"业务快速增长。中国铁塔智联业务产品/服务应用场景如图3所示。

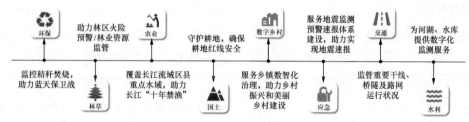

图3 中国铁塔智联业务产品/服务应用场景

（三）严控营业开支和融资成本，提升公司经营效益

在营业开支上，2023年中国铁塔深入开展提质增效专项行动，精益配置成本资源，优先保障与"一体两翼"业务拓展直接相关的生产性支出，加强资产延寿利旧和站址运营支撑作业的单站管理，合理降低运营成本。2023年，营业开支累计795.07亿元，同比增长0.8%，营业开支占营业收入比重为84.6%，较2022年下降1pct。**在折旧及摊销方面**，中国铁塔致力于提升资产长期服务能力，强化资产延寿利旧，合理保障到龄资产持续运营，2023年折旧及摊销累计490.49亿元，较2022年下降1.0%，折旧及摊销占营业收入比重由2022年的53.7%下降至52.2%。**在维护费用方面**，中国铁塔持续开展资产隐患排查专项整治，随着存量隐患逐步整改到位以及智能运维功能升级和规模应用，中国铁塔维护效率进一步提升，2023年，维护费用累计74.08亿元，同比下降2.4%。**在人工成本方面**，2023年，中国铁塔面向业务发展适度引进中高端科技人才及区域管理人员，推进人才强企战略，建强一线经营单元，同时强化工效挂钩的业绩导向激励，完善"规划、预算、资源配置、考核激励"四位一体管理机制，激发内生动力和活力，2023年全年人工成本累计发生88.44亿元，同比增长11.4%。**在站址运营及支撑开支方面**，2023年站址运营及支撑开支累计发生53.93亿元，同比下降7.9%，较2022年减少4.64亿元，主要是随着自主选址与维系能力的提升，中国铁塔与业主签订长期场租协议，合理管控场租续签涨幅，短期站址租赁费及电费等站址运营开支较2022年减少3.55亿元；规划设计费及环境影响评价费等其他站址运营支出较2022年减少3.23亿元。

在融资成本上，中国铁塔坚持稳健的融资策略，在强化资金收支集约管理的同时，积极拓展低成本融资渠道，优化带息债务结构，降低综合融资成本。2023年中国铁塔净财务费用累计发生27.84亿元，同比下降3.3%。

在盈利提升上，2023年，中国铁塔坚持效益导向，加大成本对标和降本增效力度，保持利润的稳定增长。营业利润实现145.02亿元，同比增长8.9%。息税前利润实现635.51亿元，同比增长1.1%，息税折旧摊销前利润占营业收入比为67.6%，保持较高水平。中国铁塔归属于股东净利润实现97.50亿元，同比增长11.0%。每股基本盈利为0.0558元。

三、下一阶段发展策略建议

2024年是中华人民共和国成立75周年，是实施"十四五"规划的关键一年。新的一年，面对战略机遇，中国铁塔在业务上，仍需要深入推进"一体两翼"战略落地，围绕高质量经营，持续构建"五化"运营体系，打造"五型"企业，不断增强核心竞争力，推动公司价值持续提升，公司高质量发展再上新台阶。

（一）业务发展：继续深入推进"一体两翼"战略落地

在运营商业务方面，移动通信产业是全面支撑经济社会发展的战略性、基础性和先导性产业。适度超前建设5G、5G-A商用部署、"双千兆"网络共进攻坚工程，以及"信号升格""宽带边疆"等专项行动，将持续推动移动通信网络建设向纵深发展。面对市场机遇，中国铁塔将全面发挥资源统筹作用，集约高效满足客户需求，持续巩固市场主导地位；全面把握客户建设需求特点，通过创新服务方案、提升服务能力，更好地推动移动网络覆盖综合解决方案落地；紧密把握5G室内深度覆盖建设契机，全力扩大新建楼宇室分市场份额，积极挖掘存量室分改造需求，助力室分业务快速增长，切实发挥信息通信基础设施建设国家队和5G新基建主力军的作用。

在智联业务方面，数字中国建设面临前所未有的历史机遇，战略性新兴产业发展、传统产业转型升级、数字治理水平提升为智联业务的发展带来广阔空间。中国铁塔持续发挥好中高点位资源优势，聚焦社会治理数智化转型升级，强化创新驱动，不断提升平台、算法、应用产品等核心能力优势，通过深耕行业、深研创新、深挖需求、深度融合、深化管理做精智联业务，积极为行业的数智化治理转型升级赋能加速高效服务数字中国、美丽中国战略。

在能源业务方面，"双碳"目标下，经济社会全面绿色低碳转型深入推进，绿色出行、节能减排、能源循环利用快速发展，为中国铁塔能源业务发展创造良好机遇。中国铁塔将加快市场拓展，推进换电网络经济高效布局，进一步巩固市场领先地位；聚焦重点行业及重点场景持续锻造"备电、发电、监控、维护"四位一体的核心优势，完善标准化的"备电+"产品体系，保持备电业务快速增长；积极探索绿能、储能、节能等综合能源服务，推动其在通信行业及社会民生的应用，助力"双碳"战略目标。

（二）科技创新：推动高质量技术产品创新再上新台阶

2024年中国铁塔需要坚持科技创新与体制机制创新"双轮驱动"、科技创新与科技成果转化同时发力，让科技创新成为中国铁塔经营发展的底色和主线，全面塑造新动能新优势，加快形成新质生产力，支撑实现高质量发展。积极布局和扎实推进战略性新兴产业和未来产业科技创新，加大边缘算力网络、AI、新能源、5G-A/6G等领域的技术攻关；深化"室分+"、智能运维、一码到底、铁塔视联等产品创新，强化源头供给和数字化赋能水平，提高核心竞争力；持续深化"四份清单"工作机制，完善"公司总部、省分公司、产业生态、国际组织"四位一体科技创新体系，加强科技创新人才队伍建设，加大科研投入和奖励激励，不断提升科技创新整体效率效能。

（三）运营管理：推动企业管理改革、人才工作、党的建设等再上新台阶

一是推动高质量改革再上新台阶。以创建世界一流企业为目标，聚焦国资央企功能使命深入推动实施改革深化提升行动，深化"四位一体"和密切联系群众服务基层机制，加快数字化企业建设，加快区域管理变革，持续激发动力和活力。

二是推动高质量管理再上新台阶。对标一流强化运营管理水平，实现质量提高、服务提升。推进品牌引领行动，加强品牌建设。加强精益化运营管理，提升资金使用效益。全力推进"一体

两翼"端到端大维护体系建设，打造运营商级维护服务能力。坚持问题导向，持续深化巡视、审计、商务定价落地的问题整改，将发现问题点变为管理提升点。全面推进"0361"塔长制体系建设，守牢安全生产底线，抓好网信安全、法治央企建设，全面提升防范化解风险能力。加强合作伙伴管理。

三是推动高质量人才再上新台阶。加强人才管理，强化人才引进，优化人才结构，加强人才培养，优化人才发展体制机制，完善人才激励机制，着力建设高素质人才队伍。

四是推动高质量党建再上新台阶。持续深入开展"落实二十大 铁塔在行动"主题活动。持续打造"五心党建"品牌，推动党建工作与生产经营深度融合。深入推进全面从严治党，让中央八项规定切实成为铁规矩、硬杠杠。狠抓工作落实，不折不扣抓落实，雷厉风行抓落实，求真务实抓落实，善作善为抓落实。

（智次方·物联网智库　梁张华）

中国广播电视股份有限公司 2023 年发展分析

2023 年，中国广播电视股份有限公司（以下简称中国广电）带领全国各级广电网络企业，牢牢把握广电行业"二三四"工作定位，锚定"巩固提升传统广播电视、开拓创新推进媒体融合、整合聚合形成发展合力"三大工作方向，以推进广电网络高质量发展为主题，贯彻"圆心"战略，以及"谋战略、展形象、打基础、强管理、重发展"方针，广电 5G 精品网络建设取得重大进展，广电云平台、全国性业务网络及平台建设日益完善，高效推进 700MHz 产业链成熟，融合应用体系，丰富业务探索，5G NR 广播具备预商用坚实基础，一体化运营、品牌建设及业务规范性治理等成绩突出。中国广电创新性打造了全国有线电视网络整合和广电 5G 建设一体化发展模式，5G 移动用户、固移融合用户规模快速增长，总部政企业务实现历史突破，全国广电网络"1+4"运营管理格局基本形成，中国广电也再次进入全国文化企业三十强榜单。

中国广电 2023 年取得的突出发展成绩，其背后的重要原因在于紧紧抓住了做强做优网络承载、创新业态和完善生态这 3 项工作——以网络为基础，以特色业务为重点，以产业数字化探寻新突破；深耕 700MHz，打造产业合作生态和业务差异化优势。

■ 一、业务发展成绩

（一）广电 5G 精品网络建设取得重大进展

2023 年，中国广电全面、高速、高质量地完成 700MHz 地面数字电视频率迁移工作，为广电 5G 网络建设及商用发展进一步奠定了坚实的基础，对中国广电具有里程碑意义。目前，700MHz 频率迁移工作非常成功，整体迁移工程已经接近尾声。与此同时，中国广电网络建设稳步推进，已完成重点地区的网络覆盖。但加速网络建设，完善和推进广大乡镇、农村地区的网络部署，打造覆盖强、容量足、速率高、体验优的广电 5G 精品网络，仍是中国广电 2024 年乃至未来几年的工作重点。

通过与中国移动开展共建共享，中国广电目前已经建成全球规模最大、带宽最大的全程全网 700MHz 5G 网络，相应的基站规模超 60 万个。中国广电实际可使用的 4G/5G 等站点超 400 万个，可调度 4G/5G 基站总量位于国内前列，能提供覆盖强、容量足、体验优的广电 5G 精品网络。根据中国广电官方数据可知，中国广电 5G 网络已覆盖全国 95% 的行政村，并在 31 个省（自治区、直辖市）开通 5G 商用服务。

不仅如此，中国广电还实现技术突破，自建核心网，完成核心网及网络云资源池南北两个大区、4 个节点，以及 31 个接入省（自治区、直辖市）用户面的建设工作；目前完成了 IT 云资源池南北两个大区、3 个资源池节点的建设工作，共计部署物理设备超 5000 个。在基础网络平台建设方面，已上线了业务运营支撑系统和业务平台，开通了 31 个省（自治区、直辖市）的互联网公网出口。目前，中国广电基本已经完成全国网络测试及优化。

（二）广电云平台、全国性业务网络及平台建设日益完善

在云平台建设方面，中国广电构建了 1 个广电

云平台+8个主要核心交换节点+31个省（自治区、直辖市）边缘节点，形成"1+8+31"的算力体系，实现了三级部署、云边一体、一云统管、全国覆盖的格局。

中国广电还加快构建"1+4"的运营管理格局，重点推进广电5G业务网、固定语音业务网、互联网骨干网和内容集成播控平台4个全国性业务网络平台建设，使广电5G网络覆盖质量得到持续提升。2023年6月底，中国广电固定语音业务网、互联网骨干网、内容集成平台三大全国性基础业务网络平台开通上线，"有线+5G"融合传播格局进一步完善。2023年12月28日，中国广电全国互联网骨干网（CBNET）与3家电信运营商互联网骨干网正式贯通。CBNET建成后，将综合承载固移宽带业务、政企业务、5G业务、视频分发、国家文化专网等各类业务，实现全国"一网整合"，形成一张物理隔离、绝对安全的国家新型基础设施网。

中国广电全国固定语音业务网将依托广电5G核心网快速低成本敏捷组网，基于全国有线电视网开展本地通信和长途通信业务，补齐中国广电全业务运营的最后一块拼图。固定语音业务网进一步增强了广电网络的融合发展新动能，将为用户提供更加丰富的服务和选择。2023年3月30日，中国广电在北京歌华有线电视网络股份有限公司实现中国广电固话首呼；6月30日，中国广电全国固定语音业务网、互联网骨干网、内容集成播控平台正式开通上线，加速"手机+电视+宽带+语音+卫星+X"全融合业务体系的构建。9月20日，江苏有线南京分公司率先在江苏省内实现地市广电固定语音网络全域打通，江苏省将首批进行广电固定语音业务试商用。10月27日，中国广电安徽网络股份有限公司于02:00实现了广电固网首呼。11月初，湖北省武汉市江汉区、汉阳区、东湖高新区，襄阳市宜城市、宜昌市五峰县等地，陆续开通首单固定语音业务。对于中国广电而言，随着5G技术的推广，固定语音业务网受益于更高的数据传输速度和更低的时延，从而提供更高质量的语音通信服务。此外，AI和自动化技术的发展可应用于固定语音业务网，例如语音识别、自然语言处理和智能客服等，提高了用户体验和运营效率。

中国广电的宽带接入业务是通过光纤+同轴电缆的混合网形式向用户提供的。中国广电正在进行"全国一网"构造工作，能否借助整合各地方有线电视网络资源的契机快速完成"光改"，将在某种程度上决定着中国广电能否在固网宽带领域具备"活下去"的价值。CBNET可以满足对31个省（自治区、直辖市）、44个数据中心、400多个站点的全光覆盖，实现8个超级核心、31个核心及3个NAP点/直联点的资源互通，可提供7.2T的流量承载，大幅优化网络性能和资源利用率，同时采用先进的全光交叉连接（Optical Cross-Connect，OXC）及自动交换光网络技术，大幅提升网络节点调度能力至P比特级，大幅提高业务可靠性至99.999%，实现业务快速开通，提升用户体验。在建设CBNET过程中，中国广电在长三角区域率先实现网络400G升级，标志着中国广电打造全光运力网络取得突破性成果，也为后续全国广电互联网骨干网的400G全面升级提供宝贵经验。CBNET将是未来国家文化专网的重要组成部分，实现全国中心、区域中心及省域中心的互联，将为5G业务自主发展、固定宽带提质增效、跨区业务调度、大视频全国分发和国家文化专网等承载提供网络底座。5G移动互联网是未来业务场景，自主建设IP骨干网可有效盘活省网资源，提高5G用户体验。建设IP骨干网，实现互联互通，还能降低互联网侧生态聚合的成本，满足省际集客业务的快速开通与保障需求，优化网内算力资源的分配，并着力解决IDC区域发展不均衡问题，以及满足视频业务全国统一分发、媒资集约化、建立两级IP播控体系的需求。此外，CBNET将赋能中国广电加快推出更优质的广电家庭宽带产品，即以千兆光网和 5G 为代表的"双千兆"网络，带宽可升级至 200MHz/300MHz/1000MHz，为用户提供高速稳定的互联网接入以及各项应用信息服务。

在广播电视业务网内容集成播控平台方面，中国广电搭建广电内容数据库，建设内容集成播控平台和广电 5G 融合视听服务平台，汇聚海量广播电视和网络视听优质内容，用主流价值驾驭先进算法。通过"有线电视+互联网+5G"的多渠道传播能力，可提供千人千面的个性化、精准化、智能化推荐能力。通过有线电视、互联网等多渠道传播，中国广电将实现广播电视和网络视听节目终端通、移动通、人人通，更好地满足人民群众全场景、多层次、多样化的内容消费需求，不断提升广电网络的优质内容供给力、思想文化引领力和公共服务均等化水平。

整体看来，全国广电网络"1+4"运营管理格局基本形成，融合发展的成效显著，中国广电正式进入全业务运营时代。融合数字化能力将助力中国广电自身坚定不移地走特色化、差异化的发展道路，实现文化与科技的有机结合，中国广电已正式具备承载国家文化专网的能力。

（三）高效推进 700MHz 产业链成熟

中国广电高效推进 700MHz 产业链成熟，持续加速终端、芯片产业链适配，以终端适配促进网络优化。2023 年，中国广电加速与手机厂商合作，以拓宽其市场范围。2023 年 4 月初，中国广电宣布其 5G 网络全面支持苹果手机。华为 Mate60 系列、三星、小米、荣耀、vivo、iQOO、OPPO 等品牌的众多机型也已加入广电合约机套餐。同时，中国广电还联合合作伙伴共同推出手机广播功能 ready；加速推进广电试点大塔和蜂窝基站推送统一节目内容等。截至 2023 年年底，中国广电已推动了 929 款入网终端支持 700MHz 频段，也使得 700MHz 从 5G 的边缘频段成为全球产业链全面支持的主力 5G 频段。

基于中国广电制定的 700MHz 终端增强国际标准，中国广电还联合产业伙伴研发推出了全球首批"超级 n28"增强型 700MHz 终端，实现网速及覆盖能力翻倍，提高了低频 5G 的端网能力，提升了广电用户的 5G 体验。主流厂商在广电 5G 网络开网半年内完成软件适配型号超 630 款，覆盖近 4 年内主流品牌的主力机型；2022 年 8 月后推出的新品手机均已实现出厂即支持广电网络，适配机型价位覆盖 99～15999 元全档位，类型涵盖了智能手机、可穿戴设备、平板计算机、老人手机、用户驻地设备（Customer Premises Equipment，CPE）、笔记本计算机等。目前适配广电网络的机型已覆盖全国存量手机终端 90% 以上，未适配型号中 89% 为厂商停止软件维护的老旧机型，对此部分用户有针对性地推进新机优惠促销活动，以保障用户终端体验。

与此同时，中国广电也在积极推进 700MHz 5G RedCap 能力升级。2023 年 12 月，中国广电开展 5G RedCap 终端与网络配合的系统性验证测试，其范围包括实验室、现网和行业应用专网等场景，以加速推进产业成熟、培育应用创新，并为现网开通部署 5G RedCap 功能做好技术验证。同时，中国广电积极参与 CCSA RedCap 基站设备、终端设备的通信行业标准制定工作，以及 IMT-2020（5G）推进组的相关技术试验工作。

（四）融合应用体系丰富业务探索加速

中国广电除了基于 700MHz 提供移动电话服务，还积极聚焦重点垂直领域，全面赋能行业数字化转型，包括文化专网、电网、教育、智能车联网、公共安全、工业、能源、交通、农林等。在工业互联网领域，中国广电凭借 5G 定位、5G LAN、5G RedCap、通感一体和无源物联等关键技术，积极推动工业互联网的创新发展，已在工业制造、智慧矿山等十大垂直行业及工业互联网新场景中打造了 100 多个广电 5G＋工业互联网应用标杆示范案例，面向 5G＋智慧电力、5G＋智慧矿山、5G＋智慧港口、5G＋智慧物流等场景开展了多种广电特色服务。

面向现代服务业，中国广电也在结合自身优势做好相应部署。中国广电聚焦宣传文化、智慧家庭、教育等民生领域，促进公共服务均等化、普惠化、便捷化；面向现代农业，积极参与农业农村、森林草原等信息化建设。一是中国广电拥有丰富的内容、传媒和视频资源，如今正进行5G视听媒体应用开发。二是中国广电在政企方面积累了好口碑，基于5G技术进行党建应用、平安城市、雪亮工程等商用拓展。三是中国广电5G立足优质频谱资源与极简网络架构优势，向江海、制造、农林等领域提供行业数字化赋能服务。

在新应用方面，中国广电也在参与5G新通话（NG-RTC）应用探索。5G新通话是在5G VoNR多媒体实时通信的基础上搭载新的数据传输通道，为用户提供高清音/视频通话与数据应用融合的全新实时通信服务。5G新通话面向个人用户提供实时通信业务的功能性、娱乐性增强服务，能够增强用户黏性，创造业务增值空间。目前，业界可开展商用的典型应用包括趣味通话、智能通话助理、屏幕共享、实时翻译等，产业协同开发中的典型应用包括AI/GPT智能通话、数字人新通话等。

在5G频道方面，中国广电通过机顶盒、智能电视等，与手机、平板计算机等小屏协同，实现直播、智能推荐点播、智能编排、频道定制等多样化电视服务。目前，中国广电已在上海市、深圳市、长沙市、苏州市和辽宁省等地试点5G频道。而基于5G频道，中国广电还发布了5G云TV，这一产品将在上海东方有线试商用，围绕电视呈现多样化、视听沉浸化、交互人性化、服务智慧化、网络无感化等，为用户终端提供服务。

（五）5G NR广播具备预商用坚实基础

广播式业务是中国广电的基础业务，也是中国广电极具特色优势和竞争力的业务。中国广电创新5G NR广播业务，丰富了5G能力和业务形态，开启了融合广播式特征的5G应用新境界，是电信运营商5G重大创新之一，也是中国广电差异化发展的关键环节。

5G NR是广播与通信相融合的5G技术，通过广播电视发射塔和移动蜂窝基站发射出去，实现所有电信运营商的5G用户、通用5G终端接收，能够免流量观看高清电视节目。从技术角度来看，5G广播电视技术还可以承载应急广播、灾害预警消息分发等服务。

中国广电推出的5G NR广播预商用内容将涵盖广播基本业务、广播与单播并发、无卡广播接收、应急广播等诸多功能。这也使5G通信+5G广播切实践行现代传播体系，广泛应用于国家公共服务体系，其无卡广播能力可以使其在不插SIM卡的情况下接收电视信号，使用户能够实现免流看电视节目。同时，其应急广播能力将使其对突发事件和公共安全的通信支持提升到一个新高度，助力中国广电打造新型社会责任网，弘扬普惠传播主旋律。5G NR广播的预商用将标志着中国广电在该领域的创新拓展取得实质性进展。

此外，中国广电还将逐步推动手机终端出厂即支持5G NR广播功能，不需要针对硬件做出改变，只需要进行底层软件的更新即可。

5G广播建设的关键点之一是标准推进。在2023年3月的ITU第六研究组（SG6）会议上，中国广电提交的修改《通过手持机移动接收多媒体和数据应用广播》建议书纳入了5G NR广播系统作为无线移动电视系统。这也意味着中国广电主导的5G NR广播标准继成为3GPP标准后，又成为ITU国际无线移动电视标准，标志着广播和通信采用相同的技术方式，使通信终端也成为电视接收机。

在2023年秋季的ITU会议期间，中国广电主导完成（*Report ITU-R BT 2526-0-Field Trials of Terrestrial Multimedia Mobile Broadcasting Systems*）的起草工作。中国广电提交的有关5G NR广播试验的6篇文稿均被纳入该报告书，为传统的广播电视行业向新技术转型提供了参考和范例。这也是自20世纪70年代中国恢复联合国及国际电信联盟合法席位后，广播行业无线传输领域首次发布的由中国人主导、主要内容为中国试验的报告书。

（六）一体化运营、品牌建设及业务规范性治理等成绩突出

在稳步实现一体化运营方面，中国广播电视股份有限公司作为中国广播电视网络集团有限公司设立统筹广电等业务的运营主体，承担着基于"一张网"的诸多要务，特别是其要发挥协调引导全国各级有线电视公司的作用。中国广电要加快推进广电5G融合服务平台、智能推荐与全国广电内容数据库、两级播控平台等的建设，明确提出对提升内容汇聚、制作、个性化推荐与播发能力的需求。同时，中国广电还提出要着重建设全国一网的点播内容资源库和集约化运营平台，形成优质内容的全国性汇聚中心，还需要面向用户提供以智能推荐为核心能力的电视新业态。从有线电视的内容角度看，部分有线公司加大了电视内容的制作与发布力度，增加游戏、教育专区吸引和留住更多的用户。未来，中国广电的"有线+5G"有望开辟更多的市场和用户。此外，中国广电不断深化统一大宗器材采购、统一经营业绩考核等工作，2023年继续统一采购了光缆、IP骨干网、内容数据库等。

在品牌建设方面，中国广电在放号运营一年后，虽然积累了2000万用户，但此前一直欠缺对自身品牌的建设。2023年，中国广电推出了诸多特色业务和服务，在语音通话和网络流量方面极大满足了用户需求，吸引了大批用户。截至2023年10月，中国广电5G用户已突破了2000万，固移融合用户达到870万。按照一年近2000万用户的发展速度，以及品牌建设带来的传播推广效应的提升，三年"5000万用户"的发展目标有望实现。

在业务规范性治理方面，电视"套娃"收费和电视操作复杂已经成为亟须解决的问题。目前，中国广电已完成治理试点和第一阶段的治理任务，全国升级的8200万个有线电视终端默认开机进入全屏直播，开机时长也控制在35秒以内，实现了中国广电一直宣传的"看电视更简单，一键直播更方便"。中国广电还发起面向全国开展的"广播电视服务进社区活动"，极大地提升了有线电视用户的满意度，使更多用户重新选择有线电视。

二、特色经验举措

中国广电作为媒体、信息、科技融合的中央企业，核心使命就是要推进全国有线电视网络整合和广电5G建设一体化纵深发展，建设增强新型媒体传播网、国家文化专网、国家新型基础设施网，为中国式现代化建设提供数字化赋能新方案，贡献广电行业新力量。2023年，中国广电紧紧抓住做强做优网络承载、创新业态和完善生态这3点，开展工作，认真贯彻落实习近平总书记关于"发展智慧广电网络"的重要指示精神，引领数字新时代广电网络高质量发展，全面赋能经济社会转型升级。

（一）以网络为基础，以特色业务为重点，以产业数字化探寻新突破

一是固网强基，升级改造有线电视网络，加快构建"1+4"运营管理格局。二是创新业态，打造特色差异化业务体系。三是融合创新，赋能千行百业数字化转型升级。

面向新型工业化，加快推进5G RedCap、数字孪生、AI、边缘计算等新技术应用，加速广电5G+工业互联网在制造、应急、电力等场景的应用落地，为物联网、工业自动化控制、工业AR、物流追踪等智能制造领域的创新应用提供底层支撑能力和注入新活力；面向现代服务业，聚焦宣传文化、智慧家庭、教育等民生领域，促进公共服务均等化、普惠化、便捷化；面向现代农业，积极参与农业农村、森林草原等信息化建设，大力实施"智慧广电乡村工程"。

（二）紧紧扭住和深耕700MHz，打造产业合作生态和业务差异化优势

中国广电自 2019 年获颁 5G 业务牌照以来，持续开展 700MHz、3.3GHz、4.9GHz 等频段频率的建设和运营工作。近年来，中国广电加强频谱资源的使用和管理，深化共建共享与技术融合，创新高效利用频谱。700MHz 产业链加速成熟，广电 5G 网络共建共享持续深化推进，结合"媒体、信息、科技"相融合的基因优势，中国广电高效汇聚各界力量，携手产业链、生态圈共创数字化赋能，5G 运营呈稳步上升态势。

三、下一阶段发展策略建议

展望 2024 年，中国广电仍要牢牢把握广电行业"二三四"工作定位，坚持稳中求进、以进促稳、先立后破，深化有线电视网络整合，建设新型广电网络，培育差异化竞争力，建设优秀的综合文化信息服务企业，推动广电网络实现更高质量发展。

未来，中国广电应以"1368N"计划为指引，全面深入实施"1368N"计划，努力将自身打造成优秀的综合文化信息服务企业，力争在新的起点上推动广电网络实现更高质量发展。要突出广电特色，筑牢网络底座，加强创新引领，全力推动综合文化信息服务融入百业、服务大众，全面赋能生产方式、生活方式、治理方式的数智化转型，特别是赋能宣传思想文化领域的数字化转型；坚持"改革创新、融合开放"发展理念，稳步推进发展提效和强化对外合作；要充分发挥广电 5G 差异化优势，打造特色融合业务，在 5G NR 广播、新通话、文化专网和 5G toB 等方面，积极创新推出新业态、新服务。

中国广电要努力打造优秀的综合文化信息服务企业，力争在新的起点上推动广电网络实现更高质量发展，更好地满足党和国家新要求、人民群众美好精神文化生活新期待。

（智次方·物联网智库　梁张华）

2024年算力发展九大趋势展望

算力设施和产业规模快速增长，赋能成效显著，算力已成为经济增长的主要驱动力，全球各国持续加码算力基础设施布局。近期欧盟委员会批准"欧洲共同利益重要计划——下一代云基础设施和服务"的国家援助计划，提供12亿欧元的公共资金，开发可互操作和开放访问的欧洲数据处理生态系统。摩根士丹利预测，2024年全球前十大云计算服务商的资本支出将达到2000亿美元，新增投资聚焦AI领域。

我国算力基础设施发展正加速从"以通算为主的供给侧优化"向"以智算为核心的需求驱动"转变，支撑经济发展新动能作用日益凸显。根据工业和信息化部、赛迪研究院发布数据，2022年我国高性能算力占比近20%，大模型引爆高性能算力指数级增长，2023年上半年我国新增算力设施中智算占比超50%，整体算力规模达到197EFLOPS，预计带动我国算力核心产业规模突破2万亿元。

综合信息通信产业外部环境看，政策利好，需求强劲，叠加技术创新，2024年以智算为核心的算力产业仍将维持高速增长态势，整体上将呈现九大新趋势。

市场规模快速增长

toB/toC大模型应用加速落地，多模态大模型快速演进，进一步带动智算产业强劲发展。

2023年，ChatGPT等大语言模型已然引发"抢芯大战"，AI催生算力需求爆发式增长。2024年，随着大模型加速向垂直行业和领域渗透、GPT Store等助推AI原生应用落地，以及多模态模型快速发展，智算市场将继续保持高增长态势。海外市场，FactSet和彭博预测2024年北美三大头部云商（AWS、微软和谷歌）的云业务营收、云基础设施投资增长将达到22.5%、16.6%，相比2023年均有小幅提升，整体较为乐观。在我国市场，参照工业和信息化部等六部门联合印发的《算力基础设施高质量发展行动计划》，2023—2025年我国算力规模复合增长率为18.5%，2024年新增算力规模将接近40EFLOPS，算力核心产业规模有望突破2.4万亿元。

产业新格局加速形成

AI算力促进IDC和云服务升级，助推"三三一"算力服务产业新格局。

2023年，拥有大量GPU（Graphics Pracessing Unit，图形处理器）资源、专门从事算力建设到租赁解决方案业务的第三方算力租赁商成为算力服务市场新势力，并引起资本青睐与关注。2024年，IDC服务提供商、云服务提供商、第三方算力租赁商将成为算力市场的"三大运营主体"，提供算力租赁、"算力+平台服务""算力+平台+模型服务"3类算力服务模式，特别是第三方算力租赁模式有望复现第三方IDC服务商高速增长路径，在优质用户合作驱动下利用自身渠道和资源整合能力，打造"用户—资金—AI算力"闭环扩张。同时，算力共享联盟模式将逐步显现，例如多个初创公司共同开展 GPU 算力购买和共享使用，降低算力整体使用成本。产业市场将形成"三大运营主体""三类算力服务模式""一种新型算力共购共享联盟"的"三三一"产业格局。

规模化集约化建设凸显

大模型量级突破，驱动智算集群化，E 级以上大型智算中心成为主流。

大模型参数规模的跨量级突破，数据集倍数增长，亟须海量算力承载，助推 AI 服务器性能的持续提升，智算布局规模化、集群化趋势明显。一是单个服务器性能的提升可有效降低服务器间参数、数据量等的传输时延，提升计算效率，预计 2024 年下半年推出超越现有 H 系列的高性能 GPU 卡。二是依托高性能 GPU 卡搭建超级计算机（服务器集群），E 级规模智算集群将成为主流。根据赛迪报告预测，到 2024 年年底，我国将有 5%～8% 的企业大模型参数从千亿级跃升至万亿级，算力需求增速将达到 320%。谷歌、微软等相继推出的大模型参数量向千亿、万亿级规模演进，着力打造面向大模型训练的 E 级智算集群。据公开统计，我国建成的超 E 级智算中心仅有 5 家，预计 2024 年超大规模智能中心占比稳步提升。

算力布局向纵深拓展

AI 大模型向边缘和终端延伸，智算基础设施加速向城市和边缘渗透。

多模态大模型和算力底层技术不断完善，大模型部署在边缘侧与移动端成为必然趋势，面向城市、边缘的智算中心布局态势将愈加明显。一方面，AI 大模型扩张带来推理算力需求激增，驱动分布式推理算力中心下沉，本地或靠近部署算力可有效缓解成本压力。另一方面，AI 大模型逐渐向智能汽车、计算机、手机等边缘端下沉，融入终端等智能体，边缘算力可有效满足低时延 AI 应用的快速响应要求。继成都、北京、上海、深圳等城市之后，2024 年将有更多城市推出针对算力高质量发展的政策文件，统筹城市级和行业类智算资源需求，提升城市算力基础设施升级速度。

云智和训推一体化

一体化成为智算主流服务模式，实现算力、算法和数据的高效协同。

以数据为主线、云计算为基础的一体化智算服务将成主流，实现算力、数据和算法的高效协同，满足智算应用场景的数据处理、存储、传输等环节要求。加大 AI 与云计算融合发展已成为头部云商共识，AWS 与英伟达开展 AI 基础设施、加速库、基础模型等全栈合作，旨在将 AWS 打造成运行 GPU 的最佳云端环境；阿里云近日陆续推出大模型一键部署至数据库与函数计算等功能，以优化云上 AI 开发流程；百度将灵境矩阵平台升级为智能体平台，从关注模型层转战到重视生态、应用培育。2024 年关注重点聚焦在"AI+ 云 + 数据"的全栈式一体化服务，ICT 开发范式与产业生态将进一步被重构。云主机、存储、数据库等一系列产品将面向 AI 全面升级，数据处理、训练、微调、推理等模型使用全流程将倾向于在同一服务环境中实现。

泛在算力网络加速

算力组网新技术蓬勃发展，算力中心互联和内部网络亟须突破带宽瓶颈。

国家发展和改革委员会等五部门联合印发《关于深入实施"东数西算"工程 加快构建全国一体化算力网的实施意见》，明确打造层级化网络时延圈，满足"差异化城市—区域—国家"的多级算力服务体系，为算力组网提供了指导。2024

年，算力中心互联组网方面，随着新一代高性能芯片的发布，算力互联持续催生800G及1.6T需求，RDMA[1]、百P级全光互联、新型光纤等关键技术将进一步突破，算力互联的低时延、确定性保障持续改善。算力中心内部组网方面，无阻塞、高吞吐量是承接大模型训练的核心诉求，将推动RoCEv2相关算法更加成熟。

公共算力统一调度

算力普惠服务持续突破，区域级、城市级服务平台初现。

以政府、电信运营商、云商等为运营主体的算力一体化调度平台、算力互联互通平台正在建设与试点运营，支撑算、网、云融合调度与一体化发展，实现从"任务找算力"到"算力适配任务"的转变，有效解决算力资源分散、主体多、供需匹配失衡和使用成本高等问题。2024年公共算力统一调度服务将呈现新的变化，一方面，依托网间分组交换（Internetwork Packet Exchange，IPX）的公共算力平台将成为主要形态，附加算力调度、供需对接等将加速试点应用；另一方面，围绕枢纽节点的算力生态聚集效应进一步加强，初步建立区域级、城市级等公共算力服务平台，形成具有行业影响力的联合运营体。

多元化和国产化提速

芯片类型、架构和供给呈多元化趋势，国产芯片自主生态加快建设。

在新技术广泛应用与全球算力短缺的背景下，芯片类型、架构和提供商均呈现多元化趋势，芯片自主可控能力将进一步提升。芯片类型方面，5G、AI、自动驾驶等技术产业化加速，产业及政策关注从以CPU为主，向高性能计算芯片、存储芯片等拓展；芯片架构方面，RISC-V（第五代精简指令处理器）以其优秀的灵活性及扩展性，突破x86与ARM架构主导的产业格局，业界已成功探索RISC-V AI领域应用；芯片厂商方面，主流云商均着手自研芯片，通过软硬协同制衡英特尔、英伟达等厂商的垄断，多家国内厂商近期均有突破。2024年关注重点聚焦在国产化芯片的生态体系建设，包括芯片设计、制造、封装等全流程及相关软件、系统、框架等关键环节。

传统DC向AIDC[2]演进

AI算力引领数据中心加快绿色化、模块化和运维智能化发展。

数据中心正在向智算中心快速演进，液冷制冷引入、模块化建设、智能化运维等将显著提升。一是液冷制冷应用将从局部试点状态逐步转向爬坡期，单机柜功率密度达到20kW时，液冷与风冷投资成本已基本持平，2024年液冷应用将加快普及，2025年将覆盖国内电信运营商50%以上的数据中心项目。二是智算中心灵活适配、快速交付等工程实施能力增强，围绕制冷、供电、智能化系统的模块化设计、标准化封装，产业联合创新和系统解决方案将更加丰富。三是数据中心智能化运维水平有望登上新台阶，特别是运用AI等技术手段，充分发挥电源空调设备自动化、智能化优势，实现运行能耗的精准管控和智慧运营。

---

1. RDMA（Remote Direct Memory Access，远程直接内存访问）。
2. AIDC（Automatic Identification and Data Collection，自动识别与数据采集）。

AIoT 产业发展态势分析

自 2022 年以来，物联网作为新型基础设施加快部署应用，全球物联网市场正处于验证关键期。从全球来看，2023 年，以 ChatGPT 为代表的系列 AIGC 产品与技术进展引发新一轮科技热潮。物联网与 AI 融合应用受到高度关注，AIoT 市场快速增长。

综观 2023 年，AIoT 产业发展呈现出以下六大特征。

一、AIoT 即将迈入 2.0 时代，"通感智值一体化"融合提速，产业将启动新一轮强势增长

大模型在 2023 年迎来爆发，极大提升了全球 AI 技术对传统行业的渗透融合和应用的迭代速度；同时，5G-A 即将商用，6G 关键核心技术研究及标准研制启动，以及 Web 3.0、DePIN 兴起，全球对其高度关注，"通感一体""感智一体""通感智一体""通感值一体"的相关解决方案、场景应用等探索取得重要进展，融合发展进程日益加快。AIoT 即将进入 2.0 时代，AIoT 产业将从"端—边—管—云—用"板块界线相对比较明确的链式架构，升级迭代为"通感智值一体化"（即"通信、感知、智能、价值的一体化"）的网式融合新架构。

目前，"通感智值一体化"已有众多领先实践，为用户提供了更先进和高效的解决方案。2024 年，相关应用和解决方案有望在道路/桥梁监测、通行引导、路况分析、低空管制、海域船只监测等交通相关领域迎来推广；此外，在自动驾驶、自然资源、住建、农林牧渔、应急救灾、水利、供应链、工业生产和智能合约执行等方面，"通感智值一体化"也有着广泛的场景和机遇。基于"通感智值一体化"的 AIoT 2.0 适应了数字经济的发展要求和技术融合的升级趋势，将带来巨大的经济效益和社会效益，自身也将从此中获益，启动新一轮强势增长。

二、蜂窝 5G-A 商用冲刺，RedCap 将迎爆发式增长，无源物联有望注入新增长动能

在蜂窝物联网方面，随着 R-18 的冻结，5G-A 将进入商用冲刺阶段。5G-A 起到承上启下的作用，增强 5G 基础网络容量和效率的同时，为 6G 发展做好铺垫，不断开拓新领域、新需求、新业务和新技术。与 5G 网络相比，5G-A 不仅网络覆盖能力提升 10 倍，从百亿级迈向千亿级；5G-A 上下行带宽也将比 5G 提升 10 倍，峰值速率下行 10Gbit/s、上行 1Gbit/s，网络时延从 10ms 向 1ms 演进。更为可贵的是，5G-A 将引入轻量化（RedCap）、无源物联等技术，不断拓展 5G 能力边界，以进一步深化数智社会转型，促进数字经济提质增效。

一方面，RedCap 在 2024 年将迎来爆发式增长，实现连接数超千万，单价有望于 2024 年年底前降至百元上下。另一方面，无源物联将注入新的增长动能，迎来加速发展的机遇。

三、非蜂窝卫星互联网将进入高速发展期，以太网和TSN[1]将成为固定物联网的显著亮点

在非蜂窝物联网方面，卫星互联网已成为大国竞争的新高地，有巨大的战略价值和经济价值，是中国发展不能错过的万亿产业大赛道。近年来，我国持续的政策支持和技术进步，为国内卫星互联网产业跨越式发展打下了坚实的基础，当前我国卫星互联网发展已进入黄金期。以太网是现有局域网采用的一种通用的通信协议标准，由于工业对数据的实时性、确定性和可靠性等有极高的要求，近年来，工业以太网快速增长，已成为全球工厂自动化新安装节点的主要选择。TSN是制程和机器控制等工业应用的关键，其中，低通信时延和最小抖动对于满足闭环控制的要求是至关重要的，TSN日渐成为我国工业互联网的重要支撑网络技术。

一方面，卫星互联网产业前景广阔，我国卫星互联网产业正进入高速发展期。另一方面，以太网保持高速增长，TSN得到国家支持，二者有望迎来爆发。

四、AIGC迎来爆发，大模型推动私有云及边缘等算力基础设施保持快速发展

2022年11月，ChatGPT横空出世，AIGC成为全球2023年关注的核心热点。ChatGPT在推出仅两个月后，月活跃用户已突破1亿户，成为历史上增长最快的应用之一。

2023年3月，OpenAI正式发布目前最强大的多模态预训练大模型GPT-4，能够处理文本、图像两种模态的输入信息，单次处理文本量是ChatGPT的8倍。此后，国内外互联网和云服务厂商、AI企业、行业头部公司、高校及科研机构、大数据及算力提供商等纷纷跟进。根据赛迪顾问发布的《2023大模型现状调查报告》，截至2023年7月底，我国已研发大模型130个，外国已发布大模型138个，大模型的开发浪潮仍在继续。

从底层技术来看，AIGC内部的大语言模型在根本上决定其智能化程度，以及输入内容的准确度，而多参数带动的大量训练则对应了庞大的算力需求。随着百度、腾讯、阿里巴巴、字节跳动等头部互联网厂商相继推出大模型产品并快速迭代，提高短期算力的紧缺程度；多家大模型通过《生成式人工智能服务管理暂行办法》备案并向社会公众开放服务，商用落地加速将释放算力的需求。一方面，当前算力需求主要集中在训练侧，预计至2024年上半年，整体训练端的算力需求仍将有较好的表现。由于国内外的通用大模型仍在不断迭代推出的过程中，在模型参数量、智能化程度方面仍有较大的提升空间。另一方面，随着训练侧算力增长逐渐平滑，需要推理侧的算力需求配合。推理运算作为将AI模型落地终端的环节，推理侧算力需求与下游应用需求的放量紧密相关。

除了AIGC爆发，其他数字经济因素，例如，工业、金融、通信、教育和医疗等行业的数字化转型也将推动智能算力在未来几年快速增长。

五、DePIN等价值分配技术和数据要素交易等服务渐成AIoT的重要基建和动力

2023年，香港将自己定位为亚洲领先的Web 3.0枢纽，积极推进各类举措，以培育一个适合Web 3.0的生态系统；在11月举办的香港金融科技周上，DePIN成为Web 3.0行业关注的焦点。DePIN、Web 3.0具备价值分配特性，正成为AIoT

---

1. TSN（Time Sensitive Networking，时间敏感网络）。

的重要基础设施。同时，数据要素对GDP增长的贡献率逐年提升；碳交易市场推动企业节能减排的作用凸显，将促进企业主动减排，加速向数绿融合的生产经营方式转型。数据要素交易和碳交易等将为AIoT的发展增添重要动力。

中国碳交易市场从"十四五"开始步入正式运行期。据北京绿交所预测，全国碳市场的配额总量或从目前的 $4.5×10^4$ 亿千克扩容至 $8×10^4$ 亿千克。2022年全年，全国碳市场碳排放配额的均价为每1000千克55.3元人民币，在价格不变的前提下，我国碳交易市场规模有望达到4400亿元。在国家碳信用机制方面，随着碳市场的发展，有望通过增大抵消比例扩大减排量市场，按照全国碳市场碳排放配额成交均价粗略估算，2025年国家碳信用机制交易市场规模有望达到200亿元人民币。

数据要素交易和碳交易市场未来数年将保持快速增长，为AIoT产业发展增添重要动力。

六、工业互联网平台面临"技术能力突出"与"经济性不明"背离，亟待优化运营思路

近年来，工业互联网平台服务工业企业取得了长足的发展。截至2022年年底，依托工业互联网平台，关键工序数控化率已超过58.6%，研发设计工具普及率超过77%，有效促进制造业的数字化转型，带动制造业增加值1.87万亿元、新增就业人数超过41万。

工业互联网平台不能只考虑技术的新颖性、理论高度和创新突破，更需要从经济性的角度重新审视自身发展的逻辑。从需求方来看，用户们期待的并不仅是如何用好与工业互联网相关的技术工具，而是如何让自身企业实现数字化转型。各企业的数字化转型目标、需要解决的问题、采用的路径等均不相同，需要个性化定制。相应地，平台的精细化运营能力和服务的经济性就显得尤为重要。

未来，工业互联网平台亟待优化运营思路、强化横向扩展和复用能力，解决"订单难拿、利润难挣、账款难收"等挑战。一方面，需要转变运营思路，协助用户诊断自身问题和制定具体的数字化转型路线，将工业互联网平台作为数字化转型的载体，与工业自动化应用、产品与设备之间形成互相促进的一体化方案。另一方面，以长期经营思路，锻长板、补短板，提升定制化开发的能力，同时，持续强化共性能力沉淀，不断扩大可复用的产品服务体系。

（智次方·物联网智库　梁张华）

全球人工智能治理情况分析与趋势展望

2023年，以ChatGPT为代表的AIGC爆发，全球AI产业发展迅速、竞争激烈，全球范围内在AI治理方面取得了重要进展，主要国家和地区以及国际组织开始意识到AI技术的潜在风险，并采取措施加强监管，美国、欧盟、英国、中国等主要经济体都发布了关于AI治理的重要法律政策文件，为探索AI治理、促进全球AI发展发挥了积极的作用。

一、全球AI治理进展情况

随着欧盟《人工智能法案》的发布，全球AI监管的序幕正式拉开，AI技术领先的主要国家和地区积极采取举措，推动全球AI治理从"软法"引领转向"硬法"规制。

（一）欧盟：引领全球AI治理立法规制

欧盟在AI治理方面布局较早，从伦理向法律监管稳步推进，从欧洲整体层面出发，努力构建协调一致的治理规则体系。自2021年欧盟委员会起草和发布《人工智能法案》提案以来，进行了多轮立法修订和协商，并于2023年取得实质性进展。2023年6月14日，欧洲议会投票通过《人工智能法案》授权草案；2023年12月8日，欧盟理事会和欧盟议会就《人工智能法案》达成协议。《人工智能法案》非常全面系统，从目前已经公开的内容来看，欧盟采取了一种全面、横向、基于风险的监管方式。在立法模式上，《人工智能法案》采取了与一般数据保护条例（General Data Protection Regulation，GDPR）一样的横向立法模式，即适用于所有投放于欧盟市场或者在欧盟可使用的AI系统，可以覆盖金融、医疗、内容、教育、能源、运输和司法等各个行业领域。

在监管架构上，《人工智能法案》采取了自上而下的双重监管结构：在欧盟设立AI办公室，主要由成员国主管机构派出的代表构成，监督最先进的AI模型标准与测试；在成员国，由各成员国的主管机构负责在本国内适用和实施AI法案。在监管范围上，《人工智能法案》所确立的法律主体覆盖了AI产业全生态，并未区分具体行业，而是对AI技术在具体应用场景的风险进行分级并采取相应的措施，对AI系统的提供者和使用者规定了复杂细致的要求与义务。在对AI的监管方法上，《人工智能法案》遵循的是风险分级管理方法，参考功能、用途和影响将AI的应用分为绝对不可接受的风险、高风险、有限风险和低风险或无风险共4个风险级别，并根据风险级别采取不同层次的监管措施。

（二）美国：推动基于应用的AI治理范式

美国高度重视AI发展，与欧盟相比，美国在AI治理方面并未制定统一的综合性AI立法，而是更加偏好区分行业领域的垂直立法模式，基于不同的技术应用场景颁布规制性文件。美国强调对AI在具体应用场景下的监管，其本质上是强调技术本身的创新，即AI治理是为了扫清技术应用的障碍、促进技术创新。2023年，美国发布了首个全面规范AI产业的总统行政令——《关于安全、可靠和可信地开发和使用人工智能的行政命令》。整体来看，美国采取了一种"去中心化"、针对具体行业、非强制性的监管方式。在监管架构上，行政令利用现有机制的权力，指导政府各部门对各自领域的 AI 安全风险进行评估与标准制定，而没有设立新的法规或新的监管机构，在监管方式上，行政令并没有规定具体的执行条款，且联邦层级的监管主要通过非限制性的行政指令与企业自愿承诺，而非立法手段推动。

（三）英国：倾向于利用现有制度监管 AI 技术

英国是率先对 AI 进行治理的国家之一。近年来，全球 AI 强势崛起，英国将包括 AI 在内的新兴技术作为国家发展优先目标。英国在 AI 领域采取"去中心化"、行业主导的治理方式，借助现有的法律框架，由特定行业监管机构治理 AI 风险，取得一定进展。2023 年 3 月，英国政府发布政策报告《支持创新的人工智能监管方法》，明确了英国政府 AI 治理的路径，通过与应用场景成比例且具有强适应性的治理政策，在应对风险与利用机遇中保持适宜的平衡，强化英国在 AI 领域的国际领先地位。

（四）国际组织：积极推动 AI 多边治理

AI 治理是全球面临的共同问题，因此也成为国际组织和多双边峰会讨论的重要议题，推动相关主体积极开展 AI 治理的讨论和合作。例如，2023 年 11 月，首届 AI 安全峰会在英国布莱奇利园举行，美国、中国、日本、德国、印度等 20 多个国家的政府代表，以及联合国、经合组织、国际电信联盟等多个国际组织的代表参会。各方代表就 AI 技术快速发展带来的风险和机遇展开讨论，28 个国家及欧盟共同签署了《布莱奇利宣言》，作为全球第一份针对 AI 的国际性声明，同意通过国际合作建立 AI 监管方法。再如，2023 年 12 月，联合国 AI 咨询机构就《以人为本的人工智能治理》征求公众意见，提出 AI 治理的五大指导原则：一是 AI 应该以包容的方式进行管理，由所有人共同管理，并为所有人的利益服务；二是 AI 治理必须符合公众利益；三是 AI 治理应与数据治理并驾齐驱，推动数据共享；四是 AI 治理必须是普遍的、网络化的，并植根于多利益攸关方的协作；五是 AI 治理应以《联合国宪章》《国际人权法》及可持续发展目标等国际承诺为基础。

二、我国 AI 治理进展情况

在推动 AI 技术和产业发展的同时，我国高度关注 AI 治理问题，以确保技术发展安全可控。2023 年，我国坚持"发展与安全"并重，"促进与规制"并举，积极推进 AI 专门立法，不断强化伦理治理，同时拓展国际交流与合作。

（一）制定 AIGC 专门法律规则

2023 年 7 月，中央网络安全和信息化委员会办公室联合国家发展和改革委员会、教育部、科学技术部、工业和信息化部、公安部、国家广播电视总局公布《生成式人工智能服务管理暂行办法》（以下简称《办法》）。《办法》是全球首部正式出台的 AI 专门性立法，既是促进 AIGC 健康发展的重要要求，也是防范 AIGC 服务风险的现实需要。《办法》提出国家坚持发展和安全并重、促进创新和依法治理相结合的原则，采取有效措施鼓励 AIGC 创新发展，对 AIGC 服务实行包容审慎和分类分级监管，明确了提供和使用 AIGC 服务的总体要求。《办法》提出了促进 AIGC 技术发展的具体措施，明确了训练数据处理活动和数据标注等要求。《办法》规定了 AIGC 服务规范，明确 AIGC 服务提供者应当采取有效措施防范未成年人用户过度依赖或者沉迷 AIGC 服务，按照《互联网信息服务深度合成管理规定》，对图片、视频等生成内容进行标识，发现违法内容应当及时采取处置措施等。此外，《办法》还规定了安全评估、算法备案和投诉举报等制度，明确了法律责任。

（二）不断完善 AI 伦理规则

开展伦理审查是 AI 治理的重要手段。2023 年 10 月，科学技术部、教育部、工业和信息化部等

10部门联合印发《科技伦理审查办法（试行）》，划定科技伦理审查的主要范围，明确科技伦理的责任主体及审查流程、标准和监管办法，规定从事生命科学、医学、AI等科技活动的单位，研究内容涉及科技伦理敏感领域的，需建立科技伦理（审查）委员会。《科技伦理审查办法（试行）》要求，开展科技活动应坚持促进创新与防范风险相统一，客观评估和审慎对待不确定性和技术应用风险，遵循增进人类福祉、尊重生命权利、坚持公平公正、合理控制风险、保持公开透明的科技伦理原则。针对涉及数据和算法的科技活动，《科技伦理审查办法（试行）》要求进行数据的收集、存储、加工和使用等处理活动，以及研究开发数据新技术等符合国家数据安全和个人信息保护的有关规定，算法、模型和系统的设计、实现、应用等遵守公平、公正、透明、可靠和可控等原则，符合国家有关要求，伦理风险评估审核和应急处置方案合理，用户权益保护措施全面得当。

（三）发布《全球人工智能治理倡议》

AI是事关全人类命运、世界各国面临的共同课题。2023年10月，习近平主席出席第三届"一带一路"国际合作高峰论坛开幕式并发表主旨演讲，宣布中国提出《全球人工智能治理倡议》（以下简称《倡议》），愿同各国加强交流和对话，共同促进全球AI健康、有序、安全发展。《倡议》秉持共同、综合、合作、可持续的安全观，坚持发展和安全并重的原则，既直面国际AI发展的共性问题，就各方普遍关切的AI发展与治理问题提出了解决方案，又体现了AI治理的中国特色，全面展示了中国式现代化治理的经验和智慧，为AI相关国际讨论提供了切实有效的治理建议和规则蓝本。《倡议》强调国家主权，坚持相互尊重、平等互利的原则，指出无论各国大小、强弱，无论各国社会制度如何，都有平等发展和利用AI的权利；秉持共商、共建、共享的理念，提出构建开放、公正、有效的治理机制，协同促进AI治理；并就个人隐私与数据保护、数据获取、算法设计、技术开发及风险等级测试评估和伦理准则等提出具体原则准则或建议。

三、全球AI治理展望

《经济学人》在预测2024年十大趋势时指出，AI将成为现实，企业正在采用它，监管机构正在监管它，技术人员也在不断改进它，围绕最佳监管方式的争论将会加剧。从全球来看，各国在加强国际合作的同时也在积极抢占制定AI治理规则的话语权，AI治理将呈现更加突出的"法治化"特点，并逐步从"软法"与"硬法"协同向"硬法"监管为主过渡。《人工智能法案》有望在2024年发布最终文本，意图在AI新技术治理领域重现GDPR的"布鲁塞尔效应"；我国的《人工智能法案》也先后被列入国务院和全国人大常委会相关立法工作计划；美国行政命令发布后，国土安全部、商务部等部门积极推动相关举措落实。

AI治理的法治化是确保AI技术安全、合理和可持续发展的重要保障，放眼未来，虽然各国在AI治理的立法模式、重点和手段等方面存在差异，但在客观上都将加速和推进AI的全球治理。

（中国信息通信研究院　何波）

2023年中国5G专网发展及2024年趋势分析

近年来，随着数字化转型持续推进，千行百业对网络能力的需求进一步提高。这些需求不仅多样化而且高度个性化，特别是在高速、低时延和高可靠性方面。

经历4年多的商用，5G技术已成为推动行业数字化转型的关键动力。2023年，5G专网等基础设施加速与行业融合，已逐步渗透垂直行业的一系列核心生产环节，例如，资产管理、工业控制和产品测试等。

一、5G专网蓬勃发展

相关数据显示，截至2023年年底，我国5G基站总数达337.7万个。5G行业应用已融入71个国民经济大类，应用案例超9.4万个，5G行业虚拟专网超2.9万个。5G应用在工业、矿业、电力、港口和医疗等行业深入推广。我国5G专网增长趋势如图1所示。

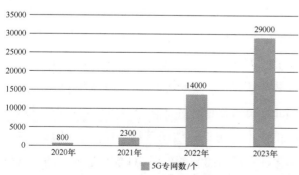

图1 我国5G专网增长趋势

在电信运营商、通信设备商等产业链各方的携手推进下，RedCap、高精度定位、5G局部区域网（Local Area Network，LAN）工业互联等走向成熟，5G专网在技术创新、网络部署、场景探索等不同维度迎来新的发展。

二、5G专网面临的挑战

随着5G专网标杆项目的建设，5G专网在不同行业已展现其价值，但依然面临诸多挑战。

第一，打造5G LAN运营管理。为企业提供高效的局域网运营管理服务，以支持企业内部高速、安全的通信需求。例如，引入自动化工具，简化网络配置、监控和故障排除流程，减少对技术专业人员的依赖。

第二，网络覆盖率和质量不足。虽然我国的5G网络已经覆盖了大部分地区，但在一些处于偏远地区的工厂、矿山或者室内环境，5G网络的覆盖率和质量仍然不足。这使得5G专网在上述区域建设时的性能和应用效果受到影响。

第三，实施自助投诉系统。建立用户友好的自助投诉和服务反馈系统，以快速响应用户需求并提升用户满意度。

第四，降低运营成本。5G网络的运营成本相对较高，包括设备成本、维护成本、能源成本等。如何降低5G专网建设成本，成为5G专网发展的关键。

第五，行业应用落地。5G专网发展多年，受到众多行业关注。行业在探索更多实现5G与行业深度融合的发展路径。

第六，技术迭代。目前，5G-A、6G等新技术已经起步，5G专网需要探索如何演进到5G-A专网以提升能力。

第七，注重环境可持续性。将环境可持续性考量融入 5G 专网的运营中，通过提高能源效率等方式减少环境污染。

三、3 家电信运营商 5G 专网发展分析

2023 年，3 家电信运营商加快 5G 专网部署、网络深度覆盖阶段，在集约化、定制化等方面取得了不俗的成绩。

（一）中国电信

中国电信推出 5G 定制网产品体系 NICES，并于 2023 年升级为 NICES Pro，以 5G+ 四融为驱动，实现"端、网、边、云、用、服、安"的全面升级。

2023 年 5 月 17 日，中国电信举行"中国电信 5G NICES Pro 融合产品发布会"，携手产业链伙伴共同发布"中国电信 5G NICES Pro 融合产品""5G 融合创新应用合作计划"。推动 5G 定制网行业深耕、技术升级、能力融合、产业协同、价值释放，促进 5G 行业应用融合创新与规模应用。

此外，中国电信启动了 5G 融合创新应用合作计划，合作方向包括 5G 新技术应用、5G 融合能力合作、5G 融合产品打造。中国电信通过 5G NICES Pro 融合产品，积极为合作伙伴赋能，激发 5G 生态合作新价值。

中国电信通过丰富 5G NICES Pro 的"网定制、边端智能、云协同、应用随选、服务智简、安全保障"的产品能力，以差异化的能力供给和可落地的解决方案满足政企用户在数字化转型过程中的上云、用数和赋智等需求。

（二）中国移动

2023 年 5 月，中国移动发布了"5G 极致专网 3.0 Ultra"，"5G 极致专网 3.0 Ultra"以"极优场景（Ultimate）、极简运营（Lite）、极佳网络（Technical）、极专运维（Reliable）、极强保障（Assured）"为内核，重磅推出 4 款场景化专网产品。

极优场景：包括办公双域专网、生产可靠专网、园区精品专网、5G 快线轻量专网四大场景化产品。

极简运营：包括全新升级的 OneCyber 5G 专网运营平台，可提供简单快捷的"管卡、管设备、管网络"的集中运营及数字孪生能力，并融入企业生产。该平台提供了一系列强大的功能，例如，网络管理、数据分析和安全保障等，可帮助企业快速构建高效、稳定的 5G 专网。

极佳网络：以网络架构为底，以专网能力、设备体系为两柱，以定制方案为顶，全方位构建 5G 专网技术体系，打造端到端技术的一流网络。

极专运维：构建"按需建网、智能调度、敏捷交付、极致性能"专网运维服务体系，为行业用户提供定制服务。

极强保障：5G 专网创新安全能力获得中国信息通信研究院泰尔实验室权威认证，助力企业生产安全可信。

（三）中国联通

中国联通基于面向企业的 5G 核心网（5GC toB）"集中一朵云、分布一张网"的立体网络架构，持续创新 5G 专网 PLUS 产品，发布了 5G 行业专网产品体系 3.0，涵盖矿山、钢铁、装备制造、港口和电力等十大行业。

2023 年 11 月，中国联通发布"5G 政务随行专网"产品。据悉，"5G 政务随行专网"是中国联通面向数字政府电子政务外网建设，基于 5G 专网智能用户面功能（User Plane Function，UPF）内外网分流能力，聚合国密超级安全用户识别模块（Subscribe Identity Module，SIM）卡、零信任技术、沙箱技术、场景化边缘应用，倾力打造的一款一体化、多形态的政务外网 5G 安全接入产品，具有一点规划、一体安全、一卡通用和一网集约等特点。

2024 年世界移动通信大会期间，中国联通发布 5G 工业制造专网新产品，分别是 Basic 版、Plus 版和 Pro 版，可针对不同场景"量体裁衣"，

支持不同企业的数字化转型。

四、厂商 5G 专网产品与方案研究分析

在 5G 专网发展过程中，华为、中兴通讯、浪潮等通信设备商积极推动 5G 专网技术及解决方案演进。

（一）华为

在 5G 专网方面，华为提出了 MEC[1] to X 解决方案，即通过风筝方案，实现局域、广域和跨域三大类专网，支持千行万业，引领行业数字化变革，支撑 5G toB 商业成功。

跨域专网实现了用户公网、专网双域访问、跨域接入的能力。目前，华为跨域专网已实现教育专网、政务专网等多个组网平面的交错。截至 2024 年 2 月，华为已经帮助我国的电信运营商完成了 800 余个移动虚拟专用网络（Virtual Private Network，VPN）商用项目的部署，场景涵盖校园、公共服务和中小企业。

广域专网基于电信运营商 5G 广覆盖、切片等技术，满足电力专网、多园区广域互联等需求。华为联手合作伙伴打造 5G 硬切片结合轻量化 5G 终端 RedCap 的解决方案，率先建成全国覆盖范围最广、应用规模最大的 5G 专网。

局域专网可实现一网多用。华为打造了 5GC "集中一朵云、分布一张网"的立体网络架构，通过 5G LAN 大幅简化物联网终端接入，利用 RedCap 低功耗、轻量化、广覆盖的优势，助力 5G 进一步进入企业生产内网。

2023 年，华为助力电信运营商打造了大量 5G 专网应用案例。例如，2023 年 11 月，华为助力中国联通打造浙江巨石的 5G 全连接工厂，完成了业界首次跨 SMF[2] 5G LAN 组网的可靠性验证。

（二）中兴通讯

2023 年，中兴通讯推出 Fit-it-all 系列化专网产品，以满足不同行业的定制化需求。该方案可通过全栈型 iCube 云、网、业、维一体化集成，支持 4G/5G/RedCap/NB-IoT[3] 全制式接入，提供专网数据、高清语音、短消息和定位等融合通信功能。

该方案面向行业专用的轻量化 5GC，先进原生裸容器架构，单台服务器即可成网，作为同等性能业界最小尺寸，现场业务即插即用，尤其适用于井下防爆、应急救援和移动车载等特殊场景。

2023 年，中兴通讯联合武钢等产业伙伴，打造了全球钢铁行业最大的 5G 专网，在园区实现 99% 的 5G 覆盖，并基于 5G 专网部署了六大类共计 25 个钢铁应用场景。

（三）浪潮

在第 31 届中国国际信息通信展览会上，浪潮发布了核心网、基站和物联网网关等浪潮 5G 专网系列产品。在 2023 中国 5G+ 工业互联网大会上，浪潮肖雪表示，浪潮云洲依托新一代通信超五代移动通信网络（Beyond 5G，B5G）、工业互联网"双跨"平台等，积极布局 5G+ 工业互联网，构建面向行业的 5G 专网、第五代固定网络（The 5th Generation Fixed Networks，F5G）等多接入制式物联及工业互联网等数字基础设施，打造新一代云网融合通信产品和服务，助力工业企业高质量发展。

（四）亚信科技

2023 年 7 月，亚信科技基于 Amazon Outposts 发布"云化 5G 专网解决方案"，该方案将公有云与 5G 网络的开放云相结合，首次实现了 5G 核心网在亚马逊云科技混合与边缘云 Outposts Server 中进行云化部署。亚信科技 5G 核心网产品部署于亚马逊云科技 Outposts Server 中，基于 5G 专用频段实现 5G 专网云化部署，能够支撑不同行业丰富的

---

1. MEC（Mobile Edge Computing，边缘计算技术）。
2. SMF（Session Management Function，会话管理功能）。
3. NB-IoT（Narrow Band Internet of Things，窄带物联网）。

5G 业务场景应用。

五、5G 专网未来发展趋势展望

纵观 2023 年，我国 5G 专网发展呈现出基础设施不断完善、技术实力不断增强、行业应用不断深化的大好势头。

一方面，5G 专网已经由起步探索逐步迈向深耕细作、规模化发展。5G 网络已覆盖所有地级市城区、县城城区，每万人拥有 5G 基站数接近 23 个。

另一方面，5G 专网在赋能方面持续彰显重要性。中国信息通信研究院发布《2023 中国"5G+工业互联网"发展洞察》，报告显示，我国 5G+工业互联网项目已经达到 8000 个，覆盖了工业的 41 个大类，5G 在工业领域的应用占比超过 60%。

此外，5G 行业虚拟专网为行业提供稳定、可靠、安全的网络设施。从电信运营商和通信设备商 5G 专网发展可见，5G 专网正在与 RedCap 等轻量化 5G 技术结合，并加速向更多场景融合。5G 专网定制化也成为产业发展的新趋势。

2024 年，5G 专网发展呈现以下发展趋势。

第一，5G 专网安全能力将持续提升。 目前，5G 专网在数据传输、边缘计算等环节均存在安全隐患。电信运营商及通信设备厂商将更加关注边缘节点、操作系统等的安全能力，打造多种安全等级产品，满足不同企业对 5G 专网的安全需求。

第二，5G 专网将加速融入千行百业。 5G 专网发展需要与行业融合，5G 专网行业参与各方将积极探索 5G 专网在更多行业的应用场景，加速 5G 专网融入千行百业。

第三，5G 专网将向 5G-A 技术演进。 目前，5G-A 成为 5G 发展的下个阶段，在速率、时延、连接规模和能耗等方面全面优于现有的 5G 技术。因此，5G 专网技术将在 2024 年开启向 5G-A 的演进之路，并为 6G 技术做好准备。

5G-A 主要在原有的 eMBB、mMTC 和 uRLLC 这 3 个方向上有了大幅度增强，可以让企业更加放心、灵活地投入关键生产流程。同时，5G-A 还将带来全新的全域通感、泛在智能和空天地一体三大关键能力。这些提升将让 5G 专网更具竞争力。

5G-A 具备确定性时延、精确定位和无源物联等新能力，将为电信运营商的 B2B 市场创造更多的机会。在 2024 世界移动通信大会期间，电信运营商、通信设备制造商、应用服务商、芯片设计商等技术环节参与者，都已经为 5G-A 在 2024 年的落地商用作好了充足的准备。

第四，5G 专网成本将持续下探。 目前，5G 专网解决方案开发周期长、收费灵活度低、部署成本高等因素制约着 5G 专网的规模部署。为此，行业将继续在 5G 专网建设模式、5G 专网设备等方面加快探索，进一步降低 5G 专网建设的成本，助力 5G 专网走向更多中小企业。

（黄海峰）

我国ICT产业发展分析与展望

2023年，全面贯彻落实党的二十大精神和党中央、国务院决策部署，加快推进"十四五"规划任务，ICT产业实现稳步增长，高质量发展迈出坚实步伐。展望2024年，随着中国式现代化建设的全面推进，ICT产业发展将迎来重大机遇期。产业收入增速逐步恢复提升态势，数实融合不断加深，加速助力培育新质生产力，新一代信息技术助推未来产业加速发展，数字化发展底座在经济社会中的支撑作用进一步夯实，带动ICT产业规模和收入持续增长。

一、2023年发展情况

（一）ICT产业持续快速增长，产业结构持续优化

2023年，我国ICT产业收入规模达到了30.86万亿元，同比增长5.3%，增速较2022年下降4.5%。电子信息制造业、软件和信息技术服务业、电信业、互联网业务收入分别为15.1万亿元、12.33万亿元、1.68万亿元、1.75万亿元。从产业结构上看，电信业、互联网服务业、软件业收入占比51.1%，较2022年小幅提升，占比首度超过50%，产业结构持续优化。

（二）电信业务收入增速回升，"第二增长曲线"贡献强劲

2023年，我国电信业务收入增速维持稳定，5G带动移动通信业务进入新一轮增长周期。2023年，按照2022年价格计算的电信业务总量达到1.8万亿元，同比增长16.8%，业务收入累计完成1.68万亿元，比2022年增长6.2%，按照2022年价格计算的电信业务总量同比增长16.8%，保持了中高速的良好增势。

新兴业务收入保持较高增速，数据中心、云计算、大数据、物联网等新兴业务快速发展，2023年共完成业务收入3564亿元，比2022年增长19.1%，在电信业务收入中占比由2022年的19.4%提升至21.2%，拉动电信业务收入增长3.6个百分点。其中，云计算、大数据业务收入比2022年增长37.5%，物联网业务收入比2022年增长20.3%。2023年，移动互联网流量增长较快，移动互联网接入流量达3015亿吉比，比2022年增长15.2%。

（三）互联网企业营收启暖回升，投融资市场低位徘徊

2023年，互联网和相关服务业呈现企稳向好发展态势。互联网业务收入持续增长，利润总额保持增长，研发经费小幅回落。我国规模以上互联网和相关服务企业完成业务收入1.75万亿元，同比增长6.8%，增速比2022年提高了7.9个百分点，发展趋势启暖回升；实现营业利润1295亿元，同比增长0.5%，增速比2022年回落2.8个百分点；营业成本同比增长10.7%，增速比2022年提高7.4个百分点；研发费用为943.2亿元，同比下降3.7%，增速较2022年回落了11.4个百分点。

从细分领域来看，信息服务领域企业收入基本稳定，网络销售领域企业收入高速增长，营收持续快速提升，生活服务领域企业收入增速大幅提升，以提供生活服务为主的平台企业的互联网业务收入同比增长20.7%。

2023年，受外部环境和自身业务发展的影响，我国上市互联网企业市值尤其是头部互联网企业的市值较2022年持续缩水，同时，我国互联网投融资案例数和披露的投融资金额都依旧在低位徘徊。

（四）软件和信息技术服务业发展稳中向好，收入规模稳步增长

2023年，我国软件业务收入保持较快增长。全年软件和信息技术服务规模以上企业超3.8万家，累计完成软件业务收入12.33万亿元，同比增长13.4%，增速较2022年同期提高2.2个百分点；利润总额达1.60万亿元，同比增长13.6%，增速较2022年同期提高7.9个百分点，主营业务利润率提高0.1个百分点，达到9.2%。

软件业务出口小幅下滑。2023年，软件业务出口514.2亿美元，同比下降3.6%。其中，软件外包服务出口同比增长5.4%。信息技术服务收入增长较快。2023年，信息技术服务收入81226亿元，同比增长14.7%，高出全行业整体水平1.3个百分点，占全行业收入比重为65.9%。其中，云服务、大数据服务共实现收入12470亿元，同比增长15.4%，占信息技术服务收入的15.4%，占比较2022年同期提高0.5个百分点；集成电路设计收入3069亿元，同比增长6.4%；电子商务平台技术服务收入11789亿元，同比增长9.6%。

（五）电子信息制造业规模保持平稳态势，投资保持活跃

2023年我国电子信息制造业生产恢复向好，出口降幅收窄，效益逐步恢复，投资平稳增长，多区域营收降幅收窄。2023年，规模以上电子信息制造业增加值同比增长3.4%，增速比同期工业低1.2个百分点，但比高技术制造业高0.7个百分点。12月，规模以上电子信息制造业增加值同比增长9.6%。规模以上电子信息制造业出口交货值同比下降6.3%，比同期工业降幅深2.4个百分点。2023年，规模以上电子信息制造业实现营业收入15.1万亿元，同比下降1.5%；营业成本13.1万亿元，同比下降1.4%；实现利润总额6411亿元，同比下降8.6%；营业收入利润率为4.2%。

在全球集成电路制造产能持续紧张的背景下，2023年我国集成电路相关领域投资依旧保持活跃，电子信息制造业固定资产投资同比增长9.3%，比同期工业投资增速高0.3个百分点，略低于高技术制造业投资增速0.6个百分点。

二、2024年ICT产业发展展望

2024年，是实现"十四五"规划目标任务的关键一年，也是全面落实全国新型工业化推进大会部署的重要一年。2024年，ICT技术将广泛、深度融入制造业各环节，推进新型工业化发展，助力新质生产力发展；在人工智能大模型驱动下，智能算力、算力基础设施、以5G-A为代表的网络技术不断融合创新，推动ICT产业高质量发展，成为未来产业发展的重要领域；数智融合进入新阶段，数据要素乘数效应进一步发挥，数字包容理念加速落地，数字化成果将涉及更广范围。

（一）ICT产业收入增速逐步恢复提升

预计2024年，我国ICT产业平稳增长，产业增速达到9.2%，较2023年将出现显著回升。其中，电子信息制造业恢复平稳较快增长态势，随着科技创新、技术改造和设备更新支持力度加大，大规模的设备更新和消费品以旧换新的政策将逐步出台，半导体、智能手机等领域将恢复正增长，人工智能服务器、智能物联网设备等新兴领域也将持续快速提升，产业自主创新和应用加快。软件产业和电信业的收入将保持良好增长势头，数字化转型的进程将持续加快。同时，全功能接入国际互联网30周年到来之际，互联网企业将紧抓国内国际两个市场，实现业务的稳步增长回升。

（二）ICT助力加速培育新质生产力

ICT产业是全球研发投入最集中、创新最活跃、应用最广泛、辐射带动作用最大的产业之一,既是形成新质生产力的重要领域,也为形成新质生产力提供重要支撑。基于5G、工业互联网、人工智能、算力等新一代信息技术,在推动自身形成新质生产力的同时,正加速与多行业多领域深度融合,在改造提升传统产业的同时,未来将持续赋能千行百业数字化转型,催生新应用,发展新服务,进一步推动生产力实现质的跃升,推动全要素生产力持续提升。

(三)ICT成为前瞻布局未来的重要领域

未来产业是以满足未来人类和社会发展新需求为目标,以突破性、颠覆性的前沿科技创新为驱动的重要领域,尚处于产业发展萌芽期,将是世界各主要经济体抢占的新一轮科技革命和产业变革制高点。深入布局未来产业,是我国推进新型工业化、加快建设现代化产业体系的必然要求,未来通信、未来智能、未来计算等未来产业将成为ICT产业的重点布局方向。

(四)ICT助推数字包容理念加速落地

2024年,数字包容逐渐从理念倡导阶段进入实践深耕阶段,并将进一步拓展深化,从基本公共服务、农业农村、信息无障碍等领域向外延伸到环境治理、生物多样性保护等领域,从不同个体和领域的核心需求与关键环节挖掘问题,并利用数字技术加以解决。同时,ICT企业将进一步发挥数智优势,借助2024年重点领域设备更新和技术改造的政策东风,加强数字化产品、服务的研发和落地,积极参与各类型数字包容实践,让更多人共享数字化发展成果。

(中国信息通信研究院　齐永欣)

大宽带及网络融合篇

算力时代全光运力关键技术发展及展望

一、全光运力成为行业关注热点

随着云计算、AI、大数据等新一代信息技术快速发展，传统产业与新兴技术加速融合，数字经济蓬勃发展。算力成为国家和行业关注的热点，国家出台了一系列政策引导算网协同发展，算力的重要性日益提升。电信运营商积极布局全光运力建设，开展400G建设及试运行工作，全光运力以其超大带宽、超低时延、安全可靠等优势，成为行业关注热点。

"东数西算"战略及AIGC浪潮共同驱动算力应用蓬勃发展，多方面的需求对运力提出了高要求。"东数西存"将东部经济发达地区的数据迁移至西部地区存储，"东视西渲"需要在广域范围内选择最具成本优势的算力资源，"东数西训"将训练任务和海量样本数据调度到西部，而AI大模型训练需求牵引多智算中心联合计算，针对高性能计算需求，由多个区域的智算中心协同计算，满足以AI大模型训练为主的多场景需求。同时，行业数字化转型需求牵引用户上云入算，各行业业务系统云化部署趋势显著，用户快捷使用算力赋能应用的需求越发迫切。综合来看，为了充分发挥枢纽算力、区域算力和边缘算力的作用，用户入算、算间互联、数据中心（Data Center，DC）内互联三大场景对运力的需求越发强烈。用户入算要求个人/家庭、政企、各垂直行业敏捷接入算力节点，算间互联要求实现"东数西算"/智算中心联合计算，以及枢纽、区域、边缘算力中心互联，而DC内互联则需要面向AI大模型训练等新型智算场景提升互联性能。

二、三大场景对运力提出更高要求

（一）用户入算

垂直行业及新型AIGC算力应用对时延的要求越发严格，端到端高品质承载需求日益增长。不同行业业务对于网络时延的要求见表1。

表1 不同行业业务对于网络时延的要求

行业	业务分类	用户体验端到端时延	网络时延要求
政务	对公业务	2～5s	无要求
	视频监控	<300ms	<30ms
金融	对公业务（文本）	2～5s	<200ms
	金融高频交易	<1ms	μs级别
	视频监控	<50ms	—
医疗	影像数据备份	无要求	<20ms
	医院信息系统对公业务	2～10ms	<3ms
	云超声等远程诊断	<10ms	<3ms

（续表）

行业	业务分类	用户体验端到端时延	网络时延要求
工业	移动出行	＜50ms	＜20ms
	车联网/自动驾驶	＜20ms	1～2ms
游戏	实时竞技类	＜50ms	＜20ms
超算	高性能超算	无要求	无要求
	AIGC（DC内部）	—	μs级别
	AIGC（DC之间）	无要求	无要求
	AIGC到用户	2～5s	＜200ms

不同行业业务带宽需求见表2，表2根据行业调研总结不同行业业务对于数据中心接入带宽和用户终端接入带宽的需求，从中可以看出带宽差异化需求特征明显，传统垂直行业数据中心接入带宽达到百MB量级，超算中心达到百GB量级，IT云DC备份达到TB量级。另外，政企核心业务需要极致的安全可靠，而新型业务（例如原型车碰撞试验、科研观测分析等）需要灵活敏捷的带宽调整。

表2 不同行业业务带宽需求

行业	业务分类	数据中心接入带宽	用户终端接入带宽
政务	办公场所	10～500Mbit/s	＞100Mbit/s
	视频监控	—	2～30Mbit/s
金融	对公业务（文本）	10～50Gbit/s	4～8Mbit/s
	视频业务	—	200Mbit/s
医疗	影像数据备份	1Gbit/s	—
	医院信息系统对公业务	100Mbit/s	100Mbit/s
	云超声等远程诊断	1Gbit/s	1Gbit/s
工业	分支机构	＞100Mbit/s	2～10Mbit/s
IT云	DC备份	Tbit/s级	—
超算	HPC超算	10～100Gbit/s	集团用户：1Gbit/s 其他用户：无要求

（二）算间互联

算间协同催生组网架构优化。云边多数据中心协同，需要增强"东西向"流量业务疏导能力，由"南北向"流量为主向"南北向+东西向"流量转变，算网协同需求进一步提升，围绕云化数据中心分级协同组网，向网状化、立体化组网方式演进。

从数据分析看，高品质数据中心互联需要稳定与可靠的低时延，DC同城热备份的网络时延小于1ms，DC异地容灾备份的网络时延小于20ms，服务器集群虚拟动态迁移的网络时延小于20ms，总体需要面向算力枢纽/数据中心集群布局，优化数据中心间的全光互联网络端到端时延。

枢纽间互联带来超大带宽需求。2025年单枢纽节点出局带宽预估将超百TB级，运力枢纽出口带宽及骨干网带宽均面临挑战。未来，AI大模型训练带来的智算中心间超大规模数据迁移也将加强对带宽的要求，光网络应按需提供超大带宽，实现省际出口及骨干网带宽容量升级。

(三)DC 内互联

AI 大模型需要大量 GPU 算力支撑计算，超大集群不意味着超大算力，DC 内网络通信性能和稳定性成为提升有效算力的关键。智算网络带来超大带宽高速互联需求，高于节点内互联的带宽需求 10 倍以上，要求 400Gbit/s、800Gbit/s 互联，节点间互联的单台 GPU 服务器达到 Tbit/s 量级出口带宽，1:1 低收敛比导致网元数量和光模块数量均增加 50%～200%；网络高可用性和稳定性成为提升集群有效算力的关键，网络丢包严重影响计算性能，RoCE[1] 中最佳吞吐量性能要求网络"零丢包"；AI 大模型训练时间长达数周甚至数月，网络故障会造成部分或者全部重新训练，要求训练期间"零故障"；GPU 集群计算对网络低时延及抖动要求严格；复杂配置带来网络自动化部署需求。

三、全光运力关键技术及革新演进

(一) 光缆网络持续优化

从光缆技术的发展来看，G.654.E 光纤兼具低损耗、低非线性的技术优势，能够有效提升超长距光传输性能，且已具备规模生产能力，进入工程应用阶段，部署规模超万皮长公里，同时，光纤损耗指标有望优化至 0.15dB/km，C+L[2] 波段的传输平坦度将进一步提升，超低损耗光纤有望构筑算力网络新型全光骨干网。

从光缆新技术发展的角度看，多芯少模光纤成为突破 Pbit/s 容量的可期路径。2023 年，中国信科发布利用 19 芯单模的光纤实现总传输容量 4.1Pbit/s 光传输系统。2023 年，粤港澳大湾区开建"超级光网络"，采用 7 芯单模光纤，建设总长度超 160km 的空分复用光通信系统。核心器件、运维工具大多处于研究阶段，距规模商用还有一段距离，标准化研究逐步启动，国内外标准组织均立项相关研究项目开展跟踪；空芯光纤成为光缆网性能跃升的重要使能技术，可提供超大带宽，超 850nm（当前实芯光纤带宽为 96nm）、超低时延（每千米时延降低 1.54μs）、超低损耗（理论最小损耗小于 0.1dB/km）、超低非线性（比实芯光纤低 3～4 个数量级）成为前沿研究的热点。

(二) 全光高速互联

单波速率持续提升，从 200Gbit/s、400Gbit/s 向 Tbit/s 演进。基于 130GBaud、正交相移键控调制方式的单波 400Gbit/s 系统趋于成熟，即将开启规模商用，800Gbit/s 技术与标准化稳步推进，业界积极探索更高速率，结合高速光电器件及先进算法，单波速率逐步向 1.2Tbit/s、1.6Tbit/s 等演进。

C+L 波段扩展趋于成熟，以倍增方式提升单纤容量。放大器的 C 波段 6THz 掺铒光纤放大器（Erbium Doped Fiber Amplifier，EDFA）已经商用。L 波段 EDFA 基本满足商用要求，性能可进一步优化。其他核心器件（例如，C+L 波段 ITLA/AWG/WSS/OSC/OPM 等器件）已无技术障碍，逐渐趋于成熟，数据中心间和内部全光灵活调度需求显现。全光转发调度可支持全光组网无线网格网络互联，增加光缆路由，减少光纤链路绕行，通过全光转发调度，降低网络时延；端口级光交换可通过全光矩阵开关实现完全无阻塞的光路交换，矩阵规模最大可达 576×576 端口，通过软件定义网络控制实现路由调度的 ms 级重构；波长级光交换可通过全光背板和高维度波长选择开关实现 Pbit/s 级全光交叉、波长级一跳直达、最小传输时延。

光电协同降低转发时延，提升网络可靠性。在时延规划方面，基于光层/电层物理链路时延测

---

1. RoCE（RDMA over Converged Ethernet，在以太网上进行 RDMA 的集群网络通信协议）。
2. C+L（Conventional+Long-wavelength，常规波长+长波长）。

量，综合考虑链路时延、链路成本、波长利用率进行时延算路，满足时延敏感业务承载需求；在保护恢复方面，电层 1+1 保护 / 光层动态恢复，通过共享风险链路组信息协同 + 保护拖延时间协同，实现电层保护小于 50ms，光层恢复抗多次网络故障，提升网络可靠性。

AIGC 拉动 800G 及以上高速率光模块迭代演进。在 AIGC 需求的驱动下，AI 服务器对于底层数据传输速率、时延和无丢包性能要求严格，需要高速率光模块匹配，拉动 800G 光模块加速迭代演进。在 800G 研发方面，8×100G 的 SR8、DR8、2×FR4、2×LR4 已有样品，进入验证阶段，4×200G 的 DR4/FR4 已有样品，1.2T/1.6T 的 8×200G、1.2T/1.6T 相干已有样品。

（三）确定性承载

"通算弱确定性 + 智算强确定性"成为主要特性。通用计算中心和智算中心的确定性承载需求见表3。

表 3 通用计算中心和智算中心的确定性承载需求

项目		传统（通用计算）DC	智算中心
DC 间	潜在场景	数据迁移、数据备份 灾备：双活、两地三中心	DC 间分布式计算：大模型训练 联邦学习与隐私计算：分布式存储 + 多方安全计算 + 联合训练
	承载需求	大带宽、高效转发 弱确定性：少量时延和抖动上限，大部分尽力而为 高性价比	大带宽、高通量 高可靠：广域无损 + 确定性 强确定性：所有流量确定性低时延低抖动，关注最大值和长尾效应
	协议	传输控制协议 / 用户数据报协议 / 传输层网络传输协议	远程直接数据存储 / 无限带宽技术 /RoCE/ 新型以太网
DC 内	网络架构	二层 / 三层分布式核心网络	多轨通信 无阻塞二层 / 三层非直连拓扑或直连拓扑
	业务流量流向	从 DC 到用户，南北向为主，内部东西向为辅	训练场景：AI 资源池内部 N 到 1，N 到 N 流量（All-reduce）；AI 资源池间跨组东西向
	带宽	N：1 收敛网络 100Gbit/s、200Gbit/s、400Gbit/s	1：1 无收敛 8×100G、8×200G、8×400G
	时延抖动可靠性	基于尽力而为，部分强交互业务对时延、抖动敏感 关注平均时延和抖动，N×10 ～ N×100ms 级	无线配置模式，μs 级时延最佳，关注最大时延 集合同步通信，任对等网络节点抖动敏感 训练时长内长期"零故障"

（四）品质入算

光层池化支持 OTN 向城域接入层快速延伸。城域汇聚、接入承载光层池化架构，匹配城域多环少波特征，池化波长多方向共享，汇聚节点上行实现全光调度，固定光分播复用器东西向固定调度向光分播复用器多维度灵活调度，节约光电光转换成本；汇聚点下行波长资源池化，通过多个环共享汇聚点波长资源池，环内每个站点按需申请波道 / 波长资源，提高利用率；全光锚点相干化，从非相干 10G 向相干 100G 演进，锚点带宽提升 10 倍，适配千行百业的业务接入。

OTN 点到多点品质专线支撑 OTN 向用户进一

步延伸。在安全硬隔离方面，接入侧固定时隙分配，传送侧OSU[1]/ODU[2]硬管道，实现端到端硬隔离；链路层加密保障每个用户的带宽与数据安全，通过业务双波长技术，消除接入段时延抖动，实现稳定低时延；利旧广覆盖的光分配网络（Optical Distribution Network，ODN）接入光缆，以点到多点方式快速接入用户业务，实现快速易交付；通过链路/板卡/设备级多重保护能力，50ms快速倒换性能，采用前向纠错技术，保障业务高可靠性；通过一体化智能化运维端到端融合管控、带宽调整、业务服务等级协定（Service Level Agreement，SLA）可视，实现智能运维。

（五）智能管控

多维感知与多因子算路，实现算网一体化调度。通过快速感知业务流类型，将不同类型的业务流映射到不同品质的光网链路，算网编排系统获取算力资源信息，实现基于业务特征的算力资源编排，通过网络侧业务流感知和算力侧资源感知，满足用户差异化灵活入算；根据业务SLA、能耗、链路利用率、算力资源使用率等，引入大数据智能分析技术，生成最优入算路径，通过多因子算路，精准高效调用网络资源。

数智化助力全光运力智能运维，联合应用数智化手段。引入AI建模和大数据分析技术，对网络资源进行历史分析和预测，实现业务和网络质量实时可视、可预测、可追溯；2022年TC610发布云光专线智能化分级测评1.0，2023年发布智能化分级测评2.0，AI分级测评初步确立，需要继续推动模型及接口标准化，支持AI和数字孪生的传送网架构、网络模型、数据模型、数据采集、数据接口、数据处理技术等需要进一步标准化。

四、总结和展望

中国信息通信研究院与产业各方积极响应政策指引，推动"追光计划"全光运力领航行动取得积极成效。在产业生态推动方面，2023年2月举办全光品质运力高峰论坛，正式启动"追光计划"全光运力领航行动，联合行业伙伴发布《全光运力研究报告》蓝皮书，扩大各方对全光运力的关注，重点针对政务、医疗、教育、金融、制造等垂直行业，聚焦全光运力，深挖行业需求；在运力指数评估方面，完善形成全光运力评估指数2.0，依托评估指数体系，支撑贵州省通信管理局开展贵安算力枢纽运力评估和贵安算力枢纽三级时延圈成果发布；在行业应用遴选方面，2023年3月启动第二届"光华杯"千兆光网应用创新大赛全光运力专题赛，极大地激发了全光运力行业应用活力；在技术创新推动方面，深入参与中国通信标准化协会TC3/TC6/TC610、NGOF、ITU-T等组织的标准化研究工作，主导立项多个研究课题，积极推进面向算力承载的光网络技术创新。

未来，光网络技术将聚焦新需求，向着高速大容量、全光低时延、融合确定性、协同智能管控的方向演进发展，立足"十四五"发展时机，聚焦算力时代的承载网络未来发展，希望产业各方在技术创新攻关、产业协同发展、质量监测评估等多个方面协同推进。

（中国信息通信研究院　张海懿）

---

1. OSU（Optical Subscriber Unit，光用户单元）。
2. ODU（Optix Division Unit，分波单元）。

RedCap 产业发展的回顾与展望

■ 一、5G RedCap 受到全球领先电信运营商关注

5G RedCap 是 3GPP 为经典 5G NR 技术方案制定的一个精简版本,希望通过降低技术复杂度来降低终端模组成本,进而推动 5G 技术进入更广阔的市场空间。随着标准化工作的完成和产业链的发展,5G RedCap 在 2023 年内获得了越来越多国际电信运营商的关注,相关的技术测试和实验不断展开,5G RedCap 正在逐步走上全球 5G 商业发展的舞台。

■ 二、蜂窝物联方案的关键部分

当前,电信运营商主要使用窄带物联网或蜂窝物联网等技术方案来连接大量、低成本、低数据速率的物联网设备。然而,当前的物联网应用中也存在较多对中高速数据速率连接的需求。例如,视频监控摄像头需要较大的上行带宽以便将视频流传输至服务器,而同时为了控制整体成本,对终端模组的经济性有着较高要求。在可穿戴设备、工业互联网、车联网等诸多领域,也存在类似的物联需求。目前,此类需求一般由 LTE[1] Cat-4 或 Cat-1 设备提供支持。然而,受制于 4G 的系统架构和能力,基于 4G LTE 的中高速物联技术无法为用户提供 5G 系统独有的先进特性,例如,网络切片、低时延高可靠、5G LAN、精确定位、精确定时和同步等。因此,3GPP 在 R17 中以 5G NR 系统为基础,制定了基于 5G 的中高速物联技术,即 5G RedCap。其目的是裁剪经典 5G NR 设备的能力,例如,缩小带宽、降低调制阶数并简化多入多出技术支持,从而降低 5G IoT 设备的复杂性、成本和功耗,同时仍支持中高数据速率,以支持消费和工业物联网应用,例如,可穿戴设备、视频监控、工业传感器等。在 R18 中,3GPP 对 5G RedCap 技术作出进一步优化,包括进一步将载波带宽降至 5MHz、增强非连续接收等。这些改进措施将 5G RedCap 的峰值数据速率降低至 LTE Cat-1 的水平,并能有效延长 5G RedCap 设备的电池寿命,使 RedCap 具有与 LTE Cat-1 类似的技术和成本特性,从而能够服务更广阔的中数据速率物联市场。

5G RedCap 与 5G NR、LTE Cat-4 和 LTE Cat-1 的基本技术特性对比见表 1。

表 1 5G RedCap 与 5G NR、LTE Cat-4 和 LTE Cat-1 的基本技术特性对比

	5G RedCap	5G NR	LTE Cat-4	LTE Cat-1
载波带宽	20MHz	100MHz	20MHz	20MHz
射频收发链路	1T2R 或 1T1R	2T4R 或 1T2R	1T2R	1T1R
调制阶数	64 QAM 256 QAM optional	256 QAM①	64 QAM	64 QAM downlink 16 QAM uplink
峰值数据速率(下行/上行)	150Mbit/s、50Mbit/s 或更高	高达 1.7Gbit/s、250Mbit/s	150Mbit/s、50Mbit/s	10Mbit/s、5Mbit/s

① QAM(Quadrature Amplitude Modulation,正交振幅调制)。

---

1. LTE(Long Term Evolution,长期演进技术)。

三、扩展宽带覆盖、克服数字鸿沟

5G RedCap 不仅能促进中高速物联网应用的发展，在扩大宽带网络覆盖、克服数字鸿沟的过程中也发挥了重要作用。国际电信联盟数据显示，2023 年全球仍有约 26 亿人未能接入互联网，其中大多数人居住于不便部署光纤等有线宽带接入方案的偏远地区。固定无线接入（Fixed Wireless Access，FWA）成为在偏远地区连接未被连接人群的重要技术手段。

为这一市场提供 FWA 技术解决方案时不但需要考虑带宽、时延等服务质量指标，还需要考虑用户的经济承受能力，这对解决方案的性价比提出了较高要求。在这种情况下，经典 5G NR 方案就呈现出一定的局限性。而经过裁剪优化的 5G RedCap 虽然性能指标下降，但由于技术复杂度的大幅降低，其成本有望低于经典的 5G NR，性价比优势得以凸显，这使 5G RedCap 有望逐渐替代传统的 LTE FWA，成为中低端 FWA 市场的主力技术方案。

四、产业生态构建仍需持续努力

5G RedCap 实现商业成功的主要机会在于能够在性能与成本之间寻求一个新的平衡，以较高的性价比为物联网、固定无线接入等业务提供支撑。但毕竟 5G RedCap 的产业发展处于早期阶段，仍不可避免地面临着成本、竞争、生态建设等诸多挑战。

首先，挑战来自成本，以及与传统技术的竞争。LTE Cat-1 或 LTE Cat-4 占据当今中高速物联模组出货量的大部分。得益于规模经济，这些传统技术的模组成本明显低于当今的 5G NR 模组。中国信息通信研究院的数据显示，LTE Cat-4 模块成本仅约为 5G NR 模块成本的 1/9。5G RedCap 有望将复杂度和成本降低约 60%，这也就意味着早期 5G RedCap 模组的成本约为 LTE Cat-4 模组的 3 倍。因此，能否快速扩大市场规模，对 5G RedCap 能否获得商业成功至关重要。随着规模经济的发展，5G RedCap 模组成本有望进一步降低。如果 5G RedCap 模组的定价能够与 LTE Cat-4 模块相当，则能够显著提高该技术的市场竞争力。

5G RedCap 实现规模部署的另一个阻碍是 5G 独立组网架构的部署进度。5G RedCap 部署需要依赖 5G 独立组网（Standalone，SA）。然而，Omdia 发布数据显示，截至 2023 年第三季度，全球仅有 40 多个电信运营商启动了 5G SA 的商业部署，尽管其中很多是各个市场的领先电信运营商，其 5G 用户数的市场占比要远高于网络总数的份额，但 5G SA 网络的总体商用进展确实仍然有限，这将限制 5G RedCap 部署规模并影响 RedCap 生态系统的发展。考虑到公网部署的缺乏，依托 5G SA 园区网的行业应用可能会成为某些市场上 5G RedCap 早期部署的主要场景。

五、中国市场是 5G RedCap 成功的关键

5G RedCap 在中国的规模部署对该技术在全球市场的商业成功至关重要。我国 3 家电信运营商均已部署全国性 5G SA 网络，为 5G RedCap 的推出奠定了坚实基础。中国电信正在积极推动 5G 行业应用，据工业和信息化部统计，截至 2023 年年底，全国已部署 5G 行业虚拟专网超 2.9 万个，5G 行业应用已融入 71 个国民经济大类，应用案例数超 9.4 万个。

自 2022 年起，我国 3 家电信运营商已开始关于 RedCap 的技术验证与测试。2023 年开始，更是联合华为、中兴通讯等国内骨干设备厂商，相继启动了较大规模的技术实验，例如，中国移动启动了"1+5+5"的 RedCap 创新示范之城计划，中国电信依托深圳建设了"RedCap 之城"，中国联通则在电力控制行业开展了全国首个省域 5G 电

力专网 RedCap 商用试点。在这些业务实验和试点之外，我国电信运营商还积极推动 5G RedCap 的技术标准制定和产品自研开发，例如，中国移动牵头了多项 RedCap 行业标准的制定，中国电信自研了 RedCap 的行业应用网关和终端模组。

2023 年 10 月，工业和信息化部发布了《关于推进 5G 轻量化（RedCap）技术演进和应用创新发展的通知》，为 RedCap 未来几年的发展制定目标指明方向。截至 2025 年，"全国县级以上城市实现 5G RedCap 规模覆盖，5G RedCap 连接数实现千万级增长"，并且要"遴选一批 5G RedCap 应用示范标杆，形成一批可复制、可推广的解决方案，打造 5 个以上实现百万连接的 5G RedCap 应用领域"。为此，电信运营商需要会同产业链上下游的合作伙伴，在工业、能源、物流、车联网、公共安全、智慧城市等重点领域不断提升应用规模、丰富应用场景。

在市场和政策的双重推动之下，我国电信运营商 RedCap 发展的步伐正在不断加快。2024 年年初，中国移动宣布在湖北完成全国首个超大规模 RedCap 商用部署，全省超 20000 个 5G 站点开通 RedCap 功能，率先实现全省所有地市乡镇 5G RedCap 的连续覆盖。在江苏，中国移动同样实现了全省县级以上城市 5G RedCap 的全覆盖。中国电信也已在浙江、贵州、广东等地开展 5G RedCap 外场试验，并在广东、浙江、上海、福建率先开展 5G RedCap 的行业示范应用。

迄今为止，中国电信已经部署了全球最大的 5G 和 NB-IoT 网络。随着 RedCap 网络覆盖在中国的不断扩展，以及相关行业应用的不断发展，我国电信运营商将很快建成全球最大规模的 5G RedCap 网络，我国将成为全球最大的 RedCap 市场。5G RedCap 在我国的规模部署和商业应用必将显著促进全球 RedCap 生态系统的成熟与发展。我国市场规模庞大、应用多样，有利于行业降低 5G RedCap 成本，刺激基于该技术的应用创新，进而提高 5G RedCap 在全球市场的竞争力，吸引更多行业参与者加入 RedCap 生态系统建设。同时，国内市场规模应用的经验也将有助于我国相关产业的海外扩张，形成国内国际双循环，带动促进全球 5G RedCap 产业链的成长。

（Omdia　杨光）

空分复用光传输技术标准化进展和发展趋势

光网络是全球信息通信基础设施的承载底座，为满足以算力为代表的新型生产力高质量发展需要，对光传输系统容量提出了更高的要求。空分复用（Space Division Multiplexing，SDM）光传输技术经过近十多年的持续研究已取得多方面的突破，基于多芯和少模的 SDM 光传输技术有望成为突破 Pbit/s 容量的可行路径。

一、标准化进展

从整体上看，国内外标准化研究机构均在积极探索可行的技术路线，推动 SDM 光传输技术相关标准研究工作。但由于关键技术和器件的成熟度和实用化水平还有待提升，当前标准化工作主要处于起步阶段，虽已发布部分研究成果，但部分研究课题尚在研究中，距离全产业的标准化仍需时间。

（一）国际标准化进展

SDM 光传输技术的国际标准与规范工作主要聚焦光纤光缆和核心器件的特性及其测试方法等方面，涉及的国际标准化组织主要是 ITU-T 和 IEC[1]。国际标准化进展见表 1。

表 1 国际标准化进展

标准组织	项目号	研究课题名称	进展情况
ITU-T	TR-SDM	SDM 传输用光纤、电缆和组件（Optical Fiber, Cable, and Components for Space Division Multiplexing Transmission）	已发布
ITU-T	G.sup.G.65x	关于 G.65x 系列研究 SDM 光纤标准体系的建议（Roadmap for SDM optical fibers concerning the development of G.65x series Recommendations）	已立项
IEC	TR 61292-12:2022	基于 SDM 传输系统的光放大器（Optical amplifiers - Part 12: Fiber amplifiers for space division multiplexing transmission）	已发布

（二）国内标准化进展

SDM 光传输技术的国内标准主要聚焦光纤特性及应用、光器件、传输技术等方面，涉及的国内标准化组织主要是中国通信标准化协会。国内标准化进展见表 2。

表 2 国内标准化进展

标准类型	项目号	研究课题名称	进展情况
通信行业标准	2020B42	SDM 光纤特性及应用研究	研究中
通信行业标准	2022B24	SDM 光器件技术研究	研究中
通信行业标准	2022B1	（SDM）传输技术研究	研究中
通信行业标准	2021B24	面向 Pbit/s 的大容量光传输系统关键技术研究	已结题，待印发

---

1. IEC（International Electrotechnical Commission，国际电工委员会）。

二、关键技术

SDM 光传输系统主要由 SDM 光纤、复用/解复用器和光放大器组成，也对应3个方面的多项关键技术。SDM 光传输系统参考点配置如图1所示。

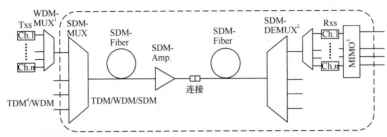

1. MUX（Multiplexer，多路选择器）。
2. DEMUX（Demultiplexer，多路复用器）。
3. MIMO（Multiple-Input Multiple-Output，多输入多输出技术）。
4. TDM（Time-Division Multiplexing，时分复用技术）。

图 1　SDM 光传输系统参考点配置

（一）光纤制备和熔接

光纤制备方面，与单模光纤一样，SDM 光纤也是通过 SDM 光纤预制棒拉丝得到的。目前，多芯光纤（Multi-Core Fiber，MCF）预制棒的制备方法主要有钻孔法、堆叠法、粉末烧结法、外包层法等，其中钻孔法和堆叠法较为常用。堆叠法将作为纤芯的玻璃棒，按照所设计的 MCF 结构，在作为包层的玻璃管中进行堆叠。为防止 MCF 预制棒包层变形，一般会在纤芯玻璃棒和包层玻璃管之间填充较小的玻璃棒。钻孔法的几何结构定位灵活性更高，适合纤芯数量少、结构简单的多芯光纤，易于实现全自动化大规模量产，但需要高精度的钻孔工具。

光纤熔接方面，可以利用现有单模光纤熔接技术，相较于 SMF 的接续对准，少模光纤（Few-Mode Fiber，FMF）的对准精度要求更高，微小的对准误差有可能导致光场模式特性以及模间串扰发生较大的变化。同时，光纤熔接过程中纤芯之间的模场直径、折射率差异、截面规整度、位置偏差等因素，都会导致光纤在熔接过程中存在较大的熔接损耗。针对该问题，较为有效的解决办法，一是通过提升光纤结构尺寸精度以及一致性，增加熔接过程中纤芯位置的对准精度，减小熔接损耗；二是通过多芯光纤专用熔接机进行熔接，该熔接机采用侧面成像方式，将多芯光纤端面成像，通过两端光纤位置定位，计算并通过对轴旋转，实现纤芯与纤芯的高精度对准，以进一步减少光纤的熔接损耗。

（二）光纤串扰抑制

MCF 方面，目前主要有以下3种 MCF 光纤串扰抑制的方法。一是通过纤芯周围的折射率下陷沟槽或者空气孔结构，减小光信号的横向耦合，提升纤芯对光信号的束缚能力，从而抑制纤芯信号干扰；二是通过纤芯之间引入异质纤芯，实现折射率系数差异，使临近纤芯的传播常数彼此不同，减小芯间串扰；三是通过纤芯空间排布和阵列结构，增大纤芯间隔，降低芯间串扰。

FMF 方面，目前主要有两种 FMF 串扰抑制的方法。一是对于弱耦合 FMF 可采用阶跃折射率设计，通过提高芯区折射率，增加各模式之间的折射率差异和差分模式时延（Differential Mode Delay，DMD），实现各个模式的独立探测和接收，并依靠接收端的均衡处理来补偿模式耦合串扰；二是对于强耦合 FMF 可采用渐变折射率结合沟道辅助设计，并通过增加光纤芯区折射率实现高阶模式的抑制。

（三） 扇入扇出器件和模式复用/解复用器

MCF 方面，扇入扇出器件是实现 MCF 与传统 SMF 低损耗耦合连接的关键器件，它可以将多路单模光纤中的信号复用到 MCF 中，并将多芯光纤中的多路并行信号解复用到多路单模光纤中，是 SDM 光传输技术走向实际应用的关键器件。目前主要有 4 种 MCF 扇入扇出实现方法：光纤束化学腐蚀法、熔融拉锥法、自由空间透镜耦合法、直写波导耦合法。

FMF 方面，模式复用/解复用器实现光纤中传导模式的精确控制，将多路信息加载到少模光纤中的不同空间模式上，并在接收端进行分离，是少模光传输系统必需的关键器件。目前主要有 3 种模式复用/解复用方法：基于空间匹配类型、基于光波导结构和基于光纤绝热拉锥的光子灯笼。

（四） 光放大器

MCF 方面，传统的单模光放大器在扇入扇出器的辅助下可应用于各种类型的 SDM，但更为有效的方式是多芯预放掺铒光纤放大器，通过纤芯泵浦对每个纤芯进行独立泵浦，泵浦效率更高、控制响应更迅速。目前主要有 3 种多芯预放掺铒光纤放大器的泵浦方式，分别为纤芯泵浦、包层泵浦和混合泵浦。

FMF 方面，模分复用光放大器除了需要满足放大增益和噪声指数等基本指标，还需要对模式相关增益进行有效控制。在 FMF 光传输系统中，不同模式的光场能量分布不同，导致不同的模式经过掺铒光纤的放大增益不同。减少少模预放掺铒光纤放大器的模式相关增益有 3 种方法：一是控制泵浦光场模式，采用模式转换器和可调衰减器，将泵浦光功率转换为光场模式和强度都可控的泵浦信号，进而减小模式相关增益；二是调整铒离子的掺杂分布模式，使之与高阶光场模式的功率分布相同；三是光纤折射系数分布模式和铒离子分布模式都采用环状分布模式，从而实现不同光场模式增益的均衡。

三、 试验和应用现状

国际方面来看，多个国家都在积极推进 SDM 相关技术研究，在 MCF、FMF 和少模多芯光纤的研制和应用方面取得一定的进展和突破，特别是以多芯光纤为代表的空分复用光纤的发展出现了两个不可忽视的新趋势。一方面，125μm 包层直径的多芯光纤实用化进程逐渐加快，例如，日本 NEC 公司在 2022 年的美国国际光纤通讯博览会及研讨会（OFC）上展示了基于 4 芯光纤的海缆解决方案；2023 年 OFC 期间，OFS 公司宣布开发多芯光纤用于海缆传输，跨大西洋的 SDM 海缆工程在 SubOptic 2023 会议上也被提出。另一方面，以日本为代表的国外研究机构开始将扩展波段光纤传输技术与空分复用光纤传输技术相结合，推出下一代全维度光纤传输技术。2023 年，日本情报通信研究机构在格拉斯哥第 49 届欧洲光通信会议上发布基于 38 芯 3 模光纤在 S、C 和 L 波段使用 PM-256QAM 调制，完成 22.9Pbit/s 传输 13 千米的试验。

国内高校、光纤厂家和电信运营商也积极开展 SDM 光传输相关研究，制备了 SDM 光纤及对应的扇入扇出或模式复用/解复用器件样品，并基于 SDM 新型光纤完成实时传输试点验证，这表明该技术具备一定的商用前景。

四、 发展展望

（一） SDM 光传输技术可实现光传输系统容量倍增

受光传输链路带宽、非线性噪声和入纤光功率的限制，传统单模光纤无法提供 Pbit/s 光传输容量，基于 SDM 光传输技术可将单根光纤的传输容量提升数十倍甚至上百倍，已成为光传输系统容量提升的可行路径。基于多芯光纤的传输系统，由于其技术成熟度和系统复杂度，可加快研究进度和优先应用，实现光传输容量的倍增。

（二）关键技术和器件还需要持续攻关

光纤制备方面，MCF 的研究和制备技术积累较为成熟，损耗与 SMF 接近，但芯数受到包层尺寸上限约束；FMF 需要控制纤芯预制棒掺杂浓度和厚度，制备较复杂，FMF 损耗主要来自高阶模式；FM-MCF 设计与制备相对而言复杂度更高。

复用/解复用方面，MCF 有商用的扇入扇出设备；FMF 有基于相位模板的空间光耦合器、光子灯笼波导耦合器等不同解决方案，都有商业化产品；FM-MCF 需要先扇入扇出再耦合模式，现在尚处于实验室研究阶段。

光放大器方面，MCF 有纤芯和包层泵浦，其中包层泵浦集成度高，但是泵浦效率较低增益控制困难；FMF 同样有芯区和包层泵浦两种，需要控制模间增益；FM-MCF 主要为包层泵浦，同样需要控制模间增益。

（三）产业应用可分阶段分场景逐步开展

多芯光纤方面，陆缆部署需求并不迫切，更适合在物理空间高度受限的海缆或者数据中心中使用；当前国内已具备无源器件和光纤制作条件，重点在于有源器件的突破，在熔接损耗降低至与单模光纤相当水平、有源器件取得突破且相关器件成品率提升后可作为应用选择。

少模光纤方面，强耦合少模光纤受限于多入多出数字信号处理器的发展，需要优化光纤设计与制作工艺减小差分模式群时延，问题较多；弱耦合少模光纤主要聚焦短距离传输，对模式转换器件要求较高，但不需要依赖多入多出数字信号处理器的发展，相较于强耦合少模光纤，更贴近实际应用；国内模式转换器、模式增益平坦滤波器等器件处于研制阶段，放大器处于摸索阶段，同时少模光纤种类繁多，还未有收敛态势，目前还需要加大技术攻关，实际应用尚有距离。

五、结束语

基于多芯复用和模式复用的 SDM 光传输技术成为未来解决容量危机的潜在方案，需要持续开展研究。SDM 光传输技术应用研究方面更多聚焦多芯复用的技术方式。国内已经具备无源器件和光纤制备条件，研究重点在于有源器件的突破。基于多芯复用的 SDM 光传输技术优先在海缆通信系统中规模应用，陆缆通信系统集中在短距场景推动开展试点应用。面向未来光传输网络的应用需求，需全产业加快 SDM 相关光传输技术的研究和标准制定，抓住 SDM 光传输技术发展机遇期，加强 SDM 光传输系统应用探索和试验，整体前景可期。

（中国信息通信研究院　赵鑫　汤晓华　汤瑞）

高速光网络发展态势及展望

随着5G/6G、AI、超强算力等诸多新型应用和业务不断涌现，信息社会数字化和智能化等转型整体加速，作为信息通信基础设施的关键构成和承载底座，高速光网络的发展日益引起业界关注。目前，10G PON部署规模持续扩大，具备千兆服务能力的10G PON端口数达到2300万个以上，50G PON已经开展试点，400G干线传输正式启动商用，全光组网、数据中心内/间组网、通感算融合协同等品质组网需求进一步显现，AI与光网络的结合逐步加深。

一、高速光网络热点技术及特性

高速光网络主要涉及接入网络、传输网络、模块器件等关键环节。随着新型应用和业务的不断涌现，相应关键技术加速革新，高速带宽接入、超大容量传输、多维灵活组网、器件高度集成、智能协同管控成为目前发展的聚焦点。

（一）高速宽带接入

10G PON作为千兆光网的接入侧主要承载技术，目前已规模商用，业界对高速宽带接入技术的研究关注点主要聚焦在50G PON及更高速率的100Gbit/s及200Gbit/s PON等方面。

目前，50G PON技术方案已确定。和其他较低速率PON类似，50G PON采用单纤双向传输，通过下行时分复用（Time Division Multiplexing，TDM）、上行时分多址（Time Division Multiple Access，TDMA）接入来实现光线路终端（Optical Line Terminal，OLT）和光网络单元（Optical Network Unit，ONU）之间的点到多点通信，关键技术涉及波长方案、线路编码、线路速率、前向纠错技术、通用汇聚子层技术、物理层（Physical Layer，PHY）器件等方面，技术方案支持1G PON、10G PON和50G PON三模兼容并存，线路速率方面国内优先推动和选择了基于非归零码（Non Return to Zero，NRZ）调制、单波长50Gbit/s速率的方案，基本放弃了两个25Gbit/s速率波长堆叠为50Gbit/s PON的IEEE方案（即25Gbit/s及50Gbit/s EPON[1]方案）。

另外，针对更高速率的100Gbit/s及200Gbit/s速率PON技术，通信行业也已开启技术预研工作。针对下一代更高速率PON系统性架构、应用需求等方面尚未有效收敛，每波长100Gbit/s及200Gbit/s光接入物理层的技术挑战、候选方案、成本权衡等尚待进一步研究，预计将会把在光传输网络已成熟商用的相干接收、多阶编码等技术逐步引入评估，在传输速率方面200Gbit/s将会优先考虑。

（二）超大容量传输

基于更高单通路速率、更大传输谱宽、更多复用维度，以及采用新型传输介质是提升传输容量的主要技术途径。基于C波段、单通路速率为100Gbit/s及200Gbit/s的传输系统目前已规模商用，近期单通路速率为400Gbit/s的干线传输也已启动建设，800Gbit/s及更高速率、C+L[2]波段及更大谱

---

1. EPON（Ethernet Passive Optical Network，以太网无源光网络）。
2. C+L（Conventional+Long-wavelength，常规波长+长波长）。

宽、多维空分复用，以及空芯光纤等成为超大容量传输方面业界的主要关注点。

从 800Gbit/s 及更高速率技术实现的方案选择来看，多阶调制、相干接收、前向纠错等依然是必备的基础技术，本质上需要平衡的依然是传输距离与频谱效率，重点突破支持 120GBaud 及以上超高波特率信号处理的光电芯片实现难题，以及结合概率整形、AI 等优化或协同数字信号处理器的处理能力等。目前，全球业界已开展了 120GBaud 及以上速率量级的传输实验或试验。

从波段扩展来看，C+L 已成为 400Gbit/s 及以上速率干线传输系统的可选波段配置，业界持续开展（例如，扩展到 S+C+L、E+S+C+L、O+S+C+L+U 等）更宽波段方面的研究。目前，单模光纤的最大实验传输容量已达到 300Tbit/s 量级。

从多维空分复用技术来看，近 10 年来，空分复用技术持续加快研究并开展试验或实验，2023 年欧洲光通信会议（ECOC）会议最新报道的最大传输容量达到 22.9Pbit/s 量级。另外，考虑与标准单模光纤产业及应用的兼容性等，近几年，业界对采用标准单模光纤尺寸的空分复用光纤系统的应用探索关注较多，包括多芯或少模复用方式等。

从光纤传输介质自身的革新技术来看，空芯光纤是近两年学术界、产业界关注的焦点，其具备传输带宽大、非线性效应极低、色散低和时延低等优势，目前，整体上仍处于研究探索阶段，距离产业化部署尚远，但在持续演进的超大容量、超低时延、通感一体等典型应用传输需求的驱动下，一旦制备工艺取得突破，空芯光纤有望成为石英光纤潜在的竞争者。

（三）多维灵活组网

伴随应用需求和技术革新等多重因素的驱动，高速光网络的组网结构和关键特性也在不断演进，在宽带接入、高速传输、新技术领域协同融合等方面呈现多维灵活组网的关键特性。

在宽带接入方面，一方面，1Gbit/s、10Gbit/s、50Gbit/s 等多速率 PON 并存发展，ODN 架构可共享使用；另一方面，面向千兆品质家庭宽带业务体验需求，聚焦解决接入带宽、时延、连接数量、稳定可靠、绿色安全、可管可控等问题的"光+Wi-Fi"协同控制组网架构逐步完善，FTTR 技术成为业界关注热点。FTTR 网络结构示意如图 1 所示。

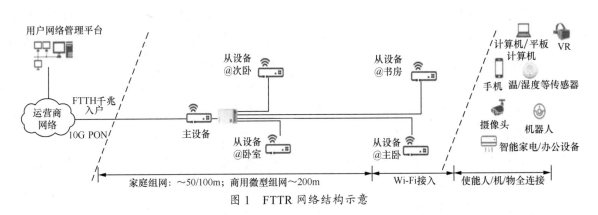

图 1　FTTR 网络结构示意

在高速传送方面，干线全光可重构光分插复用/光交叉连接组网规模进一步扩大并向城域层面进一步下沉，面向品质应用需求的小颗粒承载技术取得明显进展，点到多点相干光学引发关注，数据中心互联助推光网络开放解耦技术及应用模式探讨，5G/5G-A 承载、智算中心内或间组网等应用加速多样化确定性承载技术发展演进。未来，面向 AI 应用、超强算力、6G 承载、空天地海传输协同、通感算一体等需求和功能的多样化承载组网技术正在探索研究，也是业界关注的焦点。

（四）器件高度集成

随着信号处理速率和使用频谱宽度的提高，光电子器件芯片的重要性日益凸显，目前，主要围绕高速率、高集成、低功耗和低成本等方面加速技术革新，其中，高集成与其他3个方面密切相关。

随着应用推动和技术的革新，目前，光电器件芯片支持的信号波特率已经从30+GBaud提高到60+Gbaud、90+GBaud，甚至120+GBaud，对器件芯片集成度、能耗和成本等方面的要求也在逐步提升。从光通信设备使用数字电芯片的集成能力来看，相关工艺制程正在从14nm提高到7nm/5nm甚至更先进，与其他高集成设备（例如，手机终端等）对集成电路工艺制程需求程度相当。

从光通信设备用光器件芯片的集成能力来看，光子集成相关技术是目前业界关注的热点，其中，III-V族铟化磷和硅光是主要集成平台，是最具潜力的突破方向，薄膜铌酸锂、氮化硅等具备局部优势，片上/片间全光互联、三维集成、异质集成等技术持续演进。其中，基于硅光的光电共封装（Co-Packaged Optics，CPO）在降低功耗、提升能效和集成度方面具备较大潜力，同时，简化模块数字信号处理结构、聚焦模拟信号线性处理的线性驱动可插拔光模块（Linear-drive Pluggable Optics，LPO）技术等将是CPO技术短期内的潜在竞争者。

（五）智能协同管控

随着AI、数字孪生等技术的发展和应用，以及光网络应用需求的变化和组网功能的逐步增强等，光算协同、感知控制、光网自智与数字孪生、运维大模型等成为智能协同管控方面关注的技术重点。

光算协同、感知控制等成为网络管控的新特性。一是通过开放的南北向接口解决大网协同问题，实现光网络灵活组网和统一调度；二是实现业务需求感知、网络性能感知、算力资源感知，基于感知及光+IP协同实现精细化管控；三是面向新型算力应用等需求，提供弹性的网络协同服务。面向光算协同新需求，需要进一步优化支撑入云/入算协同的编排接口，实现面向意图的业务编排及AI智能的网络运维，同时进一步研究面向感知控制的管控协议，提升网络协同及精细化控制能力。

自智能力分级、业务分级与测评研究持续推进。根据应用需求，光网络智能化分级已面向业务开通、健康度评估、告警关联定位、宽带业务质差分析、光信道层光路优化、Wi-Fi优化等方面形成分级测评基准，并联合设备厂商开展功能测评，目前普遍可达L3以上。另外，从业务订购和开通、日常运维、客户服务等级协议管理便捷性、网络安全可信等维度逐步研究定义面向客户业务的服务等级，目前已形成基础规范。

光网络数字孪生应用成为网络管控新需求。光网络数字孪生应用涵盖"规建维优营"环节，目前，已出现网络规划选型、数字化运维、故障与灾害模拟、业务割接演练、性能评估优化、用户意图仿真等应用需求，后续需要从物理网络模型、规则和行为模型、决策模型等方面研究构建孪生模型，采用多种采集协议，实现面向多种网络对象高效的数据采集，同时实现"物理—孪生网络"的整体闭环编排控制和迭代优化。

另外，网络运维管理大模型成为未来研究的热点，基于网络大模型辅助方案决策，通过数字孪生系统对决策方案进行仿真优化，共同推进网络智能化等级向L4、L5演进。

二、高速光网络标准与产业进展

随着高速光网络新技术研究的不断推进，相关国内外标准化工作、新技术试验验证和产业化推进等工作正在有序进行，相关情况进展如下。

（一）标准化近况

1. 高速接入领域的标准化工作

高速率 PON 国际标准主要由 ITU-T SG15 和 IEEE 802.3 分别推进。ITU-T SG15 在 2021 年 9 月、2021 年 9 月、2023 年 2 月分别发布 50G PON 标准 G.989.x 第一版本、修订版本和增补标准等，目前已完成技术主体框架的标准化，同时于 2022 年 9 月启动下一代更高速 PON 预研项目 G.Sup.VHSP。

IEEE 802.3 于 2022 年年底启动了面向高于 50G PON 标准 IEEE 802.3dk 的制定。由于 IEEE 50G EPON 采用波长堆叠方式实现，所以造成光网络单元设备成本较高、网络运行维护复杂，以及与现有光分配网存在兼容性问题，中国通信标准化协会 50G PON 标准与 ITU-T 标准保持一致，不会采用 IEEE 标准方案，相关总体要求、物理层、TC 层等已于 2023 年正式发布。

另外，ITU-T 发布了 FTTR 系统架构规范 G.9940，物理层和数据链路层标准 G.9941 和 G.9942 已经通过，FTTR 的管理标准和无线管理控制标准仍在研制过程中。中国通信标准化协会行标 FTTR 总体要求已于 2023 年发布，相关物理层、链路层，以及设备、测试等规范正在陆续研制中。

2. 高速传输领域的标准化工作

400Gbit/s、800Gbit/s 及更高速率系统，以及模块和小颗粒承载的国际标准化工作主要由 ITU-T、IEEE、OIF[1] 和 IPEC[2] 等组织推进。在 ITU-T SG15 标准化方面，在 2023 年 11 月全会上，正式通过了面向 400G/800G 的 OTN 帧结构标准 G.709.X 系列，以及小颗粒承载标准 G.709.20、G.8312.20 等。

目前，IEEE 802.3 开展的相关标准主要包括 IEEE 802.3cw、IEEE 802.3df 和 IEEE802.3dj。其中，IEEE 802.3cw 面向 80km 传输距离的 400Gbit/s 速率接口，IEEE 802.3df 面向 2km 及以下传输距离、单通道速率为 100Gbit/s 的 400Gbit/s 及 800Gbit/s 速率接口，IEEE 802.3dj 面向多种传输距离、单通道速率为 200Gbit/s、400Gbit/s、800Gbit/s、1.6Tbit/s 速率接口。其中，IEEE 802.3cw、IEEE 802.3df 目前的技术方案预计 2024 年正式发布，IEEE 802.3dj 的技术方案目前正在讨论选择，预计 2026 年左右发布。

OIF 于 2022 年发布了 400ZR 2.0 版本的规范，并于 2023 年发布了共封装光学用光源规范 OIF-ELSFP-01.0、3.2T CPO 规范 OIF-Co-Packaging-3.2T-Module-01.0 等，同期正在开展 800ZR 和 800LR 的标准化制定，并于 2023 年 8 月立项了 1600ZR 项目，相关技术方案正在研究中。

IPEC 目前已经完成 800Gbit/s 接口、400Gbit/s 互通测试方法等标准的制定，正在开展 800Gbit/s 互通测试方法、光输入输出与外置光源、线性驱动可插拔光模块等标准研制与技术研究工作。

CCSA 针对 400Gbit/s 及 800Gbit/s 和小颗粒等应用需求，整体上已完成 400Gbit/s 传输系统和光模块，以及光业务单元等相关标准制定工作，目前主要聚焦 800Gbit/s 城域传输系统、800Gbit/s 多类型传输光模块的标准化制定工作，同时也启动了更宽波段扩展、算力互联、通感一体、5G-A 承载等方面的标准化研究工作。

（二）产业化进展

面对新型应用需求，产业各方积极协同推进高速宽带接入、超大容量传输等领域从新技术研究向产业化落地加速发展。

在高速宽带接入方面，50G PON 和 FTTR 等成为产业化推进的工作重点。截至 2023 年，华为、中兴通讯、烽火等企业均已发布了单波长 50G PON 样机，3 家电信运营商也已完成 50G Combo PON、对称 50G PON、50G PON 工业应用等不同场景下的现网试验。预计在 2025 年，我国开始规

---

1. OIF（Optical Internetworking Forum，光互联网论坛）。
2. IPEC（International Photonics & Electronics Committee，国际光电委员会）。

模商用 50G PON，将推动我国泛在万兆全光接入的应用步伐。同时，FTTR 用户部署增速迅猛。

在超大容量传输方面，2023 年是 400Gbit/s 干线传输系统商用元年。2023 年，国内 3 家电信运营商围绕 400Gbit/s 开展了多场景实验室测试和现网试点。中国移动在 2023 年 11 月率先启动了最高限价约 36.3 亿元、400Gbit/s 端口数量超万个的省际骨干传送网 400G OTN 新技术试验网设备集中采购项目，拉开了在全球规模部署 400Gbit/s 超长距传输系统的序幕。另外，围绕 800Gbit/s 和更高速率的传输，产业界也在积极开展现场试验。

另外，中国信息通信研究院协同"产学研用"等各方，基于"光华杯"千兆光网应用创新大赛、IMT-2020（5G）推进工作组 5G 承载工作组、宽带发展联盟、中国通信标准化协会多个推委会等平台，通过组织测试验证加速推进 OTN 专线应用、自智网络分级、FTTR 接入、网络安全、超高速光模块器件等领域的产业化进程，推动形成一批千兆光网创新应用示范，进一步激发应用创新活力，持续赋能千行百业。同时，深入开展追光计划行动，联合行业伙伴发布《全光运力研究报告》《光传送网（OTN）专线洞察报告》等文件，联合业界成立全光创新实验室，进一步助力我国高速光网络技术产业高质量发展。

三、高速光网络发展趋势及展望

高速光网络是信息通信基础设施的最重要构成之一，也是支撑信息社会经济发展的基石，未来发展整体呈现应用需求和场景更为广泛、技术革新进一步加速等典型趋势。

从应用需求和场景来看，AI、超强算力与数据中心、6G、数字化转型、智能制造等热点领域的发展及应用均离不开高速光网络的基础支撑。另外，借助超大传输容量、抗电磁干扰、高集成、低能耗等典型特性，高速光网络的应用范畴逐步向芯片间和芯片内组网延伸。其中，空间/卫星光通信等都将成为高速光网络的重要构成和发展热点之一。

从技术革新及发展来看，50G PON 及以上速率等高速宽带接入、800Gbit/s 及以上速率超大容量传输、全光组网城域下沉等多维灵活组网、共封装光学等高集成器件、结合 AI 及数字孪生的智能协同管控，以及空芯光纤等新型传输介质技术将持续加速发展。根据光网络过去 20 多年的发展经历，主流速率技术规模替换一代大致需要 10 年的时间，在此期间，对技术的选择将面临应用驱动、技术特性、产业供应、成本能耗等因素的影响。未来，新一代具体技术商用化的准确选择有待逐步综合研判，例如，800Gbit/s 是否成为 400Gbit/s 之后干线传输的主流速率目前尚没有定论。

展望未来，全球数字化、智能化等浪潮不断加速演化，各种新型应用层出不穷，作为信息通信基础设施的全光底座，高速光网络未来 10 年将迎来更为重要的发展机遇期。

四、总结和建议

5G/6G、AI、超强算力等新型应用和业务推动高速光网络加速演进，整体呈现高速宽带接入、超大容量传输、多维灵活组网、器件高度集成、智能协同管控等关键特性。目前，国内外多个标准化组织逐步推进或已完成 50G PON 及以上速率、400Gbit/s 和 800Gbit/s 及以上速率等新型技术的标准化工作，产业界也在积极开展试点验证和应用推广等产业化活动。希望"产学研用"各界协同聚力，借助新型工业化发展等机遇，共同推动高速光网络技术产业高质量创新发展，有效支撑我国制造强国和网络强国建设。

（中国信息通信研究院　赵文玉　程强　徐云斌）

由 F5G 向 F5G-A 的技术发展趋势分析

一、F5G 的起源及发展概述

数字业务的创新是固定网络技术发展和升级的原动力。固定网络技术共经历了以公共交换电话网/综合业务数字网技术为代表的窄带时代（64kbit/s）、以非对称数字用户线路技术为代表的宽带时代（10Mbit/s）、以甚/超高速数字用户线路技术为代表的超宽带时代（30～200Mbit/s）、以吉比特无源光网络/以太网无源光网络技术为代表的超百兆时代（100～300Mbit/s），目前已跨入以 10G PON 技术为代表的 F5G 千兆超宽时代。正在稳步走来的，则是以 50G PON 为基础的万兆超宽时代。

2022 年 9 月，ITU-T 批准了 50G PON 标准的第一个修订版本，支持下行 50Gbit/s 和上行 12.5Gbit/s、25Gbit/s（50Gbit/s 在研究中）。中国通信标准化协会（CCSA）也紧跟国际标准，开启了中国 50G PON 标准的制定。

2023 年 6 月 1 日，华为在北京正式发布智简全光联接战略及系列新品，面向连接业务，聚焦全光品质运力网和全光品质宽带网，旨在为用户提供最佳的用户体验和最优的建网方案。同期，华为正式发布了业界首个 50G PON 商用解决方案，为电信运营商提供快速升级万兆网络的领先特性。

2020 年 2 月，欧洲电信标准化协会（ETSI）F5G 行业规范组正式将以 10G PON、第六代室内无线短距连接技术（Wi-Fi 6）为基础的千兆光纤宽带接入网络和以 200G/400G、光业务单元—光传送网（OSU-OTN）、光交叉连接等为基础的端到端全光网络定义为 F5G。F5G 的提出基于对固定网络发展历程的判断，网络需求的日益增长（带宽、时延、连接等）是其基础。F5G 希望打造一个全新的基于固定网络的产业代际，基于固定网络的业务场景，促进光联万物产业高速发展。

欧洲电信标准化协会从全光纤联接（Full-Fiber Connection，FFC）、增强型固定带宽（enhanced Fixed Broadband，eFBB）和可保障品质体验（Guaranteed Reliable Experience，GRE）3 个维度定义了 F5G 国际标准。

F5G 标准探索所有相关的 F5G 场景和相关的用例，这些场景和用例可能包括（但不限于）家庭、企业和多个垂直行业，进行差距分析，以确定对现有技术规范进行改进的必要性，并在需要时制定新的技术规范，研究总体框架。

截至 2023 年 9 月底，我国互联网宽带接入端口数量达 11.22 亿个，比 2022 年年末净增 5098 万个。其中，光纤到户/办公室（Fiber To The Home/Office，FTTH/O）端口达到 10.8 亿个，比 2022 年年末净增 5487 万个，占互联网宽带接入端口的 96.3%。截至 2023 年 9 月末，具备千兆网络服务能力的 10G PON 端口数达 2185 万个，比 2022 年年末净增 661.9 万个。

宽带网络的发展与宽带接入用户的发展相辅相成。截至 2023 年 9 月末，3 家电信运营商的固定互联网宽带接入用户总数达 6.3 亿户，比 2022 年年末净增 4019 万户。其中，100Mbit/s 及以上接入速率的固定互联网宽带接入用户达 5.94 亿户，占总用户数的 94.3%；1000Mbit/s 及以上接入速率的固定互联网宽带接入用户达 1.45 亿户，比 2022 年年末净增 5289 万户，占总用户数的 23%。

F5G 作为新基建的重要组成部分，为信息通信业带来前所未有的前景和机遇，还将作为智能制造、智慧交通等融合基础设施的关键支撑。千兆宽带赋能垂直行业高质量发展，基于千兆城市的实施积累，面向教育、工业、医疗等垂直行业推广 PON 技术，提升信息基础设施能力，构建千兆网络新基建，推动数字化转型发展。我国 3 家运营商率先行动，开展 F5G 建设，并且创新产品套餐，快速形成新型网络基础设施，促进智能应用发展，例如，智慧交通、智慧城市、智慧工厂、智慧医疗、远程教育等，催生新经济增长点。

二、F5G 面临的挑战——千兆全光接入建网

全光接入已经成为业界共识，F5G 千兆全光接入已成为主流趋势。同时，F5G 对固定网络的能力提出更高的要求，面临的关键挑战如下。

多业务承载能力弱：传统网络建设为了保障差异化 SLA，通过"烟囱式"网络分别接入家庭和其他高价值（对政企客户）场景，多个网络叠加导致运维复杂、成本高。

网络成本高：主要体现在基础设施 ODN 和有源设备光线路终端，以及光网络终端。

ODN 部署：无源光网络的 ODN 是全光网的重要环节，占总投资的 70% 以上，传统的 ODN 部署方式需要专业人员通过多道工序，耗费大量时间才能完成现场掏纤熔接等复杂工作，效率低下且质量难以保障。

10G PON 升级：10G PON 是实现千兆宽带的最佳方案。传统 10G PON 升级模式需要新增 10G PON 板卡及外置合波器件，增加中心局站点空间及能耗，同时需要改造光纤连接，导致运维复杂。

Wi-Fi 体验差：Wi-Fi 穿墙能力弱，无法 100% 覆盖；Wi-Fi 干扰大导致用户体验速率远小于入户带宽；时延高和丢包率大导致 4K 视频无法通过 Wi-Fi 稳定承载。

运维效率低：传统网络建设以设备为中心，无法主动保障用户体验，只能基于投诉驱动、上门维修和人工经验来定位和处理问题，属于被动低效运维模式，严重制约了网络运维效率和客户满意度的提升，加之电信运营商的网络资源不可视，缺乏对家庭宽带用户网络的感知、缺乏有效的用户维系手段等问题，导致离网率居高不下。

三、F5G 的关键特征

相比 4G，F5G 在连接容量、带宽和用户体验 3 个方面均有飞跃式提升，其上下行速率高达 10Gbit/s、时延降低到 1ms、连接数提升 100 倍以上。其中，F5G 全光网通过全光接入、全光锚点、全光交换、全光自动驾驶等技术实现用户确定性体验，打造智慧城市"光立交"。F4G 与 F5G 对比示意如图 1 所示。

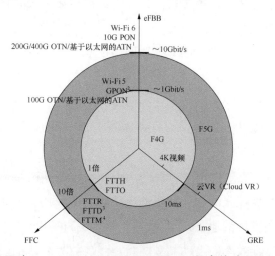

1. ATN（Augmented Transition Network，扩充转移网络）。
2. GPON（Gigabit-Capable PON，吉比特无源光网络）。
3. FTTD（Fiber To The Desk，光纤到桌面）。
4. FTTM（Fiber To The Machine，光纤到机器）。

图 1　F4G 与 F5G 对比示意

（一）"1ms"时延圈

F5G通过全光接入、全光锚点、全光交换等技术，基于光纤高可靠、高性能、易部署、大容量等特性，以算力、运力的有效协同和扁平化的网络架构，实现边到云、云到云、边到边的"1ms"确定性网络时延，满足智慧城市业务的品质连接需求。同城、异城两地数据中心之间的"1ms"时延，如同城际"一小时交通圈"，通过全光节点的无损品质交换，实现数据中心之间的高速数据交互，政务、金融等专线用户时延敏感业务的超低时延传输。

（二）确定性网络联接

基于端到端的全光网络类似城市内的高速轨道交通网，具备架构极简、链路超宽及经济节能的特点。F5G以确定性的全光锚点布局解决接入段的不确定性，实现全光网与智慧城市业务在网络边缘侧的连接，打通了向终端用户侧延伸的"最后一公里"。全光交换使传输时延从毫秒级降低到微秒级，实现网络零丢包和99.9999％可靠性，实现最短传输路径和最低网络时延。全光自动驾驶通过智能化的管控调度、网络动态的实时感知和预测性的运维，使整个网络资源弹性化，支撑业务自动化、资源自动化、维护自动化，最大化提升业务体验。

（三）结合自动驾驶网络技术

在未来10年，随着万物互联的发展，全社会的终端快速增加，连接密度不断提升。这意味着基础网络的覆盖更广，流量增加，流向多元化，数据中心规模在扩大，网络变更频率在提升。

但是电信运营商的人力是不可能和网络规模同步扩张的，如何帮助电信运营商开源节流、提供更好的服务，节流、降低每比特的功耗、提升运维效率，自动驾驶网络是当前业界公认的趋势和解决方案。F5G就需要全光自动驾驶网络支撑。

从用户体验的视角来看，面向消费者和行业客户提供零接触、零等待、零故障的"三零"创新网络服务和ICT业务；从网络运维的视角来看，打造自配置、自修复、自优化的"三自网络"。业内根据电信管理论坛（TMF）的代际进一步细化到L2、L3、L4的维度，在产品规划上不断推进相关能力落地。

自动驾驶网络逻辑和车的自动驾驶类似，分为网元、网络、云端3层，在每层加上AI能力，在3层AI的基础上实现云地协同。

网元层类似车的传感器，聚焦网络数据的实时采集和过滤，实现实时性本地快速闭环。网络层类似车载控制系统，提供在线AI推理和本地知识库支持，是网络智能化具体实施的关键，实现网络级的自动管理、控制、分析。云端类似车厂的AI中心，通过大数据不断学习新场景的处理方法，能够同步更新到现有的网络中。

四、F5G推动构筑全光智慧城市

全光智慧城市是以F5G全光智能底座为基础，融合物联网、云计算、AI等信息技术，形成立体感知、全域协同、精确判断和持续进化开放的智慧城市系统，通过智能交互、智能连接、智能中枢、智慧应用共同构筑智慧城市全场景应用。

智能交互使智慧城市拥有"五官"和"手脚"。它联通物理世界和数字世界，让软件、数据和AI算法在云、边、端自由流动。"城市大脑""一网通办""一网通管"等建设强化城市智能设施统筹布局和共性平台应用，其核心能力是通过边云协同操作系统让各场景海量的物联网实时数据接入，尤其是大量新型基础设施的运行数据，使资源、数据、云服务、生态和AI协同起来，面向人、事、物就近提供交互能力，满足各级城市管理的需求，提供丰富的应用，让智慧城市可感知、能执行。

智能联接使智慧城市拥有"躯干"，本质上是通过通信技术强化连接能力，连接智能中枢和智能交互。智能连接从连接人到连接物，再到连接应用、连接数据。智慧城市内外部资源与能力的有效连接，需要5G、光纤这样的物理连接提供千兆接入，满足个性化业务的不同时延和可靠性需求，建立统筹数据、业务、技术、运营的智慧城市数字底座，使被连接的人、事物可相互交互，实现资源与价值的有效转化，将"智慧"带到城市的每个场景，实现全场景、全触点、无缝覆盖、随身体验的"沉浸式千兆体验"。

智能中枢为智慧城市构建了"大脑"和决策系统，是海量数据的汇聚点，为数据、算力、算法和智慧应用提供足够的能力支撑，使智慧城市海量数据和政企用户全业务全域互通，实现数据的全域共享，支撑AI发挥价值。智能中枢向下实现智能连接，向上驱动行业应用，强化关键共性能力整合和统一赋能，对各式各样的数据（数字、文字、图像、符号等）进行筛选、梳理、分析，并加入基于常识、行业知识及因果关联的判断，形成智能分析、决策和辅助行动，助力实现各行业的全场景智慧。

智慧应用使智慧城市更加"智慧"，是智慧城市价值的呈现，通过政府、企业和行业参与者协同创新，加速ICT与行业知识的深度融合，共同构建智慧城市发展生态，重构体验、优化流程、使能创新，让居民幸福感更强、让企业生产效率更高、让行业创造力更强。

五、F5G业务能力评价

以F5G全光智能底座为基础的全光智慧城市打造确定性大带宽、低时延、高可靠、快速敏捷的品质运力，结合关键质量指标（Key Quality Indicators，KQI）和网络关键绩效指标（Key Performance Indicator，KPI），对各领域F5G业务场景的网络性能和用户体验进行评估。

（一）业务KQI

F5G高效综合运力评估，面向"云+网+业务"场景的高品质保障服务能力，从时延、容量、可用性、开通时间、智能调度五大维度定义KQI。

时延：打造"1ms"时延圈，以云配网、以网促云，可满足智慧城市各类连接场景低时延的创新应用需求。

容量：实现"三千兆"全光接入、"T级带宽"全光锚点，可提供端到端超大带宽运力保障。

可用性：从"尽力而为"到"确定性体验"，实现99.999%高可用率，为智慧城市的安全运行保驾护航。

开通时间：云光一体、协同控制、统一编排，实时按需获取云网资源，提供"分钟级"业务极速开通服务。

智能调度：将光纤连接到园区、楼宇、房间、机器、桌面，通过AI技术，应用光网智能管控平台，可提供自动化、自助化的业务体验、差异化服务能力、主动式运维和故障预判，实现网络从人工操作到工具辅助执行，再到自助决策的全流程智慧运营。

（二）网络KPI

与历代固定网络不同，F5G在网络性能方面具有质的飞跃，具备超高网络接入速率、超低时延、海量连接等一系列特性。不仅可以催生云虚拟现实（Cloud VR）、云游戏、云桌面、超高清视频等新兴业务，提升数字生活质量，推动数字经济发展，而且可以渗透到工业生产领域，开启信息网络技术与工业生产融合发展的新篇章。

面向业务体验提升和推进网络能力提升，从网络接入技术、网络覆盖率、网络保护技术、电层转发跳数、网络管控技术五大维度定义网络KPI。

网络接入技术：从同步数字序列/多业务传送平台到光传送网，接入速率从Mbit/s到Gbit/s，再到Tbit/s，不断提升，满足全业务带宽提升高速接入。

网络覆盖率：以业务接入全光锚点距离衡量连接密度，通过业务价值区域完善覆盖，与接入距离小于2km时，在资源预留的情况下，可实现业务的快速开通。

网络保护技术：通过接入侧和网络侧不同的单双链路组合，可为智慧城市业务配置不同保护等级，提供可承诺的可用性。

电层转发跳数：基于光传送技术实现光层的一跳直达，有效减少不必要的电层转发，不仅能降低网络建设成本，还可以为业务提供更低的时延。

网络管控技术：通过引入智能化管控，提供快速业务创建、业务资源实时可视，基于时延、可用率等策略按需计算路径，以及感知网络故障等能力，同时管控系统遵循标准定义的北向接口，支持对接上层协同层或者应用层，实现跨层、跨域业务、云网业务协同发放管理。

六、F5G的意义——构建新生态

我国经济正处于结构调整、新旧动能转换的关键期，F5G成为促进经济增长、优化产业结构和转换发展动力的触发点，同时极大地改善了人民生活。F5G将支撑新一轮消费升级，同时推动新型产业生态加快成熟，提升经济效益和社会效益，促进信息时代包容性发展，助力大众创业、万众创新，推进新型服务型政府建设。

以基于F5G全光智能底座的智慧城市为例，依靠多种ICT一体化协同发展，政府、行业、企业等社会主体共同参与建设。同时，带动上下游产业相互融合，催生更多的新技术、新业态、新场景、新应用，通过探索这些商业应用场景，促进F5G+应用的进一步深化与进化，构筑更大的生态系统平台，将最具确定性的极致网络体验带入更广泛的应用领域中，为每个用户带来前所未有的高品质沉浸式体验，加速千行百业数字化转型，促进千兆产业持续健康发展。

连接的价值与连接数的平方成正比。以5G、F5G等超宽带网络为基础的智能连接网络，通过全要素、全产业链、全价值链的全面连接，赋能传统行业数字化转型，提高全要素生产率，带动通信产业链上下游的发展，释放数字技术对经济发展的放大、叠加和倍增作用，有力支撑构建以国内大循环为主体、国内国际双循环相互促进的新发展格局。

应用场景可包括F5G+数字政府、F5G+数字医疗、F5G+数字金融、F5G+企业上云、F5G+智慧教育、F5G+视频直播、F5G+平安城市等多种F5G商业模式。

F5G实现了网络连接向数据连接、服务连接和智能连接的延伸。当跨入"万物互联、千兆传输、微秒可达"的全光智慧城市时，一定还会产生目前尚未想象到的新应用，将进一步丰富人民生活、激发经济活力、提升社会治理水平，更好地构建智慧社会。

七、F5G向F5G-A的未来演进之路

2022年9月，欧洲电信标准化协会（ETSI）F5G行业规范组联合产业界重磅发布F5G演进白皮书 *F5G Advanced and Beyond*，该白皮书中阐述了F5G未来演进的驱动因素、能力维度和关键使能技术。

F5G未来演进的关键驱动因素包括面向服务和应用，以及面向网络转型两大类。

面向服务和应用的驱动因素包括新数字业务（XR、元宇宙、3D光显示等）的发展，包括超高清沉浸式体验服务会对网络提出许多新要求；企业数字化转型是固网的巨大发展机会；光纤网络在工业的应用是全新的蓝海市场，并为全行业带来新的机会。

面向网络转型的驱动因素包括数字化网络运营有助于提高运营效率，提升服务布放的灵活性；光纤基础设施将继续延伸，几乎无处不在；智慧社会基础设施的发展可以提高人类的生活质量，降低生活成本；人类绿色世界的美好愿景进一步对绿色网络发展提出了新要求。F5G与F5G-A对比如图2所示。

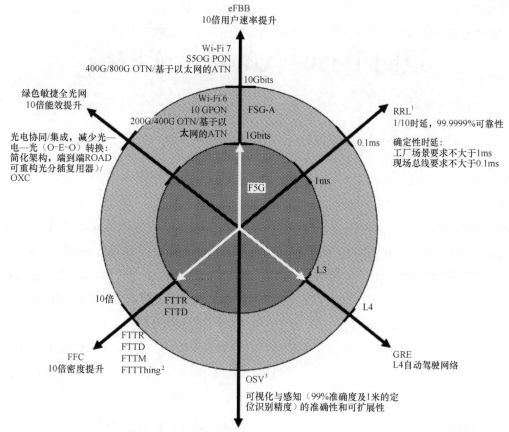

1. RRL（Real-time Resilient Connectivity，实时韧性连接）。
2. FTTThing（Fiber To The Thing，光纤到万物）。
3. OSV（Optical Sensing and Visualization，光感知与可视化）。

图 2　F5G 与 F5G-A 对比

F5G 未来的演进，将进一步提升网络的能力，具体如下。

增强固定宽带（eFBB）向 10Gbit/s 覆盖，以支持更多的应用；网络时延达到 0.1ms，通过确定性时延和稳定性抖动，以支持时延敏感的新应用；从 FTTR/FTTD 延伸到 FTTM/FTTThing，进一步增加网络范围和端点数量，光纤网络将覆盖更广、无处不在；通过多种方式提高能源效率，实现绿色敏捷全光网；将计算能力集成到各级网络中，通信系统将变得更智能，提供自动化网络运维，确保用户体验；通过增强网络感知能力，让光网络感知世界，提供智能化感知服务。

ETSI F5G 在 2023 年发布 F5G-A 代际定义，将 F5G 的三大特征全面升级，即 1Gbit/s 到 10Gbit/s 的 10 倍带宽、微秒级时延的工业级性能、以光换电网络能效提升 10 倍，同时还提出支持米级定位的通信感知融合等方向。在即将来临的万兆时代，虽然短期内还没出现任何业务必须依赖成倍的带宽增长，但仅"满足差异需求，提升业务体验"这一要求，通常就需要通过提升带宽才能加以应对。

F5G 网络的持续演进，将驱动未来数字业务的发展，可以预见，随着我国万兆光网启动商用试点的不断推进，万兆光网将不断联家、联企、联云、联算，深入赋能千行百业，创造出巨大的经济效益和社会效益，助力"东数西算"战略。

（中国联通研究院　贾武
华为技术有限公司　曾焱）

迈向千兆时代的宽带光网络

宽带接入网络技术持续向更大速率、更多波长、更低时延演进，同时结合了各类软件定义网络（Software Defined Network，SDN）、网络功能虚拟化（Network Functions Virtualization，NFV）、大数据技术及自智网络的发展，也在规建维优一体化方面取得了进展。电信运营商正在推动千兆宽带光网承载 4K/8K 等超高清视频，同时向 AR、虚拟现实（Virtual Reality，VR）及 5G 小微基站等新兴业务的精品宽带接入网转型。

一、发展概述

（一）宽带网络持续向精品千兆网络发展

工业和信息化部运行监测协调局数据显示，截至 2023 年年底，具备千兆网络服务能力的 10G PON 端口数量达 2302 万个，2023 年增幅达 51.2%，覆盖了超 5 亿户家庭。固定宽带接入用户达到 6.36 亿户，其中家庭宽带接入用户达到 5.44 亿户，家庭宽带普及率达到 110.2 部/百户，较全球平均水平（87.1 部/百户）高出 23.1 个百分点。1000Mbit/s 及以上接入速率用户达 1.63 亿户，固定宽带接入用户占比达 25.7%，较 2022 年年末提高 10.1 个百分点。固定宽带用户总接入带宽达 26 万 Tbit/s，同比增长 33.8%，家庭户均签约带宽已达到每户 456.5Mbit/s，较 2022 年年末提高 88.9Mbit/s。

2024 年年初，工业和信息化部公布 2023 年千兆城市建设情况，全国新增 97 个达到千兆城市建设标准的城市。千兆城市平均每万人拥有 5G 基站数达到 21.2 个，平均 10G PON 端口占比达到 53.7%，平均 500Mbit/s 及以上用户占比达到 33.2%，平均 5G 用户占比达到 49.2%。

3 家电信运营商"提速降费"成效显著。自 2015 年电信运营商提速降费以来，我国固定宽带单位带宽和移动网络单位流量平均资费降幅超 95%，提速降费累计让利超过 7000 亿元。目前，电信运营商继续在进行一定规模的 10G PON 网络建设和双千兆小区覆盖，以确保能够顺利开通相关业务，积极参与市场竞争。后续电信运营商将结合具体的市场发展需求精准推进建设，以有效控制资本支出（Capital Expenditure，CAPEX），提升网络效能。

（二）宽带网络技术持续朝超大带宽、多业务承载、智能化、确定性能力方向探索

随着各种新型业务的出现与发展，接入网面临多业务承载需求，不同业务所需的服务质量（Quality of Service，QoS）保障及管控需求也各不相同。接入网结合虚拟化技术可为多业务承载提供相应的解决能力。

一是物理网络虚拟切片，可支持多业务承载和差异化服务。引入网络虚拟切片技术，将单一物理 OLT 设备在逻辑上分为多个虚拟分片设备，并采用虚拟分片来承载多个独立业务，从而满足多业务在业务规划、运行、维护等多种场景下的隔离和差异化要求，也可满足特殊客户的差异化要求。

二是虚拟扩展局域网（Virtual eXtensible Local Area Network，VXLAN）可保证网络的扩展性与穿透性。接入网和城域网的虚拟化将在网络中引入部署虚拟设备的数量和位置的变化，VXLAN 可以很好地解决大二层网络中虚拟机规模受网络规

格限制、网络隔离能力限制、虚拟机迁移范围受网络架构限制的问题。VXLAN技术的引入可为客户所需入云相关业务提供支持。

三是接入网控制编排器可实现虚拟集群和统一的网络管理。软件定义的接入网将接入远端/终端设备的转发与控制分离，接入节点的控制面集中到控制器中，实现用户会话转发可编程。基于统一的Netconf/YANG协议模型，面对不同业务的各类新型接入设备及管控需求，可实现海量接入设备与业务的解耦，并加快业务推出速度，同时实现合理管控。多业务、多接入、各种客户定制化模式都可以统一到虚拟的接入节点，从而归一化各种FTTx[1]的控制与管理模式，简化运维，以适应未来接入技术的无缝演进。

2022年，《单波大于50Gbit/s的点到多点无源光接入系统需求与传输技术》将研究系统架构、各项需求（物理层、业务、系统级、运行、共存及演进等）和各项候选技术等。

（三）宽带网络支撑大视频业务，关注XR和新兴的元宇宙热点

远程教学、视频会展等VR创新应用市场增长迅速，表现出对新型基础设施更加迫切的需求，并对通信基础设施的带宽、时延等网络传输能力和算力基础设施的计算存储能力提出了更高的支撑要求。VR也正在从业务演示向运营发展，为用户带来全景视频和互动体验，主要分为以下3个阶段。

一是起步阶段，内容以4K VR为代表，终端屏幕分辨率为2K～4K，用户看到的画面质量相当于在传统电视上观看240P/380P清晰度画面的效果。

二是舒适体验阶段，内容以8K VR为代表，终端屏幕分辨率为4K～8K，终端芯片性能、人体交互效果有所提升，画面质量相当于传统电视上观看480P清晰度画面的效果。

三是理想体验阶段，内容以12K VR为代表，终端屏幕分辨率为8K～16K，终端和内容的发展可使用户获得最佳使用体验。预计H.266视频编码标准、视场角（Field of View，FOV）将广泛应用。

基于XR的元宇宙技术成为新的研究热点。以META的Horizon Workroom为例，采用Cloud XR架构，通过融合云渲染、XR等技术，将计算主体迁移到云端后，能够有效降低终端设备性能的要求和成本，聚合生态资源，加速自身应用的普及。

（四）双千兆时代承载5G小微基站回传

5G时代室内覆盖具有以下特性，高价值商用客户主要集中在室内；室内覆盖可以精确控制室内信号分布，提高业务质量；良好的室内覆盖是吸引新客户、留住老客户的关键。根据4G建设经验来分析，宏站在完成基础覆盖后的建设将趋缓，网络建设进入补盲吸热阶段，不同类型小站建设规模将呈现逐年上升趋势，微宏比（小微站/宏站）逐年提升。室内5G新业务及传输速率模型见表1。

表1　室内5G新业务及传输速率模型

5G新业务	子业务	传输速率
Cloud VR	入门体验级	60～180Mbit/s
	极致体验级	1～4Gbit/s
超高清视频全景直播	1080P	6Mbit/s
	2K视频	10Mbit/s
	8K视频和云游戏	50～100Mbit/s
无线医疗	远程内窥镜，360°4K+触觉反馈	50Mbit/s
	远程超声波，AI视觉辅助，触觉反馈	23Mbit/s
智能制造	无线工业相机	1～10Gbit/s
	工业可穿戴设备	1Gbit/s
室内定位	精度5m（带宽20MHz）	不依赖
	精度1m	不依赖

---

1. FTTx（Fiber To The x，光纤到x）。

从时延角度来看，支撑智能制造的工业互联网的时延要求较为严格，低时延为 1ms，高时延为 10ms；室内定位对于时延和抖动要求较高，对相位同步精度要求在 ns 级别；VR 强交互业务的时延要求为 20ms。

针对以上要求，除了数字室分系统，目前业内已有多款 5G 小微基站产品和方案陆续问世，并参与各类测试。产业界仍在持续完善相关标准和技术。

（五）光纤到房间（FTTR）技术得到迅速发展

目前，关于系统架构的 G.9940 (ex G.fin-SA) 已于 2023 年 12 月批准发布，关于数据链路层的 G.9942 (ex G.fin-DLL) 和关于物理层的 G.9941 (ex G.fin-PHY) 已在 2023 年 11 月的 ITU-T SG15 全会获得批准。2022 年 ITU-T 完成 FTTR 的小型商企场景相关标准项目 G.Suppl.78，并在 2023 年 4 月新立项了家庭场景相关标准项目 SUP-FTTR-4H。ITU-T、ETSI、BBF、CCSA 等众多权威标准组织联合召开多次工作会，说明 FTTR 技术作为下一代家庭网络技术得到了国内外的广泛认同。

宽带发展联盟陆续发布了《家宽业务体验分级白皮书》《业务体验分级白皮书小微企业》。《家宽业务体验分级白皮书》以打造千兆品质家宽业务的视角，围绕业务体验和网络能力这两大要素，提出了家庭宽带业务体验的分级和对应的家庭网络承载能力需求。《业务体验分级白皮书小微企业》从为企业宽带业务出发，当前以提供 L1 级体验的业务为主，并向 L2 级体验的业务演进，后续更高级别的体验对超大带宽、稳定可靠、多维并发、云网一体、绿色安全等需求更为突出，引领小微企业网络技术发展。

目前，国内电信运营商均开始陆续推出 FTTR 产品。中国信息通信研究院发布的《中国宽带发展白皮书（2023 年）》显示，截至 2023 年 9 月底，我国光纤到户等新业务从试点部署迈向规模化发展，用户规模已超过 800 万户。

（六）千兆 Wi-Fi

目前使用的 IEEE 802.11ax 标准 Wi-Fi 6 设备逐渐普及，Wi-Fi 7 标准崭露头角。按照 IEEE 工作组 Wi-Fi 7 立项时的目标，对于无线局域网，将吞吐量提升到 46Gbit/s（大约是 Wi-Fi 6 的 4 倍）；对于实时应用，将时延控制在 5ms 以内。Wi-Fi 7 在 Wi-Fi 6 的基础上引入以下新技术特征。

一是物理层的提升：Wi-Fi 7 的最大频谱带宽为 320MHz，从频谱角度，在相同流数和相同编码的情况下，相比 Wi-Fi 6 的 160MHz 带宽，其峰值理论吞吐量提升了一倍；支持 4096-QAM，在相同的编码下可以获得 20% 的速率提升；支持 16×16 MIMO，对于单个路由器来说，理论上可以通过 16 根天线（16 条空间流）来收发信号，将物理传输速率提升 2 倍。

二是多链路聚合：Wi-Fi 7 定义了多链路聚合相关的技术，主要包括增强型多链路聚合的介质访问控制（Media Access Control，MAC）架构、多链路信道接入和多链路传输等相关技术，明显提高了整体速度并大幅降低了连接时延。

三是正交频分多址（Orthogonal Frequency-Division Multiple Access，OFDMA）增强：支持多资源块（Multi-Resource Unit，Multi-RU），Wi-Fi 7 允许单个站点同时占用多资源块，并且不同尺寸的资源块可以组合；支持前导码打孔，在连续信道从信道遇到干扰时，将主信道和剩下的不连续的可用从信道进行捆绑，提升频谱利用率。

Wi-Fi 7 引入的新功能将大幅提升数据传输速率并提供更低的时延，有助于新兴应用，例如，智能家居、虚拟现实课堂、远程医疗影像、工业互联网、云计算、边缘计算等。

二、面临的问题及挑战

（一）新兴业务对网络能力提出更高的要求

将 VR 交互应用所需的渲染能力导入云端，有助于降低终端配置成本。云渲染聚焦云网边端的协同渲染,时延不确定性成为关键技术挑战。

VR弱交互业务(例如,VR视频)和VR强交互业务(例如,VR游戏)的多种编码和传输方式对网络提出更高要求,需要综合考虑分辨率、帧率、色深、视场角、编码、传输方式,VR视频对网络的典型需求见表2。

表2 VR视频对网络的典型需求

		起步阶段	舒适阶段	理想阶段
典型视频全景分辨率		4K	8K	12K
典型强交互业务内容分辨率(双目)		3K	4K	8K
主流终端屏幕分辨率		3K	4K	8K
主流终端视场角		100°～110°	100°～110°	120°
色深 /bit		8	8	10
编码标准		H.264	H.265	H.265/H.266
帧率 /FPS		30(视频),50～60(游戏)	30(视频),60(游戏)	60(视频),90(游戏)
VR弱交互业务	码率	全视角:≥40Mbit/s	全视角:≥120Mbit/s FOV:≥80Mbit/s	FOV:≥280Mbit/s
VR弱交互业务	带宽要求	全视角:≥60Mbit/s	全视角:≥180Mbit/s FOV:≥120Mbit/s	FOV:≥420Mbit/s
VR弱交互业务	网络双向时延建议	≤30ms	≤20ms	≤20ms
VR弱交互业务	丢包要求	≤1×10^{-4}	≤1×10^{-5}	≤1×10^{-6}
VR强交互业务	码率	≥40Mbit/s	≥65Mbit/s	≥270Mbit/s
VR强交互业务	带宽要求	≥80Mbit/s	≥130Mbit/s	≥540Mbit/s
VR强交互业务	网络双向时延要求	≤20ms	≤20ms	≤10ms
VR强交互业务	丢包率	≤1×10^{-6}	≤1×10^{-6}	≤1×10^{-7}

(二)传统网络难以满足业务定制化、差异化需求

目前接入网发展迅猛:针对公众客户,接入网主要提供宽带、语音、互联网电视(Internet Protocol Television,IPTV)三大类基础服务及其他服务;对于中小型企业客户,接入网可同样提供企业级宽带、语音、虚拟专用网(Virtual Private Network,VPN)、QoS等服务;根据各区域业务发展需求与成本运营现状,公众客户与企业客户的业务存在共享同台光线路终端的情况。以上情况带来了一些问题与挑战,例如,承载用户数量庞大、业务类型复杂、技术架构相对复杂、设备数量庞大。

当前由各种智能设备、云服务、光纤网络和无线通信网络共同构成的全球互联网发展迅速,极大地刺激了网络业务的多样化与复杂化发展,并且随着用户对综合业务通信需求的与日俱增,以及随着定制化、差异化需求的出现,光网络的数据转发面朝着超长距离、超大容量、超高速率的方向发展,控制管理面则朝着智能灵活、软件定义、用户交互、安全可靠、高效节能的方向发展,开放化和低成本已成为未来网络发展的核心目标。

(三)市场竞争带来降低CAPEX和OPEX的压力

FTTH发展初期,CAPEX较高,随着规模应用,运营成本(Operating Expense,OPEX)高的问题逐渐凸显。在安装、建设过程中留下不少隐患,产品质量差,容易把矛盾转移到运维流程中;用户分散,用户数量大,且需要服务到户,难度较大；用户知识水平不同，多数对 FTTH 技术了解甚少，需要服务的工作量大；点到多点的故障定位难度较大，维护成本较高。

目前，电信运营商在宽带网络建设、运维、业务和用户发展方面面临着如何提高宽带网络维护管理质量、建设投资精准性和宽带网络支撑能力的问题。为了从宽带接入网的网络质量、用户体验、工作流程、支撑系统等多个横向维度，对宽带网络建设、维护、运营、管理进行全面和综合评估，需要建立多个评估模型。

随着网络的大规模扩展，在网络设备和平台的建设工作如何既满足近期业务需要，又能在期望的时间内最优化 CAPEX 和 OPEX，已成为影响到宽带接入网规划与建设工作的问题。

（四）5G 小微基站承载对光接入网构成多方位挑战

5G 的高速率、高频段等特性对承载网提出了以下关键要求，超高速率、超低时延、高精度同步、灵活路由、网络切片和低比特成本。面向 5G 的光纤网除连接外，其网络架构、功能分布、拓扑、设备形态乃至传输媒介都将发生重要变化。

由于 5G 的标准要求、频谱划分、设备形态尚未完全确定，所以光接入网可能面临多种形态的集中单元（Centralized Unit，CU）、分布单元（Distributed Unit，DU）、射频 / 远端单元（Remote Unit/Radio Unit，RU）设备承载任务。5G 的巨大容量和新架构特性给光接入网同时带来了发展机遇和成本压力，主要体现为光纤与机房资源紧张；运维和熔纤成本高；5G 回传 / 前传容量扩大几十倍，达到数十上百 Gbit/s 量级，需要引入基于 25Gbit/s、50Gbit/s 的 WDM 技术等；对相关可调激光器和 WDM 等器件需求巨大、价格敏感。

5G 小微基站主要可用于实现室内覆盖和固移融合。相同覆盖范围所需的小微基站数量预计大于宏站。小微基站方式有独特的困难：回传成本高、站点选址难、取电和维护难、如何接入现有承载网络的末端管线资源。现有回传网络可能难以及时提速，从而满足小微基站的需求。

（五）千兆网对室内组网方案提出挑战

为了实现全屋覆盖、降低干扰，出现了 Wi-Fi 中继、Wi-Fi 无线网格网络的无线组网方案。其中，Wi-Fi 中继是一种无线信号桥接放大的方案。该方案对各种路由器适配性好，获取简单，但对 Wi-Fi 性能有较大影响，一次 Wi-Fi 中继后，Wi-Fi 性能将折半。Wi-Fi 无线网格网络组网是另外一种能够解决 Wi-Fi 覆盖和衰减的方案。相比 Wi-Fi 中继方式，无线网格网络组网方式具有网络拓扑功能，多采用一级或二级接入点（Access Point，AP）级联与主 AP（连接有线网络的 AP）组网，并可根据 AP 信号的强弱选择最优的 AP 建立连接，当网络连接出现故障时，会触发新一轮路径选择，实现网络自愈。该方案的不足在于无线网格网络方案仍然无法改变信号衰减问题，且需要用户规划频段、信道以减少 AP 间干扰，对用户的技术门槛要求较高。Wi-Fi 联盟已经制定了 Wi-Fi EasyMesh 标准，以实现设备互通，目前，支持 Mesh 协议的产品不多。综上所述，无论 Wi-Fi 中继组网，还是 Wi-Fi 无线网格网络组网，都难以实现全屋千兆覆盖。

同时，当前组网方案和 Wi-Fi 连接独立工作，无法精准做到对宽带业务的承载保障及不同接入点的协同。室内组网和 Wi-Fi 连接是构成家庭一张网的两个关键技术，充分协同甚至融合，形成一张整体工作的电信级网络，是未来保障用户体验的关键。

（六）工业 PON 对确定性网络提出要求

工业生产网络的通信模式主要涉及确定性周期通信、确定性非周期通信、非确定性通信和混合模式四大类。除了确定性周期通信，其他 3 类通信模式对指令的时延和抖动均有严格要求，如果无法在确定时间内完成指令的下发和执行，可能造成产品良率及生产效率下降。

传统 PON 的上行采用时分复用方式，同一时刻只允许一个光网络单元发送数据，避免上行数据冲突，通过动态带宽分配技术对PON拥塞进行实时监控，实现动态带宽调整。因此，传统PON的上行时延为毫秒级，上行抖动为百微秒级。确定性PON采用业务流打时间戳和基于固定时延调度机制来实现PON端到端确定性时延、超低抖动、零丢包的网络传输。

三、发展建议

（一）推动ITU-T 50G PON相关技术及产品的研发

电信运营商、系统设备商、芯片和器件生产商等联合业界力量，组织团队牵引重大标准走向，包括以下工作：推动XGS-PON、50G PON的技术发展与器件及设备研究，积极参与系列国内外标准研究制定；继续深化研究接入网承载5G方案，包括10G PON和50G TDM-PON承载XR等新兴业务，推动更高速率PON的候选技术研究，积极主导接入网智能化、确定性能力和时延控制技术，并继续积极参与动态带宽分配等相关研究。

（二）推动FTTR标准技术稳健发展，提升全屋千兆优质覆盖

FTTR点到多点解决方案基于光纤介质组网，在家庭配线箱或家庭中心位置部署FTTR主网关，以主网关为核心，采用点到多点的方式，基于分光器和单芯双向光纤，构建家庭光纤网络。FTTR主网关向上接OLT，向下通过光纤连接多个从网关，从网关支持千兆以太网口、Wi-Fi 6/Wi-Fi 7，随光纤进入每个房间，为每个房间提供有线、无线千兆网络覆盖。

（三）推动运营支撑体系向投资精准、运维高效的规建维优一体化发展

国内电信运营商已在部分地区部署建设了接入网故障端到端自动诊断功能，包括宽带、语音与IPTV三大基础业务的故障诊断和质量检测分析能力，可提供全面的接入网故障自动诊断功能和解决方案，对承载网的端到端网络状况和平台的服务能力进行监测，迅速诊断和辅助解决故障，协助精准派单，提升运维效率。建议继续推动完善相关功能，扩大部署应用范围，减少无效派单，进一步降低OPEX。

为了提升投资和建设的准确性，聚焦精准规划的网络承载业务能力，评估功能需持续加大研究力度。与传统室外网络相比，5G小微基站在同一楼宇内部署的数量可能较多，室分网络设备的进场部署需要与物业主协调，安装和调试过程复杂，进场维护的成本很高。因此，网络的快速部署和可视化运营维护成为5G室内网络的基本要求。这也推动了相关的管理及评测功能需要具备三维评估验证能力。

为了提升用户体验，接入网维护引入AI技术，进行基于AI的PON光路智能诊断，解决PON故障定位难题。

（四）面向新兴业务承载需求，推动接入网智能化

随着视频业务向超高清视频（包括4K、8K等）和XR（VR、AR、MR）发展，要保障用户舒适的体验，对驻地网和接入网在带宽、降低时延/时延抖动和丢包率等方面的要求越来越高。当前，驻地网和接入网在承载高品质要求的XR等大视频业务中面临网络架构、承载品质、建设成本等挑战。

PON系统在电信运营商网络部署中可同时承载多种业务，需要引入虚拟化/切片技术，以及云网边协同技术，实现接入网的智能化，满足不同业务对速率、时延、抖动等网络指标的不同需求。

（中国联通研究院　贾武　程海瑞

华为技术有限公司　曾焱）

卫星互联网产业发展态势及应用前景分析

卫星互联网是一种基于卫星通信技术的互联网接入方式，通过发射一定数量的卫星组成一个通信网络，并按照空天地一体化信息网络的标准通信协议，为全球范围内的用户提供宽带接入服务。通过卫星通信传感器和地面传感器的布设，卫星互联网能够获取物体/终端信息，将物与物、人与物、人与人相连接，进行信息交换与通信，以对物体/终端进行智能化识别、定位、跟踪、监控和管理等，同时实现偏远地区互联网接入服务，进一步促进全球互联互通。卫星互联网具有以下优势。

全球覆盖。卫星的覆盖范围广，可以实现全球覆盖。由多颗卫星组成的卫星互联网可以满足全球覆盖需求，同时地面传感器的布设可以在卫星覆盖区域内提供不间断的网络连接。

天气和地理条件影响小。位于大气层外的卫星受天气和地理条件的影响相对较小，可以实现全天候不间断工作。

抗毁性强。卫星通信手段在地面通信网络受到破坏的情况下，仍能提供正常的物联网通信服务，并且能够为灾区提供紧急通信及救援服务。

系统容量大。卫星互联网的可用频带较宽，连同多波束星载天线技术的广泛应用，提高了系统容量，可以支持海量终端的连接需求。

卫星互联网的兴起将为全球范围内的信息互联提供更多可能性。目前，行业正在深入布局和积极探索，推动卫星互联网高质量发展。

一、卫星互联网产业发展态势

卫星互联网作为一种支撑万物智联的新型通信方式，可面向地面和空中终端提供物联网接入服务。卫星互联网作为我国新型基础设施建设的重要组成部分，在国家政策和法律法规、技术升级、市场需求等多重因素的驱动下，相关应用正加速落地，产业规模迅速发展壮大。

（一）卫星互联网连接和市场规模发展迅猛

在连接规模方面，综合 Berg Insight、ABI Research、Juniper research 等机构的数据，预计 2026 年全球卫星互联网用户规模将达到 2120 万，复合年均增长率达到 40.3%；到 2030 年，全球非地面网络（Non Terrestrial Network，NTN）移动连接数将大幅增至 1.75 亿个，其中，基于 5G NTN 的卫星通信连接数将达到 1.1 亿个；2031 年，NTN 与 5G 的融合将有望创造 2 亿个连接。

在市场规模方面，综合中国信息通信研究院、ABI Research、Juniper research、Omdia、麦肯锡等机构的数据，在卫星通信技术快速发展的带动下，到 2025 年，卫星互联网的整体产值有望达到 5600 亿～8500 亿美元；2027 年，全球卫星通信终端市场规模将达到 109 亿美元；2024—2030 年，电信运营商将从基于 3GPP 的 5G 卫星网络中获得 170 亿美元的额外收入；到 2031 年，NTN 与 5G 的融合有望在当年创造出价值 180 亿美元的市场规模。

（二）全球多个发达国家/地区加速布局卫星互联网

在市场前景的驱动下，各国高度重视卫星互联网的发展，纷纷出台支持政策。例如，美国航空航天局致力于将航天技术向民用转化并促进商业化推广，加强以商业航天为主导的发展模式。欧盟确定了主权星座计划方案，2023年2月，欧洲议会议员投票通过了欧洲议会和理事会制订的关于安全连接计划的提案，旨在2027年部署一个欧盟所有的通信卫星群，通过减少对第三方的依赖来确保欧盟的主权和自主权，并实现在地面网络缺失或中断的情况下提供关键通信服务，构建欧盟主权网络。韩国科学技术信息通信部公布"卫星通信振兴战略"，韩国政府计划2025—2030年投资4800亿韩元（约25亿元人民币）用于新技术研发，以增强低轨道卫星通信产业的竞争力。俄罗斯在《2016—2023年联邦航天计划》中将通信卫星列为优先发展方向，并着力增加民用卫星数量，拓展商业市场；开展"球体"计划以对标美国的"一网"（OneWeb）和Starlink计划，积极布局和发展本国商业低轨星座。英国OneWeb卫星互联网系统建设取得进展，初始星座将由648颗Ku波段卫星组成，第二、三阶段（2027年前）将发射2000颗V波段卫星。加拿大电信卫星公司（Telesat）在加拿大政府的支持下发展大规模互联网星座"光速"，2023年8月，Telesat和太空技术公司MDA签署15.6亿美元合同，MDA将承包其低轨卫星网络的卫星制造工作，为其近地轨道计划"Lightspeed"制造198颗卫星。同时，其他国家发布和更新了航天战略政策，加大航天技术方面的投入力度，推进高新技术研发，从政策、资金等多个维度支撑本国航天工业发展。

（三）我国国内已形成"国家队主导，新兴力量广泛参与"的竞争格局

在政策大力支持和产业规模迅速发展壮大的推动下，我国已形成较为完善的卫星互联网产业链，总体竞争趋向多元化。

2021年4月，中国卫星网络集团公司（中国星网）正式成立，负责统筹中国卫星互联网的规划与运营，同期中国星网发布"GW"星座计划，从已发布规划的星座计划数量来看，未来，中国星网将成为我国卫星互联网行业的"领军者"。

二、卫星互联网应用市场发展形势

在数字经济快速发展的背景下，遥感、通信、导航成为最具商业前景的三大卫星互联网应用。

（一）遥感服务商业化方兴未艾，市场集中度仍偏低，业内众多主体仍有较大发展机遇

目前，我国遥感卫星已形成由陆地卫星、气象卫星和海洋卫星组成的强大对地观测体系，数量和质量都达到世界先进水平。

目前，由于技术要求较高，所以我国商业遥感卫星行业内的企业数量有限，且由于部分企业布局较早，在某些细分领域已形成优势，例如，四维图新基于遥感数据开发的电子地图业务领先国内其他企业；航天宏图商业遥感卫星运营业务覆盖度位于行业前列；中科星图作为国内最早开展数字地球业务的企业，已经开拓了下游诸多行业的应用。但综合来看，我国商业遥感卫星市场集中度仍需进一步加强。

从我国商业遥感卫星行业内企业业务布局情况、商业遥感卫星相关业务占比情况来看，中国卫星、欧比特、长光卫星、世纪空间布局全产业链业务的竞争能力强；航天宏图、中科星图、超图软件和四维图新在商业遥感卫星运营应用领域具备较强的竞争力，其中，航天宏图已计划建设自有星座，其业务向产业链上游延伸，未来竞争力有望进一步增强。

（二）卫星互联网通信蓄势待发，移动通信产业链和卫星产业链的合作正不断加速

通信卫星是卫星应用中最早实现商业化的，

目前，我国通信卫星商用比例超过了55%。

卫星通信技术、信号处理技术、设计制造技术的进步和市场需求的不断增长将促进卫星通信业务和模式的发展，卫星通信正与地面移动通信和物联网紧密融合。尤其是随着3GPP在R17中引入NTN，将卫星通信作为地面网络的必要补充，以及ITU将空天地一体网络列为6G七大关键网络需求之一，移动通信产业链和卫星产业链的合作正在不断加速。

根据ABI Research的跟踪数据，2023年，苹果、华为、中兴通讯、高通、摩托罗拉、联发科等与Globalstar、Inmarsat、铱星公司等卫星运营商加大战略合作伙伴关系，推进蜂窝通信和卫星通信的融合。同时，众多电信通信运营商也加入其中，希望通过与卫星运营商的合作，扩大其网络覆盖范围。在国外，AST SpaceMobile和Lynk Global与多家电信运营商建立战略联盟，包括沃达丰、乐天移动、AT&T、加拿大贝尔、MTN、法国电信、西班牙电信等。

IoT-NTN（基于非地面网络的物联终端接入）还未投入规模商用，但多个卫星通信融入低功耗广域物联网的需求场景已比较明确，在农业、海运和物流部门及资产跟踪等领域将大有作为。卫星互联网将提供真正的全球物联网连接，提升环境监测、农业、公共基础设施管理能力，以及提高与广域遥感相关的应用的效率。卫星互联网低成本、低功耗、全球连接的可用性将增加连接传感器的总数，以及各种全球环境、社会、工业、农业和物流应用中的数据点，从而提高基于数据的预测和趋势的准确性。

（三）卫星导航应用正处于从卫星导航与位置服务向中国北斗新时空服务发展过渡的重大变革期

当前，我国卫星导航技术体系的发展，正在从卫星导航与位置服务技术体系向空天海地协同的综合PNT[1]技术体系迈进。行业和大众的需求瞄向精准、泛在、融合、安全和智能的发展方向，各行各业主动推进"北斗+"创新与应用正逐渐成为主流。技术融合与产业融合全面推动北斗应用服务纵深发展，推动传统产业改造升级，实现数字化转型。

手机终端行业。北斗卫星导航已成为智能手机、可穿戴设备等大众消费产品定位功能的标准配置。华为、OPPO、vivo、小米、努比亚、酷派等智能手机厂商均全面支持北斗系统应用。北斗地基增强功能已应用于智能手机，可实现1m级高精度定位，正在我国多个城市开展车道级导航试点应用。具备北斗三号短报文通信功能的大众手机也已上市。

自然资源行业。自然资源部2021年统筹开展了全国2326座基准站全面接收北斗三号数据的改造工作，大力推进自然资源系统国家级和省级基准站数据资源整合，逐步构建起全国北斗定位差分服务"一张网"基准服务系统。同时，自然资源部还大力推进北斗系统在测绘地理信息、耕地保护、自然保护地监管、地质矿产、海洋事务、国土空间规划、生态保护修复、灾害预警与防范、调查监测、林草碳汇计量等领域的深入应用。

通信行业。中国移动在全国范围内建设超过4000座北斗地基增强系统基准站，建成全球规模最大的"5G+北斗"高精度服务系统，可面向31个省（自治区、直辖市）提供高精度定位服务，并率先实现全面支持北斗三号。

能源行业。已完成超过2000座电力行业北斗地基增强系统基准站的建设和部署，为无人机自主巡检、变电站机器人巡检、杆塔监测等业务应用的智能设备提供可靠的、精准的、稳定的高精度位置服务；搭载北斗高精准燃气泄漏检测系统的检测车已完成170余个检测任务，检测50余万千米燃气管线，为全国120余个燃气公司提供检测支撑。

交通运输行业。全国超过780万辆道路营运

---

1. PNT是指定位(Positioning)、导航(Navigating)、授时(Timing)。

车辆、4万多辆邮政快递干线车辆、47000多艘船舶应用北斗系统；长江干线北斗地基增强系统基准站和水上助导航设施数量超过13106座；近500架通用航空器应用北斗系统。

应急管理方面。地震监测预警北斗地基增强系统框架站超180座，我国构造环境网络超260座，在地震等灾害监测方面起到了重要作用。北斗综合减灾救灾应用系统集成北斗短报文与手机短信、微信的互联互通等功能，采取"部、省"两部署，面向"部、省、市、县、乡镇、社区"六级灾害管理部门提供灾情直报与监控业务应用，具备全国"一张图"救灾资源位置监控能力。

公安行业。北斗系统应用于指挥调度、通信保障、移动警务等公安工作。公安部现已初步建成全国"位置一张图、短信一张网、时间一条线"的北斗系统应用框架体系，在治安管理、边境巡控、反恐维稳、禁毒铲毒、大型活动安保等领域开展业务应用落地。

三、卫星互联网应用发展面临的挑战

目前，卫星互联网在遥感、通信和导航领域面临着不同的挑战，业界需要加快技术突破，进一步实现高质量发展。

（一）卫星遥感面临的重大挑战

第一，扩大卫星观测的空间和时间覆盖范围及提高观测分辨率。卫星遥感可用的卫星数据的覆盖范围局限性明显。例如，在近地轨道上的极地轨道成像仪通常需要在至少一天内（但大多数是两天或两天以上）才能实现全球覆盖，因此，许多具有较高时间和空间变异性的自然现象不能被完全捕捉。卫星观测的设计需要依靠创新、辅助数据和互补观测的协同作用解决特定物体和相关问题。

第二，部署能力增强的卫星仪器，并探索观测的协同作用。目前，卫星提供的数据对于很多行业应用来说，信息内容是有限的。因此，部署具有增强能力的卫星传感器是必需的。与此同时，在复杂的环境中，没有单一的传感器能够提供目标物体的全面信息，因此，需要探索实现互补观测的协同效应。

第三，开发下一代仪器最为先进的数据处理方法。遥感反演算法的质量是影响数据产品最终质量的关键。对于云的精确卫星遥感，仍然存在一些算法上的挑战，迫切需要针对几何和光学复杂介质建立以反演为目标的快速且精确的三维RT模型，以及气体吸收光谱特征和云粒子散射模型；还需要发展可靠的三维辐射模型，以计算陆地表面的水平不均匀性，以便充分解释所有卫星图像；另一个相关的突出问题是构建三维云场来模拟三维辐射场。

第四，实现卫星观测的一致性和长期数据记录的连续性。基本气候变量的长期和高质量记录对于监测和研究地球气候变化至关重要。如果无法正确解释多仪器数据记录中的空白，则卫星记录几乎没有价值。因此，每个仪器的绝对校准和多个相关传感器的相互校准对于绝大多数卫星遥感目标观测的成功至关重要，而仪器校准具有挑战性，特别是对于小型卫星星座而言。

（二）卫星通信面临的系列难题

第一，频谱资源的有限性是卫星通信技术所面临的一个重要问题。随着移动通信、互联网、物联网等应用的迅猛发展，通信对频谱资源的需求越来越大。然而，目前可用的频谱资源有限，无法满足日益增长的通信需求。特别是在高速数据传输和高质量视频传输方面，需要带宽更宽的频谱资源来支持。因此，如何合理利用有限的频谱资源，并解决频谱分配和管理的问题，将成为卫星通信技术发展的关键。

第二，卫星通信技术的安全性和抗干扰能力也是一个重要的考虑因素。卫星通信系统容易受到恶意攻击和干扰，可能导致通信中断、数据泄露，甚至信息破坏等问题。此外，黑客攻击可能导致卫星通信系统被入侵，产生安全风险。因此，加强卫星通信系统的安全设计和措施，提高抗干扰能力，保障通信的稳定和可靠性至关重要。

第三，卫星通信技术在成本方面仍存在一定挑战。 卫星的研制、发射、维护和运营都需要大量的资金投入。此外，卫星通信系统的终端设备和使用费用也相对较高。尤其是在一些偏远地区和发展中国家，由于经济和基础设施的限制，卫星通信技术的成本可能超出了其承受范畴。

第四，卫星通信技术的可持续性和环境影响也是一个值得关注的问题。 卫星的发射和运行会产生大量的二氧化碳和太空垃圾。特别是在低轨道卫星系统的应用中，数量庞大的卫星密集运行更可能增加产生太空垃圾的风险。解决这些问题需要采取可持续的设计和操作措施，包括推动卫星回收和再利用，加强太空垃圾监测和清理等。

（三）北斗系统发展面临的两个方面挑战

一方面，部分行业用户对服务性能的要求越来越高。 例如，部分关键基础设施、金融、电网、通信等行业，都要求北斗系统有更高的安全性、可用性及抗欺骗性；自动驾驶、智能交通领域，则要求更高的精度。当前，北斗系统的双向授时功能帮助电网实现了全网时间同步、终端状态可观、时间精度可控，保障企业安全生产。然而随着技术体系的成熟，相关行业会对北斗的服务性能提出更高的要求，预计"北斗+"各个领域都会对北斗系统的服务性能提出越来越高的要求。

另一方面，卫星信号的脆弱性导致复杂环境下的应用受限。 例如，复杂地形环境下易受遮挡、多径复杂，而复杂的电磁环境下易受干扰和欺骗。在卫星信号的环境段，从地面、海上开始，到近地空间，直到地外空间，乃至深空，有着不同的电波传输介质，以及会遇到自然和人为的电磁干扰。卫星信号的环境段干扰不仅影响到定位、导航和授时的精度，而且也会影响到用户接收机的正常工作。

四、结束语

卫星互联网在遥感、通信和导航领域应用面临的挑战，可以归纳为技术/服务性能不满足客户需求、技术创新的成本过高、技术的安全性和抗干扰能力不足等。如果说政策环境和卫星互联网应用服务商的投入将影响当下行业发展的快慢，那么技术与市场、供与需的高性价比对接，将决定卫星互联网应用走得多远。这也是未来业界创新发展应首要关注的重点。

（智次方·物联网智库　梁张华）

人工智能时代云计算的发展趋势

随着 AI 技术的迅速成熟和广泛应用,云计算正逐步转型成为一个智能化的计算平台,为各个行业带来前所未有的机遇与挑战。人工智能将进一步塑造云计算的形态和功能,推动其向更智能、更灵活、更高效的方向发展。云计算将成为连接世界、驱动创新的核心引擎,为数字化转型和社会进步提供强有力的支持。

一、云计算产业发展现状

(一)全球云计算增速放缓,未来将稳定增长

据 Gartner 统计[1],2022 年全球云计算市场规模达到 4910 亿美元,增长率为 19%,虽然较 2021 年下降 13.5%,但与整体经济增长率相比,云计算行业的增长速度仍远超平均水平,这显示出云计算对新技术融合和业务发展的推动作用。随着大模型、算力等领域的进一步发展,云计算市场将继续稳定增长。到 2026 年,全球云计算市场规模将突破万亿美元大关。

在区域市场发展层面,云计算呈现"一超多强"的格局。2022 年,北美洲在全球云计算市场中占据 52.14% 的份额,较 2021 年增长了 20.4%。欧洲和亚洲云计算市场份额占比分别位居第二、第三,分别为 23.41% 和 18.35%。尤其在亚洲,得益于东南亚地区云计算可用区数量的增加及核心技术的快速发展,其市场增速超过 30%,是欧洲的 2 倍,预示着亚洲将成为全球云计算市场新的竞争焦点。此外,大洋洲、南美洲和非洲均处于"云发展中"阶段。

在云计算厂商层面,AWS 和微软作为云计算领域的两大行业领先者,借助其在云服务和 AI 等领域的技术优势,巩固了市场领先地位。2022 年,AWS 和微软的营业收入额分别达到 801 亿美元和 1012 亿美元,同比增长均超过 25%。而谷歌、IBM、阿里云等处于第二梯队的厂商,并没有保持住先前的高速增长态势,与 AWS 和微软的差距有所扩大。

(二)我国云计算市场处于快速增长阶段,电信运营商引领新一轮市场增长

中国云计算市场呈迅猛增长态势。中国信息通信研究院数据显示,2022 年中国云计算市场规模达到 4550 亿元,同比增长 40.91%。公有云市场规模以 49.3% 的增幅达到 3256 亿元,私有云市场规模同样实现了 25.3% 的增长。这一增长速度明显超出全球 19% 的平均水平,体现了中国云计算市场的强劲动力和高抗风险性。预计到 2025 年,中国云计算市场规模有望突破万亿元大关。中国云计算市场规模及增速如图 1 所示。

---

1. Gartner Forecasts Worldwide Public Cloud End-User Spending to Reach Nearly $600 Billion in 2023,Gartner,2023 年 4 月。

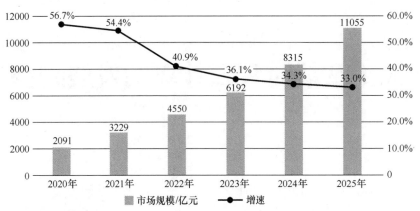

数据来源：中国信息通信研究院

图 1　中国云计算市场规模及增速

从厂商层面来看，电信运营商在云计算领域表现突出。2022 年电信运营商营业收入增速超 100%，天翼云、移动云和联通云分别实现 579 亿元、503 亿元和 361 亿元的营业收入。据中国信息通信研究院调查统计[1]，在公有云基础设施即服务（Infrastructure as a Service，IaaS）市场，阿里云、天翼云、移动云、华为云、腾讯云、联通云占据中国公有云 IaaS 市场份额前六[2]；而公有云平台即服务（Platfrom as a Service，PaaS）市场方面，阿里云、华为云、腾讯云、天翼云、百度云处于领先地位。2022 年中国公有云 IaaS 厂商市场占比如图 2 所示。

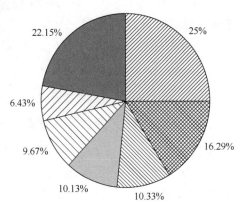

阿里云　天翼云　移动云　华为云　腾讯云　联通云　其他

数据来源：中国信息通信研究院

图 2　2022 年中国公有云 IaaS 厂商市场占比

二、人工智能与云计算的融合发展

（一）人工智能优化云计算资源的管理

AI 技术在云计算资源管理领域的应用，正引领一场效率革命。AI 的核心优势在于其自我学习能力和适应能力，这使其成为优化云计算资源分配的技术支撑。通过集成先进的机器学习和深度学习算法，AI 可以精确预测应用程序的资源需求，实现对计算、存储和网络资源的动态调整和优化。AI 在云计算资源管理中优化应用的几个关键方面如下。

---

1. 市场规模基于 2022 年全年数据统计，主要依据企业财报、人员访谈、可信云评估、历史数据等得出。对于市场数据不明确的领域，只发布头部企业整体情况，不做具体排名。
2. 因为 IaaS 和 CDN 是两种业态，需要分别获得互联网资源协作服务业务牌照和内容分发网络业务牌照，所有 IaaS 不包括 CDN 收入，只统计计算、存储、网络等基础资源服务收入。

一是提升动态资源分配的效率。 AI 技术通过机器学习和深度学习算法，赋予了云计算系统智能预测资源需求的能力。这种能力使云服务提供商能够根据历史数据和实时流量分析，动态调整计算、存储和网络资源的分配。例如，AI 可以预测即将到来的负载峰值，并提前进行资源扩展，从而避免性能瓶颈和系统崩溃。这种智能化的资源调度不仅减少了资源浪费，还提高了云计算的响应速度和服务质量。

二是 AI 可优化能效并对环境友好。 AI 在云计算资源管理中的应用还体现在能效优化上。通过智能调度算法，AI 可以在不影响服务质量的前提下，有效降低数据中心的能源消耗。例如，AI 可以优化数据中心的冷却系统，根据服务器的温度和工作负载调整冷却策略，实现节能减排，为构建绿色数据中心提供有效的技术支持。

三是 AI 可进行故障预测并自动化维护。 AI 技术在故障预测和自动修复方面的应用，明显提高了云计算系统的稳定性和可靠性。通过对系统日志和性能数据的深度分析，AI 可以识别出潜在的故障，并在问题发生前主动采取措施，例如，自动重启服务或重新分配任务到健康的服务器上。这种主动式的维护策略不仅降低了系统停机时间，也减轻了技术维护团队的工作压力。

四是 AI 可实现对云计算性能的监控与智能调优。 通过持续的数据分析，AI 可以识别性能瓶颈和优化机会，并自动调整配置参数，例如，内存分配、CPU[1] 优先级和网络带宽等，以确保应用程序在各种条件下都能保持最佳性能。这种自动化的性能管理，使云计算服务更加稳定和高效。

（二）云计算：人工智能创新的加速器

云计算技术的崛起为 AI 的发展提供了坚实的支撑。在深度学习领域，模型训练往往涉及对庞大数据集的处理和复杂算法的运算，这不仅对计算资源有着极高的要求，也对资源的管理和优化提出了挑战。云计算以其灵活性、可扩展性和经济高效性，成为 AI 研究和开发不可或缺的基础架构。在大模型技术竞争日益激烈的今天，"云+AI"的体系化技术竞争已成为核心。特别是当大模型技术进入规模化应用的新阶段，云计算能力的强弱直接影响着大模型在各行各业的应用效果。

云计算所提供的强大数据运算能力，明显加快了 AI 模型的训练进程。通过云计算平台，研究人员和开发者可以获得高性能的计算资源（例如，GPU 和 TPU[2] 等）这些资源极大地提升了 AI 模型训练的速度。云计算资源的虚拟化使用户能够根据实际需求快速启动或关闭计算实例，实现了对计算资源的高效管理。同时，云计算平台的分布式计算能力使数据能够跨多个节点并行处理，进一步缩短了模型训练周期。

云服务提供商还提供了一系列工具和服务，覆盖 AI 模型的完整生命周期。从数据预处理、特征提取，到模型训练、评估，再到部署，云平台提供的工具集极大地简化了 AI 模型的开发流程。例如，自动化的数据标注服务、模型训练框架、优化工具，以及一键部署功能，都明显提升了 AI 模型开发的效率。

云计算还推动了 AI 研究的普及化。云计算的广泛应用降低了 AI 研究的门槛，使更多的企业和研究机构参与 AI 技术的创新。小型企业和初创公司可以通过云计算平台获得与大型企业相媲美的计算资源和服务，促进 AI 技术的普及和创新的多元化。此外，云计算平台提供的协作工具也使不同地区的研究人员能够共同开发和优化 AI 模型，加速了 AI 研究的进展。

AI 技术已经成为推动云计算产业发展的新引擎，为全球云计算行业注入了新的活力。根据 Synergy Research 的数据，2023 年第四季度，全球

---

1. CPU（Central Processing Unit，中央处理单元）。
2. TPU（Tensor Processing Unit，张量处理单元）。

企业在云计算上的支出增至740亿美元，较第三季度增加了56亿美元，创下了历史增速新纪录。

未来，大部分应用都将整合AI大模型的能力，我们正步入一个AI原生应用的新时代。这些大型模型正在为各行各业带来创新的生产方式、交互模式、业务范式和商业模式，预示着对AI的需求——包括大模型产业链、云上算力、AIGC等，迎来爆发式的增长，进而为云计算产业带来新的增长机遇。

在这一趋势的引领下，"Cloud for AI"不仅成为云服务商的新机遇，而且是其必须面对的挑战。全球领先的云服务商都在积极探索如何利用AI技术重塑云计算的技术和服务体系，开辟全新的服务场景和内容。

在国际市场上，微软以AI驱动的云业务成为行业的典范。在2024财年第二季度（截至2023年12月31日），微软智能云Azure及其他云业务的营收同比增长了30%。目前，微软智能云拥有的5.3万名客户中，有1/3是在2023年新加入的。

在中国，华为云是"Cloud for AI"理念的坚定执行者。华为云提供了包括昇腾AI云服务、盘古系列大模型及一系列AI研发工具套件在内的全面AI技术平台。随着"Cloud for AI"时代的来临，AI将成为华为云的一大亮点。

三、人工智能时代云计算产业发展展望

未来，云计算将向多元化、智能化、安全化和可持续化发展，能够为各行各业带来深远的影响和变革。AI对云计算的影响深远，正在塑造云计算未来的发展趋势。以下是在AI影响下，云计算可能出现的关键发展趋势。

趋势一：AI驱动的云资源优化。 AI技术将被广泛应用于云计算资源的管理和优化中。通过机器学习和深度学习算法，云平台能够更高效地进行资源分配，以适应不断变化的工作负载和用户需求。

趋势二：AI即服务的增长。 随着AI模型和工具变得更加复杂和强大，云服务提供商将提供更多的AI选项。这包括预训练的模型、自动机器学习平台和定制化的AI解决方案，使企业和开发者能够更容易地集成和利用AI技术。

趋势三：数据中心的智能化。 AI将使数据中心运营更加智能化，通过自动化监控、故障预测和能效管理来提高数据中心的运行效率和可靠性。AI系统能够识别和预防潜在的问题，减少停机时间，并优化能源使用。

趋势四：多模态AI和跨领域集成。 AI技术将在云计算中实现多模态（例如，视觉、语音、文本）的集成，提供更加丰富和综合的智能服务。此外，AI将推动不同领域和行业的云服务集成，例如，医疗、金融、交通等，实现跨界创新。

总之，AI技术将推动云计算向更加智能、高效和安全的方向发展，同时为各行各业带来新的机遇和挑战。

（中国信息通信研究院　魏卉　刘芊岑）

立足"科技+文化+融合创新"
探索中国式文化元宇宙发展新路径

元宇宙是以人为中心、沉浸式、实时永续、具备互操作性的互联网新业态。元宇宙将催生3D数实融合的数字新体验,是新一代信息技术集成创新和应用的未来产业,是数字经济与实体经济融合的高级形态,将创造由数字"比特"与人类"原子"深度融合的新型社会景观。当前,各国政府都对元宇宙给予高度关注并做出重要部署,全球科技巨头企业也积极布局,抢抓元宇宙发展的新机遇、新赛道。

一、以科技为先,建设中国式元宇宙推动新时代社会文明发展

纵观世界文明史,人类先后经历了农业革命、工业革命、信息革命3个阶段,新一代信息技术将信息社会推向数智时代。驱动社会发展的动能从以石油、电力等二次能源进化到以算力为特征的三次能源,其输出的动力也从提速、变温、加压等物质生产能力转变为更为复杂的驱动数实融合场景的综合能力,经济形态也快速从自然经济、商品经济、服务经济向体验经济形态演进;媒介形态随着高速网络的发展,呈现出信息密度增大、互动性增强、多模态融合的新特征,为人们提供拟真甚至超真实的沉浸式体验,实现多维空间延伸,并呈现4个融合特征:技术的融合,包括5G、AI等新一代信息技术;时空的融合,包括数字和实体空间的融合;价值观的融合,包括科技和金融的融合;生命观的融合,未来要实现碳基和硅基生命的融合。

党的二十大报告提出,未来5年是全面建设社会主义现代化国家开局起步的关键时期,要加快发展数字经济,促进数字经济和实体经济深度融合,打造具有国际竞争力的数字产业集群。元宇宙是数字经济的新高地,是网络强国和数字中国的新前沿,是数字经济和实体经济深度融合的新领域、新赛道,是高质量发展的新动能、新优势。

二、以文化为根,探索中国式元宇宙成为引领文化产业发展之路

(一)产业禀赋:文化消费有望成为元宇宙概念率先广泛应用的场景之一

首先,文化消费领域受众基础良好,数字消费逐渐成为主流消费者,且更多年龄段和地区的大众随数字经济的普及而对数字化文化消费接受度不断提升的情况下,元宇宙在文化领域拥有更为广阔的市场空间。其次,文化消费领域技术便于落地,效果易于感知。相较于多数工业元宇宙领域,元宇宙在文化消费领域的应用对技术精度与时延性的硬性门槛偏低,且部分技术实践在游戏、电影等领域的先锋厂商之间已有一定积累,具有一定可参考、可复用的成分。

(二)演进过程:元宇宙促进文化产业体验方式、展现形式、交互手段全面拓宽升级

在体验方式上,线上线下融合互促,线上体验逐渐成为文化消费体验中不可分割的一部分。在展现形式上,呈现沉浸化、多模式的特征。在生产关系上,文化消费产品及服务的提供方与消

费者之间的界限模糊化，受众不再只局限于"接收"的角色，而是通过深度参与文化消费的供需循环获得了更多主动性。

三、以创新为先，打造中国式文化元宇宙系列样板间驱动产业高质量发展

近年来，系列纲领性政策引导文化产业数字化升级持续加速。文化和旅游部于2023年印发的《国内旅游提升计划（2023—2025年）》提出，要培育文体旅、文商旅等融合发展的新型业态，促进文化产业、旅游业和相关产业融合发展。

（一）元宇宙+文旅：助力文旅产业转型升级，满足群众日益丰富的体验需求

1. 文旅场景主要发展痛点

一是时间、空间限制对文旅消费地构成天然制约。时间、费用、距离、体力等因素对大众的文旅消费规划构成硬性制约；部分文旅消费地受气候、季节等环境因素影响较大；节假日高峰期人流量大会影响游玩体验。**二是大众体验阈值不断提升，传统文旅模式难以匹配需求的迭代升级。**游玩路线及讲解信息较为局限、流程化，导致游客体验的新鲜感欠佳；部分文旅消费地的体验趋于同质化，自身特色凸显度不足。

2. "元宇宙+文旅"典型应用模式及潜在价值

一是运用现实增强类技术打造情境式文旅项目，升级感官体验。通过在实体文旅环境中叠加数字内容、增强视觉效果等方式，以数字化手段增强实景体验，打造风格化、互动化的文旅消费场景，构建立体性的游览模式。**二是运用三维可视化技术构建文旅"平行时空"，突破时空限制。**通过在数字环境中进行基于实体文旅环境的场域构建，打造文旅项目的数字化平行空间，使消费者能够以更自由多元的方式与视角实现对于文旅资源的接入。**三是通过数字文创激发传统文旅IP价值。**基于标志性景观、文化符号等开发数字创意产品，以满足新一代主流消费者的收集或收藏需求。

3. 应用案例：世界文化遗产鼓浪屿"元宇宙第一岛"

"鼓浪屿元宇宙"作为国内率先推进的文旅元宇宙标杆示范项目，是咪咕公司基于中国式元宇宙构建的全新数字场景空间。"鼓浪屿元宇宙"项目整体以世界文化遗产"鼓浪屿"为原型，对占地面积1.88平方千米的鼓浪屿进行3D建模，还原当地的场景和人文风貌。通过映射物理时空、用户互动创造、聚合生态共建等方式，为用户提供文旅游览、互动娱乐、消费购物等数字生活体验，打造自主可控、自由探索、即时互动、实时在线的"元宇宙第一岛"。

（二）元宇宙+文博：创意性展陈模式助力文博"活化"，促使文博资源焕发新时代生机

1. 文博场景主要发展痛点

一是展陈方式相对线性化、扁平化，较难满足大众日益增长的精神文化需求。"展示—观看"的单向信息传输方式对观众兴趣的调动性不足；对知识的呈现相对直观与专业化，缺乏创造性、创意性转化与深度阐释。**二是产品与服务的可延展性较为有限。**实体场馆的地理位置限制了可辐射范围，大量异地观众较难享受到服务的关怀度，各地区文博资源分布不均匀的现状使延展性的问题被进一步放大。

2. "元宇宙+文博"典型应用模式及潜在价值

一是现实增强类技术赋能，打造全新线下文博创意性体验。通过沉浸式渲染、声光电等技术升级文博场景以"展示—观看"为主的传统线下消费体验，打造多元的、具有交互性的展陈新模式。**二是通过全真互联数字空间打造线上文博超时空式参与，助力开放共鉴。**通过在数字环境中构建基于实体文博环境的虚拟场域，采用游戏化的呈现形式，打造全真互联的文博平行空间，助力文化资源的全方位开放共鉴，使消费者能够随

时随地接触珍稀文博资源。**三是数字文创跨界联乘，文化共振效应明显。** 通过结合对博物馆自身及其所承载文化的特色，与符合调性的原生成熟数字IP进行跨界联乘，推出线上道具、互动影像、虚拟空间以及线下同频活动等方式，加速文博资源通过新渠道开展国际化传播。

3. 应用案例：故宫文物南迁数字展

在故宫文物南迁启程90周年之际，咪咕公司联合故宫博物院、人民日报《国家人文历史》杂志社打造"元宇宙生产基座及文体大模型—故宫文物南迁数字展"，提供了数智化展览标杆创新案例。该展览集聚了算力网络、XR互动技术、空间定位、AI与云计算技术、沉浸式光影技术、超高清修复、数字引擎、多媒体影像等多种国内首创展演融合方式，以数字化的呈现方式讲述文物南迁历史，重现了国宝南迁的宝贵历史记忆，让观众在互动体验中感受文化底蕴与家国情怀，传播中华文明，增强文化自信，传承历史文脉。

（三）元宇宙＋演出赛事：助力展演、赛事直播空间重塑，打开临场体验新路径

1. 展演与体育赛事场景主要发展痛点

一是展演资源分布不均匀。 展演与热门赛事资源向个别核心城市集中，大量地区观众可选择消费的展演与赛事资源相对有限。**二是展演与热门赛事消费门槛普遍偏高。** 因单场次面向观众及固定成本有限，线下展演与体育赛事往往具有较高客单价、较低复制性，异地观众更是需要考虑交通、住宿等额外费用。

2. "元宇宙＋展演与体育赛事"典型应用模式及潜在价值

一是利用声光电等数字技术加持打造立体化实景感官体验，重塑展演赛事体验空间。 通过在实景空间中融合声光电、传感等数字技术，打造场景、主题与科技手段相辅相成的线下体验，以临场感与"零距离"交互体验，增强体验连贯性以及空间的可感知性，为观众带来深度感官体验。

二是XR技术赋能打造虚实融合的"穿越式"展演与赛事体验，挖掘IP价值。 通过在线下场域中叠加XR内容，将实景、数字两个空间有机结合，实景赋予仪式感与社交属性，数字空间则延展交互与叙事的可能性，以穿越式、游戏式的创新观演模式，为观众打造具有新鲜感的文化艺术与体育赛事体验。**三是虚拟与现实明星跨界同屏，为文化艺术演绎与体育事实互动注入新动能。** 通过虚拟歌手、体育明星与现实世界演员、体育达人等共演互动，助力传统文化艺术、体育赛事与新兴数字文化IP、数字体育赛事IP之间有机融合与互促共振，给予观众新的体验，提升舞台表演、赛场竞技互动的灵活性与可扩展性。

3. 应用案例：杭州亚运会开幕式数实融合沉浸式AR互动

第19届杭州亚运会上，突破时空、地域、形式限制，通过数实同屏、瞬时定位、实时互动等应用，咪咕公司创新打造亚运会史上首场数实融合AR互动开幕式。首次融合创新演艺与科技新模式，将中国古代传统文化、现代科技感和地域特色巧妙融合，通过打造"放飞亚运华灯""亚运吉祥物AR互动""寄送专属亚运明信片""助燃亚运火炬"四大沉浸式数实融合互动环节，依托万人同场开发协同互动、"云、边、端"多级融合感知定位、动态演绎场景AR体验等创新技术，实现超万人以上AR玩法全用户覆盖、全节目环节体验。

（四）元宇宙＋商业：助力消费品牌与新IP、新玩法、新渠道互促共振，构筑数字时代文化符号

1. 消费场景主要发展痛点

一是产品展示方式与营销活动趋于模式化。 营销活动一定程度趋于套路化，缺乏创意性，较难持续吸引消费者注意。**二是品牌需要更为生动的文化传达与参与感。** 以二维为主的媒介与形式取胜于效率，但在提供具有空间感的沉浸式线上

体验方面存在一定限制。

2. "元宇宙+商业"典型应用模式及潜在价值

一是数字商业街打造线上消费氛围感，助力展现地方、节日等特色主题文化。消费者可以在三维数字空间中享受含有对于商业文化主题元素立体化展现的购物环境，并更为直观地感受其他消费者的同步参与，在购买实体商品的同时，亦能够为数字化身装扮数字物品，丰富购物的乐趣，助力将消费者的购物行为转变为沉浸式、交互式的数字逛街体验，与节日、文化等主题商业街具有较高适配性。**二是元宇宙打造品牌与年轻消费者建立紧密对话、传播自身文化新渠道**。通过构建强互动性、社区感突出的数字空间，打破线下门店空间限制，为消费者提供无缝连接的多元化体验空间，增强品牌的记忆点与体验的沉浸感，重构自身与消费者间的关系。**三是元宇宙空间服饰、道具助力品牌开辟潮流消费新模式**。品牌通过在元宇宙空间推出联乘服饰、道具等方式，满足年轻一代消费者在社交娱乐空间的个性化展示与互动需求，开辟创新的潮流消费模式。

3. 应用案例："南步新乐元"数智街区

"南步新乐元"是以"中华商业第一街"南京路商圈为主题，基于中国移动"5G+算力网络"，融合高精度建模、分布式实时渲染、云游戏交互引擎、比特数智人等前沿技术打造的元宇宙比特空间。在这里，用户自主生成专属数智人形象后，不仅可以沉浸式畅游南京路步行街的高精度数字孪生风貌，新世界城、世纪广场、大丸百货三大地标场景，沈大成食品店、永安百货、南京商务楼等17栋百年历史建筑也被一一复刻，全方位满足用户观赏城市景观、演绎、了解历史文化记忆、体验潮玩交互功能的文旅及社交需求。

元宇宙已成为推动数字经济高质量发展的重要驱动力，立足"科技+文化+融合创新"，中国移动咪咕公司将持续探索打造系列中国式文化元宇宙"样板间"，加快产业高质量发展的有效路径。

（咪咕文化科技有限公司　孙桀　苏婕）

数字经济与算力网络篇

数字经济发展分析与展望

新一轮科技革命和产业变革与我国经济发展方式的转变形成历史性交会,为我国加快发展数字经济提供重大机遇。近年来,我国数字经济发展取得巨大进步,数字技术正加速向实体经济融合,数字经济与其他产业融合深入推进,新业态、新模式层出不穷,数字经济成为推动中国经济高质量发展的新引擎。

一、我国政府高度重视数字经济的发展

党的二十大报告强调,"加快发展数字经济,促进数字经济和实体经济深度融合,打造具有国际竞争力的数字产业集群"。近年来,我国已基本形成完善的数字经济顶层设计。数字经济政策部署已成为我国构建现代化产业、市场、治理体系的重要组成部分,成为推进中国式现代化的重要驱动力量。

二、数字经济发展势头迅猛

(一)数字经济成为驱动我国经济发展的关键力量

一是数字经济对我国经济的贡献率不断提升。2015—2022年,我国数字经济规模从18.6万亿元上升至50.2万亿元,占GDP的比重从2015年的27.5%上升到2022年的41.5%,成为推动全国经济增长的主要引擎之一。二是数字经济对经济复苏具有重要意义。2023年我国GDP增长5.2%,其中,信息传输、软件和信息技术服务业同比增长11.9%,有力支撑了我国经济增长。

(二)数字产业创新能力加快提升

我国深入实施创新驱动发展战略,推进关键核心技术攻关,加快锻造长板、补齐短板,构建自主可控产业生态。**一是关键核心技术取得突破。**AI、区块链、物联网等新兴领域形成一批自主底层软硬件平台和开源社区,关键产品技术创新能力大幅提升,初步形成规模化应用效应。**二是产业创新活力不断提升。**AI、物联网、量子信息领域发明专利授权量居世界首位。**三是数字产业快速成长。**数字经济核心产业规模加快增长,全国软件业务收入从2012年的2.5万亿元增长到2023年的12.3万亿元。

(三)产业数字化转型稳步推进

产业数字化呈现加速增长态势,智能制造和工业互联网发展迅速。5G、千兆光网已归入71个国民经济大类,应用案例数超9.4万个,建设5G工厂300家;制造业重点领域数字化水平加快提升,关键工序数控化率、数字化研发设计工具普及率分别达到62.2%和79.6%;截至2023年年底,具备行业、区域影响力的工业互联网平台超过340个,工业设备连接数量超过9600万台(套),有力推动制造业降本增效,为新型工业化发展奠定坚实基础。

(四)数字基础设施实现跨越式发展

我国信息通信网络建设规模全球领先。**一是我国深入实施"宽带中国"战略,建成了全球最**

大的光纤和移动宽带网络。光缆线路长度从2012年的1479万千米增加到2023年的6432万千米。5G移动电话用户数量达到8.05亿户，占移动电话用户数量的46.6%。**二是算力基础设施达到世界领先水平。**全国一体化大数据中心体系基本建成，"东数西算"工程加快实施。截至2023年6月，我国数据中心机架总规模超过760万标准机架，算力总规模达到每秒1.97万亿次浮点运算（197 EFLOPS），位居全球第二。

（五）数字政府和数字乡村建设成效显著

2023年以来，数字经济治理相关制度规则进一步细化完善。我国数字政府进入以一体化政务服务为特征的整体服务阶段，"一网通办""一网统管""一网协同""最多跑一次""接诉即办"等创新实践不断涌现，一体化政务服务效能大幅提升。在数字乡村方面，"互联网+政务服务"在乡村延伸覆盖，乡村数字化治理模式不断涌现，智慧应急能力明显增强，全国一体化政务服务平台在乡村的支撑能力和服务效能不断提升。

（六）数据要素价值进一步释放

2023年10月25日，国家数据局正式成立，负责协调推进数据基础制度建设，统筹数据资源整合共享和开发利用，统筹推进数字中国、数字经济、数字社会规划和建设等职能。随着"数据二十条"出台及国家机构的设立，各部门积极响应顶层规划，出台部门文件，创新实践行动，落实政策细则，统筹数据发展与安全的关系，推动数据要素体系建设。我国数据生产量和存储量快速增长，数据资源开发能力持续增强，为智慧城市建设运行、工业互联网等数智化应用提供了丰富的"原料"。以AI为例，中国10亿参数规模以上的大模型数量已超过100个，行业大模型深度赋能电子信息、医疗、交通等领域，形成上百种应用模式，赋能千行百业，推动传统产业转型升级。

三、全国各地加速布局2024数字经济发展赛道

从2024年各省（自治区、直辖市）政府工作报告来看，各地聚焦AI、大模型、算力基础设施发展，加速抢抓新赛道、布局新产业，明确数字经济发展目标。

北京：加快建设全球数字经济标杆城市，大力建设数据基础制度先行区，开展数据资产入表、数据跨境便利化服务等综合改革试点，推动算力中心、数据训练基地、国家区块链枢纽节点等一批重大项目落地。探索完善数据交易规范，提升北京国际大数据交易所的运营能力。

天津：加快数字经济与实体经济深度融合，积极布局AI与超算、生物制造、生命科学、脑机交互与人机共融、深海空天、通用机器人等未来产业新赛道，大力发展研发设计、检验检测、特色金融等生产性服务业。

河北：推进产业数字化，实施200个省级工业互联网重点项目，全面推动企业上云工程。推进数字产业化，加快云计算、AI等产业发展，抓好张家口数据中心集群、雄安数字经济创新发展试验区建设，打造全国一体化算力网络京津冀枢纽节点。

山西：完善数据资源管理服务体系，加快千兆城市建设，实施算力基础强基工程、算力产业强链工程，融入全国一体化算力体系，打造算力高地。建设"数据要素×"试点；探索推进公共数据确权授权；开展国家数据知识产权试点。数字经济规模增长约15%。

内蒙古：大力发展数字经济，加快产业数字化转型和智能化升级，推进全国一体化算力网络内蒙古枢纽节点和林格尔数据中心集群建设，围绕京津冀庞大的AI、大模型市场，提供有力可靠的绿色算力保障，力争智算规模突破20000P（1P≈每

秒 1000 万亿次的计算速度）。

辽宁：以数字化改革助力政府职能转变，一体化推进数字服务、数字监管、数字政务建设，加快政府治理流程优化、模式创新和履职能力提升，构建数字化、智能化的政府新形态，提高政府决策科学化水平和管理服务效率。

吉林：推动数字经济与实体经济深度融合，助推传统产业加快升级。深入实施制造业"智改数转"行动，支持 100 个以上示范项目，建成 30 个省级智能制造示范工厂、100 个省级数字化示范车间，吉林省制造业企业数字化转型覆盖率提升至 50%。

黑龙江：加快发展数字经济，深化大数据、AI 等研发应用，大力发展电子信息等产业，支持哈尔滨 AI 算力中心等项目建设，打造数字产业集群。

上海：加快建设国际经济中心。全力落实新一轮集成电路、生物医药、AI 的"上海方案"，培育提升新能源汽车、高端装备、先进材料、民用航空、空间信息等高端产业集群，加快打造未来产业先导区。实施"智能机器人+"行动，率先开展国家智能网联汽车准入和上路通行试点。

江苏：以 AI 全方位赋能新型工业化，积极构建特色化行业大模型，打造 AI 创新应用先导区。深入实施"智改数转网联"，强化数字化转型服务供给，打造智能制造示范标杆，推动工业互联网创新应用，基本实现规模以上工业企业启动实施全覆盖。

浙江：深化国家数字经济创新发展试验区建设，做优做强集成电路、AI、高端软件等产业集群，积极推进工业"智改数转"，数字经济核心产业增加值的增长 9%，规模以上工业企业数字化改造覆盖率达 85%。

安徽：建成安徽省一体化数据基础平台，加快建设全国一体化算力网络芜湖数据中心集群，系统优化算力基础设施布局，高质量行业数据集规模达 200TB，智能算力达 12000P。

福建：发挥福建大数据交易所作用，全力培育数据要素市场，发展壮大数据产业，数字经济增加值达 3.2 万亿元。

江西：深入推进数字经济，做优做强"一号发展工程"。实施数字经济核心产业创新提升行动，做强核心元器件、关键电子材料、终端制造等关键链条，加快补齐专业芯片、软件等短板弱项。大力发展 AI、VR、物联网等数字产业链群。

山东：部署高性能智能计算中心，统筹布局通用和垂直大模型算力，累计建成 5A 级省级新型数据中心超过 25 个，智能算力比例达到 30%，建成"山东算网"。

河南：布局建设大科学装置，抢占 AI、类脑和仿真机器人等未来产业先机。

湖北：深入实施数字经济跃升工程，累计建成 5G 宏基站 12 万个，千兆光网实现乡镇以上全覆盖。着力构建数字经济、AI、绿色发展等优势领域"核心技术池"，集中力量突破高端 AI 芯片、智能数控机床、高端医疗装备等技术。

湖南：加快推进新型工业化。推动工业化、信息化"两化融合"，加快"智赋万企"进企业、进车间、进班组步伐，新增智能制造标杆企业 10 家、标杆车间超过 40 家，数字经济增长 15%。

广东：大力发展数字经济，创新发展大数据、云计算等数字产业，抓好 IPv6 规模部署，推进粤港澳大湾区国家枢纽节点韶关数据中心集群建设。

广西：推动制造业智能化改造数字化转型，促进万家企业"上云用数赋智"，打造 100 个数字化转型典型场景，争创 30 个国家级试点示范项目。强化数据资源安全管理。推进广电 5G 融合发展，新建 5G 基站 2 万个以上。

海南：加快推进 5G、算力、国际通信海缆等数字新基建。丰富"游戏出海"、卫星数据、区块链等应用场景，探索跨境数据分级分类管理模式，在特定区域开展"两头在外"数据加工业务。引导企业数字化、智能化改造升级，力争数字经济核心产业营收增长8%。

重庆：加快全国一体化算力网络成渝国家枢纽节点建设，打造重庆市统一算力调度平台，提升信息基础设施能级。加强AIGC等研发，建设开源社区，推动新一代信息技术在生产生活各领域深度植入渗透，拓展数字产业化新空间。

四川：加快建设"东数西算"工程国家枢纽节点，建设四川省算力调度服务平台，构建算力、存力、运力一体化算网融合发展体系。推动制造业智能化改造数字化转型，建设一批数字化转型促进中心和工业互联网平台，加快"5G+工业互联网"规模化应用。

贵州：抓住AI重大机遇，推动数字经济实现质的突破，数字经济占比达到45%以上、规模突破万亿元，加快打造全国算力高地。

云南：加快建设面向南亚东南亚国际通信枢纽和空间信息国际交流合作中心。打造10个工业互联网平台、10个数字化转型标杆企业、20个中小企业数字化转型，"小灯塔"数字经济核心产业营业收入增长15%。

西藏：制定推进新型工业化实施意见，规模以上工业和数字经济增加值均增长10%。

陕西：聚力培育软件和信息服务、物联网等10个重点数字产业集群。充分发挥国家超算中心作用，深度拓展数实融合空间，加快推动制造业"智改数转网联"，打造100个制造业数字化改造样板间。

甘肃：打造装备制造、数字经济、生物医药等省级先进制造业集群，培育认定5个省级中小企业特色产业集群。推进中小企业"智改数转网联"行动，持续抓好庆阳"东数西算"产业园建设。

青海：建设清洁能源和数字经济融合发展基地，开展"AI+"行动，打造数字产业集群。深入开展中小企业数字化赋能专项行动，推动生活服务业数字化转型升级。

宁夏：实施数字产业化量级提升行动，全力打造四大基地，加快建设七大数据中心，力争新增标准机架6万架以上，更好发挥宁夏"东数西算"枢纽节点作用，努力把"交换中心""算力中心"转变成"投资中心""效益中心"。

新疆：围绕"数字丝绸之路"和自贸试验区建设布局谋划绿色算力先导区，试点推进与东部地区共建算力联动机制，提升算力网络传输效能，积极融入全国一体化算力网络体系。

四、数字经济发展展望

（一）数字经济规模将进一步壮大

随着数字技术的不断发展和应用，我国数字经济将继续保持快速增长。数字产业将进一步壮大，成为推动经济发展的重要引擎。同时，传统产业数字化转型也将加速推进，为数字经济发展提供有力支撑。未来，我国数字经济仍然保持较高增速，预计到2025年，数字经济规模将突破60万亿元，到2032年，将超过100万亿元。

（二）数字经济与实体经济融合将不断深入

从未来发展趋势分析，随着AI、大数据、云计算、物联网等新一代信息技术的快速发展，我国数字经济将进一步推动各个行业的数字化转型。数字技术将广泛应用于制造、金融、教育、医疗、交通等领域，并继续改变传统产业的生产和经营模式，催生新的产业模式、业态、产品和服务，进而推动整个产业的数字化进程，提高产业整体效率和智能化水平。同时，数字消费将进一步增长，电子商务、在线教育、在线娱乐、在线医疗等领域将继续蓬勃发展，消费者将更加依赖数字技术，以满足自身各种需求。

（三）推动数据要素潜能加速释放

一是推动数据基础制度落地，形成"1+N"制度体系。健全数据确权登记制度；构建数据流通制度体系，促进数据合规高效流通；建立数据分配制度，增强数据供给动力；健全数据治理制度，统筹安全与发展的关系。**二是以公共数据为突破口，激活数据资源供给。**明确公共数据授权运营合法地位，鼓励各地各部门开展运营；丰富公共数据产品形态，保护原始公共数据安全；规范运营机构开发利用行为，避免发生垄断。**三是发展场内外结合、安全可信的流通市场。**明确各级交易场所功能定位；推动数据领域标准贯标，提升主体间相互信任水平；支持场外合规数据产品的自由流通；优化政府采购模式，鼓励政府采购数据产品和服务。**四是大力培育数据要素产业，营造创新发展生态。**深挖应用场景，推动数据要素赋能各行各业；提高企业数据应用能力，扩大用数需求。

（四）加速培养数字经济人才

数字经济的发展推动人才需求结构发生显著变化，对数字经济人才提出了更高的要求。《数字经济就业影响研究报告》显示，我国数字经济人才缺口接近1100万，且伴随全行业的数字化推进，需要引入更为广泛的数字经济人才，人才需求缺口问题在未来将持续放大。《2022年中国十大人才趋势》指出，未来几年，几乎所有行业都需要大量数字经济人才帮助企业完成数字化转型。国家、地方政府应当加强顶层设计和规划，引领数字经济人才建设，打造数字经济人才培养机制。企业、高校、科研院所应充分发挥各自主体优势，推动数字经济领域相关人才的培养，同时建立"产学研"联合培养机制，加强高校、科研院所和企业间紧密合作、协同培养。

（五）积极参与数字经济国际合作

推进全球发展倡议，在联合国贸发会议、金砖国家、上合组织、东盟等多边和区域框架下开展数字经济交流合作。主动参与多边机制和国际组织数字经济议题谈判，积极推进加入《数字经济伙伴关系协定》，在世界贸易组织、《区域全面经济伙伴关系协定》等框架下推动构建电子商务规则，开展双多边数字经济治理合作，搭建良好的国际环境。加快贸易数字化发展，大力发展跨境电商，继续加强跨境电商综试区建设，打造跨境电商产业链和生态圈。务实推进数字经济交流合作，推动"数字丝绸之路"走深、走实，拓展"丝路电商"全球布局。鼓励数字经济企业"走出去"，提升国际化运营能力，高质量开展智慧城市、电子商务、移动支付等领域合作。

五、结束语

数字经济作为我国经济发展的重要引擎和增长点，为我国经济实现高质量发展提供了强大动力。展望未来，我们应全面贯彻落实党中央、国务院发展数字经济的重大战略部署和党的二十大重要精神，把握新形势、新特征、新要求，充分利用数字经济带来的发展机遇，继续加强数字技术的研发和应用，优化数字经济的产业结构和创新能力，加强国际合作，在变局中开辟数字经济发展新格局，把发展主动权牢牢掌握在自己手中，推动数字经济发展再上新台阶，为实现经济转型升级做出更大贡献。

（中国信息通信研究院　刘芊岑）

F5G 赋能千行百业 促进数字经济发展

■ 一、数字经济与数字基础设施

数字经济是以数字化的知识和信息作为关键生产要素，以数字技术为核心驱动力量，以现代信息网络为重要载体，通过数字技术与实体经济深度融合，不断提高经济社会的数字化、网络化、智能化水平，加速重构经济发展与治理模式的新型经济形态。

数字基础设施是数字经济的底座，涵盖了5G、F5G、数据中心、云计算、AI、物联网、区块链等新一代信息通信技术，以及基于此类技术形成的各类数字平台。

2023年，中共中央、国务院印发的《数字中国建设整体布局规划》明确数字中国建设按照"2522"的整体框架进行布局，即夯实数字基础设施和数据资源体系"两大基础"，推进数字技术与经济、政治、文化、社会、生态文明建设"五位一体"深度融合，强化数字技术创新体系和数字安全屏障"两大能力"，优化数字化发展国内国际"两个环境"。

面向新时代，我国相继展开一系列部署。《中华人民共和国国民经济和社会发展第十四个五年规划和2035年远景目标纲要》将"加快建设新型基础设施"作为专门一节列出；《"十四五"国家信息化规划》提出建设泛在智联的数字基础设施体系；《"十四五"数字经济发展规划》提出优化升级数字基础设施；《扩大内需战略规划纲要（2022—2035年）》要求系统布局新型基础设施；各地纷纷设立未来建成5G基站目标规划等，系统性地推进数字基础设施建设。

为引导数字基础设施合规发展，我国一些省（自治区、直辖市）相继出台了有关数字基础设施的规定，对数字基础设施的基本内涵、主管部门、建设要求等进行明确，逐步建立并完善数字基础设施领域的法规体系。从整体情况来看，目前各地关于数字基础设施的立法内容主要呈现两种方式：一是将数字基础设施的规定作为数字经济促进条例或者数据条例的专章进行规定；二是针对数字基础设施出台专门的法规、规章或政策性文件。

■ 二、F5G Advanced 主要技术

（一）400Gbit/s 和 800Gbit/s 超宽技术

随着中国"东数西算"工程正式全面启动，优化东西部间互联网络和枢纽节点间直连网络成为一项重要的任务，海外围绕数据中心建网也成为主要趋势。数据中心互连和干线光网络流量持续提升，需要传送网的传输端口速率持续提升，并能在距离不变的情况下增加单纤容量，实现骨干网络大容量传输。

在技术和设备标准化方面，400G城域标准已发布，400G长距标准在2021年年底完成立项，800G标准当前正由标准组织讨论客户侧模块标准，线路侧及系统标准后续将跟随产业发展逐步提上日程。

光电产业需要在光模块、光谱、光纤及相

应的系统调测领域进行关键技术准备：一是光模块端口速率需要由当前的 200G 提升到 400G 和 800G，同时要能保持相同或近似的传输能力，需要在高性能编解码算法、向前纠错（Forward Error Correction，FEC）算法及非线性补偿算法方面进行研究；二是光放在 400G 阶段将从原来的 C 波段扩展到 C+L 波段，实现频谱翻倍，从而可以在频谱效率基本不变的情况下，实现容量翻倍。在频谱效率面临"瓶颈"的情况下，800G 代际可继续探索更宽频谱的技术演进路线。三是新型光纤的研究和探索，包括大有效面积、低非线性的 G.654E，多芯少模光纤，空芯光纤等。

（二）端到端波长交换

目前，全球范围内骨干层面已经部署大规模的光分插复用器/光交叉连接网络，光层调度逐步向城域汇聚并接入层延伸。相较于传统的光层平面，全光网实现业务波长级一跳直达，减少了复杂电光转化，建立无阻塞、超低时延、全光调度式"高速立交"，高效疏导业务流量，极大地提升了带宽调度效率。

（三）敏捷业务发放

敏捷业务发放协议：面向全光业务入云和入算提供极简、高效的控制协议。

业务协议：业务路由控制，控制和转发分离。

连接协议：控制信令随数据通道转发，转发性能同管道数量解耦，海量连接快速建立性能保证。

（四）光业务单元

光业务单元是 ONT 面向城域网大规模小颗粒专线承载场景演进的网络技术，采用更小的时隙粒度（Mbit/s 级），支持海量的弹性硬管道连接，提供可承诺的确定性低时延、完善的端到端操作维护管理功能，满足城域网专线承载场景的高品质需求。

国内和国际标准组织分别积极开展光业务单元标准的研究与制定，CCSA 已经完成了光业务单元标准立项，ITU 已经完成了 G.OSU（光业务单元通道层网络）标准的立项、场景需求及技术方向的讨论，在 2022 年 9 月 ITU-T SG15 全会上达成众多的技术方向共识，为光业务单元标准制定奠定了基础。

光业务单元关键技术特点有海量连接、带宽弹性可调、时钟透传、业务感知和映射、稳定低时延。

（五）50G PON

ITU-T 标准定义的 50G PON 系统采用点到多点架构和时分复用技术，第一版本支持下行 50Gbit/s 和上行 12.5Gbit/s 或 25Gbit/s，未来，增强版将支持对称 50Gbit/s。50G PON 引入数字信号处理器弥补器件性能损伤，接入带宽相比 10G PON 提升了 5 倍。同时，单帧多突发、注册窗口消除、协作动态带宽分配等技术降低了传输的时延和抖动，PON 切片技术提升了确定性业务质量保障能力，进一步增强了 50G PON 的业务支持能力。

2022 年，中国联通公司携手烽火通信公司在武汉完成国内首个 50G PON 现网业务试点。试点结合 VR、超高清视频、企业云办公等多个场景，对 50G PON 技术的实际应用，以及 50G PON 与 10G PON 共享光分配网络的可行性进行了现网验证，推动 50G PON 产业的逐步成熟，预计 2026 年开始形成商用部署。

（六）Wi-Fi 7/Wi-Fi 8

IEEE 成立 802.11be EHT（Extremely High Throughput，极高吞吐量）工作组，从网络吞吐、干扰抑制、频谱效率和时延优化等多个维度对 Wi-Fi 标准进行优化提升，制定了 Wi-Fi 7 标准。按照 EHT 工作组立项时的目标：对于无线局域网（Wireless Local Area Network，WLAN），将吞吐量提升到 30Gbit/s（大约是 Wi-Fi 6 的 3 倍）；对于实时应用，将时延控制在 5ms 以内。为此，Wi-Fi 7 在 Wi-Fi 6（IEEE 802.11ax）基础上引入了一些新技术特征。

一是物理层的提升。Wi-Fi 7 工作在 2.4GHz、5GHz 和 6GHz 这 3 个频段上，最大频谱带宽为

320MHz。从频谱角度来看，在相同流数和相同编码的情况下，相比 Wi-Fi 6 的 160MHz 带宽，峰值理论吞吐量提升了 1 倍；支持 4096-QAM，每个符号承载 12 比特的信息，在相同的编码下可以获得 20% 的速率提升；支持 16×16 MIMO，对于单个路由器来说，理论上可以通过 16 根天线（16 条空间流）来收发信号，将物理传输速率提升两倍。

二是多链路聚合。为了实现所有可用频谱资源的高效利用，需要在 2.4GHz、5GHz 和 6GHz 频谱上建立新的频谱管理、协调和传输机制。Wi-Fi 7 定义了多链路聚合相关的技术，主要包括增强型多链路聚合的媒体存取控制位址架构、多链路信道接入和多链路传输等相关技术。多链路聚合是指多个频段或者信道的聚合。多链路设备可以同时使用 2.4GHz、5GHz 和 6GHz 频段，通过负载均衡，或跨多个频段进行数据聚合，从而明显提高整体速度并大幅降低连接时延。

三是 OFDMA 增强。支持 Multi-RU，Wi-Fi 7 允许单个站点同时占用多资源块，并且不同尺寸的 RU 可以进行组合；支持前导码打孔，在连续信道的从信道遇到干扰时，将主信道和剩下的不连续的可用从信道进行捆绑，提升频谱利用率。

四是 AP 协同。Wi-Fi 7 不仅聚焦 AP 本身性能与可靠性的提升，也关注多个 AP 之间进行更合理的资源配置，以达到整个网络的性能最优。多个 AP 之间的协同调度的方式主要包括协同空间重用、联合传输、协同正交频分多址和协同波束成形。

除了上述技术，Wi-Fi 7 协议还涉及非正交多址（Non-Orthogonal Multiple Access，NOMA）、混合自动重传请求（Hybrid Automatic Repeat reQuest，HARQ）及更优的信道探测等技术。Wi-Fi 7 的 Release 1 重点关注的特性主要集中在物理层，包含 320MHz 频谱带宽、4096-QAM 调制、多链路聚合和 OFDMA 增强等。16×16 MIMO 和 HARQ 等特性将会在 Release 2 中推出。

Wi-Fi 7 引入的新功能将提升数据传输速率并提供更低的时延，更有助于新兴应用的推广，例如，智能家居、虚拟现实课堂、远程医疗影像、云计算、边缘计算等。为了满足用于制造的数字孪生、协作移动机器人等业务的要求，Wi-Fi 8 将优先考虑超高可靠性。

（七）集中管控 FTTR 组网

FTTR 将光纤进一步延伸至家庭/小微企业内部的每个房间，形成光纤分布式组网，以便为室内每个区域提供高质量网络。FTTR 面临多样化的部署场景，为提升部署和维护效率，美观抗拉的新材质光纤、光纤/光电复合缆组件及现场成端等技术持续涌现。同时，全屋一张网稳定高品质体验是 FTTR 的关键目标，通过中心化的一张网管控架构，依托业务与连接协同、"光 + Wi-Fi 协同"、Wi-Fi 集中控制等多层次技术增强，使能整网的 Wi-Fi 接入点在频域、时域、空域等多维度精准协同，从而提供整网一致稳定的联接体验及零丢包无感的漫游体验。其中，权衡业务体验需求及设备资源限制，获取最优的光与 Wi-Fi 协同机制、Wi-Fi 集中管控算法需要持续的探索。全屋一张网极简运维是 FTTR 的发展基础，其目标是将一张 FTTR 网简化为一个管理点，支持一键式业务发放及智能运维，而这一运维框架和管理模型也有待业界共同研究和定义。

（八）确定性 PON 的网络切片

PON 在企业园区需要面向企业办公、园区安防、生产制造等多种应用场景的融合。确定性 PON 采用网络切片技术动态实现 PON 业务承载的"微服务"，即细分确定性 PON 的性能，从而按照不同的应用场景，在同一张物理 PON 的全光网络上划分为多个互相独立的逻辑网络。不同应用场景下的业务由不同性能的网络切片承载，既保证了不同业务的差异化网络服务，又保证了在某个切片中的流量发生异常或突发等状况下不影响其他关键数据流的性能。确定性 PON 的网络切片按照不同应用场景需求可以分别选择管理级切片、设备级切片和业务级切片。

（九）自智网络

近年来，电信管理论坛和欧洲电信标准协会、CCSA 等标准组织发布多个关于自智网络的标准。通过引入大数据、AI 等新一代信息技术，以及构建数据与知识驱动的智能极简网络，实现家庭宽带、政企、工业业务端到端数字化运维能力，实现高度自动化的网络感知、分析、决策和执行。

中国联通基于市场需求和技术发展，结合自身"网络＋平台＋应用"的实践与"四零四自"（四零：零等待、零故障、零接触、零风险；四自：自规划、自配置、自恢复、自优化）愿景，提出中国联通自智网络"三化三层三闭环"的目标架构。该架构围绕"网络层—业务层—商业层"构建"数字化、智能化、敏捷化"的能力，通过"知识闭环、任务闭环、意图闭环"推动中国联通自智网络演进。

（十）通信感知融合

通信感知融合的主要技术如下。

光纤传感技术。光纤不仅可以进行信号传递，同时具备良好的振动、温度、应力等感知功能。通信感知融合是大势所趋，数字化感知实现万物智联，光感知助力安全高效生产，向自动化智能化迈进。

Wi-Fi 传感技术。受到环境和人类活动的影响，Wi-Fi 信号在传输过程中存在衰落、阴影、多径等效应，通过计算发送信号和接收信号之间的线性变换关系，可以得到表征信道环境特征的通道状态信息。Wi-Fi 传感基于信号处理、特征分析、深度学习等技术，对通道状态信息进行信号噪声过滤和特征提取，进而识别出环境中人员的活动状态、动作类型和活动规律等信息。IEEE 将推出 Wi-Fi 传感标准 802.11bf，将无线设备转变为传感器，能够通过计算人和物体物理空间中信号的干扰和反弹收集有关人和物体的数据。已建立的 Wi-Fi 设备将成为用于确定特定区域内人和物位置和网络交互的一部分。

光纤传感技术。光纤传感器是以光学量转换为基础，以光信号为变换和传输的载体，利用光纤输送光信号的一种传感器。光纤传感器主要由光源、光纤、光检测器和附加装置等组成。

三、F5G/F5G Advanced 应用场景

F5G/F5G Advanced 的应用场景其主要包括面向 C（Consumer，消费者）端、H（Home，家庭）端的生活场景，例如，智能家居、云 VR、超高清视频等；以及面向 B（Business，商业）端的垂直行业场景，例如，智慧教育、智慧医疗、智能制造等。

（一）智慧家庭

2023 年，具备千兆网络服务能力的端口达到 2.302 亿个，固定宽带千兆宽带用户超过 1.5 亿户，固定宽带千兆接入用户占比已近四分之一，IPTV 总用户接近 4 亿户，有力地支撑了超高清视频、XR 元宇宙、云游戏、云存储等业务的发展。

2022 年，中央广播电视总台 8K 超高清频道 CCTV-8K 正式开播，并在"百城千屏"活动中，于全国 30 余个城市中的 8K 公共大屏上进行了信号的同步播出，成为"科技冬奥"的一大亮点。在 8K IPTV 点播的初缓或快进快退阶段，如果要满足即点即播或即拖即播的极致响应要求，峰值带宽需求近千兆。

XR 行业已跨越断裂带逐渐进入稳步发展期，以元宇宙为例，META 的 Horizon Workroom，其主要落地形式仍是建立在 Cloud XR（云 XR）架构之上的，它通过融合云渲染、XR 等技术，将计算主体迁移到云端，能有效降低终端设备性能要求和成本，聚合生态资源，加速自身应用的普及。以云化 VR 为例，网络技术的匹配度决定了云化 VR 沉浸体验能达到的程度。从体验提升的维度云化虚拟现实业务的演进可分为发展早期阶段、入门体验阶段、进阶体验阶段和极致体验阶段 4 个阶段。在进阶体验阶段和极致体验阶段，用户对家庭

网络带宽的需求分别达到 560Mbit/s、1520Mbit/s，端到端时延在 10ms 以内，丢包率小于 1×10^{-6}。50G PON、Wi-Fi 7、FTTR 构建的家庭网络满足业务极致体验阶段的云 VR 业务对确定性低时延和超大带宽的需求。

（二）智慧教育

具备增强宽带、绿色敏捷全光网、全光联接等特征的 F5G/F5G Advanced 网络能够构成智慧教育的数字底座。以采用无源光局域网（Passive Optical LAN，POL）组网的全光校园网为例，在校区放置 2 台光局端 OLT，实现 "1+1" 冗余备份及双上行级联，采用 Type B 双归属保护或 Type C 双归属保护。同时，将校园网和设备网接入部分融合为一张网，通过 PON 共同承载，简化网络结构，融合后光局端 OLT 上行采用 10GE 光口分别与现有核心交换机对接。不同类型的业务通过不同的业务通道实现业务隔离，同时，通过硬管道隔离及加密技术确保业务安全。

在智慧教室，学生和老师的互动从教室延伸至以 XR 及宽带技术为基础的虚拟"第二空间"。一方面，在虚拟空间中，师生边界更加模糊，师生互动更加自然，且不受地理因素制约，可实现教育资源的共享；另一方面，XR 技术将复杂、被动的示教过程，转变为虚拟仿真中的自主探索学习。通过对新知识的反复学习，达到更好的教学效果。

（三）智慧医院

具备增强宽带、绿色敏捷全光网、全光联接等特征的 F5G/F5G Advanced 网络构成智慧医院的数字底座。智慧医院的全光网主要包括全光医院园区、全光院区互联，全光医院园区采用无源光局域网的组网方式，用于连接医院院区内部医疗设备、医院信息系统、网络设备等；全光院区互联采用光传送网设备，用于医院的不同院区之间的网络连接，以及不同医院之间的网络连接。光传送网提供超大带宽、超低时延、高可靠性的硬管道连接。

智慧医院全光网的应用场景包括远程影像和虚拟现实医疗等。随着医学影像精度的提高，其数据量也在不断增加，拍摄一次计算机断层扫描（Computed Tomography，CT）影像产生的数据量为数百兆字节级，拍摄一次核磁共振会生成数百张的图片，数据量可达数吉字节级，冠状动脉造影的数据量更大，需要光网络进行传输。随着千兆/万兆光网的普及，医学影像的集中存储、CT/核磁共振的远程阅片逐步应用在基层医院。在虚拟现实医疗场景下，医疗机构将每位患者的器官三维模型上传至病历系统服务器，将其与患者的身份、病情等其他信息相匹配，并与相关的虚拟现实设备连接，即可建立基于虚拟现实的电子病历系统。该系统可以展示患者的身体三维模型、诊断记录、手术记录、医嘱等，患者可以通过移动设备以扫描二维码的形式访问该系统，并利用虚拟现实设备浏览携带自身健康信息的三维模型。

（四）智能制造

具备增强宽带、绿色敏捷全光网、低时延高可靠工业级联接等特征的 F5G/F5G Advanced 工业光网构成智能制造的数字底座。工业光网是工业 OTN、工业 PON 等采用光技术实现设备互联互通的网络技术总称，可根据工业企业实际的建网需求部署，为企业生产管理业务提供便捷高效的光网络承载。企业可以通过建设一张全光网实现工业网络的生产控制、厂区监控、办公业务的统一接入等，完成人、机、物的全面互联。此外，企业还可以按照发展需要将工业光网与工厂内现有网络相结合，实现工业光网与工业以太网、5G、Wi-Fi 等网络技术的融合组网。

工业 OTN 设备可以部署在工业园区网络中的园区骨干网，用于连接园区云基础设施、园区公共服务网络和企业生产网络，此外还实现不同园区的互联互通，以及园区到公有云的连接。

工业 PON 设备可以部署在企业车间、工厂等，用于承载企业的生产、监控和办公业务，是构建工厂智能化的基础。工业互联网 PON 技术可以有效解决智能工厂和数字车间的通信交流，构造安全可靠的工厂内网络，完成制造业基础设备、工艺、物流、人员等各方面基础信息采集，实现工业现场协议的灵活转换等。

在工业光网络中还需要研究一些关键技术，包括网络切片技术、融合网络架构、工业网络安全体系、工业网络监测体系、工业网络标准化、PLC 等，以便根据不同制造业的需求形成更具针对性的解决方案。

基于工业相机自动光学检测的测质检是具备万兆带宽升级需求的业务。使用专业的分辨率工业相机，配合机器视觉算法，能够自动不间断地完成对工件质量的检测工作。一方面，为了保证数据无损且低时延传输，回传的图像数据是不压缩传输的；另一方面，由于工况限制，承载计算视觉算法的服务器一般远离产线（100 米）。这两个因素叠加，使光纤连接成为最佳解决方案。然而，随着自动光学检测质检的要求越来越高，彩色工业相机成为主流，并在分辨率（500 万像素升级到 5000 万像素）、帧率（30 帧升级到 120 帧）及色深（8 比特升级为 16 比特）的要求上有大幅提升。一个典型的工业相机原始输出码率达 7～8Gbit/s，对网络传输能力提出了更高要求。

我国加快推动传统产业技术改造升级，加大智能制造推广力度，建成了 62 家"灯塔工厂"，占全球"灯塔工厂"总数的 40%，培育了 421 家国家级智能制造示范工厂、万余家省级数字化车间和智能工厂。

（五）智慧交通

道路管理一直是城市管理的难题，道路拥堵制约着超大型城市的发展和人居环境。数字基础设施改造，可将道路、路口的图像实时回传云端，通过云端大数据分析，找到道路拥堵的根本原因，并通过交通灯控制、潮汐车道变换、未来智能汽车系统交通控制信息广播等方法，实现拥堵疏导，并进一步实现态势感知、拥堵预测和及时干预。

智慧交通理念的实现，需要依靠数字基础设施的改造，万兆光接入能很好地适配智慧交通场景，成为重要的使能技术之一。

一方面，道路管理使用的摄像头回传需要较高的传输可靠性和环境适应性。例如，隧道环境，一般的无线基站信号已经无法穿透岩壁，需要特殊的中继设备才能覆盖隧道内的设备连接，而光纤网络不存在此类问题。类似的情况还发生在电磁环境复杂和无线基站覆盖稀疏的区域。另一方面，万兆光接入能够很好满足高汇聚带宽的需求。目前，智慧交通的发展方向是使用不同类型的摄像机应对同一路口或路段的不同影像类型。一个路口可能设置 20 多个摄像头。按照一个摄像头回传速率 200Mbit/s 计算，一个路口会产生超过 4Gbit/s 的回传带宽需求。

具备增强宽带、绿色敏捷全光网、体验可保障特征的 F5G/F5G Advanced 网络构成智慧交通的数字底座。

（六）智慧文旅

数字文旅的一个典型场景是通过 AR 技术，实现文化景观和虚拟世界的融合体验。例如，以现实古建筑为背景，通过虚拟影像了解建筑在历史上的变迁，展示场景中的历史事件；通过叠加到文物上的虚拟文字和讲解，更加直观地理解文物价值，尤其是历史悠久，文化艺术价值高的展品，可以根据用户个人偏好，选择不同频道，叠加不同的虚拟内容。

（七）智慧楼宇

我国多个省（自治区、直辖市）相继发布了"十四五"期间智慧楼宇行业发展规划，提出要依托 5G、F5G、大数据、数字孪生等技术，构建智慧楼宇服务体系。中国联通公司开展楼宇商企深耕行动，面向中小企业开展"云+网+X"融合营销，带动云网业一体化规模发展，使 2B2C（To Business，To Customer，面向企业，面向消费者）

协同发展。中国电信在楼宇市场提出数字化智慧楼宇，打包"双千兆宽带+定制终端+公有云桌面"业务，为中小企业提供"一揽子"整体信息化服务。中国移动公司集中专项资源优先覆盖楼宇客户，以企业宽带为基础，面向聚类市场分类推广"网+云+应用"业务，在楼宇市场进行C端、H端、B端融合拓展。

（八）数字乡村

中共中央网络安全和信息化委员会办公室等十部门印发的《数字乡村发展行动计划（2022—2025年）》部署了数字基础设施升级行动、网络帮扶拓展深化行动、智慧农业创新发展行动、新业态新模式发展行动、数字治理能力提升行动等8个方面的重点行动。

数字乡村建设中，一方面，加速推动"双千兆"在农村地区的覆盖，持续优化乡村网络基础设施条件；另一方面，通过物联网芯模和物联网管理平台构建数字乡村感知体系，逐步实现从"基础连接"到"万物智联"的跃升，打通数字乡村的神经末梢。

四、展望

党的二十大报告指出，加快发展数字经济，促进数字经济和实体经济深度融合，打造具有国际竞争力的数字产业集群。F5G/F5G Advanced在家庭、教育、医疗等民生领域形成示范性的应用，逐步赋能制造、交通、文旅等行业，缩小城乡数字基础设施和数字经济发展差距，协同推进数字产业化和产业数字化，促进数字技术和实体经济深度融合，为高质量发展注入强劲动能。

（中国联通研究院　程海瑞　贾武）

数字孪生技术推动我国数字经济高质量发展

产业数字化是数字经济的主要表现形式,在数字经济构成中扮演主要角色,是推动我国数字经济发展和建设数字中国的核心动力。数字孪生技术作为产业数字化的关键技术手段,不仅能提高生产效率、降低生产成本,还能显著提升科学决策能力,有力助推了产业数字化的进程。目前,数字孪生技术已广泛应用于城市安全、航空航天、智慧交通、智慧城市等多个领域,充分展示了其在众多领域中的广泛适用性及其带来的显著社会经济效益,有效推动了我国数字经济的高质量发展。

一、数字孪生理论基础

数字孪生是指综合使用物联感知、数字建模、仿真计算、AI等信息技术,通过软件定义,给现实世界中存在的物理实体创建对应的虚拟映像(数字孪生体),并通过在数字孪生体上进行仿真分析,实现对物理实体的描述、诊断、预测、科学决策和优化,进而达到物理实体和虚拟实体的共生。数字孪生是物理实体及其数字孪生体的有机整体,二者互相连接、互相促进和共生进化,具备虚实结合、实时交互、迭代优化和数据驱动等特点。

数字孪生涉及地理信息、通信和自动化、AI、计算机图形学和制造业计算机辅助设计等领域的各项技术,包括激光雷达、倾斜摄影、AI、4G/5G/6G、XR、IoT、实时控制系统、机器学习、云计算、边缘计算、系统仿真、多物理场仿真、计算机辅助工程(Computer Aided Engineering,CAE)、计算机辅助设计(Computer Aided Design,CAD)、产品生命周期管理(Product Lifecycle Management,PLM)、企业资源计划(Enterprise Resource Planning,ERP)等。数字孪生的实现主要包含数据采集、数据清洗与处理、数据融合、数字孪生体建模、渲染、仿真、分析、预测、交互、控制等计算模块。

根据物理实体与数字孪生体的连接交互方式、集成的计算模块和自动化程度的不同,北京航空航天大学陶飞教授将数字孪生的成熟度分为6个级别,分别是:以虚仿实(L0),物理实体和数字孪生体数据间的非实时交互,但依赖人对物理实体的控制和对数字孪生体的控制和更新;以虚映实(L1),数据孪生体真实且具有时效地展示物理实体的运行状态和过程,但对于物理实体的操作和管控仍需要人介入;以虚控实(L2),虚实的双向数据能够实时双向闭环交互,实现数字孪生体对物理实体的远程可视化操控;以虚预实(L3),数字孪生体能够预测物理实体未来一段时间的运行状态和过程,在一定程度上将未知转化为预知;以虚优实(L4),数字孪生体能够利用策略、算法和历史数据对物理实体进行具有时效性的智能决策和优化;虚实共生(L5),物理实体和数字孪生体长时间同步运行,在全生命周期中通过动态重构实现自主孪生,保证可视化、预测、决策和优化的有效性。L0、L1和L2将重点放在物理实体和数字孪生体之间的数据交互及可视化展示。从L3开始,数字孪生技术具备了仿真功能,通过对物理实体的仿真分析产生大量符合机理的仿真数据,从而精准预测物理实体的运行状态。仿真能力是数字孪生技术的核心所在。L4则通过结合仿真得到的预测数据和实测数据，发现物理实体存在的问题，并在此基础上对物理实体进行优化和智能管控。最终，L5实现了全生命周期的自主孪生，使数字孪生体在不断优化和学习的过程中实现更智能化的应用。数字孪生成熟度分级体系有助于清晰了解数字孪生技术的发展阶段，还能为不同领域的数字化转型提供有层次的指导。

二、我国数字孪生产业发展实践情况

北京云庐科技有限公司（以下简称云庐科技）、北京华如科技股份有限公司（以下简称华如科技）、北京五一视界数字孪生科技股份有限公司（以下简称51WORLD）、广州市城市规划勘测设计研究院（以下简称广勘院）等公司，基于数字孪生的理论基础，以仿真能力建设为核心，围绕"以虚预实、以虚优实、虚实共生"开展了一系列中国式数字孪生产业创新实践。

（一）城市安全领域

2023年11月，国务院安全生产委员会办公室发布《城市安全风险综合监测预警平台建设指南（2023版）》，聚焦城市重大安全风险，明晰综合平台和4个行业领域18个安全风险监测预警系统的功能定位，推进跨部门信息共享和业务协同，构建统分结合、协调联动的城市安全风险监测预警体系，提高城市防范重大安全风险的能力和水平。

云庐科技在完全自主研发的CAE核心基础上，创新性地提出了"CAE+AI"的数字孪生解决方案，通过CAE进行符合机理方程的仿真分析，生成不同工况的仿真数据，并借此数据训练AI模型，使其在输入实测数据时，快速预测物理实体的状态并对其进行优化，达到了数字孪生L4的成熟度。基于该技术所研发的项目已在城市安全的4个行业领域成功落地。

1. 城市生命线工程领域——桥梁运行安全监测与评估系统

桥梁在长期运营过程中，会经常遇到暴晒、超载、水毁、地震、船撞等灾害，出现老化隐患、结构失稳甚至局部坍塌的风险很高。在我国公路网中，约40%的在役桥梁服役超过20年，超过10万座桥梁为危桥。然而，现有桥梁监测系统提供的监测数据存在时间戳混乱、数据漂移等问题，且只能展示传感器的安装位置、原始数据和数理统计结果，缺乏综合性评估，无法全面掌握桥梁的整体运行状态。这些不足导致发生突发安全事故时无法提前预警，不能满足桥梁长期安全运营的要求。

基于此，云庐科技研发了桥梁运行安全智能监测与评估系统。该系统构建了桥梁数字孪生体，通过整合有限元网格模型、材料属性、边界条件、初始条件、风速、温度、降雨/降雪量、环境震动激励、加速度、应变、位移等数据，利用弹性模型、弹塑性模型、疲劳损伤累积模型和AI模型，实现了对桥梁的实时仿真推演分析。该系统能够评估环境载荷对基建结构的影响，发现可能诱发安全事故的局部位置并提前预警，并制定相应的维护方案。此外，该系统实现了对桥梁全生命周期的健康状态评估、预警、预测，为养护决策提供支持，确保桥梁结构的安全，降低管理养护成本，推动了交通基础设施管养的智慧化升级。

目前，该系统已成功应用于桥梁的运行安全监测与评估工作中，实现了桥梁运营管理的智能化，提升了桥梁病害和潜在威胁的预警预报能力，保障了桥梁长期运营的安全。

2. 公共安全领域——建筑火灾风险评估系统

随着城镇化进程的推进和城市经济的快速发展，工业区、商贸、餐饮等产业集聚效应给消防管理带来挑战。为了降低火灾带来的损失，在加强安全防范的同时，需要尽早扑灭火灾。这要求消防人员能够对火灾现场的险情做出精准评估，包括室内高温分布、楼房框架在高温作用下的响应状态等，进而制定最优的救援路线和灭火措施，才能极大限度地保证消防员和受灾人员的生命财产安全。

基于此，云庐科技研发了建筑火灾风险评估系统，通过整合建筑不同部位材料的弹性模量、剪切模量、热膨胀系数、单火源、多火源、火源位置、升温参数、边界条件等多维数据，利用基于板壳理论构造的三角形壳元有限元模型和AI推理诊断模型，实时评估建筑结构的损伤情况，并基于评估结果输出最优的疏散路线和施救的安全路线及时间，以保障应急救援安全。该系统实现了对建筑结构受火稳定性的实时评估，助力提升消防工作的科学化、专业化、智能化、精细化水平，全力保障消防员和受灾人员的生命财产安全。

目前，为了验证该系统的有效性，云庐科技在搭建实体建筑模型过程中开展了多次火灾实验，并将实验结果和仿真结果进行对比分析，数字孪生场景还原度达100%。

3. 生产安全领域——尾矿库智慧安全管理系统

尾矿库是存放和处理矿山中或在冶炼过程中产生的尾矿的设施，不当的管理可能导致尾矿泄漏、水质污染、生态系统被破坏等问题。目前已建成的全国尾矿环境管理信息系统仅支持相关数据统计、分析和监管，缺少对尾矿库存在风险的有效预警能力。

基于此，云庐科技研发了尾矿库智慧安全管理系统。该系统构建了尾矿库数字孪生体，通过整合水位、气温、湿度、坝体形态变化、孔隙率、弹性模量、泊松比、黏聚力等数据，采用非稳定非饱和渗流模型、岩土材料应力应变模型、岩土体边坡稳定分析模型、地震荷载加载模型和AI诊断识别模型等，实现库区范围洪水分析、坝体稳定分析、溃坝分析、水质分析、水量平衡分析，以及对所有风险的实时预警（例如，报警库水位超水位、干滩长度小于汛限长度、坝体位移或位移速率超过警戒值、坝体浸润线异常超高、坝后渗流量异常超高等）。该系统提升了尾矿处置的安全管理水平，优化了生产管理统筹能力，降低了运营成本，推动了企业的可持续发展和智能化转型。

目前，该系统已成功应用于S省某铜矿的尾矿库安全监测项目中，实现了对不同情况下的坝体安全进行分析和动态仿真分析，帮助用户更好地掌握尾矿库的安全状况，提升了安全预警和应急响应水平。

4. 自然灾害领域——城市精细化内涝仿真预报系统

虽然水利工程建设在一定程度上减缓了内涝问题，但仍难以从根本上解决这一问题。因此，需要提升监测、预报和预警等非工程手段的能力。目前，市场上的内涝系统缺乏有效的机理仿真模型支持，无法将气象预报准确转化为内涝风险的预测，也无法提前预报积水的分布和发展趋势，从而无法及时对风险进行预警。此外，现有技术在城市级别的仿真运算时效率低、耗时长，计算所需时间超过洪水传播的实际时间，因此无法在洪涝灾害来临之前做出及时预警，无法满足紧急决策的要求。

基于此，云庐科技研发了城市精细化内涝仿真预报系统。该系统以物理城市（流域）为核心单元，构建了流域数字孪生体，整合了城市内涝相关的历史降雨、高程、天气预报、河道及排水口水位、城市土质渗水性等多维数据，运用一维、二维及其相互耦合的水动力学模型和AI模型，全面模拟了整个流域或城市的水流运行状态和发展趋势，并通过可视化模型动态呈现模拟结果。同时，该系统采用高性能并行计算技术对仿真计算进行加速，确保系统能够快速模拟城市级别的内涝场景，快速输出可能的积水点和积水范围，为决策提供技术支撑。这一系统有助于推动城市内涝防治水平的数字化和智慧化提升，同时为应急响应、水务管理和城市更新等业务提供全面支持。

目前，该系统已成功应用于B市Q河流域的内涝仿真预报工作，实现了分钟级的城市雨洪过程全区域实时仿真，以及智能化预报预测，从内涝前模拟分析，到内涝实时预警，再到除涝后总结分析，实现了防涝工作的全周期、全流程精细化管理，为政府相关部门提供决策支持和调度指挥的可靠依据。

（二）自动驾驶领域

51WORLD成功研发了一体化的自动驾驶仿真与测试平台，该平台包括静态和动态数据导入、测试场景案例编辑、传感器仿真、动力学仿真、可视化、测试与回放、虚拟数据集生成等功能。该自动驾驶仿真与测试平台提供了全面的测试环境，满足自动驾驶系统开发和验证的多方面需求。

（三）城市规划和社会服务领域

广勘院在城市规划和社会服务中引入数字孪生技术，实现了建筑布局、公园规划、城市扩张预测、基础设施规划、教育资源、公共服务设施、社区发展和文化设施规划等仿真能力。

三、我国数字孪生行业的现状

1. 数字孪生能力逐渐从好看转变到好用

基于前期产业数字化建设，目前各地政府和产业界积累了大量的数据资产，形成令人满意的可视化效果。2023年，中共中央、国务院、国家发展和改革委员会、工业和信息化部、自然资源部、住房和城乡建设部、水利部等纷纷出台相应政策，引导数字孪生向城市各个行业应用渗透，数字孪生行业建设进入深水区，其关注重点逐渐转向预报、预警、预演、预案的能力建设。

2. 数字孪生行业标准体系建设正在完善

2023年，中国通信标准化协会数字孪生工作组制定了完备的数字孪生城市标准体系，开展《数字孪生城市数字实体分类和统一标识编码体系》《数字孪生城市数字实体元数据》《数字孪生城市仿真推演要求》等多项行业标准的制定工作，明确了数字孪生城市八大类实体多维度的属性定义，明确了数字孪生体的仿真推演架构、功能、接口和技术要求，正在构建数据统一表达、交互共享和仿真推演能力的行业标准。

数字孪生是一个涉及多环节、多领域、跨部门的复杂系统工程，需要各行业通力合作，构建合作共赢、开源创新的数字孪生健康产业生态体系，促进物理世界和数字世界的深度融合，推动技术不断演进，驱动更多行业使用数字孪生技术，助力各行业加速完成产业数字化转型。

四、未来展望

首先，随着数字孪生标准体系的完善和产业生态的构建，数字孪生涉及的各项技术可以通过"组件+低代码"进行快速开发，实现可扩展、低代码和积木式的服务化供给方式，加速数字孪生项目的研发进度。

其次，随着信创产业被提升到国家安全战略的高度，国产CPU、GPU、CAE、CAD等软硬件行业迅速发展，这预示我国还将在数字孪生领域突破核心技术难题，实现内生安全的孪生技术自主创新。这将为我国在数字化领域的自主研发和创新提供更为坚实的技术支持。

再次，随着AI大模型技术的快速发展，数字孪生体的构建、仿真模型的搭建将会通过AI大模型技术自动化实现。未来，每个行业的数字孪生体都将演变成智能对象代理，不同行业的智能对象代理之间将实现互动和协作，协同处理复杂问题，迎来更加智慧的变革，从而实现整个城市的虚实共生。

最后，随着国家数据局《"数据要素×"三年行动计划（2024—2026年）》的发布，我国数字经济发展进入了以数据为关键要素，并充分发挥倍增效应和乘数效应的深入发展阶段，数字孪生技术必将赋能智能制造、交通运输、应急管理、智慧城市、绿色低碳等重点领域，促进全要素生产率与经济效率的提升，推动数字经济高质量发展。

（北京云庐科技有限公司　白杨　肖捷）

中国—东盟数字经济合作研究展望

为加快我国数字经济与国际接轨，开展"数字丝绸之路"建设，区域数字经济一体化、联通化将成为"一带一路"倡议新的合作发展方向。而东盟是"一带一路"中的重要区域，与东盟国家开展数字经济合作可以实现优势互补，促进双方区域数字经济快速提升。

一、中国—东盟数字经济合作现状

（一）中国和东盟在国家发展战略上高度契合，双方通过巩固合作伙伴关系、出台相应政策加强在数字经济方面的合作

2018年，中国与东盟制定《中国—东盟战略伙伴关系2030年愿景》；2020年，第23次中国—东盟（10+1）领导人会议上双方联合发表《中国—东盟关于建立数字经济合作伙伴关系的倡议》；2021年，双方正式宣布建立"中国东盟全面战略伙伴关系"，标志着中国与东盟双边关系进入全方位发展新阶段；2022年，第二次中国—东盟数字部长会议通过《落实中国—东盟数字经济合作伙伴关系行动计划（2021—2025）》和《2022年中国—东盟数字合作计划》。系列合作政策提出要进一步提升双方数字互联互通，加强在信息基础设施、产业数字化转型、网络安全等领域的合作，共同应对新技术带来的挑战。两国的政策支持为开展数字经济合作提供了良好的政治环境。

（二）中国和东盟在数字经济的基础设施和平台建设方面取得良好合作成果

2015年，中国和东盟共同打造中国—东盟信息港，建设连接中国与东盟的"信息丝绸之路"；2018年，澜湄六国联合推进跨境陆缆和国际海缆建设与扩容，提升了国家间网络互联互通水平；2019年，中新国际数据互联网专用通道正式开通，这是中国第一条面向单一国家针对性的国际数据专用通道。中国和东盟在数字经济基础设施和平台建设方面取得了良好成果，为促进双方数字经济合作提供了有力支撑。

（三）中国企业在推动东盟数字经济发展中占据重要位置

中国企业在东盟信息基础设施建设中起到了十分重要的作用。华为与东盟基金会联合举办亚太数字创新峰会、亚太数字人才峰会等大型会议，共同探讨数字经济与产业创新的新场景和新方向，以及数字人才培养及生态建设新路径。华为还与泰国政府部门及行业组织共同发起东南亚第一个5G生态系统联盟——泰国5G联盟，以推动5G在泰国各行业领域的应用，释放泰国数字经济动能。中兴通讯协助泰国电话组织（Telephone Organization of Thailand，TOT）顺利完成泰国24700个村庄的光纤网络覆盖，参与宽带网络覆盖项目实施，在泰国大力发展数字经济计划中起到了不可或缺的作用，同时还积极承担印度尼西亚政府项目，不断扩大4G、5G网络规模，推动5G应用更加广泛且多元化发展。

二、中国—东盟数字经济合作机遇

目前，数字经济已成为促进全球经济发展的

重要动力，世界各国都在积极推动数字经济发展，中国和东盟在数字经济发展中有着众多合作机遇。

（一）合作机制不断建立并完善

双方已探索形成中国—东盟（10+1）领导人会议、中国—东盟电信部长会议、中国—东盟数字部长会议等常态化沟通机制，同时还有中国与东盟各国、各行业、组织的多层次多渠道合作机制作为补充。

（二）基础设施建设助力数字经济发展

5G、物联网、工业互联网、AI等"新基建"正在从社会各方面推动信息上升到数字资产的高度，互联网、大数据、AI与实体经济的深度融合让人们享受到数字经济带来的便利和高效。

（三）东盟在数字经济发展方面有巨大的投资需求

中国在AI、电子商务、5G、互联网等方面的技术水平位居世界前列，在信息基础设施建设方面具有领先优势。工业和信息化部统计数据显示，截至2023年年底，我国5G基站总数达337万个，已建成全球最大规模的5G网络，为发展数字经济奠定了坚实的基础。东南亚地区总人口超过6亿，年轻人群体较多，互联网普及率高，数字经济潜力巨大，但是东盟国家信息基础设施建设、4G和5G应用、数字技术等方面发展不平衡，整体水平不高，有较强学习中国经验和接受合作投资建设的意愿。

三、中国—东盟数字经济合作挑战

第一，东盟国家信息基础设施不健全、不平衡。信息基础设施是数字经济发展的重要基础，东盟各国信息基础设施发展水平存在明显差异，例如新加坡是世界上信息基础设施最发达的经济体之一，新加坡宽带普及率为200%，移动电话普及率为160.6%，但是老挝4G渗透率不足20%，互联网普及率仅约40%。根据国际电信联盟2023年11月发布的有关2023年全球信息和通信技术开展指数来看，东盟十国的发展差距十分明显，这样的差距在一定程度上阻碍了区域数据的流动，进而制约中国—东盟数字经济合作的质效。2023年东盟十国信息和通信技术开展指数如图1所示。

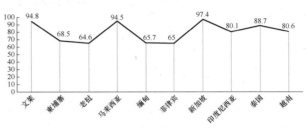

图1 2023年东盟十国信息和通信技术开展指数

第二，中国和东盟国家之间，以及国家内部在"驾驭"数据的能力上存在巨大差异，能力有限的国家（例如老挝、缅甸、柬埔寨）无法将数据高效整合应用，在这样的情况下，中国—东盟数字经济合作无法按照统一模式同步进行。

第三，数字经济时代对劳动者和消费者的数字技能都提出了要求，但是东盟各国普遍缺乏数字人才。数字人才是数字经济发展不可缺少的要素，随着数字技术向各领域的渗透，社会对数字人才的需求越发强烈，但是东盟国家普遍存在教育内容滞后、数字技能不足、劳动力与岗位需求不匹配等问题。

四、中国—东盟数字经济合作展望

虽然东盟地区目前在数字经济基础设施、人才培养等方面仍面临一些困难，但从整体上看，东盟地区各国数字化转型升级需求强烈，数字经济发展潜力大，中国与东盟在数字经济领域有广阔的合作空间。

（一）加强信息基础设施建设，为数字化转型提供支撑

信息基础设施是数字化发展的基石，东盟大部分国家的信息基础设施落后，从整体来看，在新技术新应用推广和部署方面处于早期阶段。2018年，东盟批准的数字经济领域的综合指导文件《东盟数字一体化框架》指出的6个优先发展

领域中,"加强基础设施建设"排在第一,见表1。因此,双方数字经济合作的首要内容应是加速东盟国家信息基础设施的建设,利用中国先进的数字技术及经验为东盟数字经济发展奠定坚实的基础。

表1　东盟数字一体化框架主要内容

序号	主题	具体内容
1	无缝贸易	加强基础设施建设,推出便利贸易政策,促进"无缝物流"等
2	数据	保护数据,支持数字贸易和创新
3	数字支付	推动数字金融服务发展,实施相互兼容的框架,使用相同的全球标准、信息和规则;对现有国家数字身份系统进行开发和建设,实现用户身份的实时和安全验证
4	数字人才	支持企业采用新技术提高从业人员技能
5	创业精神	从为创业提供便利条件到出台数字监管领域政策,打造良好的商业生态系统,帮助数字企业发展;减少企业设立和开展业务面临的障碍,助力数字经济融入企业发展
6	协调行动	指定东盟电子商务协调委员会作为框架的协调机构,其他东盟机构予以支持

（二）逐渐实现多方参与合作新形势

数字联结和数字化转型应用是影响社会经济各个领域的重要事项,需要政府、国际组织、互联网企业、社会组织、公民个人等利益相关方共同参与,通过多方合力,从决策层、实施层、动力层快速有效地解决人才短缺、政策制度不连贯、执行缓慢、数据安全隐患等问题,实现多方参与数字经济合作新形势,推动各类资源要素快速流动,各类市场主体加速融合,实现跨界发展,延伸产业链条。

（三）构建跨境数字经济治理体系

中国和东盟国家在数据收集、个人隐私、数据安全等方面尚未形成统一规则,在数据跨境流动、数字贸易、技术规范、数字金融等方面也尚未建立完整的治理体系。双方应在数字经济规则制定和治理合作上形成更多政策对话和国家合作,加强数据安全保护和政策沟通协调,在充分平衡中国与东盟国家利益、尊重各国发展不平衡情况下达成共识,构建公平合理、普遍适用的规则体系,为中国—东盟社会经济发展培育更多新动能。

（四）探索形成"中国经验 + 本地需求"合作方式

近年来,我国信息基础设施全球领先,产业数字化转型稳步推进,新业态新模式竞相发展,在数字经济发展中已积累不少经验和成功案例,并且与东盟各国的数字经济发展规划和优先产业需求契合度较高,在优先发展领域中基础设施建设、数据安全、数字人才培养、创新创业等方面双方能够以框架为需求抓手,开展针对性合作。

（五）联合培养数字经济人才

数字经济人才是技术及经济发展的基础,大部分东盟国家在推动数字经济建设的过程中面临严峻的数字人才资源短缺问题。中国和东盟国家可以采取一国一策方针,合作培养能够从事有关区块链、AI、物联网、电子商务等新兴领域的相关经济分析、金融分析和行业管理的数字劳动力,为实现中国—东盟区域数字经济的快速发展提供足够的数字人才支撑。

中国和东盟的数字经济合作具有强大活力和潜力,能够促进形成更为紧密的区域产业和供应链整合,搭建区域数字经济生态圈,为建设更加牢固的中国—东盟命运共同体注入新动力。

（中国通信学会　张悦侨　李蕊）

算力赋能数字经济发展

随着数字经济发展，算力为各行各业的数字化转型提供强大动力，成为推动经济社会高质量发展的重要引擎。算力基础设施作为算力的主要载体，在支持数字经济发展、推动数字化转型、培育新兴产业和激活经济动能等方面发挥着重要作用。同时，随着数字经济持续蓬勃发展，数字新应用新模式不断涌现，应用场景日益丰富多彩，也推动着算力规模持续扩大，计算需求不断增长。在这一发展态势下，算力已成为全球经济增长的"助推器"。

一、算力产业发展现状

（一）我国算力规模持续壮大，智能算力保持高速增长

在基础设施方面，我国加快了数据中心、智能计算中心和超算中心的部署。通过全国一体化算力网络国家枢纽节点的布局和"东数西算"工程的推进，我国的算力基础设施建设和应用快速发展。工业和信息化部的数据显示，我国的基础设施算力规模已达到180EFLOPS，位居全球第二。

首先，我国数据中心的规模大幅增长。国家互联网信息办公室发布的《数字中国发展报告（2022年）》中数据显示，截至2022年年底，我国数据中心机架总规模超过650万标准机架，近5年年均增速超过30%，平均上架率达到58%。在用数据中心服务器规模超过2000万台，存储容量超过1000 EB。在用数据中心的算力总规模超过180 EFLOPS，位居世界第二。而且，数据中心PUE值不断降低，先进绿色数据中心的PUE值已经降低到约1.1，最低已经达到1.05以下，达到了世界先进水平。

其次，智能计算中心的布局加快。根据中国信息通信研究院的统计数据，截至2023年6月，我国已经投入运营的AI计算中心达到25个，而正在建设中的AI计算中心超过20个。我国超级计算中心商业化进程不断提速，超级计算机已进入以应用需求为导向的发展阶段。截至2022年年底，中国HPC TOP100榜单前10名中有6台是由服务器供应商研制、部署在网络公司的超级计算机，为商业化算力服务提供支持。

从设备供给侧来看，中国的算力规模持续增长。中国信息通信研究院的测算数据显示，截至2022年年底，我国的计算设备算力总规模达到302 EFLOPS，约占全球总量33%，连续两年增速超过50%，高于全球平均增速。基础算力保持稳定增长，基础算力规模达到120 EFLOPS，增速为26%，在中国的算力占比达到40%。其中，2022年通用服务器的出货量达到384.6万台，同比增长3%，6年累计出货量超过2091万台。智能算力增长迅速，智能算力规模达到178.5 EFLOPS，增速为72%，在中国的算力占比达到59%，智能算力成为算力快速增长的主要驱动力。其中，2022年AI服务器的出货量达到28万台，同比增长23%，6年累计出货量超过82万台。根据预测，到2026年，智能算力规模将进入每秒十万亿亿次浮点计算（ZFLOPS）级别。超级计算机算力将持续提升，超级计算机算力规模达到3.9 EFLOPS，连续两年增速超过30%。其中，2022年中国高性能计算机

TOP100 中排名第一的性能是 2021 年的 1.66 倍，算力达到 208.26 PFLOPS。联想、浪潮、曙光分别以 42 台、26 台、10 台超级计算机位列国内前三。

（二）算力产业国际竞争态势

在国际竞争态势方面，世界各国在算力产业的发展上采取了不同的战略，以争夺全球市场份额并展示技术优势。

美国作为全球算力产业的领导者，在芯片设计、超级计算机和云计算服务方面拥有强大的实力。美国的芯片设计公司，例如英特尔、英伟达和 AMD 等，不断推出高性能的处理器和加速器，满足各种应用的算力需求。同时，美国的超级计算机制造商，例如 IBM 和 Cray 等，致力于研发和生产世界顶尖的超级计算机系统。此外，亚马逊云科技、微软云计算和谷歌云等美国的云服务提供商，为全球用户提供高度可靠和强大的云计算基础设施。

中国在算力产业的发展也取得了显著进展。中国的芯片设计和制造企业，例如海思、展讯和华为等，积极推动芯片技术的创新和突破，不断优化中国芯片的性能和能效。中国的超级计算机技术也取得了重大突破。同时，中国的云计算市场也呈现快速增长的趋势，阿里云、腾讯云和华为云等云服务提供商迅速崛起，为企业和个人提供高效、灵活的算力服务。

其他国家在算力产业的发展上也展现出独特的竞争优势：日本在超级计算机领域具备强大的实力，"Fugaku"在全球排名中长期位居前列；韩国在存储器和半导体技术方面取得了重要突破，成为全球芯片市场的重要参与者；德国在高性能计算和大数据分析方面具备较强的实力，其科研机构和企业在算力领域的创新成果备受认可。

二、我国高度重视算力基础设施布局及顶层设计

近年来，为了优化算力基础设施布局并完善顶层设计，我国出台了一系列与算力相关的政策和规划，大力推进算力供给体系的建设，打造面向数字经济发展需求的新型算力产业格局，为各行各业的数字化转型奠定坚实的"算力底座"。算力网络的建设将有助于提升中国数字经济的规模和质量。

我国正在积极推进全国一体化算力网络国家枢纽节点的建设，旨在构建以数据流为导向的新型算力网络格局。在全国范围内，大规模的数据中心和云计算中心得到了建设和扩张，可提供强大的计算和存储能力支持。同时，政府还推动了算力设备制造和芯片设计产业的发展，鼓励本土企业在芯片技术、AI 等领域取得突破。

此外，地方政府也积极响应国家政策，纷纷制定本地区的算力发展规划和政策措施。一些地方政府在提供土地、税收优惠等方面给予政策支持，吸引国内外算力企业的投资和布局，有助于促进当地算力产业的蓬勃发展，并推动地方经济的转型和升级。

（一）国家层面算力政策环境

我国高度重视 AI 产业的发展，智能算力的基础正在逐步夯实。《新一代人工智能发展规划》于 2017 年发布，提出了建立 AI 超级计算中心的目标。2020 年，国家发展和改革委员会把以数据中心和智能计算中心为代表的算力基础设施纳入新型基础设施建设的范畴。《新型数据中心发展三年行动计划（2021—2023 年）》于 2021 年 7 月印发，加快了高性能和智能计算中心的部署。2022 年 1 月，国务院印发《"十四五"数字经济发展规划》，提出了打造智能算力、通用算法和开发平台一体化的新型智能基础设施的目标。随着"东数西算"工程的全面实施，智算中心建设进入加快发展的新阶段。

2023 年 10 月，工业和信息化部等六部门联合印发了《算力基础设施高质量发展行动计划》（以下简称《行动计划》）。《行动计划》从计算力、运载力、存储力和应用赋能 4 个方面提出了未来三

年发展的量化指标：在计算力方面，目标是达到超过300EFLOPS的算力规模，智能算力占比达到35%；在运载力方面，国家枢纽节点数据中心集群之间的直连网络的传输时延不高于理论时延的1.5倍，重点应用场所的OTN覆盖率达80%，骨干网和城域网全面支持IPv6、SRv6等新技术的使用占比达40%；在存储力方面，目标是存储总量超过1800EB，先进存储容量占比达到30%以上；在应用赋能方面，重点领域包括工业、金融、医疗、交通、能源和教育等，计划打造30个以上的应用标杆。

这些政策和计划的发布和实施，进一步推动了我国智能算力产业的发展，为AI和相关领域的创新与应用提供了强有力的支撑。我国国家层面算力政策见表1。

表1 我国国家层面算力政策

时间	发文部门	文件名称	主要内容
2023年12月	国家发展和改革委员会等部门	《关于深入实施"东数西算"工程 加快构建全国一体化算力网的实施意见》	从通用算力、智能算力、超级算力一体化布局，东中西部算力一体化协同，算力与数据、算法一体化应用，算力与绿色电力一体化融合，算力发展与安全保障一体化推进5个统筹出发，推动建设联网调度、普惠易用、绿色安全的全国一体化算力网
2023年10月	工业和信息化部、中共中央网络安全和信息化委员会办公室、教育部、国家卫生健康委员会、中国人民银行、国务院国有资产监督管理委员会六部门	《算力基础设施高质量发展行动计划》	提出完善算力综合供给体系、提升算力高效运载能力、强化存力高效灵活保障、深化算力赋能行业应用、促进绿色低碳算力发展、加强安全保障能力建设6个方面的重点任务，着力推动算力基础设施高质量发展
2023年2月	中共中央、国务院	《数字中国建设整体布局规划》	系统优化算力基础设施布局，促进东西部算力高效互补和协同联动，引导通用数据中心、超算中心、智能计算中心、边缘数据中心等合理梯次布局
2022年10月	第十三届全国人大常务委员会第三十七次会议	《关于数字经济发展情况的报告》	应统筹通信和算力基础设施建设，适度超前部署5G基站，推进"东数西算"工程，加快建设天地海一体化网络
2022年7月	科学技术部等六部门	《关于加快场景创新以人工智能高水平应用促进经济高质量发展的指导意见》	鼓励算力平台、共性技术平台、行业训练数据集、仿真训练平台等人工智能基础设施资源开放共享，为人工智能企业开展场景创新提供算力、算法资源。鼓励地方通过共享开放、服务购买、创新券等方式，降低人工智能企业基础设施使用成本，提升人工智能场景创新的算力支撑
2022年8月	科学技术部、财政部	《企业技术创新能力提升行动方案（2022—2023年）》	推动国家超算中心、智能计算中心等面向企业提供低成本算力服务
2022年1月	国务院	《国务院关于印发"十四五"数字经济发展规划的通知》	推进云网协同和算网融合发展，加快构建算力、算法、数据、应用资源协同的全国一体化大数据中心体系。推动智能计算中心有序发展，打造智能算力、通用算法和开发平台一体化的新型智能基础设施，面向政务服务、智慧城市、智能制造、自动驾驶、语言智能等重点新兴领域，提供体系化的人工智能服务
2022年1月	国家知识产权局	《国家知识产权局关于印发知识产权公共服务"十四五"规划的通知》	加强国家知识产权大数据中心建设。依托全国一体化大数据中心体系，建设国家知识产权大数据中心，强化算力统筹和智能调度

(续表)

时间	发文部门	文件名称	主要内容
2021年7月	工业和信息化部	《新型数据中心发展三年行动计划（2021—2023年）》	需求牵引，深化协同。坚持市场需求导向，建用并举。推动新型数据中心与网络协同建设，推进新型数据中心集群与边缘数据中心协同联动。促进算力资源协同利用，加强国内外数据中心协同发展
2021年5月	国家发展和改革委员会、中央网络安全和信息化委员会办公室、工业和信息化部、国家能源局	《全国一体化大数据中心协同创新体系算力枢纽实施方案》	明确国家算力枢纽建设方案，加快建设全国一体化算力枢纽体系，提出布局全国算力网络国家枢纽节点，启动实施"东数西算"工程，构建国家算力网络体系，推动数据中心合理布局、供给平衡、绿色集约及互联互通

（二）地方层面算力发展政策

与此同时，北京、上海、成都、天津等地为构建多层次算力设施体系，陆续发布了一系列政策，见表2。

表2 地方层面算力政策

省市	时间	政策名称	相关内容
广东	2023年11月	《广东省人民政府关于加快建设通用人工智能产业创新引领地的实施意见》	构建通用人工智能算力枢纽中心、强化通用人工智能技术创新能力、打造粤港澳大湾区可信数据融合发展区、打造通用人工智能产业集聚区、打造通用人工智能创新生态圈
上海	2023年5月	《上海市加大力度支持民间投资发展若干政策措施》	充分发挥人工智能创新发展专项等引导作用，支持民营企业广泛参与数据、算力等人工智能基础设施建设
北京	2023年5月	《北京市促进通用人工智能创新发展的若干措施》	将新增算力建设项目纳入算力伙伴计划，加快推动海淀区、朝阳区建设北京人工智能公共算力中心、北京数字经济算力中心，形成规模化先进算力供给能力，支撑千亿级参数量的大型语言模型、大型视觉模型、多模态大模型、科学计算大模型、大规模精细神经网络模拟仿真模型、脑启发神经网络等研发
北京	2023年2月	《关于北京市推动先进制造业和现代服务业深度融合发展的实施意见》	支持园区加快计算中心、算力中心工业互联网、物联网等基础设施建设，建设"园区大脑"、数字孪生园区
成都	2023年1月	《成都市围绕超算智算加快算力产业发展的政策措施》	建立以"算力券"为核心的算力中心运营统筹结算分担机制，结合区块链等新技术实现"算力券"有效监管。每年发放总额不超过1000万元的"算力券"，用于支持算力中介服务机构、科技型中小微企业和创客、科研机构、高校等使用国家超算成都中心、成都智算中心的算力资源
黑龙江	2022年9月	《黑龙江省现代信息服务业振兴计划行动方案（2022—2026年）的通知》	完善新型基础设施布局，增强数字化转型支撑能力。不断增强骨干网承载能力，构建算力产业体系，建设区块链等新技术基础设施。助力构筑哈大齐协同一体科创走廊和工业走廊，促进网络基础设施广泛融入生产生活，有力支撑政务服务、公共服务、民生保障和社会治理
河南	2022年9月	《河南省元宇宙产业发展行动计划（2022—2025年）的通知》	构建多层次算力设施体系。统筹布局算力基础设施。构建"超算+智算+边缘计算+存储"多元协同、数智融合多层次算力体系
上海	2022年7月	《上海市数字经济发展"十四五"规划》	推动建设绿色数据中心，强化算力统筹和智能调度，提升数据中心跨网络、跨地域数据交互能力，推动数据中心供电、冷却、网络、服务器等智能协同，实现数据中心自动化能效调优，提升数据中心能效密度
河北	2021年11月	《河北省建设全国产业转型升级试验区"十四五"规划的通知》	建设全国一体化算力网络京津冀国家枢纽节点，加快构建工业互联网网络体系，改造升级省级北斗导航系统，规划建设低轨卫星互联网地面信关站

(续表)

省市	时间	政策名称	相关内容
天津	2021年3月	《天津市新型基础设施建设三年行动方案（2021—2023年）的通知》	打造超算资源算力供给体系。依托国家超级计算天津中心，推动超算与人工智能深度融合。加快与量子计算、区块链技术融合发展，提供多层次智能算力服务，打造各类创新平台协同创新算力载体
北京	2021年2月	《数字经济领域"两区"建设工作方案》	以支持数字经济发展的新基建为契机，推动形成5G网络、卫星网络、新型算力、新型数据中心、车联网等集聚、协同联动的数字经济基础设施体系

三、算力引领经济增长，数字经济蓬勃发展

在数字经济时代，算力成为推动GDP增长的强大引擎。国际数据公司、浪潮信息和清华大学全球产业研究院联合发布的《2021—2022全球计算力指数评估报告》显示，每提高1点的计算力指数，数字经济和GDP分别将增长3.5‰和1.8‰。这意味着，算力规模与经济发展水平之间存在着明显的正相关关系，算力规模越大，经济发展水平越高。

中国作为全球算力领域的领跑者，积极推动数字经济的蓬勃发展。在过去几年中，我国的算力规模平均每年增长46%，数字经济增长14.2%。算力作为数字经济的核心产业，对上游软硬件产业的拉动作用日益凸显。同时，我国加快了数字化转型步伐，各行各业都在向数字化转型，进一步促进了数字经济的增长。与此同时，在产业数字化方面，我国已经取得了显著的成就，产业数字化规模已达到41万亿元，占数字经济比重为81.7%，占GDP比重为33.9%。

算力的快速发展也为我国的GDP增长作出了突出贡献。数据显示，2022年，我国算力规模增长50%，数字经济增长10.3%。与全球相比，我国的算力对GDP增长的贡献更加突出。2016—2022年，我国的算力规模平均每年增长46%，数字经济增长14.2%；而全球的算力规模平均每年增长36%，数字经济规模增长8%。另外，算力的发展还带动了产业结构、基础设施、技术创新和人才培养等方面的升级，促进了数字技术与实体经济的深度融合，形成新的经济增长点。

我国各省（自治区、直辖市）在经济发展中扮演着重要的推动角色。数据显示，2022年，算力发展水平高的地方也是数字经济规模和地区生产总值较高的地方。算力发展指数每提高1点，数字经济增长约570亿元，占全国数字经济规模的1.14‰，地区生产总值增长约1285亿元，占全国GDP的1.06‰。

展望未来，我国数字经济仍将保持强劲的增长态势。中国信息通信研究院数据预测，2025年有望达到70.8万亿元。算力作为数字经济的核心驱动力，将继续引领我国经济实现快速发展，推动计算产业生态的发展，为我国打造数字经济新优势奠定坚实的基础。

四、展望

随着数字经济的快速发展和新兴技术的不断涌现，对算力的需求将持续增长。我国将加强算力基础设施建设，提升算力能力和水平，推动算力与各行各业的深度融合；同时，需要注重创新驱动，加强人才培养和科技创新，推动算力产业的高质量发展。此外，还应重视算力安全问题，加强技术研究和风险管理，确保算力的安全可控。

（中国信息通信研究院　魏卉　刘芊岑）

算力产业发展分析与展望

一、我国算力产业发展态势良好

近年来,党中央、国务院高度重视算力发展,做出一系列工作部署。工业和信息化部会同国家发展和改革委员会等部门指导建设全国一体化算力网络,布局多个枢纽节点,加快提升算力网络能力,稳步推进产业自主创新,不断夯实支撑经济社会数字化转型的"算力底座"。

我国加快部署数据中心、智能计算中心和超算中心。随着全国一体化算力网络国家枢纽节点的部署和"东数西算"工程的推进,我国算力基础设施建设和应用快速发展。

(一)数据中心规模持续增长

2018年以来,我国数据中心机架数量年复合增长率超过30%,截至2023年6月底,全国在用数据中心机架总规模超过760万标准机架,算力总规模达到197EFLOPS,位居全球第二,近5年算力总规模年均增速近30%,存力总规模超过1080EB。数据中心电源使用效率(Power Usage Effectiveness,PUE)持续下降,行业内先进绿色数据中心PUE值已降低到1.1左右,最低已降至1.05以下,达到世界先进水平。

3家电信运营商均已加大数据中心/云资源的梯次布局,并逐年加大投资,数据中心能力覆盖国家"东数西算"全部枢纽节点,算力规模保持高速增长。根据3家电信运营商披露的数据显示,截至2023年6月末,中国电信对外宣布IDC机架规模达到53.4万架,算力总规模达到8.4 EFLOPS;中国移动对外可用IDC机架达到47.8万架,累计投产算力服务器超过80.4万台,算力总规模达9.4 EFLOPS;中国联通IDC机架规模超过38万架,联通云池覆盖200多个城市。

(二)智能计算中心加快布局

智能计算发展进入快车道,成为算力增长的新引擎。2023年上半年新建的算力项目中的半数为智能算力。在AI发展的热潮下,智能计算中心建设成为新的布局中心和发力点,我国各大城市纷纷开展智能计算中心建设,政府、电信运营商、互联网企业等积极布局智能计算中心。截至2023年6月,我国已投入运营和规划在建的AI计算中心超过45个,大部分集中于东部和中部地区,政府主导建设超过75%。其中,北京、长沙、青岛、西安、南京等地均规划建设两个及以上智算中心。此外,部分互联网企业也加入智能计算中心建设的队伍。例如,百度、阿里巴巴、腾讯等互联网企业也相继建设智算中心,借助AI发展浪潮推动自身业务的发展。

(三)超级计算应用领域不断扩展

自20世纪80年代以来,超级计算一直为气象预报、航空航天、海洋模拟、石油勘探、地震预测、材料计算、生物医药等领域提供算力支撑。随着新一代信息技术的发展,超级计算的应用场景越来越丰富,应用领域已扩展至互联网、物联网、AI等领域。超级计算逐步从尖端超级计算向通用超级计算、业务超级计算发展,从提供软硬件资源为主逐渐转变为提供算力服务、打造应用服务

（四）算力赋能产业作用凸显

算力赋能传统产业转型升级，融合应用加速涌现。当前，我国算力产业已初具规模，产业链上中下游企业协同合作，形成良性互动。随着我国算力规模的持续扩大，互联网、大数据、AI等与实体经济融合发展的新业态、新模式正加速涌现，算力赋能千行百业向纵深推进。算力正加速从赋能互联网、电子政务等领域向服务、金融、制造、交通、医疗等行业渗透，成为传统产业智能化改造和数字化转型的重要支点。与此同时，算力应用也逐渐向城市治理、智能零售、智能调度等领域延伸，助力数字经济高速发展。

（五）算力调度平台纷纷涌现

近年来，我国涌现了一批算力调度平台，它们通过整合不同来源、类型和架构的算力资源，为用户提供按需获取和调度的服务。目前，全国已发布的和建成的算力调度平台有10余个，主要包含以下4种类型。第一种是电信运营商主导的算力调度平台，是由3家电信运营商牵头或参与建设运营的平台，例如，中国电信推出算力分发网络平台——息壤（ESX）。第二种是基于交换中心的算力调度平台，例如，上海依托新型互联网交换中心平台交换架构的独特性，先行先试，探索打造了全国首个算力交易集中平台。第三种是企业主导的算力调度平台，例如，由中科曙光、阿里巴巴、腾讯、百度等企业牵头或参与建设并运营的平台。其中，中科曙光推出的曙光云计算平台，以其自主研发的高性能服务器和存储设备为基础，提供云服务器、云存储、云数据库、云安全等服务。第四种是由行业机构主导的算力调度平台，例如，中国信息通信研究院联合中国电信发布了全国一体化算力算网调度平台，以及在中国通信工业协会数据中心委员会的指导下由北京数字科智技术有限公司联合建设的算力海洋平台。

二、我国出台算力高质量发展相关政策

2023年10月，工业和信息化部、中共中央网络安全和信息化委员会办公室、教育部、国家卫生健康委员会、中国人民银行、国务院国有资产监督管理委员会六部门联合印发《算力基础设施高质量发展行动计划》（以下简称《行动计划》）。《行动计划》从计算力、运载力、存储力及应用赋能4个方面提出了到2025年的发展量化指标；在完善算力综合供给体系、提升算力高效运载能力、强化存力高效灵活保障、深化算力赋能行业应用、促进绿色低碳算力发展、加强安全保障能力建设6个方面部署了共计25项重点任务，为我国算力高质量发展指明了方向。

2023年12月，国家发展和改革委员会、国家数据局、中共中央网络安全和信息化委员会办公室、工业和信息化部、国家能源局联合印发《深入实施"东数西算"工程 加快构建全国一体化算力网的实施意见》（以下简称《实施意见》）。《实施意见》从通用算力、智能算力、超级算力一体化布局，东中西部算力一体化协同，算力与数据、算法一体化应用，算力与绿色电力一体化融合，算力发展与安全保障一体化推进共5个统筹出发，推动建设联网调度、普惠易用、绿色安全的全国一体化算力网。《实施意见》提出要营造充满活力的算力产业生态环境，面向科学、政务、金融、工业、交通、医疗、空间地理、自然资源等算力需求旺盛的行业，积极打造低成本、高品质、易使用的行业算力供给服务。

三、地方明确算力建设目标，加快算力发展

全国各地积极布局算力赛道，持续在算力基础设施建设、算力核心技术攻关、数字产业集群打造、创新生态体系构建、典型应用场景拓宽等

方面发力，逐渐形成算力产业健康快速发展的良好局面，为我国数字经济的健康发展提供强大的算力支撑。

2024年3月，广东省通信管理局等九部门印发《广东省算力基础设施高质量发展行动暨"粤算"行动计划（2024—2025年）》，提出到2025年，在算力方面，规模达到38 EFLOPS，智能算力占比达到50%，建成10个智能计算中心。在运载力方面，打造"城市内1ms、韶关至广深3ms、韶关至全省5ms"时延圈，重点应用场所OTN覆盖率达到90%，骨干网、城域网全面支持IPv6。在存储力方面，存储总量超过260EB，先进存储容量占比达到30%以上，重点行业核心数据、重要数据灾备覆盖率达到100%。力争到2025年年底，新增国产化算力占比达到70%。

上海不断夯实底座，算力生态持续进阶。2023年4月，《上海市推进算力资源统一调度指导意见》提出，到2025年，上海市新建数据中心绿色算力占比超过10%。2024年3月发布的《上海市智能算力基础设施高质量发展"算力浦江"智算行动实施方案（2024—2025年）》提出，到2025年年底，上海智能算力规模超过30EFLOPS，占比达到总算力的50%以上，算力网络节点间单向网络时延控制在1ms以内，智算中心内先进存储容量占比超过50%；其中，新建智算中心的PUE值低于1.25，存量改造智算中心的PUE值低于1.4。

2023年11月，山东印发《山东省数字基础设施建设行动方案（2024—2025年）》，提出到2025年，山东省数据中心在用标准机架总数达到45万架，总算力达到12.5EFLOPS，智能算力占比达到35%；存储规模达到65EB，先进存储占比达到35%以上。

2023年12月，深圳发布了《深圳市算力基础设施高质量发展行动计划（2024—2025）》，旨在推动深圳市算力基础设施建设和应用，提升深圳市在AI、大数据、云计算等领域的核心竞争力，打造全球算力中心城市。到2025年，深圳市数据中心机架规模达50万标准机架，通用算力达到14EFLOPS（FP32），智能算力达到25EFLOPS（FP16），超算算力达到2EFLOPS（FP64）。深圳市内数据中心间的时延不高于1ms，至韶关国家枢纽节点的时延不高于3ms，至贵州国家枢纽节点的时延不高于10ms。到2025年，深圳市新建数据中心的PUE值降低到1.25以下，绿色低碳等级达到4A级以上。

2024年1月，山西省通信管理局联合七部门印发《山西省算力基础设施高质量发展实施方案》（以下简称《方案》），制定到2025年的主要发展目标，提出6个方面21项重点任务，包括智能算力占比、建成超过4个智能计算中心等。《方案》提出，到2025年，山西省算力规模超过9EFLOPS，智能算力占比达到35%，建成超过4个智能计算中心。存储总量超过36EB，先进存储容量占比达到30%以上，重点行业的核心数据、重要数据灾备覆盖率达到100%。重点应用场所OTN覆盖率达到80%，算力全光调度OXC节点占比达到80%，骨干网、城域网全面支持IPv6、SRv6等技术的使用占比达到40%，实现山西省内城市内1ms、城市间3ms、到京津冀枢纽节点5ms、到其他枢纽节点20ms时延的运力网络。

2024年2月，贵州发布《贵州省算力基础设施高质量发展行动计划（2024—2025年）》，对未来两年贵州算力发展进行了详细规划，提出到2024年，争取国家在贵州省布局AI训练基地，算力产业规模突破100亿元。到2025年，计算供给均衡合理，总算力规模提升到80EFLOPS，超算算力与智算算力占比达到35%。存储保障安全可靠，存储总量超过60EB，贵州省的先进存储容量占比达到30%以上，重点行业的核心数据、重要数据的灾备存储覆盖率达到100%。算力设施绿色集约，贵州加强对存量数据中心的改造提升，推动数据中心采用高效节能的冷却系统，贵州省新建大型以上数据中心的PUE值低于1.2。

四、算力产业发展展望

（一）深化算力赋能行业应用

算力作为数字经济时代的新型生产力，通过算力基础设施向社会提供服务，正在加速数字经济与实体经济的深度融合。未来，算力在生产生活中的重要性愈发凸显，将为千行百业的数字化发展持续赋能。

一是算力赋能工业领域应用，助力新型工业化发展。 我国工业企业数量多、差异大，数字化水平参差不齐，对算力的需求多样化。当前应加快推进算力赋能新型工业化建设，合理配置优质的算力资源，强化算力产业供需对接，促进更多算力新型应用场景落地。一方面，加快部署工业边缘数据中心，推动算力赋能智能检测、故障分析、人机协作等技术迭代，不断提升不同工业场景的业务处理能力。另一方面，针对不同领域的不同特点，逐步构建工业基础算力资源和应用能力融合体系，以满足不同类型工业企业在研发设计、生产制造、营销服务等方面的算网存用需求，推动工业企业不断向高端化、智能化和绿色化转型。

二是算力赋能教育领域应用。"算力+教育"将促进教育资源共享，提升教育质量，加速科技研发。算力通过支撑数字课堂，以在线教育的形式促进教育资源快速流通，AI驱动的科学研究正在成为加快基础科学和应用科学发展的关键技术。

三是算力赋能医疗领域应用。 从优化服务流程到提升服务连续性，从数据库建设到医疗健康信息互通共享，从医院信息化建设到医疗质量监管，数字医疗不断开辟新空间。例如，通过处理大量医学数据和深度学习，AI可以辅助医生精准诊断病情，并提供合理的干预和治疗手段。尤其是针对病例少、病因和症状复杂的罕见病，AI可以从数据中挖掘相关症状进行对比分析，为诊断提供帮助。此外，有关部门可以通过分析医疗数据，了解哪些地区何种疾病高发、哪些地区医疗资源不足，以及传染病和慢性病的发生情况等，提高卫生健康政策的针对性；医疗机构也可以通过数据分析，了解门诊运营、院感控制、医保报销等情况，提升质量控制和管理的水平。

四是算力赋能交通领域应用。 当前，我国智慧交通正在迈向规模化、网络化推广应用的新阶段。新业态新模式不断涌现，产生了来自人、车、线、站、路等方面的海量信息，需要以更强大的算力和更高效的算法进行分析处理。进一步拓宽智慧交通的应用范围，必须加快多层级算力设施部署，不断提高其利用效能。智慧交通系统涉及传感器、摄像机等多种技术和设备，技术设备之间仍存在一定的兼容性问题，需要加快统一相关标准建设，打通"数据孤岛"。结合实际需求，优化算力供给，推动质量变革、效率变革、动力变革，从而更好地满足不同群体的需求，推动交通运输高质量发展。

五是算力赋能金融领域应用。 加快算力在金融领域的创新应用，更好地支撑虹膜识别、步态识别、智能人机交互、区块链数字金融等关键技术在金融领域的应用，打造更安全、更智能、更便捷的金融服务体系。围绕生物特征识别、高频支付、隐私安全等智慧金融重点应用场景，强化智能边缘侧节点搭建。构筑"云边端+智能"产业数字金融平台，打造金融行业大模型，推动智能算力在信贷决策、智能风控、智能客服、可信交易、资产智能管理等新领域的应用。

六是算力赋能政务领域应用。 建设城市级算力调度平台实现市域治理"一网统管"。统筹加快算力资源在热点城市地区的部署和优化，全面提升智慧办公、智能监管、政务服务、社会治理的水平，加快推进"电子政务"向"智慧政务"的转变。加快推进部门间信息共享和业务协同，充分挖掘算力在政务中的应用场景。围绕城市治理

"一网统管"的要求，在实时感知、智能分析、精准研判、协同指挥与应急处置等应用场景，推动算力在民生守护、公共安全、规划建设、市场运行等重点领域应用，推动城市治理精细化、智能化能力的显著提升。

（二）推动算力标准体系建设

我国各类算力提供主体已超5000家，呈多元化发展，但其技术体系、基础架构、调用接口、资源描述等方面存在差异。建议加快制定面向信息通信业需求的算力设施、IT设备、智能运营等方面的基础共性标准，完善相关技术要求、测试方法等，充分发挥标准对行业发展的引领和推动作用。同步探索算力计量、感知、调度、互通、交易等方面的标准建设，以支撑算力网络体系化发展。通过标准带动技术创新和产业实践，使用户可以快速找到位置、成本、性能均匹配需求的算力资源，形成全国范围内可感知和调度的标准化算力服务，实现供需的高效对接。

（三）促进绿色低碳算力发展

强化绿色算力技术应用创新。 充分发挥绿色能源丰富的优势：一方面，加强节能降碳技术创新应用，推动液冷、蓄冷、高压直流、余热利用、蓄能电站等技术在算力基础设施建设中的应用，同时提升太阳能、风能等可再生能源的利用水平；另一方面，在运营管理方面发力，推动算力基础设施绿色转型，建立绿色低碳管理制度，逐步建立和完善绿电交易市场机制。

提升绿色算力能源供给水平。 践行"双碳"目标，处理好发展和减排、整体和布局、长期和短期的关系。优化绿色算力发展布局，着力推进算力基础设施能效和碳效水平的提升。中西部地区新能源资源丰富，具有得天独厚的发展条件，可进一步加强风光储能与算力负荷等协同联动，探索发展源网荷储一体化绿色能源产业，形成电力网和算力网深度融合发展的典型范式，打造面向全国算力需求的绿色算力保障基地。

（四）加强安全保障能力建设

一是增强网络安全防护能力。 严格落实网络安全相关法律法规要求，开展网络安全防护工作。推动网络安全防护措施与重点算力基础设施同步规划、同步建设、同步使用。加快形成覆盖算力基础设施重要节点和关键业务系统的威胁攻击监测、防御和溯源能力，防范遏制重特大网络安全事件。健全行业网络安全审查体系，加强对网络常态化安全保障和风险评估，提升网络安全保障的水平。

二是提升数据安全保护能力。 加强数据分类分级保护，对重要数据和核心数据实行精准严格管理，定期对数据处理活动开展风险评估。明确数据安全责任人，制定数据全生命周期安全防护要求和操作规程，针对数据收集、存储、传输、使用等环节的安全风险，配套建设全风险监测技术手段。健全数据安全管理制度，完善覆盖数据全生命周期的数据安全技术保障手段，加强监测预警、态势感知、信息共享、应急管理和追踪溯源等安全能力建设。

三是强化产业链供应链安全。 围绕算力芯片、先进存储等领域，加强"产、学、研"协同联动，推动核心技术攻关和关键软/硬件产品建设，催生更多全栈自主可控的解决方案，鼓励算力基础设施采用安全可信的基础软硬件进行部署。围绕算力发展的需要，增强企业自主创新能力，持续推进GPU等关键产品和技术的研发。推动硬件、基础软件、应用软件等适配协同，进行算力调度技术的应用试验，形成一批具有自主产权的完整解决方案。

（中国信息通信研究院　刘芊岑　魏卉　李治民）

我国算力服务平台发展态势分析

数字经济高质量发展对算力的需求增长迅速。近年来,国家围绕算力进行统筹规划,发布了系列指导政策,提出了以"东数西算"国家枢纽节点为核心,覆盖城市算力网、区域算力网、跨国家枢纽节点算力网的全国一体化算力网络体系,鼓励建设融合通用计算、智能计算、超级计算资源的算力服务平台,提升算力服务水平。本文从算力政策脉络入手,基于我国算力服务平台发展现状,分析算力服务商业模式,指出当下算力服务产业发展存在的问题并提出相关建议。

一、我国算力发展政策脉络分析

我国算力政策脉络可以概括为:做好顶层设计,抓好"工程"落地,推动高质量发展。从《关于加快构建全国一体化大数据中心协同创新体系的指导意见》到《关于深入实施"东数西算"工程 加快构建全国一体化算力网的实施意见》,与算力发展紧密相关的政策文件共有12份。按照时间发展顺序,12份文件既有对前序政策的承接细化落实,也有根据市场技术变化的创新拓展,整体构成我国算力发展的政策体系,对企业布局算力产业有着重要的指导意义。

二、我国算力服务平台建设运营现状

在国家政策的指引下,我国算力服务平台建设进展迅速,围绕"东数西算"工程确立的八大国家算力枢纽节点及部分地区迫切需求,各地各类主体相继开展不同范围内的算力服务平台探索实践。

(一)电信运营商推动全国范围算力网络建设

电信运营商在推动算力网络基础设施建设过程中扮演着重要的角色,其重点工作在于研究算力网络技术验证和制定标准,建设"云、网、边"一体化算力调度和交易平台。2023年,3家电信运营商持续发力算力网络建设,根据招商通信《数字经济"算力网络"报告》,3家电信运营商算力网络总投资达796亿元,同比增长33%,中国移动、中国电信、中国联通算力网络投资额分别为452亿元、195亿元、149亿元,同比增长34.9%、39.3%、19.4%。《通信产业报》预测,2024年3家电信运营商算网资本开支预计将达到1100亿元,同比增长38%。

中国电信规划了"核心+省+边缘+终端"4级架构的算力网络,覆盖31个省(自治区、直辖市),截至2023年上半年,智算规模达4.7EFLOPS;通用算力达3.7EFLOPS。2022年5月,中国电信天翼云推出自研的算力分发网络平台——"息壤",以"随愿算网"的方式,对边缘云、中心云、第三方资源等全网算力进行统一管理和调度。在"息壤"的加持下,中国电信天翼云可以让客户实现"算力自由",无论业务对算力的需求有多少,"息壤"都可以规划出满足需求的算力资源并且有效调度,实现业务性能和成本的最优。

中国移动在网络基础设施层加快构建"光电联动"的全光网络和"云、边、端"全连接的智能IP网络,优化网络结构,扩展网络带宽,减少数据绕转时延，以运力促算力，打造新一代算力基础网络和算力网络协同体系。在2023中国算力大会主论坛上，中国移动携手多个超算中心、智算中心和云服务商，共同发起全国规模最大的"百川"算力并网行动，打造算力类型最全、规模最大、覆盖最广的"百川"算力并网平台。

中国联通提出了基于SRv6[1]的SIDaaS[2]可编程服务理念，实现网络SID[3]和应用SID的统一编排、灵活调度，以支撑复杂应用场景，同时研发了算力网络一体化编排调度平台，能够实现对算力网络资源、公有云、私有云的统一智能调度。

（二）新型互联网交换中心探索区域算力网络建设

新型互联网交换中心在算力对接、算力调度、算力交易方面积极探索。算力网络离不开基础网络承载，新型互联网交换中心作为网间互联互通的关键节点，在跨主体算力调度上具有先天优势。目前，上海、杭州、深圳、中卫这4个新型互联网交换中心各自建成区域内算力网络底座，陆续对接各类算力主体，包括主流云服务商、本地数据中心、智算中心、超算中心等。上海交换中心建成"上海算力交易平台"，2023年4月26日，依托上海市新型互联网交换中心平台交换架构的独特性，全国首个算力交易集中平台——上海市算力交易平台启动试运行，在上海市"3+1+N"的算力网络调度体系中，新型互联网交换中心负责本地区算力中心之间的算力调度。计划到2024年，上海市算力交易平台将助力信息通信行业基本形成布局合理、算网协同、软硬协同、低碳高效、数字化转型带动能力突出、产业链更加完备的新型数据中心发展体系，初步建成全国一体化算力网络上海枢纽节点，形成与上海市数字经济发展方式相适应，与长三角地区协同发展的算力服务

发展格局，建成具有亚太乃至全球影响力的高能级算力枢纽中心。2023年10月，国家（杭州）新型互联网交换中心联合多家单位发起的"浙江省一体化算力服务平台"正式发布，该平台主要用于促进浙江省内通用算力、智算算力和超算算力的供需对接，合理安排算力资源，为企业数字化转型和AI赋能节省算力开支。2023年12月10日，由前海交换中心和紫金山实验室共同开发部署的"粤港澳大湾区一体化算力服务平台"发布，该平台秉承前海交换中心"中立、公平、开放"的特性，自身并不生产算力，专注于连接和撮合算力供需双方，以前海交换中心的高速算力网络为底座，为用户提供算力调度、算力交易、算力应用和算力安全等"一站式"算力服务。

（三）地方政府联合企业探索算力网络建设

宁夏上线"东数西算一体化算力服务平台"，针对多样化算力需求提供算力调用、交易服务。2023年2月，"东数西算一体化算力服务平台"在宁夏银川发布，正式上线运营。该平台是国内首个可以支持算力交易调度的应用系统，可以为智算、超算、通用算力提供算力发现、供需提合、交易购买、调度使用等服务。该平台率先在宁夏实现零散算力资源整合，助力实现全国算力流通调度交易。

北京市依托研究机构，采取标准先行策略开展算力调度工作。2023年3月，北京市通信管理局委托中国信息通信研究院牵头，中国电信、中国科学院信息中心参与建设的全国首个算力互联互通验证平台发布。该平台定位于服务商之间互联互通，旨在高效盘活全社会算力资源，加强算力对实体产业的赋能作用。此外，北京市经济技术开发区推出我国首个"算力资源＋运营服务＋场景应用"一体化建设工程。2023年7月，北京

---

1. SRv6（Segment Routing over IPv6，基于IPv6转发平面的段路由）。
2. SIDaaS（SID as a Service，算力网络可编程服务）。
3. SID（Sock ID，系统识别码）。

市经济技术开发区组织北京亦庄智能城市研究院，与中国电信、京东、华为、阿里巴巴、中科曙光、腾讯等算力公司，共同发布公共智能算力中心启动和算力调度服务平台，计划开展通算、智算、超算等累计 9000P 以上算力资源的统筹调度，以实现京津冀、东西部和国际算力资源的优化配置。

郑州市人民政府与国家信息中心、中国科学院计算技术研究所、合肥综合性国家科学中心数据空间研究院、江苏未来网络集团有限公司、粤港澳大湾区大数据研究院 6 方签约推进郑州城市算力网络建设，提出率先建设"中部地区第一张城市算力网"，将郑州打造成非枢纽节点省份参与"东数西算"的"中原样板"。

贵州省算力运营调度平台 2.0 上线，加快推动"东数西算"工程。2023 年 5 月，贵州省发布算力运营调度平台 2.0 版，从数网、数纽、数链、数脑、数盾 5 个方面，构建覆盖能力、质量、结构、通道、产业等多个方面的指标体系，对贵州枢纽节点建设进行全环节、全链条、全周期监测调度。目前，该平台已经汇聚 18 个数据中心算力资源，形成贵州省公共算力资源池。截至 2023 年 5 月，该平台可调度的算力资源近 30PFLOPS，存力资源超过 80PB，面向全国提供通算、智算、超算等 64 种产品及服务。

（四）其他主体基于算力调度平台推进一体化算力服务

社会团体联合企业共同建设算力服务平台，例如，北京集群算力服务调度与采购平台由中国通信工业协会数据中心委员会联合北京数字科智技术有限公司共同建设。超算中心牵头建设算力服务平台，例如，上海市 AI 公共算力服务平台由上海超算中心建设并运营。

三、算力服务商业模式分析

我国算力资源分布相对分散，算力资源提供主体较多。2024 中国信息通信研究院 ICT 深度观察报告会有关数据显示，截至 2023 年 3 月，我国通用算力提供主体包括 7086 家数据中心服务商（其中，云服务商 4906 家）、智算服务商 20 余家、国家级超算中心 13 所。截至 2023 年 8 月，我国算力总规模达到每秒 1.97 万亿亿次浮点运算，位居全球第二。与此同时，新一轮科技革命和产业变革正在向纵深演进，大模型、元宇宙、"AI for Science"、自动驾驶等技术场景应用对算力产生巨量需求。算力供需匹配不足成为痛点，大量 AI 计算用户，特别是中小企业，无法找到适合的智算资源。为解决算力资源匹配用户需求、算力资源聚集并网的问题，各地政府及相关单位积极推动算力服务平台建设。

从算力供需匹配角度来看，算力服务产业链可分为算力资源供给、算力资源分发、算力资源消纳 3 个部分。算力服务商业模式如图 1 所示。

目前，国内算力调度市场正处于先行先试的

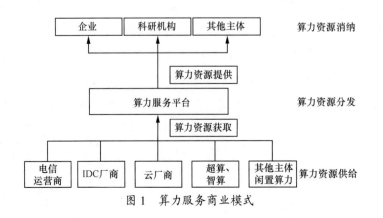

图 1　算力服务商业模式

发展初期，尚未形成较为成熟的商业模式。算力服务平台的盈利模式还未形成共识，部分平台采用直接收取服务费的方式（例如上海算力交易平台），或者通过统一采购算力再售卖的方式赚取差价。未来，随着标准规范体系的建立和算力服务相关管理办法的制定出台，算力服务产业有望形成固定的商业运营模式。

四、算力服务平台存在的问题及发展建议

国家和地方政府层面出台的系列算力发展政策推动算力服务平台加速建设，在缓解我国算力供需矛盾方面发挥了重要作用。与此同时，大量不同类型的主体纷纷"布局"算力服务平台，对算力服务市场的健康发展也产生了一定程度的冲击。算力服务平台建设存在的问题主要表现在以下3个方面。一是算力服务的部分环节属于经营电信业务范畴，算力服务平台运营对电信业务市场管理提出了挑战。算力供给和算力分发需要取得相应的电信业务许可，跨主体调度算力资源，直接面向企业、政府、个人提供算力服务，超越了云服务的业务范畴，且涉及接入资源的层层转租。二是算力服务标准未形成共识，算力服务质量难以得到保障。当下，算力基于各类芯片提供，服务水平参差不齐。算力度量、计费、按需智能调度等技术标准尚未统一，算力服务质量评价体系还未成型。三是算力服务平台无序建设，或造成人力、财力、物力资源的浪费。各类主体基于不同出发点积极推动算力服务平台建设的同时，算力服务平台数量快速增加，甚至出现多个服务平台争抢少量算力供给的场景，滋生市场不正当竞争、资源浪费等问题。

为充分发挥全国一体化算力网络国家枢纽节点引领作用，推进"东数西算"工程取得了实效，加快构建全国一体化算力网，以算力高质量发展支撑经济高质量发展，建议我国按照"国家级＋区域级＋地市级"的3级架构开展算力调度平台建设，同时加强算力服务监管研究，尽早出台算力服务配套管理办法。

"国家级"算力服务平台主要依托"东数西算"工程枢纽节点建设，数量要严格控制，不宜过多，可面向全国范围提供算力服务，并调度各区域算力资源。

"区域级"算力服务平台需要在供需比较集中的区域范围建设，数量与主要城市群相当，可面向区域范围提供算力服务，调度区域各地市算力资源。

"地市级"算力服务平台主要纳管本地城市范围内的算力资源，面向本地算力需求提供服务，数量可适当放宽。各地政府宜结合本地算力基础设施建设和算网资源供给情况，引导本地算力服务平台建设，控制算力服务平台数量，在不违反国家相关电信监管要求的情况下，积极探索算力服务管理与算力服务支撑本地数字经济相关产业发展相适应的发展模式。

算力服务行业层面，建议以算力先互联、再成网、构建大市场为主线，基于统一标识符实现多样性算力互联感知，通过弹性网络能力和标准化架构接口实现业务和数据流动互通，打造形成智能感知、高速弹性、安全绿色、先进普惠的算力互联网，推动构建全国统一算力服务大市场。

（中国信息通信研究院　李治民）

绿色算力产业发展的挑战与思考

随着信息技术的飞速发展，计算力的需求持续增长，算力产业作为支撑信息社会基石的重要组成部分，日益受到关注。然而，随之而来的能源消耗和环境压力也愈发凸显。在这一背景下，绿色算力作为一种可持续发展的解决方案应运而生。本文旨在探索促进绿色算力产业高质量发展的有效路径。

一、绿色算力产业概述

随着云计算、大数据、人工智能等应用的广泛普及，算力需求不断增长。算力产业已经成为现代社会基础设施的核心，涉及科研、商业、娱乐等方方面面。

绿色算力是在满足计算需求的同时，最大限度地减少能源消耗和环境影响的计算方式。它强调通过技术创新和合理的资源利用来降低碳排放和能源浪费。

目前，绿色算力已经成为全球关注的热点。越来越多的企业和机构开始关注绿色算力的发展，各种技术和解决方案也在不断涌现，这预示着绿色算力产业有着广阔的发展前景。

二、绿色算力的优势与挑战

（一）绿色算力的环境效益

绿色算力的价值在于显著的环境效益。通过结合先进的技术和创新的方法，绿色算力能够以更加可持续的方式满足日益增长的计算需求。过去，算力的扩张常常伴随着不可忽视的能源消耗和环境压力，然而绿色算力改变了这一格局。通过采用智能的能源管理和高效的硬件设计，绿色算力能够在满足计算任务的同时最大限度地减少能源的使用。

这种环境效益具有多重层面的积极影响。首先，它有助于减缓气候变化的速度，降低了数据中心和计算设备对电力系统的依赖，从而减少了煤炭、石油等化石燃料的消耗。其次，绿色算力的环境友好性也在一定程度上提升了企业的社会形象，增强了公众对其可持续发展努力的认可。最重要的是，绿色算力创造了更加清洁、健康的发展环境。

（二）能源消耗与碳排放问题

传统计算方式的高能耗和碳排放问题不容忽视。数据中心和计算设备通常需要大量的电力来维持运行，这导致大量的二氧化碳等温室气体的排放。绿色算力在追求高效计算的同时，需要解决两个关键问题：能源供应和碳排放削减。

解决能源供应问题需要寻找可再生能源的替代方案，例如太阳能、风能等。通过将可再生能源纳入计算设备的能源供应链，绿色算力可以减少对传统能源的依赖，从而降低环境影响。同时，技术创新也可以在数据中心建设和运维中降低电力需求，提高设备能效。

碳排放削减的挑战涉及技术、政策和管理层面。技术创新是关键，包括硬件设计的改进、高效冷却系统的应用及智能节能算法的开发。政策层面需要制定更加严格的碳排放标准，鼓励企业采用低碳技术。管理层面则需要建立全面的碳足迹监测体系，将环保纳入企业战略决策。

（三）技术创新的推动与障碍

技术创新是绿色算力产业不可或缺的驱动力。通过不断推陈出新，研发更加高效的算法、能效更高的硬件及更智能的能源管理系统，不断提升绿色算力。然而，技术创新并非一帆风顺，它也面临一些困难和挑战。

一是，技术创新需要巨大的投入，包括人力、物力和财力。研发新的节能算法、设计更高效的芯片及优化数据中心架构都需要大量的资源支持。这需要企业在长期的发展过程中持续投入，以面对风险和不确定性。

二是，技术创新的过程充满了不确定性。尤其是在算法和硬件领域，技术突破往往需要克服重重难关，可能会面临失败。这需要企业有足够的耐心和决心，同时也需要社会和市场的支持。

三、技术创新与绿色算力

（一）新型节能算法与计算模型

在绿色算力发展过程中，新型节能算法和计算模型的研发被认为是至关重要的一环。这些创新性的算法和模型旨在保持计算性能的前提下，降低能源消耗，进而推动可持续发展。

创造高效的节能算法意味着在处理复杂任务时最大限度地减少计算资源的使用。这包括对任务进行细粒度的分解，避免不必要的计算，以及采用更加智能的调度策略，确保资源的最优分配。此外，优化计算模型也是关键，它可以通过减少计算步骤、合并计算任务等方式降低能耗。总之，新型节能算法和计算模型的研发可以在保证计算质量的前提下，显著减少绿色算力的能源开销。

（二）可再生能源在算力中的应用

将可再生能源引入绿色算力领域也属于关键的技术创新领域。数据中心和计算设备通常需要大量的电能，而这种能源的供应主要依赖于传统的化石燃料，会对环境造成不小的负担。通过在数据中心和设备上采用可再生能源，例如太阳能和风能，绿色算力可以显著降低对传统能源的依赖，从而降低对环境的影响。

可再生能源在绿色算力中的应用并非简单的能源替代，还需要解决能源供应的稳定性和适应性等问题。例如，利用太阳能进行白天的计算可能相对容易，但在夜晚或阴天如何保证计算的连续性就需要进行深入研究。同时，智能的能源管理系统也需要开发，以便在能源供应不稳定时实现平稳过渡。这些技术挑战需要创新解决方案，但它们也为绿色算力的可持续发展铺平了道路。

（三）硬件设计与能效改进

硬件设计在绿色算力的能效改进中起着关键作用。通过优化硬件的架构、制程工艺和组件选择，可以显著降低计算设备的能源消耗。先进的制程工艺可以降低芯片的功耗，使同样的计算任务可以在更低的能耗下完成。同时，高效的散热技术也能提高设备的运行效率。

低功耗的硬件组件也是能效改进的关键要素。例如，采用能效更高的处理器、内存和存储设备，可以在维持计算性能的同时减少能源开销。此外，定制化的硬件设计也有助于适应绿色算力的特殊需求，进一步提高能效。

综上所述，技术创新在绿色算力发展过程中扮演着不可或缺的角色，新型节能算法、可再生能源的应用及硬件设计的优化都为绿色算力的高效能源利用提供了多重途径。通过持续的创新，绿色算力产业能够不断突破技术难关，推动经济社会高质量发展。

四、产业合作与发展模式

（一）跨界合作与资源共享

绿色算力的高质量发展不仅依赖于技术创新，

还需要在多领域资源的整合和跨界合作中寻求突破。绿色算力的生态系统涵盖了计算、能源、环保等多个领域，这意味着不同领域的专业知识和资源的整合可以创造出更大的协同效应。

跨界合作有助于解决复杂的问题，因为不同领域的专业知识互补，可以加速解决方案的落地。例如，计算设备制造商、能源供应商及环保技术提供商之间的合作，可以实现能源的高效利用和对环境的最大保护。此外，共享技术和经验也能够避免重复投入，提高资源的利用效率。

（二）绿色算力企业的社会责任

绿色算力企业不仅要关注经济效益，还应当担负起社会责任，积极推动可持续发展理念。在追求盈利的同时，企业应该将环保和社会效益作为核心价值，将可持续发展融入企业的战略规划。

企业在社会责任层面可以从多个角度发挥作用。首先，优化自身的生产和经营过程，采用节能技术和环保措施，减少对环境的负面影响。其次，积极参与社会公益活动，推动环保教育和对可持续发展的认知。此外，企业还可以通过绿色创新和技术传播，为整个产业的可持续发展做出贡献。

（三）创新发展模式的案例分析

借鉴成功的案例是绿色算力产业发展中的重要策略。通过深入分析已有的绿色算力发展模式，可以总结出一些成功的经验和教训，为产业的可持续发展提供有益的启示。例如，企业通过与当地政府合作，在建设数据中心时充分利用可再生能源，减少碳排放；企业在硬件设计和制造中注重能效，降低设备的能源消耗。

成功的绿色算力实践为整个产业提供了宝贵的经验和启示。首先，明确的环保目标和战略是推动绿色算力的核心。企业需要设定可量化的环保目标作为自己的行动指南，例如能源消耗降低百分比、碳排放减少量等。其次，技术创新是关键。通过投入研发和创新，企业可以开发出更加高效的节能算法、能效更高的硬件等。此外，投资可再生能源和智能能源管理系统也是绿色算力发展的重要策略。最后，产业合作和经验共享能够加速绿色算力的推广。企业可以参与行业联盟、合作项目，共同解决技术难题，分享最佳实践经验。

综上所述，绿色算力产业的高质量发展需要技术创新、产业合作及企业社会责任的共同推动。在全球可持续发展的背景下，绿色算力产业有望为信息社会的可持续发展贡献更大的力量。

（中国通信企业协会 赵俊涅）

算网一体高阶自智的演进思考

我国以 5G 为代表的数字新基建已进入下半场,呈现新的发展趋势和能力方向:一方面,从 5G 到 5G-A 的持续功能演进;另一方面,打造以算力网络、AI、大模型和数字孪生等为核心的融合技术能力构建,推动新质生产力的跨越性发展,激活数字经济高质量、高效率和绿色的可持续增长。

一、数字新基建发展趋势

我国以 5G 为代表的新基建已进入下半场,如何增强和演进 5G 网络的变现能力成为发展重点。近年来,AI 和大语言模型(Large Language Model,LLM)成为数字新基建的发展热点,以新思维和新趋势构建算力基础设施的能力底座,新基建进入一个网、云、算力和算法协同发展的阶段,打造云网融合、算网融合和 AI 内生的发展路径,增强数字化产业和产业数字化两个方向的数字经济活力,逐步从基建功能向基建能力变现持续转型,呈现新质生产力的"2+2+2"发展趋势。新基建的"2+2+2"发展趋势如图 1 所示。

两个方向:随着数字化技术的持续增强,数字新基建将推动数字化转型持续升级和快速发展,成为数字经济发展的重要支柱。近年来,AI/LLM 呈现新的商业模式和新的基建能力,实现了算法的变现基础和算力基建的变现能力。

两个圈层:数字新基础设施内核逐步从功能实现转变为能力变现,在多云部署和 5G/5G-A/6G 功能持续增强的基础上,固化以 AI、算法/算力、数字孪生等为新基建的内核能力,支持数字经济的加速和升维发展。

两个价值:数字新基建将进一步激活产业数字

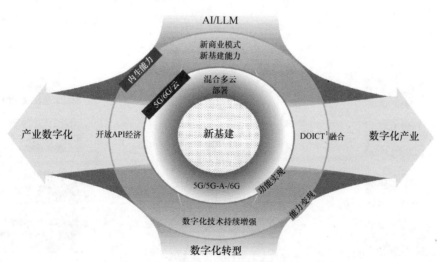

注:1. DOICT(Data,Operation,Information and Communication Technologies,数据技术、运营技术、信息技术和通信技术)。

图 1 新基建的"2+2+2"发展趋势

化和数字化产业的发展潜力，以基建的开放能力打造 API 经济和 DOICT 深度融合，提升数字化的赋能价值，实现两者高质量和双向平衡的发展格局，助力数字经济发展的行稳致远。

二、2030 技术发展愿景

（一）产业融合变革

新基建将以多元化元宇宙为目标愿景，呈现 ICT 交叉发展和产业融合赋能的发展趋势，打破各自的能力边界，并将催生新的价值创新，其中，网络、云计算、Web3.0 和 AI 是元宇宙的重要基础设施。5G/6G 网络将支持更泛在的应用场景，能够提供元宇宙极致性能和确定性保障；Web3.0 从集中式计算演进到"云、边、端"协同一体的分布式泛在计算，以"去中心化"的方式赋能元宇宙的极致体验和社交能力，区块链将为元宇宙的各种价值资源、算力资源和服务资源的流通和交易提供可信的安全保障。网络和计算相互融合共生，分布式算力将支持 AI 场景泛在化，满足物理世界与数字世界相互融合赋能的计算和智能需求。未来融合技术体系如图 2 所示。

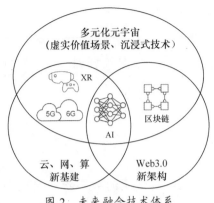

图 2 未来融合技术体系

（二）路径和要求

数字新基建构建在"网络"和"计算"两个能力维度上，网络能力和计算能力将在时空维度、计算环境中呈现相互交织、相互融合、迭代增强的发展趋势，呈现算网融合一体的基本特征。"网络"和"计算"能力成长曲线将促进数字化价值的增长合力，其发展路径从物理世界到数字世界，以网络为核心、以计算为能力，通过数字孪生打造沉浸式技术体系，进而实现多元化元宇宙的目标形态。在《诺基亚 2030 技术愿景白皮书》中，未来网络将构建跨虚实世界的万物互联、泛在计算和智能算法的基建底座，支持能力内生和深度转型，明确定义了未来网络的九大能力要求。未来网络能力要求如图 3 所示。

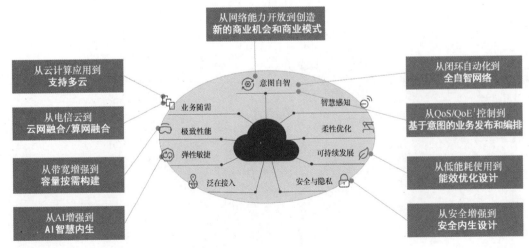

注：1. QoE（Quality of Experience，体验质量）。

图 3 未来网络能力要求

（三）能力和构建

面向2030，虚实业务多元化元宇宙的沉浸式体验将成为网络发展的主要驱动力，泛在联接、极致性能、能力开放将是网络演进和构建的主要目标和形式，即泛联网络、极致网络、价值网络和开放网络。

泛联网络。未来网络将由异构网络演进为"泛联网络"，例如，超密集组网、个人子网和D2D通信、卫星网络等空天地一体的泛在全覆盖网络。不同连接覆盖层之间将高度协作，重用稀缺的频谱资源，保障极高容量、超大覆盖和超高可靠性的网络连接。

极致网络。未来网络将支持用户体验、工业生产、车联网等多元化元宇宙场景，要求网络在时延、抖动、可靠性、定位和效率等方面满足多元化元宇宙场景特定的极致性能要求，这些极致性能要求将由场景本地部署的高性能子网、算力网络或专网来实现。

价值网络。未来网络将形成融合内生算力、内生智能、内生安全等多要素在内的价值网络，提供多样性资源编排和多元化业务服务的一体化能力。内生算力支持泛在的智能和安全；内生智能提升算力的感知和编排、保障威胁安全的探测并高效应对；内生安全为算力服务及交易提供可信基础和保障数据安全。

开放网络。未来网络将集成多种服务形式来构建可编程开放网络，网络的各种内生能力（例如通信、感知、计算、安全等）将通过网络即服务和API的形式实现开放，打造价值良性循环的产业创新生态。

三、算网一体技术体系

（一）算力网络技术体系

算力成为智能社会的核心生产力，成为新基建发展的核心战略，算网一体发展格局呈现"算网协同"到"算网融合"的发展路径，全面推动"20ms → 5ms → 1ms"时延圈建设，规划和布局云网算力资源、实施400Gbit/s OTN代际演进、IP的SRv6，以及协同云网的"算网大脑"整体规划，扩大新型智算中心规模、拓展公有云和边缘云部署、增强固网和移动网的接入算力能力。

算网一体是在网络演进和技术创新融合的基础上围绕着算网感知层次递次推进的，在算网云、算网互联、算网接入和"算网大脑"4个领域逐步实现网络算力化布局。算网一体技术体系如图4所示。

（二）算网场景演进

网络算力化主要在3个维度上影响网络架构和技术演进：第一是算力创造新场景，例如"东数

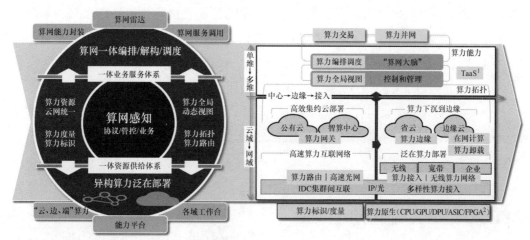

注：1. TaaS（Tensor Flow as a Service，测试即服务）。
2. FPGA（Field-Programmable Gate Array，现场可编辑门阵列）。

图4　算网一体技术体系

西算"和"20ms→5ms→1ms"时延圈层规划，业务和网络是场景协同；第二是算力创造新能力，例如"算网大脑"的统一编排和调度，业务和网络实现能力协同；第三是算力创造新技术，例如算网感知、算网路由、移动算网等，业务和网络实现资源协同，实现内生一体发展。因此，算力一体发展的3个阶段将结合网络演进和技术创新承载不同的技术和能力内涵。算力场景和网络演进规划如图5所示。

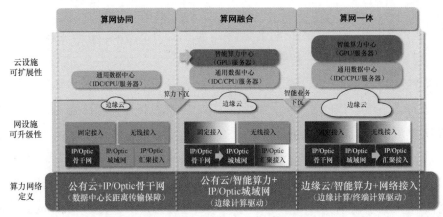

图 5 算力场景和网络演进规划

算网协同（初期）：以集中式算力为主，算网场景主要是公有云/数据中心和IP/光网络骨干网，实现"大算力、大运力、长距离"的规划需求，包括IDC算力扩容和SDN部署、SRv6/G-SRv6的统一IP、400Gbit/s OTN骨干网等技术要求。

算网融合（中期）：以智能算力和算力下沉为主要驱动力，算网场景主要围绕智算中心、IP/光城域和汇聚网络，实现"低时延、高效性、多样化"的规划需求，包括新型智算中心、边缘云融合算力平台、OTN/DCI城域互联增强、新一代SD-WAN等技术要求。

算网一体（后期）：以智能业务下沉和算网技术深度融合为主要发展方向，算网场景将主要在算力分布式接入侧和超强边缘算力锚点，实现"极致性、泛在性、按需性"的规划需要，包括边缘大脑、算力OLT、移动算网、小颗粒SPN/OTN、泛在多样性企业算力网络等技术要求。

四、大模型和数字孪生赋能算网高阶自智

（一）自智网络的发展需要

2023年，全球的电信运营商大力推动面向自智网络的发展，更加关注用户体验的提升、运营成本的降低和效率的提高。近年来，随着标准、技术架构及应用案例的深入研究，自智网络的发展正逐步进入"深水区"，迈向高阶自智、全域自动化和智能化。从当前的实践来看，电信运营商在数据价值挖掘、智能化能力提升和业务运营转型等方面仍然存在诸多挑战。

首先，数据价值挖掘需要深化。挖掘用户行为、网络流量、运行状态、网络资源等海量数据的价值是提升自智网络水平的基础。现有的大数据共享平台与高阶自智网络所需要的智能化能力训练迭代和网络全景深度洞察需求仍然存在差距。

其次，智能化能力提升需要突破。当前，AI技术不能完全满足做出关键业务决策的能力需求。2023年火爆全球的AIGC仍在探索中，电信运营商正在尝试部署一种使模型能够保持自学习、自迭代的框架，基于数据的留痕，使模型能够不断训练自我迭代，加快能力提升的效率。

最后，业务运营能力需要转型。业务拓展成为自智网络演进的重要衡量标准，自智网络演进

的目标是帮助电信运营商推进数字化转型，提高生产效率和服务质量，降低生产成本，增强企业的核心竞争力，也是自智网络实践不断深入生产和技术走向成熟的重要特征。

（二）大模型和数字孪生

2023年，LLM引爆AIGC和Vision Pro，再次掀起数字世界与物理世界虚实互动两大浪潮。AI大模型和数字孪生两项技术在电信网络运营中的价值和作用被产业界所瞩目，如何利用大模型和数字孪生两项技术助力算网自智的高阶演进，是需要算网自智领域参与者不断思考的问题。

大模型技术将在算网自智的意图理解、运营交互创新、知识管理和智能化运营等领域发挥革命性作用。通过海量网络运营数据训练得到的专有模型将具有更强大、更可靠和更准确的泛化智能能力。在未来的算网运营领域，大模型技术将被广泛应用于网络的规划、建设、维护、优化、运营和服务等所有领域，且大模型的训练和推理速度将得到进一步提升，使实时智能成为可能。

数字孪生通过将物理网络与数字网络相连接，为算网运营提供更加强大和便捷的感知、认知和虚实互动能力，使电信运营商能够具备更清晰和更深入的算网洞察能力，网络的规划、部署、运维和评估将更加敏捷和高效。同时，通过在数字虚拟世界的规划设计、策略推演和效果评估，进一步降低网络运营的各种风险和成本。

（三）跨域一体化孪生智能体

数字孪生将构建由实到虚、由虚仿实、由虚控实的发展路径：由实到虚，孪生网络可视化构建，实时数据采集同步，物理网络的各维度数据实时投射到数字孪生沙盘，指标/问题与栅格覆盖关联呈现；由虚仿实，数字孪生沙盘同步物理网络的配置，利用实际覆盖校准传播模型，使数字孪生沙盘模拟预测的结果无限接近真实覆盖，并进行投资回报率预测；由虚控实，数字孪生沙盘中调整小区工参、权值、增删站点等动作，通过校准的传播模型进行覆盖预测，寻优最佳方案。

大模型和数字孪生将构建数据共享平台的基础模型和各专业系统的领域模型，实现跨域拓扑模型和跨越一体化孪生体，实现对于算网资源的全面感知。可解释和可信的AI推动算网一体的强智能化，实现从感知、认知、决策、执行和评估的端到端闭环管理和数据治理。因此，从物理世界的数据、表和向量/图数据将实现知识抽取、跨域建模、仿真验证等实时模型和拓扑模型，实现虚拟世界的图计算服务（推理模型）和大模型服务（生成模型），保障算网一体的高阶自智实现。统一的数据/知识模型和服务如图6所示。

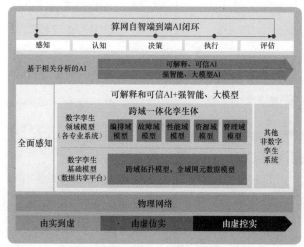

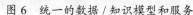

图6 统一的数据/知识模型和服务

（上海诺基亚贝尔 胡旸）

面向确定性算力网络的工业 PON

算力网络是云网融合发展的新阶段，是对云网融合的深化和升级。在算网基础设施方面，算力泛在化使算网基础设施覆盖面更广，边侧算力成为重要算力分布形态，网络向边缘侧延伸，算力网络需要屏蔽异构算力差异、异构网络差异，具备算力资源抽象与标识能力，提供高质量的网络联接服务；在算网控制与管理方面，算力网络可根据算网需求完成算网编排，也可感知算网资源状况，灵活匹配算力需求与算网资源，实现高效算网运营与调度；在算网服务方面，算力网络能够承载泛在计算的各类应用，根据应用需求，合理解构算力应用、抽象算网需求。确定性算力网络以确定性网络为根基，以算力为核心，为工业企业提供算网一体化服务；在生态建设方面，国内3家电信运营商与各大云计算厂商积极参与算力网络建设，包括开展产业合作、升级云网融合产品、布局数据中心建设等。中国联通发布的《中国联通算力服务原生白皮书》提出算力服务原生技术的目标：基于异构算力基础设施，面向应用、模型、代码在不同异构算力资源池间部署的使用场景，解决异构算力代码不通用、算力服务化成本高等问题，提高算力在各类场景下的应用效率。

一、面向确定性算力网络的工业PON

工业生产网络的通信模式主要涉及确定性周期通信、确定性非周期通信、非确定性通信和混合模式四大类。除了非确定性通信，其他3类通信模式对指令的时延和抖动均有严格要求，如果无法在确定时间内完成指令的下发和执行，则会影响产品良率、生产效率。

工业 PON 主要包括位于局端的 OLT，位于用户侧的 ONU，工业 PON 的 ONU 也被称为工业 PON 网关。OLT 和 ONU 通过 ODN 连接。面向确定性算力网络的工业 PON，采用业务流打时间戳和基于固定时延调度机制来实现 PON 端到端确定性时延、超低抖动、零丢包的网络传输。

对于两个工业 PON 网关之间的东西向网络传输。首先，确定性业务在工业 PON 设备的入口，即入 ONU 用户接口处被识别并打上时间戳信息；其次，系统根据确定性业务在工业 PON 两个 ONU 之间传输的固定时间要求，计算出业务报文在出 ONU 用户接口发送的时间；最后，系统严格按照计算时间进行报文调度和业务包发送，保证确定性业务报文从入到出的时间维持在一个恒定的值。

对于工业 PON 网关和 OLT 上联之间的南北向网络传输。首先，确定性业务在工业 PON 设备的入口，即入 ONU 用户接口处或 OLT 上联口处被识别并打上时间戳信息；其次，系统根据确定性业务在工业 PON 的 ONU 和 OLT 上联口之间传输的固定时间要求，计算出业务报文在出 OLT 上联口或 ONU 用户接口发送的时间；最后，系统严格按照计算时间进行报文调度和业务包发送，保证确定性业务报文从入到出的时间维持在一个恒定的值。

面向确定性算力网络的 OLT 还采用算力板卡、网络切片等技术动态实现 PON 业务承载的"微服务"。算力板卡主要由中央处理器、内存、硬盘和以太网交换模块等组成，具备通用计算、存储与网络连接功能。其中，中央处理器主要完成一般计算功能；内存和硬盘完成存储和缓存功能；以太网交换模块用于板卡与应用程序之间，以及和外部的数据转发和交换，提供算力板卡与 OLT 设备中其他板卡的网络连接功能。

网络切片技术细分工业 PON 的性能，从而按照不同的应用场景，在同一张物理 PON 全光网络上划分为多个互相独立的逻辑网络。不同应用场景下的业务由不同性能的网络切片传输，既能保证不同业务的差异化网络服务，又能保证在某个切片中的流量发生异常或突发等状况下不影响其他关键数据流的性能。

二、面向确定性算力网络的工业 PON 网关

面向确定性算力网络的工业 PON 网关是部署在企业的边缘计算网关，连接应用终端（例如传感器、工业设备）和云平台。面向确定性算力网络的工业 PON 网关架构如图 1 所示。

MQTT/JSON 接口完成设备和应用管理平台的管理语言与设备内部的管理语言的翻译和交互工作；向上通过 MQTT/JSON 与设备和应用管理平台通信，完成与设备和应用管理平台的交互；向下通过 D-BUS 总线与网关基础业务系统进行通信，完成网关配置、状态信息的读写。

Docker 是一个开源的应用容器引擎，Docker 容器完全使用沙箱机制，相互之间不会有任何接口。通过 Docker 为每个 App 分别建立一个容器，并将镜像 App 从镜像仓库拉到 Docker 容器。App 包括工业 PON 网关管理插件 App、工业 App 等。

工业 PON 网关管理插件 App 实现工业 PON 网关数据配置获取、Docker 镜像管理等功能。工业 PON 网关管理插件 App 包括平台对接模块、参数采集与管理模块。平台对接模块主要完成工业 PON 网关向平台的注册、心跳保活、设备信息管理、实时流量上报、插件 App 管理、固件和预配

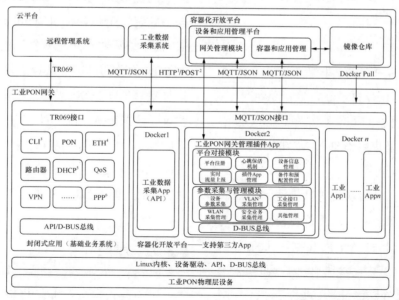

注：1. HTTP（Hyper Text Transfer Protocol，超文本传输协议）。
2. POST（Post Office Protocol，邮局协议）。
3. CLI（Command Line Interface，命令行界面）。
4. ETH（Ethernet，以太网）。
5. DHCP（Dynamic Host Configuration Protocol，动态主机配置协议）。
6. PPP（Point to Point Protocol，点对点协议）。
7. VLAN（Virtual Local Area Network，虚拟局域网）。

图 1　面向确定性算力网络的工业 PON 网关架构示意

置管理等功能。参数采集与管理模块主要完成工业 PON 网关设备参数采集、VLAN 业务参数采集与管理、WLAN 业务参数采集与管理、安全业务参数采集与管理、工业接口参数采集与管理等功能。

工业 PON 网关管理插件 App 与工业 PON 网关原有的功能模块之间采用 D-Bus 总线进行通信。D-Bus 为 Linux 系统开发的进程间通信（Inter Process Communication，IPC）和远程过程调用（Remote Procedure Call，RPC）机制。D-Bus 使用一个快速的二进制消息传递协议，D-Bus 协议的低时延和低消耗特点适用于同一台设备的通信。D-Bus 的规范由 freedesktop.org 项目定义，可供所有团体使用。

工业 App 主要包括工业数据采集 App、工业协议解析 App、基于 IEC 61149 的 PLC App 等。例如，工业 PON 网关连接工业传感器，工业数据采集 App 读取传感器的温度/湿度、气体流量等数据，进行数据格式转化，并将数据上传到云平台的工业数据采集系统。

三、云平台

云平台主要包括原有的远程管理平台、工业数据采集系统、容器化开放平台。

远程管理平台通过 TR069 协议与工业 PON 网关交互。工业数据采集系统通过 MQTT/JSON 协议与工业 App 进行交互。

容器化开放平台包括网关管理模块、容器和应用管理模块、镜像仓库。网关管理模块通过与工业 PON 网关管理插件 App 的交互对工业 PON 网关设备进行管理，其中，管理平台注册阶段采用 HTTP 的 POST 请求方法，注册阶段工业 PON 网关设备认证采用序列号作为唯一凭据，注册成功的设备才可以接受管理平台管理，设备管理阶段采用 MQTT 协议；实现注册流程与工业 PON 网关 IP 地址松耦合。

容器和应用管理模块主要功能包括容器操作命令的封装，应用程序镜像文件的管理，提供标准化管理镜像的版本、配置、镜像 App 信息等，以及将镜像 App 拉到 Docker 容器等。

镜像仓库是存储和管理 Docker 镜像的仓库管理系统。镜像仓库可以使用 Docker 官方提供在线镜像仓库，也可以使用开源镜像仓库 Harbor 等。

四、工业 PON 在离散制造业的应用

离散制造业的主要生产活动可以概括为，将多个零件经过一系列并不连续的工序加工装配为成品，其主要特点是车间管理过程较复杂，接入终端数量较多。在数字化生产背景下企业关注产品各个生产环节的数据信息采集，一般离散制造企业车间生产过程中的数据信息通常包括物料、加工设备、工装、加工过程、质量等，涉及制造执行中的各个环节。

基于工业 PON 的制造车间数据采集系统方案主要包括 OLT 通过以太网接口上联数据采集与监控系统（Supervisory Control and Data Acquisition，SCADA），通过光分配网络连接工业 PON 网关。工业 PON 网关通过工业接口连接工业设备，进行数据采集。工业 PON 网关将采集的信号进行统一的协议、数据转换，将车间生产基础数据信息采集汇聚到 SCADA 系统，为制造执行系统（Manufacturing Execution System，MES）提供设备的实时信息，同时为 MES 提供设备管理和工艺下发的链路。

五、展望

随着算力板卡、工业 PON 网关、网络切片技术的发展，工业 PON 从离散制造业场景走向千行百业。面向确定性算力网络的工业 PON 还需进一步探索网络和计算的协同感知、协同编排、算网一体的自优化和自运维能力等。

（中国联通研究院　程海瑞　贾武）

数字孪生与 AI 融合,构建铁塔基站三维数字资产

一、铁塔基站数字资产需求

数字孪生是将物理世界的物、人、事及其互动联系在数字世界建立虚拟映像;数字孪生网络是基于 4 个关键要素(数据、模型、映射和交互)而构建的虚拟映射网络,可帮助物理网络实现低成本的试错寻优、智能决策和高效创新;数字孪生技术是面向构建"数字孪生世界"目标的一系列数字技术的集成融合和创新应用,包括数据技术、运营技术、信息技术、通信技术、人工智能技术等的深度集成和融合技术。

随着数字孪生与 AI 的不断融合和演进,未来铁塔基站的数字资产管理将实现增质提效、业务创新。构建铁塔基站的三维数字资产是满足行业发展需求、提升运营效率、支持资产全生命周期管理及促进业务创新的关键。目前,通信基站中铁塔基站的资产管理仍处于人工勘察采集、统计、维护的传统生产方式,采集效率、安全,以及数据完整性和准确性一直是无线网络资产管理维护的痛点。

铁塔基站数字资产需求如下。

资产数据管理与维护的需求:铁塔基站及其设备的资产生命周期管理是一个复杂的过程,包括采购、安装、运行、维护、换代直至报废。构建三维数字资产能够为铁塔基站及其设备的每个生命周期阶段提供详细的数据支持,帮助管理者做出更加精准的决策,延长设备使用寿命,降低整体运营成本。

资产数据完整与准确性的需求:完整、准确的资产数据是铁塔基站生命周期管理的基石。传统资产数据是以表单形式进行管理,与真实的资产状态存在差异且很难进行校验。特别是铁塔基站的哑资源资产,例如天线、抱杆等设备,其状态、位置等都缺少完整准确信息。通过无人机采集的高精度图像与三维孪生建模,可实现对铁塔基站的精确数字克隆,确保资产数据的完整性和准确性,为基站维护、资产评估和升级改造提供可靠的数据决策信息。

资产勘察效率与安全的需求:传统铁塔基站的勘察采集、质量巡检及资产核查等工作,需要塔工爬塔登高作业,勘察周期长、效率低、危险高,而且需求会来自铁塔公司和不同运营商,造成多次上站,重复消耗人力物力。基于无人机自动飞控采集构建铁塔基站的三维数字资产,实现远程查看和分析,可大幅减少重复上站次数,提升勘察效率,降低人工登高作业风险。

资产数智化应用的需求:三维数字资产不仅能够提升现有的运营效率,还可以促进创新和业务发展。通过对数字孪生模型的分析和模拟,可探索新的业务模式和服务,例如增强现实导航、虚拟现实培训等,为通信行业的数智化转型和创新发展提供动力。

二、站点孪生构建铁塔基站三维数字资产

通过无人机自动飞控对铁塔基站进行高清图

像的数据采集，然后构建铁塔基站的实景三维孪生，获得三维数字铁塔基站。本文提出了数字站点孪生结合AI图像识别，获取铁塔基站各独立设备组件的型号、物理、性能等多维度属性信息，从而完成构建数字资产，为铁塔基站的规划、建设、优化、维护、运营的全生命周期管理提供完整、准确的数据支撑，实现数字站点孪生体从可视走向可用的业务创新。

1. 站点孪生构建数字资产的关键流程

构建铁塔基站的三维数字资产，涉及孪生与AI技术的深度融合。数字站点孪生—数字资产构建流程如图1所示。本文主要介绍无人机自动飞控图像采集、AI图像识别模型的训练与推理、三维单体化重建与体框拟合及三维数字资产的生成。

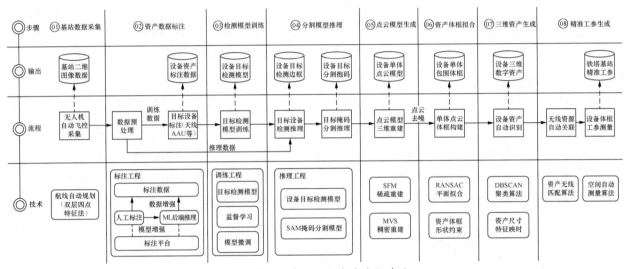

图1 数字站点孪生—数字资产构建流程

（1）无人机自动飞控图像采集

传统铁塔基站的勘察需要塔工登高作业，对基站各独立设备组件进行人工拍摄采集。数字勘察是基于双层四点特征轨迹算法实现无人机（带有RTK能力）的自动飞控，对铁塔基站进行环绕飞行自动根据轨迹算法控制相机参数进行拍摄采集高清矢量照片，以解决勘察效率低、操作复杂的关键痛点问题。双层四点特征轨迹算法示意如图2所示。

（2）AI图像识别模型的训练与推理

利用基于数字勘察采集的铁塔基站万级张图片与万级标注样本的独立设备组件数据集，训练能够识别天线、RRU、AAU等设备的AI目标检测基础模型。该模型能够识别出单个目标物体的边界框，然后将该边界框作为输入，应用于SAM模型（Segment Anything，SOTA实例分割模型）从而获取到独立设备组件（例如天线）的掩码图像。

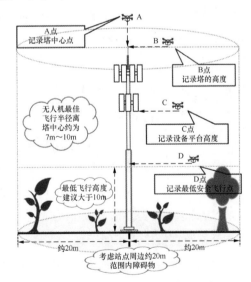

图2 双层四点特征轨迹算法示意

（3）三维单体化重建与体框拟合

结合独立设备组件的掩码图像和原始图像数据，可利用实景三维建模技术生成天面设备的3D点云数据。通过利用定制优化的RANSAC算法，进行点云模型的单体化拟合，从而为每个天线设备构建出精确的三维体框。

(4) 三维数字资产生成

首先建立一个基站设备信息组件库，包含各型号设备组件的物理尺寸与其他属性信息。然后测量每个三维单体化体框的长宽深信息，结合设备信息组件的物理尺寸进行关联，通过 DBSCAN 算法进行聚类操作，匹配得到每个单体设备组件的具体型号，进而获取其他信息，最后即可生成基站设备组件资产库。

2. 基站设备的图像模型训练与推理

基站设备的图像模型训练第一步是从无人机采集的二维高清图像中提取各类型设备组件的掩码图像。该过程采用的实例分割技术，是计算机视觉领域用于识别图像中每个对象实例并且分割出其精确像素级轮廓的关键技术。

实例分割技术的实现分为两种方法：传统方法、基于深度学习方法。传统方法侧重于利用图像的局部特征，例如像素强度、颜色和纹理，采用技术包括阈值分割、区域生长和边缘检测等。基于深度学习的图像分割技术，包括如全卷积网络、UNet 系列和 Mask-RCNN 等，这些方法虽然提供了更高的鲁棒性，但对训练数据的质量和标注精度也有较高的要求，因此也会引入更大的标注工作量。

本文采用了一种结合目标检测与实例分割的两阶段图像分割方法实现铁塔基站设备资产的图像识别。首先，通过目标检测技术定位图像中的目标设备，并确定其边界框；然后，利用预训练的实例分割基础模型对每个检测到的目标设备进行精确的像素级分割，从而获得其掩码图像。这一系列处理步骤为后续的三维单体化模型构建提供了必要的输入数据。

该方法结合了目标检测和实例分割的各自优势，既降低了数据标注的难度、减少了标注的工作量，同时也确保了图像实例分割的准确性。并且该方法不仅优化了模型训练与推理的效率和精度，还为构建铁塔基站三维数字资产提供了准确的基础数据。

整个模型训练与推理的流程中 3 个关键环节：标注工程、训练工程、推理工程。其中，标注工程完善了基于无人机自动飞控采集的 5000 多张标注数据集，实现了目标检测推理模型的性能的显著提升。训练工程实现高效的目标检测。推理工程是指模型推理流程，是将人工智能模型实际应用到生产活动中的关键步骤，包括模型部署、数据处理与流转、执行模型推理以及结果输出管理等环节。在本文采用的两阶段图像分割架构中，涉及将目标检测模型与实例分割模型部署集成到无线数字孪生平台，并将整个处理流程自动化串接，以输出最终的铁塔基站设备掩码图像。模型推理流程旨在实现从二维基站图像到设备掩码图像的转换，为后续的设备单体化建模提供必要的信息输入，如图 3 所示。

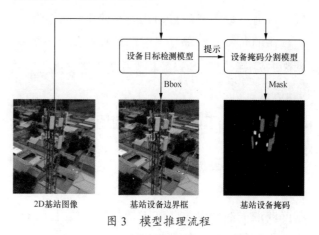

图 3　模型推理流程

3. 实景三维重建与资产体框拟合

三维重建旨在通过分析二维图像或视频序列以恢复物体的三维形状和结构。在数字站点孪生的应用场景中，三维重建不仅用于铁塔基站的整体轮廓，而且也应用于基站上具体的通信设备，从而支撑获取更加丰富和实用的三维数字资产。基站整体建模（左）与设备单体化建模（右）如图 4 所示。

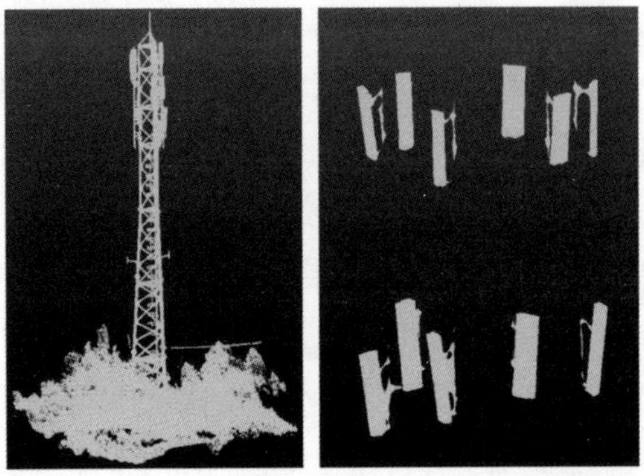

4. 铁塔基站三维数字资产生成

资产自动化构建流程首先获取设备拟合体框的 8 个顶点坐标，通过该顶点坐标可以计算出体框的大小、长轴（即设备正面）方向向量等关键信息；应用机器学习聚类和空间几何计算方法，即可准确地推导出设备的具体型号及工作参数。数字资产库自动化构建流程如图 5 所示。

图 4　基站整体建模（左）与设备单体化建模（右）

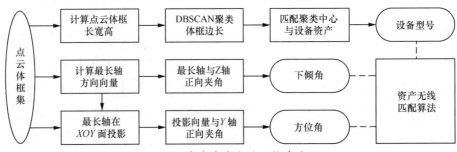

图 5　数字资产库自动化构建流程

从设备型号获知的信息，例如设备工作频段，可以使设备自动映射相应的无线小区及工参数据成为可能。数字资产自动化的构建不仅减轻了人工操作的负担，更提高了资产管理的准确性和可靠性，为铁塔基站的运维和优化提供了支撑。

三、铁塔基站数字资产应用

1. 高精度工参测量

构建铁塔基站三维数字资产系统，系统能够精确获取天线的型号及其支持的频段信息。通过天线体框的数学计算，可支持天线方位角、下倾角、挂高、经纬度等位姿信息的测量识别。结合频段和方位角信息，可进一步实现天线设备与无线小区的自动关联，可确保小区工参信息的及时性和准确性。

通过工程验证，利用天线体框进行的位姿测量与基于实景模型的人工测量在准确性方面相当：天线的方位角精度可达 ±2°，下倾角精度可达到 ±1°。

2. 数字勘察与设计

构建铁塔基站三维数字资产系统，可提供通过基于 Web 的访问方式，使站点勘察和设计人员能够便捷地查看数字站孪生的站点。工程勘察与设计人员不仅可以查看高精度的站点三维模型，还可以获取铁塔基站设备资产的详细属性信息。

此外，工程勘察与设计人员还可以在数字站点孪生模型上添加标注信息，例如安全提示或指示新设备的安装位置，甚至从组件库中选择新的天线添加到抱杆上或替换旧天线，以便评估设备的安装空间或天线之间的隔离度。该生产活动过程可以生成勘察设计报告，包括物料清单、资产清单等的详细数据，可以提高站点设计和优化的效率，同时也降低了现场勘察的成本和风险。

3. 设备巡检与验收

构建铁塔基站三维数字资产系统，可进行远程数字设备巡检。通过无人机搭载高分辨率摄像头对基站进行全面拍摄，捕获的图像与三维数字资产进行对比分析，可以自动识别设备的异常状态，例如腐蚀、变形或部件松动等。该过程可以减少人工巡检的时间成本,降低巡检过程的人身安全风险。与传统人工巡检相比,无人机巡检可以到达人员难以接近的区域,确保巡检的完整性。

另外铁塔基站的三维数字资产在工程验收生产活动也发挥着重要作用。在工程项目完成后,通过与施工前的三维数字模型对比,可以精确评估工程的实施质量,包括安装设备的位置、方向是否符合设计要求。同时,还可以预先识别可能引起的信号遮挡或干扰问题,确保工程项目的质量符合标准。

铁塔基站的三维数字资产在运营效率和质量方面将重塑生产活动,促进了铁塔基站的管理运营迈向数字化、智能化转型。

四、结束语

铁塔基站的三维数字资产构建和应用,标志着通信行业的哑资源部分迈向数字化和智能化管理的重要一步。通过无人机自动飞控技术解决基站勘察的效率与安全问题;通过数字站点实景孪生与 AI 图像识别的深度融合,以及三维单体化重建和体框拟合实现了铁塔基站的三维数字资产构建;从而利用三维数字资产进行工参质量巡检、数字勘察与设计、设备巡检与验收等工程应用,为铁塔基站的规划、建设、优化、维护及运营提供创新解决方案。

铁塔基站三维数字资产的成功应用在业务场景中,不仅提高了工作效率,也为铁塔基站的规划、建设、优化和维护提供了科学的数据支持,展示了数字孪生技术在未来通信基站管理中的重要作用和广阔前景。随着技术的不断进步和应用的深入,铁塔基站的数字资产管理将更加高效化、智能化,为通信行业的数字化转型提供强有力的支撑。

(中国移动通信集团云南有限公司　尹以雁　孙磊
中兴通讯股份有限公司　王栋　陈琦)

"联通碳生活"通信行业碳普惠应用助力全民生产生活方式绿色转型

中国联通坚决贯彻落实国家"双碳"目标，秉承绿色发展理念，以"3+5+1+1"碳达峰、碳中和行动方案为基本纲领，踔厉创新实践，践行央企社会责任。2023年，中国联通发挥其所在行业公共服务绿色低碳供给能力优势，积极构建通信行业绿色普惠生态，由集团网络部牵头，联通支付实施建设并先行推出通信行业碳普惠应用——"联通碳生活"，填补通信行业个人碳账户领域的空白。

一、主要做法

"联通碳生活"依托自身海量用户和通信数据的资源禀赋，智能记录及量化用户绿色低碳行为并给予相应激励。目前，该应用已覆盖通信、金融、生活三大场景中十余种绿色低碳行为，运用"5G+AI+大数据+云计算+区块链"的融合创新，赋能用户低碳生活，支持亿级移动通信用户的碳行为认定、碳足迹追踪、碳减排量核算、低碳特色权益兑换的全流程闭环。其核心碳减排计算模型已通过国家级绿色交易机构权威认证，并基于区块链技术打造数字藏品"低碳勋章"，提升产品趣味性、用户黏性和活跃度。

二、方案设计

（一）通信运营商个人碳账户体系及应用模块建设

1. 总体架构

个人碳账户结合信息通信行业的技术积累，综合运用人工智能、大数据、云计算、物联网等数字技术进行关键环节的设计。个人碳账户总体架构由技术层、数据层、功能层和平台层组成，如图1所示。

图1 个人碳账户总体架构

2. 业务流程

个人碳账户业务总体流程包括监测并统计用户各类低碳行为、量化碳减排指标、积攒"碳能量"积分、实现对用户精神与物质的双重激励，形成业务闭环。"联通碳生活"从"四主体"和"四阶段"开展设计，业务流程如图2所示。"四主体"是指个人碳账户涉及的4个参与主体，即用户端、平台方、合作方和核准方；而"四阶段"是指低碳行为认定、低碳数据采集、低碳积分统计、低碳权益兑换4个阶段。

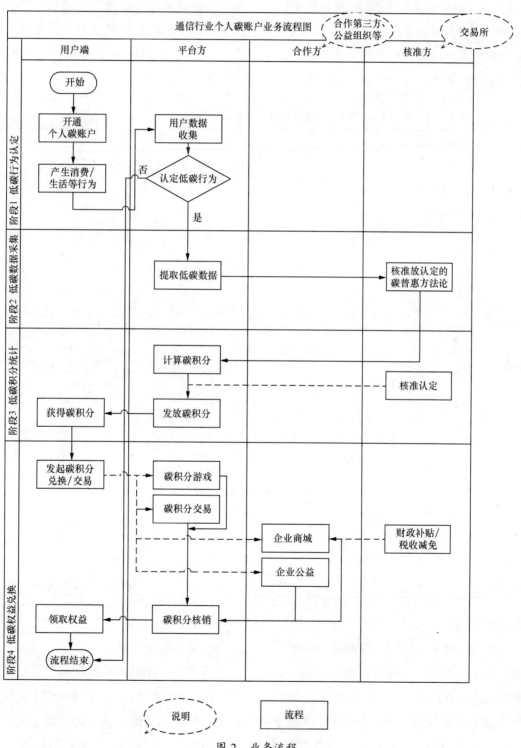

图 2 业务流程

3. 功能模块

目前"联通碳生活"已在中国联通 App、沃钱包 App 内测上线，包括 5 个基础功能模块，分别为碳能量场景、碳能量明细、碳减排量核算、低碳科普、碳权益兑换模块，实现了从碳能量获取、碳能量发放、碳能量兑换到碳能量核销的完整流程。

（二）减排量计算模型开发

为保证碳减排量计算的相关性、完整性、一致性、准确性、透明性、保守性等一般原则，联通支付协同国家级绿色交易机构，合作完成"联通碳生活"碳减排量计算模型的设计与开发。依托信息通信行业特点，对使用移动终端而减少碳排放量的绿色行为进行精准信息采集、筛选和分析，聚焦信息通信行业绿色低碳场景，挖掘信息通信行业移动用户在通信、金融、生活、出行等多场景的多个绿色低碳行为，详细筛选了信息通信行业最具有代表的绿色低碳行为数据，见表1。模型开发过程如下。

表1 信息通信行业绿色低碳行为筛选

减排类别	减排场景	低碳行为
通信类	在线充值缴费	在线通信交费、订购流量、宽带交费、开通自动充值
	电子发票	在线开具电子发票
	在线取号	在线办理预约取号
	在线办卡	在线新开卡、补卡、eSIM卡、亲子卡、银龄卡、孝心卡、办理副卡
	详单查询	在线详单查询、金融合约查询、一证通查
	旧机回收	手机估价回收
	在线会议	在线视频电话会议
	在线报障	在线报障处理信息（线上客服，故障处理）
	在线办理	在线办宽带、携号入网、IPTV、国际业务、固话选号、超级办理
	剩余套餐	月末剩余流量、剩余语音时长
金融类	在线贷款	在线办理贷款申请、贷款还款
	在线信用卡还款	在线信用卡还款
	在线转账	在线转账
	在线提现	在线提现
	理财产品	在线购买理财产品、基金、保险等
生活类	生活缴费	在线缴纳水、电、燃气、供暖费等
	在线支付	在线订购外卖、打车、购票、购买绿色产品等
	电子凭证	使用居民身份电子凭证
出行类	出行信息	共享单车、步行、公交出行、地铁出行、新能源车

1. 场景识别与规划

通过内部数据调研、用户问卷和文献调研等多种方式，确定用户在日常缴费、在线金融、家庭生活等方面的低碳行为，识别典型碳减排场景，评估总体碳减排量的规模，设计合理的"碳减排量—碳能量—用户激励"转化机制，形成碳能量产生和消纳的闭环。

2. 监测方法确定

对于每一种减排场景，确定可自主开展减排量监测活动的形式，建立联通用户之间统一、透明、科学、互信互认的数据监测体系。监测方式包括但不限于：开户数据、业务办理数据、支付数据、手机传感器、外部 API 等。

3. 碳减排模型开发

基于确定的监测方法，针对每一类碳减排行为，开发碳减排量计算模型。模型开发过程包含基准线情景设计、排放量计算公式、活动水平数据确定、排放因子选取、假设条件和近似考虑因素等过程。模型保证其符合一般项目级碳减排量评估的基本原则，并考虑未来与跨行业碳普惠平台互联、碳账户互通、权益互认，为行业间碳普惠合作奠定技术基础。

（三）双账户（积分）体系建设

"联通碳生活"构建"一个碳账户，两套计量体系"，采取"碳减排量"与"碳能量"双账户运营体系，即碳账户体系内含有碳能量积分体系、碳减排量计算体系两套计量标准。碳减排量与碳能量积分体系设计如图3所示。

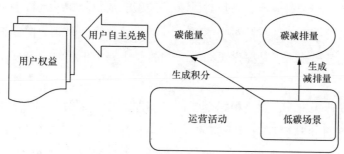

图3　碳减排量与碳能量积分体系设计

碳能量积分体系：用户兑换权益、公益捐赠或参与游戏使用，积分体系及计算方法由企业内部自行设定，不代表实际减排量。

碳减排量计算体系：单位为"克二氧化碳"（gCO_2），是中国联通带动用户实现碳减排贡献的唯一依据，通过科学方法论计算实际减排量，方法学对标国际（CDM、VCS、GS 等）和国家核证自愿减排量（CCER），具有一定公信力。

设计两套账户的目的在于区分日常运营和记录真实碳减排量。碳能量积分由业务、活动等运营奖励产生，而只有认可的低碳活动才可以产生碳减排量。

（四）低碳特色权益兑换

与数字藏品合作推出"低碳勋章"特色权益兑换。该数字藏品能够激励用户践行低碳减排行为，吸引用户兑换，提升产品体验和用户黏性。创意取材于绿色低碳生活主题元素，应用区块链技术完成藏品铸造，每个藏品均有唯一的哈希值作为链上存证。用户可以使用"3D 空间"功能进入 3D 画框空间，360 度旋转画框或缩放画框，也可以选择"高清图片"功能，从不同角度、近距离欣赏藏品。

三、实施成效

（一）主要研究成果

2023 年，基于"联通碳生活"的理论研究项目"信息通信行业个人碳账户体系搭建及方法学研究"通过工业和信息化部信息通信科技委软科学课题结题评审。在工业和信息化部信息通信科技委指导下，该课题由中国联通牵头，联合中国电信、中国移动、中国铁塔、中国信通院，构建了立足信息通信行业的个人碳账户体系和移动端应用，开发了信息通信行业的个人碳减排方法，为信息通信行业履行社会责任、赋能千行百业碳普惠发展提供参考价值。

（二）推广宣传及应用试点情况

"联通碳生活"碳普惠应用于 2023 年 6 月首次亮相第 31 届中国国际信息通信展览会，并在多个国家级展会（MWC 上海、服贸会等）对外宣传推广绿色成效和双碳成果，持续通过多元化、多渠道、多媒介的宣传方式扩大碳普惠应用的社会公众影响力。同时已在联通集团和多个省分公司内测试点效果显著，助力联通持续在碳普惠领域发挥积极示范作用。

（三）经济效益与社会效益

在经济效益方面，"联通碳生活"可带来节约成本、增加收益、储备碳资产等多元化的经济效益。一是鼓励用户支付碳能量，助力企业购买绿色电力，提高绿电采购比例，降低能源采购成本。二是对用户智能分层分级并建立绿色精准画像，针对绿色低碳人群精准营销，丰富业务模式。三是探索正向激励措施及个性化服务，针对性开展信贷额度、利率、期限、流程等，带动业务推广。四是根据全国碳市场平均碳价计算，预计可达到百万至千万元/年的长期收益，为个人消费端参与碳交易进行能力储备，例如纳入区域碳普惠平台或未来纳入全国碳市场交易，实现碳资产的变现与经济效益的长期回报。

在社会效益方面，一是通过权益兑换和社交游戏功能吸引用户，提升碳普惠应用活跃度，鼓励在闲时通话和使用流量的削峰填谷行为，提高能源利用效率。二是沉淀用户低碳行为数据资产，为可持续发展提供数据支持。三是持续丰富通信行业低碳减排场景，推动通信行业个人碳减排方法学与行业标准统一化，确保减排量核算的公正性与科学性。四是通过节能降碳技术创新和实践应用，向亿级用户提供个人碳足迹追踪、排放数据管理和减排激励技术支持，引导用户践行绿色低碳生活，共建绿色普惠生活。

四、典型经验

率先推出通信行业碳普惠应用：结合通信运营商海量用户及数据的资源禀赋，率先推出通信行业碳普惠应用，建立通信运营商个人碳账户体系，为赋能消费端节能降碳奠定基础。

初步开发信息通信行业个人碳减排方法学：基于运营商移动用户特色减排场景，初步开发适用于信息通信行业的个人碳减排方法学，搭建减排量计算模型，核算不同减排场景下的减排量因子，为信息通信行业提供科学和统一的量化标准。

创建双账户积分体系：采用"一个碳账户，两套计量体系"，分别计量企业内部权益兑换所使用的碳能量积分和经过科学方法论计算产生的实际碳减排量数值；碳能量积分主要用于公司运营，碳减排量主要用于计算社会减排贡献，两个账户独立运行，有效解决了计量属性、应用范围等因素不同的问题。

建立用户精准绿色画像：用户通过"联通碳生活"产生的低碳行为数据接入联通支付内部商业分析平台——用户智能洞察平台，创建多样化图表、智能数据分析。一方面通过拆解分析支撑"联通碳生活"运营；另一方面建立用户精准绿色画像，深入分析用户低碳行为并加以针对性引导，从而赋能消费端节能降碳。

安全合规使用用户数据：严格按照国家数据安全、个人信息保护等要求，一方面通过隐私计算、联邦学习等技术安全合规使用用户隐私数据，保护个人信息，实现数据资源海量汇聚、流通，避免出现数据鸿沟和"信息孤岛"；另一方面合法采集用户数据，适时优化用户须知、协议，对用户及时告知、更新。

未来，中国联通将以"联通碳生活"为纽带，联合友商、行业协会、研究机构等多方力量，构建绿色通信普惠生态及合作联盟，共同探索助力行业碳中和的前沿技术和应用示范，对通信产业链辐射和赋能。同时，通过多元化碳普惠激励模式的探索，加速全民生产生活方式绿色转型。

（联通支付有限公司　蒋则明　肖可馨　刘恒辰）

通信+支付金融的数字化转型实践：
品牌建设引领企业卓越之路

随着国家信息技术的全面发展和数字化进程的稳固推进，数字化转型已成为企业适应变革、走向卓越的必由之路。作为中国联通旗下唯一的第三方支付平台，联通支付的品牌建设发展历程，见证了企业迈向数字化的华丽转身，是落实集团新定位新战略的重要支撑。联通支付以"品牌价值链"核心能力为数字化转型筑牢根基，通过全媒体推广助力业务发展、提振品牌声量，并建立和完善了一整套数字化舆情监控体系，形成对品牌形象的长效保护，以品牌建设的"组合拳"引领企业数字化转型，打造科技、温暖、智慧的一流支付品牌。

一、"品牌价值链"核心能力为数字化转型筑牢根基

联通支付的品牌建设策略，始终根据自身业务特点和市场定位，将支付金融业务与中国联通的核心能力紧密结合，秉承中国联通新定位新战略，做好"数字信息基础设施运营服务国家队、网络强国数字中国智慧社会建设主力军、数字技术融合创新排头兵"。通过整合集团强大的网络覆盖和庞大的用户基础，聚力打造行业领先的资金支付能力、连接用户的账户和产品能力、差异化的生态服务能力、专业化的科技创新能力等四项能力，提供了一系列安全、便捷、智能的支付服务，满足不同场景和用户的支付需求。

全面深入贯彻集团公司战略，强连接、账户、支付关系之基，固平台、产品、服务之本；守合规高效之正，创数据科技之新；融合内外资源要素，开放"通信+金融"生态。建强做优"专精特新"支付金融军种，将支付金融能力/工具植入通信作业流程，产品嵌入信息通信业务，生态合作、金融权益融入用户经营，协同智慧运营和价值经营，赋能集团数字化转型和高质量发展。

基于牌照做支付、基于支付强协同、基于协同拓生态、基于生态精数科。将资源向核心业务集中，优化支付平台的建设和运营，加强支付技术的研发和创新，提升支付产品的质量和竞争力。在满足用户多样化的支付需求的同时，深刻体现联通支付在技术创新和服务优化上的不懈追求，为联通支付品牌建设打下坚实基础。

二、拥抱数字化新工具新技术，推进新质生产力生动实践

声誉管理是企业长久高质量发展的基石，联通支付高度重视舆情保障工作，建立并完善了一整套数字化舆情监控体系。围绕包括舆情监测、媒体管理和深度解读的应用层面，综合大数据存储计算、人工智能算法引擎的功能层面，以及覆盖包括微博、微信、抖音等中文全媒体信息云采集的数据层面，以应用、功能、数据为切入点，构建了一整套数字化舆情监控体系。

在声誉风险发生时，能够做到第一时间启动应急预案，积极稳妥处置，动态调整应对方案；为实现联通支付舆情投诉快速妥善处理，特制定舆情投诉处置规范，在舆情发出的第一时间解决客

户的问题，并在信息发出渠道进行处理结果的公布，确保公众对投诉舆情的解决方案的了解，形成良性印象。

同时，对数字化舆情监控体系不断进行完善与优化，完善舆情管理链条与应对流程，使联通支付能够及时发现舆情、制定合理的应对方案、关注用户感知、重视用户反馈、保护用户权益，成为不断优化业务流程与产品质量的重要保障和关键所在。通过舆情管理系统监控大数据能力，完成业务效能提升，从而推动新质生产力创新实践。

三、塑化品牌形象外显，全媒体推广助力品牌业务发展

联通支付的目标市场是中国庞大的第三方支付市场，包括个人用户、商户、政企客户和金融机构等多个细分市场。联通支付以"智慧同行、智付由我"为品牌主张，根据市场环境和用户特征，在线上线下多个领域通过视频、展会、活动等多种形式进行品牌传播，提高沃支付的品牌知名度和美誉度，扩大沃支付的用户和客户群体，增强沃支付的用户和客户忠诚度和满意度。

利用微博和微信等社交媒体，建立官方账号和粉丝群体，定期发布沃支付的最新动态、优惠信息、用户故事等内容，通过精细的用户调研和活动数据沉淀分析，发布受众关注的价值信息、趣味内容、有效互动，推广沃钱包新媒体平台；与用户进行互动交流，收集用户反馈和建议，提升用户对沃支付的好感和信赖。利用抖音等短视频平台，制作和分享沃支付的创意视频和趣味视频，展示沃支付的产品功能和使用场景，吸引用户的注意力和兴趣，增加用户对沃支付的认知和试用。通过不同平台的品牌声量和营销触点扩散，扩大联通支付用户群和粉丝数。

联通支付参加了多个国际级、国家级等重量级展会和论坛，如国际通信展、品牌日博览会、西博会等，展示了联通支付在数字人民币、数字藏品等领域的创新成果和前沿技术。展会以互动和体验为主要方式，让用户亲身感受到联通支付的安全和智慧。与此同时，联通支付还举办了多个线上线下的营销活动，如"沃钱包送福利""联通支付日"等，通过抽奖、返现、红包等形式，吸引用户使用联通支付进行消费和转账。活动以奖励和激励为主要手段，提高了用户的忠诚度和满意度。

联通支付品牌建设引领企业数字化转型成果收到了来自市场与行业的肯定，前不久荣膺工业和信息化部新闻宣传中心2023年度"ICT优秀案例"企业数字化转型优秀实践奖。展望未来，联通支付将继续坚持品牌引领的理念和方向，不断深化新质生产力的应用，推动企业向更高水平、更高质量的方向发展，为支付金融行业的转型升级和可持续发展贡献更多力量。

（联通支付有限公司　杨扬）

关于中国 Web 3.0 可信账号和数字资产的分析及建议

Web3.0 是互联网发展的重要阶段，随着数字经济与实体经济融合的进程加速，越来越多的用户开始在互联网上进行社交、购物、娱乐等活动，大量的个人信息和数据被网站收集、存储和传输。然而，由于当前 Web3.0 尚处于发展初期，结合 Web3.0 的技术特点及当前监管环境的不足，这些数据可能面临被泄露、篡改或滥用的风险。

中国移动充分发挥在数据主导权、科技创新能力和产业控制权等方面的优势，从构建新型可信账号体系入手，助力建设国家安全新基建。

一、可信账号认证及数字资产确权是 Web3.0 数字信任体系的基石

（一）可信账号认证、数字资产确权的基本概念

数字身份被认为是真实身份信息浓缩为数字代码，形成可通过网络、相关设备等查询和识别的公共密钥。与传统的身份系统相比，可信的数字身份有助于最大化释放经济潜力和用户价值。

可信账号是指中国移动利用号卡能力，结合实名认证、数字证书、电子签名等技术手段，构建具有"去中心化"、数据安全、隐私保护、可追溯性和跨平台互操作性特点的可信账号认证体系。在该体系下，数字空间自然人身份的信任度得到了政策法规的有力保障和技术支撑。

数字资产通过数字化存储，在线化使用，利用数据挖掘给企业带来经济利益的信息集合，包含数字、文字、图像、方位、社交信息等，可量化、可数据化、可价值化的信息都是数字资产。数字资产确权是数字资产构建信用的基础，它包含确定数字资产的归属权及数字资产权利的内容两重含义。

数字资产确权归属与可信账号紧密关联，数字资产的身份标识具备唯一性、不易篡改性和永久性。因为数字资产的使用是持续的，虽然其权属唯一，但是只要拥有价值，就可以在流通市场上被多方不断购买和使用。

（二）推动可信账号认证及数字资产确权相关产业发展具有深远意义

一是可信账号认证及数字资产确权作为 Web3.0 的关键要素，是推动数字经济发展的基础建设。Web3.0 是一种新的互联网模式，用户不必在不同的平台创建多种身份，而是可以用一个"去中心化"的通用数字身份体系通行各个平台；同时，用户具有管理数字身份、掌控个人数据、监督算法应用的自主权。用户可以决定自己的数据如何被使用，甚至可以将数据货币化。要实现 Web3.0 从概念向产业化、规模化发展，除了要具备先进的数字基础设施，可信账号认证、数字资产确权等发展关键要素同样不可或缺。**二是有助于我国抢占数实融合发展的先机**。中国移动致力于构建一种新型的可信账号体系，确保数字经济的安全和稳定发展。此外，通过实现用户账号的准确识别和管理，可信账号体系能够为企业和个人提供更加便捷、高效的数字化服务，从而推动实体经济与数字技术的深度融合。**三是将数据要素核心资源掌握在国企，保障国企加速数字**

化转型。越来越多的企业将"数据"视为核心资产、新资源和新财富，而可信账号和数字资产是网络安全的关键部分，是企业网站数据的重要保护屏障，我国企业掌握数字时代新的生产要素——数据，有责任和义务发挥主导作用，着手构建数字信任体系，有效抵御网络攻击、保障系统和数据安全、保护用户隐私，确保我国企业加快数字化转型。

二、Web3.0 数字身份认证及数字资产相关产业发展的痛点

（一）Web3.0 数字身份、数字资产管理与交易存在安全风险

在互联网中，个体身份及资产等重要信息均以数据的形式存在、存储和流通。一方面，可信账号问题作为数字时代一大安全挑战，用户在诸多在线平台注册与登录时均需要提供真实的身份信息。然而，此类信息可能会被不法分子盗用。此外，非法攻击者可能会利用账号漏洞，窃取用户个人的信息，这增加了可信账号的风险。另一方面，数字资产管理存在重大安全风险。随着数字货币及区块链技术的普及，越来越多的人开始拥有和管理数字资产。然而，这些数字资产同样面临被盗或丢失的风险。非法攻击者可能会利用恶意软件、钓鱼网站等手段窃取用户的数字资产。

（二）身份账号不互通，形成"数据孤岛"

在 Web1.0 和 Web2.0 中，用户在面对不同平台、应用和服务时，需要创建不同的账号和密码，这既增加了用户的记忆负担，也增加了账号的安全风险。同时，数据分散在不同平台和系统中，无法实现有效的共享和利用，导致数据的价值无法被充分发挥。身份账号不互通且形成"数据孤岛"的现象已严重阻碍 Web3.0 的健康落地发展。

（三）数字资产复杂多变且难于准确定义和确权

Web3.0 是一个全新的数字生态系统，数据归用户所有，用户对其数据拥有更大的控制权，其智能化和开放化可以更好地支持数字资产的交易和流通。但数字资产确权的本质是"信用背书"，没有经过确权的数字资产，无法形成其价值。当前，数字资产主要面临 3 个问题：一是构成"资产画像"的各方数据来源主体身份的确认；二是多源性数据构成的数字资产，其"资产画像"设计是否覆盖并满足该资产的信用需求；三是如何判断确权的时效性和真实性，单一数据来源构成的数字资产经过来源方确权后完全依赖于来源方的主体信用，多源性数据构成的数字资产的确权工作会更困难且更复杂。

三、基于电信运营商号卡优势的可信账号解决方案

可信账号系统架构如图 1 所示。

手机号码即账号，发号码即发证书。中国移动凭借"手机号码即账号"的统一入口优势、安全的企业背景、核心技术自主研发能力，采用统一的账号认证和授权机制，结合实名证书、区块链、隐私计算等技术，提供数据互通、数据标识、确权授权、可信流通的解决方案。该方案让用户只需使用一个手机号码就能访问不同的平台和服务，每个号码都会关联一张个人的实名证书，通过证书签名和安全传输等技术手段，保障数据的安全性和可追溯性。统一可信手机号码方案如图 2 所示。

充分发挥超级 SIM 卡的移动端密钥载体优势，提供具备普适性的密码服务。依托超级 SIM 卡移动端硬件的便捷性及高安全保护机制，可进行数据资产的交易、授权和共享，实现数据价值的最大化。这一方案能有效增强数据资产流转的可控性，确保数据资产的真实性和可追溯性，为数据资产的合法、合规、高效流通和应用奠定坚实基础，从而实现个人数据资产资源化的目标。基于 SIM 卡的个人密码服务体系如图 3 所示。

数字经济与算力网络篇 | 173

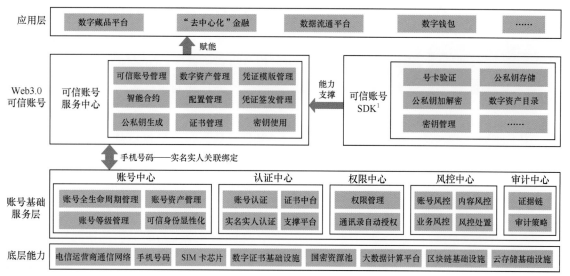

注：1. SDK（Software Development Kit，软件开发工具包）。

图 1 可信账号系统架构

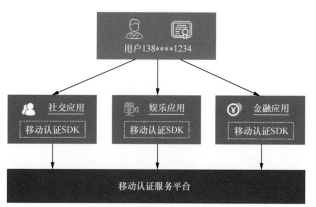

图 2 统一可信手机号码方案

提供前端匿名、后端实名的账号服务。用户的实名证书是可信账号的"根"，基于"根"派生出多个 Web3.0 匿名账号，匿名账号有助于保护用户的隐私，避免用户在 Web3.0 网络活动中暴露个人信息。该方案既可满足实名监管的要求，又可满足 Web3.0 基于区块链密码学应用生态发展的要求，推动可管可控的中国 Web3.0 生态发展。前端匿名后端实名的账号服务体系如图 4 所示。

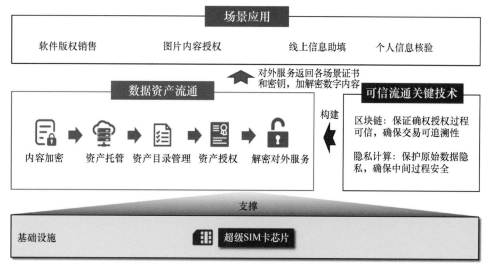

图 3 基于 SIM 卡的个人密码服务体系

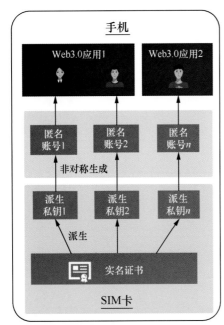

图 4　前端匿名后端实名的账号服务体系

四、可信账号认证及数字资产确权发展建议

一是加强"人人有证书"的推广与使用。 鉴于Web3.0可信账号服务体系，当前处于初级阶段，对数据治理的支撑能力尚不全面，导致可信账号缺乏必要的法律背书，从而无法为数据治理提供坚实支撑。此外，当前的可信账号认证多呈现行业性或地域性的碎片化状态，不利于数据的协同处理。考虑到3家电信运营商实名制在中国具备极高的权威性和可靠性，并作为国家新型信息基础设施的核心构成，我们建议构建一个全面支持实人授权的可信认证机制。在确保用户数据隐私得到充分保护的前提下，我们应着力推进"人人有证书"的号卡可信认证体系。同时，必须严格执行《中华人民共和国电子签名法》，确保电子签名与手写签名或盖章具有同等法律效力，并督促电子签名人妥善保管电子签名的制作数据，以确保整个号卡可信认证体系的稳健与可靠。

二是建立基于密码学的个人数据资产流通机制。 随着信息技术的飞速发展，个人数据的产生、收集、处理和利用已成为日常生活中不可或缺的一部分。然而，个人数据在流通过程中的安全隐患和隐私泄露问题也日益突出。为了解决这些问题，我们需要建立一种安全、可信的个人数据要素流通机制。该体系主要包含以下3个核心环节：首先是账号的生成，通过结合以证书为背书的实名身份和多个由密码派生的匿名账号，为用户实现身份的双重保障；其次是数字资产的绑定过程，将个人基础信息与实名证书紧密关联，同时确保派生账号与互联网数据的有效连接，使个人能够掌控并管理自己的数据资产；最后是推动数据资产的授权流通，即在用户明确知情的前提下，通过加密的方式输出各数据要素，数据使用方需凭借密码使用数据，确保整个授权流通过程的规范性、可监管性和可追溯性。

三是电信运营商应为Web3.0可信账号体系建设的主力军。 国内电信运营商拥有数以十亿计的用户基础，这为Web3.0可信账号体系的建设提供了广泛的用户基础。可信账号体系的建设对安全性和隐私保护的要求极高，电信运营商在网络安全、数据保护等通信技术方面具有丰富的经验和强大的能力，能够为下一代互联网可信账号体系提供坚实的安全保障。国内电信运营商在推动国家战略和产业发展方面承担着重要责任，在国家政策支持和引导下积极投入可信账号体系的建设，推动国内元宇宙、Web3.0、区块链相关产业的创新和发展。

（中移互联网有限公司　黄伟湘　张燕平　周开班　陈颖韵）

信息安全篇

5G与物联网时代下的个人信息安全难题及解决方案

一、工业领域网络安全技术体系发展情况

随着科技的快速进步，5G与物联网技术已逐渐成为当下社会的技术发展趋势，也成为支撑数字经济发展的重要手段。然而，这种技术进步也带来了相应的安全挑战。5G技术提供了更高的数据传输速度和更广泛的网络覆盖，使得更多的设备能够连接到网络。与此同时，物联网技术使各种日常设备都能够连接到互联网，从而实现智能化。这种广泛的连接性为我们的生活带来了便利，但也为攻击者提供了更多入侵设备和网络的机会，从而威胁到个人信息的安全。

一、5G与物联网时代带来的个人信息安全挑战

（一）无处不在的连接设备

随着物联网技术的发展和应用，我们的生活中出现了大量的智能设备。这些设备从家用电器（例如智能冰箱、空调），到出行工具（例如智能汽车、无人机），再到医疗健康领域的各类仪器设备，都可以与互联网连接，实现数据的交互和功能的扩展。这种广泛的网络连接不仅增加了网络的复杂性，也大幅扩大了潜在的安全风险。每一个连接到网络的设备都可能成为攻击者的目标，为他们提供了众多的入侵点和攻击机会。

（二）数据传输速度和容量不断增加

5G技术的出现标志着移动网络进入了一个新时代。与4G相比，5G提供了更高的数据传输速度和更大的网络容量。这意味着在相同的时间内，更多的数据可以被快速传输。尽管这为用户提供了更好的网络体验，但它也为攻击者提供了更多的机会进行数据窃取和篡改。例如，高速传输的能力可能使得某些传统的安全措施变得不再有效，因为它们可能无法及时检测和拦截高速流动的恶意数据。

（三）新的攻击面层出不穷

技术的进步和更新带来了很多新的特性和功能，但同时也产生了新的安全隐患和攻击手段。例如，5G和物联网技术的结合可能会引入新的通信协议和标准，这些新技术可能还没有经过充分的安全测试和验证，从而为攻击者提供了新的攻击面。此外，随着技术的迅速发展，需要不断地更新和优化安全策略和工具。

（四）设备多样性和更新问题

物联网设备的多样性是其一大特点。从各种传感器到智能家居设备，再到工业控制系统，每一个设备都可能使用不同的硬件、操作系统和软件。这为制定统一的安全策略和标准带来了很大的挑战。另外，由于某些设备的生命周期可能很长，设备的软件和固件可能很难得到及时的更新和维护，导致已知的安全隐患长时间无法修复，增加了被攻击的风险。

二、5G与物联网时代下个人信息安全解决方案

（一）定义标准和规范

在5G与物联网的时代，设备的种类和数量呈

现爆发式增长。为了确保整体网络的安全性，定义明确、统一的安全标准和规范变得尤为重要。

首先，统一的安全标准可以为制造商、开发者和维护者提供明确的指导，确保他们在设计、制造和维护设备时都遵循相同的安全准则。这不仅有助于降低由于不同制造商和开发者采用不同安全策略导致的潜在安全隐患，还可以为用户提供一致的安全体验。

其次，这些标准和规范应当是动态变化的，能够随着技术的进步和新的威胁出现而进行更新。为此，需要建立一个集中的机构或组织，负责收集和分析安全事件，基于这些信息对标准和规范进行定期的修订。

此外，除了制定标准和规范外，还需要确保这些标准和规范得到广泛的推广和应用。这可能需要政府和行业组织的支持，通过制定相关的法规和政策，要求制造商和开发者遵循这些标准和规范，并对不遵循的行为进行处罚。

最后，为了确保标准和规范的实际效果，需要建立一个第三方验证机构，负责对产品和解决方案进行独立的安全评估，确保它们真正符合所制定的标准和规范。这不仅可以提高用户使用的信心，还可以为制造商和开发者提供一个明确的目标，鼓励他们不断提高产品的安全性。

（二）强化设备身份验证和加密

在5G与物联网技术日益普及的背景下，数据的传输和分享变得前所未有的频繁。为了确保这些数据的安全，强化设备的身份验证和数据加密显得尤为关键。

设备身份验证是确保只有合法的、被授权的设备能够接入和使用网络的关键手段。为了实现这一目标，可以采取以下措施。

①物理身份验证：为设备分配独特的硬件标识符，例如MAC地址或IMEI号，并确保在接入网络时进行验证。

②数字证书：为设备提供数字证书，该证书由受信任的证书颁发机构签发，用于确认设备的身份并确保其合法性。

③双因素认证：除了传统的用户名和密码验证外，还可以要求设备提供第二种身份验证信息，例如动态令牌或生物特征。

数据加密则是确保数据在传输过程中不被非法截获和篡改的重要手段。为此，可以采纳以下策略。

①端到端加密：确保数据从发送设备到接收设备的整个传输过程中都处于加密状态，从而防止中间人攻击。

②使用强加密算法：采用目前公认的安全的加密算法，例如AES或RSA，提高数据的加密强度。

③密钥管理：确保加密所用的密钥得到妥善管理，避免密钥的泄露或失窃。定期更换密钥，确保加密的长期有效性。

④完整性校验：除了加密，还需要确保数据的完整性。通过HMAC等完整性校验算法，确保数据在传输过程中没有被篡改。

结合设备身份验证和数据加密，可以大幅提高网络的安全性，确保数据的隐私和完整性，从而为用户提供一个安全、可靠的网络环境。

（三）实施网络隔离和分段

随着物联网和5G技术的普及，各种设备都纷纷加入网络中，形成一个庞大的、高度复杂的网络系统。在这种环境下，一旦某个设备或网络部分遭到攻击，整个网络都可能受到威胁。为了有效应对这种风险，网络隔离和分段成为重要的安全策略。

网络隔离指的是将不同的设备或应用分隔到不同的网络中，确保它们之间没有直接的通信连接。这样，即使某个网络被攻破，攻击者也无法直接访问其他网络。网络隔离的策略如下。

①物理隔离：通过物理手段（例如独立的交换机或路由器），将不同的网络完全隔离开来。

② 虚拟隔离：使用技术（例如 VLAN 或 VPN），将一个物理网络虚拟化为多个逻辑网络，确保它们之间的通信受限。VLAN 或 VPN 虚拟隔离原理如图 1 所示。

图 1　VLAN 或 VPN 虚拟隔离原理

网络分段则是在同一个网络内，将不同的设备或应用划分到不同的子网中。这样，即使某个子网被攻破，攻击者也难以直接访问其他子网。某网络拓扑如图 2 所示。网络分段可以通过以下手段实现。

① 子网划分：使用不同的 IP 地址范围和子网掩码，将网络划分为多个子网，确保子网间的通信受到控制。

② 防火墙规则：设置明确的防火墙规则，控制不同子网之间的通信流量，确保只有被授权的通信可以通过防火墙。

③ 访问控制列表：定义明确的访问控制规则，确保只有特定的设备或应用可以访问特定的资源或服务。

结合网络隔离和分段，可以有效地划分和保护网络资源，确保即使某部分遭到攻击，也不会影响整个网络的安全。这种策略不仅可以提高网络的安全性，还可以提高网络的性能和管理效率，为用户提供一个安全、高效的网络环境。

四、结论

5G 与物联网技术为我们的生活带来了便利，但也带来了安全难题，上述挑战与解决方案只是综合应用的一部分，只有通过综合应用多种解决方案，才能确保个人信息的安全。

（中国通信企业协会　赵俊浬）

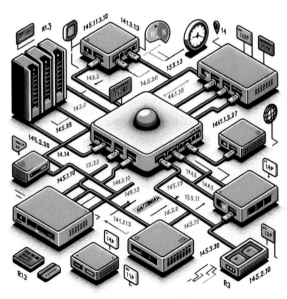

图 2　某网络拓扑

工业领域网络安全技术体系研究

一、工业领域网络安全技术体系发展情况

工业领域网络安全技术受工业企业安全防护需求驱动等内因和企业安全合规及政府监管需求驱动等外因的共同作用,形成方向明确的技术分支。其中,通用技术为工业领域网络安全技术提供底层支撑,以安全防护技术为主形成的纵深防御体系结合安全检测、安全监测技术向主动防御发展。工业领域网络安全技术体系视图可分为3层,密码算法、大数据、区块链等技术在底层提供基础技术手段,支撑工业领域网络安全防护、安全检测和安全监测。工业领域网络安全防护是对工业领域网络安全各层级部署边界控制、身份鉴别与访问控制等技术措施,同时,覆盖工业互联网的五大安全防护对象,即设备、控制、网络、应用和数据,是工业领域网络安全技术的核心。工业领域网络安全检测技术主要是对工业设备和系统进行漏洞挖掘、漏洞扫描、渗透测试等。上层的工业领域网络安全监测技术是对工业互联网防护对象采取资产管理、安全监测与审计、态势感知等技术措施。

(一)工业领域网络安全防护类技术

工业领域网络安全防护类技术主要包括白名单技术、网络边界防护、工业主机安全防护等关键技术。

工业互联网对可用性和实时性要求高,在当前工业领域中,可采取以"白"为主,以"黑"为辅的防护方式:一是工业控制工艺流程、业务等相对固定,且对可用性和实时性的安全需求高,白名单技术更加适用;二是在开放网络中引入黑名单技术进行辅助防护。

在工控网络边界部署的工业防火墙可以对用于过程控制的OLE(OLE for Process Control,OPC)协议进行深度解析,跟踪OPC连接建立的动态端口并对传输指令进行实时监测。工业领域网络安全边界防护需要针对不同网络边界部署不同的防火墙,同时,适应工业环境下的部署,支持常见工业协议的深度解析,产品具有高可靠性和低时延。

工业主机成为工业领域网络安全事件的突破口和众多工业病毒的传播载体,而且工业组态软件等对稳定性的要求高,使工业主机无法及时更新系统补丁、无法全面进行安全防护。当前,工业领域中的主机安全防护以主机加固技术为基础,以防病毒技术作为重要的补充手段,根据自身需要,综合利用防护技术来提高工业主机的安全防护水平。

在工业互联网中,需要使用密码算法对工业设备进行接入认证和人员操作的身份认证,以及云端服务器数据的加密传输及加密存储。在工业领域,目前一般以国外密码算法应用为主,国密算法尤其是轻量级密码算法的研究及应用将成为工业互联网领域密码应用的着力点。

(二)工业领域网络安全检测技术

工业领域网络安全检测技术主要包括漏洞挖

掘、漏洞扫描、渗透测试等技术。

随着工控系统逐渐开放，利用漏洞、后门的攻击行为和窃密方式已成为工业互联网安全的巨大威胁。工业领域中的漏洞挖掘技术需要对控制系统网络特性、生产过程控制及其控制协议进行分析，采取融合有针对性的 Fuzzing 测试技术，提高测试系统的利用效率和测试进度。

渗透测试是通过模拟恶意黑客的攻击手段和方法，评估网络系统安全性的一种方法。工业互联网中渗透测试技术，需要以工业控制渗透测试的实际需求为基础，以 PTES、NIST SP800-115、OSSTMM、OWASP Test guide 等渗透测试、安全测试流程指南为参考，对工业控制系统渗透测试进行分析，并提取关键的流程、步骤和技术。工业领域网络安全渗透测试并非将各种渗透测试安全工具简单、孤立地安装集成，而是要实现渗透测试安全工具间的深度集成。

（三）工业领域网络安全监测技术

工业领域设备资产、软件系统、设备属性等众多，生产人员在管理运维中面临大量的问题。同时，工业领域中设备、平台等存在较多的安全漏洞，非法攻击者利用漏洞攻击可造成严重危害。工业领域网络安全态势感知技术在网络空间搜索引擎的基础上加入工业控制系统及设备的资产特征，利用软件代码来模拟常见的工业控制系统服务或工控专用协议，例如，Modbus、Profinet、FINS 等；采用深度包检测技术，逐层解析还原网络及应用层的协议，包括工控专用协议和通用协议，最终实现访问日志合成、工控设备资产检测、工控漏洞及安全事件的识别。工业领域网络安全态势感知技术需要在传统在线监测、蜜罐仿真、网络流量分析技术的基础上加强对工业领域协议与设备的识别能力，对存在的工业领域网络安全事件进行监测预警、处置溯源和安全态势分析。

二、工业领域网络安全技术体系发展趋势

（一）工业领域内生安全将从本质上提升安全防护能力

内生安全技术能力将被全面打造，从本质上提升工业领域网络安全防护水平成为重点。传统局部与外挂的安全防护能力已不能满足安全需求，亟须提升工业领域内生安全能力，保障工业领域网络安全，实现网络安全能力和工业信息化环境的融合。在工业领域系统规划、建设和运维的过程中，应考虑安全能力的同步建设；网络安全企业与系统设备提供商、工业头部企业强强联合，打造具备内嵌安全功能的设备产品，实现工业生产系统和安全系统的聚合；企业针对业务特性，立足于安全需求，开展安全能力建设，实现工业领域网络安全的自适应与自成长，动态提升工业领域网络的安全防护能力。

（二）工业领域网络安全防护模式将持续走向智能化响应

未来，工业领域网络安全防护模式将持续从传统的事件响应式向智能化响应迈进。安全技术将与大数据、AI 技术深度融合，不断增强系统的安全检测和分析能力。工业领域网络安全技术将朝着智能感知的方向发展，开展基于逻辑和知识的推理，从已知威胁推演未知威胁，实现对安全威胁事件的预测和判断。工业领域网络安全架构的重心也将从被动防护向持续普遍性的监测响应及自动化、智能化的安全防护转移。安全供应商将探索基于协议深度解析技术，以及事件关联分析技术，借助工业领域的大数据分析与事件处理能力、工业互联网边缘计算能力，分析工业互联网当前运行状态并预判未来安全走势，掌控工业领域网络安全情况的全局，并在出现安全威胁时，通过网络中各类设备的协同联动机制及时进行主动防护，有效保障工业领域的网络安全。

（三）工业互联网安全平台防护能力将进一步迭代升级

工业互联网平台安全防护将成为防护的焦点，在自适应中迭代升级安全防护策略。在今后的工业互联网安全体系设计中，将先从工业互联网平台的边缘接入层、IaaS 层、PaaS 层及应用层等不同层面考虑自身的安全接入与安全加固，并以优化设备配置的方式实现，而对于安全保障机制欠缺的各类通信协议，则可以在新版本协议中加入数据加密、身份验证、访问控制、完整性验证等机制提升其安全性，从内不断生长出自适应、自主和自成长的安全能力，最终实现内生式的工业互联网平台安全防护能力。

（四）工业领域数据安全保护工作将持续火热开展

工业领域数据安全保护仍是眼下及未来工作的重中之重，需持续发力。伴随近年来全球复杂严峻的工业互联网数据安全形势，我国愈发重视工业领域数据安全保护工作。近年来，在《关于深化"互联网＋先进制造业"发展工业互联网的指导意见》《加强工业互联网安全工作的指导意见》等一系列工业领域数据安全保护相关政策文件中，明确提出工业领域数据安全保护要求，数据安全成为工业领域网络安全保障的基线和重点。在《中华人民共和国数据安全法》《工业数据分类分级指南（试行）》《工业和信息化部办公厅关于开展工业互联网企业网络安全分类分级管理试点工作的通知》等一系列法规和文件的引领下，将加快构建工业领域数据安全管理体系和标准体系，加速研发结合区块链、AI 等新技术的工业领域数据安全技术和产品，工业领域数据安全产业生态蓬勃发展。

（五）适应匹配工业领域网络安全发展的先进架构逐步演进

主动前瞻、高效应对、安全可信的自适应工业领域网络安全架构将快速呈现。企业生产向智能化转变，应用程序、数据和管理工具及软件等逐渐向云端和网络迁移，安全防护的规模性和复杂性增加，促使工业企业产生新的安全防护，需要以安全可信、自主可控为目标，利用大数据、边缘计算等技术加强网络安全风险隐患分析，实现网络安全防护从事后分析转向事前防御，从静态特征分析转向智能数据分析，从手工运维转向自动化安全运维，从单点防御转向全面协同联动，形成安全风险可知、可控的主动安全防护能力。

三、我国工业领域网络安全技术体系存在的典型问题

（一）工业领域通用化安全模型和技术形成存在困难

一方面，工业协议复杂多样，深度解析难度大。工业安全防护产品需要深度感知工业系统的业务流量，深度解析流量中的工业协议，做到对工业协议指令级别和值域级别的安全防护。然而，目前，工业协议复杂多样，不同协议的解析难度也不相同，面向多场景、多协议的安全分析难度大。另一方面，工业领域的行业壁垒明显，难以形成普适通用的安全模型。工业领域涉及行业众多，存在不同行业，甚至同一行业的不同业务千差万别的情形，工业领域网络安全技术产品要与具体的工业场景紧密结合，必要时需定制化开发。然而，目前，工业领域企业类型多样，所属行业也有差别，行业安全监管壁垒明显，难以形成工业领域普适通用的安全模型。

（二）工业领域网络安全技术难以快速应对新技术新模式

针对 5G、AI 等新技术的安全技术储备不足，难以有效应对日益严峻的网络安全形势。随着 5G 技术的推广和应用，存在利用 5G 相关协议、终端漏洞控制工业互联网终端、工厂等风险，但目前，工业企业对 5G 等新技术的安全技术储备不够充分，在面临新型网络攻击时暴露出明显的短板。AI 与工业互联网深度融合，网络攻击频次、规模

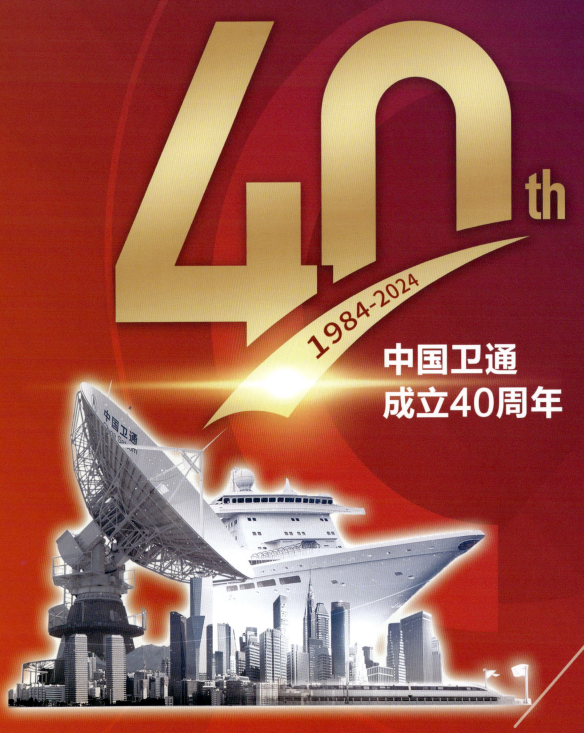

中星26卫星
超百Gbit/s容量的高通量卫星
中国卫星互联网新时代

中国卫通集团股份有限公司（简称：中国卫通）是中国航天科技集团有限公司从事卫星运营服务业的核心专业子公司，具有国家基础电信业务经营许可证和增值电信业务经营许可证，是我国拥有通信卫星资源且自主可控的卫星通信运营企业，被列为国家一类应急通信专业保障队伍。2019年6月28日，中国卫通成功登陆上交所主板挂牌交易，股票代码：601698。

中国卫通运营管理着18颗优质的通信广播卫星，覆盖中国全境、日本、蒙古、东南亚、中亚、南亚、中东，以及欧洲、俄罗斯、澳大利亚、大洋洲、非洲和太平洋等国家和地区。公司拥有完善的基础设施、可靠的测控系统、优秀的专业化团队、卓越的系统集成和7×24小时全天候高品质服务能力，为广大民众提供安全稳定的广播电视信号传输，为政府部门、行业用户和民众提供专属通信服务和互联网接入服务，为重大活动和抢险救灾等突发事件提供及时可靠的通信保障，赢得了广大客户的好评和高度信赖，树立了良好信誉和品牌形象。

广告

集国际网络枢纽、互联网数据中心、云平台、AI应用于一体

◎ 地点：中国香港·火炭工业区
🗓 计划开幕时间：2026年初

全港单栋超大数据中心
>10,000 架IT机架空间

全港单栋超高密度数据中心
150MVA 市电引入

全港单栋超高数据中心
106米 楼高

标准
Tier III+

卓越的网络连接能力：直连**中国移动全球网络**及云端计算服务，与APG、SJC及SJC2海缆紧密连接

 微信关注　　中国移动国际 🔍

 探索官网　　www.cmi.chinamobile.com 🔍

**连接世界
全球协同**
越网络资源和连接能力

**绿色设计
节能减碳**
全港低碳数据中心

**客户为先
科技周到**
完善的智能设施和服务

**"海量"算力
云网融合**
助力构建"城市大脑"

广告

助力业务快速部署

SD-WAN智选专线高可靠、智能随选

- 全球网络覆盖
- 现有网络无缝融合
- 跨境运营牌照
- 功能多样

China Unicom Global

广告

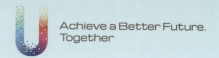

算网融合
助力企业数字化转型

中国联通（香港）将军澳智·云数据中心

China Unicom Global

广告

践行央企担当　赋能数字四川
四川电信勇当数字四川建设主力军

作为建设网络强国、数字中国和维护网信安全的"国家队",中国电信四川公司(以下简称"四川电信")主动融入四川经济社会发展大局、融入现代化产业体系建设和产业数字化转型,赋能经济高质量发展、城市高效治理、人民美好生活。

中国电信全力支撑,打造智慧大运会

2023年7月28日至8月8日,成都第31届世界大学生夏季运动会(以下简称"成都大运会")举行,中国电信作为成都大运会综合信息类官方合作伙伴,发挥综合智能信息服务领先优势,通过数字化全方位赋能"智慧大运",全力支撑办好"绿色、智慧、活力、共享"的全球体育文化盛会。四川电信建设者们鏖战1000多个日夜,将5G、云网、大数据、物联网、人工智能等新技术全方位运用到智慧场馆、智慧赛事、智慧观赛等场景中,构建智慧赛事精品工程,为成都大运会圆满成功举办提供了坚强保障。

筑稳基础,打造数字信息坚实底座

多年来,中国电信始终坚守"人民邮电为人民"的初心使命,加快推动数字信息基础设施建设,推动数字经济高质量发展,提升数字化应用供给能力,不断满足人民对美好信息生活的向往。四川电信一直持续提升优质网络服务能力,不断提升网络覆盖、网络质量和用户体验感知。深化共建共享,推动5G网络建设,实现乡镇5G全面覆盖;大力推进FTTR网络建设和客户普及,加强千兆光网在重点场所、重点领域的覆盖和应用;推进电信普遍服务,加深加厚农村偏远地区网络覆盖,提升网络质量。

截至目前,全省所有县城、乡镇、行政村均具备4G、5G和光纤宽带双千兆接入能力。从十兆到千兆,智慧生活成为天府之国的新标签;从"光网四川"到"数字四川",数字经济已成为引领四川高质量发展的强大引擎。

四川电信积极承接国家"东数西算"战略,按照全国一体化大数据中心的布局要求,强化"2+5+X"数据中心集群布局,依托四川绿色水电优势,为"东数西算"部署强大云网融合算力资源,形成东南西北布局,21个市州设置边缘DC(本地网汇聚机房),优化平衡的算力布局,促进智算产业发展。此外,电信公司还推出"魔力算力舱",通过优质高效的边缘智算服务,助力数字经济高质量发展。

四川电信将借助自身优势,让智算业务在西部地区取得更好的发展,为推动"东数西算"工程贡献力量。

网络工程师在数据机房巡检设备

建网筑云，让网络信号跨越山海

通信网络的通达，为高原地区带来勃勃生机。中国电信的建设者们克服建设环境条件差、施工难度高、投资压力大等重重困难，在川青铁路沿线新建451个基站，实现了铁路沿线4G、5G全覆盖，建立起连接世界的"信息天路"。

作为数字中国建设的主力军，中国电信积极推进数字产业园区项目，优化通信网络服务，为稻城智慧旅游筑牢网络基础。亚丁村内的通信基站经过扩容和优化升级，已实现千兆光网和4G、5G全覆盖。随着"魔镜慧眼""酒店完美联盟""明厨亮灶"等创新信息化应用推广，有力促进稻城亚丁智慧文旅产业发展。

中国电信理塘分公司创造了信息化建设的新速度——短短10天时间内，建成行政村有线宽带村村通项目工程，实现149个行政村宽带网络100%覆盖，架设起高原连接世界的"桥梁"。并与当地政府联手建立了数字乡村平台，并在此基础上部署了慧眼2.0系统，不仅改善了当地居民的生活环境，也为乡村治理带来了新的科技支持。

中国电信的建设者在崇山峻岭间建设通信网络

服务人民，全方位赋能美好数字生活

四川电信积极践行"以人民为中心"的发展思想，始终将"满足人民对美好生活的向往"作为一切工作的出发点和落脚点，打造智能化、综合化、信息化的产品和服务，不断提高广大人民群众的获得感、幸福感、安全感。

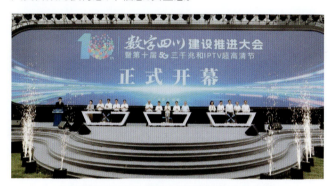

2023年5月17日，数字四川建设推进大会暨第十届5G三千兆和IPTV超高清节开幕式现场

四川电信以客户为中心不断创新，通过更优质的网络、更智能的产品、更丰富的应用，全方位、深层次赋能美好数字生活。

四川电信积极践行企业社会责任，创新服务模式，推出英语专席、政企专席、老年人专席等特色服务，打造个性化人性化服务。采用智能技术和数字化手段，推出在线客服、视频客服，提供多元化服务更好满足客户需求。

四川电信在全省营业厅提供针对性便捷服务，在全省主要厅店设立爱心台席，提升窗口服务和适老化服务水平，持续推动适老化和信息无障碍改造提升。不仅如此，四川电信还依托点心关爱基金，扶危济困，开展"点心关爱""蜀善有你·爱心传递""公益创投大赛"等公益慈善活动100余场，受益人数超4000人次。

创新突破，优质技术提供更全面保障

四川电信作为维护网信安全的主力军，着力打造全网一体、全域覆盖、全面守护的网络安全保障体系，全力筑牢网络安全防护底座，护航数字经济平稳发展。

2023年4月1日，四川电信加强产学研合作，联合共建"5G·北斗联合创新实验室""智慧农业创新实验室""先进交通应用创新中心"三大联合创新实验室。四川电信全力打造科技型企业，政产学研用的多级生态扩圈强链，与政府机构、高校科研院所和产业合作伙伴共建创新实验室，重点布局通信、农业、医疗、教育等四川特色优势领域，促进产数业务发展。

在智慧医疗领域，四川电信与四川省中医药管理部门联合打造四川中医药信息化发展实验室，进一步推进中医药信息化建设纵深发展。

在智慧农业领域，四川电信与四川农业大学共同打造智慧农业创新实验室。合作共建智慧农业云计算中心，整合种植、畜禽领域科研成果和数据，构建集成温室环境调控模型、长势遥感分析模型、动物营养供给模型、预测预警模型等，开发智慧农机、智慧养殖设施设备，搭建智慧农业远程诊疗平台，实现田间远程观测、川农大专家后台诊疗。同时，双方还在智慧农机、智慧种业、智慧农田、数字乡村等领域开展联合攻关，联合培养农业科技人才。

在智慧工业领域，四川电信联合宜宾贝特瑞共同打造5G智慧工厂，先后建设了5G工业专网、企业数据中台、智慧决策大脑等，助力企业设计迭代时间减少30%，能源效率提升10%，成功入选《2023年5G工厂名录》。

助力打造的智慧农场　广告

中国移动四川公司加快发展新质生产力

全力做好新时代治蜀兴川背后的"数智"支撑

作为中西部网络规模大、服务客户多、综合实力强、社会口碑优的主导通信运营商,近年来,中国移动四川公司(以下简称"四川移动")深入学习和全面贯彻新时代中国特色社会主义思想,在集团公司的坚强领导下,发挥"科技强国、网络强国、数字中国"主力军作用,以"践行党的宗旨、落实国家战略、履行央企责任、服务治蜀兴川"为己任,以四川当地实际出发,通过不断提升信息服务、科技创新品质,为四川社会经济发展,提供更有力的"数智"支撑,加快以新质生产力提升人民群众的获得感、幸福感、安全感!

◆ 聚焦四化同步
在服务数字经济创新发展中担当"主力军"

位于成都市新都区的微网优联科技(成都)有限公司厂房内,通过四川移动通过5G+AI技术,质检设备里的摄像头能看清每一块电路板的每一个元器件。

一块电路板的元器件数量为60到200个不等,机器视觉的检测时间只有5秒左右。以往靠人工肉眼检测,一块电路板耗时1分钟以上,现在只用从前的十二分之一不到。

这是四川移动打造的5G智慧工厂之一,更是四川数实融合的新气象。

四川移动作不断利用自身网络优势、产业优势、技术优势持续赋能四川经济社会发展。目前已与91家省、市、县政府及省医院、东方电气等212家头部企事业单位签署5G战略合作协议,建立5个5G联合创新实验室,并与460多个单位建立紧密合作关系,带动5G设备、光纤光缆、印制电路板等5G产业链发展,助力"智慧产业"发展。

做大云服务,助力"智慧政务"。加快建设西部大数据中心集群建设,建成西部规模大、设备先进的云计算中心-中国移动西部云计算中心;通过"1(天府集群)+3(经济区)+X(城市节点)+N(边缘节点)"布局近4万个机架,近50万台计算服务器,助力构建四川地区算力网络。截至目前,四川移动云计算中心及相关节点已先后吸引BATJ等24家互联网巨头公司入驻,省内130余家单位的重点项目入驻,并作为省级政务云资源池节点和省级电子政务外网的核心节点,接入的省级部门扩展到60个,同时接入21个市州政府电子政务办。

发挥大数据优势,助力"智慧民生"。四川移动全力打造开放共赢的"大数据孵化基地",引入合作伙伴共同开发大数据应用产品,已孵化出旅游、交通、金融、

与攀钢集团签约并启动5G全连接智能采矿

商业选址、公共安全等数十个大数据产品,提高民政业务管理及民生公共服务水平。深化攀西多媒体呼叫中心产业园区运营。加快呼叫产业5+3"智慧融合"整体思路落地,开展"产、学、研、用"合作培育产业人才,助力呼叫产业高质量发展。

"走进新国企·打卡新坐标"媒体调研腰古村,实地采访四川移动为乡村振兴带来的"中国温度"

聚焦城乡融合
在服务乡村全面振兴中争做"排头兵"

"移动5G建到了村、信息服务进了家,现在,乡亲们不出远门就可以发展自己的小生意,孩子们通过网络学到了更多的知识,村民在外挖虫草时,也可以在手机上'和慧村APP'随时看到家里的情况,可以在电视上看到补贴情况。"四川甘孜新龙县雄龙西乡腰古村村支书公布多吉高兴地说道。

自2018年承担起对该村的帮扶工作以来,四川移动与甘孜州新龙县雄龙西乡签订"数字乡村"共建协议,在增强5G网络等新型基础设施覆盖的基础上,因地制宜地打造"数智乡村"。

这是四川移动服务乡村振兴的一个缩影。该公司立足运营商资源禀赋,接续推进乡村振兴"移动信息为民工程",实施十大"数智化升级"行动,全力打造四川数智乡村,服务农村、农户、农业,为乡村振兴注智赋能。

为自贡灯会提供高品质5G通信服务

近年来,四川移动已累计投资超150亿元,承担全省80%以上"村通工程"任务,全省一半以上"电信普遍服务工程"任务,网络扶贫投资和网络建设规模居全国前列,得到通报嘉奖。2023年接续实施"乡村新基建"数智化升级行动,推动光纤宽带和4G网络深度覆盖、5G网络向农村延伸,目前已建成中西部规模网络,5G已率先连续覆盖所有市州主城区,所有区县、乡镇通5G,宽带覆盖100%的行政村及城镇,助力全省所有乡镇通千兆宽带。

在持续开展提速降费的基础上,四川加快实施"信息消费、巩固脱贫、乡村治理、乡村教育、乡村医疗、乡村文化、乡村生态、乡村组织"八大数智化升级行动,重点打造"返贫预警、用工信息发布、农村电商、平安乡村、数智乡村云平台、远程教育、智慧医疗"等信息为民平台。

同时,该公司还聚焦农业生产经营环节,推进"乡村富农"数智化升级,助力农业农村现代化建设。打造5G+智慧农业新生态,持续开展智慧农业示范项目建设,提升农业产业信息化水平。打造产销一体新模式,运用信息技术推动"互联网+优势特色农业+农户精准帮扶"O2O农村电商平台建设。

聚焦五区共兴
在区域联动提升中敢为"先行者"

创新技术支持下,一些数据在降低——雅安大数据产业园内,"移动云"13期项目创新使用"间接蒸发冷却技术",使园区内服务器PUE值约为1.25,这为项目每年节省200万元电费成本。

另一些数据在上升——中国移动四川南区枢纽中心架设的1700台AI算力服务器,正在为当下火热的人工智能产业带来更多的算力资源支持。数据显示,截至2023年三季度,成都市人工智能产业规模达612亿元,同比增长24.7%。

在数据升降的背后,四川移动创新举措,赋能五区协调发展。在雅安大数据产业园区成功落地"中国移动云中心节点资源池(雅安节点)""四川移动云计算中心雅安节点"两个重大项目,为各行业客户提供综合智能信息服务,推动5G、云计算、大数据、物联网等新技术的研发创新。利用移动网络优势、产业优势、技术优势,做强钢铁钒钛产业生态圈,在攀西重点打造攀枝花大数据中心和多媒体呼叫中心产业园区,打造区域核心通信网络枢纽,全面助推攀西地区数字经济、智能经济等新经济发展。

移动承接"五区共兴"发展要求,做强支撑更有力的次级增长极,加快培育新兴增长极,加强成都分公司与副省级城市兄弟公司对标,绵阳、宜宾、泸州、南充、达州、凉山、德阳等腰部分公司与省外副中心城市兄弟公司对标,坚持高目标牵引,通过内建机制促转型,外培生态优环境两个方向入手,进一步增强服务支撑五区协调发展的能力,持续助力地方经济发展。

此外,四川移动紧扣成渝地区双城经济圈建设目标,以新发展理念为统领,加快落实双城经济圈发展战略。

四川移动立足新基建与新技术,深化与成都高新区、天府新区、东部新区、重庆高新区、两江协同创新区等合作,推动设立5G产业园区、创新中心、孵化平台,进一步提升成渝地区信息通信领域的科技创新水平。加快实施云网一体化资源布局,构建全域化移动云平台,中国移动跨省域大数据平台"成渝大数据平台"已发布上线,全力助推万家企业上云。

四川移动将继续以数智为引领,以创新为动力,为四川经济社会发展提供优质的数智服务,为四川人民的美好生活提供便捷的数智渠道,为四川的高质量发展贡献更多的数智智慧。

公司以练促进 全员承诺践诺"川移安全人人行"护航高质量发展

成都天府新区第四中学学生们通过移动VR体验沉浸式教学

为"阿布洛哈"插上信息翅膀,全国最后一个通公路的行政村加"数"迈入5G时代

广告

四川联通以新质生产力推进新型工业化赋能制造强省建设

四川联通深入学习贯彻关于新型工业化的重要论述，认真落实全国新型工业化推进大会和省十二届三次全会精神，坚决扛起网络强国、数字中国使命担当，按照5G应用"扬帆"行动计划、"5G+工业互联网"512工程等相关要求，聚焦主责主业，加速数实融合，围绕数字基础设施、数字技术创新、数字产业生态三大方向，促进传统产业转型升级，加快战略性新兴产业和未来产业布局，赋能中小企业数字化转型，持续擦亮"5G+工业互联网"联通品牌形象。

构筑数字信息基础设施，为新型工业化夯实数字底座

四川联通将加强数字信息基础设施建设作为事关战略全局的基础性工程，持续深耕5G、宽带、算力、政企四张精品网，不断做大做强全场景高速泛在联接、做优做强多层级敏捷智能算力、做深做精算网数智融合能力，加速网络从联接向联接、算力、赋能一体化转型发展。面向工业领域，中国联通基于CUII专有网络（中国联通工业互联网）的确定性能力，满足工业企业极低时延、极速响应场景需求，真正实现联厂联企。中国联通充分发挥5G独立组网（SA）技术优势，创新构建5G网络"集中一朵云、分布一张网"的立体架构，持续打造更懂行业、更易部署的5G专网，全面升级5G专网PLUS产品体系，强化5G LAN（群组化）、高精定位、RedCap（轻量化）等网络创新能力，实现5G专网全域全场景全周期智慧运营，为企业客户量身打造可视、可管、可维、可控的自服务能力。例如，中国联通与达能集团合作，组建广州、成都、武汉、西安多地5G多园区专网，助力四川达能食品打造"成都市智能工厂"。

长虹新能源5G示范工厂引领"智"造再提升

5G助力东方锅炉"重容车间"数字化转型

中石油安岳天然气净化有限公司
5G+UWB应用项目

数字水电智能运维及安全管控系统
关键技术研究与应用

广告

深化数字技术融合创新，为新型工业化强劲数字引擎

中国联通顺应数字技术加速演进、人工智能高速发展、数据成为新型生产要素等趋势变化，充分发挥数据集中、系统集约的独特优势，深化"云大物智链安"能力融合创新，基于中国联通遍布全国的算网资源、海量联接管理能力，打造格物Unilink国家级"双跨"工业互联网平台，赋能装备、电子、钢铁、矿山等重点行业。

在工业领域，中国联通面向七大行业、组建8个军团，为客户提供"一点接入、全国响应、量身打造、贴身定制"的行业解决方案，累计落地超1.2万个"5G+工业互联网"项目、3500余个5G工厂，持续为设备赋智、为企业赋值、为产业赋能。

根据四川省通管部门联合发文公布的《2023年四川省"5G工业互联网"十大标杆项目》，四川联通独占四席，打造了长虹新能源、东方锅炉、中石油安岳天然气净化厂、华电宝珠寺水力发电厂等标杆项目。在电子、装备行业，建设5G+AI自动检测、5G+AGV智能物流、5G+生产管理数字化等应用场景，助力行业智能制造新标杆；在水电、石油行业，建设基于5G、物联网、AI的智能巡检及安全管控系统，助力水电、石化少人化安全生产。中国联通还承接了东方电机发电装备行业、特变电工电线电缆行业标识解析二级节点，已建节点接入企业超过105家，工业标识注册量突破2亿，持续助力地方数字经济高质量发展。

打造数字产业创新生态，为新型工业化集聚数字合力

中国联通全面升级"双联盟+双实验室"生态载体（5G应用创新联盟、5G RedCap产业联盟和工业互联网网络技术应用实验室、OpenLab实验室），集聚超3500家成员，构建起数字技术与制造行业"双向奔赴"的创新格局。中国联通携手浙大中控、上海博傲、和利时等生态伙伴，联合孵化工业模组、集成国产协议栈，打造了自主可控的产业生态。例如，中国联通率先倡导"5G-A URLLC（超高可靠低时延）+汽车制造"产业联创，联合中国信通院、精工自动化、勃傲自动化、华为等产业伙伴创新探索"5G-A替代PLC南向工业总线"，初步解决了PLC南向等工控设备"剪辫子"、柔性生产等行业难题。联合孵化了首款5G-A URLLC工业模组，嵌入产线20余个工控设备，实现了5G工控部件国产化，打造了全国5G-A低时延柔性产线。中国联通全面开放数智物模型能力，助力开发者及生态伙伴快速定制行业应用。目前联接设备超800万个，汇聚超过11万第三方开发者，沉淀工业模型超1.2万个，服务企业数量达17万家。

近年来，四川联通顺应数字技术加速演进、数据要素加速集聚、人工智能高速发展等趋势变化，充分发挥联通数据集中、系统集约和格物国家级双跨工业互联网平台的独特优势，深化云大物智链安技术融合创新，充分释放"5G+工业互联网"叠加倍增效应，加快推动数字经济与实体经济深度融合，深入推进5G全连接工厂在重点行业、重点领域落地实践，打造5G行业应用的标杆案例，扎实推动新型工业化向纵深发展。一是信息基础设施升级布局。近3年联通在川建设5G基站增加63%、4G基站增加95%、宽带端口增加46%。多个地市点亮千兆光网城市，云资源遍布全省各市州。二是产品体系逐步完善。全面打造5G行业专网和产品体系，围绕工业端、网、平台、应用、安全，打造多款工业自研应用，形成工业产品体系一体化能力聚合，5G端网能力逐步深入工业核心生产环节。三是行业应用初具规模。深入实施5G应用"扬帆"行动计划，推动5G应用从"外围辅助"向"核心生产"环节持续纵深。建设5G工业互联网项目超过100个，赋能20多个重点行业。四是科技创新取得成效。成立工业大数据联合实验室，积极服务四川省"智改数转"，开展5G新技术示范，参与可信区块链等标准制定，形成核心技术专利15项，软著118项。

聚智创新，共创未来。下一步，四川联通将坚持以新时代中国特色社会主义思想为指导，完整、准确、全面贯彻新发展理念，加速推进5G+工业互联网走深向实，为奋力谱写中国式现代化四川新篇章贡献联通力量。

广告

中国移动山东公司
引领万兆新时代 扬帆数智新蓝海
5G-A智领齐鲁高质量发展

5G-A商用按下加速键,全面开启万兆新时代。

中国移动山东公司积极落实集团公司战略部署,聚焦新技术创新和多场景应用,加速推进5G-A商用,推动5G-A三载波聚合、无源物联PIoT、通感一体、核心网智能化、确定性网络等场景取得显著成果,助力5G-A能力建设迈出坚实步伐,5G-A新业态、新模式、新产业不断涌现,智领齐鲁迈入万兆新时代。

文旅业新体验:
5G-A多载波聚合规模连片开通

为满足热点景区流量激增所带来的网络容量需求,助力数字文旅服务能力迈上新台阶,中国移动山东公司利用5G-A三载波聚合技术,通过2.6G(100M+60M)+4.9G(100M)三载波组网方案,结合虚拟超大带宽、灵活频谱接入、确定性体验保障等技术,大幅提升网络带宽和容量。在泰山景区,中国移动山东公司提前部署,建成5G-A通感一体基站,为景区人流集中的热点区域提供极致容量支撑,为广大游客带来稳定可靠的网络体验,助力泰山打卡游玩"信号升格"。

目前已完成16大示范营业厅、济南西站、济南东站、威海站等重点交通枢纽、青岛五四广场、临沂灯火兰山·新琅琊等名片场景260M组网测试。

制造业大变革:
无源物联助力万物可感

在工业应用领域,PIoT技术帮助使能物料从供应商到工厂再到用户3个环节实现全域感知和用户使用环节的全周期管理,助力行业挖掘大数据价值经营,提升智慧管理水平。在青岛,中国移动山东公司在青岛海尔中德洗衣机工厂打造全球PIoT样板工厂,在收货区、物流区、总装区、电脑板组装区4个区域的2655m²内,实现了出入库智能识别、库存定期自动化盘点、全流程物料跟踪可视等能力,有力提升了工厂盘点效率,降低库存管理成本。该项目荣获2024世界移动通信大会GTI Awards"创新移动业务与应用奖",为制造企业数智化转型作出了标杆示范。

5G-RedCap登场:
终端规模化应用 全连接工厂铺开

中国移动山东公司紧跟行业发展,积极投身5G技术前沿,以实际行动响应《关于推进5G轻量化(RedCap)技术演进和应用创新发展的通知》,已完成全省县城以上区域连续覆盖,现网实测RedCap终端在小区驻留、上行速率、时延等多项5G核心指标均达到了预期值。同时,在济南、青岛、烟台等地完成5G RedCap商用验证,涵盖制造业、电力、化工等多个行业。

广告

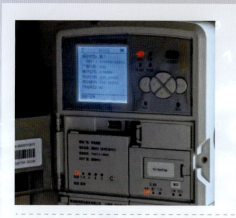

在烟台,中国移动山东公司助力万华化学启动5G全连接全产业链智慧园区建设,充分利用RedCap轻量化技术,创新实现企业办公、生产管理、监控预警、工业控制等网络互联互通,加快IT-OT网络融合,打造高效智能、应用丰富的先进工厂。一期试点已在园区开通5G Redcap站点46处,上线RedCap监控500路,助力生产区安全监控。后续将创新结合RedCap模组和现场仪表优势,打造RedCap原生仪表,进一步将RedCap融入工控网络,加速工控网络智慧升级,实现园区柔性化智慧管控。

聚焦低空经济:
海陆空实现通感一体全方位识别

通感一体是业界广受关注的5G-A创新能力,5G-A通感一体基站将通信能力与感知能力相结合,其频点、带宽、感知原理与雷达类似,依靠通信回波对物体进行位置和速度等感知,在海陆空全场景应用中拥有广阔前景。

近日,中国移动山东公司在青岛胶州九龙、威海远遥西山、临沂市、济南雪野湖、泰安泰山景区等多场景完成了5G-A低空感知能力验证。在项目试验中,通感基站通过在同一时域频域发射电磁波,再接收物体反射的电磁波,由此来识别无人机,并获取其距离、角度、速度,实现实时跟踪监控;基于项目需求划分电子围栏,当非法闯入的无人机进入该区

域内,可立即显示告警信息,驱使其驶出该区域,实现智能低空安防领域的重大突破。

5G-A内生智能:
构建体验领先的差异化智慧网络

近日,多场演唱会在济南奥体中心上演,连续两晚演唱会内场观看人数在4.1万人左右,入场率高达98%。中国移动山东公司提供了基于NWDAF的智能差异化体验保障解决方案,感知升格为用户带来良好用网体验。针对定制化网络服务需求的用户,系统可实时获取用户网络体验数据,当网络出现拥塞时,核心网主动决策,并及时向基站下发保障策略,实施GBR用户保障、智能选频保障方案,保障用户上传下载体验无卡顿,并在保障结束后送上体验报告短信提醒,提供VIP端到端针对性贴心服务。

5G-A内生确定网络:
助力工业控制领域转型升级

在5G与PLC联合的大趋势下,中国移动山东公司创新建设的5G-A工业基站应运而生。5G-A工业基站通过构建内生确定网络,打造极简工业专网,满足极简组网、网业协同、内生确定、工业运维等能力,不仅可以支持5G LAN,具备更大包容度,适配工业园区联接,还可根据工业业务场景需求,对网络能力分级分档,满足不同业务对网络时延的差异化要求。

中国移动山东公司将持续通过工业业务建模、专网组网设计、专网网络规划、网络集成与调优,升级以5G-A工业网络一体化为核心的集成服务能力,构造确定性工业专网,保障业网深度融合,提升建网效率和质量,满足不同企业不同领域的工业用网需求,真正赋能新型工业化稳步推进。

广告

强网络促发展

山东联通发展数字新基建

从3G、4G,到5G,改变的不止是与世界互动的速度,更是人民群众美好生活建设的温度;从人工流水线,到机器自动化,改变的不止是产品的质量,更是企业、经济发展的方式。随着通信产业的不断发展,网络强国、数字中国、智慧社会建设的不断推进,数字信息基础设施建设与运营的重要性也越发凸显。山东联通立足强网络、便民生、促发展的责任担当,大力发展数字新基建。

● 担当责任,建设泛在连接的通信基础设施

"之前出海家人总是不放心,现在走得再远也有看不见的信号连着,跟家人聊天通话也很顺畅,他们放心了,我心里也踏实。"山东威海石岛镇的老渔民张师傅说。

山东半岛三面环海,海岸线绵延3000多千米,渔业发展、港口建设、海洋资源利用等对海洋网络提出了不同程度的要求。建设泛在连接的通信基础设施,提供强覆盖、高速率的海洋网络支持一直是山东联通的重要课题。威海联通围绕智慧海洋"善政、惠民、兴业"三大业务场景,开展近、中、远海5G海域覆盖专项工程,完成威海全市986千米海岸线的近海全覆盖,网络覆盖质量和下载速率完全满足高速数据传输以及高清语音通话需求。尤其在距离陆地40海里(74千米)的超远距离海域,联通网络下载速率达到122.11Mbit/s,语音通话清晰,视频通信、直播业务流畅无卡顿,以实际行动为渔民出海保驾护航。

2023年,山东联通新建5G中频基站1.3万个,建成全国电力5G专网RedCap端到端硬切片商用试点。千兆宽带已覆盖到县全部城区及乡镇,10G PON端口占比超过80%。全省所有城市联通网络均超过千兆城市指标,宽带体验下载速率保持行业高水平。

● 技术攻坚,优化提升重点场景的网络感知

"不卡!人这么多也不卡!调高清晰度之后视频也还是很流畅!"说起联通网络体验,青岛北站的旅客连连点赞。

青岛北站是高密度场景的典型代表,高峰期发送车次200余列、接待旅客超10万,业务量巨大,网络负荷持续高位,加之建筑结构复杂,网络覆盖和干扰控制难度极大。对此,山东联通联合华为完成基于3.5G数字化室分Massive MIMO创新方案部署,有效避免了多小区间干扰,将容量有效释放。在业务高峰期,室内单用户速率提升243%,体验更佳。

2023年,山东联通推进"移网质量百日攻坚大会战",切实提升网络质量和客户感知。如菏泽联通针对十大重点场景规划建设基站共41处,针对八大高感知场景建设居民区基站38处、地停378处,提前研判沟通,全流程重点攻坚,900MHz工程在农村区域规划基站共1411处,已全部完成开通优化,实现移网人口覆盖率99.6%,行政村覆盖率100%。

2023年,山东联通持续创新应用5G数字化室分一分二技术、分布式Massive MIMO创新方案等,持续推进IPv6规模部署和应用落地,持续深化大服务体系建设,强化高端价值双线交付体系建设,网速质量、服务响应速度不断提升,敏捷智慧的差异化服务优势逐步显现。

● 立足优势,提供强大安全便捷的算力资源

数字化时代,算力已成为国民经济发展的重要基础设施,从人脸识别、智能语音播报,到自动驾驶、工业数字孪生,无数看得见的智慧应用背后,都是看不见的算力在支撑。《2022—2023全球计算力指数评估报告》最新评估结果显示,15个样本国家的计算力指数平均每提高1点,国家的数字经济和GDP将分别增长3.6‰和1.7‰。

2023年11月,山东联通算力交易调度平台"曜算"正式发布亮相。在该平台,山东联通通过与丰富多样的算力资源和服务伙伴合作,上承国家级算力一体化调度体系,下接各类行业、企业算力应用,面向高校科研、工业制造仿真等各类场景赋能。"曜算"平台以山东联通高品质算网能力为依托,确保城市内、城市间数据中心时延分别不高于1ms、3ms,面向全省全国用户,还将充分利用云联网、数据快递等新算网模式,打造算网产品,帮助用户解决使用算力过程中,跨地域、数据传输速度、保密、安全等痛点问题。

在第二届"光华杯"千兆光网应用创新大赛全国总决赛中,山东联通《基于算网融合创新的全光超算互联网,助力数字政府高质量发展》项目荣获一等奖,目前方案已成功落地"青岛海洋算力专网""山东省政务信息资源共享交换平台""国家生态环境大数据超算云中心""高通量多尺度材料模拟与性能优化设计平台"等应用。

2024年,山东联通将继续担当数字信息运营服务国家队和数字技术融合创新排头兵,以《山东省"十四五"数字强省建设规划》为指引,为用户提供品质更佳、体验更好的精品网络,为各行各业提供更方便好用、智能的算网底座,全力助推数字强省建设发展。

强支撑 促转型
山东联通发展数智应用

矿井下无人驾驶的机器、马路上不起眼的智慧井盖、高空中俯瞰城市的空天地啄木鸟平台、山林中一键报警的防火系统、海洋牧场中的"千里眼"监管系统……在看得见、看不见的地方,山东联通上天下地、登山入海,着力夯实数字山东建设底座,为山东各行各业转型、乡村数字治理、政府智慧监管等贡献着联通力量。

● 数字转型,激活企业生产力

山东鑫博奥公司是中国大型的石墨制化工设备生产基地,面对传统制造业数智化转型浪潮,鑫博奥公司毅然选择了智改数转之路。德州联通深入分析企业数字化转型的痛点、难点,通过分步建设,助力鑫博奥公司全面打造智慧厂区,迈向智能工厂。

改造后,车间整体采用分布式架构,主控端负责指令的发送及信息的收集,各工段控制端负责接收主控端指令,将指令发送至对应设备,管理人员只需关注主控端即可,实现一脑统管、全线并进。同时,各工段节点均采用自动智能仪表、数据采集和监控系统替代人工记录,关键生产环节工艺数据自动采集,实现基于模型的先进控制和在线优化,持续提升全流程生产线的自动化智能化生产水平。

目前,山东鑫博奥公司通过数字化转型,减少员工90%以上的重复统计工作量,订单精准率提高20%以上,质量合格率提高6.89%。

2023年,山东联通依托网络技术优势,持续助力新型工业化发展,在省内率先完成电力5G专网项目交付,5G智慧矿山应用入选年度中国5G+工业互联网大会典型应用标杆案例,9个项目入选2023年5G工厂名录。2024年初,山东联通《基于算网融合创新的全光超算互联网,助力数字政府高质量发展》《基于自主可控的全光智能网关内生安全技术研究与应用》2项案例。

● 智慧便民,提升社区服务力

在山东省大数据局2023年标杆型智慧社区名单中,山东联通打造的"济南市槐荫区道德街街道绿地新城社区""济宁市汶上县南站街道东和园社区"等多个项目"榜上有名"。

聚焦街道办、物业、居民三大层级,直击社区管理、居民服务、人员管控等民生痛点,山东联通搭建智慧社区平台,依托开放的视联设备及物联设备接入、AI大数据分析等能力,聚焦社区服务、社区安全、社区治理三大业务场景,赋能智慧社区实现从"群众跑"到"码上办"、从"被动等"到"全感知"的两大转变,有效助力社区管理,改善居民生活体验,提高居民的获得感、幸福感、安全感。

在管理侧,社区居民、党员、楼宇、商铺、车辆等信息被录入智慧平台,以可视化、网络化的管理,实现"千线之上,一网统辖"。在居民侧,山东联通创新推出了手机平台终端,线上收集居民意见建议,实时投票,不断丰富自助服务项目。平台为社区居民提供一站式便民服务,工作人员也可通过平台向居民发布相关通知,使居民能随时了解办事流程、材料准备等要求,实现"信息跑路"代替"群众跑腿"。同时,在社区安全方面,山东联通推出"AR移动网格员"系统,对社区实时巡查,一旦发现电动车进电梯、垃圾溢出、人员闯入等问题,即刻分拨至网格员处理;安装一键求助、烟雾感知、红外感知等智能设备,实时分析、精准定位,确保辖区老年人等重点人群安全。

面向社区,山东联通建成智慧社区市级平台3个、区县平台33个,接入社区800余个,覆盖居民500余万人。面向乡村,山东联通坚持以乡村振兴战略为指导,开展多项扶贫、助农、兴村活动,积极推广联通数字乡村平台,支撑各级政府开发兴农便民应用,成为乡镇政府的"一掌通"、村委会的"指挥舱"、村民的"百宝箱",打造了长清五峰山、济宁廿里铺、滨州下洼镇、德州郑家新村、临沂神山镇、德州郭家街道等特色乡镇,树立乡村振兴典范。

● 精准管控,强化城市治理力

"自从使用智能井盖之后,我们对各监管点井盖的具体情况可以实时掌握及及时修护,最大程度消除了因丢失或损坏井盖,以及含有有毒气体的井下环境造成的安全隐患。"东营经济技术开发区工作人员说。

该项目是东营联通基于智慧城市大脑数字底座,在经济技术开发区落地一系列具有创新性的智能应用之一。当井盖遇到异常情况,如重力、位移、有毒气体、水量水位等的变化等,就会触发传感器或窄带信号,事件信息通过联通5G基站网络传送至后台,后台将信息分发到相关部门和责任人,责任人实施处置,最终事件完成闭环管理。该项目布局在物联网智能感知平台上,通过物联网与云计算技术相结合,实现井盖的智能化管理和远程监控,解决了传统井盖人工成本高、巡检效率低、隐患难以发现等痛点,极大地提高了东营经济技术开发区的管理效率和安全性。

在聊城,聊城联通利用5G、区块链、大数据、物联网和智能设备,整合各政府、各单位机关自建平台,利用GIS一张图实现冠县全域内同步可视化运营。在潍坊,潍坊联通通过在路灯箱变内加装终端控制器、电流互感器、采集模块等,实现远程实时开关控制,设备在线、开关状态及参数查询,设备故障、掉电、异常运行自动报警、及时维修,带来良好的节能、节碳、节资的经济效益和社会效益……从"智慧大脑"到"神经末梢",山东联通始终以国家队、排头兵的责任使命,以领先的技术应用,服务政府、服务于民。

奋楫者先,创新者强。山东联通将依托自身数字化、网络化、智能化优势,提供更强力、更广泛、更精细的数智应用支撑,助力工厂企业生产管理、乡村社区与城市治理实现数字化转型。

广告

中国移动福建公司

中国移动通信集团福建有限公司（以下简称中国移动福建公司）是中国移动在福建设立的全资子公司，下辖9个市分公司、1个直属机构、1个控股公司，在职员工数超1.17万人。

作为网信领域骨干央企，中国移动福建公司扎实履行央企"三个责任"，发挥"三个作用"。

扎实履行经济责任，实现国有资产保值增值。 2023年营收超280亿元、行业份额超50%。十四五以来，累计完成固定资产投资超180亿元，服务移动用户、政企用户、有线宽带用户、电视用户、物联网用户数均为行业前列。

扎实履行政治责任，发挥央企"三个作用"。 在科技创新方面，2023年研发投入超8亿元，承建3个集团级创新载体，荣获2个国际级奖项、6个省级奖项，科创实力位居集团前列。在产业控制方面，在泉州落地"福建物联网研究院""工业互联网研究院"，成立"能源电力、电子信息、纺织轻工、装备化工、冶金建材"5个工业互联网军团，建设中国移动-宁德时代信息能源联合研究院，有效提升行业话语权。在安全支撑方面，深化与中移控股的网安头部企业"启明星辰"合作，提供含关键基础设施防护在内的网信安全一体化解决方案，云资源池、服务器操作系统、数据库均已具备全量自主可控替代能力。

扎实履行社会责任，服务经济社会民生。 成立以来，累计上缴税收超410亿元，税收贡献约占行业70%。其中，2023年上缴税收超17亿元，排在福建央企（含金融企业）第14位。创造直接或间接就业岗位超15万个，带动产业链上下游及生态伙伴超1100家。

在集团公司发展战略指引下，福建移动致力推动信息通信技术服务经济社会民生，加快数智化转型、高质量发展，取得良好发展成效。

助力打造数字经济高地

建强数智底座。 2024年全年计划新增5G基站1万个、建成6.5万个，新增10G端口6万个、建成37万个，实现"千兆泛在"。构建"2+9+X"算力基础设施，已投产通用算力服务器超9100台，存储超115P，智能算力达到40PFLOPS。推动企业数字化转型，组建数字化转型"军团"，新增规上工业企业数字化诊断超1500家，对接服务超400家；依托中国移动九天AI平台，联合合作伙伴，打造瑕疵AI检测项目，有效提升花边、电容薄膜、超纤皮革验布等产品瑕疵检测率。

福建移动5G+经编花边瑕疵AI视觉识别检测项目

积极融入地方发展大局

积极建设5G智慧海洋。 初步构建海洋信息通信"一张网"，基本实现50千米海域5G的连续覆盖。发布《5G智慧海洋白皮书》，推出海舟宝、无线网桥等产品，率先应用于全球大型 海上风电机组安装作业、新福厦高铁网络覆盖等场景。

福建移动在海岸沿线加快5G-A信号建设

中国移动5G智能监控，为渔排智慧化安全管理保驾护航

主动服务绿色经济发展。 推动信息技术与能源技术深度融合创新，落地"中国移动-宁德时代信息能源联合研究院"，组建行业能量信息融合创新团队，共同研发有竞争力的信息能源产品。

福建移动为木兰溪打造"5G+木兰溪源头智能生态保护系统"，助力木兰溪源头自然保护地的有效管理和可持续发展

大力推动文旅经济发展。 提供数智赋能手段，为省文旅管理部门量身打造数智人"福多多"，推广属地文旅文化；推出"文旅"定制大屏，打造省、市、县三级区域特色频道，助力本地文旅宣传。

福建移动助力打造三坊七巷元宇宙

推动治理数字化转型。 加强数字乡村建设，自主研发"海川"基层综合治理平台，为全省约1.3万个行政村提供服务，推流公共视频监控超42万路。加快智慧社区升级，打造一站式智慧社区解决方案，累计覆盖全省近5000个小区。打造智慧养老示范基地，搭建智慧健康养老云平台，累计为超30家单位提供数智化能力，对443万银发群体提供云守护服务，养老机构监控覆盖率68.9%。

福建移动5G+智慧社区平台已和家联宝门禁系统接口对接，实现数据实时共享

福建移动打造5G+智能睡眠监测系统，为70岁以上留守老人安装睡眠床带，成为夜间守护独居老人的"私人管家"

统筹安全与发展。 健全"1+7+X"网络安全纵深防御体系，率先在全省范围内形成"空天一体、手段多元"立体化应急装备和保障体系，实现城区"1分钟响应、20分钟到场、45分钟抢通"和乡镇不全阻目标，圆满完成防抗"杜苏芮""海葵"等台风应急保障任务。

福建移动7×24小时值守，加强网络应急指挥调度保障工作

以"人工智能+"行动着力推动新质生产力发展

建成本省AI应用平台、聚合AI算法93类，打造计算机视觉、自然语言处理两大类应用模型，持续推动产品数智化。搭建监控智能预警+大模型万物识别系统，赋能智慧城市、乡村综治等领域；建立纺织面料智能化瑕疵检测系统，解决人工质检痛点问题；搭建智能推荐+数字人客服+大模型营销系统，赋能金融、文旅、政务等领域；创新移动高清AI虚拟人，汇聚70余款语音交互应用。

福建移动与信泰科技共同打造的5G智慧纺织工厂，加速纺织鞋服等传统产业转型升级

成立以来，公司先后荣获"全国文明单位""全国五一劳动奖状""全国通信行业用户满意企业"等荣誉称号，连续多年获评集团公司"经营业绩A级"称号，连续6年荣获党建考评"优秀"等级。

全民智享 随翼选
AI生活6重礼
多彩应用 按需定制

  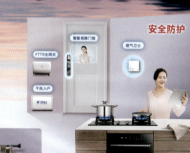

购机礼
5G AI新机至高直降4600元
开通手机直连卫星至高送10GB/月流量

千兆礼
提速特权：
全光组网（FTTR）/亲情宽带用户至高提速至1000M助力AI生活
组网优惠：
全光组网（FTTR）30元/月起，免费上门勘测

办公礼
办云电脑领至高2999元云笔记本/PAD
量子密信10元/月起
AI视频彩铃、AI通信助理等超值优惠

欢乐礼
办云K歌领1599元回音壁音箱
电视秒变KTV，
AI评分助你练成麦霸

安全礼
AI天翼看家10元/月起；燃气卫士20元/月起
智能视频锁限时直降1000元
天翼防骚扰AI智能拦截

权益礼
儿童手表/词典笔/血压血糖仪等AI终端低至1元
9.9元橙翼权益，爱优腾会员/翼支付券N选1
大流量包低至1.3元/GB，至高享120GB

广告

| 咨询办理：安徽电信营业厅 | 网上营业厅：https://ah.189.cn | 掌上营业厅：掌上10000 APP | 公众号：安徽电信 |

中国电信安徽公司

建强中国联通中南研究院
助力数字经济高质量发展

为深入贯彻"三高四新"美好蓝图,服务湖南数字经济发展,2022年5月,湖南联通牵引集团优势资源落地本省,成立中国联通中南研究院,为湖南打造具有核心竞争力的科技创新高地、长沙打造全球研发中心城市注入央企动能。2022年9月,中国联通与湖南省签署战略协议,明确在建设中南研究院方面开展深入合作。在高度关注和重点支持下,2023年5月,中南研究院正式入驻长沙雨花区"浏阳河数谷"。

中国联通中南研究院立足湖南,辐射中南,服务全国,打造技术要素的阵地和数字科技原创技术的策源地,加快发展新质生产力,在经济数字化、生活数字化、社会治理数字化领域发力,取得了丰硕的科技创新成果。

中国联通中南研究院揭牌成立

1 算网融合夯实湖南数字经济坚实基座

中南研究院主攻算力网络关键技术与能力打造,开展算网核心技术攻关和算网融合产品研发,以云计算国家队的定位,打造数字经济第一引擎。

在智算体系建设方面,依托中国联通"1+N+X"智算体系架构,构建本省属地化智算算力资源能力,以AI应用为驱动打造属地化智算生态;在算网编排调度方面,基于全省"3+12+X"算力中心布局和丰富的通、智、超多元异构算力资源,自研算网大脑平台,对接集团算力中台和省内运力中台,研究多元异构算力的感知、度量、可视、编排与协同调度技术体系,并网多元算力和算网产品,基于业务场景需求打造"算+网+安+应用"解决方案,实现从"烟囱式"到"一站式"算网运营服务;在算网融合产品研究方面,面向市场需求,研究GPU虚拟化与大容量存储技术,面向市场打造高性能云桌面和视频云、云NAS等算网产品;在通智超算融合方面,打造"通算、智算、超算"一体化解决方案和多样性算力统一调度,满足不同应用领域的算网业务需求。

中南研究院算网新成果不断涌现,对外输出蓝皮书、白皮书等算网研究报告,获得算力大会、华彩杯、光华杯等多项大奖。面向数字经济提供算网能力与服务,承建永州市政务云、张家界数字武陵源、湖南工商大学算网融合及算网大脑等项目,为推动数字经济转型发展提供有力支撑。

算网大脑荣获2023世界计算大会专题展优秀成果

2 数智融合引领湖南数据服务发展浪潮

中南研究院始终致力于打造大数据、人工智能、区块链原创技术策源地,全面深入地参与落实"数据要素×"行动计划。通过积极探索和释放数据要素的价值,最大化释放数据要素的乘数效应,推动公共数据的开发和利用,确保数据资源的高效供应、流畅流通和优质使用。

目前已经形成数据中台及可视化的大数据工具产品,以数据汇聚清洗、治理、挖掘、应用等在内的多种大数据项目服务能力,以机器视觉及大模型应用本地化为中心的人工智能开发能力,以区块链为技术基础的数据资源、资产、产品、数据交易数据要素流通服务能力,促进数据要素的流通和共享。积极探索大数据在各行各业的应用场景,推动数字经济与实体经济的深度融合,面向湖南及中南地区提供数据要素全链条服务能力。

抢抓人工智能赛道,打造人工智能实验室,围绕"智算、平台、应用、生态"四大方面进行重点建设。构建"能力底座+行业模型+场景应用"的一体化人工智能能力平台,沉淀超过100个行业模型,赋能城市治理、生产制造、医疗等多个行业场景。聚焦工业互联网领域,构造大模型应用,已在智能设备管理、质量控制、预测性维护、生产作业合规检测等领域实现了应用落地。

3 构建工业互联网服务体系，助推区域产业数字化升级

中南研究院赋能湖南省建设国家工业互联网创新发展示范区，围绕政府经济治理及企业转型升级等需求，构建"智赋万企"服务体系，助推区域产业数字化升级。致力于服务产业和企业，打造工业互联网全栈式产品体系和一体化运营服务能力，可提供超150种服务产品。

在省内工业互联网标识解析平台，可覆盖龙头企业、中小企业、产业集群等不同主体需求，通过"标识+商贸流通、标识+数字工厂、标识+供应链管理、标识+产业监管"等应用场景，全面助力企业网联，推动产业数据共享与贯通，打造"潇湘优码"品牌，赋能产业数字化升级，助力湖南新型工业化推进。

服务产业，打造公共服务能力，在省内多个区县打造产业级及区域级工业互联网平台项目。在安化黑茶项目中，实现了"从茶园到茶杯"全产业链数据的统计与整合，驱动全产业链标准化建立，实现产业可持续发展。

服务中小微企业，提供从IaaS到SaaS的全层级云产品。持续推进企业的信息化部署，服务上云中小企业累计12.3万家，助力湖南中小企业的数字化转型。

服务工业龙头企业，聚焦5G+工业互联网建设，帮助企业在决策模式、业务流程、用户体验、盈利模式等方面实现整体或单项的创新突破，推动数字技术与产业深度融合。在怀化市辰州矿业沃溪坑口，实现井下无人驾驶机车智能自控，是湖南省先进5G智慧矿山项目，覆盖运输总长2.3千米，有效实现了"机进人退"，全额减少驾驶员，达到安全性能、经济效益双提升的目标。为恒茂高科建设智慧工厂，实现了业务之间的协同和数据互通，恒茂公司产能提升约3%，年节约人力成本约1800人，极大提升了企业生产的效率和竞争力。此外，还与山河智能、中伟新能源、湘江电缆等龙头企业打造了多个试点示范标杆项目。

沃溪坑矿井下的5G无人运输车

4 勇当网络安全现代产业链链长，引领网络安全产业发展

中南研究院坚决贯彻落实网络安全战略部署，扛起网络安全现代产业链链长政治责任，打造多场景反诈应用，构建四级营服体系，践行融合强链行动，为国家数字经济高质量发展保驾护航。

建设全栈信创实验室，聚焦湖南鹏腾生态围绕应用场景需求，为客户提供顶层规划、解决方案、适配测试、集成交付等全周期服务，近3年累计服务省内各级政府、银行及其他行业客户200余家，项目规模超5亿元人民币，信创服务市场份额领先，行业影响力不断提升。

5 汇聚"最强大脑"，持续释放科技创新强劲动力

中南研究院厚植科创人才"沃土"，加速布局"百千人才工程"，快速壮大科创队伍，构建人才"雁阵"格局，建设了一支素质过硬、专业突出、科创成色十足的600人科研团队，其中硕博占比达46%，研发人员占比达80%，助力湖南打造科技创新和人才聚集高地。

持续推动技术创新与创新成果转化，累计获得公司级资质认证3项，荣获企业荣誉及行业奖项近70项，累计参与湖南省及集团核心技术攻关项目7项，研发项目立项190个，科研投入2.28亿元人民币。

湖南省怀化市麻阳县兰村的数字乡村管理运营平台

围绕教育、数字政府、医疗、农业、智慧城市等重点领域，构建了24款专精特新产品开发及技术支撑能力，获得软件著作权及专利140余项。其中，5G未来校园服务18个市教育局，超过1000所学校；数字乡村部署村镇超2700个，村民数超120万户；明厨亮灶已接入单位超过350家、视频3000余路。

高原之上 再攀高峰
——以"高原长青"战略执行计划为引领,推动数字青海建设高质量发展

**青海联通以信息化服务赋能
筑牢三江源国家公园生态安全屏障**

2023年,青海联通持续致力于打造空天地一体化信息化服务,为三江源数字生态赋能。

三江源国家公园位于青藏高原腹地、青海省南部,平均海拔4500米以上,总面积为12.31万平方千米。长久以来,因地域广阔、交通不便,生态监测保护存在反应迟缓、耗时长、覆盖面窄等问题,如何通过科技手段加强区域监测成为亟待解决的问题。

为了解决这些问题,青海联通结合自身技术优势,基于三江源国家公园高海拔、高寒等地理生态,反复现场调研,最终采用生态破坏最小、更加安全可靠、用途多样的"卫星+微波双系统"进行数据承载,以双系统创新应用方式赋能三江源国家公园打造生态监测中心。通过这种双系统共用的方式,既能够满足日常通信需求,又能够在出现自然灾害或特殊场景时提供应急通信保障,为环境恶劣的监测点提供安全、灵活、可靠、高效的业务保障。

青海联通"微波传输系统+卫星系统"一体化融合网络,创新性地构建了空间网络与地面网络相融合的空天地一体化通信系统,这一技术架构具有广域万物智联、全域随遇接入的智能化网络基座的特点,完美适应了高原地区生态脆弱、业务需求泛在、传统网络接入困难的环境,为未来新型业务、新型产业、新型经济的融通创新需求提供了有力支撑,助力青海高标准生态高地建设,赋能青海数字经济发展。

为了加强对野生动植物及其栖息地的保护,全力筑牢保护区生态安全屏障,青海联通在青海省果洛藏族自治州玛多县通过建设卫星通信系统,增设光缆,综合运用光纤通信、无线通信、卫星通信等先进技术手段,实现了前端监测、中端传输、后端服务等集成功能,还特别建设了轻载云台、重载云台等设备,成功解决了鄂陵湖鸟岛及区域周边生态动植物的监测问题,助力三江源国家公园打造黄河园区生态监测中心。

下一步,青海联通将持续统筹规划好数字生态监测,以强大的地理信息系统为基础,以开放式强兼容的基础构架为依托,用好用足5G等先进技术,将"触手可及三江源"优化升级为"智慧掌上三江源",健全天空地一体化综合监测体系,纳入有关监管信息平台,建设智慧国家公园,提升国家公园信息化水平。

信息化赋能
助力青海数字经济发展

近年来,中国联通青海省分公司加强与政府各单位合作,利用资源禀赋,深度参与产业"四地"建设,助力青海数字经济发展。

助力建设世界级盐湖产业基地。 建成一个工业互联网标识解析二级节点平台,实现了5G+标识解析产品服务能力本地化。同时建设了盐湖中试基地"5G智慧园区建设及示范化应用"项目,采用5G+F5G+WiFi6+AI等新应用技术,为打造世界盐湖产业基地提供高效信息化支撑。

助力清洁能源发展。 在海南州光伏工业园区建设5G高速承载实验网络,与清洁能源企业合作共同探索实践智慧场站、数字孪生、能效分析、无人巡检等新技术、新应用在我省清洁能源领域推广应用。积极与国网电力、大唐、黄河上游等公司密切合作,推动了一批5G专网、北斗、量子通信等项目的成功实施,为青海是清洁能源建设插上了数字化翅膀。

助力打造国际生态旅游目的地。 历时六年建设升级的青海省数字文旅大数据平台,汇聚融通交通、气象、消费、舆情、OTA等多维数据,有效增强了文旅管理部门的监管能力,为游客提供智慧服务,推动青海文旅产业和消费升级,助力构建青海省"一芯一环多带"的生态旅游发展新格局,为我省实现打造"国际生态旅游目的地"进行数字化赋能。

助力绿色有机农畜产品输出地建设。 在青南地区开展5G+智慧牧场行动,将牲畜养殖管理联网化,促进农畜养殖现代化、智能化,提升养殖管理能力及效率。共发放智能耳标3.3万个。同时,与食品工业协会及食品生产企业合作,打造绿色有机农畜产品从生产/养殖到加工到销售全流程的产业链生态,助力绿色有机农畜产品输出地建设。

助力数字政府和智慧城市建设。 全方位参与青海政府治理数字化转型,承建电子政务内外网、市场营商环境评价分析系统、青海省信康码等。协助政府重塑政务服务流程、优化营商环境、提升人民群众满意度,联合构建各级政府的数字化治理体系。承建湟中区新型智慧城市,这是青海省实施新型智慧城市项目建设的城区,其建设规模、建设范围、建设成效在青海省内首屈一指。此外,班玛县县域智慧城市平台、贵南数字乡村、格尔木智慧郭镇、海北州市域社会治理公共服务平台等项目,为青海省探索高原美丽城镇建设发挥了显著作用。

广告

中移物联加快成渝双城物联网新型基础设施建设
争当国有科技企业创新尖兵

国家印发的《成渝地区双城经济圈建设规划纲要》提出,要把成渝地区双城经济圈建设成为具有全国影响力的科技创新中心。中移物联网有限公司(以下简称"中移物联")作为中国移动在物联网领域的专业公司,紧抓数字经济和实体经济深度融合新机遇,立足重庆,服务全国,围绕"连接+算力+能力",以连接规模为基础,向下延伸卡位入口,向上延伸拓展平台和应用,向外建立产业生态,构建了5G时代物联网产品体系。

中移物联积极融入成渝双城发展格局,持续发挥网络、技术、资源和人才优势,全力培育新技术研发"孵化器",啃"硬骨头",加速科技之城成势见效。

中国移动OneCyber5G专网运营平台-智慧电力数字大屏(概念图)

1 夯实发展基础,加大攻关力度

中移物联落实国家国企改革三年行动要求,积极承担国家战略攻关项目,加大关键技术攻关力度,争当科技型企业改革的示范者。

在物联网芯片方面,中移物联基于开源开放的RISC-V开展芯片研发和生态建设,先后发布了RISC-V内核的MCU芯片、NB-IoT通信芯片和LTE Cat.1bis通信芯片,关键指标达到业内领先水平。三款芯片产品均入选国资委《中央企业科技创新成果产品手册》。此外,中移物联积极推动RISC-V生态建设,依托中国移动产业资源优势,联合科研院所、产业链上下游企业,成立中国移动物联网联盟RISC-V工作组,推动RISC-V产业生态圈构建。同时,中移物联芯昇科技代表中国移动在中国电子工业标准化技术协会RISC-V工作委员会担任副会长单位,以开源开放凝聚发展共识,助力国内RISC-V生态发展。

在物联网操作系统方面,中移物联紧扣国家基础软件关键核心技术攻关任务,加快研发自主可控、安全可靠的国产化物联网操作系统,自主研发的OneOS Lite、Multi、Trust三大版本,内核代码自主率100%,与公司自有芯片、模组共同推动RISC-V生态布局。在安全性方面,OneOS是国内首家通过CCRC EAL4+认证的物联网操作系统,同时通过IEC61508 SIL3、ISO 26262 ASIL D权威安全认证、GJB7706-2012军用嵌入式操作系统认证。在兼容性方面,OneOS适配RISC-V等6种指令架构、1200余款芯片,可广泛应用于工业控制、智慧城市、消费电子等领域。在生态合作方面,OneOS面向工控自动化行业,推出高实时、高可靠、高安全的工业操作系统,以丰富的应用能力赋能行业伙伴,推动行业技术升级。在产学研方面,OneOS与电子科大、四川大学、华南理工、西安电子科大、湖南大学等通过联合实验室、公开课、大学生专题赛等形式开展合作,推动物联网人才培养与行业发展。截至目前,成果已获得多项荣誉,已服务华电、海尔、大华等400余家客户,在工业PLC、工程车辆控制器、智能仪表盘、IPC摄像头、儿童手表、智能家电等产品上规模应用,累计装机规模超5000万。

芯片研发工作人员在进行基站环境模拟商用网络性能调测

中国移动OneOS物联网操作系统应用于工业控制(概念图)

在物联网模组方面，中移物联打造自主知识产权通信模组品牌—OneMO，构建完善的产品研发、生产和质量管理体系，针对不同行业需求，搭建包括LTE、5G NB-IoT、5G NR、5G RedCap和车载模组在内的多元化产品矩阵，可广泛应用于移动追踪、智能消防、共享经济和智慧金融等行业，为行业升级提供数智化动能。根据权威研究机构CounterPoint最新发布数据显示，OneMO 2023年模组市场份额已位列全球第三。

研发工程师正在调测OneMO模组

2 融通信息底座，助力社会治理

在城市治理现代化方面，OneNET城市物联网平台融合数据治理、安全加密和数字孪生等创新技术，在广东，助力省级数字政府省域治理"一网统管"，实现全省物联感知设备与数据的统一接入、统一管理、统一共享和统一应用，支撑省域治理"可感、可视、可控、可治、可决"；在重庆，通过构建"1+1+1+N+X"物联感知体系，推进物联、数联、智联全面落地，打造高新区5G融合物联网平台，提供智慧社区、智慧环保、共享充电、一业一证等场景解决方案，接入终端设备近30类。截至目前，全国累计落地城市治理平台超150个，服务1500+智慧园区、20000+智慧社区，沉淀物模型超500个，推动城市治理协同、服务升级、科学决策。

在乡村振兴建设方面，中移物联依托"千里眼"产品，在河南省打造了一个全天候、全方位、多功能的智能监管体系，加"数"助推了乡村振兴建设。据悉，该平台已覆盖河南全省178个区县、24587个行政村，并已累计接入15万台智能设备，拓展了乡村综合治理的功能，满足了政府治理现代化和村民安居的需求。

管理部门通过中移物联网平台对城市进行实时监测

中国移动"千里眼"数智监管云平台（概念图）

3 凝聚发展共识，促进产业协同

中移物联融入成渝地区双城经济圈建设战略，在重庆建成"五个一流"工程（即一流的物联网展示中心、一流的物联网战训中心、一流的物联网开放实验室、一流的物联网研发中心和一流的物联网产业园），构建"研发+实践+成果转化"的物联网产业链服务平台，加速物联网产业科技成果转化。

其中，中国移动5G物联网开放实验室，面向行业客户提供5G端到端场景化验证和创新应用的测试服务。实验室占地3300平方米，在9大测试领域完成120项测试能力体系构建，具备研制、验证、生态孵化一站式服务能力。在2022年，实验室被评选为工信部5G应用产业方阵创新中心，入选工业互联网产业联盟实验室认定名单；2023年，实验室被评为重庆市工业和信息化重点实验室，并通过中国合格评定国家认可委员会（CNAS）实验室认证，获得CNAS实验室认可证书。

中移物联还成为中国移动产业协同创新基地区域中心之一。中移物联立足成渝，与中国移动设计院、重庆移动紧密合作，以物联网产业链的重点领域为核心，

中移物联"五个一流"工程

中国移动5G物联网开放实验室

围绕物联网AI大模型、通信芯片、通信模组、物联网操作系统、空天地一体化等战略性新兴产业和未来产业，设立了4个中心、1个产业园和1个孵化基地，形成了"4+2"的总体布局，打造一流的物联网产业集群。

广告

零广告畅享海量影视综
足不出户揽尽美景资讯

裸眼3D
随时随刻看3D超高清视频

放映厅
钻石尊享高品质私人影院

电视投屏
大小屏随心无缝切换

5G新直播
足不出户云游名胜景点

长辈乡村
老有所乐助力乡村振兴

——— 登录各大应用市场搜索关键词"沃视频"下载5G沃视频APP ———   广告

中国移动通信集团设计院有限公司(简称"设计院"),是中国移动通信集团有限公司的直属设计企业。公司发展历史可以追溯到1952年,历经邮电部北京设计所、邮电部北京设计院、中京邮电通信设计院、信息产业部北京邮电设计院、京移通信设计院有限公司,2001年正式划归中国移动通信集团公司。公司是中国工程咨询协会副会长单位,中国工程标准化协会通信委员会的组建单位,国家高新技术企业。被北京市科技咨询业协会评为北京科技咨询"信誉单位",连续数年跻身建设部组织评选的中国勘察设计单位综合实力百强行列。近年来,在中国通信企业协会组织的评选活动中,连续被评为"全国通信行业用户满意企业"及"先进通信设计企业"。

数据中心工程总承包(EPC)

工程总承包是"交钥匙"工程,将设计、采购、施工等任务全过程或者若干阶段发包给一家工程总承包商集成,承包商对工程的质量、工期、造价、安全、合规等全面负责的工程建设组织实施方式。

产品背景

当前,数据中心正由以通用算力为主向通算、智算、超算一体化演进。新型数据中心具有高技术、高算力、高能效、高安全的"四高"特征,作业难度大、工期要求紧、质量标准高,传统建设模式难以满足需求。

工程总承包模式是工程建设组织模式演进方向,具有"主体单一、系统设计、融合建造、固定总价"核心价值,与新型数据中心特征高度匹配,可实现速度更快、质量更好、成本更优的建造目标。

产品特点:三省一降

发展历程

- 通信行业设计院排名
- 工程总承包分会主任单位
- 11例亿元级项目
- EPC省份15个
- 307人专业团队

2022年至今
- 中标山西、山东、云南、甘肃、河北、安徽、贵州等省份数据中心机电EPC项目28例,合同额位居通信行业设计院前列
- 已累计中标11例亿元级数据中心机电EPC项目;
- 成为中国电子节能技术协会工程总承包分会主任委员单位;
- 工程总承包业务获得北京市新技术新产品(服务)认证;
- 累计完成EPC项目交付19例(含2例一期工程),同时在建EPC项目8例,新中标EPC项目1例;
- 成立工程总承包业务中心并设立武汉分中心,全院已具有经严格从业资格认证的工程总承包业务管理人员累计291人。

2021年
- 中标湖北移动楚天萍数据中心工程EPC总承包项目、福建移动福州数据中心A2#机房楼机电EPC项目、北京基地定制化机房集成建设工程EPC项目、京津冀(天津)西青2#数据中心EPC工程总承包项目

2020年
- 中国移动呼和(清河)数据中心项目完成验收效,并获得视频报道。

2019年
- 《工程总承包项目人员任职资格管理细则》等系列配套管理制度发布。
- 中标中国移动(呼和浩特)808数据中心、中国移动铁岭(清河)数据中心网项工程总承包项目

2012-2015年
- 明确工程总承包业务归口管理部门;
- 发布《工程总承包业务管理办法(试行)》。
- 中国移动哈尔滨试点机房总承包项目
- 中国电能成套设备有限公司办公楼变电室配电系统改造工程

10kV输入逻辑集成不间断电源

① 产品简介

10kV输入逻辑集成不间断电源是基于变、转、备、配电一体化逻辑集成的设计理念,自主研发的数字智能供配电系统,系统高密逻辑集成、工厂预制模块化设计、AI智能运行与维护,系统可有效降低设备占地空间,提升系统效率及智能化运维水平,从而降低核心局楼、数据中心建设及运营成本,打造绿色低碳算力网络基础设施,助力网络演进更快、更省、更简单。系统可应用于核心局楼、数据中心供配电系统新建及改造场景。

② 产品特点

三省
占地面积节省40%,能效提升3%,工程周期缩短75%

一可靠
全链监控可视、可监,系统AI智能预测运维

③ 核心技术

隔离开关+融合功率模块
创新使用隔离开关+融合功率模块(高能量功率模块+熔断器)替代传统UPS系统中UPS输入断路器、UPS主机的方案,实现1个柜替2个柜,从而减少设备占地面积,实现系统高密逻辑集成。

智能在线模式工作
系统优先UPS旁路供电,具备自动依据电网质量(电压V和频率F)和输出负载(功率因数PF,谐波THDI)判断是否对输出负载谐波主动进行补偿功能,最终实现系统能效提升。

"廊桥式"母排+工程一站式交付
系统支持整体工厂预制总装测试,整体运输,工程现场一站式交付。与传统方案相比,新方案工程管理简化,现场组装简便,工程质量可控,工程交付周期缩短。

系统全链可视监控
系统实时监控且全链可视,全链温度监测,智能告警,部分易损件基于AI大脑实现智能寿命预测预警,系统智能维护,降低维护人员巡检工作量。

专利咨询产品

已构建成熟的专利咨询业务服务模式,形成与中国移动专利创新工作相匹配的六大优势

产品内容

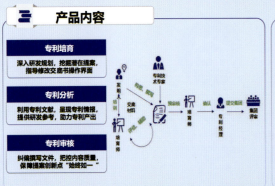

产品功能

产品优势

广告

软件成本度量服务产品

核心自主能力，年评估超100亿元。基于国际标准（ISO/IEC）功能点分析方法、国家标准（GB/T）软件开发成本度量规范的智能服务产品，基于行业最大的软件度量基准数据库"中国移动软件度量过程基准数据库"打造，通过智能评估服务为客户提供权威、客观、科学的**定制化开发软件的规模、工作量和成本评估服务**，助力客户把握软件管理能力，降本增效、避免开支风险。

产品优势

01. 核心资源
- 年评估量超100亿元，涵盖运营商B/OM全域、党政军、建造、金融
- 已连续九年入选中国移动核心能力及自主产品清单
- 国家科技改革示范性超大型央企，服务分支机构遍布全国，信誉度佳，产品安全，保密性好

02. 技术先进
- 精通COSMIC/NESMA等评估方法，可以基于客户场景进行评估，提供客观、详尽、可追溯的第三方评估报告
- 作为COSMIC国际官方组织在中国区两个商业合作伙伴之一
- 采用基于智能平台贯穿软件全生命周期

03. 权威共赢
- 严格遵循标准，方法统一，保障客观、详尽、全面的第三方评估报告
- 给出改进提升方向，帮助委托方降本增效，避免审计风险

产品功能

软件造价评估服务
根据客户业务场景需求，提供适宜的评估服务，完成相应评估报告成果。

软件度量体系建设咨询服务
体系建设：建设匹配企业管理的软件评估体系**基准数据库建设**：建设企业的基准数据库

软件度量技术培训服务
方法培训：提高企业软件评估业务水平
实施培训：提高企业项目管理实施水平

应用场景

01需求管理	02投资预算	03采购管理	04实施管理	05结算核算	06后评估管理
明确需求，统一颗粒度，确定软件功能点规模和预估人天工作量，作为需求的依据	明确通过对功能点、工作量和成本的度量，确定投资预算，作为立项和采购申请的依据	依据软件度量预算结果确定采购谈判预算，提升主动权、效率、成功率	依据工作量评估结果的实施更加有序、可控，提升软件开发进度和质量	依据软件度量结算结果核算结算计价，提升主动权、效率、成功率	验证和评估前期预算是否合理，系统是否按照需求建设等

室内外融合覆盖产品

本产品立足5G室内外建设痛点，针对5G全场景建模提出一系列的全场景融合创新产品，同时进行国产化替代研究，突破"卡脖子"技术，产出5项自研网络通信产品成果，已形成授权专利5项，进入实审阶段4项，形成软著4篇。完成了多个方向的技术创新和产业化应用，截至目前，已在中国移动网商用落地部署17824台设备，实现全国200个地市的网络覆盖，覆盖涉及12个省，有效提供支撑互联网短视频、直播、智能物联、远程办公等多种类型业务发展，并广泛应用于垂直行业，全面推动5G垂直行业和企事业单位数字化应用，有力支撑国家数字化转型，取得了社会效益和经济效益双提升。

产品优势

01. 安全可控
- "战新"产业布局，服务国家战略，践行高水平科技自立自强，突破国产化"卡脖子"技术
- 通过系列自主研发产品攻关掌控网络产品能力，提升行业市场差异化竞争能力，引领无线云网络产业发展

02. 技术先进
- 可依据场景化分析结论，根据业务需求、建筑特点、工程改造难度、成本造价等因素按需组合形成室内覆盖融合组合解决方案，低成本实现5G室内区域信号覆盖及容量性能提升
- 已连续五年入选中国移动核心能力及自主产品清单

03. 赋能垂直行业
- 针对垂直行业对温度、湿度、供电、功耗、噪声等工程参数敏感，可提供定制化方案

应用场景

网络建设数智化能力集成产品

我院基于规划设计业务自身转型发展需要，经过多年建设沉淀，逐步形成和完善基于融基平台的"1+4+N"工程设计数字化能力体系，并通过支撑集团及省公司开展工程管理数智提升行动，在集团工程建设型领域形成影响力；目前，已孵化出"网络建设数智化能力集成"产品。截至2024年，多个省公司（湖南、河南、福建、黑龙江、山西、新疆、天津）针对流程交互、成果交付、数据服务、定制开发等方面主动向我院提出需求。

产品优势

01 核心定位
设计院牢固树立以集团PMS为管理主轴的意识，根据PMS提供的接口规范，已完成同步项目信息、任务信息、派工信息、导入勘察报告、设计图纸、设计预算等功能上线，具备与各省PMS实现数据互通的基础能力，并完成大部分试点省份的适配开发工作，后续将实现包括结构化数据在内的全面对接。

02 能力全面
融基平台"1+4+N"能力体系已建成并持续完善中，包括1个数智基座（五中心一门户架构），4个专业系统（涵盖有线、无线、网络、规划四大专业规划），N个基础工具（涉及信息采集、图纸绘制、预算编制、文本处理、GIS呈现、数据交互等各类业务上化、智能化基础生产作业能力）

03 资源共享
融基平台的能力体系与集团及各省公司在网络建设领域的管理提升和业务数据方面的诉求高度吻合，可以通过基础能力、数据交互和生产复用等方面实现资源共享，从而大幅降本增效。

产品功能

网络建设专业咨询服务
集/省端网络规划建设咨询和整体能力建设解决方案输出等；

基于融基平台的数据服务
基于融基平台海量的网络建设业务数据，以及平台本身的数据归集和数据治理能力，通过系统对接和自动交互提供数据服务，促进数据资产化

标准化和定制化开发服务
为省公司提供一体化集成解决方案。以成熟的标准化软件模块为辅助，根据客户定制化需求对部分场景化模块做二次开发，并提供系统集成服务

应用场景

01AI质检	02造价管理	03物资管理	04能力开放	05资源勘误	06投资画像
围绕"提取+校验+对比"三个维度建设AI图纸识别能力，实现设计图纸自动审核、自动预警等功能，助力工程造价精细化管控	提供预算稽核能力，实现规则自定义、数据自动审核、自动预警等功能，助力工程造价精细化管控	针对网络建设的设备、物料统一命名，规范使用，从源头提升物资数据精准性	向外部单位开放，标准模板共享与个性模板分级分域管控	提升省公司综合资源管理系统数据准确性，并支持业务快速部署	基于融基数据归集及治理能力，发挥投资评估对资源配置的指导价值

广告

和复杂性不断上升，攻击来源多样，网络攻击手段愈加隐蔽和复杂，在应对 AI 对工业网络攻击方面的技术手段也不够成熟。

（三）距离实现工业领域网络安全自主可控的差距较大

我国国产的工控系统、核心设备等水平待提高的空间较大。目前，高端装备制造的核心工控系统的自主可控的问题在短期内很难得到解决。

（四）工业领域网络安全建设起步晚且战线长

绝大多数企业安全防护意识较为薄弱，安全建设总体滞后于发展。工业企业网络安全建设整体处于起步阶段，"重发展、轻安全"的现象仍普遍存在。根据调研可知，工业企业网络安全意识能力极其薄弱，大多数企业未建设相应的安全防护技术手段，处于"有没有风险不知道、风险在哪不知道"的状态。

（五）工业领域网络安全根源问题较为突出且难以有效解决

工控系统在设计之初大多缺乏安全考虑，运行长达数十年，导致复杂防护策略不支持、漏洞修补不及时、设备系统"带病带毒运行"问题长期无法解决。此外，工业领域网络安全供给支撑能力不足，难以满足产业发展的需求。我国网络安全企业在工业领域安全研发投入和产品布局少，与垂直行业、设备系统供应商合作不深，安全产品与工业场景流程、新技术新应用融合不足，难以满足工业企业海量异构设备、复杂网络环境、精细工业流程等安全需求。同时，安全服务模式创新不足，缺乏针对大企业的综合性、全流程应用方案，也缺少适用于中小企业的集约化服务。

四、我国工业领域网络安全技术体系建设的思考

（一）工业领域网络安全技术应密切贴合实际且有效输出

工业领域网络安全技术应结合工业场景的特点，从传统互联网安全技术中借鉴方法，定制适合工业领域网络安全防护对象的安全技术。一是做到工业协议指令级防护。部署位于企业管理网和生产控制网边界处的指令级工业防火墙，深度解析 OPC 协议到指令级别，不仅可以跟踪 OPC 服务器和 OPC 用户端之间协商的动态端口，最小化开放生产控制网的端口，还极大地提升了基于 OPC 协议的工业控制系统的网络安全。二是针对不同行业和工业场景定制适合的安全技术。电力行业安全技术部署遵循"安全分区、网络专用、横向隔离、纵向认证"的总体原则。在石油炼化的工业控制系统中对网络的边界、区域、主机、网络等进行安全防护，提升生产网的防攻击、抗干扰能力，有效保护生产系统的安全、稳定运行。

（二）持续推动新技术与工业领域网络安全技术的深度融合

随着区块链、AI、大数据、可信计算等技术的发展，可为工业领域网络安全助力赋能，发现高级威胁、检测恶意文件、判定恶意家族、监测加密攻击、主动发现威胁、辅助快速调查，保障工业互联网的安全。一是借助大数据推动工业领域网络安全态势感知技术快速发展，通过海量工业数据检索、日志采集、流量分析、自动定位、可视回溯等环节，实现工业互联网安全态势感知。二是利用 AI 等技术发现高级威胁。以 AI 关键技术为手段，发现高级威胁、检测恶意文件、判定恶意家族、监测加密攻击、主动发现威胁、辅助快速调查，保障工业领域的网络安全。

（三）着力提升工业领域相关企业网络安全防护能力

在新形势和新环境下，传统局部与外挂的安全防护能力不足，需要采用内生安全来保障工业领域的网络安全，实现网络安全能力和工业信息化环境的融合。打造工业领域内生安全能力：一是同步建设，在工业领域相关系统规划、建设和运维的过程中同步考虑安全能力的建设；二是系统融

合，网络安全企业与系统设备提供商、工业头部企业强强联合，打造具备内嵌安全功能的设备产品，实现工业生产系统和安全系统的聚合；三是自适应与自成长，企业针对自己的业务特性，立足于自己的安全需求，建设安全能力，安全能力能伴随业务变化日渐强壮、动态提升。

（四）以需求为导向深化工业领域网络安全技术服务保障输出

以信息技术（Information Technology，IT）视角为主的安全产品和服务难以满足工业互联网的实际需求，工业领域网络安全仍需突破瓶颈，面向运营技术（Operational Techology，OT）纵深发展。一是工业企业与安全企业联合创新研发适用于工业场景的安全产品。工业企业与安全企业联合创新推出更适用于工业领域的安全产品与解决方案，例如，工控主机安全产品，结合工业场景的可用性和实时性的需求，利用白名单管理机制，禁止非法进程运行。二是以企业需求为导向，创新安全服务、培育安全人才。以实时升级为特征的工业领域安全服务将逐渐普及，安全评估、安全运维、安全咨询、安全集成等工业领域网络安全服务将不断创新，通过大赛等方式培育既熟悉网络安全，又熟悉工业领域的复合型实操人才。

五、结束语

网络安全技术在工业领域的合理有效应用可以抵御来自内外部的网络攻击，保障工业设备、控制、网络、应用和数据的安全。在工业领域，传统工业控制系统处于相对封闭可信的环境中，随着信息技术和运营技术加速融合，安全边界趋于模糊，互联网的安全威胁逐步向工控系统渗透扩散，网络攻击可以从物理世界直抵现实世界。需借助网络与信息安全技术应对更加复杂多样的网络攻击，确保工业领域的信息安全、物理安全与功能安全，为制造业数字化转型护航，维护国民经济与社会稳定。

（中国信息通信研究院　刘晓曼）

国外工业领域网络安全推进情况研究

一、国外工业领域网络安全典型事件及主要特点

国外工业领域网络安全事件频发，轻则短期内影响生产运营，重则导致重要数据被窃取、严重影响产业链上下游的正常运转，甚至影响经济社会的稳定运行。结合 2023 年以来工业领域发生的网络安全事件，可总结为以下 3 个方面。

（一）勒索病毒仍然是主要攻击手段，可直接触发经济损失

2023 年 2 月，全球最大的半导体制造设备和服务供应商美国应用材料公司的一家上游供应商遭到勒索软件攻击，由此产生的关联影响将给下季度造成约 2.5 亿美元的损失。2023 年 7 月，日本最大的港口名古屋港遭受勒索软件攻击，集装箱码头的运营受到影响。2023 年 9 月，江森自控国际公司（智能建筑领域的全球领先者，主要开发和制造工业控制系统、安全设备等）遭受大规模勒索软件攻击，该攻击对公司内部许多设备进行了加密，影响了公司及其子公司的运营，公司需支付 5100 万美元来获取解密器并删除被盗数据。

（二）以获取重要敏感数据为目的，危害企业利益并影响企业正常运营

2023 年 1 月初，尼日利亚石油和天然气行业受到网络攻击导致数据泄露。2023 年 1 月底，日本电器设备制造商 Fujikura Global 公司遭受 Lockbit 勒索软件攻击，泄露的数据包括从公司数字基础设施中窃取的 718GB 机密信息和关键信息。2023 年 7 月，黑客加密了总部位于美国科罗拉多州丹佛市的传动带和液压产品制造商盖茨公司的服务器，并窃取了员工的机密文件。2023 年 7 月底，以色列最大的炼油厂运营商 BAZAN 公司遭伊朗黑客组织"网络复仇者"（CyberAv3ngers）入侵，致使集团的网站在世界大部分地区都无法访问，该组织还泄露了 BAZAN SCADA[1] 的屏幕截图。2023 年 9 月，Akira 勒索软件组织声称可以访问美国钢铁铝业公司高达 70GB 的数据，包括敏感项目信息、财务文件和员工详细信息。

（三）针对工业关键基础设施的网络攻击愈发频繁，可导致大规模停电、供应中断等

2023 年 2 月，百慕大唯一的电力供应商遭受网络攻击，导致地区内大规模停电，网络全面中断。2023 年 3 月，空中客车位于德国诺登哈姆的工厂由于物流服务供应商（"LTS"）的 IT 系统遭受网络攻击，导致部分设备停止生产。2023 年 5 月，电气化和自动化技术提供商瑞士跨国公司 ABB 受到 Black Basta 勒索软件的攻击，影响了 ABB 公司的多个数据库和数百台设备，扰乱了公司的运营秩序。2023 年 10 月，一群被称为"红魔"的以色列黑客攻击了伊朗的电网，造成伊朗全国大范围

---

1. SCADA（Supervisory Control And Data Acquisition，监控与数据采集系统）。

的电力中断。

二、国外工业领域网络安全管理不断优化完善

（一）从国家层面发布发展战略，明确工业领域网络安全发展目标和重要举措

2023年2月，澳大利亚政府发布了《2023年关键基础设施弹性战略》。该战略提供了一个国家框架来指导澳大利亚提升关键基础设施的安全性和弹性。2023年3月，美国发布新版《国家网络安全战略》，由国家网络主任办公室制定并负责执行，该战略详细阐述了美国政府网络安全政策将采取的全方位措施。其中，围绕建立"可防御、有韧性的数字生态系统"的内容，具体涉及保护关键基础设施、破坏和摧毁威胁行为者、塑造市场力量以推动网络安全和韧性、投资于韧性未来、建立国际伙伴关系以追求共同目标共五大支柱，共计27项举措。

（二）发布工业领域重点行业安全发展要求，细化安全责任与安全防护要点

2023年1月底，美国白宫分类推进关键基础设施领域强制性网络安全要求，旨在保护关键基础设施免遭黑客攻击。该保障计划是美国政府正在进行范式转变的一部分，即从行业自愿性措施转向实施强制性规则。2023年3月，美国国土安全部运输安全管理局公布新的网络安全规则，以加强对境内最大、最重要的机场和航空运营商的保障能力。新规则要求，相关机场及航空运营商制订安全计划，包括制订网络分段与控制、访问控制、持续监控与检测、基于风险的保护方法等一系列安全防范措施，并提交运输安全管理局审批。2023年7月底，美国运输安全管理局更新了石油和天然气管道所有者和运营者的网络安全要求。

（三）成立网络安全新机构组织等，强化信息共享和风险预警，共同抵御网络攻击

2023年2月，澳大利亚新成立的网络安全非营利组织——关键基础设施信息共享和分析中心开始运营，致力于建立社区以利用基于风险的情报共享的网络效应，同时建立中央能力以帮助资源受限的实体机器服务提供商有效参与。该中心将提供支持能力，保护澳大利亚11个关键基础设施部门和关键基础设施安全法案定义的22种资产类别。2023年2月，美国司法部宣布成立一个新的工作组，以应对来自部分国家和其他国外组织日益增长的网络安全威胁。该工作组将聚集一些世界领先的网络安全专家来对抗网络威胁，使用情报和数据分析来打击非法行为者，加强公私合作伙伴关系以加强供应链，并识别对关键资产（例如半导体）威胁的早期预警。

（四）适时制定网络安全计划倡议，力争短期内提升工业领域网络安全防范能力

2023年2月，美国海军首席信息官发布一项基于2020年信息优势战略的网络就绪计划，以使用云平台和服务等6种方式加强防御。关键是引入对网络漏洞的持续监控，以及武器、物流和工业控制系统等运营技术，从持续的网络安全监控中受益。2023年7月，美国网络安全和基础设施安全局公布了CyberSecurity计划的详细信息。该计划旨在对关键基础设施合作伙伴的信息技术和运营技术提供关键的、跨部门的实时监控。2023年11月，美国国土安全部、CISA[1]及联邦紧急事务管理局宣布开展"盾牌就绪"活动，鼓励关键基础设施社区重点加强抵御能力。

（五）加大政策资金支持力度，为工业领域网络安全保障体系建设做好重要保障

2023年8月，美国纽约州推出有史以来首个全州性的网络安全战略，拨款6亿美元用于保护该州数字和关键基础设施免受网络威胁。2023年

---

1. CISA（The Cybersecurity and Infrastructure Security Agency，网络安全和基础设施安全局）。

9月初，美国能源部为其国家实验室的项目提供高达3900万美元的资金。2023年9月，美国能源部OT Defender Fellowship开始申请2024年专项资金，旨在通过公私合作关系加强整个能源部门的网络安全。OT Defender Fellowship向美国能源行业资产所有者运营商的中高级员工开放，包括电力、石油、天然气和可再生能源公司。

三、国外工业领域网络安全技术保障能力不断提升

（一）相继出台权威性指南文件，规范引导工业领域网络安全技术发展

2023年4月，美国联邦和国际安全机构联盟发布指南以敦促技术制造商增强技术产品的安全性。该指南概述了软件制造商在努力实现安全设计和默认原则时可以采取的一系列步骤。2023年5月，澳大利亚网络和基础设施安全中心发布《关键基础设施资产类别定义指南》，适用于所有相关的基础设施行业。该指南简化了关键基础设施责任主体和直接利益相关方的义务，有助于提高运营弹性、降低复杂性。该指南涵盖了十大类别，共计22个关键基础设施行业。2023年10月，美国CISA、联邦调查局、国家安全局和美国财政部发布针对OT供应商的高级领导和运营人员的新指南，有助于更好地管理OT产品中使用开源软件所带来的风险，并提高利用可用资源的弹性。2023年10月，卡塔尔国家网络安全局发布了有关确保电力和水务部门OT安全的建议。

（二）政府机构发起工业领域重要网络安全项目，集智攻关提升国家安全保障能力

2023年1月初，美国国家网络安全卓越中心发布侧重于解决制造业应急响应和恢复的项目。2023年1月，美国国土安全部科学技术局与CISA启动建立下一代分析生态系统，以应对不断发展的网络威胁并保护基础设施免受网络攻击。2023年1月，美国能源部和国家可再生能源实验室征集网络安全创新项目，动员相关参与者致力于推进网络创新和解决电网漏洞，将评估能够主动识别所有连接到公用事业基础设施的物理和虚拟工业控制系统资产的解决方案。2023年10月，美国国家安全局发布专为OT环境设计的入侵检测签名和分析存储库，被称为"Elitewolf（精英狼）"，帮助关键基础设施、国防工业基础和国家安全系统的防御者识别和检测其OT环境中潜在的恶意网络活动。

（三）工业网络安全企业等愈发注重技术研发，发布创新型、实用型安全产品工具

2023年1月，知名工业网络安全公司Nozomi Networks公司推出Nozomi Arc终端探针，探针支持漏洞评估、端点保护、流量分析功能，以及诊断正在进行的威胁和异常。2023年2月，工业网络安全公司Otorio发布一款开源工具，可检测和解决与分布式公共对象模型身份验证相关的问题。2023年3月，TXOne宣布推出EdgeIPS 103入侵防御系统，该系统旨在保护关键任务机器免受网络威胁。EdgeIPS 103入侵防御系统提供虚拟补丁、全面的资产可见性、集中管理和网络分段功能。2023年4月，OT资产数据和网络安全解决方案公司Industrial Defender发布一款针对中小企业OT的可见性和安全产品Phoenix。2023年6月，全球托管安全服务提供商Secureworks推出了两款新产品，以统一工业组织在OT和IT领域预防、检测和应对威胁的方式。2023年11月，俄罗斯网络安全公司Positive Technologies发布了用于确保工业系统安全的新版产品PT Industrial Security Incident Manager 4.4，该产品可以通过MMS[1]和GOOSE[2]协议检测异常网络连接、故障和通信错误。2023年11月，美国网络安全公司Palo Alto Networks推

---

1. MMS（Managed Security Service，安全托管服务）。
2. GOOSE（Generic Object Oriented Substation Event，通用面向对象变电站事件）。

出一款适用于工业环境的坚固型防火墙，并通过其工业OT安全产品提供多项新功能。

（四）基于安全需求和工业应用实际，推出针对性的工业网络安全解决方案

2023年4月，零信任安全公司Xaget推出多层身份和访问管理解决方案，为OT和工业控制系统（Industrial Control System，ICS）环境中的每项资产提供纵深防御，能够消除勒索软件组织和黑客对关键基础设施的攻击。2023年5月，OneLayer公司宣布推出首个私有移动网络安全解决方案OneLayer Bridge，旨在提供企业蜂窝网络和IT/OT网络之间的无缝安全连接。2023年5月，霍尼韦尔宣布推出新的OT网络安全解决方案Cyber Insights，旨在帮助组织识别其设施中的漏洞和威胁。2023年6月，Nozomi Networks和Cynalytica宣布它们已通过合作提供可见性、监控和威胁检测解决方案，该解决方案包含OT和IoT环境中基于TCP/IP和非IP的串行总线和模拟连接。

（五）多次举行安全演习演练活动，检验提升工业领域网络安全技术应对能力

2023年2月，西欧最大的军事网络演习Defense Cyber Marvel 2（DCM2）在爱沙尼亚举行，共有来自11个国家的34支队伍参加。2023年4月，由北约塔林网络防御中心组织的世界最大网络安全演习"Locked Shields 2023"在爱沙尼亚举行，来自38个国家的3000多人参加该活动，以保护国家IT系统和关键基础设施免受大规模敌方网络攻击，并制定有关危急情况下合作的战术和战略决策。2023年9月，新加坡网络安全局进行了第五次网络之星演习，超过450人积极参与，其中包括新加坡网络安全局人员以及来自航空、能源、信息通信等11个关键信息基础设施部门代表，演习测试了跨部门事件管理和应急响应计划。2023年11月，卡塔尔国家网络安全局通过一系列网络演习，测试约170个关键组织的安全态势，让组织"通过及时的信息共享、协作和行动来响应、解决网络事件和攻击并从中恢复"，此系列演习覆盖金融、电信、能源、政府、交通、航空和卫生等关键部门的35个组织。2023年11月，北美电力可靠性公司完成第七次两年一度的电网安全和弹性演习（GridEx VII），2023年的情景反映了现实世界的网络和物理威胁，旨在对危机应对和恢复计划进行压力测试。

四、国外工业领域网络安全产业支撑水平不断增强

（一）工业领域网络安全合作浪潮依旧高涨，形成合力助推安全产业发展

2023年2月，美国、澳大利亚、印度和日本4方高级网络小组在印度发表联合声明，为关键部门的ICT和OT系统创建确保供应链安全和韧性的框架和方法。2023年2月，工业网络安全供应商Nozomi Networks宣布扩大与网络威胁情报公司Mandiant的合作伙伴关系，并将联合开展威胁情报共享和安全研究，并计划为共同用户引入定制设计的事件响应和评估程序。2023年2月，Otorio和Compugen宣布建立业务合作伙伴关系，以保护用户免受OT环境的工业网络威胁。2023年3月，OT网络安全供应商Radiflow公司宣布与工业自动化解决方案供应商Camozzi Group合作，以加强行业工业基础设施的弹性和安全性，将网络安全视为核心战略业务支柱。该合作旨在依靠高性能风险管理系统识别漏洞和攻击源。2023年8月，OT网络安全公司Mission Secure与美国能源部爱达荷国家实验室合作，将扩大结果驱动型网络知情工程方法的应用，以保护关键基础设施免受网络威胁。

（二）安全企业或工业企业等通过收购或融资，拓展工业领域网络安全业务市场

2023年2月，工业控制系统网络安全公司Opscura获得940万美元的A轮融资，提供通过隔

离、隐藏和验证运营技术网络中的敏感资产和数据来保护工业网络的解决方案。2023年6月，OT安全公司Shift5在其B系列融资中筹集了额外的3300万美元。2023年7月，霍尼韦尔宣布收购OT和物联网网络安全解决方案提供商SCADAfence，以加强其网络安全软件产品组合。2023年9月，工业网络安全公司Dragos宣布筹集7400万美元，作为D轮延期融资的一部分。2023年10月，罗克韦尔自动化收购网络安全软件和服务公司Verve Industrial Protection。该公司成为罗克韦尔生命周期服务部门的一部分。罗克韦尔自动化收购工业网络安全厂商Verve，将网络安全能力引入自动化系统内部，以应对网络攻击ICS的新趋势。2023年11月，以色列AI网络安全公司Dream Security完成了3500万美元融资，为政府机构、大型企业和关键基础设施持续提供网络安全保护。

（三）以安全咨询、安全托管服务为主，定制化输出工业领域网络安全服务

2023年2月，国际工业网络安全1898 & Co.推出了托管威胁防护和响应服务，以加强跨关键基础设施环境的网络安全。2023年3月，网络咨询和解决方案领导者Optiv推出OT安全咨询、部署和管理服务，帮助企业保护其关键硬件、系统和流程。此外，Optiv可根据用户独特的业务需求定制安全托管服务，以帮助用户减轻其内部安全团队的运营负担。2023年11月，美国政府向关键基础设施组织提供亟须的"尖端网络安全共享服务"，将网络安全服务扩展到最需要的关键基础设施社区，建立网络保护的共同基线，降低破坏性网络事件发生的频率和影响。

（四）以研究机构和咨询公司为主，适时发布工业领域网络安全相关报告成果

2023年1月，Nozomi Networks发布《OT/IoT安全报告：深入了解ICS 2022年下半年的威胁景观》。该文件指出经济和政治利益的动机使威胁行为者更加大胆地对ICS发起更具破坏性的网络攻击，使关键基础设施面对的威胁格局多样化。2023年1月，全球领先的技术研究和咨询公司ISG发布全球制造安全解决方案报告，该文件指出对车辆和工业运营技术的威胁不断增加，促使全球越来越多的企业投资于先进技术和服务，以更好地保护其资产。2023年3月，美国数字制造和网络安全研究所发布《2023年战略投资计划》。该文件旨在推进美国的数字制造和网络安全。2023年8月，工业物联网联盟和国际自动化协会更新物联网安全成熟度模型，使其与工业自动化和控制系统的IEC 62443要求框架进行映射，有助于使IEC62443要求与SMM目标设置和评估相关联。2023年8月，OT/IoT网络安全厂商Nozomi Networks Labs发布新的安全研究报告，对2023年上半年公共OT/IoT网络安全事件的趋势做了分析。

（中国信息通信研究院　刘晓曼）

国外工业互联网安全推进策略与产业发展研究

近年来，国外主要国家和地区在工业互联网安全领域采取重要举措，本文重点梳理分析法规法案、发展战略、管理文件、行动倡议、标准指南等工业互联网安全推进策略，以及企业创新、协同发展、技术应用、资本整合等工业互联网安全产业发展情况，总结提炼国外主要国家和地区工业互联网安全推进举措的新特点，并梳理国外工业互联网安全有益的借鉴经验。

一、国外工业互联网安全推进策略

（一）不断优化和完善现有法规法案

美国、欧盟等主要国家和地区组织从安全发展的需求出发，持续制定并出台工业领域网络安全相关法案，从国家层面强制要求政府部门、行业组织、工业企业等加强网络安全防护，要求加强私营部门与政府间的合作，扩大威胁信息共享的范围，有效应对网络安全事件带来的损失。

一是安全事件驱动政府加快重点领域安全法案的制定和出台。2021年7月，美国众议院出台《能源应急领导法案》和《通过公私合作伙伴关系加强电网安全法案》，保护能源行业免受网络攻击。2021年7月，美国众议院出台《网络安全漏洞修补法案》，授权美国国土安全部为识别ICS产品漏洞的补救方案引入竞争机制。

二是不断优化完善现有法规法案的条款内容。2022年3月，美国参议院通过《加强美国网络安全法案》，要求关键基础设施组织在72小时内向美国CISA报告网络攻击，确保电网、供水等关键基础设施实体能够在网络遭到破坏的情况下迅速恢复。

三是出台相关提案，强调网络安全属性。2022年9月，欧盟委员会发布《网络弹性法案》提案，该文件提出针对具有数字元素的产品的网络安全要求，要求相关制造商满足法规的最低网络安全要求。

近年来，国外工业互联网安全法规法案立足现实需求和长远发展，不断完善工业领域网络安全法规体系。

（二）以国家发展战略形式强化安全保障工作

国外主要国家高度重视工业领域网络安全保障工作，在国家工业互联网发展战略、网络安全保障战略等中强调安全保障，从国家角度夯实工业互联网发展的根基。

一是从整体发展的视角出发，在工业互联网整体战略中提出安全内容。美国白宫发布《美国先进制造业领导力战略》，将制造业网络安全作为发展的重点方向。德国提出"工业4.0"战略，明确安全和保障是"工业4.0"成功的关键要素，将其作为长期发展八大优先行动领域之一。法国力推"未来工业"战略，设立4.25亿欧元的基金，用于支持新兴技术发展，并将数字安全作为九大工业解决方案的重要组成部分。

二是从网络安全发展的视角出发，在网络安全整体战略中提出工业数字安全内容。2020年12月，欧盟委员会发布《欧盟数字十年的网络安全战略》，该文件提出增强应对网络威胁的弹性能力，打造更安全的网络空间。2021年10月，新加坡政府发布《2021年新加坡网络安全战略》，该文件提出加强数字基础设施的安全与弹性，确保能源等关键信息基础设施的平稳运行。2022年2月，日本发布《网络安全战略》，该文件提出制定指导方针提升物联网、5G等新技术应用的安全性。

三是从重要领域关键要素发展的视角出发，针对工业互联网重要领域关键要素提出安全发展战略。2020年7月，CISA发布工业控制系统5年战略——《保护工业控制系统：一体化倡议》，CISA通过与关键基础设施所有者和运营者合作保障ICS的网络安全，提高预测、优先处理和管理国家级ICS风险的能力。2022年2月，美国能源部发布《美国实现清洁能源稳健转型，保障供应链安全的战略》，列出数十项关键战略，以建立安全、有弹性和多样化的能源部门工业基础。

由此可知，国外主要国家在工业发展中都将安全置于重要位置，以国家战略的形式强化工业领域网络安全保障工作。

（三）侧重于制定工业重点领域安全管理文件

国外主要国家通过制定工业领域网络安全相关管理文件，指导企业开展网络安全防护部署，保护工业关键基础设施免受网络安全攻击，提升应对网络安全风险的能力。

一是借助安全指令规定进一步阐明制造业、水务、化工、电力等重点领域安全保障要求。2021年7月，美国运输安全管理局发布管道行业网络安全新规，突出防范勒索软件对IT和OT系统的攻击，制订并落实安全应急和恢复计划，开展网络安全架构设计审查。2021年10月，印度电力部和中央电力管理局发布电力行业网络安全指导方针，概述了提高电力部门网络安全水平所需采取的行动。2022年10月，美国白宫在通信、水资源与医疗保健三大关键基础设施行业推行新规定，由各级联邦机构执行，保障水资源基础设施的物理与网络安全。

二是强化ICS安全防护管理要求。2019年2月，德国联邦信息技术安全办公室发布《2019年工业控制系统安全面临的十大威胁和反制措施》，从网络传输和云传输干扰、社会工程和仿冒网站攻击、拒绝服务攻击、联网的中控部件等十大方面详细阐述了可能存在的安全威胁以及防护对策。2023年2月，美国政府发布《网络安全高风险系列：建立全面的网络安全战略和进行有效监督方面的挑战》，要求联邦政府必须建立一个全面的网络安全战略，以保护ICS的资产和关键基础设施免受网络攻击。

从管理文件的内容来看，重点关注勒索软件攻击的安全防护、安全事件上报、安全审计、安全应急与恢复等方面。

（四）注重行动倡议的落地性和时效性

国外主要国家通过部署行动计划/方案、行动倡议、行动呼吁等，重点针对ICS，覆盖国防工业、电力、能源、制造业、水务、运输等重点行业，加速铺开安全管理实践，提升整个行业企业网络的安全防护水平。

一是开展短期的冲刺计划，以期快速见效。2021年4月，美国国土安全部发起为期60天的网络安全冲刺计划，重点治理勒索软件、ICS、运输系统等。2021年4月，美国政府推出电网百日安全计划，以鼓励电力公司在网络攻击日益加剧的情况下加强网络安全保护。

二是将计划倡议扩展到具体领域，指导实施落地。2021年8月，美国能源部启动工控系统网络安全计划并扩展至天然气管道。2022年1月，美国白宫、环境保护署和CISA联合启动工业控制系统网络安全倡议——水和废水部门行动计划，启动事故监测试点计划，改善供水系统的网络安全。2022年1月，欧洲关键基础设施保护参考网络发布水安全计划，为水务公司提供制定供水系统安全计划所需的信息和具体实施措施，以提高水务系统的整体安全性。

三是在方案计划中明确具体的实施措施。2022年2月，美国能源部规划新的电力网络安全提升方案，包括使用资金激励、采用安全监测技术、组建威胁分析中心等。2022年4月，CISA扩大了其联合网络防御协作计划，涉及工业控制系统相关安全供应商、集成商和分销商等，旨在通过公共和私营部门的合作来保护美国的关键基础设施部门。

从整体来看，各国注重行动倡议的落地性、时效性，关注安全监测与数据分析，加大资金投入力度，加强各方合作，提升自身的可靠性、弹性、可用性。

（五）借助标准指南明确安全要求与相关建议

国外以美国为主，政府部门和研究机构从自身的职能和定位出发，制定发布工业领域网络安全标准指南，明确安全要求与相关建议，规范产业的各个方面，开展安全防护工作。

一是政府部门从监管的职能出发制定网络安全指南，明确工业领域网络安全要求与相关建议。2022年3月，欧盟网络安全局和欧洲铁路信息共享与分析中心发布关于为铁路系统建立网络安全区和管道的指南，旨在实施铁路系统分区、强化管道系统网络安全防护，并加强相关方合作共同分析威胁、漏洞、解决方案等。2022年9月，美国国家安全局和CISA发布网络安全咨询指南，重点介绍恶意行为者通常采取的破坏运营技术/工业控制系统资产的攻击步骤，并提供定期进行安全审核、实现动态网络环境等有关建议。

二是研究机构、协会制定工业领域网络安全技术标准，规范关键要素安全防护工作的开展。2021年6月，美国国家标准与技术研究院（National Institute of Standards and Technology，NIST）发布针对勒索软件攻击的新指南和网络安全框架草案——《勒索软件风险管理网络安全框架》，提供有关防御恶意软件、发生攻击时的操作，以及如何从中恢复的建议。2022年3月，NIST发布针对制造业工业控制系统环境下信息和系统完整性指南，旨在改善制造商工业控制系统环境网络安全。2022年4月，NIST发布NIST SP 800-82和3版草案，该文件指导如何提高运营技术系统的安全性，同时满足其性能和可靠性的要求，并提供了推荐的安全保护措施和应对措施来管理相关风险。

总体来看，政府部门和研究机构根据职能定位，制定相关指南，建议相关方加强合作，加强风险管控和漏洞隐患监测，持续优化工业控制系统的安全防护，提高运营系统的可靠性和完整性。

二、国外工业互联网安全产业发展

（一）企业创新技术产品用于OT安全防护

工业网络安全企业、工业企业等基于当前市场和用户安全的需求，加速研制适用于工业领域的网络安全新技术新产品，并加快推动新技术在工业领域的应用。

一是基于安全新需求研制新技术新产品。2022年8月，工业网络安全公司Claroty开发了一种名为Evil PLC攻击的新技术，PLC被武器化并可以在工程工作站中获得初步立足点，随后入侵操作技术网络。2022年8月，恩智浦半导体推出NCJ37A安全芯片，这款安全芯片符合汽车标准，带有高级加密加速器，内置抗电气攻击功能，适用于各种安全型汽车应用。2023年2月，工业网络安全公司Otorio发布一款开源工具，可检测和解决分布式公共对象模型身份验证相关问题，对使用OPC数据访问协议在OT网络内的PLC和软件间通信的组织是非常有用的。2023年3月，工业网络安全公司Waterfall Security Solutions推出WF-600单向安全网关，提供对OT网络和数据的可见性，使用该产品不需要在计算机上安装任何软件。

二是加速推动新技术在工业领域的应用。2021年9月，西门子能源推出基于AI的新型工业网络安全管理检测与响应服务，能从工业运营环境中收集原始IT和OT的数据，通过实时转换和关联，保护关键能源基础设施免受网络的攻击。2022年4月，运营技术安全公司Industrial Defender推出一种基于云的新技术产品 Immunity by ID，可将 OT 资产清单信息转化为基于风险的漏洞管理计划。

可以看出，新技术新产品大多与工业网络环境的实时监测、数据保护利用相关；AI、零信任等新技术备受工业网络安全公司的青睐，用于工业 OT 环境的安全保护等。

（二）多层面开展安全合作，促进全球协同发展

放眼全球，工业领域网络安全合作已成为提升安全防护能力的重要手段和渠道，主要体现在跨国合作、政企高校间合作，以及企业间的合作，通过紧密合作推动工业领域网络安全协同高速发展。

一是跨国合作成为大势所趋。一方面，各国在工业重点领域达成安全合作。另一方面，进一步明确安全框架、细化安全要求。2022 年 5 月，欧盟各国达成一致，对大型能源、运输公司、数字提供商和医疗设备制造商实施更严格的网络安全规则。2022 年 7 月，美国运输安全管理局与欧洲安全、制造商合作升级安全技术。2023 年 2 月，美国、澳大利亚、印度和日本 4 方发表联合声明，为关键部门的 IT 和 OT 系统创建确保供应链安全以及韧性的框架和方法。

二是政企、高校合作愈发密切，重点关注汽车、电力、ICS 网络的安全防护。2022 年 1 月，美国纽约电力局宣布与网络安全公司 IronNet、亚马逊网络服务公司合作，全面加强电网安全防御能力。2022 年 4 月，CISA 将工业控制专家加入联合网络防御协作组织，为安全供应商、ICS 的集成商和分销商等建立一个共同沟通的渠道。

三是企业间合作较为频繁。一方面，提供先进的安全解决方案并实施工业安全项目。2021 年 7 月，思科和 Senai-SP 合作，加强在工业自动化、5G 和网络安全等领域的合作，重要举措包括在 Senai 工业 4.0 开放实验室实施通信和网络安全解决方案。

（三）推出新解决方案和新服务加速技术应用落地

工业网络安全企业、工业企业等围绕生产制造和业务能力提升等安全需求，推出实用型安全解决方案，并依托技术能力提供专业的安全咨询、威胁防护和响应服务，加快推动工业领域网络安全技术的应用落地，提升整个行业企业的安全防护水平。

一是工业网络安全公司、工业企业等围绕生产制造和业务能力提升等安全需求，推出实用型安全解决方案。2022 年 1 月，霍尼韦尔与网络安全公司 Acalvio Technologies 联合推出操作技术网络安全解决方案——霍尼韦尔威胁防御平台，以实现威胁检测中的高检测率和低误报率。2022 年 10 月，Radiflow 和 Allied Telesis 共同推出 OT/ICS 威胁遏制和预防解决方案，能够在整个网络遭到破坏之前快速检测和隔离可疑操作。2022 年 11 月，安全自动化供应商 Swimlane 推出 OT 安全自动化解决方案，将 OT 和 IT 网络威胁、资产情报和专业知识结合起来，为工业组织安全运营团队提供有效抵御网络安全威胁的工具。

二是依托技术能力提供专业的安全咨询、托管威胁防护和响应服务。2023 年 3 月，网络咨询和解决方案领导者 Optiv 推出 OT 安全咨询、部署和管理服务，帮助企业保护其关键硬件和系统，为组织提供必要的工具和服务，以保护其关键功能、监控与数据采集系统等。

通过安全解决方案和安全技术服务，加快推动工业领域网络安全技术的应用落地，提升整个行业企业的安全防护水平。

（四）资本整合推动安全技术服务保障再上新台阶

从全球来看，传统工业企业、工业网络安全企业等借助投融资等模式不断扩大安全业务范围，强化技术方案研发水平，提升自身安全服务输出能力，促使"一站式"工业互联网安全产品和技术服务逐渐成为可能。

一是在安全收购方面，传统工业头部企业通过收购安全企业，补齐网络安全短板，进军工业

网络安全市场。2022年4月，土耳其工业和金融集团Sabanci Group收购OT安全公司Radiflow，将更好地为用户提供工业安全风险管理、可见性和异常检测，以及安全访问产品。

二是在安全融资方面，工业企业和网络安全企业积极融资，扩大业务范围，提升安全保障能力。2022年1月，工业网络安全公司Xage升级油气管道、供水和电网等领域的安全服务能力。2022年5月，韩国Autocrypt聚焦车载系统安全产品研发与解决方案制定。2022年6月，以色列Waterfall公司延续其在电力、石油和天然气等领域的OT安全的优势。2023年2月，ICS网络安全公司Opscura提供旨在通过隔离、隐藏和验证OT网络中的敏感资产和数据来保护工业网络的解决方案。

三、国外不同国家和地区工业互联网安全举措分析

（一）美国

美国是工业互联网安全建设的引领者，从客观因素分析，美国自身信息技术产业实力强、制造业整体信息化水平高、政府资金支持力度大。从举措动因分析，在燃油管道遭受勒索攻击等一连串安全事件后，美国的国家安全、经济社会发展受到严重影响，美国进一步提升对工业领域的网络安全工作的重视程度。因此，政府层面举措不断，尤其关注的是供应链弹性，针对工业领域重点行业紧急制定发布一系列针对性强、短期可见效的策略，安全举措更加具体和落地，对企业的指导性更强。产业层面自驱性强，网络安全保障基础较好，迅速部署优化自身网络安全的能力，进一步保障、巩固全球先进制造的领导地位。

（二）德国

德国是工业互联网安全保障体系建设的防御者，在"工业4.0"发展中同步注重安全保障，强调掌控技术与数据自主可控权。从客观因素分析，在加速推进智能工厂和智能生产建设的过程中，德国成为第四次工业革命的智能生产技术供应国。从举措动因分析，德国将安全保障视为"工业4.0"成功的关键要素，以提升产业安全为根本出发点，强调掌控技术与数据自主可控权。因此，政府层面适时发布相关的管理文件，强化ICS等安全防护管理要求；产业层面注重新技术在"工业4.0"中的应用，不断稳固其制造业的领先地位，并持续强化数据治理，向全球推广数据治理的标准。

（三）日本

日本是工业互联网安全技术应用的实用者，强化互联工业安全技术研发和跨国合作，重塑制造业在全球范围内的竞争力。从客观因素分析，日本借助"互联工业"战略，基于先进的数字技术，争取实现工业的快速变革升级，摆脱人口老龄化导致生产力下降的危机。从举措动因分析，日本企业数字化转型需求迫切，安全问题隐患暴露，例如，2023年日本因丰田事件影响整个供应链的安全运行，造成重大的安全损失，安全保障能力引发关注。因此，政府层面借助跨国合作进一步强化工业关键基础设施的安全防护，企业注重将AI、机器人等新技术应用到工业安全领域，为重塑制造业在全球范围内的竞争力做好安全保障工作。

（四）欧盟

欧盟是工业互联网安全建设的协同者，强化成员国制造业网络安全合作，借助安全策略推动整个产业发展。从客观因素分析，欧盟各成员国工业基础普遍较好，抓住数字经济浪潮推动数字化转型进程。从举措动因分析，欧盟安全保障需求较为强烈，力图平衡成员国之间的实力差距，共同做好数字化转型安全保障工作。因此，欧盟委员会通过发布制造业网络安全法案、战略、指南等，加强欧盟各国之间的合作，提升安全保障能力。

四、国外工业互联网安全有益借鉴经验

一是针对工业领域和重点行业的网络安全法规法案较为完善具体。美国、欧盟等立足现实需求和长远发展，一方面受安全事件驱动，加快工业重点领域安全法案的制定和出台，另一方面不断优化现有法规法案的条款内容。

二是制定工业领域网络安全管理文件时充分考虑针对勒索病毒等网络攻击行为的应对措施。由于近期针对工业领域的勒索病毒网络攻击行为猖獗，所以美国等发达国家在制定管理文件时着重考虑应对策略。

三是注重技术创新突破，能够根据用户企业的安全需求快速推出产品解决方案。将零信任、AI等新技术应用到工业领域网络安全中；基于用户和企业业务发展的需求，推出专门针对工业OT网络环境、ICS保护等的安全产品、解决方案和服务。

四是形成多维度协同合作，更好地促进国家、产业、行业、企业的安全发展。国家之间、政企高校间，以及企业间的合作热情高涨，通过紧密合作加速推动工业领域网络安全协同高速发展。

五、结束语

全球多个国家将持续加大对工业领域网络安全的关注度与投入力度，在工业互联网发展中注重安全保障，工业重要领域行业的安全防护将成为未来工作的重点。根据市场和用户的需求，工业企业、网络安全企业等加速推出工业领域的网络安全新技术、新产品、新解决方案，跨国的政府、高校、企业间的合作浪潮将持续为工业领域网络安全发展创造好的环境基础，安全资本整合推动工业领域网络安全技术服务保障再上新台阶。

（中国信息通信研究院　刘晓曼）

数字化转型下的"5G+工业互联网"安全

随着数字化技术的不断发展，运用5G、工业互联网等新兴技术推动制造业的数字化转型并培育产业竞争新优势，已经成为全球范围的普遍共识。在网络安全层面，5G技术带来物联网设备规模扩大、跨平台攻击等风险，恶意软件和勒索病毒攻击、数据泄露、系统入侵、钓鱼攻击等安全事件频发，"5G+工业互联网"安全发展仍面临巨大挑战。

一、安全政策及规范

（一）国外安全政策及规范

2023年3月，美国发布了《国家网络安全战略》，以保护关键基础设施为支柱，通过整合联邦各网络安全中心，扩大政府与企业合作的规模，改善安全事件响应流程，以防范网络攻击，保护关键基础设施的安全。2023年7月，美国发布了《国家网络安全战略实施计划》，提出通过政府机构合作及政府与企业合作，共同强化关键基础设施安全防护。

2022年12月，日本在最新版的《国家安全保障战略》中提出，通过提升网络安全应对能力，保障国家和关键基础设施安全稳定。2022年5月推出的《经济安全保障推进法》提出，通过开展事前审查，提前规避基础设施中存在的潜在风险因素，以确保重要基础设施的安全。

2023年1月，欧盟正式生效了《关于在欧盟全境实现高度统一网络安全措施的指令》（NIS 2指令），该文件要求各成员国将涉及民生等的关键基础设施纳入所在国家的法律，以提高网络安全防范能力。

2023年5月，英国发布了《保护互联场所：网络安全手册》，为关键基础设施安全防护提供了指导意见。

综上所述，在数字化转型的浪潮下，国外纷纷重视关键基础设施的安全，不断完善相关的政策和法律法规，呈现加强和多元化的发展趋势，以应对不断升级的网络安全挑战，维护国家关键基础设施的网络安全和稳定。

（二）国内安全政策及规范

除了《中华人民共和国网络安全法》《中华人民共和国数据安全法》《关键信息基础设施安全保护条例》，以及等级保护2.0等对网络有强制性要求，行业细分领域也发布了大量的行业政策及规范以督促"5G+工业互联网"的安全建设。

2022年8月，工业和信息化部印发了《5G全连接工厂建设指南》，在网络安全防护中提出，做好安全防护能力升级，推进企业利用5G、AI、新型加密算法等技术，结合生产安全需求，围绕设备、控制、网络、平台和数据等关键要素，构建多层级网络安全防护体系。同步做好安全应急预案，以及提升安全管理的水平。

2023年6月，工业和信息化部印发《工业互联网专项工作组2023年工作计划》，该文件提出，通过开展工业互联网企业网络安全分类分级管理、工业互联网安全赋能提升试点，以及扩大工业互联网安全监测范围，完善安全技术监测服务体系，从而构建更加健全的工业互联网安全体系。

二、风险分析及应对策略

"5G+工业互联网"安全风险涵盖多个方面，包括物理安全、供应链安全、数据安全和网络安全等。不局限于各类安全技术措施的落地，强调"5G+工业互联网"行业应用安全落地的整个生命周期应当关注的安全风险以及相应的措施。

（一）安全风险分析

在"5G+工业互联网"行业应用安全落地的整个生命周期中，安全风险包括以下内容。

安全保障总是滞后于业务的发展。缺少有效落实网络安全"三同步"标准化、规范化、流程化的机制与规程。应将网络安全贯穿"5G+工业互联网"应用安全全生命周期，确保网络建设、平台运营、业务发展与安全保障同步规划、同步建设和同步运营。

跨行业、跨领域认知差异，难以协同。"5G+工业互联网"安全建设标准化程度不高，通信企业对工业互联网行业流程、痛点和需求理解不足，行业用户对5G网络技术、安全技术的理解有限。应当凝聚共识，加强5G安全技术合作和能力共享，共同推进跨行业、跨领域"5G+工业互联网"应用安全标准化交付。

缺少规范化安全风险评估、安全测评、方案验证的手段。针对5G多样化融合工业互联网应用的差异化、定制化、细粒度安全需求，建立贯穿国家、行业、企业的一体化5G安全测评认证工作的机制，以及5G网络国际、国内安全认证/测评标准，结合标准要求形成有效的测试工具和测试案例，并需针对"5G+工业互联网"重点关注的安全新技术、解决方案进行测试验证。

缺少专业性复合人才。电信运营商对行业应用了解不深，应当结合"5G+工业互联网"应用跨领域、跨学科的特点，深化"5G+工业互联网"安全技能培训与实操演练，培育复合型安全人才。

缺乏一体化安全运营保障机制。安全运营服务通过"人+流程+数据+平台"，对工业互联网行业而言，其门槛较高。通过构建以安全能力为支撑，以安全数据为决策，以运营能力为交付的闭环运营流程，实现发现问题、验证问题、分析问题、响应处置和解决问题并持续迭代优化。

（二）应对策略

面向"5G+工业互联网"行业用户，提供一套契合"5G+工业互联网"应用安全发展的标准化交付方案，包括需求调研、安全风险评估、安全解决方案、安全方案验证、安全测评、安全实训、安全运营等，"5G+工业互联网"应用安全标准化交付流程如图1所示。

安全风险评估。以《5G行业应用安全风险评估规范》为基本指导，建立安全风险评估能力栈。通过前期的安全风险评估，识别安全现状与保障能力，并研判网络与应用结合后预期出现的安全风险。

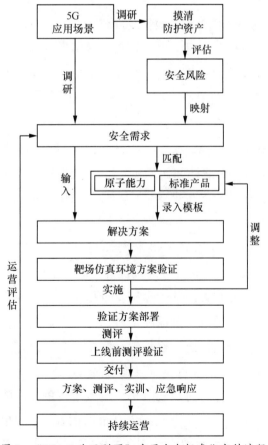

图1　"5G+工业互联网"应用安全标准化交付流程

安全解决方案。针对安全风险评估结果和安全需求，以《5G 全连接工厂建设指南》《5G 安全知识库》为指引，以 5G 安全防护体系为目标，以网络安全三同步为原则，实现对 5G 网络和业务应用的风险识别、安全防护、安全检测和响应恢复。

安全方案验证。基于数字孪生技术的 5G 平行仿真靶场测试环境对解决方案中提出的各类关键技术与服务能力进行前向验证，从而为新上线的 5G 应用场景提供风险验证，保障新入网基础设施的安全。

安全测试。以国际、国内、行业共识的 5G 安全测评标准规范为指导依据，建立标准化、体系化的安全测评流程，对业务场景进行深度测试，包括渗透测试、模糊测试等，必要时还可进行攻防演练，从纯实战的角度出发，检验解决方案的安全能力。

安全实训。开发针对 5G 网络和工控场景安全的课程体系，包括理论课程和实操课程，结合理论与训战，践行从攻防演练到能力进阶的人才培养路径。

安全运营。基于安全态势感知、安全大脑等安全能力，实现安全数据归集、安全资产管理、安全策略调度、统一安全运营流程；实现对工业互联网行业用户的终端、网络、平台、数据、应用等的整体监测监管，为企业提供安全加固与整改所需的安全技术支撑工具、安全咨询能力、安全服务等，并通过自动化的运营流程将安全问题通报给用户，支撑相关单位完成任务闭环。

三、未来建议

随着"5G+工业互联网"融合应用迈入深水区，网络安全也将保障工业企业数字化转型的稳步推进。未来，可通过以下 5 个方面保障"5G+工业互联网"的安全发展。

安全标准制定。建立统一的安全标准和规范，在设计阶段就考虑安全性需求，从源头减少安全隐患。

跨界合作。加强政府、企业、高校和研究机构之间的合作，建立信息共享机制，共同应对"5G+工业互联网"的安全挑战。

安全审计和监测。建立完善的安全审计和监测机制，对工业互联网中的信息系统进行实时监控和审计，发现安全漏洞和异常行为，及时采取措施进行处置和修复。

安全新技术的应用。可采用经过验证的网络安全新技术，例如，区块链等，提供可追溯、不易篡改的交易记录和身份认证机制，增强数据的安全性和可信度。

安全意识教育。除了培养 5G 安全复合型人才，提高安全专业技术人才的知识技能，还需要加强企业和个人的安全意识教育，提高对网络安全风险的认识和防范能力。培训员工识别和应对网络攻击，以及保护企业和个人的敏感信息等。

四、总结

5G 网络作为一种新型网络，一方面，工业互联网应用的用户对其缺乏全面的认知；另一方面，传统的网络安全保障能力已无法满足 5G 网络建设与运营的需求。而闭环、可靠的"5G+工业互联网"应用安全标准化交付流程有助于用户深入了解"5G+工业互联网"应用安全，同时，提供完善的安全运营保障机制，确保用户及时发现问题、处置问题，赋能企业持续提升 5G 定制网络安全保障的能力，推动构建"5G+工业互联网"应用的安全生态。

（华信咨询设计研究院有限公司　卢媛　戚茜　谢晓刚）

国内外车联网安全态势简析

一、国内外车联网安全典型事件及呈现的主要特点

（一）勒索软件组织瞄准车联网相关企业发起网络攻击

2023年1月初，沃尔沃遭到 Endurance 的勒索攻击，200GB 敏感数据疑似泄露，被盗数据包括数据库访问、员工名单、软件许可证以及密钥和系统文件。2023年2月，Black Basta 勒索软件组织攻击了美国知名汽车制造商 PFC Brakes 的系统，声称掌握了属于 NTT IndyCar 系列赛车刹车供应商的资料。2023年8月，8BASE 勒索软件组织将一家授权的丰田叉车经销商列入其受害者的名单。据称，该组织拥有来自 Toyota Lift Northeast 网站的数据。2023年10月，雅马哈汽车遭到勒索软件攻击，影响雅马哈汽车菲律宾公司（该公司在菲律宾的摩托车制造和销售子公司）管理的一台服务器，该服务器被第三方未经授权访问并遭到勒索软件攻击，公司存储的员工个人信息部分被泄露。

（二）车联网相关隐私数据成为网络攻击者关注的重点

2023年3月，Uber 发生数据泄露事件，司机的姓名和社会安全号码等敏感数据被网络攻击者窃取。2023年3月，法拉利公司遭遇一起网络攻击事件，黑客入侵其系统并窃取了部分用户数据，包括姓名、地址、电子邮箱和电话号码。2023年9月，Alphv 入侵了音频和多媒体设备的全球制造商 Clarion，称有关业务和合作伙伴的机密已经遭到泄露，还发布了一些被盗文件的截图作为攻击的证据。

（三）车联网相关应用系统仍存在较大安全隐患和漏洞

2023年1月，近20家汽车制造商和服务出现 API 安全漏洞，这些漏洞可能会被黑客执行恶意活动，从解锁、启动和跟踪汽车到暴露车主的个人信息。2023年2月，丰田的全球供应商信息管理系统存在严重漏洞，可致14000名供应商敏感信息泄露。2023年8月，福特汽车供应商的安全人员向福特公司报告了一个安全漏洞，该漏洞位于汽车信息娱乐系统集成的 Wi-Fi WL18xx MCP 驱动程序中，允许 Wi-Fi 范围内的攻击者使用特制的帧触发缓冲区溢出。

二、国外车联网安全发展态势简析

（一）政府部门从车企和用户的隐私数据出发，加大对车联网数据安全的重视程度

2023年7月，美国加州隐私保护局对汽车制造商的数据保护政策展开审查，对嵌入位置共享、网络娱乐、智能手机集成和摄像头等功能的联网车辆进行调查，旨在揭示车企是否适当披露和正确保护通过汽车收集的大量数据，并确保个人数据的安全。2023年11月，欧洲议会全体会议表决通过了《数据法案》，对数字化的网联产品在使用过程中产生数据的获取和使用制定了统一的规则，

明确消费者享有对数据的访问权及与第三方共享有关数据的权力。

（二）咨询公司和组织等密切关注车联网安全走向，开展相关研究并发布方案报告

2023年1月，全球领先的技术研究和咨询公司Information Services Group发布全球制造安全解决方案报告，该报告指出当前车辆和工业OT的威胁不断增加，促使全球越来越多的企业投资先进的技术和服务。2023年9月，其某组织对汽车制造商提供的隐私政策和应用程序进行分析，其目标包括25个汽车品牌。研究表明，汽车公司提供的隐私政策文件向用户通报了所收集的各种数据。

（三）努力促成车联网安全合作达成共赢局面，通过收购进一步提升安全保障能力

2023年1月，美国国家标准与技术研究所呼吁建立一个利益共同体来处理汽车行业的网络安全问题，让行业、学术界和政府就正在开展的可能影响汽车行业的工作进行讨论、评论并提出意见。2023年5月，高通技术公司与以色列车联网芯片设计公司Autotalks达成收购协议，Autotalks生产用于V2X的专用芯片，可量产的双模Autotalks独立安全解决方案将被纳入高通技术公司不断扩展的"骁龙数字底盘"（全面的云连接汽车平台）产品组合。

（四）深入研制车联网安全相关标准，推动标准认证并切实开展安全检测认证工作

2023年3月，第三方检测认证机构TÜV南德意志集团（以下简称TÜV南德）为上海汽车集团股份有限公司乘用车分公司颁发TÜV南德全球首张E4 UN R155车辆网络安全管理体系（Cyber Security Management System，CSMS）认证证书。2023年7月，先进半导体解决方案的主要供应商瑞萨电子公司宣布，其用于微控制器和片上系统开发的CSMS已依据国际标准ISO/SAE 21434:2021进行定义和实施。

（五）借助车联网安全国际论坛活动等，呼吁产业界更加重视车联网安全保障

2023年3月，第三届未来网联车辆论坛以线上形式举办，该论坛由联合国世界车辆法规协调论坛（WP.29）与国际电信联盟联合举办，主要关注网联车辆、自动驾驶和AI等领域的最新进展，以及技术、商业模式和监管层面对于网联车辆的相关影响。圆桌会议环节，受邀专家围绕网联车辆产业发展情况、车辆通信数据分享和保护、相关管理部门职责、网联车辆运营模式等方面进行了交流讨论。2023国际汽车安全与测试大会于6月7—8日在上海举办，该系列会议由SAE International（国际自动机工程师学会）发起主办，从2019年开始已连续举办四届，涉及主题包括自动驾驶安全、功能安全和预期功能安全、信息网络安全等。

三、国内车联网安全发展态势简析

（一）车联网安全产业活动丰富，产业各方积极参与，形成良好发展态势

2023年2月，"2023年中国网络和数据安全产业高峰论坛车联网安全分论坛"在四川成都召开，来自全国各地的300余名车联网产业各方企业代表参会。2023年3月，由北京市科学技术协会创新服务中心主办的北京市科协"卓越工程师"成长计划赋能活动——"车联网安全"技术沙龙顺利召开。2023年4月，由ATC汽车技术平台主办的"2023ATC汽车软件与安全技术周"在上海圆满落幕，汇聚了整车厂商、智能座舱软硬件企业、新能源三电企业、自动驾驶软硬件企业、信息安全方案供应商、半导体芯片企业、高等院校、政府研究机构等领域的优秀专家，为汽车软件安全的发展提供了有益的思路。2023年5月，由中国信息通信研究院、浙江省通信管理局主办，杭州安恒车联网安全技术有限公司承办，浙江省互

联网协会网络安全专委会联合承办的"2023西湖论剑·车联网安全论坛"在杭州召开。"安全深度行，培训进园区"暨第一届工业互联网、车联网安全宣贯活动周于2023年6月在国家网络安全产业园区（通州）启动。2023年9月，在工业和信息化部网络安全管理局的支持下，2023年世界智能网联汽车大会"集智创新车联网安全新格局"特色专场在北京举行，同期中国信息通信研究院牵头的"车联网安全集智联盟"成立仪式顺利举办。2023年11月，上汽集团技术创新高峰论坛网络安全分论坛在上海成功举办，来自科研院所、车企、信息通信企业、网络安全企业等相关领导和专家重点分享了车联网网络安全和数据安全政策及标准要点、车企网络安全体系建设、车联网安全技术能力建设和攻防对抗等方面的议题。

（二）国家和地方相继出台车联网安全相关政策文件，明确相关要求推动产业发展

在国家层面，2023年2月，工业和信息化部公布《工业和信息化部行政执法事项清单（2022年版）》，该文件明确提出，对未落实车联网网络安全防护定级备案的有关车联网服务平台运营企业进行行政处罚。2023年3月，自然资源部发布《智能汽车基础地图标准体系建设指南（2023版）》，主要从基础通用、应用服务和安全管理等方面，推动智能汽车基础地图及地理信息与汽车、信息通信、电子、交通运输、信息安全、密码等行业领域的协同发展。2023年7月，工业和信息化部、国家标准化管理委员会发布《国家车联网产业标准体系建设指南（智能网联汽车）（2023版）》。智能网联汽车标准体系横向以智能感知与信息通信层、决策控制与执行层、资源管理与应用层3个层次为基础，纵向以功能安全和预期功能安全、网络安全和数据安全通用规范技术为支撑，形成"三横两纵"的核心技术架构。2023年11月，工业和信息化部等四部门部署开展智能网联汽车准入和上路通行试点工作，加快健全完善智能网联汽车生产准入管理和道路交通安全管理体系。

在地方层面，2023年2月，《无锡市车联网发展促进条例》正式颁布，这是国内首部推动车联网发展的地方性法规，2023年于3月1日起施行。在安全保障方面，提出各级政府及有关部门和单位要加强车联网、数据、个人信息、车辆运行和应用服务的安全保护，车联网领域相关主体应落实网络安全等级保护制度，建立网络安全管理制度，监测服务平台，并落实数据安全保护责任，对数据实行分类分级保护。2023年4月，杭州市人民政府办公厅印发《杭州市智能网联车辆测试与应用管理办法》，要求测试与应用主体应当按照网络安全、数据安全、个人信息保护、测绘、地图管理等相关法律法规的要求，加强网络和数据安全保障能力建设，建立健全覆盖智能网联车辆全生命周期的网络与数据安全合规管理体系，以及测试数据可追溯机制，强化软件升级全流程管理，依法保护个人信息和数据安全。2023年11月，《深圳市促进新能源汽车和智能网联汽车产业高质量发展的若干措施》发布，该文件提出开展先进创新技术攻关，在汽车功能安全、信息安全等领域开展关键技术及关键零部件攻关。

（三）标准组织和联盟等通过组织召开标准会议等，推动车联网安全标准指南制定

2023年1月，中国智能网联汽车产业创新联盟召开《智能网联汽车团体标准体系建设指南年度发展评估报告（2022）》（征求意见）研讨会。2023年3月，全国汽车标准化技术委员会智能网联汽车分技术委员会2023年第一次标准审查会在广州召开，全体参会委员及委员代表共同审查了强制性国家标准《汽车软件升级通用技术要求》和推荐性国家标准《汽车诊断接口信息安全技术要求》，最终两项标准顺利通过审查。2023年3月，CCSA网络与数据安全技术工作委员会（TC8）车联网安全任务组（TF2）在北京召开第3次会议，审查通过了《车联网网络安全态势感知技术要求》行业标准送审稿，完成《车联网在线升级（OTA）安全技术要求与测试方法》1 项国家标准和 5 项行业标准的征求意见。2023 年 4 月，CCSA TC8 TF2 于深圳召开第 4 次会议，共评审 17 项标准文稿，包括《车联网在线升级（OTA）安全技术要求与测试方法》等 7 项送审稿，《车联网数据跨境流动安全评估规范》等 10 项征求意见稿。

（四）产业各方加强车联网安全威胁和解决方案研究，发布相关成果提供防护参考

2023 年 2 月，由中国汽车工程学会等联合组织 90 余家智能网联汽车产业相关单位、近 200 位行业专家共同编制的《智能网联汽车蓝皮书（2022）》正式发布，促进提升智能化基础设施建设和管理水平，全面推动智能网联汽车安全体系研究。2023 年 3 月，中国电子信息产业发展研究院等联合发布《智能网联汽车安全渗透白皮书 3.0》，依据国内外法规及标准政策要求，验证智能网联汽车产品的安全防护情况，分析网络安全、数据安全及 OTA 安全的风险并提出建议，为行业提升安全防护水平、探索合规解决方案提供参考。2023 年 10 月，IDC 发布《中国车联网安全解决方案市场洞察，2023》，对中国车联网安全市场现状、发展趋势及主要供应商进行了分析，促进了车联网安全市场的快速发展。

（五）电信运营商、安全企业、车企等加强合作，更好地提供车联网安全技术服务保障

2023 年 3 月，中国移动盐城分公司与北京启明星辰信息安全技术有限公司签署战略协议，双方在车联网安全、工业互联网安全等方面开展合作，探索网络安全新形势下新的发展机遇，共同打造具备核心竞争优势的网络安全板块。2023 年 4 月，湖北省信息通信行业与六方云的"天眼"网络安全联合实验室正式揭牌成立，聚焦物联网、车联网、工业互联网等新型融合领域安全保障能力。2023 年 7 月，广汽丰田与腾讯签订数字生态战略合作框架协议，双方在汽车云平台、网联安全、车联网等领域展开全面合作，共同构建覆盖云、管、端的立体式安全防护体系。2023 年 9 月，西部车网（重庆）有限公司与北京启明星辰信息安全技术有限公司签署战略合作协议，双方围绕智能网联汽车产业发展和车联网安全服务，多维度探索产业生态跨界共创共享。2023 年 9 月，奇安信集团与赛力斯汽车签署战略合作协议，双方在智能网联汽车、工业互联网等领域的网络与数据安全威胁检测防护、监测预警、威胁信息共享、应急处置协同等方面开展合作，建立长期稳定的战略合作关系。

（六）注重车联网安全技术能力提升，多措并举强化车联网安全技术保障水平

2023 年 7 月，梆梆安全车联网技术研究团队正式成立"泰防实验室"。该实验室专注于智能网联汽车的网络安全和数据安全能力的研究与实践应用。2023 年 8 月，木卫四公司发布新产品"蝴蝶"——汽车安全 Copilot，利用"蝴蝶"的代码生成能力、汽车异常推理能力、汽车安全场景意图识别能力推进大模型的行业垂类应用。2023 年 8 月，"极氪车联网安全实验室"凝聚国内系统安全技术专家、IoT 安全专家、移动安全专家，打造核心研究团队，覆盖整车渗透测试的全领域，发现的漏洞获得 CVE 编号 100+。2023 年 11 月，吉利汽车开创性地提出"全域安全"开发理念，形成生命安全、健康安全、财产安全和隐私安全"四大安全域"，并提出"被动安全、主动安全、功能安全、信息安全、高压安全、防火安全、健康安全、使用安全及防盗安全"九大安全系统的全新安全研发体系。

（中国信息通信研究院　刘晓曼）

车联网数据安全形势与发展建议研究

一、国外主要发达国家高度重视车联网数据安全

目前,车联网数据安全问题已经受到国外主要发达国家和地区的广泛关注,主要发达国家和地区十分重视车联网数据安全管理,欧盟、法国、美国、德国等相继发布了车联网数据安全相关管理文件。

(一)欧盟数据安全管理体系较完善,具备较良好的车联网数据安全管理基础

欧盟数据安全管理部门是欧盟数据保护委员会、数据保护监督专员和成员国数据安全监管机构,汽车交通管理部门是各成员国交通管理部门及部分国家的市场质量监管部门。欧盟已制定发布相关数据安全保护管理政策:欧盟 GDPR[1] 作为个人数据保护的主要法规,不仅对数据处理者赋予了新的合规要求,还提高了数据保护标准;针对非个人数据管控,主要依赖于 2020 年 11 月发布的《数据治理法》和 2022 年的《数据法案》,管理受知识产权或商业秘密保护的非个人数据的国际传输。

(二)法国成立专门的数据保护工作小组,推动制定网联汽车数据合规方案

2016 年 3 月,法国数据保护监管机构(CNIL)成立了工作小组,联合各行业代表共同制定了网联汽车数据合规方案,该方案明确了以下 3 种场景的数据保护方案:一是汽车数据不会传输给服务提供商,在该场景下数据完全由用户控制,因此,安全防御措施简化、数据被盗的风险较低,不需要向 CNIL 汇报;二是车辆数据对外传输,但不会引发自动操作,对于不同的数据传输目的,应当予以不同程度的规制,使其合理化、具体化;三是车辆数据对外传输引发自动操作系统,用户在处理数据的过程中享有随时解除、变更合同中涉及数据收集相关款项的权利。

(三)美国更关注自动驾驶汽车数据安全管理,持续发布针对性法案文件

美国在自动驾驶汽车数据安全管理中构建了层次分明的管理体系,其中,国家、州和市政府层面形成三层立法监管,国家政府层面由交通部国家公路交通安全管理局负责,州政府层面由各州机动车管理局负责。《自动驾驶法案》(2017)明确数据隐私保护计划,遵循选择同意、最小必要、公开透明、主体参与等信息处理原则。《确保美国在自动驾驶汽车技术中的领导地位:自动驾驶汽车 4.0》(2020)确定的十大技术原则之一是确保隐私和数据安全,强调美国政府将在自动驾驶汽车技术开发和集成的过程中整体考虑保护数据安全和公众隐私。《加州消费者隐私法案》明确消费者拥有知情权、访问权、删除权、选择权、公平交易权、个人诉讼权六大权利。

(四)德国数据安全立法体系已基本构建,为车联网数据安全管理创造先决条件

前期,德国已制定发布《德国联邦数据保护法》和《德国刑法典》,为构建车联网数据安全相关立法和管理体系提供了根本遵循。近年来,德国又

---

1. GDPR(General Data Protection Regulation,《通用数据保护条例》)。

发布《道路交通法》《自动驾驶法》等与车联网数据密切相关的法案，规定汽车保有人义务存储的13类数据、监管机构有权在许可范围内处理汽车数据、汽车存储数据保存最短期限等。

二、我国车联网数据安全政策法规体系在逐步完善

近年来，国内出台多项相关政策法规，各行业主管部门发布顶层规划和战略指导意见，加强车联网安全监管，营造良好的发展环境。

（一）出台多部数据安全相关立法，为车联网数据安全发展保驾护航

2016年11月，《中华人民共和国网络安全法》明确要求包括车联网运营商在内的网络运营者履行网络安全保护义务；防范网络违法犯罪活动，维护网络数据的完整性、保密性和可用性。2021年6月，《中华人民共和国数据安全法》明确数据安全主管机构的监管职责，建立健全数据安全协同治理体系，提高数据安全保障能力，促进数据出境安全和自由流动，让数据安全有法可依、有章可循。2021年8月，《中华人民共和国个人信息保护法》确立个人信息保护基本原则，进一步规范处理活动保障权益；严格保护个人敏感信息，规范个人信息跨境流动，健全个人信息保护工作机制。

（二）密集发布车联网数据安全相关政策文件，不断完善车联网数据安全管理体系

2021年6月，《工业和信息化部办公厅关于开展车联网身份认证和安全信任试点工作的通知》中提出，有序开展车联网身份认证和安全信任试点工作；工业和信息化部印发《车联网（智能网联汽车）网络安全标准体系建设指南（征求意见稿）》。该文件提出标准体系的总体要求、建设思路、建设内容和组织实施工作；工业和信息化部印发《关于加强车联网（智能网联汽车）网络安全工作的通知（征求意见稿）》。该文件主要从网络安全、平台安全、数据安全和漏洞管理四大部分，提出15个方面的安全要求。2021年7月，《工业和信息化部关于加强智能网联汽车生产企业及产品准入管理的意见》。该文件要求加强汽车数据安全、网络安全、软件升级、功能安全和预期功能安全管理。2023年7月，工业和信息化部、国家标准化管理委员会发布《国家车联网产业标准体系建设指南（智能网联汽车）（2023版）》，智能网联汽车标准体系横向以智能感知与信息通信层、决策控制与执行层、资源管理与应用层3个层次为基础，纵向以功能安全和预期功能安全、网络安全和数据安全通用规范技术为支撑。2023年11月，工业和信息化部等四部门部署开展智能网联汽车准入和上路通行试点工作，加快健全完善智能网联汽车生产准入管理和道路交通安全管理体系。

三、车联网数据安全保护工作必要性愈发凸显

（一）车联网技术发展对数据安全工作提出更高要求

伴随智能化和网联化的深入发展，车联网技术正逐渐改变人们的出行方式和交通系统。随之而来的是对于隐私和数据安全的挑战。车联网技术发展带来的隐私挑战主要体现在以下3个方面：一是车联网技术可以追踪车辆的位置和行驶轨迹，这可能泄露个人的行动轨迹和日常习惯，侵犯个人隐私；二是车联网技术产生的数据需在车辆和云端之间进行传输，增加了数据被窃取或劫持的风险；三是车辆与外部网络的连接增加了网络攻击的风险。

（二）车联网数据安全市场整体偏薄弱，需要多方发力构筑安全防线

从数据生命周期来看，整个产业链的主体众多，包括汽车制造商、芯片供应商、关键件物料清单（Bill of Material，BoM）供应商、出行服务商等。一是车联网数据的复杂性和流动性高，数据泄露的事件频发。二是车联网数据安全市场比较薄弱。一方面，主机厂投入低，安全成本属于纯成本性支出，主机厂不会投入太多资金做数据

安全建设。另一方面，供应商难配合，搭建完备的信息安全防护体系，也会涉及产业链上众多的供应商，数据安全建设比较复杂。此外，对防护产品的重视程度低，因此，车联网信息安全防护市场的规模并不大。

（三）车联网数据合规要求不明确，存在数据过度采集、越界使用等问题

车联网的数据体量大、种类多、价值高，安全问题交织复杂。当前，大多数企业存在数据安全管理机制不健全，数据管理要求不明确，以及数据过度采集、越界使用、敏感信息明文存储等多种安全问题，数据关键环节保护措施部署不到位。

四、车联网数据安全发展建议

（一）车企进一步做好企业内部车联网数据技术提升，持续强化运营管理模式

构建"技管结合"的企业车联网数据安全合规体系整体规划：一方面规范完善数据安全管理制度要求，建立集团/企业级数据安全管理规范，统一集团/企业标准体系，贴合业务发展；另一方面以数据生命周期安全管控为主线，技术层面落实法律法规中明确的技术防护要求，形成数据安全合规的技术防护体系。企业在进行车联网数据分类分级安全管理时，应建立细粒度的管理制度，明确相关措施，包括但不限于机构和人员、账号与权限管理、第三方管理、合规评估、安全审计、应急响应、投诉处理、教育培训、数据出境，以及数据全生命周期安全管控等相关措施。

（二）第三方机构加速创新提升车联网数据安全产业供给能力，推动产业应用落地

一是夯实技术创新体系，提升数据安全产品供给能力。具体需强化车联网数据安全防护、漏洞挖掘、威胁监测和感知预警等系列安全技术攻关，推进车联网重要数据防篡改、数据安全风险监测等技术能力建设；促进车联网数据安全专用产品、服务和解决方案的研发推广。**二是强化产业应用体系，推动安全应用走深走实**。充分发挥产业各方，特别是国家专业机构的资源力量，开展政策标准宣贯和车联网数据安全风险监测；发挥试点示范带动作用，支持地方政府打造车联网数据安全示范区及数据安全技术创新中心，形成一批可复制、可推广的数据安全解决方案，加速推进成熟技术的产业化应用。积极开展数据安全检测、合规性评估、咨询等服务，形成问题共治、风险联防的更大合力。

（三）政府部门建立健全车联网数据安全保障监管体系，督促企业提升安全能力

以合规检查为抓手，完善事前、事中、事后的监督路径，明确车联网数据合规要求和检查方案，指导企业建立数据合规计划，监督企业合规落实情况，督促企业推进违规问题整改。**一是事前构建车联网数据安全管理体系**。出台数据分类分级有关标准及重要数据目录，制定分级防护制度；细化数据安全合规管理细则，明确关键环节的合规标准，建立行业最佳实践推荐；搭建国家级数据安全检测能力平台，提供标准化的检测认证；加速试点落地，建立国家级试点示范区，提供数据安全防护指引；形成数据安全合规评估体系。**二是事中及时做好车联网数据安全信息共享**。完善数据安全风险信息报送共享机制；建立漏洞数据共享机制；要求企业对照合规细则和标准定期自查自评，鼓励进行认证、审计和咨询等。**三是事后提升应急响应能力和定期检测评估工作**。建立数据安全事件应急响应能力；形成通报、评分、处罚机制，公布检查结果、安全事件处置结果等，针对车企采取评分、处罚等措施；形成周期性检查、评比等工作机制，依据现行数据安全相关标准，开展检查、方案遴选、示范激励、演练活动等工作。

（中国信息通信研究院　刘晓曼）

我国数据治理年度情况分析与趋势展望

2023年是全面贯彻落实党的二十大精神的开局之年,也是推进中国式现代化建设的重要一年。全球数字化、网络化、智能化纵深推进,以AIGC为代表的新技术新应用快速发展,数据作为新生产要素的重要价值持续显现。2023年,面对愈发复杂的国内外发展形势和信息通信技术发展趋势,中国坚持统筹发展和安全,围绕数据治理制定一系列重大举措,出台相关法律法规,扎实推进数据资源开发利用和数据安全监管。可以说,2023年中国数据治理浓墨重彩、亮点纷呈,是中国乃至全球数据治理历程中具有里程碑意义的一年。

一、数据治理顶层设计布局持续完善

2023年,围绕"一个规划"和"一个机构",中国数据治理顶层设计格局持续完善、初步定型。"一个规划"是指2023年2月中共中央、国务院印发的《数字中国建设整体布局规划》,文件明确了数字中国按照"2522"的整体框架进行布局建设,即夯实数字基础设施和数据资源体系"两大基础",推进数字技术与经济、政治、文化、社会、生态文明建设"五位一体"深度融合,强化数字技术创新体系和数字安全屏障"两大能力",优化数字化发展国内外"两个环境"。尽管"夯实数据资源体系"已经作为数字中国建设的两大基础之一被着重强调,但更重要的是,数据作为生产要素、底层资源、治理手段、监管对象的基础性、战略性地位体现在了数字经济赋能经济社会发展、筑牢数字安全屏障、优化数字化发展环境的方方面面。"一个机构"是指国家及各省数据局。根据2023年3月中共中央、国务院印发的《党和国家机构改革方案》,2023年10月25日,国家数据局正式揭牌运行,其首要任务是协调推进数据基础制度建设,在此基础上,统筹数据资源整合共享和开发利用等。在我国数据要素市场起步阶段和培育初期,成立国家数据局,对于以制度性手段破解激活数据要素面临的一系列瓶颈,充分发挥数据要素对数字产业化和产业数字化的辐射带动作用,对推进国家数据治理体系和治理能力现代化具有重要意义。

二、数据开发利用基础制度拉开序幕

自《中共中央 国务院关于构建数据基础制度更好发挥数据要素作用的意见》印发以来,有关政府部门积极落实相关基础制度安排部署,在2023年相继出台一系列重大举措。**一是需求牵引,场景化推进**。2023年12月31日,国家数据局等17部门正式印发《"数据要素×"三年行动计划(2024—2026年)》,聚焦工业制造、现代农业、商贸流通、交通运输、金融服务等12个行业和领域,推出12项重点行动。作为国家数据局成立后正式出台的首个重大规划,该行动计划基本覆盖了经济社会运行过程中数据支撑作用最为明显的领域,在深入挖掘典型场景和典型需求的基础上,对数据要素赋能方式进行明确和细化,对数据资源的多场景、多主体使用具有重要的指导和推进意义。**二是创新制度,资产化管理**。2023年12月31日,财政部印发《关于加强数据资产管理的指导意见》，明确构建"市场主导、政府引导、多方共建"的数据资产治理模式，并对数据资产的使用管理、开发利用、价值评估、收益分配、销毁处置等进行全流程规定，重点关注数据资产过程监测、应急管理、信息披露和报告、应用风险等方面的安全监管，努力平衡各主体权利和数据资产价值实现。与此同时，该指导意见对具有国有属性的公共数据资产管理作出专门规定，为其他类型的数据资产管理提供了制度框架。**三是一体协同，网络化发展。**算力网已经成为充分释放数据价值的新型基础设施，为进一步推动全国一体化算力网建设，国家发展和改革委员会等五部门联合印发《关于深入实施"东数西算"工程加快构建全国一体化算力网的实施意见》，聚焦一体化发展目标，明确科学布局多元异构算力、协同发展东中西部算力、统筹应用算力与数据和算法、平衡推进算力发展与安全保障5个方面共13项任务，旨在以网络整合和组织算力资源，提升算力利用效率，满足数据海量增长和技术飞速发展背景下指数级增长的算力需求，为经济社会发展注入全新动能。

三、数据跨境传输管理持续优化调整

中国数据跨境传输制度设计包括数据出境安全评估、个人信息出境标准合同、个人信息保护认证3条主要路径。2023年，这3条主要路径均进入落地实施阶段：2023年1月，首都医科大学附属北京友谊医院与荷兰阿姆斯特丹大学医学中心合作研究项目成为中国首个通过数据出境安全评估的案例；2023年2月，国家互联网信息办公室公布《个人信息出境标准合同办法》，2023年自6月1日起施行；个人信息保护认证工作也在同步开展。特别值得关注的是，2023年中国数据出境的监管策略呈现由"严监管"向"促流动"转变的倾向。2023年7月，《国务院关于进一步优化外商投资环境 加大吸引外商投资力度的意见》明确提出"探索便利化的数据跨境流动安全管理机制"。2023年9月，国家互联网信息办公室发布《规范和促进数据跨境流动规定（征求意见稿）》，在对敏感情形数据出境保持严格管控的同时，明确多种数据出境豁免情形，调整个人信息出境履行合规手续的门槛，授权自贸区探索数据出境负面清单制度，通过多种手段为当前的数据出境安全监管政策"松绑"。与此同时，地方积极探索先行先试，陆续推出数据出境便利化措施。2023年12月，北京、上海、广州、深圳、珠海等地纷纷出台政策文件，探索设立绿色通道、制定低风险跨境流动数据目录、跨境数据流通"白名单"制度等多种方式，创新促进数据跨境安全有序流动。

四、个人信息保护监管迈出坚实步伐

个人信息保护是我国数据治理的重要组成部分，自2021年《中华人民共和国个人信息保护法》颁布施行以来，我国个人信息保护工作力度不断加大，成效显著。2023年，个人信息保护立法和执法都取得了积极进展。**一是明确未成年人个人信息保护规则。**2023年10月，《未成年人网络保护条例》正式出台，在《中华人民共和国个人信息保护法》的基础上，进一步健全完善了针对未成年人群体的个人信息保护规则，着重强调未成年人个人信息处理应当严格遵循必要性、最小授权等原则，明确个人信息处理者应承担应急处置、合规审计、提示私密信息泄露等义务，并为未成年人或其监护人的合法请求提供便捷支持。上述规定回应了当前我国未成年人大规模高频使用网络直播、网络游戏、网络社交等应用和服务的过程中带来的个人隐私泄露等痛点问题，为特定群体，特别是弱势群体的个人信息保护提供了范例。**二是个持续强化人信息保护执法力度。**2022年6月，国家互联网信息办公室依法对中国知网涉嫌违法处理个人信息行为进行立案调查，经过一年多时间的调查问询和技术取证，2023年9月，中央网络安全和信息化委员会办公室公布行政处罚决定，明确中国知网主要运营主体运营的手机知网、知网阅读等14款App存在违反必要原则收集个人信息、未经同意收集个人信息等违法行为，责令其停止违法处理个人信息行为，并罚款5000万元。该案成为继滴滴网络安全审查案后，依据《中华人民共和国个人信息保护法》等执法的又一里程碑式案件，对大型平台违法违规处理个人信息起到了强有力的震慑作用。

五、人工智能数据治理引领全球规范

2023年，以ChatGPT为代表的AIGC在全球范围内迅猛发展，中国"百模大战"加速展开，AIGC带来的数据风险隐患引起全球监管者的高度关注。2023年7月，中国出台《生成式人工智能服务管理暂行办法》，明确实行包容审慎和分类分级监管，针对AIGC技术带来的虚假信息泛滥、侵害个人隐私、算法歧视、数据安全等问题，在算法设计、训练数据选择、训练数据处理等方面进行制度性规范，成为全球范围内针对AIGC的首个专门管理规定，不仅为国内AIGC发展提供了相对确定的政策环境，也为全球监管者探索了可能路径。

六、趋势展望

当前，中国推进高质量发展机遇和挑战并存，数据作为新型生产要素的赋能作用和乘数效应亟须进一步释放。与此同时，数据泄露、隐私侵害、算法"黑箱"，以及数据作为国家战略性资源对于国家安全带来的隐忧等内生性风险长期存在。2023年12月，中央经济工作会议提出"发展和安全要动态平衡、相得益彰"。2024年，在这一重要原则的指导下，中国数据开发利用的各项政策举措将加快实施，AI等新技术新应用持续涌现，使数据安全监管的精细化、智能化需求更为迫切，个人隐私保护将继续作为数据安全领域执法重点引发关注。与此同时，在扩大高水平对外开放的宏观背景下，如何推动数据出境安全管理提质增效、研究制定更多数据出境便利化措施、切实解决数据跨境流动问题，持续考验着监管者的智慧。

（国家计算机网络应急技术处理协调中心　谢玮）

我国数据跨境流动制度迈入新阶段

一、我国数据跨境流动战略设计逐步演进

整体来看，我国有关数据跨境的政策经历了从强调数据安全，逐渐演进到实现数据安全合规有序的跨境流通，再到探索便利化数据跨境流动机制的过程，在立法方面呈现以下5个阶段的发展变化。

一是分散性立法阶段。 我国主要通过行政法规、部门规章、规范性文件等形式明确特定行业特定领域的跨境数据流动管理要求，主要包括《征信业管理条例》《地图管理条例》《中国人民银行金融消费者权益保护实施办法》《中华人民共和国人类遗传资源管理条例》等。相关行业主管部门对征信数据、互联网地图数据、个人金融信息、人口健康信息等的跨境流动明确了各自的要求。

二是重要性立法阶段。 这是网络安全被纳入"总体国家安全观"的阶段。总体国家安全观是一个内容丰富、开放包容、不断发展、逐步构建的思想体系。2014年2月27日，中央网络安全和信息化领导小组第一次会议提到，没有网络安全就没有国家安全，没有信息化就没有现代化。网络安全和信息化是"一体之两翼、驱动之双轮"，必须统一谋划、统一部署、统一推进、统一实施。2016年11月，我国通过了《中华人民共和国网络安全法》，将网络安全、个人信息保护等内容在法律中进行了规定。其中，《中华人民共和国网络安全法》第三十七条确立了关键信息基础设施的跨境数据流动管理制度。

三是全局性立法阶段。 这是数据安全重要性逐步凸显的阶段。随着信息技术和人类生产生活逐步融合，各类数据迅猛增长、海量聚集，对经济发展、人民生活都产生了重大而深刻的影响。2020年3月30日，《中共中央 国务院关于构建更加完善的要素市场化配置体制机制的意见》指出，要"加强数据资源整合和安全保护"。2021年9月，作为我国"数据安全领域的基础性法律"，《中华人民共和国数据安全法》正式生效实施。2021年8月，《中华人民共和国个人信息保护法》正式出台，明确了个人信息出境的原则性要求。2021年10月，《汽车数据安全管理若干规定（试行）》正式生效实施，针对汽车数据明确了出境的管理要求。

四是配套性立法阶段。 这是各项配套性立法不断制定出台、生效实施、具体落实的阶段。2022年1月12日，《"十四五"数字经济发展规划》指出要"健全完善数据跨境流动安全管理相关制度规范"。《数据出境安全评估办法》于2022年9月正式施行，全面、系统地提出了我国数据出境"安全评估"的具体要求，也标志着《中华人民共和国网络安全法》《中华人民共和国数据安全法》《中华人民共和国个人信息保护法》确立的数据出境安全评估制度正式落地。2022年11月，《个人信息保护认证实施规则》正式公布，该文件明确了包括个人信息出境等个人信息处理活动在进行保护认证时应当满足的要求。2023年2月，《个人信息出境标准合同办法》正式出台，对个人信息出境标准合同的适用条件和备案监管等作出具体规定。

五是创新性立法阶段。这是针对特定场景、特定对象寻求数据跨境流动管理、不断探索创新的阶段。数据是数字经济时代的重要生产要素，而数据流动则是满足数据供给和需要最主要的方式。在这一阶段，党中央持续对释放数据价值作出更多部署。2022年12月19日，《中共中央 国务院关于构建数据基础制度更好发挥数据要素作用的意见》指出，要"构建数据安全合规有序跨境流通机制"；2023年8月13日，《关于进一步优化外商投资环境 加大吸引外商投资力度的意见》提出，要"探索便利化的数据跨境流动安全管理机制。"在党中央的指导下，我国相关立法也寻求在现有制度和保障数据安全的前提下进行创新探索。2023年9月28日，国家互联网信息办公室发布《规范和促进数据跨境流动规定（征求意见稿）》并向社会公开征求意见，结合此前数据出境安全评估、个人信息出境标准合同备案工作中的实际问题，大幅调整了数据出境评估备案工作的适用标准。

二、我国数据跨境流动管理现状

经过长期的发展和完善，我国数据跨境流动管理制度基本形成，以《中华人民共和国网络安全法》《中华人民共和国数据安全法》《中华人民共和国个人信息保护法》为顶层设计，以《数据出境安全评估办法》《个人信息出境标准合同办法》《个人信息保护认证实施细则》为配套规则的"3+3"法律制度体系，同时确立了数据出境的3种方式——安全评估、标准合同、保护认证。

一是安全评估。数据处理者向境外提供数据时，通过所在地省级网信部门向国家网信部门申报，由国家网信部门组织有关机构就数据出境活动可能对国家安全、公共利益、个人或者组织合法权益带来的风险进行评估，并做出是否允许数据出境的评估结果的一类数据出境路径。现行法律制度体系主要确立了"重要数据/一定数量个人信息"的数据出境应当通过安全评估的基本要求。

二是标准合同。由国家网信部门制定的，并由个人信息处理者与境外接收方订立的，约定双方权利和义务的合同。2023年2月，国家互联网信息办公室公布了《个人信息出境标准合同办法》，明确了我国《中华人民共和国个人信息保护法》第三十八条中规定的个人信息出境的标准合同路径，尤其为中小型企业跨境传输个人信息提供了便利。

三是保护认证。经批准的专业机构按照国家网信部门的规定对个人信息处理者开展个人信息处理活动进行综合评价，做出认证决定并向个人信息处理者颁发认证标志的保护个人信息的管理措施。2022年11月，《国家市场监督管理总局 国家互联网信息办公室关于实施个人信息保护认证的公告》发布。该文件明确鼓励个人信息处理者通过认证方式提升保护个人信息的能力，从事个人信息保护认证工作的认证机构应当经批准后开展有关认证活动，并按照《个人信息保护认证实施规则》实施认证。

另外，我国在立法的过程中，还通过采取出口管制、反阻断、国际条约或协定等措施，明确了特殊情况下的数据跨境流动管理。

三、下一步策略

安全是发展的前提，发展是安全的保障，二者相辅相成、不可偏废。数据跨境流动管理需要统筹发展和安全，以数据开发利用和产业发展促进数据安全，以数据安全保障数据开发利用和产业发展。为进一步促进我国参与数据跨境流动国际治理，有必要在明确总体目标和总体原则的基础上，通过短期、中期、长期3个阶段的举措开展行动。

在总体目标方面，数据跨境流动管理应坚持

安全和发展两个大方向。**一是要促进数据流动，释放数据资源价值，巩固我国数字经济发展的优势。**"不发展是最大的不安全"，在符合我国法律规定的前提下，做好数据跨境流动管理，推动数据安全有序出境。同时，探索研究管理模式、管理手段、国际合作等方面的创新机制。**二是要强化安全保障体系，同步、协调推进事前事中事后措施。**"要切实保障国家数据安全"，深入贯彻实施网络安全等级保护制度，重点保障关键信息基础设施和数据安全，健全网络数据安全保障体系，加大对数据处理违法行为的处罚力度。

在总体原则方面，要坚持内外结合、先易后难、由小到大、由点及面4个主要原则，其中，内外结合是指既要完善自身制度，又要推进国际合作；先易后难是指在对外合作对象的选取上，应当从较容易突破、最易找到合作领域的国家或地区入手；由小到大是指制度的修改完善程度应当从对整体治理情况影响最小的方面入手，而后在合适、可行、可能的前提下，过渡到对整个制度的改变；由点及面是指在合作路径的选择上，应当先从单一对象入手找寻合作方式，逐渐在全球开展合作。

（一）短期策略

在1～3年内，建议通过制定重要数据目录、制定数据类型白名单等完善自身制度，并在已有的基础上推动国际合作。**一是完善制度。**通过明确重要数据目录和数据类型"白名单"，进一步确定精准的管理对象，提升制度落实的可操作性。**二是提出主张，逐渐开展国际合作。**明确主张的定位是为发展中国家发声、谋利益，促进数据安全自由流动，共享数字红利。主张的目标是兼顾安全和发展；在安全方面，关注相对安全而非绝对安全；在发展方面，为本国优势产业保留空间。

（二）中期策略

在3～5年内，建议通过程序优化、路径试点探索数据跨境模式创新，同时针对重点国家和地区创新合作模式。**一是在立法的基础上推动实践创新。**建议依据现行数据跨境流动管理框架，在自贸区/港探索数据跨境流动模式创新，为数据出境提供更便捷、更高效的路径。**二是在国际合作中重点突破。**从中期来看，建议以欧盟作为重点的国际合作对象，开展数据跨境流动合作。可以选取具体领域开展重点合作，例如，我国汽车领域的数据跨境需求强烈，可以参考欧盟范式开展官方合作，成立专门谈判小组，依托中欧高级别战略对话、中欧经贸高层对话等机制，构建中欧数据跨境官方合作，从而构建信任、促进贸易。**三是通过标准合同和保护认证方式进行企业助推。**

（三）长期策略

在5～10年内，建议整体更新当前制度，对重要数据、个人信息的出境路径进行重新明确，同时，全面推动国际合作，探索中美数据跨境流动和监管合作。一方面，充分发挥"二轨对话"作用，两国高校、学术机构、智库的专家学者、企业，以及其他社会团体之间应加强互动，将有助于从不同视角解读本国政策，提出有针对性和操作性的意见和建议，帮助两国消除误解、避免误判。2023年3月，中国网络空间安全协会和中国欧盟商会共同主办了"2023年中欧数字领域二轨对话"，设置了"中欧数据跨境流动监管规则交流"议题。另一方面，搭建中美高层对话机制，充分沟通交流两国监管政策，进一步深化理解与互信。未来，还可通过中美之间的数据跨境流动合同，探索与其他国家之间的合作机制。

四、强化安全保障

随着数据出境越来越便利，相应的安全保障措施也要加强，通过技术支撑、监督检查等手段，从事前、事中、事后环节保护数据安全。

一方面，强化技术支撑。在加强数据跨境流动管理制度建设的同时，充分运用各类先进技术手段，以数据安全技术化解数据跨境流动与安全的矛盾，强化数据跨境安全风险防范，实现数据跨境流动与风险防控的最佳平衡。**一是提升数据跨境核心技术产业能力。** 围绕数据国际传输可靠性、海量文件传输效率等技术瓶颈，开展核心技术攻关，打通数据跨境技术瓶颈，补齐短板；健全数据安全技术标准体系，完善数据加密、数字签名等关键标准制定；加强供需对接，加快数据跨境相关安全技术产品推广应用。**二是运用新技术提升数据流动管理能力。** 鼓励企业积极运用区块链、隐私计算、数据沙箱等技术，建设内部数据跨境流动管理平台，保障数据跨境可靠、可控和可溯。**三是加强数据跨境流动安全风险监测能力。** 强化数据出境活动技术监测能力，对数据违法出境进行有效监测处置；加强跨境数据流动态势感知，聚焦出境数据量级、数据出境流向和数据异常出境行为进行监测分析。

另一方面，强化监督检查。 通过资源盘点、数据跨境执法和社会监督，全面掌握数据资源、数据跨境流动相关情况，夯实数据跨境管理基础。

一是尽快盘点国家数据资源。 构建盘点机制，以各行业、各领域主管部门为主，推进各行业、各领域的国家数据资源盘点工作，构建常态化、统一化的数据盘点机制。形成面向行业内外统一的数据资产目录，搭建全域数据分类管理框架，有效推进数据资源的共享和应用，为后续数据治理打好基础。完善保障机制，构建专人管理、专人负责的组织体系，落实责任到事、责任到人；保障操作系统、云系统、终端系统、应用软件系统的安全运行。**二是逐步推进数据本地化检查。** 构建检查机制，针对重点领域、重点企业开展定期检查，通过座谈询问、技术监测、资料查阅等方式，了解数据存储、跨境相关情况，及时处理发现的违法、违规行为。鼓励社会监督，设置专门的投诉举报热线，及时接收、处理、反馈针对数据跨境流动的投诉举报情况；设置中央、地方联动的投诉举报处理机制，探索建立常见投诉举报事项职责清单，完善复杂疑难投诉事项协调流程。

（中国信息通信研究院　刘耀华）

基于大网数据的 APT 拓线与溯源研究

一、背景

数字时代，网络安全已成为全球关注的焦点。高级持续性威胁（Advanced Persistent Threat，APT）攻击具备目标性强、隐蔽性强、持续时间长等特点，对企业利益、社会秩序乃至国家安全构成严重威胁。APT 攻击通常由具有高度组织性和技术能力超强的团体发起，其目的是窃取敏感信息、破坏关键基础设施或进行其他恶意活动。随着 APT 攻击手段的不断演进，传统的安全防御措施已经难以应对这些挑战。因此，研究和开发新的 APT 攻击发现及溯源技术对于提高网络防御能力、保护关键基础设施资产具有重要的战略意义。

（一）APT 攻击及溯源概述

APT 攻击通常由具有特定目标的组织发起，是一种隐秘而持续的网络攻击方式。近年来，APT 攻击的数量和复杂性明显增加，给网络安全带来了巨大挑战。

攻击现状方面，APT 攻击手段日益多样化和隐蔽化。攻击者利用零日漏洞、社会工程学、鱼叉式钓鱼等多种手段进行攻击，使防御变得更加困难。APT 攻击的目标主要集中在政府、军事、金融、教育和科研等领域。由于这些领域的数据具备敏感性和重要性，成为攻击者的首选目标。

溯源技术是对抗 APT 攻击的重要手段，它可以帮助防御者确定攻击来源，为其进行防御和应对提供依据。通常，溯源技术包括但不限于网络流量分析、恶意软件分析、攻击行为模式识别等。通过这些溯源技术，安全研究人员可以追踪到发动攻击的 IP 地址、攻击者使用的攻击工具、攻击者的战术、技术和程序（Tactics Techniques and Procedures，TTP）等信息。

为了提高溯源的准确性和效率，研究人员正在开发新技术，例如，基于大数据的关联分析、机器学习算法的异常检测、沙箱技术的动态行为分析等。这些技术能够帮助安全团队更快地识别和响应 APT 攻击，提高网络防御能力。

（二）研究价值与意义

攻击者通过使用代理服务器、虚拟专用网络（Virtual Private Network，VPN）、加密通信等手段隐藏真实身份，使溯源变得更加困难。此外，攻击者还会利用反溯源技术，例如，时间伪造、日志清除等来干扰溯源工作。

传统的 APT 攻击识别方法，例如，IOC 检测、样本分析和 PCAP（网络数据包）检测，通常依赖于静态的、已知的安全指标，例如，IP 地址、域名和文件哈希值。这些方法在面对自修改、快速迭代的恶意代码和加密流量时，往往存在局限性，因为它们主要基于预先定义的数据库和特征，难以应用于新兴和复杂的攻击模式。此外，这些传统方法常常在攻击发生后才能对 APT 攻击进行识别和检测，处理大规模数据时不仅反应缓慢，而且缺乏对攻击背后复杂关系和动态变化的深入分析。

因此，引入基于关系的方法和拓扑分析显得尤为必要。这些新方法不仅关注孤立的安全指标，还综合分析通信时间序列和空间序列特征，以及网络设备节点间的通信模式和行为关系，进而提高识别和响应高级威胁的能力。例如，拓扑分析能评估网络中各设备节点的重要程度，帮助安全分析师追踪攻击的起点，并能揭示攻击者的身份及其所使用的网络基础设施。这些新兴方法提供了更加动态和主动的安全防御手段，使安全团队能够更快速、更精确地识别和追踪APT攻击。

鉴于APT攻击的严重性及各类方法的局限性，开发新的溯源技术成为当务之急。利用网络基础电信运营商的大网流量数据（例如，FLOW数据作为一种网络流量监控及分析工具，利用大数据处理能力）为APT溯源提供了一种全新的分析视角。本研究的意义在于，有效地揭示APT攻击的行为模式，为安全分析师提供更准确的溯源线索。

二、基于全网视角的APT攻击溯源框架

这部分的主要内容集中于构建一套基于流量（下文以FLOW数据为例）数据的APT攻击溯源体系框架及方法论，通过多层次、多维度的分析方法来识别和追踪APT攻击的源头。首先介绍FLOW数据的特性及其在APT溯源中的优势；然后详细阐述基于FLOW数据的APT攻击溯源理论框架和分析方法；最后将突出说明该方法的创新之处及相对于现有技术的优势。

（一）大网流量数据拓线溯源特点及优势

FLOW数据作为一种网络流量的采集和监控技术，为APT攻击的拓线溯源提供了独特的数据优势及全局视角。以下是利用FLOW数据进行APT溯源的主要优势。

支持多层次的数据流分析：FLOW数据能够捕获网络中的流量信息，包括源和目的IP地址、端口号、协议类型、流量大小等。这些信息为分析网络行为提供了丰富的数据基础，使安全分析师能够更准确地识别正常的网络通信和异常的攻击行为。

高效的时间序列分析：FLOW数据的时间戳信息，使安全分析师可以进行时间序列分析，识别出攻击活动的时序模式。通过分析攻击的时间规律和频率，可以更好地理解攻击者的行为模式，为溯源提供重要线索。

网络拓扑映射分析：利用FLOW数据，可以构建网络的拓扑结构图，清晰地展示网络中的设备和连接关系。这对于理解攻击的传播路径和影响范围至关重要，有助于安全团队追踪攻击的源头，并确定攻击者的潜在身份。

详细的流量行为分析：FLOW技术能够对IP/MPLS[1]网络的通信流量进行详细的行为模式分析和计量，提供网络运行的详细统计数据。这使安全分析师可以对网络流量进行深入的分析和掌控，从而更有效地进行拓线溯源。

动态行为分析建模：与传统的静态分析方法相比，FLOW数据能够提供网络流量的动态视图。通过分析流量模式的变化，安全团队可以及时发现潜在的攻击活动，例如，数据泄露、远程控制等，从而快速响应并采取措施。

攻击的快速检测和响应：FLOW可以快速检测网络中的异常流量和攻击事件，例如，DDoS攻击、僵木蠕病虫事件等。在拓线溯源过程中，这种快速响应能力可以帮助网络管理员及时发现并解决潜在的安全威胁。

（二）APT溯源框架与分析方法

在探讨了基于FLOW数据特性及其在拓线溯源的显著优势之后，这部分将详细阐述构建的APT攻击溯源框架及分析方法。这一框架的建立旨在充分利用FLOW数据的特性，通过一系列分析步骤，精确地追踪和识别APT攻击的源头。

1. 框架总览

APT攻击溯源框架如图1所示。

---

1. MPLS（Multi-Protocol Label Switching，多协议标签交换）。

图 1　APT 攻击溯源框架

该框架主要由数据收集与处理层、行为模式识别层、APT 攻击检测层、拓线溯源与决策层模块组成。

数据收集与处理层：这一层负责从网络环境中采集 FLOW 数据，并对这些数据进行后续分析及溯源所必要的预处理操作。该层包括对数据的质量评估、无效数据清理、数据类型映射转换、基于情景的特征向量选择、数据归一标准化等。

行为模式识别层：这一层专注于网络流量的初步分析。基于经过预处理后的 FLOW 数据，根据行为模式识别，区分出白名单流量和可能的恶意流量。这是识别潜在 APT 攻击活动的第一步。这一层包括恶意扫描行为识别、公共服务流量识别、VPN 流量识别、已知僵木蠕流量识别、应用服务流量识别等。

APT 攻击检测层：在行为模式被识别之后，接下来的任务是利用特定的分析技术和算法，进一步检测和确认 APT 攻击的存在。这一层侧重于利用流量时序特征和流量空间序特征匹配技术，结合传统 APT 攻击检测手段来识别具体的攻击活动。本层包括时间序特征匹配引擎、空间序特征匹配引擎、IOC 检测引擎、样本检测引擎、PCAP 检测引擎等。

拓线溯源与决策层：一旦 APT 攻击被确认，该层的目标是通过综合分析和利用大网所能够提供的各种信息资源（例如，拓扑图、DNS 记录等），发现未知的攻击设备（IOC）、手段，确定攻击的起源、路径关系、核心设备及攻击者的潜在身份，从而为最终的溯源决策提供支持。该层包括 FLOW 拓扑分析模块、安全知识图谱模块、上下文感知计算模块、威胁情报利用模块、主动探测模块等。

2. 数据收集与处理层

数据收集与处理层的核心职责是确保从网络环境中收集到的数据能够为后续的分析和识别工作提供准确、可靠的基础。为了实现这一目标，该层包含了一系列关键的预处理步骤，每个步骤都旨在优化数据质量及可用性。以下是详细的步骤描述。

数据质量评估：在此阶段，系统首先对收集到的原始 FLOW 数据进行初步的质量评估。具体包括检查数据完整性、一致性、时效性，确保数据集中没有损坏或者丢失的部分，同时，评估数据是否是最新的，是否反映了当前网络的状态。

无效数据清理：基于质量评估的结果，下一步是清理那些被识别为无效、错误或不相关的数据记录。这可能涉及移除重复的记录、修正错误的数据格式，或者排除那些对于分析目标没有贡献的数据点。

数据类型映射转换：由于 FLOW 数据可能包含多种数据类型，例如，数值、时间戳和枚举类型等，这一步骤涉及将这些不同类型的数据转换为统一格式，以便于后续的处理和分析。例如，时间戳可能需要转换为统一的日期格式，而 IP 地址可能需要从字符串转换为数值表示。

基于情景的特征向量选择：在数据类型统一之后，接下来的任务是根据分析的具体需求选择适当的特征向量。这意味着从数据中提取出最能代表和描述网络行为的特征，例如，流量大小、连接持续时间、目标端口等。这一步骤的关键是识别那些对于识别异常行为和 APT 攻击最有信息量的特征。

数据归一化/标准化：最后，为了消除不同特征之间的尺度差异，需要对特征向量进行归一化或标准化处理。这可以帮助确保后续模型训练和分析阶段的算法能够更公平地对待每个特征，避免某些数值范围大的特征对结果产生不成比例的影响。

3. 行为模式识别

在行为分析与识别层，我们主要实现区分白名单流量、灰名单流量、疑似恶意流量等功能。通过对 FLOW 数据进行深入分析，我们能够识别网络中的流量行为模式，包括恶意扫描流量、已知僵木蠕流量、VPN 流量、公共服务流量、应用服务流量。

（1）恶意扫描行为识别

该步骤旨在识别网络中的恶意扫描活动，例如，端口扫描或 IP 扫描。恶意扫描通常表现为短时间内大量的连续连接尝试，连接目标 IP 或端口数量多，数据包不完整，通信质量差、数据包重复等特点。通过分析连接请求的频率、目标分布及请求的时间范围，可以有效地识别这种类型的恶意流量。

另外，传统的恶意扫描识别方法主要关注五元组信息（源 IP、目标 IP、源端口、目标端口、协议类型），但忽略了链接的完整性和传输质量。我们采取了一种基于 FLOW 数据的综合分析方法。这种方法扩展了分析维度，包括但不限于流持续时间、流量大小、TCP/IP 标志位、发送和接收间隔等。通过这些丰富的指标，我们能够更准确地评估每个连接的有效性和通信质量。

这种方法的关键优势在于其对网络流量细节的深入探究，能够揭示出通信过程中的微小异常，例如，通过评估数据包的完整性、通信的持续时间及会话的频繁度，我们可以更精确地区分恶意扫描行为和合法的 CS 架构服务流量。

（2）公共服务流量识别

这一步骤的目标是辨识安全的公共服务设备，并将它们纳入白名单以方便后续步骤的处理。在这一过程中，我们首先基于网络情报来判断一个设备的 IP 地址是否属于已知的公共服务设备，然后依据设备的日访问量进一步确定该设备是否为有效设备。

然而，值得注意的是，传统的识别方法并未考虑到链接的有效性和完整性。这可能导致识别过程中将僵木蠕设备误识别为公共服务设备，从而引发误报。因此，链接的有效性和完整性是我们在流量识别过程中需关注的重要因素。

（3）VPN 流量识别

VPN 或者虚拟专用网络流量，加密性是其关键特征，并且经常通过特定端口或协议进行传输。

因为VPN流量内的信息是加密的，其具体内容难以直接解析，使我们难以明确判断其是安全流量还是恶意流量，因此，经常将其分类为"灰名单"流量。

在识别的过程中，我们利用威胁情报及VPN流量的特性来识别这类流量。我们观察到VPN流量具备一项显著特点：其基于固定端口输入的流量与整个设备输出的流量呈正比关系。通过分析这种特性，我们能更准确有效地识别、定位VPN流量。

（4）僵木蠕流量识别

此环节用于识别已知的僵木蠕特征。通常会利用其独有的行为模式、攻击手段或通信特性来辨识相关流量。这一过程依赖于现有的威胁情报，并匹配特定的行为特征。在执行这类识别工作时，需要注意的是，传统的基于FLOW数据分析的某些特征可能是"弱特征"，这意味着数据的匹配结果仅表明可能的关联，并不能完全确认。

因此，除了直接的特征匹配，我们还需要进一步考虑其他相关指标，即该IP地址是否有扫描行为的记录，是否存在大量低质量或无效的连接等，通过这些指标及特征来更准确地判断僵木蠕网络流量。

（5）应用服务流量识别

该步骤实现了对企业或组织内部使用的各类应用服务产生的流量的识别分析，例如，内部邮件服务、文件共享服务等。这些流量类型之所以通常被认为是安全的，是因为它们直接与日常的工作和业务操作相关联。但与公共服务流量识别一样，传统的识别方法也存在将僵木蠕设备错误识别为合法服务设备的风险。

为了解决这一问题，我们采用了与公共服务流量识别相同的优化手段。包括综合运用网络情报数据，对设备的日访问量等多个方面进行细致分析，以确保识别过程的准确性和安全性。通过这种方法，我们能够更有效地区分和确认企业或组织内部应用服务产生的流量，降低误报的可能性。

基于上述多种行为模式识别后，将流量进行了分类。经过流量识别后的流量分类如图2所示，我们认为基于访问公共服务和应用服务的流量是安全的白名单流量，恶意扫描与已知僵木蠕的相关流量是恶意黑名单流量，VPN等转发行为流量无法判断其性质，因此，将其归为灰名单流量。将除了上述之外的流量归类为未知流量。

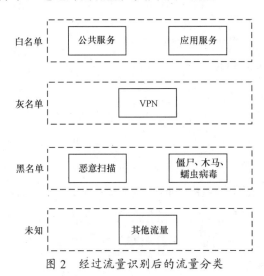

图2 经过流量识别后的流量分类

流量分类的目标是尽可能减少误报，同时有效识别潜在威胁。APT攻击通常具有目的性强、技术手段高明且持续时间长的特点，不太可能使用集中式的大规模扫描或已公开的僵木蠕渗透方式。因此，我们需要把白名单和黑名单中的流量过滤出去，剩余流量进入下一层的分析。

4. APT攻击检测

在APT攻击检测方面，我们除了运用传统的检测方法，例如，IOC检测、样本分析，以及PCAP检测，还引入了基于时间序列和空间序列特征的高级匹配技术。APT攻击检测方法如图3所示。这些传统检测方法是基于元素的检测，而在处理一些高度适应性强、变异迅速的恶意软件（例如，频繁变种的病毒或频繁更换控制服务器地址的恶意软件）时，往往显得力不从心，从而导致检测的召回率大幅下降。

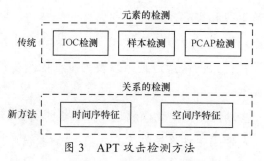

图 3　APT 攻击检测方法

下面,我们主要介绍利用 FLOW 数据的新方法。通过综合利用时间序列和空间序列特征,我们能够更精确地定位到具体的攻击活动。这不仅包括监测到的流量异常增减,还涵盖了流量中的特定模式,例如,命令与控制(Command and Control,C&C)服务器的通信活动、数据泄露等,这些特征都是 APT 攻击行为的可能迹象。

传统方法是基于独立元素的方法,而新方法是基于关系的方法。这种基于关系的检测方法允许我们更全面地捕捉到潜在的威胁活动,提高对高级威胁的识别能力和响应效率。时空序特征应用原理如图 4 所示。

时序特征:攻击者会基于其技战术目的,对受控者进行命令控制,让受控者实施特定行为。即一个战术目的可以分解成多个技术操作,而多数操作都会有一些控制命令流量和网络回包。通常而言,典型的渗透操作包括木马上线、心跳确认、远程磁盘文件列表获取、文件渗出、内网扫描指令下发、横向移动工具下发等。针对不同的 APT 组织,其每个操作步骤所产生的 FLOW 流量都会不同,而如果有效载荷相同,则其上行与下行 FLOW 流量则会大致相似,可以按照时间序提取此特征。对此特征进行特征匹配,当命中全部时间序特征时,认为其存在安全问题。

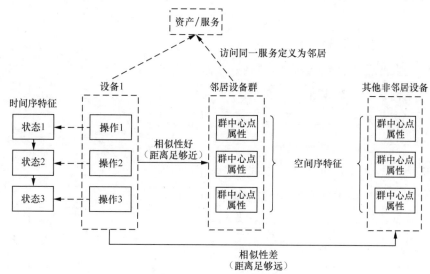

图 4　时空序特征应用原理

空间序特征:我们将在相同时间段内访问同一服务的设备视为邻居设备。通常,由同一 APT 组织渗透的目标具有相似的脆弱性特征。这意味着这些目标设备很可能开放着相似的服务,并且在 APT 组织尝试植入恶意载荷之前,它们会展现出相似的"嗅探"和扫描行为。这与随机访问公共服务的用户流量不同,后者缺乏这种相似性。依据这一逻辑,我们可以通过比较目标设备与其邻居的相似性来辨识潜在的受害者。在具体实践中,我们采用聚类算法,测量目标与其邻居设备之间的距离,同时考虑目标与非邻居设备的距离差异,以此来定位受害者的位置。

5. APT 溯源分析技术

APT 溯源拓线是一项复杂的任务,它要求安全团队能够全面理解和应对高级持续性威胁。为了有效地追溯和识别这类威胁的来源,需要借助一系列先进技术和方法。其中包括构建安全知识图谱以深化对威胁的理解，利用上下文感知计算以提高分析的准确性，运用威胁情报以增强防御能力，以及实施主动探测技术以寻找潜在的APT设备。

同时我们使用一种基于拓扑图的先进技术。这一技术结合了FLOW数据和其他关键信息源，从而能够精确分析和定位攻击者可能所在的位置，以及他们所使用的网络基础设施。这种方法的运用不仅使我们能够追踪到攻击的起点，还有助于揭示攻击者的身份，为网络安全防御提供了强有力的支撑。

安全知识图谱：安全知识图谱是一种结构化的知识表示方法，它通过图形的方式组织和整合了与安全相关的信息和数据。这种图谱可以帮助安全分析师理解APT攻击的各个阶段、攻击者的行为模式、使用的技术和工具（TTPs），以及攻击背后的潜在威胁组织。安全知识图谱的构建通常依赖于从各种数据源提取的信息，包括威胁情报报告、安全事件响应案例、漏洞数据库等。安全团队可以通过这种方式更有效地进行威胁追踪、攻击归因和策略制定。

上下文感知计算：上下文感知计算是指计算系统能够理解和利用环境信息来提供更加个性化和智能化的服务。在APT溯源拓线中，上下文感知计算框架可以从多源威胁情报和本地沙箱告警日志中采集攻击组织相关的威胁语义知识，构建攻击组织知识库。这种方法能够实时分析和处理海量的安全数据，识别出与APT攻击相关的模式和行为，从而提高对APT攻击的检测和响应速度。

威胁情报利用：威胁情报是指关于潜在或实际威胁的信息，它可以来源于公开的威胁报告、安全社区，或者是私有的安全研究。在APT溯源中，有效的威胁情报利用可以帮助组织了解攻击者的最新手段和策略，从而提前做好防御措施。威胁情报可以用于丰富安全知识图谱，指导上下文感知计算框架的决策过程，以及为主动探测提供目标和方向。

主动探测：主动探测是一种重要的溯源手段，它涉及使用主动渗透技术来对抗APT组织，其目的是进行反制和进一步地监视溯源。这种方法不仅关注被动防御，例如，防火墙、入侵检测系统等传统安全措施，而且还积极寻找并利用攻击者的弱点，对其进行渗透测试，以收集情报和阻断攻击链，是一种化被动为主动的技术手段。

FLOW拓扑分析：我们提出了一种新的溯源分析方法，该方法将FLOW与拓扑分析相结合，旨在评估网络中单个设备节点的重要程度。这种方法通过整合FLOW数据与拓扑学研究，用以厘清APT组织资产与受害者之间的关系。基于拓扑指标的资产测绘如图5所示。

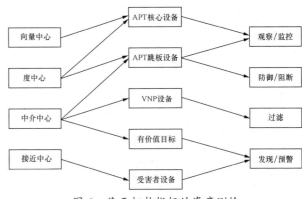

图5 基于拓扑指标的资产测绘

通过计算网络图中的拓扑指标，我们可以对网络设备的属性进行推测和标注，其主要指标的具体描述及作用说明如下。

度中心：度中心是指通过计算一个节点连接的边数来衡量其在网络中的重要性。在APT发现中，具有高度中心性的节点可能是攻击者的目标，因为它们与网络中的多个其他节点直接相连，攻击者可以通过这些节点传播恶意软件或进行数据窃取。同时在发生APT攻击后，APT组织的外围跳板也有度中心性。

接近中心：在这种方法中，两个节点之间的"距离"不仅是基于它们在网络中的物理位置或路径长度，而是进一步通过它们之间的通信流模式的相似性来定义。这样的相似性是根据流量的大小、类型、频率和持续时间等因素评估的，我们能够精确识别网络中的重要节点，并理解它们在网络通信中的角色。将 FLOW 相似度纳入接近中心性的分析，为网络安全分析提供了新的视角，在已知受害者或者 APT 组织设备时，可以通过临近中心快速的给出疑似设备，以供后续分析。

中介中心：中介中心反映了一个节点在网络中所有最短路径上出现的频率。节点的中介中心值越高，表明该节点在网络中的桥接作用越强。对于 APT 攻击而言，具有高中介中心值的节点可能是攻击者用来传播恶意软件或窃取数据的关键节点，也有可能是 VPN 等中间跳板设备。

向量中心：向量中心不仅考虑了一个节点的直接连接数量，还考虑了这些连接的质量。一个节点如果与多个高度中心的节点相连，则其向量中心也较高。在 APT 防护场景下，一个高向量中心值的节点可能指向一个与多个关键资产或敏感区域连接的节点，是监测和保护的重点。同时，在 APT 入侵的场景中，具有向量中心性的节点往往是 APT 组织的核心设备阶段，使用核心设备进行溯源，往往能达到很好的效果。

6. 方法创新点

本研究的创新之处在于综合利用了 FLOW 数据的丰富性和多维度特征，通过高级的行为模式识别和攻击检测技术，实现对 APT 攻击的有效识别和准确溯源。我们的框架不仅能够处理海量数据，还能够在复杂的网络环境中快速定位潜在威胁，为网络安全防御提供有力的支持。本研究的主要创新点的具体说明如下。

（1）基于 FLOW 的多维度数据分析技术

传统的 APT 攻击溯源方法往往依赖于单一的数据源或分析技术，而本研究通过综合利用 FLOW 数据的丰富性和多维度特征，提供了一种全新的分析视角。我们不仅关注流量的基本属性，例如，IP 地址和端口号，还深入分析了流量的时间序列、空间序列特征，以及更深层次的行为模式，从而有效地区分出恶意流量和正常流量，提高了 APT 攻击检测的准确性和效率。

（2）基于网络时空序的 APT 攻击检测技术

本框架方法引入了基于时间序列和空间序列特征的 APT 攻击检测技术。这些技术能够捕捉到攻击者的行为模式和战术意图。与传统基于签名的检测方法相比，这种基于关系的检测方法能够更好地应对 APT 攻击的隐蔽性和复杂性。

（3）拓扑分析与溯源决策

在溯源分析方面，本研究提出了一种结合 FLOW 数据和网络拓扑结构的分析方法，通过度中心、接近中心、中介中心和向量中心等多种拓扑参数，评估网络中单个设备节点的重要程度，从而有效地追踪攻击的源头。

三、实证研究与案例分析

本章节通过具体的实证研究和案例分析，演示基于 FLOW 数据的 APT 溯源方法在真实场景中的应用成效。通过这些实例，我们旨在验证提出方法的实际效果，并为网络安全领域提供实用的参考。

（一）案例分析

我们选取了一系列具有代表性的 APT 攻击案例，这些案例涵盖了不同类型的攻击手段和目标。通过对这些案例的深入分析，我们将展示如何利用 FLOW 数据和本研究提出的溯源技术来追踪和识别攻击者的行为模式。某企业 APT 溯源流程如图 6 所示。

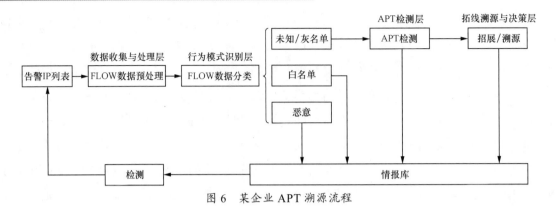

图 6 某企业 APT 溯源流程

数据处理：收集触发告警设备 IP，查询其 FLOW 数据，并进行预处理。

行为模式识别：基于行为模式识别技术，将流量分类为白名单（安全）、黑名单（恶意）、灰名单（不确定）及未知流量。

APT 攻击检测：对归类为未知的流量，应用时间序列和空间序列特征匹配技术，成功识别 APT 攻击活动。

核心设备与跳板 IP 拓线：利用基于 FLOW 的拓扑分析方法，识别出核心攻击设备和跳板 IP，进一步构建 APT 组织档案库。

在流量分类时，我们被大量的无效链接、随机恶意扫描所干扰，导致结果的准确性下降。为了解决上述问题，我们基于每个 IP 相关的 FLOW 数据统计值，通过检查每个连接的 TCP 标记位（Flags），识别出具有完整连接标志的流量（即确认并完成握手的连接），这一步是确认通信完整性的重要环节。另外，我们还标记了那些单次通信中传输数据量超过特定阈值的情况，这些情况被视为高质量通信。最终，通过计算完整且高质量通信占总通信的比例来确定每个 IP 的有效通信率。只有当这一比例超过设定的标准时，该 IP 才会被认定为可靠的，并将其加入情报库的白名单中。

在识别恶意扫描设备的时候，我们发现传统方法产生了大量的误报，为了减少误报。我们首先使用基于哈希计算的方法来识别大量相同且无效的流量，同时，对 IP 的不同远程端口和远程 IP 的信息熵进行计算，以确定潜在的扫描行为。

随后在使用传统的特征提取算法的过程中，我们发现其效果并不好，传统算法中，使用傅里叶变换对 FLOW 数据的进行频域映射，在当前情景下，这种方法因为随机的恶意弱口令和恶意扫描产生了大量误报。我们基于已有的时序掩码函数改建了映射算法克服了这一困难。

最后，我们将识别到的核心设备、跳板 IP 以及 APT 攻击模式详细记录并存入数据库，为后续的安全防御和响应提供依据。

（二）评估

在分析过程结束后，我们对所采用的方法的有效性进行评估，拓线结果有效性评估如图 7 所示。

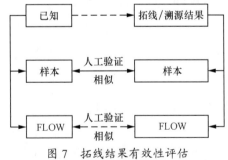

图 7 拓线结果有效性评估

我们从拓线结果中找到了一些未发现的样本，并将其与已知的组织相关样本（开源情报获取）进行了对比。通过人工逆向分析，我们发现这些样本在多个关键技术方面存在高度一致性。具体来说，它们采用了相同的命令与控制通信逻辑，相同的加密算法，以及相似的 shellcode 加载方式。另外，样本中的注入手段和字符串处理也表现出相似性，这些相似性进一步验证了它们可能来源于同一攻击者或同一组织。

另外，通过观察这些样本的调试信息，我们还发现了相同的程序数据库文件（Program Database Base，PDB）字符串，这是软件开发中用于存储调试和项目状态信息的文件路径，通常在编译后的执行文件中被移除，但有时会遗留下来为分析师提供线索。我们基于PDB字符串可以链接这些样本与特定的开发环境。同时，我们还检查了样本通信使用的特定端口，通过对比端口下的FLOW流量及其时间序列，我们观察到了类似的通信逻辑和模式。这一点表明，基于公开的情报源或是拓线工作获取的样本，其网络行为和通信策略都显示出一致的行为模式。

综上所述，我们验证了基于FLOW数据的APT拓线溯源方法在实际应用中的有效性。该方法不仅识别出了新的未知样本，还将其与已知威胁行为相关联。这一结果可以准确追踪到APT攻击的源头、揭示攻击组织的设备关系，对于提高网络安全防御能力和应对未来威胁具有重要价值。

四、总结与未来方向

本文提出了一种基于FLOW进行APT攻击溯源的方法，结合多层次的分析框架和先进的行为模式识别技术，已经在多个实际案例中证明了其有效性和准确性。通过与传统的APT溯源技术进行对比，新方法展现出了在处理大规模网络数据、快速定位潜在威胁，以及在复杂网络环境中的适应性方面的优势。未来，我们希望该方法框架能够被更广泛地应用于各类组织和行业中，特别是在那些面临高级持续性威胁的领域，例如，政府、军事、金融等关键基础设施发挥其在APT攻击溯源方面的独特优势。

（天翼安全科技有限公司　赵润泽　王晓倩　贾晋康　王影新　常力元）

数字化经济发展助推流量清洗迭代升级

我国数字经济连续多年高速发展,而数字经济发展需要完善的网络通信基础设施和强大的算力支持。因此,保通信就是保数据,护算力就是护经济。做好通信和算力的防护保障,是维护我国数字经济持续高速发展的前提。当下,我们不仅面临算力服务问题,基础通信服务也长期遭到分布式拒绝服务(Distributed Denial of Service,DDoS)攻击威胁,严重影响数据通信可靠性。

一、数字经济与DDoS攻击发展概述

2022年,我国数字经济规模达到50.2万亿元,占GDP比重41.5%,同比名义增长10.3%,已连续11年高于GDP增速,数字经济发展成效显著。数据是数字经济的基本要素,数据传输和算力是数字经济的基础设施。因此,基础网络设施和算力是数字经济的"心脏",保护基础网络设施和算力就是保障数字经济的"供血系统"。

2023年,全球DDoS攻击频次逐年增长,大流量攻击频次保持高位,以关键信息基础设施为目标的高烈度DDoS攻击对国家级网络安全构成重大威胁。尤其在地区冲突中,利用DDoS攻击关键基础设施,严重影响广大民众正常生活,还会导致舆情激化。总体而言,面对DDoS攻击主要有流量清洗和舆情影响两个方面的压力。

(一)流量清洗压力

瞬时泛洪攻击爬升速度极快,2023年百GB瞬时泛洪攻击,在2s内瞬时流量可爬升至500GB左右;T级瞬时泛洪攻击,在10s内流量可爬升至数十TB,大流量快速响应的清洗能力需求紧迫。

(二)舆情影响压力

黑客组织Kilnet声称对2023年1月30日导致十几家美国医院网站瘫痪的网络攻击负责,对2023年6月的欧洲和美国的金融机构的DDoS攻击负责。医院、银行、保险等机构都是涉及民生的重要部门,遭到DDoS攻击会导致民众生活受到重大影响,产生负面舆情。因此,针对重要部门的DDoS防护非常重要。

二、DDoS流量清洗的困境

DDoS攻击手法经过多年的对抗演进,在方式、流量、规模、隐秘性等方面都具备了一定的水平。总体而言,在当前的DDoS攻击防护中,面临以下3方面的困境。

(一)攻击复杂度不断上升

域名解析服务作为核心的网络基础设施,是大型DDoS攻击的重要目标,域名解析服务的瘫痪可致下层DNS解析请求异常,无法正常访问。2023年,针对域名解析服务的攻击强度再度上升,也更加复杂,相关的攻击事件频繁发生。2023年11月3日,东欧某国域名系统(Domain Name System,DNS)权威服务器遭受大规模NXDomain攻击,超80%的攻击流量通过DNS递归服务器发起,虚假源挑战认证防御算法失效。

(二)多模型组合攻击

在真实的DDoS攻击案例中,经常会出现CC攻击两极分化,高速攻击挑战Web应用防护系统

（Web Application Firewall，WAF）解密防御性能，低速攻击 bypass WAF，高速、低速攻击混合，挑战防御成功率。近期还出现利用 DDoS 僵尸网络执行漏洞扫描模式攻击，该模式既能对目标做漏洞扫描，还可以显示对目标 DDoS 攻击的效果。

（三）流量清洗结构优化

常规的 DDoS 流量清洗基本架构由攻击检测、流量牵引、流量清洗、流量回注流程。

攻击检测，通过流量监控技术检测异常流量，判断其是否可能遭受 DDoS 攻击，需要尽可能给出多维度、细粒度的攻击信息，检测的准确度决定后续流量清洗的效率和效果；流量牵引，通过动态路由将原本流向被攻击目标的流量转移到清洗设备上；流量清洗，在清洗设备上，通过特征检测、基线分析、回复确认等方法识别并过滤掉攻击流量；流量回注，将清洗后的正常流量重新注入网络，允许合法访问目的服务器。

总体而言，当下的 DDoS 流量清洗更注重的是对目标侧做流量清洗和防御，还没有延伸到近源清洗，导致在应对 DDoS 攻击过程中呈被动防御状态，难以降低成本。

三、攻击集群规模大，流量峰值高

在万物互联高速发展的背景下，各种物联网设备曝出安全漏洞没有得到及时修补的问题，也就成为 DDoS 僵尸网络的"滋生地"，衍生出各类 DDoS 僵尸网络集群并被用于执行 DDoS 攻击。经分析评估，具备高流量 DDoS 攻击的僵尸网络集群最高可达数十万的"傀儡机"，攻击峰值可达数 TB 以上，给流量清洗带来极大的挑战。

DDoS 攻击与常规的网络攻击不一样，常见攻击形式有两种：一是经过了多次跳转的间接攻击；二是伪造 IP 的反射攻击。从目标侧做攻击者追踪溯源难度极大，这也是流量清洗从目标侧入手的原因。因此，新一代 DDoS 流量清洗技术需要解决 DDoS 攻击溯源的问题，才能实现近源清洗的技术革新。

四、新一代 DDoS 流量清洗模式展望

在新一代 DDoS 流量清洗模式中，需要解决 DDoS 攻击溯源的问题，从源头遏制攻击流量，需要覆盖对 DDoS 僵尸网络的检测，对数据做多维度分析，最后实现全链路攻击还原。

（一）自动化追踪溯源

实现对 DDoS 攻击追踪溯源的前提是了解全球主流 DDoS 僵尸网络家族情况，掌握每个僵尸家族的技术背景、攻击者习惯等信息；提升覆盖度，第一时间获取 DDoS 僵尸网络的活跃控制节点（C&C）情况，实现自动化追踪溯源；同时，获取攻击信息，作为模型分析的基础原料。

（二）数据分析模型

深入分析僵尸网络攻击信息，全面掌握攻击的来源、趋势、模式和路径，构建多维度分析模型，实现自动化监测僵尸网络动态。

（三）攻击链路还原

攻击链路的清晰程度决定了流量清洗准确度和需要使用的清洗方法，确定了攻击源、攻击路径、攻击方式能够给出最优的清洗方案。从清洗成本、效率等角度评估，近源清洗是最优方案。

五、新一代 DDoS 流量清洗业务能力评价

新一代 DDoS 流量清洗业务能力以最终清洗的质量为评价标准，清洗质量是建立在追踪溯源的精准与时效基础上。

（一）精准锁定攻击源头

评估溯源业务能力需要从攻击源、覆盖率、精准度、时效性等维度评估。新一代 DDoS 流量清洗能力需要分钟级时效感知能力、30% 以上的

溯源覆盖率、99% 的精准度。

（二）清晰的攻击类型与目的

为更好地适应多模型组合攻击，强化流量清洗精准度和适配性，在强调攻击溯源的同时也需要掌握攻击类型和攻击目的，才能更好地适配攻击流量，以进一步优化清洗方案。因此，新一代 DDoS 流量清洗技术需要掌握攻击类型与目的。

（三）快速优化清洗模式

流量清洗模式直接决定流量清洗效率与成本，当前流量清洗更多的是拼算力、拼性能、拼经验的"意识怪圈"，在清洗效率与成本上已经进入"瓶颈"状态。当前的流量清洗模式优化需要跳出"意识怪圈"，从 DDoS 流量发起源头入手，遏制 DDoS 流量的发起，也就降低了流量清洗的需求，提升了清洗效率，降低成本。当然，全面遏制 DDoS 流量发起不客观，在面对多模型组合攻击流量时，需要快速优化清洗模式作为补充。因此，新一代 DDoS 流量清洗技术需要做到自动优化清洗模式。

六、新一代 DDoS 流量清洗业务发展前景

DDoS 攻击在历经多年的攻防对抗与进化，攻击峰值、攻击类型、攻击规模等都具备了一定水平，每年造成近千亿元的经济损失，也激活了百亿元规模的 DDoS 流量清洗市场需求，在国家数字经济高速发展的背景下，预计还会保持每年 10% 以上的增长。当前的 DDoS 流量清洗业务在覆盖面、区域、成本等方面存在比较大的局限性，下一代 DDoS 流量清洗技术将在这些方面取得突破。

（一）覆盖面

DDoS 流量清洗业务的覆盖面将突破运营商、地区甚至国家的地域局限性，真正实现全球化的 DDoS 攻击动态监测。

（二）溯源时延

实现 DDoS 攻击的全链路还原，溯源时效性控制在分钟级别，为高效精准的流量清洗奠定基础。

（三）降低成本

下一代 DDoS 流量清洗技术将在清洗成本上降低 50% 以上，清洗效率上提升 70% 以上，为数字经济的发展保驾护航。

（四）模式优化

下一代 DDoS 流量清洗技术在清洗模式上将会有更细粒度、更准确、更高效的自动化模式选择，在流量清洗效果上也会有体现。

七、给信息通信行业带来的机遇和挑战

数据传输能力和算力是数字经济的基础，信息通信也就决定数字经济发展的动力与高度，数字经济已上升为国家战略。数字经济给信息通信行业带来了发展机遇，也同样带来了压力和挑战。新一代 DDoS 流量清洗技术则是信息通信行业面向挑战给出的解决方案。

（天翼安全科技有限公司　黄云宇　彭传粤　刘广柱　钟益民　张　晖　刘紫千）

工业互联网与人工智能篇

工业互联网推进新型工业化的历史逻辑、技术逻辑和现实逻辑

习近平总书记就推进新型工业化的重要指示,把我们党对工业化的规律性认识提升到了新的高度,是推进新型工业化的根本遵循和行动指南。工业互联网是新工业革命的重要基石,是数字技术和实体经济深度融合的关键支撑,是新型工业化的战略性基础设施和重要驱动力量。工业互联网对推进新型工业化有其必然性,这是由二者的发展规律和本质特征决定的,从历史发展过程、技术要素支撑和实现手段3个方面均有逻辑关系。

一、工业互联网推进新型工业化的历史逻辑

从历史发展过程来看,工业互联网和新型工业化都是工业和数字技术发展到一定阶段的必然产物,二者的价值都在于提升工业全要素生产率,前提是实现工业各要素之间的互联,终极目标是用系统的观点统筹推动工业生产绿色化、智能化,这也是工业互联网推进新型工业化的历史逻辑。

实现新型工业化是关键任务。 党的二十大报告强调,要"坚持把发展经济的着力点放在实体经济上,推进新型工业化,加快建设制造强国、网络强国"。纵观我国工业发展历程,改革开放后,我国主动融入世界产业分工格局,抓住了经济全球化发展的机遇,准确把握了工业发展的历史规律,建成了门类齐全、独立完整的工业体系,探索并长期坚持了一条符合中国国情的新型工业化道路,实现了工业的由小到大、由弱到强。

发展工业互联网是战略布局。 当前,新工业革命深入推进,全球经济版图、国家创新体系、产业竞争格局正在发生深刻变革。主要发达国家和地区围绕数字化、网络化、智能化发展的部署继续强化,旨在通过工业互联网等新一代信息通信技术在制造领域的融合应用,促进制造业转型升级,提升国际竞争力。我国高度重视工业互联网发展,党中央多次对工业互联网作出重要指示。发展工业互联网是新时代背景下,以习近平同志为核心的党中央立足推动经济高质量发展、顺应新一轮科技革命和产业革命趋势作出的战略决策。

二、工业互联网推进新型工业化的技术逻辑

从技术要素支撑来看,工业互联网实现工业企业生产要素和经营要素的全面互联,通过数字化提升要素生产效率、优化全局,最大限度地发挥各要素价值,这是工业互联网推进新型工业化的技术逻辑。

新型基础设施的属性日益凸显,夯实新型工业化发展根基。 工业互联网包括网络、标识、平台、数据、安全五大功能体系,是实现人机物全面连接、打通信息"大动脉"的重要载体。截至2023年年底,我国累计建成5G行业虚拟专网超2万个,标识解析体系上线二级节点325个,服务企业超31万家。具有一定影响力的综合型、特色型、专业型平台近300个。国家工业互联网大数据中心体系加快

建设，基本建成国家、省、企业三级协同的工业互联网安全技术监测服务体系。

加速新技术突破和迭代创新，提升新型工业化发展高度。 工业互联网将5G、云计算、大数据、AI、区块链等数字技术深度集成，打通云、网、边、端，加速通信技术、信息技术和控制技术聚合，带动相关技术全面突破和迭代更新。AI发明专利授权总量全球领先，工业芯片、5G工业模组、智能传感终端、边缘计算等关键技术研究、标准研制和产业化进程持续推进。工业级无人机、可穿戴智能设备等新产品迅速兴起。通过AI、工业元宇宙等新技术应用探索逐步展开。

全面推进制造业数字化转型，释放新型工业化发展动能。 工业互联网将数字技术与行业特有的知识、经验、需求相结合，提升生产经营各环节的数字化水平，进一步促进大、中、小企业和第一、二、三产业融通发展。应用场景从"研、产、供、销、服"单点应用向综合集成延伸，数字化管理、平台化设计、智能化制造、网络化协同、个性化定制等应用模式加速普及，建设数字化车间和智能工厂近万个。应用范围实现工业大类全覆盖，重点工业互联网平台工业设备连接数达9000万台（套），赋能、赋值、赋智作用日益凸显。

三、工业互联网推进新型工业化的现实逻辑

从实现手段来看，工业互联网可以切实优化资源配置、节能降耗，有效提升生产质量和效率，并实现智能化生产，推动产业升级和企业形态根本性变革，这是工业互联网推进新型工业化的现实逻辑。

提升生产质量和安全水平，筑牢发展底线。 工业互联网通过推动产品设计标准化和智能化，实现质量缺陷预分析与报警、工艺在线监控、产品质量动态改进等。提高全要素连接能力和数据采集能力，助力安全管理模式由事后应急处置向事前分析预警转变，筑牢我国工业发展的技术底线。

优化资源配置和节约能源，不越发展红线。 工业互联网打通经营管理系统与生产执行系统，打造数据驱动、敏捷高效的精益管理体系，提高市场及时响应、成本精细管控、管理决策等水平。提升生产流程的整体紧凑程度，减少跨工序协同不足导致的能耗物耗，通过能源集成化和智能化管控，实现能源动态平衡和优化利用，避免触碰资源和环境的红线。

实现智能制造和定制生产，绕开发展盲线。 工业互联网可以通过数据的采集、传输、存储和分析，实现材料、设备、产品等生产要素与用户之间在线连接和实时交互，逐步实现机器代替人工生产。通过用户需求准确获取和分析、敏捷产品开发设计、柔性智能生产、精准交付服务等，实现用户在产品全生命周期中的深度参与，避免盲目生产。

推动产业升级和创新驱动，释放发展长线。 工业互联网的应用可以促进产业结构的转型和优化，推动传统产业向高端化、智能化方向发展。通过数据采集和分析，不断催生新服务模式，可以发现市场需求和技术创新的机会，推动企业进行产品创新和技术升级，提高企业的竞争力和创新能力，释放企业创新发展的长线。

四、为推进新型工业化提供坚实支撑

我们要把握工业互联网推进新型工业化的历史逻辑、技术逻辑和现实逻辑，加快发展工业互联网，为推进新型工业化、建设现代化产业体系提供坚实支撑。

一是加强工业互联网对工业转型升级的创新性基础供给。 加强工控、网络、标识、平台、数

据、安全的工业互联网全谱系技术研发和技术供给，加强通用AI与工业融合创新，持续推动工业互联网标准体系建设和应用推广。

二是加大工业互联网应用，推动工业智改数转。从设备、单元、产线、车间、工厂等维度分级推进，在细分行业引导不同发展阶段的企业梯次推进改造，打造一批智能产线、智能车间、智能工厂，制定细分领域转型标准和指南，加强共性需求梳理，搭建平台，促进供需协同。

三是加强工业数据采集、汇聚、分析与应用。持续完善工业互联网大数据分类分级顶层规划，制定分类分级相关标准和管理规范，推动工业数据采集简单化、汇聚集中化、分析专业化、应用多元化，加快数据资产登记确权体系建设，提升数据资源管理能力。

四是加强工业互联网的标准化和安全保障。持续完善工业互联网标准体系，加快关键标准研制及推广，发布一批工业互联网行业应用标准，加快构建工业互联网产品服务检测认证体系，完善国家工业互联网安全监测体系，助力企业安全防护能力提升。

五是加强工业互联网人才培养。新增一批工业互联网相关职业，完善培训产品体系，提升人才培养、供给能力，推进建设学科标准体系，推动优质教学资源共享共建，深化产教融合，建立一批产业学院、人才培养基地，健全人才培训评价体系，培育壮大人才培养生态。

（中国工业互联网研究院　王宝友）

人工智能大模型的商业化现状、趋势和路径

基于对2023年大模型创新创业市场的洞察，梳理AI大模型为产业带来的价值，以及其商业化现状、趋势和路径。

一、大模型技术的核心关键词

LLM中的关键词一个是大，另一个是语言。大模型相较于上一代计算机视觉技术的发展，最大的特点就是模型基于的网络结构发生了变化，从之前基于ResNet（残差网络）结构到基于Transformer（变换网络）结构，更好地适应了自然语言的特点，从而在2020年以后让自然语言处理的能力相较于过去10年实现了跨越式发展。这得益于OpenAI公司的研究员，在研究上提出了新的范式，率先提出生成式预训练Transformer模型（Generative Pre-Trained Transformer，GPT），通过给网络结构不停地增加更多的参数，使其从一个简单系统演变为复杂系统，复杂系统带来"涌现"的特性。

（一）第一个关键词：大

2023年，OpenAI公司发布的ChatGPT已经超过了千亿参数量，这代表着其基于Transformer的网络架构训练出的语言模型，比之前基于ResNet训练出的语言模型的参数量提升约为1万倍，其参数量足够大，拥有了可以学习和压缩足够多数据的能力，这也让它拥有了非常优秀的自然语言处理能力。

（二）第二个关键词：语言

大模型基于Transformer网络结构，在设计之初是为自然语言处理服务的，在后期有效地带来了视觉、音频等能力的提升，也演化出了多种基于Transformer的新网络结构。大模型带来的最大的影响就是文字，也就是说，拥有大量的文字或文档的场景就是大模型最擅长处理的场景。因此，未来拥有大量文字、文档、语言、语义的场景，将是大模型商业化最先触达并率先超过人类水平的场景。

二、现状：处于基础设施建设初级阶段

（一）图形处理单元算力建设

大模型的产生需要经过算法研究员的训练，而由于其算法的特点，需要非常强的GPU算力、非常大的内存、速率高的带宽，才能让大模型以较少的服务器数量和时间完成训练，NVIDIA（英伟达）公司的A系列和H系列训练卡可以满足这方面的需求。2023年10月8日，工业和信息化部、中央网络安全和信息化委员会办公室、教育部、国家卫生健康委员会、中国人民银行、国务院国有资产监督管理委员会六部门联合印发《算力基础设施高质量发展行动计划》（以下简称《行动计划》），该计划明确了未来3年算力基础设施发展的具体目标。该文件中明确提出，到2025年，中国计划将算力规模提升至超过300EFlops，智能算力占比达到35%。另外，该文件中明确提出，将加强算力在各领域的应用赋能，推动工业、金融、医疗、交通、能源、教育等领域的算力应用。

（二）国产GPU芯片的发展

国产化GPU已经经历几代发展，从寒武纪、

华为昇腾到天数智芯、燧原、壁仞，再到沐曦等公司，国内 GPU 芯片领域已有了一定的发展和成就。但是由于芯片的架构设计需要提前几年进行规划，当前国产 GPU 芯片更多是之前为计算机视觉场景设计的，在算力、内存、带宽等指标上与 NVIDIA 都存在较大差距，因此也直接影响了使用国产 GPU 替代 NVIDIA 用于大模型训练的进度。

但国产 GPU 芯片也在积极与国内大模型进行适配，并加速建设自己的芯片生态来应对 NVIDIA 的计算统一设备体系结构生态。例如，2023 年 10 月，科大讯飞宣布联合华为打造基于昇腾生态的自主可控大模型算力底座"飞星一号"平台，该平台可以更好地发挥讯飞星火大模型的算法能力和底层算力。

（三）国产大模型的发展

国产大模型从 2023 年年初开始蓬勃发展，先后有超过 6 家创新企业拿到了超过 10 亿元的融资，有力地支撑了大模型的训练和研究。例如，百度的文心一言大模型，基于百度智能云对于产业的深刻理解，在多个行业领域以更贴近业务的技术来实现产业发展，从而带动国产大模型的进一步迭代发展。

国内的应用场景非常广泛，主要集中在以智能客服、智能投顾、智能投研、代码助手等与文字、文档相关的领域。智能客服的自然语言处理能力相较于上一代大幅提升，可以更有效地提升问答能力，智能投顾、智能投研则可以能够更好地对金融领域的财报文档或行业研究文档进行上下文的摘要分析，代码助手可以帮助开发人员快速地生成代码，有效地提升了相关从业者的工作效率。

在国家层面重点关注的工业、能源、交通等领域，也有很多厂商基于国产大模型，结合原有工业机理模型和大模型在数据驱动上的新能力突破，探索在设备预测性维护、工业视觉场景理解、视觉异常行为识别、储能电池管理系统预测、能源设备巡检等领域的应用。

目前，在产业应用方面依然有一些需要突破的领域，主要集中在 3 个方面。一是缺乏综合人才。综合人才要求非常了解产业遇到的问题、历史机理模型解决方案、历史机器学习算法模型、新的大模型技术等，在解决一个场景问题时，可以有机地将多方面的技术能力组合在一起。二是缺乏对于技术边界能力的有效认知。大模型确实取得了技术突破，但也会有很多对其技术能力不符合客观实际发展规律的预期，容易造成对技术的盲目探索。三是当前的基础大模型所依赖的技术，依然由数据驱动，这决定了其基于概率的不确定性的本质，还需要在学术层面持续探索，如何将基于演绎的知识和基于归纳的数据有机结合在一个空间进行分析，从而实现可解释的算法模型。

（四）"数据要素 ×"产业

数据作为大模型训练的核心资源，2022 年 12 月，中共中央、国务院印发《关于构建数据基础制度 更好发挥数据要素作用的意见》（以下简称《数据二十条》），与《中华人民共和国数据安全法》《中华人民共和国个人信息保护法》共同构成数据要素产业的"基石性"文件。《数据二十条》明确提出，要建立数据交易场所与数据商相分离的市场运行机制，围绕促进数据要素合规高效、安全有序流通，培育一批数据商和第三方专业服务机构，这为打造良好的数据要素市场生态提供了行动指南。

2024 年，国家数据局联合 17 个部委印发了《"数据要素×"三年行动计划（2024—2026 年）》（以下简称《行动计划》）。其中，选取工业制造、现代农业、商贸流通、交通运输、金融服务、科技创新、文化旅游、医疗健康、应急管理、气象服务、城市治理、绿色低碳 12 个行业和领域，推动发挥数据要素乘数效应，释放数据要素价值。

《行动计划》的发布将加速数据作为生产要素对于产业的发展助力。每个产业和企业几乎都有非常多的文档、文字等数据，而这些数据都与大

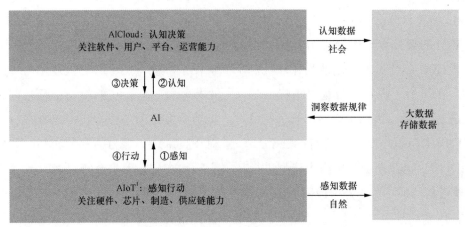

1. AIoT（Artificial Intelligence Internet of Things，人工智能物联网）。

图 1　云智一体、AI 物联网架构示例

模型技术的特点非常吻合，因此，随着数据的汇聚、治理取得成效，大量的文字、文档数据将有效结合大模型的技术能力，从而洞察到更多的产业价值，实现技术和产业的有机结合。

三、趋势：AICloud（人工智能云）云智一体、人工智能物联网

云智一体、AI 物联网架构示例如图 1 所示。

（一）AI 算法需要载体：云、物联网

大模型算法需要很强的推理算力，才能将其价值充分释放出来。相对来说，可无限扩展集群算力的场景就是云计算，因此，未来大模型将与云计算充分融合，在借助云计算的同时，也将助力云计算智能化发展，从而形成 AICloud 云智一体。对于企业和普通用户来说，只需通过 API 即可快速获取大模型能力。目前，业界已基本形成共识，将在软件即服务（Software as a Service，SaaS）的形态基础上，再增添模型即服务（Model as a Service，MaaS）这种形态。

大模型算法未来也会应用在更多的物联网边端场景，推理芯片厂商逐渐适应大模型，推出更高算力、更适应大模型的新款推理芯片，进而构建出更适应边端场景的智能物联网设备，使其更好地在企业、工厂、园区、社区、家庭等场景落地，让用户接触到大模型的价值。

（二）基于云计算场景：AICloud 云智一体

AICloud 云智一体是 AI × Cloud，实现 AI 与 Cloud 的深刻融合。Cloud 将为 AI 在数字空间提供低成本的数据基础设施，完成算力、网络、数据、存储等基础设施的建设。AI 可以基于此，快速地从海量的数据中洞察出蕴藏的规律和本质，从而让数据转换为生产要素，助力产业发展。同时，AICloud 云智一体的在线化、模型化、网络化特征，可以让企业感受到大模型的价值。

（三）基于物联网场景：AIoT

AIoT 实现 AI 与 IoT 的深刻融合。IoT 将为 AI 在物理空间提供物理载体，使用 IoT 本身所具备的算力、网络、数据和存储等能力，让单体的 IoT 设备可以实时、在线地完成智能化数据处理，从而降低数据对于网络传输、云端处理的依赖，让数据可以在边缘端即时处理、即时反馈。在工厂、园区、个人手持设备等场景，可以让用户快速感知到大模型的价值。

四、路径：从基础设施到应用，到软硬一体

从基础设施到应用，到软硬一体架构示例如图2所示。

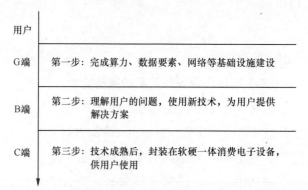

图2 从基础设施到应用，到软硬一体架构示例

（一）toG：基础设施建设

基础设施是数字中国建设的重要组成部分，需要政府作为主要的牵头方来完成，也将成为大模型商业化落地的第一个"桥头堡"。从国家层面来看，在数据中心、智算中心等场景完成算力的全国性建设，让各个企业／个人都可以使用低成本的应用算力。从国家数据局层面来看，在数据作为生产要素的汇聚、治理、处理、流通等环节，打通堵点，实现数据的持有权、使用权、经营权的规范化体系构建，才能让数据真正成为生产要素。

（二）toB：应用解决方案建设

每个企业需要围绕大模型的技术能力，构建自我的差异化竞争力，为用户提供更好的服务。在这个过程中，数据如果是企业的生产要素，那么引入大模型技术就是引入非常好的生产工具。但企业需要围绕用户场景、数据要素、算力基础设施、网络传输、成本收益等综合考虑，形成基于AI的解决方案能力，从而在竞争中取得成功。

（三）toC：软硬一体设备

由于大模型自身的技术门槛较高，所以一些专业用户将率先能够使用大模型的在线网站或App等，以快速提升自身的效率。普通用户则需要经历可封装大模型能力的软硬一体设备，才能快速感知到大模型的价值，从而带动基于在线网站或App场景的进一步增长。因此，基于大模型的软硬一体设备的大批量生产，会成为真正让大模型在用户端落地的重要一环。

五、结束语

大模型的技术发展大幅影响了自然语言的处理能力，将会对整个产业带来非常大的影响。在从技术演化到商业化落地的过程中，预计需要经历多产业、多领域不同节奏的发展。因此，在不同行业也会有不同的感受。在这个过程中，更需要持续站在系统工程的视角，从整个系统的要素、结构、关系、约束等维度，持续动态地观察和预判大模型的产业化发展。

（北京百度投资管理有限公司　炊文伟）

人工智能前沿探究

AIGC开启了AI产业新时代，为各行各业引进AI搭建了技术桥梁，促进了传统行业与AI的深度融合。数据显示，在2023年，我国AI行业应用使用率达到28%，产业规模有望在2035年达到1.73万亿元，AIGC在其中占据重要位置。

一、市场格局与态势

（一）专业化产品大量涌现

ChatGPT的横空出世，使科技企业开始探索AI全领域专业化应用，并推出相关代表产品，例如，Deepmind公司推出AlphaCode（编程版阿尔法狗）等智能协作产品，该产品具备语言灵活和支持多种编程语言的特点；谷歌推出Phenaki（凤凰）等智能媒体制作产品，该产品集成先进图像算法，实现高质量图像设计编辑；英伟达开发CycleGAN（循环生成对抗神经网络）系统，该系统可实现图像快速转换和风格迁移。

在国内，一些企业相继推出本土化AI应用：百度推出的文心一言、文心百中，注重文本生成风格灵活、主题选择多样；智普AI推出的写作蛙，聚焦内容创作智能辅助功能建设；万兴科技推出简便易用、编辑功能强大的万兴爱画、万兴喵影等产品；昆仑万维推出的天工巧绘、天工妙笔、天工智码等产品，涵盖图像编辑、插画创作和智能编码全流程智能编辑。

AIGC相关产品针对行业需求研发专属功能，实现个性化定制的同时，持续优化跨模态数据整合、自动化决策支持等基础技术，实现对信息的全面理解和处理。

（二）专精企业提升产品的服务能力

随着市场发展不断细化，AIGC产业在技术研发、集成和应用环节，涌现出一大批专精企业。

在研发环节，计算机视觉、信息处理、安全加密等AIGC基础技术实现突破，为AIGC产业发展持续提供创新动力。例如，商汤公司致力于计算机视觉领域的研究应用，并与学术机构合作，推动人脸识别、图像分析等技术创新。

在集成环节，通过整合各平台AIGC功能，打造AIGC"一站式"创作服务新模式，降低使用门槛，推动AIGC大众化。例如，Adobe公司构建了一整套涵盖图像、视频处理的AIGC创意云服务，整合各平台创意工具，提供高效便捷的AIGC创作环境。

在应用环节，通过为各行各业提供针对性的AIGC规划设计和服务，满足个性化需求，进一步推动AIGC落地应用。例如，IBM公司通过AI和大数据技术，为各行各业提供定制化AIGC规划设计服务，在医疗、金融等领域成功地解决了许多行业复杂问题。

二、产业进化与完善

（一）上游：数据市场不断扩大

大模型需要大量标注数据，这为数据采集、清洗、标注等上游产业提供了广阔的市场。大模型对数据质量的要求更高，促使上游数据供应商提高数据清洗和去重的技术水平，确保提供高质量数据。AI 芯片厂商不断创新技术，提供更高性能、更低功耗的芯片，满足大模型对计算的需求。

（二）中游：模型训练和部署技术不断提升

大模型应用促进了中游产业模型训练和部署技术进步，其通过自动混合精度训练、分布式训练等技术，提高了训练的速度和模型的准确性。同时，大模型为各种应用场景提供了强大的基础支持，降低了中游产业模型训练和部署的门槛。此外，通过自动化模型压缩、量化、剪枝等技术和各种隐私保护技术，例如，差分隐私、联邦学习等，确保模型部署安全稳定。最后，大模型推动开源社区发展，中游产业的开发者可以在开源社区中找到相关实用工具、技术和经验，促进彼此合作和学习。

（三）下游：AIGC 赋能产业智能化升级

大模型支持医疗、金融、教育等下游产业智能化升级，帮助下游产业升级自动化流程，例如，教育行业通过智能教学辅助、自动作业批改等提高学习效率。通过对用户数据的分析和预测，大模型为下游产业提供个性化的服务体验。通过自然语言处理和语音识别等技术，大模型帮助下游产业升级智能客服和交互系统，提高用户的满意度和交互效率。

今后将涌现出更多与垂直行业深度融合的创新应用，推动产业生态多样化发展。

三、技术应用与发展

作为与计算机深度绑定的数字系统，AIGC 实现了多项技术迭代与更新，其先进技术构建在深度学习、自然语言处理（Natural Language Processing，NLP）、计算机视觉等核心技术之上。生成对抗网络（Generative Adversarial Networks，GANs）、变分自动编码器（Variational Auto-Encoder，VAE）、卷积神经网络（Convolutional Neural Networks，CNN）和循环神经网络（Recurrent Neural Network，RNN）等基础技术，为 AIGC 提供了数据处理和学习能力，共同构成 AIGC 发展的技术底座。

（一）高质量文本生成

AIGC 文本生成依赖于 NLP 和深度学习技术。目前，AIGC 文本生成功能已实现 GANs、RNN 和长短时记忆网络（Long Short Term Memory，LSTM）、VAE、转换器模型等核心技术集成：GANs 在文本生成中，利用内置生成器的对抗性训练创建文本，并利用判别器评估文本的逼真度；RNN 和 LSTM 则用于捕捉文本上下文信息，帮助模型生成连贯语言；VAE 帮助模型学习文本连续表示，有效生成文本。转换器模型主流系统分为双向编码器表示和 GPT 两种。其中，GPT 通过预训练与微调语料库可实现高质量文本生成。

（二）定制化图像绘制

AIGC 图像定制借助深度学习和生成模型，已实现 GANs、VAE、CNN、样式迁移技术等核心技术集成。其中，GANs 在 AIGC 绘图中，利用生成器学习真实图像分布，并利用判别器评估图像逼真度。VAE 学习数据潜在分布并生成规律性图像。在绘图中，VAE 用于帮助模型学习图像表达形式，CNN 则用于提取图像特征。此外，样式迁移技术被应用于图像样式转移。图像识别相关技术不断更新，使 AIGC 有望在绘图方面提供更高级的创造性表达能力，设计更具艺术性的图像。同时，AIGC 将优化智能合作、跨模态生成等功能，强化用户体验，并有望进军医学、科学研究、建筑设计等领域，进一步扩大服务领域。

（三）智能化视频制作

AIGC 视频制作基于深度学习、计算机视觉和 NLP 等技术。目前，视频制作已实现 GANs、NLP、计算机视觉等核心技术集成：GANs 用于视频超分辨率、风格转换和特效生成，通过对抗性训练提高视频质量；NLP 技术用于视频脚本生成、语音识别和字幕生成，为视频制作提供语言支持；计算机视觉技术用于视频内容分析、对象识别、场景理解，实现智能剪辑。另外，AIGC视频制作还提供了智能编辑工具，利用自动化技术帮助剪辑、拼接、调整视频内容，实现内容即时编辑。未来，仿真视频元素制作、实时视频生成编辑、多模态信息整合、强化学习与交互式视频制作、视频场景智能合成渲染、虚拟现实与增强现实整合等功能的开发优化将进一步提升视频的生成效率和质量。

四、行业变革与发展

随着AIGC技术不断演进，通用大模型与垂类行业的深度融合，为各行业带来前所未有的业务变革。

（一）工业制造：生产数字化重塑

AIGC赋能制造业数字化转型成效显著。数字化车间和智能工厂加速涌现，数字化管理、平台化设计等新模式快速普及，使生产流程更加高效精准，在产品质检、设备预测性维护、安全生产等方面取得明显成效。企业可实时监控生产过程、预测市场趋势、优化库存管理，降低运营成本、提高运营效率。通过实时数据分析和智能决策支持，企业可以更加精准地掌握市场需求和生产状况，实现更高效的资源配置。

（二）新闻传媒：AIGC加速内容生产和分发

AIGC技术持续赋能新闻传媒领域的内容策划及生成。一方面，支持新闻传媒快速完成信息搜集、文件翻译、新闻分析与生成等工作，提高新闻报道的时效性和准确性；另一方面，还能辅助编辑完成审核内容、推荐内容、提升视觉内容表现等工作。2023年8月，新华社音/视频部打造"AIGC说真相"栏目，发布AIGC创意短视频，其直观表达引起读者更深层的情感共鸣。随着技术提升，通过自动化生成和智能编辑技术，新闻传媒机构将快速制作出高质量的新闻报道和具有创意的内容，以满足用户不断增长的信息需求。

（三）影视服务：智能拓展影视生产空间

AIGC技术提升影视行业全管线的效率，包括剧本创作、AI换脸及换声、场景及分镜制作、数字人模拟虚拟角色、预告片剪辑、特效处理、AI海报制作等，充分提高影视内容制作的效率，降低制作成本，提升创意能力，满足观众多样化需求。未来的AIGC将更快速、准确地辅助生成高质量影视内容，为用户提供个性化的影视内容推荐服务。

（四）新兴产业：科技驱动智能新业态

AIGC技术助力智能家居、无人驾驶等新兴产业更智能、便捷和安全。在智能家居领域，AIGC技术通过与家用电器的集成，帮助家庭实现自动化控制，AIGC技术通过分析和预测用户的行为，为用户提供更加个性化的家居体验。在无人驾驶领域，通过深度学习和神经网络等技术，无人驾驶车辆可以更好地识别和应对各种路况与突发情况，实现智能化的行驶决策，以提高车辆的行驶效率和安全性。

五、各方观点

（一）政府机构

1. 我国政府积极引导推动产业良性发展

AI作为战略性新兴产业被列入国家发展规划。2023年2月，国务院国有资产监督管理委员会印发《关于做好2023年中央企业投资管理，进一步扩大有效投资有关事项的通知》，该文件提出，要加大新一代信息技术、AI等布局力度；加大对5G、AI、数据中心等新型基础设施建设的投入。2023年8月，工业和信息化部印发《新产业标准化领航工程实施方案（2023—2035年）》，聚焦新兴产业与未来产业标准化工作，提出要围绕多模态和跨模态数据集研制标注要求等基础标准；围绕大模型关键技术领域，研制通用技术要求等技术标准；围绕基于AIGC的应用及服务，研制AIGC模型能力、生成内容评价等应用标准。

2. 各国政府更加重视AI风险防范

2023年4月，美国政府发布了一份公开意见征求文件，重点讨论"是否应该在可能具有潜在风险的AI模型发布之前对其进行批准"。2023年7月，国家互联网信息办公室发布《生成式人工智能服务管理暂行办法》，对面向中国境内公众提供服务的AIGC产品在意识形态、知识产权、信息安全、公平竞争等方面进行了规范。2023年8月，《新产业标准化领航工程实施方案（2023—2035年）》提出，要在重点行业开展对AIGC产品及服务的风险管理、伦理符合等标准预研。可以预见，各国政府将会出台更严格的行业管理法规，建立更细化的伦理和监管框架。

（二）行业企业

1. 对AIGC发展持乐观预期

业界普遍认为，AIGC在创新服务和开拓新市场方面具有巨大潜力。麦肯锡中国区主席、全球资深董事合伙人认为，AIGC技术风暴有望开启新一轮技术和产业变革。银河证券表示，AIGC应用细分行业将进一步发展，有望出现用户端爆发式应用。

2. 加注大模型产品赛道

头部互联网企业对大模型业务积极投入。2023年9月，腾讯发布混元大模型，腾讯集团副总裁表示，腾讯将全面拥抱大模型。2023年10月，高德云图发布云睿产业大模型。2023年11月，阿里巴巴发布夸克大模型。

3. 积极参与人才竞争

招聘市场数据反映出企业对AI的积极态度。在企业招聘岗位总量减少的背景下，AI大模型、智能制造等行业新风口需求激增，释放大量的工作机会。相关数据显示，2023年1月～10月，要求掌握AIGC技术的职位数量同比增长179%。

（三）学术研究机构

1. 强调大模型应用落地能力

清华大学AI研究院视觉智能研究中心主任表示："大模型的价值在于应用。只有在多样化的实际应用场景中赋能智能经济与智能社会的发展，才能找到产业价值，同时也成就大模型自身。"模型与算法、数据与知识、芯片与算力、场景与真实的产业应用需求，是数字生态发展的核心力量，是大模型竞争的关键因素。

2. 关注伦理问题

AI技术深入人类生活领域，如何使AI的发展符合人类社会道德期待、伦理和责任成为学术研究关注的话题。

（北京清博智能科技有限公司　李祖希）

AI 大语言模型技术与智慧城市应用现状解析

一、AI 大语言模型的技术趋势

2022 年，OpenAI 发布 ChatGPT，因其具有强大的语言处理能力，给人类社会带来巨大的信息化变革。2022 年的 AI 大语言模型在技术上有了长足的突破，在生成算法模型方面，GANs、Transformer 模型（最初由谷歌公司的研究团队提出并应用于机器翻译任务，是一种基于注意力机制的序列模型）等扩散模型在性能、稳定性等方面不断提升；在预训练模型方面，有效地解决了内容生成模型高昂的训练成本和较低的训练效率问题，能够高质量地完成多任务处理；在多模态技术方面，让 AI 大语言模型成功接入了多种类型的数据，从单一的文字处理，到图片、音频、视频的多种形式输入。目前，以 ChatGPT-4 为代表的产品已经广泛应用于多个领域，也给智慧城市的发展带来了诸多机遇。

2023 年，AI 大语言模型技术不仅突破了以往的限制，也带来了新的变革。技术上的变化趋势主要体现在以下 3 个方面。

（一）多模态成为 AI 大语言模型"生存"下去的标配

2023 年，AI 大语言模型技术的一个重要趋势是多模态能力的整合。这意味着 AI 大语言模型不再局限于处理文本信息，还能够理解和生成图片、音频、视频等多模态数据。这种整合使 AI 大语言模型在处理复杂的任务时更加高效。

谷歌于 2023 年 12 月发布的 Gemini Ultra 大模型，以其强大的多模态能力，被称为 ChatGPT-4 最强大的竞争对手。在 Gemini Ultra 大模型发布的公开技术报告中详细地阐述了其在图表理解、多模态问答、图像文本交错生成、图像推理、几何推理、信息检索、视觉多模态推理、多模态幽默理解 8 个方面的强大能力。

（二）更加先进的优化技术，保证准确的同时更关注效率和成本

ChatGPT 火爆之后，各大互联网厂商争相推出了自己的大语言模型。如今大语言模型在追求高性能、高准确率指标的前提下，通过开发更先进的技术与模型来提高效率和节约成本。

知识蒸馏是典型的深度学习模型压缩技术，通过已经成型的大模型（"教师"）来指导小模型（"学生"）的训练迭代。小模型在高性能的基础上，训练迭代能够快速收敛，大幅提升推理速度并降低成本。知识蒸馏原理示例如图 1 所示。

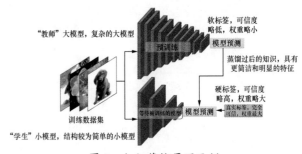

图 1 知识蒸馏原理示例

（三）从"概念"转化为"应用"，从"技术"转变为"价值"

人机交互一直是人们对智能设备的美好追求，AIGC 让人类首次看到了与机器"像人一样对话"

成为可能。ChatGPT-4让更多的开发者和从业人员可以通过大语言模型低成本地创建自己的应用程序，尝试以"开放平台"的方式打造大语言模型的生态。在用户端产品应用方面，智能客服、内容审核、教育辅导、医养咨询、创意写作等产品落地，让AI大语言模型的技术为企业、为社会创造了价值。

二、智慧城市的背景与需求

智慧城市是指运用信息技术、通信技术和大数据技术来改善城市交通、能源、安全等方面的基础设施和公共服务的新型城市。智慧城市的发展需要强大的AI技术支持，以实现智能化、个性化和高效的服务，AI大语言模型正是满足这些需求的重要技术之一。

首先，AI大语言模型可以很好地理解和处理自然语言，使智慧城市中提供各种服务的交互更加便捷。其次，AI大语言模型可以进行海量实时数据的分析和识别，以预测未来城市发展的趋势，合理分配城市资源。尤其在发生紧急事件的时候，AI大语言模型能够快速帮助政府和相关职能部门做出准确和迅速的判断，从而提高城市应急管理的治理水平。最后，AI大语言模型能够为科研人员、技术人员、服务人员提供智能化的工具，可以对信息、知识、技术进行快速的检索和分析，从而提高组织的整体工作效率。

三、AI大语言模型与智慧城市应用案例

（一）AI大语言模型+智能交通

城市交通拥堵一直是大城市管理规划的核心问题之一，通过AI大语言模型强大的信息处理能力，可以对海量交通数据进行预训练，以提供实时的交通态势分析和交通事件预警，大幅提升城市交通系统的决策效率。

在实际应用中，大型互联网公司一般具有较完善的地图基础数据和AI大语言模型处理能力，例如，在北京亦庄应用的百度智能云全域信控系统，该系统可以动态调整路口红绿灯的时长，为上级交通系统提供更优的决策，为市民的出行提供更大的便利。

（二）AI大语言模型+智慧医疗

智慧医疗是智慧城市中的重要组成部分，可以有效解决"就医难、看病慢"等医疗方面的问题。智慧医疗对信息的处理和对资源的合理调配，可以大幅提升医疗系统的利用效率。例如，使用AI大语言模型进行电子病历分析、简单病症的临床问诊、病理报告分析、临床数据处理和分析、医学文献检索，对信息的快速处理可以帮助患者减少就医过程中的繁杂程序。

四、AI大语言模型与智慧城市的行业趋势

（一）数据驱动

未来智慧城市的构建离不开使用海量数据进行模型训练和实施决策。城市中将铺设大量的传感器、智能终端、云设备，它们为城市管理和决策带来大量的信息资源。与数据相关的各种元素都将影响智慧城市的建设和管理。这些数据驱动下的AI大语言模型也将不断地优化和改进，提高其在智慧城市应用中的性能和效果。

（二）垂直领域细分

智慧城市是一个综合性的系统，涉及交通、医疗、安防、环保等领域。每个细分的垂直领域都有自己的知识库和内容生态。未来的智慧城市建设将更加重视垂直领域的细分化、专业化、个性化和定制化。

（三）多模态融合

多模态融合是目前AI大语言模型演变的主流方向。智慧城市中的服务决策系统需要将不同类型的信息进行整合，内容涉及多种媒体和信息，

例如，文本、图片、音频、视频等，从这些内容中提取出更加全面和准确的信息进行综合判断。同时，多模态融合技术还可以提高AI大语言模型的可信度和可解释性，便于系统综合决策。AI大语言模型从单模态能力转向多模态能力示意如图2所示。

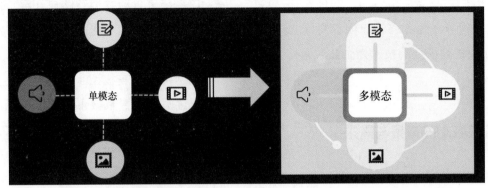

图2　AI大语言模型从单模态能力转向多模态能力示意

五、AI大语言模型在智慧城市应用中的挑战

（一）数据互通

AI大语言模型仍然是数据驱动下的技术，然而目前智慧城市建设的体系还在探索中，不同领域、不同系统之间仍然存在数据不互通的问题，缺乏统一的数据标准。有些数据受到隐私、安全等方面的限制，智慧城市在数据的具体应用方面，依然存在"数据孤岛"问题。

（二）建立内容生态

智慧城市的建设具有"多样性"和"复杂性"的特点，为了保持AI大语言模型在智慧城市的持续迭代优化，需要让智慧城市建立起完整的内容生态，以持续提供多样化、多模态的数据和知识库。

（三）可信赖性

AI大语言模型在智慧城市应用中的可信赖性是至关重要的，它直接关系到应用的可靠程度。然而，由于AI大语言模型的"黑箱"特点，其可解释性和可信赖性难以保证。尤其是智慧城市可能服务于多语言、多文化、多民族的场景，需要确保内容的生成和决策能够适应不同人群的需求。另外，AI大语言模型还存在一定的误判和误操作风险，需要提前采取有效的措施进行风险控制和监测。因此，如何提高AI大语言模型的可信赖性是智慧城市应用中面临的重要挑战之一。

六、结束语

技术发展的本质是效率的提升。计算机技术有着较高的行业壁垒，AI大语言模型技术降低了普通人使用计算机技术的门槛。从"技术"到"服务"的实现路径变得更加简单、直接。在衣食住行等各方面都面临海量数据的处理和快速响应的需求，AI大语言模型必将在智慧城市的建设中起到巨大的作用。这个过程既需要理论、技术、工程等多学科的融合创新，也需要政府、企业、个人多维度的驱动，各方更加紧密合作，共同打造AI时代的智慧城市。

（腾讯云计算（北京）有限责任公司　李根）

数字化背景下我国氢能行业对汽车的发展现状分析

一、氢能发展背景

(一)氢兼具原料属性和能源属性

氢是一种重要的化工原料,可用于制备多种化学品,例如氨、甲醇、乙烯等,也可用于制备高纯度的半导体材料和涂料等。

氢是一种高能量的燃料,其能量密度比化石燃料高得多。氢气在燃烧时,能够与氧气结合形成水,并释放出大量能量。由于燃烧或者作为燃料的电池发电时冷凝热的一半能量都无法被利用,我国通常按照低热值来计算物质燃烧释放的能量。按照低热值数据,1kg氢相当于2.7kg(3.7L)汽油、2.8kg(3.38L)柴油、2.4kg天然气或33.3kW·h电量。再考虑发动机效率,折算后1kg氢用于燃料电池车辆时,大约相当于6.9L汽油、4.5L柴油或者18.6kW·h电量的锂电池。

氢也可以用于储能,将其存储在高压容器或液态氢中,可供后续使用。电化学储能改善了电能的灵活性,但电化学储能在长期存储能量时,存在能量衰减和自放电的问题。氢作为新型储能介质,可以有效解决可再生能源供给与市场需求之间的不平衡问题。

(二)三次能源革命:正在迈向以可再生能源与氢能为代表的新能源时代

纵观三次能源革命,人类对能源的利用既是一部技术革命史,也是一部工业体系变革史。回顾前两次能源革命,都是先发明了动力装置与交通工具,带动了能源资源的开发利用,从而引发工业革命。当前,能源发展逐步由化石能源主导的高碳能源系统向清洁能源主导的低碳能源,甚至零碳能源系统方向转变,将逐步由增量清洁替代转向存量清洁替代。我国在第三次能源革命浪潮中面临巨大机遇。目前,我国在能源装备制造、电动汽车、储能、能源输送等方面均处于国际领先水平。

(三)践行"双碳"目标,氢能促进传统行业深度"脱碳",实现绿色发展

践行"双碳"目标加速了我国能源结构转型,整体布局氢能,既是能源绿色低碳转型的重要抓手,也为汽车行业的转型提供了重要保障。在能源供给端,氢能将成为未来清洁能源体系中重要的二次能源;在能源消费端,氢能是用能终端(例如汽车)实现绿色低碳转型发展的重要载体。

二、我国氢能发展现状

我国已成为全球氢气产量第一的国家,预计2060年,氢气产量有望突破1×10^3亿千克。

目前,各地政府都把氢能看作未来经济发展的重要产业,氢能产业园成为城市发展氢能的重要体现。在已公开的2023年省级重点项目名单,多个省的重点项目均包含氢能产业园项目。据不完全统计,截至2023年2月,规划在建或已运营的氢能产业园已经超过70个,呈现"遍地开花"的态势。

五大氢能产业示范群包括京津冀城市群、上

海城市群、广东城市群、河南城市群和河北城市群，浙江、江苏等地氢能产业园的建设力度也比较大。集群式发展氢能的"中国模式"有助于地区统筹资源，集中力量助推氢能产业链条有序发展。五大氢能产业示范群见表1。

表1　五大氢能产业示范群

序号	城市群	牵头城市	示范目标	相关企业
1	京津冀城市群	北京	推广车辆5300辆，加氢站49座	亿华通、伯肯节能、兰天达、国氢科技、氢璞创能、神力科技、东方氢能等
2	上海城市群	上海	推广车辆10000辆，加氢站100座	重塑科技、上海捷氢、氢晨科技、风氢扬、国鸿氢能、国富氢能、治臻股份、中氢气体等
3	广东城市群	佛山	推广车辆10000辆，加氢站200座	雄韬股份、国鸿氢能、氢时代、清极能源、氢福湾氢能、联悦气体、广钢气体等
4	河南城市群	郑州	推广车辆5000辆，加氢站80座	豫氢动力、氢璞创能等
5	河北城市群	张家口	推广车辆7710辆	未势能源、绿能科技等

三、数字化技术赋能氢能产业发展

目前，中国氢能产业仍处于发展初期，与国际先进水平相比，仍存在产业创新能力不强、技术装备水平不高、支撑产业发展的基础性制度滞后、产业发展形态和发展路径尚需进一步探索等问题。

面对新形势、新机遇、新挑战，需要包括氢能供应链、技术、商业模式在内的整个生态系统联动发展，加强顶层设计和统筹谋划，进一步提升氢能产业的创新能力，不断拓展市场应用的新空间，引导氢能产业健康有序发展。除了整合产业链资源和上下游价值链，能源行业数字化转型是企业瞄准的新蓝海。IDC预测，2021—2025年，中国能源企业数字化转型支出将以每年15%的速率增长，生产运营数字化将成为企业重要的"减碳"发力点。

（一）数字孪生

在氢能行业，数字孪生可加快工艺技术的创新和扩展。根据KPI快速评估设计概念，优化产能、盈利能力和碳排放流程，实现跨部门协作，将全面的数字孪生移交给运营部门，实现持续的决策支持和卓越运营。

（二）人工智能和大数据分析

数据将发挥重要作用，因为优化绿氢生产依赖于整个价值链上各个环节的可见性。一个利益相关者的决策（例如，何时使用风力发电来制氢），可能与另一个利益相关者面临的情况（例如，钢铁或氨的价格变化）息息相关。这些决策可以实时做出，但必须依据整个生态系统共享的数据。对于绿氢产业，通过分析来自工厂、储罐、管道、能源承购商等的数据，可以将资本支出优化10%～15%，将风险降低30%～50%，同时降低不必要的运营支出。

能源消耗、工厂性能、生产率和纯度是制氢的关键性能指标，需要提高一定的可见性以确保高效生产。通过实时监控工厂运营和资产健康状况，并且整合、分析和学习天气相关的数据，以及应用高级分析可以提供的纠正措施建议，最大限度地提高产量。

总之，数字化解决方案可以为氢能项目投资决策提供可见性，以端到端、一体化工程减少成本损耗并最小化"碳足迹"，释放绿氢的运营与环境效益。为了克服氢转型所带来的挑战，无论是新能源发电、电解制氢还是工业生产场景，工程和运营团队都必须全面拥抱数字化转型，从而赋能产业链创新和协作。

四、总结与展望

中国是全球氢能发展的重要参与者、创造者和领跑者之一，氢能产业链集聚效应已初步显现，并探索出多领域协同发展路径，向着更宽阔的应用场景、更高效的工业"脱碳"等领域延伸。在全产业链成本居高不下，技术仍有待提高的当下，如何实现氢能的大规模应用，推动能源和工业领域，尤其是汽车领域快速向绿色低碳转型，考验着每位管理者的智慧。

氢能在汽车领域的应用已有一定的支持政策，例如，燃料电池汽车城市群示范补贴政策等，但绿氢在工业应用时相关扶持政策较少，可以加强在绿氢定价机制、化工等工业领域绿氢替代项目的财税扶持等；将交通领域的支持政策，延伸到氢储能、工业领域绿氢替代、氢能热电联供等方面。

当前，我们正处在数字化与绿色化交会的路口，随着AI、大数据、物联网、云计算等新一代数字技术的日渐成熟，氢能产业在这场没有硝烟的"智能革命"中前行。从价值链重塑到赋能产业转型，从设计规划到实施运营层面的全生命周期，在数字技术的加持下，期待氢能产业在高质量发展的浪潮中，实现越来越多的突破，为达到"双碳"目标激发磅礴动力。

（北京兰天达汽车清洁燃料技术有限公司　杨亚飞）

智慧课堂发展与实践

在教育信息化基础设施逐步建设完备的今天，如何将千兆光网、大模型、AI 等技术深入教育教学场景，成为市场各方研究的重点。本文将立足千兆光网和大模型技术，深度分析如何实现从小学一年级到初中三年级（K9）阶段进行标准化课堂管评体系搭建，实现先进技术与教育场景的深度融合。

一、课堂管评体系分析

课堂作为教育闭环中最重要的环节，在教书育人的过程中扮演了极其重要的角色，课堂质量评价标准的确立尤为重要。搭建评价管理体系，需要进行两个部分的建设：第一个部分是系统的采集端，需要依据课堂评价体系进行相关数据采集；第二个部分是实现课堂评价体系搭建最重要的部分——课堂评价分析模型。

目前，在我国教育体系中，课堂评价分析主要源自教研环节。教研制度是我国基础教育的特色，也是我国教育改革和发展的创新，是提高基础教育质量的重要保障。但从教研途径和方式层面来看，我国教研工作存在主观性强、成本高、规模扩大难的问题。近年来，随着教育改革的不断深入，教研工作也正在逐步发生转变。

从工作原则来看，教研工作正在从传统的经验主义逐步向循证和基于实证的原则过渡；从实施方式来看，教研工作正在从传统的线下向线上线下混合，甚至纯线上过渡；从工作内容来看，教研工作正在从单一的教育研究向"教研训一体化"方向过渡。随着教育数字化转型的不断深入，新一代信息技术将有效赋能教研工作的转变，教研工作将成为教育数字化转型、实现标准化课堂评价的重要场景。

在 K9 阶段进行标准化课堂管评体系搭建，需要从智慧教室建设和课堂质量评价分析模型两个方面着手。

二、基于双千兆光网的智慧教室

智慧课堂作为一种新型的教育形式和现代化的教学手段，可以综合解决教育教学过程中的问题，增强师生互动能力，从而提升综合教学质量。千兆智慧课堂建设为数据采集提供了稳定、精准的渠道，使评价体系平台搭建成为可能。

在网络建设方面，可以采用以 GPON 为核心技术的全光接入 POL 网络方案。采用的设备包括 OLT 汇聚设备、ONU 多业务接入设备和切片分组层设备 3 个部分。

核心层：使用原有用户数据中心核心交换机设备，对全光网提供统一交换功能。

汇聚层：通过 OLT 设备进行汇聚，汇聚层采用 GPON 技术，OLT 通过 10GE 接口与核心交换机互联，OLT 与核心交换机互联端口可扩容。

接入层：在每个区域（教室）内放置校园网 ONU 设备，ONU 设备提供 GE 接口［可支持以太网供电（Power Over Ethernet，POE）+ 供电能力］设备接入；室内区域每个智慧教室内放置 1 台 ONU 设备，ONU 设备提供 GE 接口（支持 POE+ 供电能力），提供摄像头接入。

在学校机房内部署电信运营商智能城域网节点和 MEC［包括 UPF 和消息交换模式（Message Exchange Pattern，MEP）服务器］，UPF 通过智能城域网与大区控制面［认证管理功能（Authentication Management Function，AMF）/SMF］对接，与学校数据中心通过光纤直连，实现用户数据不出教育专网即可从终端上传到数据中心的目标。学校机房网络架构示意如图 1 所示。

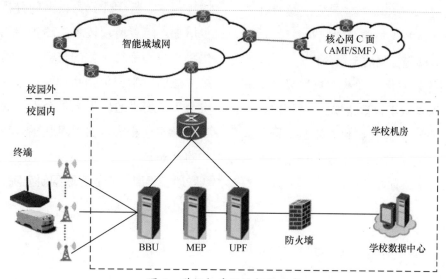

图 1　学校机房网络架构示意

学校前端设备通过 Wi-Fi、基站及 5G 专网连接至后端服务器。校区楼内和室外区域 5G、Wi-Fi 全覆盖。在电信运营商机房建设 UPF+MEP，业务平台部署在 MEP 上。学校内的终端流量在本地卸载，保障业务高带宽和低时延的同时，实现数据不出教育专网的目标。

智慧教室设备及平台方面，以"三一设计"为指导思路，即 1 块屏幕、1 个工具栏、1 分钟学会，为降低信息化对正常授课的影响，智慧教室应该让老师可以快速掌握使用方法，并且可以常态化授课使用。同时，通过"云+网+端"的系统架构，推出高度集成、紧凑、易维护并且融合全部智慧教学功能的核心终端设备，以及集合资源管理、设备管控、数据分析、媒体发布、教学督导功能的融合管理平台，实现智能中控、在线巡课、精品录播、远程互动、物联控制、分组教学、人脸考勤、信息发布、集中管控、学情分析、督导教学、数据分析等多种教学业务应用。不仅如此，

系统还需要具备良好的兼容性和可扩展性，能兼容市场上主流的采用标准协议的同类产品，并能简单快速扩容。

以此为基础，可对教育教学过程中的数据实现全量收集，协助教师进行更加便利、更加快捷的授课和教学，以供给课堂质量评价系统大量的过程数据。

三、基于大模型的课堂质量评价分析

长期以来，教师在教研、教学过程中缺乏客观、量化的个性化参考报告，大部分教师在教研的过程中，对于自身的评价大部分来自于其他教师，这样的评价在一定程度上存在主观因素。因此，结合 NLP、视频人像识别处理技术、大模型等分析能力，依托《义务教育课程方案和课程标准（2022 年版）》等相关政策，可以打造综合、准确的智能教育课堂质量分析系统，客观反馈教学

过程中的不足，提高学校整体的教学质量，助力教师专业能力的成长。

NLP是计算机科学领域与AI领域中的一个重要方向。它是一种研究实现人与计算机之间用自然语言进行有效通信的各种理论和方法。AI智慧课堂质量分析系统通过前端音频采集设备，对教师上课内容进行语义语境分析，可实现教育环节判定，精准区分教师授课内容，实现对教学方式、教学内容、教学互动等方面的全量分析。

通过长周期的常态化课堂教学数据采集，分科组、年级建立课堂教学数据常模，分析各学科、各年级的课堂教学质量提升点和教师专业素养成长点，使用课堂教学大数据支撑教师专业发展和学科建设工作的科学、有效开展。

四、结束语

我国的教育面向全体学生，注重学生的个性发展。双千兆光网搭建后，光纤的大带宽、低时延的特点让课堂的数据更加丰富。同时，教学评价大模型诞生于教学，在不断使用教学评价体系的过程中，教学评价大模型的分析精准度也会逐步增加。随着两项技术的逐步应用，有个性的学生将会得到因材施教的培养，优秀的老师也不会被主观的教学评价体系埋没，最终在两项技术的融合下，变"通性"为"个性"，化主观为客观，与教学相辅相成，实现对我国教育评价体系和方式的重构。

（联通（天津）产业互联网研究院　魏强　章双佐　盛宪峰）

探索人工智能视觉模型技术在智慧城市场景中的实践与成效

智慧城市的核心是将现代信息技术应用于城市管理中，以提高城市的服务水平和资源利用效率。视觉数据是智慧城市中数据量最大的数据源，随着AI技术的发展，视觉模型成为智慧城市建设中必不可少的重要组成部分。

谷歌和Open AI等头部企业已经达成视觉模型应该能够按照客观世界的基本逻辑做出反应的共识，通过训练广泛的现实世界的真实视频进行视觉语言建模，形成一个符合现实世界逻辑的虚拟现实视频模型，解决现实世界中生产与生活治理中面临的问题，在智慧城市建设、运营与管理中具有极大的现实意义。

计算机视觉建模技术的应用范围广泛，涵盖从人脸识别、车辆管理、环境监测到物流运营等智慧城市建设、运营、治理的方方面面。多个视觉场景模型架构示例如图1所示。

在智慧城市管理中，利用视觉模型处理通过摄像头、无人机等多种信息渠道上报多样化、多元化的数据，主动发现、识别城市管理中出现的违规违章问题，为政府主动治理提供辅助决策支撑手段，提高城市治理和城市管理的水平。

在智能交通管理中，智能交通管理系统利用计算机视觉建模，实现对交通状况的实时监测和管理。例如，可以通过摄像头和算法控制交通路口的红绿灯，智能地根据路况、交通流量和车辆类型等情况进行调控。同时，智能监控系统还可以自动识别车牌、检测违规行为，为城市管理层提供决策和改进的基础数据。

在智能安防监控中，利用计算机视觉建模实现对城市环境、交通和公共场所等领域的安全监测和管理。例如，通过人脸识别技术，智能监控系统可以快速识别安防黑名单中的人员，提供实时的预警和控制措施。

天津联通基于分布在监控摄像头接入边缘节点的视觉特征压缩编码器提取视频特征流信息，通过实践压缩网络传输给视觉模型训练框架，经过图像分割、去除噪声、多层训练等过程进行建模，并根据视频所属安防、交通等应用场景区分，分别建立多个视觉场景模型。对其进行视觉分析时，根据视频属性自动选择适合视频分析使用的视觉场景模型，对其进行分析后加权输出汇聚形成的结果。

整个训练过程基于中国联通分布在全国的算力资源池，利用算力调度平台实现视觉模型算法在各集群节点的分发、部署以及运行观测。智慧城市模型成果在天津市和平区滨江道、和平路步行街，以及南京路等交通骨干道路中已投入应用，并取得了初步成效。

在周边监控与人员检测方面，联通智能视觉模型可应用于繁华路段人流密集场所的监控和人员检测。利用深度学习算法，视觉模型能够实时分析监控视频内容，有效探测异常信息，进行风险预测。

在特殊场景需要的情况下，公安机关可对特定人员进行指定时间窗口内的行程轨迹追踪与绘制，这不仅提高了安防系统的效率，也提升了城市的整体安全治理水平。

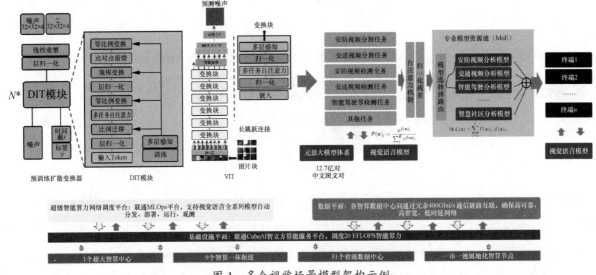

图 1　多个视觉场景模型架构示例

在交通管理方面，联通视觉模型技术也发挥着重要作用。通过识别和分析交通流量、车辆行驶轨迹等视觉数据，视觉模型能够帮助交通管理部门优化交通布局，提高道路通行效率。由天津市公安局和平分局部署的示范性智能视频分析模型，在繁华路段、步行街及主干道路的行人、车辆交通流观测、管理与疏导中起到重要作用。此外，联通视觉模型还可以用于识别交通违规行为，为交通执法提供有力支持。

例如，基于云边协同的视频智能分析平台可以帮助社区人员发现人流聚集点位并及时采取相应的管控措施。

视觉模型技术在智慧城市中的应用是一个新兴领域，具有广阔前景，随着技术的不断进步和发展，大模型技术的应用将会愈发广泛，让智慧城市更加智能化、便捷化和高效化。

（联通（天津）产业互联网研究院　魏强　孟彬　程义远）

5G 技术与行业应用发展篇

5G 行业虚拟专网产业发展分析与展望

随着我国 5G 应用进入规模化发展的关键阶段，5G 与行业融合的深度和广度不断提升，5G 技术产业已逐步从消费类向行业类拓展，孵化出一批新技术、新产品、新业态，形成 5G 融合技术产业。其中，5G 行业虚拟专网已成为构筑 5G 融合应用的新型网络基础设施底座，在我国形成产业推广共识。

5G 行业虚拟专网是指基于 5G 公网频段向行业用户提供的，能够满足其业务及安全需求的高质量专用虚拟网络，是为行业用户提供差异化服务、可部分自主运营等网络服务的核心载体，主要包括面向行业优化以及与行业原有设备/系统融合后形成的 5G 网络、运营管理平台和行业业务平台等产品业态。

一、5G 行业虚拟专网部署模式

5G 行业虚拟专网的主要特征包括：一是基于电信运营商 5G 公网频段；二是利用网络切片、覆盖增强、边缘计算、网络设备定制专用等手段，对公网进行技术增强的行业虚拟专网；三是根据行业需求配置网络，形成行业业务的差异化保障及安全隔离措施；四是依据行业企业的需求，一定程度上实现行业对 5G 网络的自主运营运维。

面向行业应用的差异化需求，我国 5G 行业虚拟专网逐步在部署过程中形成公网共用模式、公网专用模式及定制专用模式三大网络落地部署架构，并形成产业共识。

（一）公网共用模式

该模式下，行业企业利用电信运营商的 5G 公共网络，通过网络切片技术、服务质量差异化保障等相关技术，为企业提供网络质量定制化且与其他公众用户业务逻辑隔离的专用通道服务。该网络的部署成本较低，但用户信息和数据流量的安全性取决于网络切片能力，低时延保障取决于边缘云的部署位置等。

（二）公网专用模式

该模式下，电信运营商将原有在 5G 核心网侧的 UPF 网元和 MEC 平台等功能下沉至企业内部，供企业专用，实现行业企业本地流量卸载及数据不出园区。该网络部署方式因建设成本适中，可满足业务数据不出企业的要求，是当前采用较为广泛的 5G 网络部署方式。

（三）定制专用模式

该模式下，电信运营商通过基站、核心网等设备的专建专享，为行业按需定制提供 5G 专用网络。电信运营商 5G 行业虚拟专网为垂直行业建立独立的数据传输通道，不同的行业可以根据业务需求在虚拟专网上定制网络切片，电信运营商基于网络切片为行业分配接入网、承载网和核心网的资源。该网络部署方式可以保障数据不出企业、企业对网络有更多的自主管理能力等，适合承载对安全隔离性、网络性能有极高要求的行业应用。电信运营商基于 5G 行业虚拟专网的三大部署架构，发布 5G 行业网络推广品牌。其中，中国电信发布致远、比邻、如翼 3 种网络模式，中国移动发布优享、专享、尊享 3 种网络模式，中国联通发布虚拟、混合、独立3种网络模式。

5G行业虚拟专网按照服务区域划分，可分为广域、区域、局域及跨域4种典型形态。5G行业虚拟专网典型形态及特征见表1。

表1 5G行业虚拟专网典型形态及特征

典型形态	主要特征
广域5G行业虚拟专网	服务全国/全省（自治区、直辖市）/全市范围内的行业企业的广域网络，与公网资源共享或部分资源专享，实现网络的逻辑隔离，典型适用场景包括电力、车联网等
区域5G行业虚拟专网	服务区域范围内行业企业的虚拟专网，基于地市级、区县级、园区级部署多企业共享的网络，实现区域内网络的逻辑隔离及共享共用，典型适用场景包括产业集群、中小企业园区等
局域5G行业虚拟专网	服务局域场景内行业企业的网络，通常部署独享的5G网络设备，服务单个企业的局域生产环境，典型适用场景包括工厂、港口、矿山等
跨域5G行业虚拟专网	面向"互联网+行业内网"双向接入需求的网络，实现行业终端按需接入互联网服务和行业内网服务，典型适用场景包括校园、政务等

二、5G行业虚拟专网产业发展现状

我国5G行业虚拟专网建设的数量持续增长，5G行业虚拟专网初具规模。5G行业虚拟专网能够满足数据不出园区、低成本部署等需求，呈现爆发增长的态势。统计数据显示，我国5G行业虚拟专网的建设数量从2020年的800个增长到2023年的2.9万个，支撑行业发展的能力明显增强。面向千行百业的业务部署差异化、低成本等需求，5G行业虚拟专网新型产品不断演进，基站、核心网、边缘计算及网络运维等设备持续涌现。

在基站设备方面，行业定制化基站成为发展重点。通信设备商通过研发行业定制化5G基站，满足行业在特殊环境及应用需求下设备增强的要求，包括矿山行业的5G隔爆基站、电力行业的5G高精度授时基站、物流行业的5G高精度定位基站等新型设备。例如，中兴通讯与矿山行业集成商合作，选择适合煤矿井下部署和使用的低功率皮基站（比微基站更小型的基站）进行结构散热和耐压隔离方面的优化改造，共同推出了5G隔爆基站。

在核心网设备方面，轻量化、低成本成为发展重点。ICT企业纷纷发布定制化、轻量化核心网，矿山、港口等行业企业利用定制化设备的下沉部署，实现本地数据不出园区即安全生产，满足行业企业的差异化部署需求。中国电信研究院在自研5G UPF的基础上，成功在天翼云上部署了轻量级5G核心网，并与现网厂商的基站实现对接；中国移动与中国联通均通过与设备厂商的合作，推出轻量级5G核心网一体机；中兴通讯发布面向行业的专用轻量化核心网产品（i5GC）。

在边缘计算设备方面，行业特色能力成为发展重点。电信运营商、互联网企业、设备商凭借各自的优势开展5G MEC平台技术产品研发，不断提升产品5G网络分流及管理等能力，融合行业特色的算法模型，促进5G网络与行业系统的深度融合，成为行业与5G融合的关键锚点。

在基础能力方面，5G MEC发挥业务分流、网络低时延、大带宽等能力，面向5G机器视觉等通用场景提供跨行业复制的部署能力。

在行业特色能力方面，一方面，根据行业用户需求，形成面向地市共享型、园区独享型、厂房轻量型的MEC产品，并形成容量可选、功能可选的分级分类MEC产品；另一方面，融合行业特色的模型、算法，形成具有行业特色的5G MEC应用。例如，中国移动通过"以网带边""以云促边"两个思路来推动边缘业务发展，已经初步明确了"协同运营""统一管理"思路及"集中+分省"的分级管理思路，构建5G MEC的全国三级架构，其目标是为用户提供自服务运营能力。中国联通"5G专网PLUS"提供"融合、开放、弹性"的边缘计算和基于MP2定制化接口的"网边协同"服务，增强了多级算力调度能力，推出两类MEC云产品，基于专享和共享两类MEC云产品，提供边缘基础能力、增值能力和应用能力，实现"云、网、边"协同，为用户提供"一站式、融合、开放、联动、弹性"服务。

在网络运维设备方面，"共管共维"成为发展方向。电信运营商推出5G网络服务能力平台等集约化运营运维产品，实现电信运营商和行业企业对5G网络和终端的"共管共维"。5G网络服务能力平台是以5G无线、承载和核心网的网络能力、IT能力、网管平台、切片管理平台、MEC管理平台等为基础，通过能力开放技术构建的一系列5G行业虚拟专网管理及服务能力，并通过封装成标准API将能力提供给行业。同时，国网山东电力自主建设了5G专网运营服务平台，实现与电信运营商5G网络能力开放的对接，形成5G网络运行状态、服务质量及安全态势等的监控；宝钢湛江钢铁打造了5G专网自服务平台，实现工业5G虚拟专网的自服务、自配置等运营能力。

三、5G行业虚拟专网产业发展路径分析

在5G行业虚拟专网产业环节，5G与行业网络的融合逐步深入，形成梯次产品序列。

第一阶段完成5G"进入"行业。本阶段，5G网络设备以3GPP R15为主，5G网络与行业现有网络进行叠加或替换。5G网络实现从toC向toB的变革，形成面向行业部署的5G网络架构，利用网络切片、本地分流技术等，实现核心网UPF等设备的本地部署及设备轻量化，同时面向行业的特殊环境，形成基站的定制化改造（例如，煤矿隔爆基站等）。

第二阶段实现5G"融入"行业。本阶段5G网络设备以3GPP R16或R17为主，5G网络技术能力进一步提升，实现5G网络与行业业务的适配融合。5G基站/核心网等网络设备持续演进，支持5G局域网（Local Area Network，LAN）、定位、RedCap等增强功能，从而满足行业场景提出的差异化需求，其中，5G LAN技术将助力5G网络支持L2网络传输，从而实现与行业L2网络的适配。5G网络服务能力平台将整合电信运营商5G网络能力，实现行业对5G网络的监控、运维及管理。轻量级5G核心网将逐步涌现，实现行业按需本地部署及极简运维，形成行业对5G网络的自主可控。

第三阶段形成5G"赋能"行业。本阶段，5G网络设备以3GPP R18及以后的5G-A版本为主，5G网络将向智能化方向演进，并支撑行业系统的变革。行业5G基站将打破现有网络的形态及能力，并提升通信感知一体化能力，满足更多业务场景下的需求。5G网络将通过PLC技术，实现工控网络系统的变革，打破工业网络多协议与封闭的现状，实现5G网络与行业OT网络的深度融合。

四、展望

5G行业虚拟专网建设数量的持续增加，推动行业业务在5G行业虚拟专网承载的逐步深入，未来将以"量质齐升"为目标，重点推进5G行业虚拟专网的高质量升级及推广：一是打造高质量5G行业虚拟专网产品供给，依托5G应用产业方阵等联盟，支撑低成本高质量网络产品研发和商用，推动5G与其他网络融合产品成熟，提升5G网络融合能力；二是开展高质量网络升级，构建5G行业虚拟专网质量监测及评估体系，建立各行业5G网络质量标准，开展5G行业虚拟专网能力评估测试，引导行业提升5G网络对业务的稳定承载能力。

（中国信息通信研究院　王琦）

5G RedCap 成为 5G 应用规模化推广新动力

我国 5G 商用以来,个人和行业应用成效显著,融合应用的深度和广度不断扩展,5G 应用案例数量累计超过 9.4 万个,已融入 97 个国民经济大类中的 71 个,覆盖全国 31 个省(自治区、直辖市)和香港、澳门特别行政区。我国 5G 应用整体进入规模化发展的关键期。在 5G 应用推广过程中,终端成为 5G 与行业融合的"锚点",融合终端的成本高、研发难等问题成为限制 5G 应用规模化的主要因素。5G RedCap 技术应运而生,在 5G 通信方式的基础上,通过终端能力"裁剪",大幅降低了成本与功耗,在满足应用场景需求的同时,实现了 5G 网络性能与成本的平衡,为 5G 应用大规模发展增添了新动力。

一、技术演进与行业需求,加速标准冻结

在技术演进方面,2019 年 6 月,5G RedCap(当时被称为 NR light 或 NR lite)作为 3GPP R17 研究项目首次出现在公众面前,旨在通过降低终端最大带宽与收发天线数量、简化双工模式、裁剪协议流程、降低功耗等方式,满足中高速率、大连接、低成本、低功耗的物联网应用需求。2022 年 6 月,3GPP R17 冻结,标志着 5G RedCap 第一版正式冻结。其中,在 Sub-6GHz 频段,5G RedCap 带宽只有传统 5G 的 1/5,即 20MHz;减少了终端接收天线的数量和 MIMO 层数,支持 1 收或 2 收;最大调制阶数从 256QAM 降至 64QAM,支持半双工模式等。虽然 5G RedCap 进行了多维度能力的精简,但仍支持各种 5G 行业应用的新特性,包括切片、5G LAN、uRLLC、高精度定位等,结合其低成本、低功耗特性,能够更好地发挥 5G 在行业应用领域的各项优势。

在行业应用方面,在 5G 技术前期推广的过程中,行业应用的市场规模大,但需求碎片化、行业终端类型少且价格昂贵,80% 以上的应用场景对 5G 都呈现出功能及性能冗余,进而产生供给侧企业短时间内无法通过规模出货来降低成本,需求侧又不想为冗余功能及性能买单的矛盾。因此,在 5G 以模组形式与行业终端融合时,垂直行业考虑价格因素,不愿意使用 5G。通过对行业终端成本的分析,在通信方面,5G 模组成本的 70% 来自芯片,即芯片的价格直接决定了垂直行业使用 5G 的硬件成本,因此,需要对现有 5G 设备进行精简。面对这样的产业诉求,3GPP R17 规划了 5G RedCap 标准的进程,并于 2022 年 6 月冻结,同时明确主要面向可穿戴设备、工业传感器和视频监控 3 类业务。通过精简硬件及功能,使 5G RedCap 模组的成本降低为现有 5G eMBB5 模组成本的一半,规模商用的模组价格预计与 LTE Cat.4 相当,极大地降低了行业应用 5G 的成本,增强了行业部署 5G 应用的积极性。

二、技术试验与应用示范,奠定产业基础

2022 年 6 月,3GPP R17 的冻结标志着 5G RedCap 正式进入产业化阶段。从以往标准和芯片的发展情况来看,3GPP R17 冻结到芯片商用的周期约为 2 年,但是对于 5G RedCap,我国整个 5G

产业呈现加速前进的状态。

在技术试验方面，我国IMT-2020（5G）推进组分阶段完成5G RedCap各项关键技术试验。华为、中兴通讯、中信科移动、爱立信和诺基亚贝尔5家网络设备厂商完成网络侧的5G RedCap关键技术功能和外场性能验证；紫光展锐、翱捷科技、vivo、必博科技、无锡摩罗、广州新一代、联发科技、高通等芯片及终端厂商基于5G RedCap测试终端或原型验证平台完成关键技术功能验证。可以看出，对比5G eMBB芯片，众多新兴企业开始研发5G RedCap芯片，产业上游参与者进一步增加，为产业界提供更多的选择。

在产品研发方面，2023年，我国5G RedCap产业生态初见端倪。在芯片方面，高通、联发科技、紫光展锐、翱捷科技等主流芯片企业积极投入研发；在模组方面，中国电信、中国移动、中国联通、移远、美格智能、广和通、鼎桥等企业的5G RedCap模组陆续问世；在终端方面，大华、南瑞、利尔达、宏电、四信、中微普业等终端企业相继推出20余款5G RedCap终端。

在应用示范方面，我国电信运营商均以点带面，打造行业领域5G RedCap示范应用标杆。中国电信在江苏、浙江、河北、内蒙古、江西等地，重点面向港口、电力、钢铁、煤矿、化工等领域，开展5G RedCap应用融合创新试点；在深圳打造5G RedCap之城，面向城市治理、工业制造、仓储物流、能源公共事业等重点垂直领域，开展规模化5G物联网应用。中国移动打造5G RedCap "1+5+5" 创新示范之城，立足重庆建立1个产业集群创新中心，在宁波、广州、岳阳、十堰和上海5个城市构建技术创新之城，在杭州、苏州、宁德、宁波和深圳5个城市打造应用示范之城。中国联通在山东开展全国首个省域5G电力专网RedCap商用试点，在济南、杭州、天津、北京、重庆等地打造5G RedCap十大商用之城。

三、纲领性文件出台，指明产业前进方向

2023年10月，工业和信息化部印发《关于推进5G轻量化（RedCap）技术演进和应用创新发展的通知》（以下简称《通知》），指明5G RedCap是5G实现人、机、物互联的重要路径。

《通知》从技术产业、应用规模、产业生态等方面提出了发展目标，坚定了产业信心，有利于推动5G RedCap技术演进和应用创新，使其在新型基础设施建设、传统产业转型升级、数字经济与实体经济深度融合等方面发挥积极作用。一是技术产业稳步发展，为5G RedCap应用提供供给侧的产品保障。《通知》提出，"5G RedCap标准持续演进，技术能力满足多样化场景需求"，通过形成统一的标准指导终端研发和升级换代，提升产品质量，降低产品成本。同时，《通知》还明确提出要丰富5G RedCap终端的类型和形态，形成100款以上的商用产品，为5G RedCap应用发展提供充足的产品保障。二是应用规模持续增长，为5G RedCap应用发展指明需求方向。《通知》提出"5G RedCap连接数实现千万级增长"的发展目标，激发端侧厂商产品研发和生产的积极性。通过规划重点应用领域——工业、能源、物流、车联网、公共安全、智慧城市等，为5G RedCap应用创新发展指明行业方向；通过打造5个以上实现百万连接的5G RedCap应用领域，起到示范标杆作用，引领5G RedCap应用规模持续增长。三是产业生态繁荣壮大，保障5G RedCap应用持续快速发展。《通知》提出，"建设面向5G RedCap产业发展的技术和应用创新平台、公共服务平台"，以共享的理念打破融合研发的技术及产业资源瓶颈，通过构建共享性平台，对外提供供需对接通道、产品研发指导、仪器仪表共享等服务，减少企业发展5G RedCap产业的人力、物力成本，加大对创新型中小企业的培育力度，吸引更多的企业参与5G

RedCap应用发展，繁荣壮大5G RedCap产业生态。

四、5G Inside 创新生态，保障 5G RedCap 高质量供给

我国5G应用进入规模化发展的关键阶段，行业终端作为5G与应用连接的桥梁，发展迅猛。为了进一步丰富5G行业终端的产品形态，推动行业终端5G升级，持续扩大5G物联网的连接数，5G应用产业方阵联合产业界各方构建5G Inside创新生态，发起"行业终端5G升级（5G Inside）共同倡议"。

一是组织开展5G Inside品牌行业特色训练营，搭建行业供需对接平台，开展行业特色训练营、品牌测试床等活动，加速5G行业终端发展，开展5G RedCap雏鹰行动，提升5G RedCap终端与行业的适配性，打通5G RedCap终端落地"最后一千米"。2023年3月，面向安防领域，聚焦视频领域5G应用/终端需求与发展现状，组织电信运营商、网络设备厂商、终端/模组/芯片企业，在浙江大华共同研讨视频行业5G RedCap应用需求。2023年4月，面向电力领域，组织国网山东电力、电信运营商、网络设备商、终端/模组/芯片企业，以5G RedCap为主题开展系列演讲和讨论，共同探索电力行业与5G RedCap融合应用的创新模式。

二是加强跨行业标准化组织协作及行业终端标准制定，构建"标准制定＋实验室技术验证＋外场适配验证"的5G行业终端标准推动新路径。2023年4月，CCSA正式启动了基于3GPP R17的5G RedCap终端通信行业标准制定工作。《轻量化（RedCap）终端设备技术要求（第一阶段）》《轻量化（RedCap）终端设备测试方法（第一阶段）第1部分：功能和网络兼容性测试》和《轻量化（RedCap）终端设备测试方法（第一阶段）第2部分：一致性测试》初步形成指导5G RedCap技术与产品研发的标准体系。在行业融合应用标准方面，5G应用产业方阵组织国家电网、浙江大华等行业企业，构建跨界的标准研讨及制定机制，针对电力及视频行业需求，组织开展《精简化5G芯片能力和技术要求》等标准的制定工作。对于5G RedCap未来的演进，建议依托CCSA、5G应用产业方阵等加强与垂直行业标准化组织的协作，以垂直行业需求为牵引，构建跨界融合技术研究及标准制定新模式，共同推动3GPP R18及后续版本5G RedCap的国际标准制定。

三是构建5G Inside联合实验室/公共服务平台，向行业终端企业提供测试仪器仪表、网络模拟环境等配套设施和技术培训、产品研发支撑、产品调优等"一站式"服务，培育5G RedCap产业生态，通过发布5G Inside终端名录，提升5G RedCap终端的行业辨识度与市场认可度。中国信息通信研究院与鼎桥、华为、浙江移动等构建了成都及杭州联合实验室，向业界提供5G RedCap模组、终端与应用的研发、调测等服务。电信运营商物联网开放实验室均依托自身技术优势、网络环境的完备性和端到端产品服务能力，向产业各界提供5G RedCap公共服务。5G应用产业方阵推动各5G创新中心搭建5G RedCap应用测试床，提供技术咨询、测试认证、供需对接等公共服务，定期发布5G RedCap解决方案商名录与典型应用解决方案。通过"绽放杯"5G应用征集大赛、案例征集等活动，聚集优秀案例和资源，树立先进标杆，引导各行业应用创新发展，助力打造实现百万连接的5G RedCap应用领域。

（中国信息通信研究院　杜斌）

多维创新驱动 5G-A 安全演进

5G-A 可提供 10 倍网络能力,拓展三大业务场景,是未来推动产业数智化和数字中国建设的重要引擎。5G-A 网络演进和场景拓展给网络与信息安全带来新的挑战。5G-A 安全体系需要积极适配 5G-A 增强的网络能力与新型应用场景,从安全架构、安全要素、安全运营服务等多维度融合创新,形成安全内生、纵深防御、智能演进、弹性自治的平台型能力体系。

一、5G-A 安全趋势

5G-A 面临的安全挑战包括以下两类:一是 5G-A 新特性带来的安全问题,安全需要从面向连接扩展到面向连接和应用;二是技术发展和安全博弈升级带来的问题。5G-A 总体安全趋势如图 1 所示。

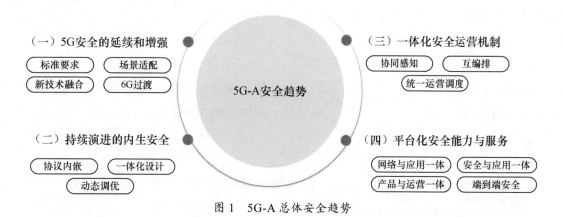

图 1 5G-A 总体安全趋势

(一)5G-A 安全是 5G 安全的延续和增强,并支持向 6G 过渡演进

5G-A 安全技术总体包括 3 个方面:一是 5G-A 标准涉及的安全技术;二是现有安全技术与 5G-A 场景适配与优化;三是新型安全技术与 5G-A 融合。5G-A 也将提前验证部分 6G 安全技术,为 6G 标准的制定积累重要经验。

(二)内生安全边界的定义是一个随安全需求和技术发展持续演进、优化、融合的动态过程

5G-A 内生安全能力包括两个方面:一是安全标准;二是电信运营商在安全体系设计、规划建设中内置于网络/网元的安全功能。这两个方面的安全能力相互结合,随着业务发展持续调优。

(三)5G-A 安全防御体系呈现不同层次服务化,构筑主动、智能、融合、高效的泛在一体化安全运营机制成为必然趋势

5G-A 一体化安全运营机制,强化网络与安全的协同及感知,实现安全与网络管理的相互编排,建立覆盖资产、数据、安全能力的统一运营调度体系。

(四)网络与应用一体、产品与运营一体的平台化安全能力和服务是 5G-A 的安全目标

在云网融合基础设施上,提供高可信、高可靠、高可用的安全能力保障体系,强化 5G-A 内生安全与应用安全的有机融合，为行业用户提供运营服务，实现5G-A端到端安全。

二、5G-A安全需求

基于5G安全的挑战和趋势，各行业对5G-A的安全共性需求如下。

（一）安全纵深化

5G-A将现有的边界防御升级为纵深防御体系，通过在网络间、网元间各环节上设置多层次的安全防御措施，形成纵深的防御体系。

（二）安全动态化

5G-A将静态防护升级为全局动态防护体系，需对用户身份和权限动态评估和识别，构建"梳—管—控—监—评—溯"的动态防御体系模型。

（三）安全软件化

5G-A提供按需、敏捷、可编排的安全能力，安全体系基于云化原子能力，统一通过编程方式智能化、自动化编排和管理。

（四）安全可视化

5G-A提供安全资产以及数据的可测、可知和可视能力，以图形化、可视化的形式展示安全态势，挖掘安全事件之间的关联性。

（五）安全自动化

5G-A提供自学习、自决策的安全能力，通过引入大数据AI，自动化评估安全基线，识别信令和流量攻击，利用自动化编排实现主动防御。

三、三体四层的5G-A安全总体架构

5G-A安全总体架构的设计理念以"安全内生、纵深防御、智能演进、弹性自治"为核心，强化IPDRR[1]协同，构建自免疫能力，形成一体化安全服务。该架构通过标准化接口执行对外的安全服务和对内的能力调度。5G-A安全总体架构如图2所示。

5G-A安全总体架构包括以下内容。

"三体"：空间视图。描述5G-A云网安一体化的宏观交互，分为网络安全体、网络与安全互编排体和能力开放体。

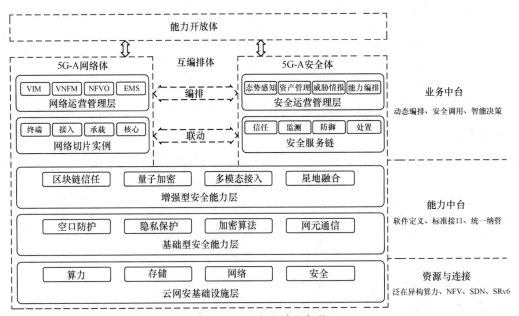

图2　5G-A安全总体架构

---

1. IPDRR：企业安全能力框架，具体包括识别（Identify）、保护（Protect）、检测（Detect）、响应（Respond）、恢复（Recover）5个部分。

"四层"：功能视图。描述5G-A安全逻辑组织，分为云网安基础设施层、基础型安全能力层、增强型安全能力层和安全运营管理层。

四、纵深立体的5G-A安全关键技术

5G-A安全关键技术以"云、网、边、端、安"协同为特征，以身份认证和访问控制为核心，构建端到端、分层、闭环和持续运营的安全技术体系。5G-A安全关键技术总览如图3所示。

（一）云网安基础设施关键技术

在云网融合的驱动下，安全能力池应运而生。安全能力池主要面向5G行业应用，提供统一管理、智能联动、按需调度的安全服务，有效提升了安全效率，降低了使用成本。安全能力池总体架构如图4所示。

（二）基础型安全关键技术

基础型安全技术与网络、业务流程深度融合。安全元素内嵌于边界、网元、通信协议，是5G-A提供通信安全的核心能力。

1. SBA[1]安全增强

虚拟网络功能（Virtual Network Functions，NFV）、软件定义网络（Software Defined Network，SDN）等网络云化技术演进和场景化部署，对5G-A服务化架构网元间的信任关系可能带来新的安全挑战。5G-A网络内明确了网元之间的信任关系，关键技术如下。

（1）PLMN[2]内

注册管理阶段，服务提供者需要确认NF配置文件没有被修改，以及身份没有被冒用。服务发展阶段，消费者需要信任收到的信息和服务是合法的。

（2）跨PLMN

5G-A网络中发送PLMN中的SEPP[3]需要信任接收PLMN中的SEPP，即路径上的其他实体没有未经授权的访问，并且按照协商策略修改信令消息。

2. 隐私保护增强

5G-A从通用数据、终端数据、网络数据、业务数据等多维度覆盖了各类场景的数据安全与隐私保护需求，关键技术如下。

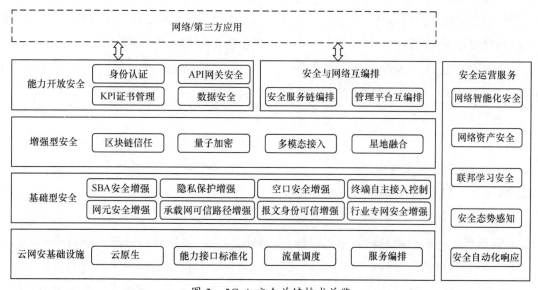

图3　5G-A安全关键技术总览

---

1. SBA（Service Based Architecture，基于服务的架构）。
2. PLMN（Public Land Mobile Network，公共陆地移动网）。
3. SEPP（Secure Electronic Payment Protocol，安全电子支付协议）。

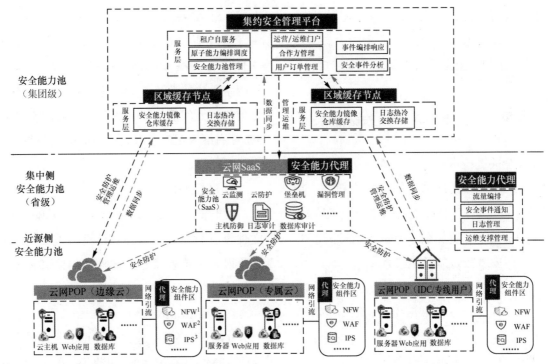

注：1. NFW（Network Fire Wall，网络防火墙）。
2. WAF（Web Application Firewall，网站应用防护系统）。
3. IPS（Intrusion Prevention System，入侵防御系统）。

图4 安全能力池总体架构

（1）加强用户身份标识信息保护

5G-A将通过随机填充特殊字符等方式，优化订阅永久标识符加密过程，从而防止用户身份标识长度的泄露，增强隐私保护的力度。

（2）漫游场景用户同意流程

网络数据分析功能将作为漫游场景用户同意流程的执行点，通过向用户对应PLMN查询用户设备的签约信息获得用户同意，保证漫游场景下用户的隐私安全。

（3）AI场景下的数据和模型安全保护

在5G-A场景下，AI新增了联邦学习模型的存取流程，联邦学习将新增多个NWDAF加入联邦学习群组的授权机制，从而限制联邦学习过程中数据和中间模型的分享范围。

3. 空口安全增强

空口面临的主要安全威胁包括非法终端恶意注册、发起DDoS攻击、数据被窃听或篡改。

5G-A中空口安全增强关键技术的描述如下。

①通信数据保护：空口的信令面、用户面支持数据的加密、完整性保护和抗重放保护。

②空口安全算法：空口加密算法和完整性保护算法强度由128位升级为256位。

③空口防DDoS攻击：5G-A基站可具备空口数据流控机制，包括控制gNB的输出流量或通过反压对端控制接入流量、主动降低基站的流量输出速率或通过反压降低对端的流量输出速率、识别业务优先级、抑制低优先级数据的接入等。

4. 网元安全增强

随着边缘计算、5G专网的规模部署，网元暴露面增大，新型攻击手段不断演进，可通过在系统内构建入侵检测能力来提升网元的安全性。网元通过内置入侵检测能力，对系统的各类行为进行实时监控和分析，判定异常/恶意入侵并与业务资产关联。网元入侵检测如图5所示。

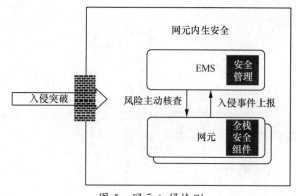

图 5 网元入侵检测

5. 承载网可信路径增强

5G-A 承载网一旦检测到某台网络设备被攻击者入侵，转发路径变得不再可信。因此，基于设备可信评估/等级，路由计算调整转发路径，以保证数据传输的路径可信。可信路径传输如图 6 所示。

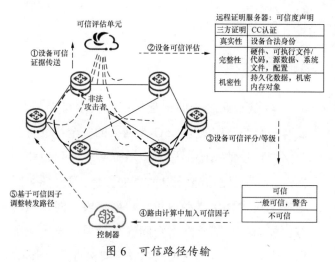

图 6 可信路径传输

（三）增强型安全关键技术

增强型安全关键技术是基础型安全技术的重要补充，可灵活采用网络内置、解耦、软硬一体等形态，满足垂直行业的差异化安全需求。

1. 区块链信任体系

构建多模共生的 5G-A 信任体系，其核心是打造基于共识的区块链信任模式。

①区块链基础设施。5G-A 将基站、核心网等移动通信网络节点作为区块链的基础设施节点，网络能对具备区块链能力的节点进行统一调度和管理。

②区块链赋能。区块链服务于 5G-A 业务，基于区块链为业务提供安全的互信互享平台，业务也会因为区块链的引入而需要重塑流程。

③节点异构、通信统一。通信节点算力、存力的类型和容量各异，区块链的部署和调度依据 5G-A 通信节点的能力进行灵活匹配，通过统一的协议栈进行灵活控制。

2. 量子加密通信

能够抵御量子计算攻击的量子安全密码技术，已成为下一代信息通信系统必须考虑的问题。基于量子物理基本原理的量子密钥分发技术，提供了不再依赖于数学计算复杂度的新型密钥分发方法，进一步结合 OTP 方案，有效地提高了信息安全性。量子通信的近期应用主要集中在利用量子密钥分发链路加密的数据中心防护、量子随机数发生器。

3. 星地融合安全

5G-A 卫星互联网是一种"空、天、地、海"逐步融合的网络，更是未来安全与通信融合的网络发展方向。5G-A/6G 星地融合网络安全架构分为三层：第一层为安全支撑层，包含各类安全资源与策略；第二层为安全服务层，构建终端、接入、网络、移动等各类安全服务；第三层为全网安全层，形成天地一体化的闭环安全体系，高动态卫星互联网的终端、网元、边界达到全网一体化安全。星地融合网络安全架构如图 7 所示。

（四）安全运营服务关键技术

5G-A 安全运营服务向平台化、智能化方向发展。通过向电信运营商和用户提供资产测绘、实时安全态势感知和自动化响应等平台能力，实现网络与安全服务的有机融合。

1. 网络资产安全

5G-A 资产安全管理是面向电信运营商安全运营的平台级技术能力，通过采集资产、日志、流量等数据，发掘数据与网络资产的关联性，实现 5G-A 资产、终端和域安全的管理、脆弱性分析、漏洞管理等功能。

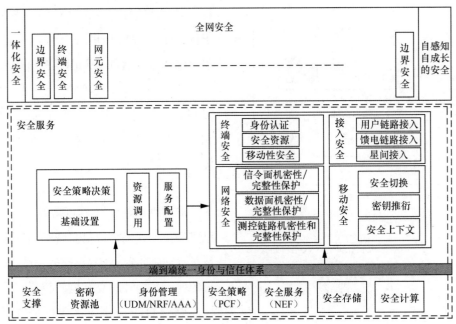

图 7 星地融合网络安全架构

2. 安全态势感知

安全态势感知是实现一体化安全运营的核心组成部分。5G-A 网络安全态势感知有效融合异构接口、策略、安全信息，构建综合风险分析能力。感知算法能够精准打通不同层级的安全风险，获取全网的安全态势信息。感知能力支持多维建模威胁分析和未知威胁检测，并自适应优化调整，实现态势感知的智能研判分析和自动化处置。

3. 安全自动化响应

安全自动化响应可有效提高 5G-A 网络安全响应的效率。平台统一调度各类安全设备和工具，持续优化和调整安全运营机制和流程。响应过程依托 SOAR 进行策略编排和自动化处置，通过剧本固化标准的安全事件处置操作和流程，并采用 AI 技术分析未知威胁与已知威胁特征的相似度，借助靶场进行剧本有效性评估，最终生成可执行的有效剧本。

五、总结

5G 是云网融合的最佳实践，安全可控是 5G 云网融合的坚实底座。5G-A 网络的安全特征将在全网域可信的基础上进一步增强网络的弹性和韧性，并保证全网域信息和数据的安全。要 5G-A 网络安全技术强化主动内生、防御手段智能化和动态化能力，从基础网络空间安全扩展至安全业务场景服务。最终，5G-A 网络安全架构将面向未来，深化云网端一体，持续优化能力，伴随网络而成长，并逐步向 6G 过渡，形成自感知、自运转和自演进的网络安全体系。

（天翼安全科技有限公司　常力元　郑直　宿晓萌　龚佳敏　安鹏　万博）

我国移动通信终端2023年发展趋势与2024年未来展望

2023年，我国移动通信终端持续发展，5G商用化进程持续深化，给AI、物联网、云计算等前沿技术与移动通信终端的深度融合带来了前所未有的变革。2023年，智能手机、各类智能可穿戴设备和车载通信终端等移动通信终端产品不断创新升级，功能更加多元化，用户体验大幅提升。

一、智能手机篇：折叠屏热度不减，AI手机即将爆发

2023年，手机厂商整体的出货量较低，但国内各终端厂商持续创新，不断提升用户体验，在折叠屏技术、自研系统、AI大模型、卫星通信等多个领域取得显著的成果。

一方面，IDC统计，2023年中国智能手机市场的出货量约为2.71亿台，同比下降5.0%。其中，进入前5名的厂商分别是苹果、荣耀、OPPO、vivo和小米。有以下两点趋势值得关注。

一是华为虽然未出现在上述榜单中，但BCI[1]数据显示，2023年第四季度华为手机激活量达到1146万台，同比增长79.3%，在榜单中位列第3，也是榜单中同比增长最快的品牌；二是手机厂商大力开发折叠屏，取得较好成绩，IDC报告中的数据显示，2023年中国折叠屏手机市场的出货量约为700万台，同比增长114%，中国折叠屏手机市场连续4年同比增长超过100%。

另一方面，在智能手机行业，涌现出3种前沿技术，对未来几年的手机行业发展影响深远。

第一，2023年作为国产操作系统（Operating System，OS）的爆发之年，多家手机厂商加快开发自研OS的步伐。其中，华为推出鸿蒙OS 4两个月，升级用户数达到1亿人，并启动了鸿蒙原生应用的开发。此外，其他国产手机厂商也宣布推出自有品牌的手机OS，虽然基于AOSP[2]，但进行了深度定制和二次开发，例如，小米澎湃OS、vivo蓝河操作系统（BlueOS）、荣耀MagicOS、OPPO潘塔纳尔系统等。

第二，在2023年，手机厂商开启"百模大战"。其中，2023年8月，华为宣布HarmonyOS 4全面接入盘古大模型；2023年10月，小米宣布自研AI大模型"MiLM-6B"接入澎湃OS；2023年11月，vivo发布自研的AI"蓝心大模型"，而后，OPPO宣布ColorOS 14中内置了"安第斯大模型"。

第三，2023年，国产手机开启了卫星通信"抢位战"。卫星通信功能作为通信保障功能，吸引了部分有购买力的人群。目前，多个手机厂商已在其部分机型中添加这一功能，实现特定情况下的全球通信覆盖。

展望2024年，手机领域的新变化和发展趋势值得关注，具体如下。

第一，智能手机市场逐步回暖，折叠屏出货量将持续增长。IDC发布的《2024年中国智能手

---

1. BCI（Bulk Commodity Index，大宗商品供需指数）。
2. AOSP（Android Open Source Project，Android开放源代码项目）。

机市场十大洞察》报告显示，预计 2024 年中国智能手机市场出货量将达到 2.87 亿台，同比增长 3.6%，未来几年出货量保持稳定。

同时，2024 年中国折叠屏手机市场出货量将接近 1000 万台，同比增长 53.2%。可以预见的是，新技术的推出将刺激消费者更新换代的需求，折叠屏手机的价格将进一步下降，与同价位的直板机形成错位竞争。

第二，2024 年将成为 AIGC 手机的关键年。2024 年 1 月，随着荣耀发布自研 70 亿参数的魔法大模型，目前国内主流手机厂商已全部入局 AI 大模型。Counterpoint Research 发布的《生成式 AI 智能手机出货量洞察》报告预测，2024 年生成式全球 AI 智能手机的出货量将达到 1 亿台，这也意味着未来 AI 手机将从图像生成、实时翻译等方面为用户带来更加个性化的体验。

第三，卫星通信功能将成为高端手机的标配。随着 2024 年 1 月发布的荣耀 Magic6 Pro 和小米 14 Ultra、3 月发布的 OPPO Find X7 Ultra 和 vivo X100 Ultra 等新手机相继支持卫星通信功能，预计该功能将成为 2024 年新发布旗舰手机的标配，未来 2～3 年内下放至中低端机型的可能性较大。

第四，随着 5G-A 3CC 基站部署逐渐从百站拓展到千站，2024 年主流终端厂商将陆续上市 3CC 手机和 CPE 等终端设备，设备连接能力将更加强大，用户体验将进一步升级，高清直播、裸眼 3D、XR、云游戏等应用将迎来新一波发展。

二、可穿戴设备篇：健康监测备受关注，AI 可穿戴设备将启程

随着新兴消费电子成为市场新宠，智能可穿戴设备在社交网络、医疗保健等领域应用广泛。当前可穿戴设备的形态纷繁多样，主要包括智能手表、智能手环、智能眼镜、智能耳机等。

回看 2023 年的中国可穿戴设备市场，一方面，从市场规模来看，市场研究机构 GfK 的研究报告显示，中国可穿戴设备市场规模于 2023 年达到 440 亿元，同比增加 23%。另一方面，排名前 5 的可穿戴设备厂商是华为、小米、苹果、小天才和荣耀。与此同时，OPPO 和 vivo 也正通过技术创新和市场推广，进一步争夺市场份额。

具体分析各个品类，有以下 7 个趋势值得关注。

第一，消费者更看重可穿戴设备的综合性能，对价格敏感度有所降低，导致厂商削减智能手环的开发力度，因此，智能手表越来越受欢迎，智能手环市场呈现收缩趋势。鲸参谋电商数据分析平台的数据显示，2023 年，京东平台上的智能手表和智能手环的年度销量为 750 万台和 335 万台，分别同比增长 21% 和同比下滑 26%。

第二，由于可穿戴设备的贴身优势，健康监测功能正成为不同可穿戴设备厂商竞相布局的方向，国内厂商 OPPO、华为、小米均有布局。当前的智能手表除了可监测步数、心率和血氧，还增加了更多的健康监测功能，例如，无创血糖监测、心电图监测、健康跟踪等，并借助 AI 算法深度解读数据并预警疾病。

第三，在 AI 和可穿戴设备领域的结合方面，目前，国内外都处于早期探索阶段，国内厂商正逐渐推出智能可穿戴设备，例如，华为推出了 WATCH Ultimate 等、华米 Amazfit 推出了 AI 跑步教练 "Zepp Coach"。

第四，厂商针对可穿戴设备在形态上做出不少创新，例如，魅族发布了 MYVU Ring 智能指环；Humane 推出首款无屏幕可穿戴设备 AI Pin，具备拍照、翻译等功能；Meta 推出了可以拍照、录像、查询资讯的雷朋眼镜；Movano 推出了可追踪睡眠和情绪的智能戒指 Evie。

第五，2023 年，ChatGPT 的兴起深刻影响了可穿戴设备。虽然 ChatGPT 还未直接集成到智能手表中，但已经有厂商研发出相关的应用程序，为用户在现有设备上体验 OpenAI 技术提供途径。

例如，适用于 Apple Watch 设备的 PeteyGPT、适用于多种平台的 WearGPT、WHOOP 与 OpenAI 合作推出的 WHOOP 教练，用户可以利用 GPT-4 生成高度个性化的具体建议和指导，就像专属私人教练一样。

第六，非入耳式的耳机因其独特的设计和舒适性而备受瞩目，其市场份额在 2023 年第二季度迎来迅猛增长。IDC 发布的《中国无线耳机市场季度跟踪报告》显示，2023 年第二季度，非入耳式耳机的品类销量同比增长 283%，销售额同比提升 389%。在该市场中，Cleer、索尼、Shokz 韶音是头部厂商。

第七，当前真无线立体声（True Wireless Stereo，TWS）耳机已进入红海阶段，但该市场仍开发出两大新功能：一是厂商推出具备听力保护功能或主打健康功能的耳机产品，华为、小米、Bose 及捷波朗都有类似功能的产品；二是内置温度传感器测量体温，其核心是利用耳机的传感器，在耳道获取比手腕更准确的体温。

展望 2024 年，中国可穿戴设备市场将进一步增长。根据 GfK 发布的数据，2024 年中国可穿戴设备市场将继续增长 19%，达到 530 亿元。可穿戴设备市场已历经 10 余年的蓬勃发展，有以下三大趋势值得关注。

一是 AI 技术在可穿戴设备上的深度应用，可穿戴设备将不仅局限于提供智能助手服务，还将进一步提升设备的自主学习与推理能力，例如，通过用户行为预测、健康状况分析等提供更个性化的服务。

二是健康监测功能的精细化和专业化，可穿戴设备的健康监测功能将涉及心理健康评估、疾病风险预警等领域，无创血糖监测等功能将进一步推广，为用户提供全方位、全天候的健康守护。

三是可穿戴设备形态的多样化和创新化，可穿戴设备的形态将更加丰富多样，例如，戒指、XR 头显设备等产品形态将会落地，让更多用户获得新鲜体验。

三、车载终端篇：行业日趋成熟，迎来更多发展新机遇

2023 年，中国车载通信终端在产业链整合、产品形态、技术创新等方面均取得显著成果。同时，各大厂商在技术研发和市场布局上积极作为，为未来车载通信终端的强势增长提供动力。

首先，从产业链来看，上游有芯片供应商、模块制造商、零部件供应商；中游有车载产品制造商、车机智能化供应商；下游有电信运营商、整车制造商。在主要供应商方面，市场集中度进一步加强，同时也有新兴力量加入。

以 T-Box 为例，外资供应商主要为外资品牌供货，主要供应商有 LGE、日本电装、大陆集团、法雷奥；本土供应商以本土品牌供应为主，寻求产品的多元化发展，有东软集团、联友科技、高新兴、慧翰微电子、经纬恒润、德赛西威等。

其次，从产品形态来看，主要分类有 T-Box、车用无线通信技术（Vehicle to X，V2X）、车载摄像头、激光雷达、智能座舱等。随着 5G 技术的广泛应用和成熟，5G 在车载终端产品的应用和占比也在逐步提升。同时，随着新能源汽车的电动化和智能化发展势头强劲，以智能座舱为代表的智能化设备在新车中的占比也在迅速提升。

再次，从出货量来看，在全球经济波动和供应链的挑战下，国内车载通信终端的出货量仍然显示出稳健的增长态势。共研产业咨询的数据显示，2023 年中国车载智能终端的市场规模达到 2700 亿元，同比增长 14.8%。

最后，从技术创新来看，5G 技术的广泛应用、V2X 技术的逐步成熟，以及 AI 和大数据技术的深度融合，使车载通信终端的功能更加强大，用户体验也更加丰富，智能化、网联化已成为推动车载终端发展的核心动力。2018—2023 年中国车载智能终端市场规模及增速如图 1 所示。

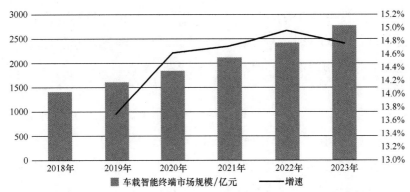

图 1　2018—2023 年中国车载智能终端市场规模及增速

展望 2024 年，随着消费者对智能出行需求的增加，车载通信终端正转变为集成导航、安全监控、远程诊断等多功能于一体的复合型产品。以比亚迪为代表的车企、以华为为代表的 IT 大厂联手新兴势力，急速推进国产新能源汽车的电动化和智能化，国产新能源汽车将迎来较快发展。

具体来说，以下趋势值得关注：一是 T-Box 通信模块由单一模组向 4G+V2X、5G+V2X 等集成模组演进，催生出独立的 V-Box 产品形态；二是智能天线在提升通信质量的同时，能够减少线束数量，例如，4G、GPS、BT 天线，节约成本。

总体而言，2024 年，随着 5G-A、AIGC 等技术的全面铺开，以及产业链生态的不断完善，我国移动通信终端将以更开放的姿态迎接新一轮的科技革命，开启万物互融、智能无界的全新篇章。

（黄海峰）

虚拟数字人与 5G 消息产品结合的应用思考

一、技术融合,探索消息交互的无限可能

随着科技创新与产业变革的不断深入,以移动互联网、大数据等为核心的新一代信息技术正在驶入发展的快车道。5G 消息产品作为基于传统短信升级的全新消息形态,不仅继承了传统短信的便捷性,更融入了多媒体、Chatbot 等创新元素,具有智能交互、信息安全保障等多项消息特点和数智能力优势,在时代的发展洪流中展现出巨大的产品优势。

与此同时,大众对数字能力的认知不断升级,对数字生活的需求也在快速增长。在日趋完善的数字虚拟人产品领域,通过构建高度逼真的虚拟形象,成功开创了人机交互的新形态,为用户带来了更加沉浸式的体验。虚拟数字人与 5G 消息产品结合,将开启一个更加智能、高效且个性化的信息交互时代。

二、虚拟数字人与 5G 消息产品发展现状

(一)虚拟数字人的发展现状

虚拟数字人是指利用先进的计算机技术生成的,具备人类外观与行为特征的虚拟形象。得益于计算机图形学、AI 等技术的持续进步,虚拟数字人的制作技术不断发展,其形象的逼真度和交互性显著提升,为用户带来了前所未有的全新体验。

近年来,虚拟数字人发展迅速,得益于 AI、VR 等技术的推动,已广泛应用于社交、娱乐、商务等领域,并且产业规模持续扩大,各互联网厂商纷纷加大投入,推动虚拟数字人在多个场景应用。

(二)5G 消息的发展现状

相较于传统短信,5G 消息产品具备强触达、可交互的消息特征。基于融合通信技术和短信原生入口,5G 消息推动了基础短信功能升级,支持多媒体内容传输和服务交互功能,使信息传递多元化。与此同时,5G 消息还通过 Chatbot 提供消息会话及搜索等服务,实现短信的富媒体化、智能化。用户不需要下载,不需要关注,在短信入口即可通过 5G 消息应用实现"一站式"闭环体验,做到"消息即服务"的创新。

如今,产业链各方积极跟进,不仅在支持 5G 消息的终端型号上实现了广泛覆盖,还在应用场景的开发创新上取得了显著进展,金融、互联网、文旅等行业都有 5G 消息的身影。

三、虚拟数字人与 5G 消息产品创新场景

虚拟数字人和 5G 消息这两者在技术上具有高度的互补性。通过将虚拟数字人嵌入 5G 消息中,可以实现更加生动、直观的信息传递和人机交互,在人们对信息传递效率和体验的要求不断提高的情况下,虚拟数字人与 5G 消息的结合正好满足了

这一市场需求。这种新型的信息传递方式不仅能够提升用户的使用体验，还能为企业创造更多的商业价值。其中，虚拟数字人与 5G 消息的创新场景具体包含以下内容。

（一）个性化内容助手

5G 消息结合虚拟数字人，可以为用户提供更加个性化的信息服务。例如，为用户提供虚拟数字人自定义服务，包括角色外观、背景环境、行为特征等，然后生成具有特定形象与风格的虚拟数字人，并以 5G 消息作为信息传递的载体，与用户进行内容交互。在个性化信息服务场景中，虚拟数字人与 5G 消息的结合为用户提供了定制化的信息获取体验。个性化内容助手如图 1 所示。

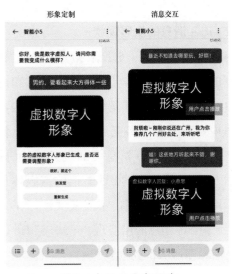

图 1　个性化内容助手

（二）虚拟企业客服

传统的用户服务往往依赖人工客服或平台关键词回复，存在响应速度慢、服务质量不稳定、形式单一等问题。虚拟数字人与 5G 消息的结合可以为企业提供高效便捷的智能企业客服，全天候、无间断地通过 5G 消息为用户提供实时服务，这种方式不仅可以提高用户服务的效率和质量，还能降低企业的人力成本。

通过 5G 消息，用户可以随时随地与虚拟数字人交互，提出问题或需求，虚拟数字人能够迅速解答或提供相应的服务。同时，虚拟数字人 5G 消息还可以与企业的业务系统对接，当用户提出需求时，虚拟数字人可以实时查询库存、订单等信息，为用户提供准确的解答和服务，进一步提升用户服务的效率和质量。

（三）社交娱乐角色

虚拟数字人与 5G 消息的结合可以为用户带来更加丰富的娱乐互动体验。虚拟数字人可以作为游戏角色、虚拟偶像或社交伙伴，以 5G 消息为载体，与用户实时交互，让用户参与虚拟偶像互动、挑战游戏角色等活动，可以根据用户的 5G 消息指令，让虚拟游戏角色进行不同的行动，增强游戏的趣味性和互动性。此外，在社交领域，虚拟数字人也可以作为用户的虚拟身份，与其他用户进行交流和互动。通过 5G 消息，用户可以发送包含虚拟数字人的消息，展示自己的个性和风格，与其他用户分享生活中的点滴。

四、虚拟数字人与 5G 消息产品的融合优势

虚拟数字人与 5G 消息的融合优势体现在个性化的信息传递、丰富的数字交互体验等方面。这种深度的融合不仅是两种技术的交会创新，而且实现了产品形态上的优势互补，提升了信息传递的效率，优化了用户体验。

（一）丰富的交互体验

虚拟数字人具有高度的交互性，能够与用户实时互动，提供个性化的服务。而 5G 消息支持多媒体内容传输，使交互方式更加多样化。两者结合为用户带来了更加丰富、有趣的交互体验。通过发送包含虚拟数字人的 5G 消息给用户，让用户与虚拟角色对话、互动，甚至参与虚拟场景中的活动，丰富用户交互的体验。

（二）个性化的信息传递

虚拟数字人可以根据用户的需求和喜好进行个性化定制，呈现出不同的形象和风格，而 5G 消息可以根据用户的接收习惯进行智能推送，两者结合

使信息传递更加个性化。企业可以根据目标用户的特点，定制符合其喜好的虚拟数字人作为信息传递的载体，通过 5G 消息将精准的信息推送给用户，从而提高企业消息的接受度和转化率。

（三）创新营销手段

对营销领域而言，虚拟数字人与 5G 消息的融合为企业提供了一种全新的营销手段。通过创建具备品牌特色的虚拟数字人，并结合 5G 消息的产品优势，企业可以打造独具特色的营销活动，吸引用户的关注和参与。这种创新的营销方式不仅能够提升品牌形象和知名度，还能够增强用户与品牌之间的情感联系，提高转化率。

（四）降低运营成本

虚拟数字人与 5G 消息的融合，为企业降低运营成本提供了可能。通过引入虚拟数字人作为客服代表或营销助手，企业可以减少对大量人力资源的依赖，降低人力成本。同时，5G 消息的自动化推送功能也可以减少人工干预，提高工作效率。这种成本优化不仅能够提升企业的盈利能力，还能够增强企业的竞争力。

总体来说，虚拟数字人与 5G 消息产品的融合，使信息传递更迅捷、准确、丰富。通过 5G 消息丰富的交互功能，用户与虚拟数字人进行实时互动，从而获得更加生动的信息反馈，提升用户的参与感与沉浸感。

五、虚拟数字人与 5G 消息产品对未来发展的展望

随着技术的不断进步和应用场景的不断拓展，虚拟数字人与 5G 消息的结合将在未来展现出更加广阔的发展前景。在技术方面，未来的虚拟数字人将具备更高的逼真度和交互性，能够更加真实地模拟人类的行为和情感。同时，随着信息技术的进一步普及和优化，5G 消息的形态得到拓展与完善，使虚拟数字人与 5G 消息的结合更紧密。

在行业赋能方面，虚拟数字人与 5G 消息的结合将渗透到多个领域：在医疗领域，虚拟数字人可以作为虚拟医生或健康顾问，患者可以随时通过 5G 消息向虚拟数字人咨询健康问题，获取专业的健康建议和指导；在零售和电商领域，虚拟数字人可以作为虚拟导购或客服，通过 5G 消息与消费者互动；在旅游、金融等领域，虚拟数字人与 5G 消息的融合也将发挥重要作用，提升服务的质量和效率。

在产业发展层面，虚拟数字人与 5G 消息的融合不仅催生出新的商业模式，而且为相关产业带来新的发展机遇。在内容创作层面，企业可以创造出更加丰富多元的内容；服务业态也将因此变得更加智能化、个性化。同时，这一融合还将推动云计算、大数据、AI 等领域进一步发展，形成良性的产业生态链。

六、结束语

在虚拟数字人与 5G 消息的深度融合下，信息交互的展示形式得到了前所未有的丰富和拓展，通过更加形象、生动的内容，进一步提升了 5G 消息的趣味性和吸引力，重塑大众对手机短信的认知。随着移动互联与数字技术的不断迭代升级，虚拟数字人与 5G 消息产品之间的融合将更加紧密与完善，可构建一个更加智能、便捷且多彩的信息生活空间。

（中移互联网有限公司　詹育艺　李刚　石聪慧）

5G+超高清视频在视听领域的创新与实践探索

从广电端到互联网端、从生产端到消费端、从大屏到小屏,依托5G技术创新驱动发展的超高清音/视频已融入大视听全场景产业链。作为新一代信息技术产业的重要组成部分,在产业政策的大力支持下,5G+超高清音/视频呈现快速发展的良好势头。

一、5G背景下超高清视听产业规模迅速发展

以超高清视频为代表的视听产业迈入了更高智能、更强体验、更多元应用的高质量发展新阶段。广电行业和互联网平台的积极入局推动视听产业超高清化渐成规模,并带动内容方、服务平台、终端厂商等产业链上下游迅速发展。

在内容制作方面,超高清技术为影视制作、广告制作等行业带来了更多的创作可能性。国产采编播设备的产业化,超高清摄像机、无人机等设备的普及,使超高清视频内容的制作成本逐渐降低。虚拟现实、增强现实、AI等技术的结合,也为超高清内容的制作带来了更多的创新空间。

在信号传输方面,我国"双千兆"建设进入"快车道",网络带宽的不断提升和5G技术的广泛普及,使超高清视频的高质量传输成为可能,也带动了终端整机、视频制作设备、存储设备、传输设备、显示面板等终端的升级换代,补强了编解码芯片、核心元器件等薄弱环节,提高了产业供给体系的质量。

在显示设备方面,超高清电视已经成为市场主流,4K/8K电视机出货量占比超过70%。随着显示技术的不断突破,超高清显示器的尺寸也在逐渐增大,为家庭影院、游戏娱乐等领域提供了更加震撼的视觉效果。

在应用场景方面,超高清视频不仅在广播电视、网络视听方面为用户带来了极致体验,在文教娱乐、安防监控、医疗健康、智能交通、工业制造等领域得到创新应用,也为AI、虚拟现实等新一代信息技术提供了重要的应用场景。

二、产业发展带动国产超高清音/视频标准趋于领先

产业越发达,标准越完善。先进、自主、开放的核心技术标准,对我国超高清音/视频领域发展具有重要的支撑作用。

(一)AVS3音/视频编码标准

AVS3(第三代数字音/视频编解码技术标准)是我国具备完整自主知识产权的音/视频信源编码标准,也是全球首个已推出使用的面向8K及5G产业应用的音/视频编码标准,实现了我国首次在该领域的国际领跑。AVS3的压缩效率比AVS2提升1倍,能够有效解决8K压缩难题。与国际视频编码标准HEVC相比,AVS3的编码性能提升接近30%,终端软解码能力也从25帧/秒提升到50帧/秒。同时,AVS3率先引入AI神经网络技术进行编码,为后续与其他智能化行业实现"互联

（二）HDR[1] Vivid、Audio Vivid 超高清音视频标准

HDR可以改善数字影像的亮度和色彩范围，使之更接近人眼的感知效果。2022年1月，国家广播电视总局发布GY/T 358—2022《高动态范围电视系统显示适配元数据技术要求》。同期，世界超高清视频产业联盟（UHD World Association，UWA）在北京成立，相继发布了我国自主研发且具有国际先进水平的HDR Vivid和Audio Vivid超高清音/视频技术标准，填补了中国超高清关键技术空白。

HDR Vivid（菁彩HDR）在制作域高光亮度是传统的标准动态范围（Single Data Rate，SDR）的40倍，且支持10/12bit色深、P3toBT.2020色域，可以通过明暗对比增强等技术能力，还原出细节感更强的画质。借助动态元数据和智能映射，HDR Vivid可以动态调整显示效果，在电视机、计算机、手机等不同终端设备上呈现最优画面观看效果。HDR Vivid还提供了公开、完善、先进的全链路端到端技术方案，使厂商可以调配出更加具有一致性的HDR Vivid视觉体验，从而实现高度一致的标准化。

在音频领域，Audio Vivid（三维菁彩声）通过三维声编码，能够精准放置和移动三维空间内的声音，打破传统的声道限制，带来无限趋近真实世界的声音效果。

（三）数字版权管理产业体系

数字版权管理（Digital Rights Management，DRM）是对数字内容进行版权管理的系统性方法，好莱坞等国际影视工业界对原生4K内容的授权就有着明确的DRM技术要求。

ChinaDRM是中国自主创新的数字版权管理技术标准，从技术、管理、法律等多个层面建立了音/视频内容数字版权保护产业化生态，具备良好的开放性及院线级高安全性，切实保障数字媒体产业的安全。目前已得到中央广播电视总台、好莱坞等国内外主流内容商的认可，在腾讯视频、爱奇艺、咪咕视频等主流视频服务商及智能终端上广泛应用及部署，并在北京冬奥会、卡塔尔世界杯等重大赛事活动及影视高价值内容的版权保护中发挥了重要作用。

三、超高清内容生产效能提升，媒体平台积极布局

5G技术带来的传输效率提升，有效地解决了超高清视听发展中遇到的上游制作成本压力大、下游终端消费者缺少体验和观看渠道等问题。5G凭借高速度、低功耗、大连接的特性，在数字内容的采、编、播、审等环节起到了重要作用。"5G+云计算"等技术，增强了制作上游的生产效能，云编辑、媒体AI等云服务让大体量的超高清视频素材可以实现加工云端化，并通过5G的高速网络上传下载。

《2022年全国广播电视行业统计公报》显示，2022年，全国地级及以上播出机构经批准开办的高清电视频道已经达到1082个，4K超高清电视频道8个，8K超高清电视频道两个。新闻资讯类、综艺益智类电视节目高清超高清制作比例分别达到70.72%和64.99%。在用户触达方面，高清和超高清用户数达1.10亿人，高清和超高清视频点播用户数达3981万，占点播用户的比例达94.43%。

与此同时，互联网行业也在积极布局超高清视听内容。在内容方面，中央广播电视总台、华策影业、万达电影、华视网聚、腾讯视频、爱奇艺、咪咕公司等，均有HDR Vivid规格的精品内容输出。在功能体验方面，互联网内容服务平台也为

---

1. HDR（High Data Rate，高动态范围）。

会员提供了超高清视听服务，如腾讯视频的"臻彩视听"、爱奇艺的"帧绮映画"、咪咕视频的"原画HDR"、喜马拉雅的菁彩声专辑等。

另外，高效能的传输也促进了广电网、互联网、通信网的融合发展。中国移动旗下的咪咕公司建立了行业创新的超高清"跨三网"直播信号总控中心，实现多格式信号的汇聚接入、异地演播室信号集群化调度和多产品形态播出信号生产。这不仅提升了内容生产的效率和质量，也增强了跨平台、跨网络的服务能力。

四、内容+科技融合发展，开拓新场景新体验

超高清视频拥有高分辨率、高帧率、高色深、宽色域、高动态范围、高自由度、强立体感等特点，具有更精细的图像细节、更强的信息承载能力，结合算力网络发展带来的低时延，能给观众带来颠覆式、沉浸式的临场体验。

（一）5G+超高清制播能力不断升级

依托5G网络和超高清音/视频国产标准体系，超高清直播制播在体育赛事中的创新性应用，刷新着超高清视听内容体验的天花板。

2022年北京冬奥会及冬残奥会，实现了奥运历史也是体育比赛转播史上规模最大的8K超高清转播。凭借5G技术打造的高铁超高清直播演播室，实现了长时间、高速移动下节目的稳定传输。通过运用AV3，将8K超高清电视频道、剧院与户外大屏有机融合，使冬奥会在"百城千屏"落地，扩大了超高清视频的应用场景。2023年杭州亚运会，咪咕在直播赛事服务中运用了"8K+双Vivid"超高清技术，实现了移动端AVS3+HDR Vivid标准融合点直播规模化商用。

2024年的中超赛事转播，咪咕运用了全球首辆符合OBS-A类最高标准的8K转播车，提供超80m^2的工作空间，具备HDR高动态、BT.2020广色域、10bit数字量化深度、5.1.4三维声等制作能力，是全球率先实现8K 120P视频直播拍摄、编辑制作、编码全流程的超大型转播系统。该车将结合中国移动5G传输、XR制作、AI等技术，打造更多新质内容。

（二）超高清+XR+AI解锁新场景

业界对于超高清+XR的探索从未停止。

2020年4月初，咪咕开展了全球首次超高海拔的4K超高清直播和VR直播，将珠穆朗玛峰的壮丽美景和珠穆朗玛峰大本营的动态带实时呈现。

2022年北京冬奥会，除了规模化的8K超高清直播，中国移动咪咕还应用了360度环拍、5G+XR、AI智能字幕等技术，带来数实融合的"冬奥冰雪元宇宙"。

2022年卡塔尔世界杯，咪咕在焦点场次提供"上帝视角""替补席"等15路视角供用户选择；5G+XR交互演播室的"元宇宙"三维空间技术，将直播间的虚拟场景与现实世界融为一体；裸眼3D观赛、多屏多视角"车里看球"、智能座舱、VR观赛等创新方式，使用户在数实空间中体验球赛的精彩时刻。

（三）5G+QoS带来低时延体验

QoS动态保障功能是一种基于中国移动4G、5G网络的专属无线网络保障增值服务，可对特定用户在访问特定业务时提供带宽、时延、抖动、误码率等网络质量差异化保障。以卡塔尔世界杯为例，重点赛事直播集中在下班时段，这也是4G、5G网络的业务高峰期，在工作园区、公交地铁等密集场景下可能会因网络拥塞出现时延、卡顿等现象。咪咕视频推出的"5G极速视角"，超高清直播技术融合低延时制播能力，结合5G网络动态QoS加速能力，可以实现百毫秒级赛事启播时延，秒级赛事内容分发延时，规模化为用户提供高可靠、低时延、高质量的观赛体验。

五、超高清音/视频向沉浸式音/视频演进

《中国网络视听发展研究报告（2024）》显示，截至2023年12月，我国网络视听用户的规模达10.74亿，网民使用率为98.3%，作为"第一大互联网应用"的网络视听已逐渐成为激活数字经济新质生产力的关键引擎。5G+超高清大视听作为产业变革的重要驱动，与AI、虚拟现实加速融合，逐步向沉浸式音/视频演进。

（一）超高清视频体验融入千家万户

近年来，相关部门已发布多则公告与措施，推进超高清显示技术的落地。2023年12月，工业和信息化部等七部门印发《关于加快推进视听电子产业高质量发展的指导意见》，提出实施4K/8K超高清入户行动，进一步鼓励4K/8K电视机、投影机、激光电视、高品质音响、虚拟现实终端、裸眼3D显示终端等产品入户。

（二）从真实还原走向数实融合

超高清视音频技术是元宇宙的底层基础技术之一，2023年3月30日，《元宇宙时代超高清视音频技术白皮书》在第十届中国网络视听大会上发布，认为元宇宙将触发超高清音/视频用户体验增量跃迁与技术产业持续演进。以内容生成为例，面向元宇宙场景的数字人、场地、三维声等内容采集技术，具有三维立体和6DoF交互的音/视频内容制作技术，包括3D人和物的建模、模型驱动、实时渲染等的模型创作技术，都是新技术发展的方向。

（三）与人工智能、大模型融合创新

AIGC的爆炸式增长也给超高清内容发展带来了新思路，尤其有助于突破超高清音/视频制作的"效率"瓶颈。AI的智能剪辑技术可以实现智能拍摄、剪辑和拼接，快速实时生成剪辑内容。AI技术也可以赋能视频画质的修复和增强，实现图像和声音的去噪、还原，规模化提升音/视频质量。AIGC可以完成文字、声音、图片、视频的多向合成转化，让创作者可以更高效、便捷地制作优质内容。AI的智能拼接技术可以有效提高VR视频的制作效率，甚至做到VR实时直播。智能建模和动作交互等技术在医疗、教学、居家健身等方面都有了相应的应用落地。

综上，以超高清视频为代表的视听产业正引发信息技术领域新一轮的创新突破。政策的支持、"双千兆"网络的保障、技术标准的开放、头部内容和平台的牵引、软硬件等领域的支撑，将驱动超高清视频产业技术发展和成果转化应用的飞跃提升，超高清视频全面普及的时代即将到来。

（咪咕文化科技有限公司　郭丽佳　李康敬　苏婕）

中国联通数字人民币创新实践

党的二十大对建设中国式现代化、构建现代化产业体系提出了明确目标和要求，数字金融的发展要锚定中国式现代化的本质要求，加强创新能力，提升服务水平，促进共同富裕。

随着加密货币，特别是全球性稳定货币的迅速发展，中央银行或货币当局紧密追踪金融科技发展成果，积极探索法定货币的数字化形态，法定数字货币正从理论走向现实。为维护货币主权未雨绸缪，中国人民银行高度重视对法定数字货币的研究开发。2014年，中国人民银行成立法定数字货币研究小组，开始对发行框架、关键技术、发行流通环境及相关国际经验等进行专项研究。2016年，中国人民银行成立数字货币研究所，完成法定数字货币第一代原型系统搭建。2017年年末，经国务院批准，中国人民银行开始组织商业银行、电信运营商共同开展数字人民币研发试点。

我国研发数字人民币体系，旨在支撑中国数字经济发展，提升普惠金融发展水平，提高货币及支付体系运行效率，配以支持零售支付领域可靠稳健、快速高效、持续创新的金融基础设施。"十四五"规划中提出"稳妥推进数字货币研发"，数字人民币目前仍处于研发试点阶段，技术标准、产品体系、法规制度正在建设中。

数字人民币是中国人民银行发行的数字形式的法定货币，由指定运营机构参与运营，以广义账户体系为基础，支持银行账户松耦合功能，与实物人民币等价，具有价值特征和法偿性。数字人民币设计兼顾实物人民币和电子支付工具的优势，既具有实物人民币的支付即结算、匿名性、支付无壁垒等特点，又具有服务全天候、分类钱包易获得、形式更多样（软/硬钱包）、支付更便捷、可编程等电子支付特点。

受中国人民银行委托，中国联通作为参研机构参与数字人民币研发与试点。在数字货币研究所统筹指导下，中国联通发挥运营商优势，将数字人民币金融基础设施与信息技术基础设施相结合，加大在通信垂直领域的研究，重点在硬件钱包、物联网、普惠场景、冬奥会场景等方面开展标准制定、技术架构搭建与实施、产品设计、创新场景落地等工作，打造了诸多创新场景。

2020年7月，中国联通首创Token型硬件钱包模式。以Token型硬件钱包模式为基础，中国人民银行陆续制定发布了"准账户模式""账户模式"等系列硬件钱包标准，支持了后续冬奥会数币卡、SIM卡硬件钱包等一系列硬件钱包产品的推出。

2021年8月，在北京冬奥组委办公园区内，中国联通作为北京冬奥会唯一官方通信服务合作伙伴，与中国银行联合研发并试点部署了自助售货机、无人超市、冬奥特许商品售卖机等创新场景，同时推出支付手套、支付徽章、冬奥支付服装等可穿戴设备，这些试点项目已经作为冬奥创新产品场景录入《中国数字人民币的研发进展白皮书》，在服贸会、数字中国、冬奥测试赛、国际通信展、消博会等一系列重要活动中亮相。

2021年3月，中国联通与中国银行联合推出了基于SIM卡的数字人民币硬件钱包。该产品以SIM卡为安全载体，加载数字人民币钱包应用，打造一卡多应用的融合应用场景，实现运营商渠道、用户、场景、服务、大数据等能力与数字人民币的紧密结合。数字人民币SIM卡硬件钱包，具备安全可靠、通用便利、共享余额的核心特点，特别是在支付体验上，可在手机断网、亮屏、熄屏、无电关机等情况下使用，无须打开支付软件，使用手机碰一碰即可完成支付，相较于现有电子支付方式更为便捷。2023年7月11日，中国联通在数字人民币App正式上线"SIM卡硬钱包"产品，实现了金融与通信跨界创新成果落地，为数字人民币应用提供更加普适、便捷的支付方式和体验。中国联通还配合数字货币研究所完成轨道交通苏州模式（智能锁定）、青岛模式（延迟交易）标准制定，并协同苏州联通公司、青岛联通公司全国率先实现落地试点。

在普惠金融领域，中国联通依托网络与信息服务平台，全国首创"通信+数字人民币"智慧养老解决方案，面向居家老人、社区及养老机构，提供数字化、智能化、物联化的养老服务。为解决支付难、养护难这些长期困扰老人的问题，中国联通研发推出了专门面向老人的数字人民币智能电子证和智能手环解决方案，前者提供数字人民币碰一碰便捷支付，设有亲情号码一键拨出、紧急呼叫功能、电子围栏等功能，后者除数字人民币支付之外，还可以实现与家人通话、测量血压/心率、进行定位等功能，满足了老人日常生活、看护基本需求。该项目已在成都锦江区、北京大家保险、苏州钻石家园社区养老、海南普亲养老院、浦东区养老、青岛养老院等地试点。

中国联通还发挥物联网产品技术优势，研发物联网数字人民币模组，加载联通物联网SIM卡，方便嵌入各类物联网设备，快速实现数字人民币收币能力，目前已经探索美团共享单车、友宝自助售货机、冬奥特许商品售卖机、智能充电桩、自助咖啡机、滑雪机等各类场景。中国联通还联合中国银行实现全国首个电动车数币智能充电站在北京张家湾小镇投产上线。

受中国人民银行委托，2020年4月8日《5G消息白皮书》发布后，中国联通即开展基于5G消息的数字人民币应用及标准研究。2020年10月，中国联通国内首先测试上线了基于5G消息的数字人民币支付应用，包括数字人民币交话费、数字人民币购买冬奥特许商品等。5G消息是5G时代全面升级的基础信息服务，数字人民币是安全普惠的新型零售基础设施，二者在简单易得、安全可靠、广泛应用等方面高度契合，随着5G消息与数字人民币的试点推进，中国联通将发挥5G消息与数字人民币结合的差异化服务能力，创新全新移动支付体验，助力数字人民币的普及与发展。

此外，中国联通具有集中的全网业务支撑系统，2020年3月全国营业厅智能POS已具备数字人民币受理能力，2022年12月中国联通App上线了全国首个数字人民币App拉起支付模式，中国联通打通线上、线下全场景数字人民币交费，可以有效助力数字人民币试点应用推广。

中国联通正在从传统电信运营商向科技服务企业转型，作为指定参研机构，全程参与了数字人民币研发试点，服务于网络强国、数字中国战略，从标准制定、产品研发、场景试点等方面切实发挥了数字技术融合创新排头兵作用。未来，中国联通将进一步围绕数字人民币关键技术创新、产业合作生态创新，助力扩展更广阔的新业态新应用，进一步为数字人民币的应用推广贡献中国联通的智慧和经验。

（联通支付有限公司　张杨）

关于 5G 语音业务优化评估体系的深入研究

4G 向 5G 的网络演进促进了无线网络的迅速发展，语音业务由 4G 的长期演进语音承载（Voice over Long-Term Evolution，VoLTE）业务向 VoNR 业务升级转变，需要新的语音编码方式和带宽保障；数据业务则面临大带宽、大连接、低时延和智能运维的挑战。在注重用户感知的大数据时代，为适应高品质的语音体验、多行业数据应用，需要从用户体验、网络容量、网络效率建设和评估无线网络。本文对网络评估展开讨论，重点研究语音业务的优化评估体系。

一、评估体系探索

网络评估可以理解为网络体检，基于严谨的方法论和丰富的业界经验，从海量网络和业务参数中，选取最能体现网络和用户体验的关键指标组合，完成对网络质量的量化呈现。通常从技术与维护两个维度出发，对网络覆盖、容量、干扰、质量及网络设备进行评估。维护在于设备健康度，网络优化在于技术评估，多维度评定关键指标的"优、良、中、差"，最后给出网络综合得分。

关键指标的好坏对网络"健康"的影响很大，例如，弱覆盖、三高（高负荷、高干扰、高故障率）均为影响网络的"大"问题。根据木桶效应，最差的短板往往是影响总体性能的关键所在，提升用户体验，首先要发现关键问题，进而通过精准优化提升网络总体指标。

覆盖是基础：在评估体系中，覆盖是重要的一环，是保障用户随时随地接入服务的基础。网络覆盖永远是提供服务的基本保障，也是电信运营商网络质量评估的首项指标。

降"三高"：在网络发展过程中，高负荷、高干扰、高故障率对性能指标和用户体验影响较大，亟待解决。

二、语音业务研究

5G 网络建设初期，SA 组网下的语音业务通过 EPS FB 回落至 LTE 网络，语音和数据业务均在 LTE 网络进行。随着 5G 基站规模部署，逐步支持基于 NR 网络的 VoNR 语音业务，从而获得更高质量的语音和数据业务体验。语音业务演进如图 1 所示。VoNR 语音业务流程如图 2 所示。

VoLTE 和 VoNR 业务由主被叫用户设备与 IP 多媒体子系统（IP Multimedia Subsystem，IMS）之间建立基于 IP 传输网的语音专用承载，业务流程（以 VoNR 流程为例）主要包括天线资源控制（Radio Resource Control，RRC）连接建立、默认承载建立（5QI=8/9）、IMS 信令面 SIP 默认承载建立（5QI=5）、IMS 用户面语音专用承载建立（5QI=1）、开始语音通话。

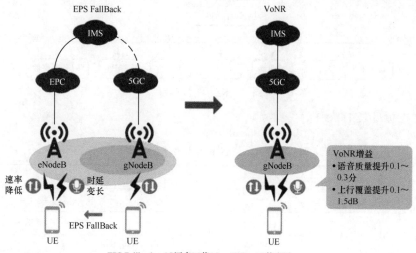

图 1　语音业务演进

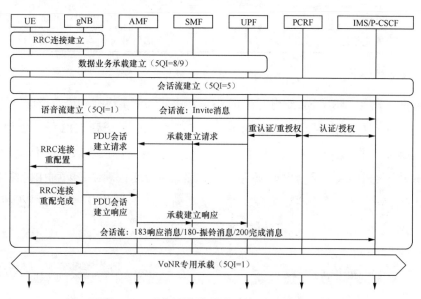

图 2　VoNR 语音业务流程

三、传统语音评估

（一）关键性能指标评估体系

传统评估主要通过 KPI 对语音业务的接入、保持、移动、利用率、业务量进行衡量评估。KPI 是用于测评业务资源（包括网络和非网络）性能表现的度量关键指标。KPI 管理主要面向控制面，以移动网信令指标统计，对应用户对网络的体验，可理解为控制 KPI。KPI 包括系统 KPI 和用户自定义 KPI，前者是网元原始指标，后者是用户根据维护需求在原始指标的基础上通过运算公式自定义的指标。

KPI 评估体系如图 3 所示。KPI 体系主要分为以下七大模块，基本覆盖了从用户接入到释放的全流程业务行为，各模块再层层细化分支，形成庞大的 KPI 体系。

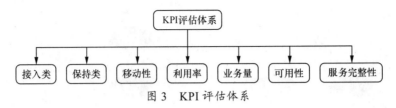

图 3　KPI 评估体系

语音 KPI 评估指标见表 1。

表 1　语音 KPI 评估指标

类别	说明
接入类	语音业务接通率（主被叫）
保持类	语音业务掉话率
移动性	语音业务同频/异频/异系统切换（EPSFB）
利用率	语音业务小区上下行 PRB 利用率
业务量	上下行语音业务话务量（erl）
可用性	小区可用，网络可用时长
服务完整性	语音业务平均/最大用户数，小区容量

（二）KPI 评估体系短板

语音 KPI 常表现出与用户感知水平相背离的情况，即现行网络 KPI 良好，但用户抱怨主观感受的网络质量很差。KPI 重点关注网络控制面性能（例如，是否可以接入、接入后是否出现掉话），对呼叫建立后的用户体验（例如，语音质量差、视频停顿等）缺乏直观、有效的度量方法，在网络优化中面临诸多挑战。语音投诉挑战如图 4 所示。

挑战一：语音 KPI 好，但用户投诉多。**原因**：统计粒度大，很难表征个体用户体验，个体用户感知淹没于宏观统计数据中。**需求**：主动评估语音质量，针对性优化调整，减少投诉提高客户满意度的评估方法。

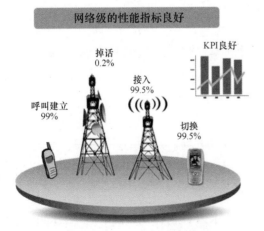

图 4　语音投诉挑战

挑战二：传统语音质量评估方法存在弊端。**原因**：没有面向用户感知设计度量指标（传统 KPI 是面向网络的设计），用户面（话音质量、单通等）考虑弱。**需求**：高效、低成本地完成问题定界、定位、解决。语音评估方法挑战如图 5 所示。

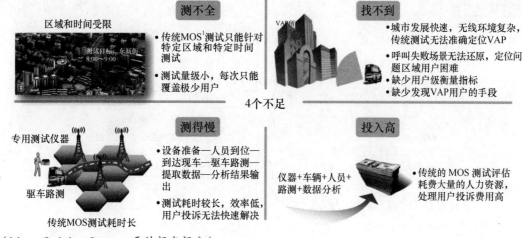

1. MOS（Mean Opinion Score，平均评定评分）。

图 5 语音评估方法挑战

挑战三：**市场竞争期网络需要关注用户语音体验**。**原因**：业务类型和业务质量无法留住老用户和吸引新用户，影响电信运营商的收入。**需求**：主动评估数据业务用户体验，提升用户使用感知。数据评估方法挑战如图 6 所示。

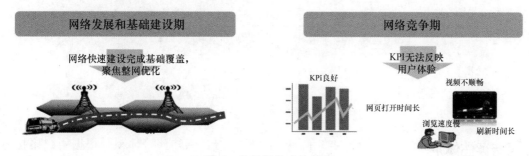

图 6 数据评估方法挑战

因此，传统语音 KPI 评估体系并不完善，不能完整地体现用户的主观感受，还需要从用户体验角度评估网络的质量。

四、语音评估演进

KPI 评估体系已无法适应语音业务的感知评估，无法全面反映用户体验。调查报告显示，用户的网络满意度在持续下降，必须主动监测和管理用户在使用业务时的 QoE，建立以用户感知为导向的网络质量评价体系，重点针对客户感知进行多维度的考核和优化。

（一）KQI 评估体系

基于上述背景，业界纷纷推出针对用户业务质量和用户体验管理的解决方案，关键质量指标（Key Quality Indicator，KQI）应运而生。KQI 关注网络用户面的性能及用户感受，根据用户体验进行指标设计，能够直观、准确地反映用户体验，可以理解为业务 KQI。

KPI 和 KQI 测量点如图 7 所示，KPI 和 KQI 共同反映了终端用户对移动网络服务质量的感知与体验。业务 KQI 可控制 KPI 在移动网络的扩展与演进。新的用户感知模型就是建立用户感知与 KPI 的关联，从端到端视角审视网络建立、业务使用、快捷流畅、服务响应 4 个关键指标的网络影响因素，并梳理各个因素相关的 KPI 指标。

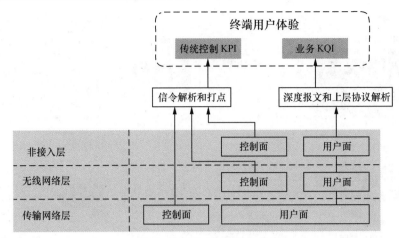

图 7 KPI 和 KQI 测量点

（二）KQI 评估指标

语音 KQI 评估分类如图 8 所示。KQI 指标从用户体验角度出发，在接入性、完整性及保持性 3 个方面制定语音业务的评估指标，例如，接通率、呼叫时延、语音质量等。

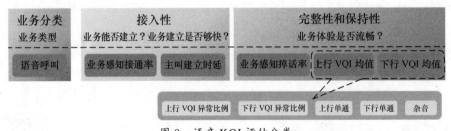

图 8 语音 KQI 评估分类

五、语音评估体系

（一）语音感知评估

为了准确反映语音用户业务感知，需要从用户体验角度出发，设计对应的感知指标，构建完整的语音感知评价体系。根据用户接打电话的行为及语音业务流程，用户的语音感知可以细化为 4 类：打得通、不掉话、接得快、听得清，分别对应接通、掉话、时延、质量 4 类指标。用户语音感知分类如图 9 所示。

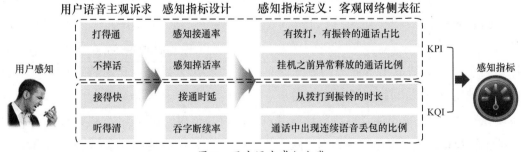

图 9 用户语音感知分类

结合用户语音感知诉求，可按照接入、保持和完整性 3 个模块对语音感知进行评估。

接入评估：反映用户拨打电话时的感受，体现为是否接得通和接通是否迅速两个方面。在业务流程上，是否接得通表示 RRC 连接、信令面和用户面承载是否正常建立；接通是否迅速则表示从

RRC 建立到语音通话建立的时延是否短。

保持评估：反映用户通话时的感受，体现为通话是否会异常中断。在业务流程上则表示呼叫建立后的通话流程是否正常释放。

完整性评估：反映用户通话过程的感受，体现为通话质量。语音质量指标（Voice Quality Indication，VQI）指标能够评估网络内每个用户感受到的语音清晰程度，不评价传输后语音数据本身，而是通过无线空口参数，综合考虑误码、误帧、语音编码模式、单通、噪声、切换、DRX 等影响语音质量的因素，拟合评估出当前通话用户的语音质量。语音体验评估指标见表 2。

表 2 语音体验评估指标

指标类别	指标名称	定义	具体指标
接入性	语音业务感知接通率	表示主叫（被叫）用户发起（收到）语音呼叫，到听到振铃声（接听电话）成功建立通话连接的比例	VoNR 网络接通率 VoLTE 网络接通率 EPS FallBack 网络接通率
接入性	接通时延	表示主叫用户按下拨号键到听到回铃音的时长	VoNR 超高时延质差占比 VoLTE 超高时延质差占比 VoNR 建立平均时延 VoLTE 建立平均时延
保持性	语音业务感知掉话率	表示用户在通话过程（挂机前）异常中断的通话比例	VoNR 感知掉话率 VoLTE 感知掉话率
完整性	上行语音质量均值	表示用户通话过程中上行语音质量等级，即对方听到的语音质量	VoNR 上行通话质量 VoLTE 上行通话质量
完整性	上行语音质量异常比例	表示上行语音质量差的呼叫占所有呼叫的比例	VoNR 上行通话质差切片占比 VoLTE 上行通话质差切片占比
完整性	下行语音质量均值	表示用户通话过程中下行语音质量等级，即对方听到的语音质量	VoNR 下行通话质量 VoLTE 下行通话质量
完整性	下行语音质量异常比例	表示下行语音质量差的呼叫占所有呼叫的比例	VoNR 下行通话质差切片占比 VoLTE 下行通话质差切片占比

围绕接入、保持和完整性 3 类指标，通过分析影响"两管道"（空口与传输）和"三网元"（终端、基站、核心网）的关键因素，实现语音感知问题的定界、定位、优化。影响指标的关键因素如图 10 所示。

接通：受限于空口弱覆盖、干扰、传输等问题，少量存在核心网定时器和平台业务冲突（例如，炫铃平台与一号多业务冲突）影响。

时延：语音呼叫涉及的流程和网元较多，通常按照五段法进行分段时延对比，挖掘端到端问题；时延受空口、流程、传输丢包、增值业务及核心网云化影响较大，增值业务和 IMS 云化可能带来近 500ms 的时延增加。

掉话：受限于弱覆盖、干扰、终端兼容性等问题，少量存在核心网定时器和平台业务流程冲突（例如，炫铃平台业务冲突）影响。

语音质量：语音编码、丢包、抖动、E2E 时延对语音感知有较大的影响，具体如下。

编码：EVS 24.4k 编码 MOS 分相对于 AMR-WB 改善，平均高 0.2～0.5 分。

丢包：连续丢 3 个以上 RTP 包感知吞字，多个吞字出现断续问题。

抖动：100ms 内抖动终端可消抖，抖动 300ms 以上对 MOS 分影响显著。

时延：时延低于 100ms 不影响语音，超过 200ms，感知提升很大。

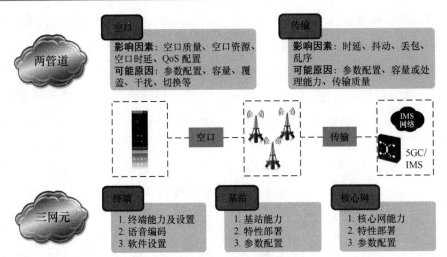

图 10　影响指标的关键因素

（二）语音感知优化

基于上述分析，可通过不同维度的优化策略，实现无线问题快速闭环。接通/掉话优化策略见表 3。

表 3　接通/掉话优化策略

覆盖优化	切换优化	干扰优化	参数优化
·RF[1] 优化 ·PCI 规划不合理 ·干扰排查 ·上行弱覆盖	·邻区漏配 ·邻区错配 ·切换门限 ·移动性策略	·干扰检测 ·干扰避让 ·空口负载	·参数配置异常 ·语音数据协同参数优化 ·核心网优化

1. RF（Radio Frequency，无线电频率）。

语音质量优化策略见表 4。

表 4　语音质量优化策略

特性部署	参数优化	干扰优化	参数优化
·VoNR&DRX 优化 ·VoNR&BWP2 优化	·上行 MSC 选阶优化 ·上行 RLC 分段增强 ·下行 MSC 快速降阶	·MOD3 干扰 ·上行干扰排查 ·越区覆盖	·邻区漏配 ·上下行空口丢包 ·关键资源优化

边界协同优化策略见表 5。

表 5　边界协同优化策略

边界优化	切换优化	协同优化	参数优化
·按 TAC 区域开通 VoNR ·基于覆盖系统内/间切换	·基于质量系统内/间切换 ·基于覆盖系统内/间切换	·VoNR/EPS Fallback 自适应 ·覆盖空洞识别	·小区重选优先级优化 ·切换参数优化

（三）语音感知体系

基于端到端平台，结合专家经验，建立语音感知端到端定界定位模型，完成现场语音感知体系搭建。

数据平台：基于端到端平台实现感知管理，完成问题初定界，提供通话级端到端信令，结合无线、核心网网管指标联合分析。

感知画像：通过无线问题和系统概率性端到端问题构建语音业务感知画像，结合专家一线经验对问题进行定界和定位。

模型算法：通过质差特征提取，质差特征选择设计数据标签，融合专家经验与历史案例，构建具备业务能力的定界定位数据模型，从而具备网络级、区域级、小区级、用户单次业务级的体验评估、质差定界、定位分析能力。

融合业务：模型数据开放，在派发无线问题工单、VIP用户保障、语音投诉分析提效场景下，融入生产流程。

六、结束语

语音通信是现代生活中不可或缺的交流方式，而现代通信系统为人们提供了广泛的语音服务。随着通信技术的发展，对语音通信系统进行准确、标准、可重复、自动化的专业测试评价也更为重要。语音感知评估体系相比于传统无线KPI体系，变化点主要有以下4个方面。

评价维度：以用户感知为切入点，更贴近用户感受。

用户级感知评估：用户级话单，实现从网元级到用户级和业务级的转变。

端到端定位：呼叫时延分段定界，通过各段时延分析深度挖掘问题。

感知画像：基于无线问题和系统概率性端到端问题进行语音感知画像，确认关键影响因素。

大数据时代，以用户体验为中心的精品网络成为移动宽带电信运营商核心的竞争点。随着无线网络以用户体验为发展中心，未来，质量评估体系将不断演进，在保障客户体验和市场盈利性的前提下，平衡投资效益，确保市场竞争优势。

（中国联合网络通信集团有限公司天津分公司
马亚辉　莫崇领　弭鑫　何苗）

5G+数字农业发展分析

我国是农业大国,农业发展关系到国民经济和社会发展全局,农业丰则基础强,而数字农业是未来农业现代化发展的重要方向。数字农业是指利用信息技术、传感技术、自动化控制技术等科技手段,实现农业生产、经营、管理的现代化。近年来,以5G、物联网为代表的新兴技术迎来了飞速发展,并在各行各业均得到了广泛应用。目前,中国农业在生产效率与机械化等方面持续加强,5G与物联网、大数据等技术融合发展,也为我国农业的发展产生积极影响,为都市型农业发展打开新的切口。

一、国家高度重视数字农业产业发展

我国自2004年至今,已连续20年发布以"三农"为主题的"中央一号"文件,彰显"三农"在现代化建设中的重要地位和党中央解决"三农"问题的决心,其中,智慧农业、数字农业、"互联网+农业"等相关概念多次被提出。2023年2月13日,《中共中央 国务院关于做好2023年全面推进乡村振兴重点工作的意见》,即2023年"中央一号"文件发布。该文件指出,要大力推进数字乡村建设,推进智慧农业发展。2023年12月11日至12日召开的中央经济工作会议指出,坚持不懈抓好"三农"工作,树立大农业观、大食物观,把农业建成现代化大产业。

二、5G网络建设推进为农业数字化提供基础

5G网络建设加快推进。截至2023年年底,全国移动通信基站总数达1162万个。其中,5G基站为337.7万个,占移动基站总数的29.1%,占比较2022年年末提升7.8个百分点。

我国各地区均积极推进5G建设和应用。截至2023年11月末,东部、中部、西部和东北地区的5G基站分别达到151.1万个、73.6万个、82.6万个和20.9万个,占本地区移动通信基站总数的比重分别为30%、29.3%、25.6%和28%;5G移动通信用户分别达33768万户、18186万户、20045万户和5112万户,占本地区移动通信用户总数的比重分别为45.2%、45.1%、44.2%和42%。截至2023年11月末,京津冀、长三角地区的5G基站分别达到32.4万个、66.6万个,占本地区移动通信基站总数的比重分别为31.4%、31%;5G移动通信用户分别达6456万户、13982万户,占本地区移动通信用户总数的比重分别为44%、44.7%。

随着5G网络建设深入推进,国内5G通信市场进入快速增长阶段,不断提升中国经济社会影响力,5G赋能垂直行业数字化转型是推进经济高质量发展的重要基石。在5G时代数字经济加速渗透传统产业的背景下,我国未来5年的ICT产业有望保持较高增速,我国5G通信产业迎来爆发式增长。

2023年,我国5G通信市场规模达到2.76万亿元,2025年我国5G通信市场规模将达到3.8万亿元。中国信息通信研究院数据显示,2022年5G直接带动经济总产出1.45万亿元,直接带动经济增加值约3929亿元,间接带动总产出约3.49万亿元,间接带动经济增加值约1.27亿元。

农村地区网络覆盖为"5G+数字农业"打下

坚实基础。工业和信息化部部长金壮龙在2024年全国两会上表示：目前我国5G基站数量已经达到338万个。我们已经实现"市市通千兆""县县通5G""村村通宽带"。5G网络在农村地区的覆盖将为农业管理中的跟踪、监测、自动化和分析处理等环节提供高效智能的信息化处理手段，深刻改变农民的劳作方式，让农民走进更美好的信息生活，让科技赋能传统农业，开启智能农业新时代。

都市农业是高层次、高科技的绿色产业，是完全依托于城市的社会经济和结构功能的生态系统，是按照群众的多种需求构建、培育的融生产、生活、生态、科学、教育、文化于一体的现代化农业体系，是种养销、农工贸、产教研一体化的工程体系，是城市复杂巨大的生态系统不可或缺的组成部分。都市农业是充分运用高新科技的绿色产业，要依靠大专院校、科研院所，发挥大城市的人才优势，应用现代高科技特别是生物工程和电子技术，从基础设施、生产、系列加工、流通、管理等方面，形成高科技、高品质、高附加值的精准农业体系。

5G网络的全面深度覆盖，为都市型农业发展提供了网络基础，在农业生产的数字化、平台化方面，5G的广连接、大带宽、高速度特性，让新型农机农艺的使用成为可能，例如，5G无人机、5G农机、5G传感器等，在精细化农业作业的场景中，5G为都市农业的数字化提供了更多的可能，成为都市型农业发展的重要切入口。

三、"5G+数字农业"产业发展趋势

（一）数字农业发展处在起步阶段，发展潜力大

目前，我国数字农业依然处于初级阶段，数字农业应用渗透率还不足1%，但是得益于社会环境的支持及技术的不断提升，我国数字农业行业正在不断发展，市场规模持续增长。

我国的农业行政村数量高达58万个。随着智能手机的普及与互联网的渗透，不仅可以传播有效资源信息，同时也是发展智慧农业硬件设备的基础；同时，示范区和示范基地的建设秉承区域特色，为数字农业的发展打好样板；新农业人对科技的依赖日益增强等，都成为智慧农业发展的强力助推器。到2035年，农业全产业链数字化、网络化基本实现，数字农业的新基建、新理论、新技术、新装备、新产品等产业将成为全面推进农业数字化、智慧化发展的中坚力量，批量建成少人化或无人化的智慧农（牧、渔）场，预计大田、设施、畜禽、水产生产数字化水平分别达到50%、70%、75%、75%，农业数字经济占第一产业GDP的比重超过70%。

（二）市场容量逐渐扩张，行业潜力释放

根据国家战略规划，我国2025年农业数字经济占农业增加值比例要从2021年的7.3%达到15%，农业生产经营数字化转型取得明显进展，2035年农业农村现代化基本实现，财政投入不断增加，推进行业快速发展，市场空间广阔。《2023—2028年中国智慧农业行业发展前景及投资风险预测分析报告》显示，当前，全球智慧农业产业呈现明显的增长趋势，整体行业发展态势迅猛，初步预测2025年全球智慧农业市场规模将进一步上升至325亿美元，在2022—2025年，年平均增长率达到30.4%。我国智慧农业行业市场规模不断扩大，行业内龙头企业不断涌现，竞争日益激烈。数据显示，我国智慧农业行业市场规模预计到2025年将会达到8612亿元，行业潜力逐渐释放。

（三）产业互联网融合要求高

产业互联网将通信技术与农技农艺相结合，要求和行业伙伴有紧密的合作，在农业技术装备、生产工艺方面实现深度融合，同时也推动通信技术与其他行业（例如，金融等）合作，对技术融合的要求较高。

将5G、物联网、大数据与农业互联网相融合，

应用更加多元化，远比目前低功耗、快速、准确的小型化农用传感器随着整体物联网技术的发展应用广泛，物联网的信息量与设备应用率将会更高，为整体农业的快速发展起到强有力的辅助作用。

将5G与物联网、区块链、大数据应用于农业金融中，借鉴金融行业的成功经验，针对自身特性进行适宜调整，达到提升信誉与工作效率的目的。例如，过去传统的农业相关者申请农业贷款，银行、中介机构会对其进行信息核实，要求其提交信用证明等内容，会耗费大量的时间与人力，而应用"物联网+区块链"技术，可实现农业贷款机构直接通过调取区块链中的真实数据信息，即可开展相关业务。

（四）未来农业劳动力需求由数量向质量转变

从世界经济发展规律来看，随着经济的增长，一个国家的农业劳动力总量及其在社会就业中的占比都将不断下降。由于不同产业间的收入存在差异，农业在国民经济总量中所占的比例会随着经济发展而逐渐缩小，农业部门的从业人员也将逐渐向工业和服务业转移。改革开放以来，我国农业劳动力总量及其占比也呈现下降趋势，但与发达国家不同，其下降幅度远低于农业在经济中的占比下降幅度。未来，进一步提高农业劳动生产率、减少农业部门就业人口是我国成功实现农业农村转型和现代化发展的必然选择，农业GDP和劳动就业人口占比都将随着经济结构的转型继续下降，并逐步朝着趋同方向发展。农业人口数量的减少，对农业从业群体的素质要求更高，要求从业群体对新技术有理解、掌握和使用的能力，如何提升农民的数字化能力成为驱动农业数字化转型的重要因素。我国农业就业人口占比变化趋势预测如图1所示。

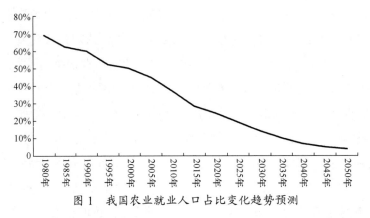

图1　我国农业就业人口占比变化趋势预测

四、"5G+都市型数字农业"的应用场景

都市型数字农业是指在城市低于空间范围内具有一定生态空间格局，以可持续发展为核心，体现城乡融合，服务于城市，具有多功能、高科技、高度产业化、市场化的生态农业系统。而依托"5G+物联网"技术赋能都市农业生产，能够实现更少的人员需求、更大面积的综合土地管理、更实时精细的生产环境监测、更智能的生产自主管控。5G技术以其广连接、低时延的优势，在打造数字农业一体化信息采集、设备管控、环境保护利用监测方面有着广泛的应用场景。

（一）5G无人机控制

得益于5G无人机的普及，农民不再需要在田间频繁巡查，而是可以借助无人机执行巡逻、监测农作物生长情况、喷洒农药、土地丈量开发等工作。

（二）5G农机控制

收割机、播种机、犁地机、采摘机、喷洒机等设备也日益迈向无人化。通过5G网络，农民可以对多种农业生产机械实行远程控制、自动控制。农机上装载5G智能网关，统一汇总生产机械上的各种数据，包括摄像头的视频数据、机械工作状态数据、运行路径数据等，并实时传输至云平台，建立起远程感知和控制链路。5G智能网关还可以部署边缘策略，实现农机自动运行、策略运行，提高生产效率。

（三）5G监测与自动化控制

物联网传感器广泛分布，可全面采集农作物生长区域的湿度、阳光照射、温度、土壤条件等数据，经由基于5G网络的物联网系统实时控制通风、出水、保温等系统功能，保障农作物处于最佳生长状态。5G智能网关支持边缘计算功能，可智能化根据现场状态控制设备协同，实现水肥一体化、自动温控、病虫害自主监测与干预等自主策略。

（四）5G溯源营销

5G技术还可以推动农业产业链的数字化转型。通过5G网络，可以实现农产品从生产到销售的全流程可追溯，提高农产品的安全性和透明度。同时，5G技术可以促进农业与其他产业的融合发展，推动农业产业链的升级和转型。

（五）5G智慧农业平台

通过汇总5G智能网关的数据，云平台能够实时显示和更新5G物联网系统采集的数据，助力农业人员全面感知农作物的生长情况，部署最佳种植策略。

5G技术的出现为智慧农业的发展带来了新的方向。通过5G技术的应用，可以实现农业物联网的全面建设、提升精准农业的实施效果、促进农业生产的智能化和无人化，以及推动农业产业链的数字化转型。这些变革将有助于提高农业生产的效率和效益，推动农业可持续发展，同时也为农民带来了更多的发展机会和收益。

五、结束语

随着我国5G网络的深度覆盖，尤其是在农村地区的全面覆盖，为农业产业数字化的发展提供了重要条件。虽然我国农业产业的数字化发展仍在起步阶段，但发展迅速、市场容量急速扩张，对生产要素的互联融合发展需求强烈。同时，农业数字化发展还面临劳动力结构的变化，由对数量的要求转变为对质量的要求。5G在都市型农业发展中将起到积极的推动作用，探索基于5G的无人机、农机控制、5G检测与自动化控制、5G智慧农业平台的都市型应用场景，随着农业产业5G应用场景的不断丰富，将为都市型农业带来新的发展。

（天津联通产业互联网研究院　魏强　孟彬　李朝辉）

5G+VR 创新农业社会化服务，推动农业现代化发展

2023年，《中共中央 国务院关于做好2023年全面推进乡村振兴重点工作的意见》明确提出要深入实施种业振兴行动，提升设施农业现代化；深入实施数字乡村发展行动，推动数字化应用场景研发推广。《天津市种植业"十四五"发展规划》对天津市种业发展提出以下要求：紧紧围绕实施乡村振兴战略，以深化农业供给侧结构性改革为主线，以建设现代种业为目标，深化种业体制机制改革，强化种业科技创新，优化种业营商环境，大力实施种源农业建设，提升优势种业，开发培育特色种业，做强做优品牌种业。

基于上述背景，天津联通携手天津金谷兴农农业科技有限公司，建设津南区农作物新品种展示基地5G智能系统集成项目，建成集品种示范推广、合作机制创新、研发成果孵化、科普教育培训等多功能为一体的现代化种业展示基地。该展示基地融合5G、VR、物联网、大数据、云计算、AI等新一代信息技术，通过展示推介、现场观摩等方式，不断扩大影响力，进一步强化天津市优势特色农业发展，推动天津现代种业发展进程，实现科技助力智慧农业和数字赋能乡村振兴。

一、实现目标

一方面，通过农作物新品种展示基地的建设，配合天津市农业农村委员会完成"第十四届中国国际种业博览会暨第十九届全国种子信息交流与产品交易会"（以下简称双交会）的展示推广任务，加快推动天津市农业品牌建设步伐。根据两块展示基地的规模和承载能力，自"津农精品"名录内挑选出部分具有代表性的优势特色新品种进行集中示范种植，打造集品牌农业、高效农业、特色农业、数字农业、精致农业、品质农业为一体的农作物新品种展示基地，打造天津市农业品牌整体形象，壮大和维护"津农精品"金字招牌，努力将其打造为走向全国乃至世界的新名片。

另一方面，本项目对设施农业进行提升改造，提升项目区基础设施的功能和水平、提高先进设备的装备水平、增加观摩展示功能和景观效果等，使基地的设施更完善、设备更先进、功能更齐全。

最后通过项目建设，利用5G、大数据、AI、物联网、区块链等信息化新型技术，形成跨平台、多平台的融合服务，提高农产品附加值，实现产业供应链的优化与升级，对推动新兴技术发展、打造农业领域中国式现代化起到示范带动作用。

二、应用技术

项目建设从实际需求出发，利用5G及物联网等信息化手段进行农业环境运行监测，掌握农业生产与农业经济运行动态，监测农业生产经营的成本收益变化，对农业生产经营活动提供分析。利用信息化为农业种植决策提供支持，实现智能生产经营，通过5G技术提高信息服务能力，完

成农作物动态监测、虫情监测、VR展示、先兆预警、农作物生长模型分析、农产品溯源等。通过大数据能力整合农业数据资源，充分利用农业生产各个环节产生的基础数据、环境数据、生产数据、市场数据，利用大数据及其他信息化手段指导农业生产。

三、整体解决方案

天津联通以先进适用的农业技术集成创新为支撑，利用5G+智慧农业产供销一体化平台和5G+VR数字农业地展平台，提供现代化的农业生产性服务。

（一）5G+智慧农业产供销一体化平台

通过5G对农作物整个生长过程中的土壤资源、水资源、气候信息及农情信息（苗情、墒情、虫情、灾情）等进行统一监控与管理，构建以标准体系、评价体系、预警体系和科学指导体系为主的网络化、一体化监管平台，真正做到农业种植长期监测、及时预警、信息共享、远程控制，最终实现控水、控肥、控药，改善农作物产量与品质，达到绿色种植的目的。以5G技术为抓手，赋能现代化的农业生产性服务，涉及耕地、育种、播种、施肥、植保、收获、储运、农产品加工、销售等环节，实现农作物种植、培育、成熟和销售等环节的管理。

前端环境监测系统。该系统通过前端采集设备自动采集农业生产中室内外气候（例如，空气温度、空气湿度、光照度、风速、风向及降雨量等因子）。由气象传感器采集气象数据，并通过5G网关传输至服务平台进行处理，快速实现数据统计分析、准确预报。

智能联动控制系统。该系统依靠环境传感器和农业主机的组合实现数据对接，完成数据上传/下达/物联设备的联动。农田内智慧农业主机可以连接各种机械设备，并利用预定逻辑条件自动完成设备的开启/关闭操作，通过5G网关完成数据上报和远程通信。

AI虫情测报系统。搭建农业产业园的智能虫情监测设备，并通过5G网络实时将照片发送至远程信息处理云平台，对照片进行分析处理，对测报设备每天收集的害虫进行分类与计数，判断该区域农业产业园发生虫害的趋势，为预测和预防虫害流行提供可靠的数据，发出有效预警，真正做到防灾、减灾。

智能水肥一体化管理系统。水肥一体化管理系统按土壤养分含量和农作物种类的需肥规律，将可溶性固体或液体肥料形成喷灌，均匀、定时、定量地喷洒在农作物发育生长区域，使主要发育生长区域的土壤始终保持疏松和适宜的含水量，在节水灌溉的同时还能提升农作物的品质。

农产品质量溯源系统。该系统通过5G视频直播、区块链、物联网环境监测传感技术，构建了基于区块链的农产品质量溯源系统，可以有效地保障溯源节点信息的真实性，在农产品质量溯源系统中，利用5G网络对产品进行直播、录播，以及对生长剪影溯源信息进行收集，同时可以在品控直播的基础上发展"互联网+农业生产认养"的新模式。

（二）5G+VR数字农业地展平台

5G+VR数字农业地展平台，集成5G无线通信技术、VR技术，通过全景相机、智能机器人及其配套的计算机软硬件和网络设备的集成，自动定点定时拍摄、录播、直播、系统自动汇总和人工筛查（提供全生育期图片管理服务）VR信息，打造基地VR数字360°全景数字中心，让参观者可以远程实时观览基地全景。5G+VR数字地展平台如图1所示。

图 1　5G+VR 数字农业地展平台

5G+VR 线上云展厅。以 VR 数字农业园为亮点，通过云参观、云认养、云采摘等方式，给消费者带来沉浸式体验，从而覆盖更广泛的消费群体，打通线上营销渠道，增加销售额。发挥数字连接人、商业、产业的作用，加速农村第一、第二、第三产业融合，让农民分享全产业链增值的收益。

智慧育种展示分析。利用基地内的智能设备记录和分析温度、湿度、光照、肥力、芽率、生长周期等基础数据信息，直观地了解农作物生长过程以及环境条件对农作物生长形态的影响，辅助完成相关研发工作，消费者可以直接查看基地试验展示的基本情况和品种生长情况，既可以供参展企业或需求人群随时查看进展，还可以扩大品种展示的受众范围，提高展示工作的价值和资源利用率，提高新品种的科技成果转化率。

四、网络架构方案

本项目应用了一张时延和带宽有保障的、与中国联通公共网络普通用户数据隔离的虚拟专有网络，企业用户通过 5G 专网进行农业信息服务工作，公众用户通过互联网访问农业信息服务平台，系统将互联网同应用整合起来。

农业园区中的固定传感器采集点、视频监控等设备有两种方式接入天津联通 5G 基站：一种是设备带有 5G 模块，可以直接插入 5G 卡；另一种是通过 5G CPE 接入。

5G 基站通过天津联通 IP 传输网连接天津联通共享 MEC，其中的 UPF 进行分流接入天津联通 IP 传输网。

天津联通 IP 传输网通过网络专线与农业平台内网连接。数据采集设备和联动执行设备通过 5G 网关及 5G CPE 接入，将视频资源、传感数据通过搭建的 5G 专网上传到本地管理平台，下沉的 UPF 对数据进行分发处理至管理人员进行查看或者控制。

通过无线侧 5G QoS 大带宽切片保证物网传输的优先级，为业务提供差异化服务，利用 5G 切片保障上行带宽进行视频回传，实现在复杂环境下的实时数据采集及分析。天津联通室外、室内 5G CPE 部署现场如图 2 所示。

图2 天津联通室外、室内5G CPE部署现场

五、特色实践

（一）5G技术助力视频数据、环境信息采集传输

受限于大宽带的基础网络建设成本高，普通无线网络经常表现出不稳定、速率慢、断连频发等现象，难以实时传输高清视频、高清图像等大容量数据，难以保证传感设备的实时连接和数据传输，难以及时发出监测的预警信息。项目中采用5G技术构建了成本可控的智慧农业一体化精准感知体系，以5G技术为抓手，创建对温度、湿度、光照、培情、病虫情、土壤养分等实时数据采集的地面物联传感网络，结合视频监控数据的传输，共同构建数据实时采集和交互的一体化网络，使智慧农业的生产环境信息和农情信息获取更精准，使大容量的数据采集和实时传输成为可能，为系统进行农情精准分析提供了信息基础，为生产环境条件的精准控制创造了条件。

（二）VR技术带来农业场景三维再现

利用拍照、测量甚至三维扫描等方式，获得数据，对基地场景或物体进行真实的"三维重现"，融合360°全景照片、3D立体投影等，实现强大互动，构成一个经济、高效、虚拟效果优的虚拟现实场景，是提高展示基地的知名度，促进品种交流的另一扇窗口。

（三）大数据驱动精细化种植实现增产增效

农业生产过程涉及环境与气象、耕地土壤、育种、产品监测，以及市场供需等静态或动态数据，这些数据在采集、传输、存储、共享的过程中都需要对原始数据进行标准化，通过建立数据共享中心，将处理好的数据及时上传并保存和分享，实现资源利用和分析，更好地体现数据所产生的价值。

（四）区块链技术解决农产品可信溯源问题

基于区块链的农产品质量溯源数据，可以有效地保障溯源节点信息的真实性，涵盖农产品生产商、供应商和运输商，可实现从田间到餐桌每个过程的追踪。构建数据驱动、多方协同的食品安全追溯模式，源头可溯、去向可追、风险可控、公众参与，覆盖种植养殖、生产加工、仓储物流、终端销售、检验检测、政府监管、企业管理、公众查询等环节，打造具有影响力、竞争力的农产品品牌。

六、产业效益

天津津南区农作物新品种展示基地，建成数据赋能农业经营主体的各类应用场景，对于推广农业科技，发展高端、高质、高效农业具有重要意义。以示范区建设推进农业现代化发展，是促进农业提质增效、农村稳定发展和农民持续增收的必然要求；可形成数字化赋能乡村振兴可复制、可推广的做法和经验，通过数字化、网络化、智能化为乡村振兴注入持久动力。

项目的建设加快推动现有农业产业链和价值链跃升。利用农业生产的实时在线数据，为农产品的农药、化肥、灌溉等要素投入提供闭环支撑，从而实现农业生产的温度、湿度、光线和水分等智能管理，最大化挖掘动植物生长潜力和品质，减少成本投入。通过整合农业资源资产，优化劳动力、资本、土地、技术、管理等要素配置，为基地节省60%以上的人工成本，使水肥等物料成本大幅下降至原来的70%，在农业AI的助力下，园区实现了设施农业规模化生产、集约化管理，并且形成"管、技、产"三方联动机制，1名技术员可管控200亩（1亩约为0.133平方千米）设施农业，生产效率提升200%以上，有效降低基地运营和调度成本。创新发展基于电子商务的农业产业模式，带来最高30%的额外收入，向以销定产、品种优化的现代化农业方向迈进。

七、社会效益

（一）"零距离"了解我国种业发展情况，提高全社会对种业工程的重视程度

通过基地建设，从天津市种质资源保护与利用、生物育种技术发展、种子产业发展的现状出发，开展天津优势特色农作物新品种的科普宣传和观摩展示；定期举办新品种参观展示活动，开展新品种种植和农业实用技术集中展示和示范运用，提高社会对种业工程的重视程度。

（二）提供"一站式"的"产、学、研"基地，提高种业自主创新能力

通过基地建设，为天津市的农业院校和科研院所提供了一个多品种果蔬集中展示的示范性种植基地，为科研人员和学生提供了一个学习、研究、交流、沟通的平台，用最直观的方式了解农作物的生长过程及环境条件对农作物的生长形态的影响，辅助相关研发工作，提高天津市种业自主创新能力和整体研发水平。

（三）优化种业基地布局，提高供种保障能力

打造天津市优势特色种植品种高度集中的良种繁育基地，进一步优化天津市种业基地布局，以规模化、机械化、标准化、集约化、信息化、智能化为目标，完善良繁基地基础设施建设，支持企业在适宜地区异地建立制种基地，强化救灾备荒种子储备，对供种保障能力具有重要的战略意义。

（四）为天津市智慧农业提供对外展示的窗口和交流平台

通过基地建设，打响天津种业品牌，为天津种业企业"走出去"提供重要展示窗口和对外交流平台，让更多人了解、认可天津农业，增强与外部农业企业的深度合作。作为种业振兴基础设施建设储备的标杆案例，形成具有天津特色的都市型现代农业技术模式与经营管理模式，成为品种全、技术新、产出高、效益好的现代农业示范样板，并加以推广应用赋能更多农业经营主体。

八、结束语

天津联通以种业振兴、乡村振兴为己任，积极以数字技术激活乡村振兴新动能，以数字化赋能乡村振兴新成效，为全面建设现代化农业、现代化农村贡献自己的一份力量。通过打造体系完整、市场运作、高质高效的农业社会化服务机制，助力农业供给侧结构性改革，助力农村经济实现新跨越。

（中国联合网络通信有限公司天津市分公司　张泽众）

基于自动路测算法对重点场景用户感知的提升与研究

国家数据局的正式成立彰显了我国对作为生产要素和资源属性的数据的重视,"让大数据不止数据大"是充分释放数据要素价值的核心关键。中国联通作为我国重要的电信运营商之一,截至2023年年底,"大联接"用户数累计约为10.02亿人,拥有海量数据资源,并坚持数据集中、系统集约、智慧运营,具备十万亿级数据实时处理、挖掘及场景赋能实践。为进一步发掘移动网络用户在重点区域的感知情况,同时积极响应工业和信息化部等11部门联合开展"信号升格"专项行动的号召,天津联通联合中国联通智网创新中心针对天津高速、国道、省道开展基于移动网自动路测的天津重点区域用户感知提升与研究,旨在解决当前移动网络优化中传统道路测试优化测试效率不高且测试采样数据具有较大局限性的缺点。本文的研究能够有效提升优化效率,驱动生产向自治网络演进。

一、传统道路测试问题点发现及根因定位

传统道路测试是目前电信运营商开展移动网络维护、优化及客户投诉支撑工作中的一个重要手段。问题点的发现一般要经历确定测试区域、设计测试路线、人工采集测量数据、人工数据分析和问题定位5个步骤。这种方式需要消耗大量的人力、物力、财力,而且覆盖路径有限,也难以满足实时性的要求(一般一次区域拉网按季度进行),因此,无法及时全面评估用户的使用体验。

目前,针对传统路测技术的研究方向主要集中在4G的最小化路测(Minimization of Drive-Tests,MDT)技术,能够通过用户终端上报测量报告(Measurement Report,MR)数据,进行部分场景下的网络覆盖分析,由于缺少了传统路测采集数据中网络质量下行SINR[1]、语音MOS、事件分析、吞吐率分析等网络评估的重要指标,同时,5G网络暂未支持MDT数据上报,只能以人工方式为主,很难为网络优化等提供有利的支撑。对于问题点的根因定位,则是网络优化工程师利用专业软件进行LOG(日志)回溯,结合运营和维护中心(Operation and Maintenance Center,OMC)系统提取的小区级数据业务感知指标、语音业务感知指标结合覆盖感知指标综合评估问题点,属于覆盖不足、参数存误、容量不足导致的用户体验差,涉及RF调整则非常依赖优化工程师对现场基站分布、天线参数信息的掌握情况,因此,优化方案也非常依赖优化工程师的优化经验。如果数据人工分析出现误差,则会导致优化调整效果不佳,重复进行测试优化等繁杂工作,尤其对于高速、省道、国道这类长途道路测试场景,重复测试会增加成本。

中国联通基于创新数据中心新底座O域所具备的大数据贯穿分析能力,不仅能够关联多维度的4G/5G数据,例如,MDT数据、XDR[2]、PM[3]数据和CM[4]数据等,还能够实现高精度道路栅格问题的定位,为本文的研究提供了基础能力。

---

1. SINR(Signal to Interference plus Noise Ratio,信号与干扰加噪声比)。
2. XDR(Extended Data Record,扩展数据记录)。
3. PM(Performance Management,性能管理)。
4. CM(Configuration Management,配置管理)。

二、基于自动路测技术的重点场景覆盖类根因定位研究

在高速、省道、国道场景下，无线网络覆盖问题主要分为弱覆盖、过覆盖、近覆盖和重叠覆盖4类。针对这些问题，利用数据中心关联好的经纬度的MR中的主服务小区TA[1]、主服务小区RSRP[2]及邻区RSRP等指标来联合定位这些道路覆盖问题。本文则将这些指标通过现场测试数据中的IMSI[3]、测试时间标签与数据中心的MR数据进行关联，从而使用户上报的采集的MRO数据关联到真实路测数据的下行SINR值，最后结合优化工程师对各类覆盖类的问题进行指标门限设定，以达到经验固化的目的，并设计系统（联通无线网络随心测系统）前台页面GIS[4]智能可视化，实现覆盖类问题定位、分析、方案出具。

在京沪高速天津武清网络弱覆盖问题路段，网络优化工程师能够轻松地通过前台页面分析该长度约200米的弱覆盖问题，其中，路段簇的采样数据来自附近的基站信息，同时，关联的多维度的4G/5G数据能够辅助分析该路段的用户群体数据业务、语音业务的感知。系统根因定位该问题路段是东侧800米处的246035979号小区天馈不合理导致的，辅助输出优化方案将该246035989号小区进行RF优化，方位角向右扳10°。

三、基于自动路测技术的重点场景质量类根因定位研究

同理，本文继续通过关联栅格中的MR数据和现场大量历史道路测试数据，通过预测拟合得到网络质量下行SINR值，结合XDR+PM数据中关于用户下行感知速率等指标的综合评估，可以精准定位高速、省道、国道道路场景中的质量类感知差路段，并自动输出带根因定位的建议。

在京沪高速天津武清泗店服务区弱覆盖问题路段，以津沧高速连续低速率质差问题路段集为例，系统根因定位该问题路段是北侧300米处的15993101号小区天馈遮挡导致的，辅助输出优化方案将该15993101号小区进行RF优化，下倾角抬高2°。经验证，辅助方案同样具有显著的效果。

四、结束语

天津联通与中国联通智网创新中心的该项目实现了基于自动路测技术的重点场景覆盖类根因定位和基于自动路测技术的重点场景质量类根因定位两个部分的研究，累计选取了30个覆盖、质量问题路段簇进行验证，通过网络优化工程师现场测试总里程3000千米测试数据分析，本文的研究方法准确率接近90%。可以为一线网络优化人员提供参考意见和自动输出带根因定位的建议，帮助制定解决方案，提高解决道路问题的效率，能够有效提升用户在重点场景的移动网感知。截至2023年，天津联通的用户满意度得分提升5.92分，在中国联通31省（自治区、直辖市）中排名第一。本项目的研究对于后续的移动网自动路测开展优化方案制定具有重要意义。

（中国联合网络通信有限公司天津市分公司 柴明璐）

---

1. TA（Time Advanced，时间提前量）。
2. RSRP（Reference Signal Receiving Power，参考信号接收功率）。
3. IMSI（International Mobile Subscriber Identity，国际移动用户标志）。
4. GIS（Geographic Information System，地理信息系统）。

专家视点与专题研究篇

新型工业化专家谈

2023年9月，全国新型工业化推进大会提出"新时代新征程，以中国式现代化全面推进强国建设、民族复兴伟业，实现新型工业化是关键任务"。提出"要把高质量发展的要求贯穿新型工业化全过程，把建设制造强国同发展数字经济、产业信息化等有机结合，为中国式现代化构筑强大物质技术基础"。

面对新时代、新使命、新定位，行业如何把握发展大势、推进技术创新、走新型工业化发展道路？本书编辑搜集汇聚ICT和工业领域专家、学者的声音，深入探讨新型工业化发展模式，推动新型工业化实现高质量发展，进而赋能中国式现代化征程。

中国工程院院士周济：推进人工智能赋能新型工业化

智能制造是新一代信息技术和先进制造技术的深度融合，以数字、网络和AI技术赋能先进制造，根本任务是推动制造业的数字化、网络化和智能化。

如果说现在我们所推进的数字化、网络化制造是新一轮工业革命的开始，那么即将到来的新一代智能制造的突破和广泛应用，将掀起新一轮工业革命的高潮，重塑制造业的技术体系、生产模式和产业形态，并将引领真正意义上的"工业4.0"，实现第四次工业革命。

周济认为，两大突破坚定智能智造的信心。

第一个突破是ChatGPT的横空出世。2022年年底，生成式大模型开始具备理解和学习的功能，具有强大的解决实际问题的能力。它是AI发展史上具有里程碑意义的重大突破和重大跨越。AI进入大模型时代，它的应用性能发生了质的改变，将使能百模千态、赋能千行万业，实现各行各业的智能化转型，人类社会正在加速迈向智能世界。

第二个突破是电动汽车的异军突起。智能汽车的快速发展，远远超出了人们的预想，电动汽车进一步向智能网联汽车、无人驾驶汽车，即智能汽车的方向急速前进。随着新一代AI技术的深入应用，汽车未来一定会进入无人驾驶时代，汽车将作为一个智能移动终端，扩展人们工作和生活的移动空间。

中国新一轮汽车产业为什么能够异军突起，出奇制胜，异在哪里，奇在哪里？对于这个问题，周济认为，技术创新，数字化、网络化和智能化，弯道超车、跨越发展，给我们的启示是要紧紧抓住第四次工业革命的历史机遇，坚持以创新为第一动力，以智能制造为主攻方向，推进制造业的数字化转型和智能化升级，实现制造强国建设的伟大历史任务。

对于未来加快数字化转型，推进新型工业化，周济给出以下4点建议。

一是在推进数字化转型的重大行动方面，工业企业数字化转型是推进智能制造、实现我国制造业创新发展的主战场。要集中优势力量，在全国工业战线大规模普及推进数字化转型，以企业为主体，"产、学、研、金、政"协同推进，争取到2027年，在全国工业企业基本普及数字化制造，基本完成规模型企业数字化转型。

二是在开展新一代智能制造技术的攻关试点和示范方面，新一代智能制造技术和先进制造技术融合而成的新一代智能制造技术，将引发制造业革命性的转型升级。应抓好新一代智能制造技术的攻关试点和示范。通过攻关试点和示范行动，为制造业的智能化升级做好充分准备。

三是在铸牢工业互联网等数字基础设施关键底座方面，要深入开展实施工业互联网创新发展工程，即"5G+工业互联网发展工程"，推进新基建，建设网络平台安全、标识、数据和体系等基础底座，优化基础设施布局、结构、功能和系统集成。构建现代化的信息集成设施体系，推进"5G+工业互联网"在重点产业链广泛普及和深度融合。

四是在完善数字化转型的服务体系方面，众多企业是这场变革的主体，但还必须有一支强有力的、高水平的工程队伍来服务广大企业。例如，系统性解决开发方案供应商工业软件、智能装备制造等关键企业融通发展，构建公共服务平台体系，奠定"5G+工业互联网"强大的基础，为广大工业企业数字化转型提供强大的技术支持，从而在这个过程中形成新兴的、强大的智能制造产业集群。

未来正是工业互联网、智能制造等新一轮工业革命核心技术发展的关键时期，中国制造工业完全可以抓住这一千载难逢的历史机遇，以创新为第一动力，以智能制造为主攻方向，以工业互联网为主要支撑，推进建设制造强国同发展数字经济有机结合，推进数字、网络、AI技术赋能新型工业化，集中优势力量实现战略性的重点突破，实现中国制造工业的跨越式发展。

中国电信总经理邵广禄：将推动新型工业化标准制定

中国电信坚决贯彻落实党中央决策部署，牢牢把握服务国家重大战略，抢抓新一轮科技革命和产业变革的新机遇，推动"5G+工业互联网"赋能千行百业。

一是开展关键核心技术攻关，为提升工业重点领域的竞争力提供共性技术。 在云计算方面，中国电信自主掌控全栈能力，提供全系列的天翼云产品，其中"息壤"算力调度平台实现了公、私、边、端统一调度和管理，天翼云赋能中国电信3000余套IT系统全面上云，为能源、制造等行业用户提供了安全普惠的云服务。

在AI方面，中国电信的星河AI平台积累了数千个视觉识别算法，已经规模应用于纺织质检、物流分拣等工业场景，中国电信大力发展AIGC，已经推出了千亿参数的星辰大模型；在对内应用方面，星辰大模型服务于网络运营、用户服务等领域，通过深度理解用户对时延、带宽等特性需求，赋能5G的定制网络效率提升，支持5G网络端到端的分钟级开通；在对外赋能方面，星辰大模型与行业的专有数据、应用场景相结合，为用户提供"一站式"服务。

二是加快数字信息基础设施建设，为重点产业转型升级提供基础保障。 中国电信持续建设高速泛在的5G精品网络，其中，轻量级的5G-A、UPF、MEC等全云化的5G定制网设备，已经在全网规模部署，有效支撑了智慧工厂、智能矿山等2.5万个5G行业项目和9000余个行业虚拟专网。

三是加快数实融合，为工业企业高质量发展提供新动能。 在网络连接方面，中国电信跨区域、跨园区的5G定制网，正在大量服务于装备制造、钢铁、采矿等重点行业，5G全连接工厂已经超过5000家。

在智能化改造方面，中国电信自研的翼云采终端已兼容300多种工业协议，解决设备种类多、协议适配难的问题，实现生产数据的实时精准采集；在数字化转型方面，天翼云的工业互联网双化平台，为百万余家企业提供设备管理、"双碳"管理等应用，为政府提供区域"产业大脑"，智能化咨询诊断等产业服务应用。

邵广禄表示，面向未来，中国电信将进一步深化开放合作，汇聚产业合力，积极推动"5G+工业互联网"发展向更高水平迈进。

一是进一步发挥 AI 的技术优势，做大数据要素在新型工业化中的价值与作用。中国电信将运用大模型和数据服务能力，重构用户的数字化平台，定制化开发 AI 的原生应用，充分挖掘用户的数据价值，将其转化为产业创新的能力供给。

二是进一步加大创新链的协同，攻关工业核心技术。中国电信将搭建"产、学、研"一体化的创新平台，推动新型工业化标准制定，特别是要加大工业通信、工业控制、工业安全、大数据、低代码开发，以及 AI 等核心技术的攻关力度，确保产业链和供应链的韧性和安全。

三是进一步推动数实融合，为各类企业发展赋能。中国电信将加快建立全国新型工业化服务体系，与合作伙伴组建专项的支撑团队，与校企共同培养数实融合的工程师，并通过数据共享、集成创新、平台赋能等方式，推动大中小型企业的融通发展。

中国移动董事长杨杰：数智赋能新型工业化，创新铸就新质生产力

杨杰表示，中共中央近期围绕新型工业化和新质生产力作出重要指示，强调要"把高质量发展的要求贯穿新型工业化全过程，把建设制造强国同发展数字经济、产业信息化等有机结合"，要"引领发展战略性新兴产业和未来产业，加快形成新质生产力"，为信息化和工业化融合发展提供了根本遵循和行动指南。对此，结合产业实践，杨杰从以下 3 个层面进行了分享。

第一，顺应时代大势，把握新型工业化的崭新契机。随着新一轮科技革命和产业变革深入发展，经济社会呈现 3 个纵深拓展趋势，赋予新型工业化发展新内涵。**一是新一代信息技术应用向纵深拓展，为生产效率跃升注入新动能。**新一代信息技术呈现有机融合、系统创新的发展态势，数据成为新生产要素，算力成为新基础能源，AI 成为新生产工具，为新质生产力构建提供了重要支撑。近期，通用 AI 取得了实质性进展，AI 正由助力千行百业提质增效的辅助手段，升级成为支撑经济社会转型发展不可或缺的核心能力，加速"+AI"向"AI+"转变，促进生产力成倍提升。**二是"产、学、研、用"协同向纵深拓展，为建设现代化产业体系提供新途径。**当今世界已经进入"大科学"时代，跨学科交叉不断深化，海量、多维、实时的数据爆发，驱动基础理论、工程实践、应用培育等创新环节加速贯通，多主体协同、跨行业联动、多链条融合持续深化，有力支撑了现代化产业体系建设。**三是数实融合互促向纵深拓展，为新兴产业和未来产业发展带来新空间。**伴随全社会"上云用数赋智"进程的显著加快，信息技术向研发设计、生产制造、经营管理、销售服务等关键环节渗透，推动工业数字化、智能化和绿色化转型升级，不断催生新产业、新业态、新模式，为经济发展注入新活力。

第二，勇担职责使命，筑牢新型工业化的坚实根基。近年来，中国移动一体发力"两个新型"，推动新型工业化建设取得显著成效。一方面，中国移动系统打造新型信息基础设施，夯实产业转型升级数智底座。持续巩固 5G 领先优势，建成全球最大 5G 网络、开通基站总数已经超过 190 万个，推出安全可靠、性能稳定、服务可视的 5G 精品专网，5G 专网项目数实现成倍增长。加快算力网络产业实践，强化数据中心布局，形成"热点、中心、边缘"梯次布局的算力体系，"算网大脑"试商用，日调度东西部算力超千万次，促进算力跨地域、跨层级和跨主体的融通发展。强化能力中台注智赋能，汇聚 AI、北斗卫星高精度定位、大规模数

据采集等优质能力近千项，打造数联网服务，提供数据流通治理"一站式"解决方案，助力各类工业企业提升创新效能。另一方面，中国移动创新构建新型信息服务体系，助力融合应用走在世界前列。加快推动行业应用全面"落地开花"，打造超30000个5G行业商用案例，基本覆盖全部工业门类，智慧工厂超4000家，智慧矿山超550个，签约智慧电力项目超600个，加快从"样板间"向"商品房"转变。积极输出"5G+工业互联网中国方案"，推动5G深度赋能工业全场景、全周期、全环节，携手行业头部企业，打造一批典型标杆，形成规模示范效应。

第三，聚力科技创新，激发新型工业化的澎湃能量。面对新形势和新要求，中国移动坚决扛起支撑服务新型工业化发展的使命担当，把科技创新作为构建企业核心竞争力、增强企业核心功能的关键抓手，推动"5G+"向"AI+""联创+"延伸拓展，聚力形成更多标志性、引领性的创新成果，为新型工业化发展注入更强劲的动能。**一是要全力推进"5G+"，增强基础设施服务工业的能力**。以深度适配行业需求为目标，推动5G网络实现"三个升级"。推动5G向"好用易用"升级。加速精简网络5G RedCap和跨域网络5G LAN能力落地，打造办公、生产、园区等多场景专网，推出"即插即用"的5G快线、"一跳入云"的5G直连等轻量化服务。推动5G向"可靠极致"升级。打造工业确定性网络，提供确定性组网、确定性通信和确定性保障的能力，高效满足智能制造等领域对超低时延、超低抖动、超高可靠网络的需求。推动5G向"安全可控"升级。构建新型工业化安全能力体系，打造覆盖"云、网、边、端"的安全产品及服务，提供全流程、全要素和全周期的安全防护。**二是要全力推进"AI+"，拓展信息服务融入百业的深度**。构建涵盖智算资源、算法模型和产品应用的体系化AI服务，为产业转型升级注入"3个引擎"。构建"$N+X$"智算中心，为工业企业发展注入强大的"算力引擎"。加快N个全国性、区域性智算中心和X个属地化、定制化边缘智算节点建设的布局，打造超大规模单体智算中心，推动绿色电力、节能技术的深度广泛应用，不断提升算力资源使用的效率和绿色转型的效能。构建"$1+N$"大模型体系，为工业企业发展注入强大的"推理引擎"。坚持"自研、合作、开放"并重，设立"九天"AI研究院，打造1个高性能的基础大模型，加强数据、算力、算法的广泛合作和融合创新，打造N个高质量的行业大模型，升级OnePower工业互联网平台，提供工业理解计算、工业代码生成、工业知识问答等服务，促进质检、远控、调度等场景智能化水平的大幅跃升，让AI不仅会"作诗"，还要会"做事"。构建"AI原生"产品服务，为工业企业的发展注入强大的"创新引擎"。以AI大模型为技术底座，打造"产业大脑"、工业数字孪生等新业态、新模式，提供更多"自动驾驶级"的AI应用及解决方案，促进大规模定制化生产等未来工业场景的成熟落地。**三是要全力推进"联创+"，提升跨行业协作创新的效能**。充分发挥链长的引领带动作用，助力实现产业创新的"3个加速"。**加速关键技术突破**。强化新一代信息技术和工业技术深度融合，全力攻关网络协同制造、高精度控制系统等技术。**加速创新成果转化**。设立多个面向工业互联网、5G应用创新、产业智能的联合创新载体，打造一批中试和应用验证平台，推动创新成果从"书架"到"货架"的高效转化。**加速前沿领域布局**。丰富直投、基金等产投协同模式，构建头部企业、"专精特新"企业、中小型企业广泛参与的产业生态，系统布局工业元宇宙、人形机器人等新兴产业。

杨杰表示，当前，新一代信息技术系统融入工业核心领域、关键环节，支撑新质生产力加速形成，开启新型工业化发展的新篇章。站在新起点，中国移动愿携手社会各方，共同推进产业融合、资源融通、能力共享，为促进数实深度融合、加速新型工业化发展贡献智慧和力量。

中国联通董事长陈忠岳：为实现新型工业化贡献更多联通力量

中国联通坚决扛起网络强国、数字中国的使命担当，落实工业和信息化部相关要求，聚焦主责主业，加速数字融合，围绕数字基础设施、数字技术创新、数字产业生态三大方向，促进传统产业转型升级，加快战略性新兴产业和未来产业布局，服务企业数字化转型。

一是构筑数字信息基础设施，为新型工业化夯实数字底座。 中国联通将加强数字信息基础设施建设作为事关全局性的基础工程，持续深耕5G、宽带、算力和政企4张精品网，不断做大、做强高速的泛在连接，提升敏捷智能算力、智网算网数智融合能力，加速网络向连接、算力和赋能一体化转型。面向工业领域，基于中国联通工业互联网的确定性能力，满足工业企业极低时延、极速响应的场景需求，充分发挥5G独立组网的技术优势，创新构建5G网络集中一朵云、分布一张网的立体架构，实现"5G+工业互联网"全域、全场景智慧运营，为企业用户量身打造可视、可管和可控的自服务能力。

二是深化数字技术融合创新，为新型工业化强劲数字引擎。 顺应数字技术加速演进、数据要素加速集聚、AI高速发展等趋势变化，充分发挥数据集中、系统集约的独特优势，深化云计算、大数据、物联网、AI、区块链、安全技术融合创新，基于中国联通遍布全国的算网资源和海量连接管理能力，打造格物Unilink国家级"双跨"工业互联网平台，赋能钢铁、矿山、装备制造等重点行业。中国联通面向工业领域七大行业组建8个数字化军团，为用户提供一点接入、全国响应、量身打造、贴身定制的行业解决方案，累计落地"5G+工业互联网"项目超过1.2万个，持续为设备和产业赋能。

三是打造数字产业融通生态，为新型工业化集聚数字合力。 中国联通全面升级"双联盟+双实验室"的生态载体，集聚3500多家成员单位，构建起数字技术与制造行业有机融合的创新格局，中国联通携手浙大中控、上海博奥、和乐实力等生态伙伴，联合孵化工业模组、集成国产协议栈，打造了自主可控的产业生态。中国联通全面开放"数、智、物"模型能力，助力开发者及生态伙伴快速定制行业应用，已连接设备超过800万个，汇聚超过11万家第三方开发者，沉淀工业模型12000多个，服务企业超过17万家。

陈忠岳指出，聚智创新，共创未来，下一步中国联通将在工业和信息化部的指导下持续强化设施建设，加速推进"5G+工业互联网"走深走实，为实现新型工业化、扎实推进中国式现代化贡献更多的联通力量。

华为副董事长胡厚崑：深耕工业数字化，助力新型工业化

当前，"5G+工业互联网"正进入规模化发展阶段，随着其应用场景不断深化、应用规模不断扩大，"5G+工业互联网"正在成为助力我国工业数字化的重要手段，同时也成为推进新型工业化战略的关键路径。为充分发挥"5G+工业互联网"等数字技术的创新优势，进一步推动新型工业化发展，华为在工业装备数字化、工业网络全连接、工业软件云化和工业数据价值化4个方面作出了积极贡献。

在工业装备数字化方面， 由于当前仍然有一些工业装备存在无法联网、操作界面不友好、只能执行单一任务等问题，难以满足执行更多的智能协作和复杂任务的需要。因此，工业装备的数字化升级迫在眉睫。

"我认为最核心的，就是工业芯片、操作系统、网络连接这三大件。"胡厚崑说道，高性能的工业芯片就像"工业装备的心脏"，为工业装备提供澎湃算力；嵌入式工业操作系统就像"工业装备的大脑"，使其可以执行高实时、高复杂的工作任务；而网络连接就像"工业装备体系的经脉"，有了它才能使得数据上得来、智能下得去。

华为在这些重要领域均有所部署。例如，华为开源 OpenHarmony 操作系统和 openEuler 操作系统来满足工业领域设备物联和工业装备实时控制的需要。面向未来，华为还将实现上述两种操作系统的混合部署，为工业装备的智联交互与实时控制提供更好的解决方案。

在工业网络全连接方面，工业网络实现了设备、生产线、车间、工厂，乃至整个供应链在不同层面的连接，使柔性生产和智能制造成为可能。目前工业设备的联网率仍不足 50%，是制约工业数字化发展的核心要素。工业企业迫切需要移动性更好、确定性更高、时延更低和带宽更大的网络能力。

目前，5G 网络正被应用到更广泛、更深入的工业场景中。所谓更广泛，是指从小范围试点到全方位的落地；而更深入，是指从外围辅助到核心生产环节。同时，通信行业也正在积极推进 5G-A，通过提升无源物联、确定性低时延等能力，拓展智慧物流、工业控制等新应用场景，持续释放 5G 在工业数字化中的价值。

在工业软件云化方面，传统的工业软件存在架构老化、本地化部署、开发成本高和开发周期长等一系列问题，云化和智能化技术可以帮助企业解决上述问题。华为基于自身在制造领域的经验，面向工业领域构建了包括工业基础资源库、数据管理平台、AI 大模型在内的工业软件底座，助力合作伙伴降低工业软件的开发难度与成本。

在此基础上，华为云与上百个工业软件合作伙伴一起，利用行业经验打造了工业软件云，更好地服务广大工业用户。同时，华为还为工业领域打造了行业通用大模型，将 AI 大模型的能力融入产品的设计和制造环节，帮助工业企业大幅提高了产品的设计与生产效率。

在工业数据价值化方面，当前，工业数据普遍存在使用难、共享难的问题，如何在保障安全、合规的前提下，有效挖掘工业数据的价值，这是行业面临的共同挑战。为此，华为正在打造全新的基础设施——数据交换空间（Exchange Data Space，EDS），在华为云上的数据交换空间，为工业数据的流通提供了一个可信、可控、可证的数据交换与共享平台。

该平台基于供需双方使用数据的约定，通过数据工程方法，解决数据提供方不敢给、数据消费方很难获取的问题。当前，华为云 EDS 正在被越来越多的用户使用，华为也期待伙伴们一起参与，通过 EDS 这一类的产品和服务，最大程度地释放工业数据的价值。

从"5G + 工业互联网"起步探索，到新型工业化建设的历史使命，华为与行业伙伴共同向前、开拓创新。当前，我国正处在转型升级的关键阶段，华为深知工业领域的知识积累深厚、工业装备和系统复杂性非常高，工业数字化的进程也不可能一蹴而就，这更需要国家为行业坚定信心，推动行业的稳步前行。

▌中兴通讯总裁徐子阳：数实融合促智造，加速新型工业化

徐子阳强调，工业是一个国家综合国力的体现，也是国民经济的主体和增长引擎，以智能制造为主场的新型工业化，将更加凸显"压舱石"和"稳定器"的关键作用。展望"5G + 工业互联网"，大量价值场景正在加速规模推广，未来几年是深化创新的关键窗口期。作为全球领先的 ICT 设备提供商，中兴通讯既是新型数字技术的创新者和

赋能者，也是产业数字化以及智能制造的实践者。

徐子阳分析了传统工业企业数智化转型升级面临的三大类问题：第一类是数据采集和互联互通困难，他指出，由于生产装备种类多，数据接口不统一，传统工业企业存在"信息孤岛"现象，同时传统工业网络难以满足智能化生产要求；第二类是部署数智化创新应用难度大，新应用涉及多种新型数字技术与工业技术的融合，带来技术门槛高、开发效率低等新挑战；第三类是生产效率和质量提升如何突破，传统制造存在效率低、质量管控一致性差、生产线柔性不足等问题。

为此，中兴通讯提出了"1+1+N"的应对之道，即通过1个5G现场网、1个数智化平台，以及N种价值场景的整体解决方案推动工业场景的数智升级，实现跨领域、跨技术的融合创新。

"1"：1个5G现场网，实现数据驱动型的智能化生产

他强调，针对第一类"数据采集和互联互通困难"的问题，当前业界短板较明显，目前，我国工业制造企业设备联网率约为29%，大量生产要素还没有实现联网，现有的工业以太网和现场总线，再增加采集功能难度大、周期长，对正常的生产活动影响很大。为此，中兴通讯充分挖掘5G网络潜力，为传统工业企业搭建了1个5G现场网，快速解决数据采集和互联互通难题，实现"人、机、料、法、环、测"的泛在连接和实时精准感知，做到"数据上得来"。

他提到，5G现场网针对工业生产的特定要求，着重进行了3个方面的创新。一是确定性保障，围绕5G+时间敏感网络、双发选收、子带全双工等加强创新突破。通过无线双发选收、双PDU等机制，实现99.999%超高可靠传输。通过子带全双工实现1.4Gbit/s大带宽上行和4ms端到端低时延。二是云网业一体化，推出全球首款内置算力的"5G超融合算力基站"，灵活按需部署，支撑数据采集、视频转码、机器视觉等新应用。三是"三免自服务"，通过3D激光建模和数字孪生实现精准规划，5G设备预装版本，现场开箱即用，支持无人值守，实现业务免运维。

"1"：1个数智化平台，共建可持续生长的数字生态系统

针对第二类"部署数智化创新应用难度大"的问题，徐子阳提到，传统工业企业总是存在多个新旧IT系统并存的情况，如何实现系统和数据的整体拉通，这是第一个挑战。第二个挑战是，数智化应用是5G、AI、大数据等多种技术的融合创新，这意味着技术门槛更高、研发周期更长。所以需要1个数智化平台，通过积木式的软件模块组合，降低开发门槛，支持快速定制。

"我们结合创新实践，不断沉淀能力模块，打造了一个'多、快、好、省'的数字平台'数字星云'。平台包括四大核心功能模块：一是集成互联，通过接口协议标准化和强大的集成能力，将来自不同终端、不同系统、不同类型的海量数据汇集，打破'信息孤岛'；二是全栈ICT能力，汇集丰富的数字通用技术和不同领域的专用技术，包括视频云、AI平台等，以组件形式给上层应用调用；三是'一站式'开发工具，提供多场景的高效开发工具，实现低代码开发，大幅缩短开发周期；四是数字资产交易，将数字能力、数据和应用等各类资源资产化，实现安全便捷的交易复用。"

他强调，"数字星云"平台目前已经日趋成熟，2023年4月升级的"数字星云2.0"更是围绕数据、算法、算力三大能力进行了全面升级，变得更加智慧、更加强大。目前，"数字星云"平台不仅在中兴通讯南京滨江基地实现了规模化应用，还在多个行业和头部企业中得到应用，共建可持续生长的数字生态系统。

"N"：以N种价值场景为突破口，实现生产效率和质量的全面提升

在解决"如何突破生产效率和提升质量"的第三类问题时，徐子阳提出将价值场景作为抓手

和突破口，围绕"降本、提效、增质"的目标，着重解决生产过程中的痛点、难点和堵点，他强调只有让每个创新应用带来真金白银的效益，才能持续推进数智化转型。

在选定价值场景后，关于需要重点规划实现哪些功能，他提到，我们可以采取"以终为始"的思维模式，把智能工厂当作一个智慧体，与"人"对照，大幅提升人的相应能力，降低劳动强度，提升作业效率，对应人的眼睛，就是机器视觉，对应人的四肢，就是操作机器人和自动导引车（Autornated Guided Vehicle，AGV），对应人的大脑，就是智能生产运营管控系统，即工厂数字大脑。着重围绕这些方面开发创新应用。"在机器视觉方面，目前技术已经比较成熟，我们在滨江基地也进行了大量部署，例如'5G机器视觉质检'，在生产现场部署工业相机，基于5G边缘云，运用视觉AI技术实现多场景高效质检，5G小站产品不良率降低34%。在机器人和AGV方面，也进行了多工序部署应用，例如'5G云化AGV智能物流'，通过5G自然导航，实时接收云端平台统一调度，自行选择最优道路，将物料自动从起始点运送到目的地，使物流周转效率提升50%。在工厂数字大脑方面，基于'数据+算法'驱动的决策模型，实现生产过程的智能监测、异常预警与最优调度。例如'智能排产'，采取'多个车间一个生产计划'模式，系统自动抓取指令信息，根据生产线资源实现自动排产，使生产线换线时间缩短95%，基站产品单位人时产出提升113%。"

以"1+1+N"整体解决方案，持续引领数实融合创新

徐子阳指出，传统工业企业的数智化转型升级必然会经历一个长期的、不断演进迭代的过程。作为数智化赋能者，中兴通讯将沿着"1+1+N"方向持续强化创新。在5G现场网方面，向5G-A和6G持续演进，提供T比特级超大带宽、亚毫秒级超低时延和99.999%以上超高可靠性等能力，以及超高密度传感器的快速接入。在数智化平台方面，将加快构建大模型能力，在通用大模型的基础上，训练行业专有模型和能力模块，实现低代码开发、工厂运营多模态报表等能力，更好地支撑创新应用开发。在价值场景方面，从重点环节向全流程延伸，从单点分散到系统整合，例如向上下游延伸，助力打造贯穿用户、合作伙伴、供应商的"交易订单实时在线协同"，构建"数字孪生虚拟工厂"，整合实现敏捷感知、精准分析和智慧决策等先进能力。

目前，中兴通讯联合了1000多家行业伙伴积极探索各行各业的价值场景，在工业和信息化部组织的"绽放杯"5G应用大赛中屡获殊荣。面向未来，中兴通讯将围绕着"1个5G现场网、1个数智化平台、N种价值场景"持续加强核心技术研发创新，并与产业伙伴携手同行，开放合作，不断深化数实融合创新，加快推进新型工业化建设，为网络强国、制造强国贡献力量。

北京交通大学教授、国家智能制造专家委员会委员朱明皓：以数字化转型升级推进新型工业化

我国已经连续13年成为世界制造业第一大国，制造业增加值全球占比接近30%。我国制造强国建设迈出了关键步伐，正在从大而不强向大而有韧性有序迈进。当前，制造强国建设要同AI、网络强国、数字经济有机融合，以新型工业化为中国式现代化构建坚实强大的物质技术基础。

对新型工业化的认识不断深化

党的十六大报告首次提出我国要走新型工业化道路，以信息化带动工业化，以工业化促进信息化，科技含量高、经济效益好、资源消耗低、环境污染少、人力资源优势得到充分发挥等目标指引了工业化和信息化的快速发展。党的十七大报告明确了消费是经济增长的重要拉动力，第一

产业、第二产业和第三产业协同赋予了工业化新的发展场景和任务。党的十八大报告首次强调了工业化、信息化、城镇化和农业现代化"四化"同步发展，信息化与工业化深度融合，信息化更深层次地融入工业化中。党的十九大报告通过新发展理念指引"四化"同步发展，从新的系统理论体系上赋予工业化新的目的、动力、方式与任务。党的二十大报告将基本实现新型工业化作为到2035年我国发展的总体目标，新型工业化已经成为我国工业和信息化在"十四五"和"十五五"期间的"大旗"。

新型工业化的内涵与特征

从我国新型工业化的推进历程和丰富经验来看，在新时代新征程，新型工业化是指以新发展理念为指引，以自主创新为驱动力，以保障国防经济安全为底线，以高端化、智能化、绿色化为方向，以AI为赋能工具，以市场化、法治化、国际化为保障，提高企业微观核心竞争力，创造高附加值利润，为人民提供丰富的物质供给，为宏观经济稳定奠定基础，为中国式现代化构筑强大的物质技术基础。

新型工业化具有六大主要特征：一是自主创新，包括技术创新和产业创新，以及两个创新的充分融合，实现关键技术的有效突破与迭代应用，以重大基础研究和颠覆性技术研究引导未来产业的培育和发展；二是数实融合，通过实体经济产生丰富的数据资源，通过数字经济实现数据的价值创造，数字经济与实体经济的有机配合，实现经济的高质量倍增；三是高端绿色智能，从产品的角度来说，具有高技术属性、高附加值属性，是绿色产品，也是智能产品；四是协调协同，既包括工业化、信息化、城镇化、农业现代化、国防现代化、现代服务业的协调发展，也包括三次产业的发展协同；五是现代产业体系，传统产业能够持续迭代升级、拓展应用空间和应用场景，新兴产业持续壮大成为经济的重要支撑，未来产业积极占领国际竞争的制高点；六是安全，产业基础的薄弱问题基本解决，外部的制约因素无法影响我国经济的顺畅发展。

新型工业化的"新"主要体现在以下5个方面。**一是新形势**。从国内来看，我国制造业已经从大而不强走向大而有韧性，规模以上工业增加值保持稳定增长，成为经济发展的"压舱石"，一批短板产品和技术实现突破性应用，包括新能源汽车、锂电池和光伏产品的"新三样"成为稳外贸和提高制造业外贸质量的重要代表。从国际上看，各种不确定难预料的风险挑战增多，资源供给从稳定向趋紧转变，原材料价格波动增加了制造业中下游企业的成本压力。**二是新理念**。实现人民对美好生活的向往是新型工业化的出发点和落脚点，工业的产成品从为全世界提供物美价廉的中低端产品逐步向为我国人民提供优质的高端智能产品转变，要坚持问题驱动推动高质量发展，主要包括科技自立自强的问题、价值链中低端的问题、能源体系转型的问题，同时要增强忧患意识、坚持底线思维，为确保经济发展安全提供支撑。**三是新技术**。随着硅材料的大规模应用，一方面，光伏产品推动了太阳能的有效利用，成为电力的重要补充；另一方面，通过硅材料形成规模庞大和技术拉动能力强的集成电路产业，极大地促进了信息产业的快速发展，同时随着芯片在工业领域的深入应用，大规模数据得以产生、存储和传输，为第四次工业革命的到来奠定了坚实的基础，可以说，数字技术将成为此次革命的重要标志，通过数字技术全方位、全角度、全链条赋能产业，提升全要素生产率，并创造数据价值。**四是新能源**。风、光、核、水等可再生能源正在成为构建新型电力系统的重要来源之一，更为重要的是，以抽水蓄能、氢为代表的储能技术取得重大进展，发电—储电—用电方式能够为工业提供更加优质便捷的能源。**五是新方法**。推动新型工业化是一个复杂的系统工程，要采用新的方法，发挥新型举国体制的作用，统筹中央地方资源，激发央企民企活力，社会力量广泛参与，做好各方面政策和要素保障。

数字化赋能传统产业和新兴产业提质增效

数字化、智能化是新型工业化最鲜明的特征，也是体现制造业高质量发展的重要方向。通过全面普及数字化转型升级将有力促进传统产业和新兴产业提质增效，提高科技对产值的贡献，加快新材料、新工艺、新装备的研发应用，实现经济倍增和制造业国际竞争力提升。

一是明确"十四五"和"十五五"期间数字化、智能化的发展目标。 到"十四五"末期，我国主要工业大中小型企业全面完成数字化转型，企业充分实现生产经营的数据采集、存储、传输与应用，机器人、数控机床等智能装备得到大规模应用，部分行业重点企业探索实现大模型的垂直应用。预计到"十五五"末期，数据在大中小型企业中自由流动，实现产品全生命周期数据贯通，实现研发数字化、生产数字化、仓储物流数字化、供应链数字化，AI技术已经在重点行业和重点领域实现普及应用。

二是开展传统产业数字化技术改造。 一方面，促进传统产品向下一代智能产品转变，传统制造业产品通过融合AI技术，衍生出具备记忆、交互、学习、预测等功能的新产品，具备更好地理解用户需求、更好地反馈用户体验、更好地开展多方位交互、更好地提高产品价值4个典型特征。另一方面，鼓励传统产业应用国产化机器人、数控机床和成套智能生产线，开展生产过程和运营管理的智能化改造，提高生产效率和产品质量。

三是推动AI技术新智能制造场景建设。 未来3~5年，AI制造场景将是智能工厂的重要组成部分，通过新一代信息技术、先进制造技术和先进管理技术的深度融合，开展生产制造数据的实时检测，开展基于深度学习的特征分析，搭建数据驱动的研发制造、智能在线实时检测、智能仓储与精准配送、智能设备管理与运用、智能能源监测与优化等新智能制造场景。

四是推进中小企业数字化转型。 优先围绕质量控制开展数字化建设，将中小企业的数据采集、存储和传输作为公共产品纳入新型基础设施建设，打好数据运用基础。围绕中小企业实际需求，形成基于共性技术产品和个性技术产品的数字化解决方案，提供特色化细分行业的专业服务。重视知识的数字化，运用数字化方法将传统的经验知识进行沉淀积累。

五是"织链成网"在面上开展产业集群的智能制造。 立足于工业园区、先进制造业产业集群，通过统一系统化的新型基础设施建设、工业互联网安全体系建设，根据核心产业的需求，形成具有特色的智能制造系统解决方案，健全完善的产业链级或细分行业级的公共服务平台，创新共享制造、协同制造的新模式，使集群内部数据自由流动、合作开放、治理安全高效。

6G 专家谈

6G 是 5G 的下一个阶段，它拥有更高的速率、更低的时延、更广的连接、更强的智能化，以及通信与感知融合能力。与 5G 相比，6G 将成倍提升系统性能：用户带宽可达 1Gbit/s，系统带宽可达 100Gbit/s，时延低至 0.1ms，移动速度高达 1000km/h，可实现亚米级感知定位等功能，并将全方位引入人工智能。中国的 6G 技术进展到什么程度？它距离我们普通人还有多远？本书编辑搜集整理了部分专家的真知灼见。

 中国工程院院士张平：6G 是发展新质生产力的重要战略支撑

"构建安全可信的 6G 架构体系，是发展新质生产力的重要战略支撑。"中国工程院院士、北京邮电大学教授张平表示，发展新质生产力要求更加注重空天地泛在网络化的连接，形成 6G 核心技术自主可控的能力，使 6G 创新链成为全国打造新质生产力的重要引擎。

2023 年，ITU 定义了 6G 的 6 个典型场景和 15 个性能指标，通信、感知、计算、AI、安全等多维能力要素融为一体，空天地一体泛在连接，成为 6G 的核心技术特征。

张平认为，6G 将全面构筑万物智联的新一代信息网络基础设施，与云计算、AI、大数据、物联网、区块链等共同组成数字经济基础，为数字经济的发展提供技术保障和实现手段，营造数字产业的生态环境。应必须积极研发 6G 网络，掌握 6G 关键核心技术，这是建设数字中国、实现数字经济高质量发展的战略需要。

我国已开展 6G 技术试验，并陆续进行了 6G 系统架构和技术方案等方面的研究工作，为今后 6G 的发展打下基础。

"2024 年是 6G 技术国际标准化的关键之年。"张平说，"产、学、研、用各界要在 ITU、3GPP 等国际组织中，围绕 6G 需求输送高质量的中国解决方案，最大范围凝聚 6G 标准共识。"鼓励 ICT 企业、科研院所、行业组织，开展 6G 技术、标准、安全、新业态等合作，为全球 6G 标准的达成贡献力量。同时，发挥我国在移动通信整机产品系统集成与运营等方面的优势，实现国内国际双循环相互促进。

 中国通信标准化协会理事长闻库：发挥潜能用好 5G，脚踏实地推进 6G

5G 商用历时 4 年多，我国建成全球规模最大、技术先进的 5G 网络规模，接下来，如何用好 5G、充分发挥 5G 潜力成为业界需要重点关注的问题。

在闻库看来，并非所有行业都能从 5G 技术中获得经济效益，所以下一步应注重 5G 的"精准应用率"，将光纤、局域网等与 5G 相结合，为用户提供更有效的解决方案。为了提高垂直行业与通信行业的沟通效率，借鉴 IT 领域系统集成商的做法，引入"5G 集成商"也很有必要。成本上，企业需要谨慎考虑 5G 对产业的投入和回报。一些大型企业可能需要长期投入以获得回报，而一些领域可能并不适合应用 5G 技术。如何在努力发展 5G 的同时让其发挥特长，形成更经济、更高效的解决方案是产业界亟待解决的问题。

此外，5G 在垂直行业的应用也需要得到重视。5G 垂直行业应用是一个慢节奏的过程，需要久久为功、驰而不息。而 5G 垂直应用一旦做好，成效将非常显著。例如，在港口和煤矿等行业，5G 应用已经带来了诸多好处，需要继续坚持正确方向，不断提高信息化水平和数字化水平。

随着 5G 技术的成熟和 5G 标准的演进，面向未来的 5G-A 提上日程。以 RedCap 为代表的 5G R17 典型技术化繁就简，降低了网络的带宽需求，节省了终端和网络成本，为 5G 大规模普及打下了坚实基础。

此外，在 5G-A 阶段，通感一体化将崭露头角，网络切片、AI 等也将得到更充分的应用，这些技术结合后将进一步提升网络性能。而通信技术的发展向来在演进中迭代创新，通感一体化等不仅适用于 5G-A，还将延伸至 6G，在 5G-A 阶段验证有效性后进一步应用于 6G 网络。

5G 全力奔跑，6G 已在路上。不过，目前 6G 距离实际应用还存在一段距离。第一，ITU 已经发布了 6G 愿景、典型场景和能力指标，但是要实现这些指标还需要进一步完善。第二，使用什么架构和器件实现这些网络指标也是一个课题。因此，6G 轮廓虽有，但细节仍待完善。

不确定性中也存在着确定性。例如，大规模天线技术在 5G-A 阶段必将得到应用，而 AI 在 6G 时代的重要性也将进一步提升。AI 怎么结合、语义通信怎么使用都是 6G 时代需要考虑的问题。同时，过去的移动通信技术创新集中在空口领域，在未来的演进中，面向垂直行业应用，网络侧的改造和与无线侧的结合也是颇具挑战的任务，需要几年的时间才能使其落地。

面向更长远的 6G，业界普遍保持积极态度，特别是日本、韩国、欧洲已经将原有的 5G 组织更名为 6G 组织，而我国的 IMT-2020（5G）推进组则按照既有规则与时俱进地更名，并前瞻性地开展 6G 工作。

6G 推进组组长、中国信息通信研究院副院长王志勤：2030 年我国将实现 6G 商用

王志勤认为，6G 技术其实是 5G 代际更新的一个新技术，移动通信每 10 年一代，因此 6G 的商用时间基本是在 2030 年左右，它的标准化制定时间会在 2025 年。

6G 提出了 3 个新场景，通信和感知的结合、通信和 AI 的结合，还有类似于泛在物联，实际上就是现在比较热门的天地融合场景。未来，6G 要连接的对象不只是人，还有很多的智能体，例如机器人等。

未来，6G 更多服务的是社会管理、社会治理层面的事情，更偏向于智能体。现在的 5G 基站只是支持通信信号的发送和接收，而在 6G 时代，基站将同时支持通信和感知，能够利用无线电波感知周边的环境、物体的形状和运动等，不仅能够提升通信的性能，还会催生新业务。

王志勤表示，当前，全球 6G 发展还处于技术研究阶段，对 6G 网络架构和关键技术还没有一个统一标准。我国是从 2022 年开始进行 6G 技术试验工作的，2023 年也陆续开展了关于 6G 系统架构和技术方案等方面的研究，这些也将为 6G 下一步的推进工作打下基础。

中国信息通信科技集团副总经理陈山枝：6G 三大标志性特点与关键技术

陈山枝提到，6G 的三大突破与标志为：从陆地覆盖到全域覆盖，形成卫星通信与地面移动通信的星地融合通信标志；从通信到通信与感知、通信与计算融合，形成通信与感知、计算、智能的跨域融合标志；从蜂窝小区架构到去蜂窝架构，形

成以用户为中心的弹性可定制网络标志。基于这些突破与标志，6G 需要使用系列核心技术引擎去满足，具体包括超维度天线技术、新型多址接入技术、新型编码技术、无线智能与自治网络技术、频谱智能感知与共享技术，以及通信与感知、计算、智能融合技术等。

针对星地融合通信技术，他表示星地融合通信是 6G 实现全域覆盖的重要使能技术，将实现任何人和任何物在任何时间、任何地点及空间通过地面移动通信或卫星通信按需接入，并在两者之间无感知地切换与漫游，实现人机物场景智联及沉浸式交互体验。中信科作为较早从事星地融合通信技术研究和验证的厂商之一，突破 5G 增强和 6G 星地融合关键技术，在 3GPP 和 ITU 牵头相关国际标准制定，引领星地融合标准发展；发布了业界首个 NTN 透明转发高低轨一体化宽带卫星通信系统，并且积极开展基站上星的相关技术验证。

针对去蜂窝趋势，陈山枝团队提出以用户为中心智能接入网架构，他们认为该技术具有分布式、服务化等特点，多个接入点可动态按需服务用户，可真正实现"以用户为中心"，同时，该技术可充分发挥分布式超大规模天线传输技术优势，有效解决分布式架构下用户接入和连接管理等难题。

针对超维度天线技术，陈山枝表示，未来，6G 天线规模的进一步扩大将带来天线阵列体积、功耗和成本增加等问题，为此，中信科在业界首创了基于 6G 智能超表面远程安装服务的大规模天线系统，该系统创新性地使用 6G 智能超表面单元代替传统相控阵天线，经实际测试使用该系统可成功实现毫米波手持终端的接入，终端单用户下行数据速率可达 5Gbit/s 以上。

针对通信感知融合技术，他表示相对两个独立的通信和感知系统，6G 通感融合增加了通信和感知的无线资源池，有望进一步提升无线资源的增益。中信科在基于蜂窝架构的协作感知、定位与感知服务、环境感知辅助通信、大时空尺度资源调度等技术上均有技术布局。

针对蜂窝网络高精度定位技术，陈山枝表示中信科在蜂窝网络高精度定位技术上已有多年的技术积累，基于相关的研究成果，目前已完成蜂窝网络高精度定位技术验证系统的搭建，并在业界率先开展了载波相位定位技术原型系统验证，验证结果显示基于蜂窝网络载波相位定位技术的定位精度由分米级转向厘米级，展现 6G 技术在应用中的巨大潜能。

除了 6G 技术研究，中信科还积极参与 IMT-2030（6G）推进组的 6G 关键技术验证，已成功完成智能超表面、通信感知一体化、无线 AI、分布式自治网络、算力网络、数据服务共 6 项技术的测试验证工作。此外，中信科已连续 4 年发布 5 本 6G 白皮书，并累计发表了几十篇学术论文和申请了相关发明专利等。

面向未来，陈山枝表示中信科将继续深入布局 6G 技术预研，也将继续联合业界积极开展 6G 愿景与需求的研究、6G 关键技术的研究和技术验证，为后续的 6G 标准化工作做好前期储备工作。

中国联通李福昌：跨越 5G 山峰，迎接 6G 曙光

勇担数字中国建设的主力军，中国联通建成全球最大 5G 共建共享网络。李福昌介绍，在广覆盖方面，中国联通建设中频网，重耕 900MHz 低频网，实现了乡镇以上全覆盖，行政村有效覆盖。与此同时，中国联通发挥时分双工和频分双工频率的协同组网优势，实现下行速率 4Gbit/s 和上行速率 1.5Gbit/s 的极致体验。

值得一提的是，2023 年中国联通"低频 5G 网络关键技术研究、基站设备研发试验及规模组网应用"获得 2023 年中国通信学会科学技术奖一等奖；发布业界首款 3.5GHz 频段室内分布式自主可

控微站 V2.0，实现主芯片全国产化。

前进的脚步从未停歇，5G 实现全球领先的同时，我国也在持续推进 5G-A 标准与创新。作为 5G-A 的第一个版本，R18 包含 MIMO 增强、毫米波增强、绿色节能、XR 增强、端到端确定性、Redcap 增强等新技术，为许多应用场景提供了有力支持，标志着 5G-A 技术研究和标准化将进入实际性阶段。

将 5G-A 带入现实，2022 年年底，IMT-2020（5G）推进组发布《5G-Advanced 场景需求与关键技术》白皮书，提出了"万兆泛在体验，千亿智慧联接，超能绿色业态"的愿景和包括沉浸实时、智能上行、工业互联、通感一体等在内的六大业务场景。

对此，李福昌表示，总体来看，目前 5G-A 应用侧重试点示范较多，但规模化复制还有很大的发展空间。行业应以 5G-A 规模应用为目标，聚焦高频通信、高可靠低时延、RedCap、通感一体、无源物联等方向，加强场景化研究，根据技术成熟度分类施策。

标准先行，行业紧随。电信运营商也在加速 5G-A 网络升级赋能数字化转型。李福昌介绍，在工控领域，中国联通开展 5G-A uRLLC 增强关键技术创新研究与实践，携手长城精工打造业界首条"5G 超可靠低时延汽车柔性生产线"；面向移动物联类业务，中国联通大力推进 RedCap 产业生态发展，率先开展规模组网试验，孵化首款雁飞商用模组，并围绕视频监控、可穿戴设备、工业互联网、车联网等典型应用场景，在广东、山东、浙江、上海、天津、江苏、山西落地实施，端到端地推进 RedCap 产业链走向成熟。

2023 年，不仅 5G、5G-A 取得实质性进展，6G 也从未来走进现实。2023 年 6 月，ITU-R 如期完成 6G 愿景，标志着 6G 全球标准迈出了重要步伐。6G 愿景提出了 IMT-2030 的六大典型场景，包含沉浸式通信、超大规模连接、极高可靠低时延、AI 与通信的融合、感知与通信的融合、泛在连接。

围绕典型场景开展研究部署，目前，中国联通已经形成 6G 总体布局和体系架构，阶段完成 6G 场景和业务需求研究，提出 6G 通感智算一体化架构，发布 6G 业务、网络架构、绿色节能等相关白皮书。聚焦 6G TPR 指标研究，中国联通参与完成 IMT-2030（6G）推进组 6G 系统设计报告。聚焦技术突破，中国联通提出的可信共享方案纳入 ITU 技术报告，开展 6G 候选技术评估，参加了 IMT-2030（6G）推进组 6 个技术方向的技术原型测试，自主研发的"高国产化率毫米波室内分布式微基站"获评中国通信学会 2022 年度"信息领域重大科技进展"。中国联通的研究成果《太赫兹通信应用场景研究》《26GHz/40GHz 频率调研、分析及建议》荣获了 2023 年度中国通信标准化协会"优秀研究成果奖"，使 2023 年的 6G 研究成果更为掷地有声。

"5G-A 与 6G 互为协同发展的关系，相比 4G 到 5G 的演进，在 5G 向 6G 的演进过程中，5G-A 的特征更加明显。5G-A 是 6G 的前置探索，包含了 6G 部分愿景和关键技术；6G 则是 5G-A 的进一步完善和发展，拓展通信行业的覆盖边界和应用边界。"李福昌这样分析道。在移动通信系统演进过程中，应坚持 5G-A/6G 一体化推进。

展望 6G 未来发展，李福昌也提出以下两点建议：一方面，要加快国内行业研究形成 6G 技术共识，提出 6G 统一架构，收敛 6G 候选关键技术；另一方面，要与欧美等国家的头部公司加强合作交流，充分考虑双方的痛点需求，寻求符合双方 6G 技术路线的"共赢之路"。

高通李俨：释放 5G 领导力，引领 5G-A 向 6G 演进

当前，5G 建设已进入第 5 年，我国全面进入 5G-A 建设阶段，技术标准不断发展，正在迈向

5G-A 的第二个版本——R19。李俨介绍，5G-A 持续演进，业内将基于以前版本的技术研究，重点做好以下 4 个方面工作。

系统增强方面。R19 将进一步增强 5G MIMO 的性能，改变以往终端是网络被动服务对象的定位，推动终端积极参与网络的整体运作中，例如终端发起的波束管理将减少开销并降低时延。同时，R19 将支持多达 128 个 CSI-RS 端口，并提升上行链路性能、增强非对称下行/上行链路等。此外，3GPP 还致力于优化移动场景中的联网体验，并采取端到端手段，从技术、网络部署方法、优化等层面增强网络覆盖能力。

拓展新用例方面。R19 中将进一步增强 XR 应用体验，提高 XR 链路的可靠性并降低时延；推动 5G NTN 发展，进一步面向无处不在的宽带连接增强 NR NTN，面向全球物联网连接增强 IoT NTN。李俨表示，在 R18 中，卫星只起到信号转发器的作用，在 R19 中，计划将这部分功能前移，让卫星成为一个基站，负责处理这些信号。另外，针对物联网应用，R19 将在稳定上行的同时，提升下行带宽，使卫星传输更多的信息。值得关注的是，R19 还特别提出了无源物联网的概念，类似射频识别技术功能，会对整个物联网有着巨大的推动作用。

设计先进功能方面。R19 还将尝试和部署 6G 前瞻技术，例如引入全双工概念，在单一频谱中实现同时发送和接收。6G 时代，中高频段可能成为主流频段。在 Massive MIMO 的支持下，网络除了实现通信功能，还能对目标进行监测。

6G 基础性研究方面。R19 将研究面向下一代无线接入网络的 AI/ML 技术，研究利用 AI/ML 增强 5G NR 的移动性，研究空口 AI 技术在信道信息反馈、定位、波束管理等方面的应用并形成具体的标准，打造通用无线 AI 框架。同时，3GPP 还将研究网络节能，优化移动网络整体能耗。

李俨表示，5G-A 速率显著提升，并拓展了 XR、卫星通信、RedCap 等新技术，将为运营商带来更多的商业机会。

而对于 RedCap 能否实现 5G 价值的问题，李俨指出，5G 应用于行业时，不单应压缩成本，因为解决长尾问题的办法是定制化，而定制化需要确保利润，行业要给参与 5G 的企业，尤其是那些把 5G 应用到行业、提升生产效率的企业，有足够多的边际效益。"在我看来，企业用不用 5G 并不取决于 5G 的价格，而是 5G 能不能带来价值。RedCap 在一定程度上解决了部分应用对价格敏感的问题，但是 5G 扩展不能只靠 RedCap。"

与此同时，对于 5G-A 不需要全局覆盖，采用重点覆盖部署的观点，李俨表示，体育场、飞机场、火车站等场景可以选择 5G-A 网络"点状"覆盖，但 5G 有很多行业应用，要想把服务深入下去就需要持续加大网络覆盖，扩大生态系统，让更多人参与进来。

展望 6G，李俨表示，行业会加大 AI 和感知方面的研究，但实现这些需要颠覆此前的技术研究，现阶段 5G 的核心网架构与 4G 一样，导致用户体验感不强，将来加入新服务时，网络架构一定要变化，但这需要在全球范围内形成共识。

算力发展专家谈

2023年10月,工业和信息化部、中央网络安全和信息化委员会办公室、教育部、国家卫生健康委员会、中国人民银行、国务院国有资产监督管理委员会六部门联合印发《算力基础设施高质量发展行动计划》,提出到2025年,我国算力规模超过300EFLOPS,智能算力占比达到35%;存储总量超过1800EB,先进存储容量占比超过30%;围绕工业、金融、医疗、交通、能源、教育等重点领域,各打造30多个应用标杆。当前,算力已经成为推动数字经济发展的重要力量,成为战略发展支柱产业之一。同时,随着AI、大模型等新兴产业的全面爆发,对算力的需求也在成倍增加,算力领域也随之衍生出更多发展方向,产业进一步走深向实。算力网络对行业发展有何影响?在大模型全面爆发的元年,算力网络又面临了哪些挑战?本书编辑整理了部分专家对算力行业应用发展的真知灼见。

北京邮电大学经济管理学院教授曾剑秋:AI与算力相辅相成 多模态是未来主流

2023年被称为AI大模型爆发元年。由OpenAI推出的ChatGPT应用爆火,2023年1月,月活用户已突破1亿人。随后,百度的文心一言、科大讯飞的星火认知、阿里云的通义千问、腾讯的混元大模型等相继面世,掀起了国内"百模大战"。

具有强大的泛化性、通用性和实用性的大模型,不仅能够降低AI开发门槛、提高模型精度和泛化能力、提高内容生成质量和效率等,还能实现对传统AI技术的突破。

从史上用户增长速度最快的消费级应用程序ChatGPT开始,科技行业掀起了大模型的研究热潮。我国企业迅速跟进,根据中国新一代AI发展战略研究院发布的《中国新一代AI科技产业发展报告2023》,目前全国已有2200家AI企业,国内大模型总数达238个。

业界对于大模型的增长保持乐观预期。Gartner预测,2026年超过80%的企业将在生产中使用AIGC API和大模型,或部署AIGC应用。

大模型主要包括通用大模型、行业大模型等。曾剑秋表示,通用大模型需要海量的数据支持和算力能力支撑,泛用性更强,最好建立在"国家级"平台上;行业大模型则聚焦行业应用场景,基于各行各业发展情况构建,与通用大模型相比,更适合于一些特定行业,例如工业、医疗等。就行业模型而言,我国发展的关键是抓住场景红利,将大模型向产业化、行业化、垂直化、深度定制化发展。

大模型不是一个孤立的领域,随着大模型的发展,其对算力、数据、算法的需求迅速增长,这些也成为大模型的核心壁垒。

其中,算力是大模型训练的基石。如今,模型参数指数级增长,训练所需的算力巨大。例如,千亿级别的通用大模型训练一次的成本为几千万元,当前国内已发布的大模型中,参数规模达到千亿及以上的厂商约为10个。

而算力市场已经感受到大模型的需求,并且作出积极回应。曾剑秋表示,依托于数智化转型战略，AI 技术加速融入千行百业，为满足大模型爆发带来的算力需求增长，2023 年算力行业全面爆发。这一年，相关算力政策的出台为算力发展提供了强有力的支撑，例如《算力基础设施高质量发展行动计划》。曾剑秋认为，这些政策将进一步推动大模型技术更新迭代，也将使国内算力产业发展和市场需求呈爆发式增长。

大模型与算力可谓相生相长、共同做大。除了大模型，算力对我国数字经济更多领域的发展也起到了重要作用。

此外，"优数据＋强算法"是大模型开发训练的两大关键点。大模型的输入数据通常存在内容重复、格式多样等问题，这些问题可能会对大模型的训练和模型质量产生不良影响。因此，产业界要加大源头性技术储备，推动 AI 计算、高性能计算等技术实现突破，加快算法模型、高端芯片、计算系统、软件工具等领域的关键技术攻关和重要产品研发。

从文字交互到图片、视频等交互，多模态是实现通用 AI 的必经之路。模态数据输入可以帮助提高模型能力和用户体验，允许多模态数据输出也更加符合行业需要。曾剑秋提到，未来是视频的时代，相比文字，视频可以更直观地交流更多的信息。因此，2024 年，我们不仅要关注类 ChatGPT 的文本类大模型，也要关注基于视频的大模型。AI 推动产业上下游发展，也可以将视频生成作为切入口之一。

在算力方面，大模型的需求则将汇聚到智算领域。大模型背后运行的是复杂的网络架构和智能算法。为提升整体算力效率和满足差异化需求，应建立支撑大模型万亿量级参数计算的"智算中心"，以网强算，提供强大的算力资源和相应的服务。与以往的 AI 技术迭代不同，大模型发展同时驱动了底层 IT 基础设施、MaaS 与开发工具链的重构，也带来了上层 AI 应用开发范式的变革，大模型将彻底改变云计算格局。

此外，曾剑秋建议，我国应建立国家级基础大模型平台，加强智算中心、超算中心等算力资源统筹，加强跨数据中心算力协同能力，从战略高度着手，培育大模型发展基础，构筑 AI 发展优势，更好地促进我国数字经济发展。

中国电信股份有限公司研究院副院长陈运清：智算正成为数字经济发展新引擎

2023 年的算力发展共有两大重要趋势：一是全球算力规模的进一步高速增长，算力作为数字信息基础设施核心资源的作用日益凸显；二是 AI 大模型的出现和不断发展，促使智算需求持续提升。

截至 2023 年 8 月，我国算力总规模达到 197EFLOPS，位居全球第二；其中智能算力规模同比增长 45%，占整体算力规模比例提高至 25.4%。这些数字代表的趋势表明，智能算力正在成为支撑数字经济发展的新引擎。

2023 年，随着 ChatGPT 的火爆，大模型席卷了整个 ICT 产业，我国也呈现"百模大战"的产业趋势。值得注意的是，大模型极速发展，使智算规模高速增长，引爆了算力缺口。2023 年，我国新增算力基础设施中智能算力的占比过半，智算中心正在支撑 AI 产业快速发展，成为 AI 产业及经济增长的"新动能"。预计到 2025 年，智算中心将支撑人工智能产业规模发展达到 4000 亿元，带动 5 万亿元的产业目标；预计到 2030 年达到 1 万亿元，带动 10 万亿元的产业目标。此外，全球 AI 产业规模增速远超数字化转型及 GDP 增速，其中我国的智能算力复合平均增长率达到 52.3%，2026 年将达到 1271.4EFLOPS。

尽管当下，ICT 产业正稳步发展，电信运营商与产业链上下游企业携手并进，技术创新加速 ICT 发展。但不能忽视的是，算力、大模型全面爆发，大模型技术更新迭代加速，产业需求爆发等多方面挑战。陈运清指出，在当前的趋势下，算力网络的长期演进需要面对以下四大方面的需求。

一是要满足泛在普惠的业务需求，即要面对千万级的 toC/toB/toH 用户及百万级的训推数据流并发。二是要使算力网络提供应用级的保障。需要算力网络具备算力需求和网络能力实时感知的能力，并能够在数据流抵达算力节点过程中持续保障差异化和高吞吐能力。三是要求算力网络能够提供租户级的网络资源弹性供给能力和大规模定制化灵活调整能力。四是要求算力网络具备网络数据和网络能力的开放接口的灵活调用能力。"对运营商而言，这四大方面的需求需要依据现有网络和云网运营系统的叠加补充，并不断优化、完善后才能逐步加以构建，是一个复杂得需要分阶段实施的系统工程。"陈运清补充道。

面向未来，数字信息基础设施中的 AI 智算和网络两大核心要素，势必需要相互促进，才能得以整体均衡发展。在谈及未来数 10 年的产业发展趋势时，陈运清着重提到了以下两个方面。

一方面，随着 AI 算力大幅提升，支持算力架构从 CPU 演进为 CPU+GPU+NPU[1]/DPU[2] 的融合异构算力架构，云、边、端的算力协同则变为刚需。可以预见，今后有 70% 的数据会在边缘产生和处理，而且随着各类终端算力处理能力的加强，端侧算力会上移，云会向分布式算力布局的方向发展，即云侧算力下沉，为此越来越需要云、边、端算力的三体协同。

另一方面，业务形态的变化会推动作为数字信息基础设施主体的网络部分持续演进，即逐步将网络与海量的数据相结合，并由此向意图驱动的智能服务网络演进。所以，未来网络的目标是成为具备确定性体验和通信感知融合能力的立体超宽的智能化网络，从而使网络成为新型数字信息基础设施的基础底座。综合两个行业的发展趋势而言，AI 智算和智能化网络将逐步实现深度融合，最终走向算网一体。

AI 大模型不断发展，使智算需求持续攀升。据悉，GPT-3 的 Token 数为 3000 亿个，参数规模为 1750 亿；折合算力当量 3646PFLOPS-days，需上万张英伟达 A100 卡（单节点 1000P 智算中心训练约 3.6 天）。而 GPT-4 的 Token 数为 13 万亿个，参数规模为 1.8 万亿，折合算力当量 249EFLOPS-days，约 2.5 万张英伟达 A100 卡（单节点 1000P 智算中心训练约 249 天）。可以看到，从 GPT-3 到 GPT-4，Token 数增长约 43 倍，参数规模增长约 10 倍，算力需求增长约 70 倍。这意味着为满足大模型带来的智算需求的快速增长，新型智算中心至少需要万卡 GPU 以上的水平。

在陈运清看来，数据中心内如何高效地把这些万卡级 GPU 有效互联、构建无损的数据中心内组网，就成为一个首先要攻克的方向或领域。同时，算力网络还需要把计算任务有效送达相应的算力节点，这期间包含了算网调度、算力感知、存算一体、算力路由和算力切片等细分技术方向。"算力网络并非一夜之间凭空产生的。算力网络的构建需要充分借鉴已有云计算的发展路径和已有基础承载网络的发展。算力路由系统也需要与已有的一体化云网运营系统和 SRv6 路由承载协议充分结合。从两个大的融合维度上看，算力网络包含了以网强算和以网促算两个维度。以网强算的抓手是构建 AI 智能数据中心网络。"陈运清解释道。

借此，实现 AI 智算中心内异构算力的统一承载，同时做到网络与计算间的解耦，从而使能 AI 智算网络开放架构。陈运清指出，"以网促算的目标是打造超宽、高弹性、高吞吐的智算广域网络，通过匹配 400GE 低时延智算 IP 网络，实现多云、多算力的灵活连接，并完成算力调度的任务。对应的 IP 承载网能够提供租户级按需弹性服务，使

---

1. NPU（Neural-Network Processing Unit，神经网络处理单元）。
2. DPU（Data Processing Unit，数据处理单元）。

性价比优于数据快递，随着网络吞吐量倍增带来的数据传输效率的大幅提升，以达到或接近广域无损的数据传输效果。"

中国移动研究院副院长段晓东：算网一体定义算力网络未来

算力已成为数字经济时代的新生产力，以新型智算中心为发力点，发展智能算力，打造算力高峰，推动算力网络实现智能跃迁是目前算力产业发展的原动力。算力网络协同发展，智能算力是当前算力发展的重要议题，算网一体将定义算力网络未来。

如今，通信网络正加速向新型信息通信网络演变。2021年，中国移动敏锐把握算力时代发展脉搏，发挥电信运营商网络领先优势，"以网强算"，提出"算力网络"全新理念。两年来，中国移动继往开来、开拓创新，全力推进算力网络发展。

谈起算和网的关系，段晓东表示，以算为核心，网为根基，算力与网络"双向驱动"，其融合体现在"以算促网"和"以网强算"两个方面。为了进一步优化算和网的整体能效、性能和利用率，需要建立算网一体化思维，进行多学科交叉融合创新。

算网一体是算力网络的发展目标。段晓东指出，"当前我们已走过算力网络'泛在协同'的重要阶段，正迈入'融合统一'的发展新阶段。"算网一体发展需要原创技术创新，为构筑算力网络发展原动力，中国移动开创算网一体原创技术体系，已形成一批标志性的原创技术。

段晓东表示，算网一体需要解决三大核心技术问题，一是面向网络和计算的联合优化问题，二是构筑新型智算中心的问题，三是大规模数据广域高效传输的问题。基于此，中国移动前瞻布局了算力路由通信和跟踪系统（Communications and Trucking System，CATS）、全调度以太网（Global Scheduling Ether，GSE）、数据快递等一系列原创技术方向。从互联网架构体系、以太网转发机制、长距离高吞吐传输性能等方面进行突破，取得了国际标准研制和产业方面的重大进展。

算力路由CATS将算力因子引入路由域，实现了网络和计算的联合优化，克服了边缘计算带来的"性能反转"问题。其关键技术聚焦在算力度量、合理的算力信息通告，以及基于多维信息的路由求解等问题。历经4年，中国移动在国际互联网工程任务组（IETF）发起成立算力路由CATS工作组，中国移动担任主席，是IETF路由域近20年由中国高校/公司牵头成立的两个工作组之一。

GSE通过创新以太网转发机制，对分发模式、拥塞控制、决策调度三大核心机制实现转变，可最大限度兼容以太网生态，构建无阻塞、大宽带、低时延的新型智算中心网络。中国移动联合国内外30余家主流互联网厂商、设备商、芯片商、高校、科研院所联合发起GSE推进计划，不断推动智算中心网络技术创新、标准完善和产业应用。

数据快递技术基于新型传输协议，通过丢包快速恢复、精确重传及多路径传输等核心技术创新，实现超长距广域网环境下的超高吞吐数据传输。中国移动开展贵州500米口径球面射电望远镜到北京国家天文台的广域长肥网络现网测试，成功验证数据快递技术对2200千米超长距大数据传输的性能提升。

最后，段晓东表示，中国移动正通过打造算力网络试验示范网、构建算力网络产业链合作机制等多举措，推动算网一体技术和产业发展。面向未来，段晓东呼吁"以网强算、算网一体"，希望携手业界以学科交叉融合范式创新，领航智算产业未来新发展。

中国联通研究院副院长、首席科学家唐雄燕：算力网络发展的四大趋势

数字经济时代，算力是全社会数字化、智能化转型的重要基石。2024年，以AIGC为代表的AI技术将进一步激发算力需求，大模型发展驱动智算需求快速增长，5G行业应用带来"云、边、端"算力协同的新要求，数据要素产业推动数据基础设施发展，算力网络需要顺应新趋势，积极开展创新实践。

大模型需要大算力，大算力离不开高质量的算力网络。在唐雄燕看来，大模型训练和推理往往需要成千上万个GPU芯片，如何把海量GPU连接起来形成超级计算集群，这需要借助高可靠、低时延的算力网络。当前，我国算力网络在技术、产业及应用等方面面临三大挑战。

一是算力核心芯片和基础设施面临不可控风险。算力核心芯片和关键元器件仍然依赖于国外，自主可控程度有限，产业链存在安全隐患。算力网络的整体生态建设滞后，在芯片制造、AI基础软件和技术生态、网络体系架构等核心技术布局方面有待加大力度。

二是算力网络的技术标准不完善，网络能力需要进一步增强。算力网络涉及计算与网络领域的诸多技术和协议，需要实现不同技术之间的兼容，形成统一的技术标准。算力网络需要依托通信网络将分布在不同地理位置的计算及存储资源互联，网络时延、带宽限制、网络使用成本、可信安全等问题都会影响算力服务性能和用户体验。

三是算力网络的应用场景有待培育，"东数西算"工程还需要国家政策强力推进。不同行业、不同应用对算力服务的需求不同，行业需要进一步挖掘细分市场，提供定制化的解决方案，并积极探索有价值、可规模推广的"东数西算"应用场景。

目前，算力设施整体呈现多元、异构、泛在的趋势。"云、边、端"算力协同成为必然，智能传感终端快速增长，推动了"云、边、端"协同的算力应用模式发展。在唐雄燕看来，2024年算力网络呈现四大发展趋势。

一是面向AI大模型应用，推进智能算力网络的技术和产业创新。大模型迅猛发展并向行业应用渗透，对智能算力的需求快速增长。智算中心内部网络与各智算中心之间互联成为算力网络研究和应用的新热点。为此需要加强"产、学、研、用"合作，加大智能算力网络关键核心技术攻关力度，加强智算核心芯片和基础软件的自主研发与生态建设，提高产业链的自主可控能力，为我国算力产业发展奠定更加坚实的基础。

二是实现算力网络与数据基础设施融合发展。算力是新生产力，数据是新生产资料。算力网络是数据流通、数据处理和数据应用的技术底座，是数据基础设施的关键。可以在算力网络的基础上打造高通量数据网，提供数据快递服务，助力数据高效安全流通。

三是以应用示范为牵引，促进"东数西算"和算力网络服务落地见效。聚焦行业数字化、工业互联网、智慧城市、数字政府等典型场景，基于"通用算力+智算算力+超算算力"等多元算力，结合大模型、元宇宙等应用技术，打造算网应用标杆场景与产品，拓展"东数西存""东数西训""东数西渲"等典型"东数西算"应用，推进工业算网在工业互联网领域的发展。

四是强化算网"大脑"和算网服务技术创新，推进算力服务原生。基于算力异构性、异地性特点，开展资源抽象、资源管控、资源调度等方面的技术攻关，形成多元算力互联、"云、边、端"协同的一体化算力供给。进一步创新全光底座和IPv6演进技术，"以网强算"，重点攻克算力与网络协同调度关键技术，打造"算网大脑"，实现算网一体服务和算网自智运营，并利用区块链技术提供可信算力交易。面向6G，增强移动网络内生算力，探索移动算力网络，实现移动通信与算力服务的融合。

诺基亚贝尔中国移动事业部首席技术官胡旸：积极拥抱算力、大模型发展，释放产业技术创新力

2023年2月，在2023年世界移动通信大会上，诺基亚宣布重塑企业战略和技术战略，同时推出全新企业品牌形象，这标志着诺基亚这位ICT"老大哥"在长期战略转型之路上迈出了坚实的一步。

作为诺基亚在中国独家运营平台，诺基亚贝尔同步进行了品牌焕新与战略落地。利用5G、云网融合、工业数字化等前沿技术和应用，诺基亚贝尔正以全新表现释放网络的无限潜能，通过服务用户和合作伙伴，推动数字化转型升级。

同时，诺基亚贝尔也持续关注未来数字基建的价值发展趋势，明确定义3种元宇宙，包括消费者、企业和工业元宇宙，打造不同产业差异化的能力内涵，推动"虚实融合+人机交互"的沉浸式技术解决方案，构建"通感智算控"的一体化内生能力集合，致力于激活产业合作的新模式、推动产业的多方价值融合、建立可持续发展的价值生态。

2023年年初，AI大模型浪潮席卷全球并持续火热，ChatGPT加速推动AI"奇点"临近，以GPT-4 Turbo为代表的多模态基础大模型已经颠覆并重塑了AI技术范式，AI技术从原来面向单任务的小模型转向面向巨量参数的大模型，开启了以通用AI为引领的新一轮科技革命浪潮。由于AI受到全产业前所未有的关注，也极大推动了算力基础设施和AI端到端技术体系的规模化部署。

诺基亚贝尔积极拥抱算力、大模型的产业创造力和技术创新力。首先，在算力方面，算力已成为革新基础设施的核心生产力，在数据中心、公有云、边缘云、IP和光网络、固网和移动网等方面持续定义算力新场景、创造算力新技术，诺基亚贝尔是全球领先的端到端网络创新者，依托贝尔实验室的创新能力和产品事业部的研发实力，积极参与算力领域的全面规划和建设。

其次，在大模型方面，大模型将在自智网络的意图理解、运营交互创新、知识管理和智能化运营等领域发挥革命性作用，实现更清晰和更深入的网络洞察能力和高阶智能。诺基亚贝尔作为自智网络的创新领导者，利用大模型的训练和推理能力，力图构建网络运营的全域知识图谱，助力用户实现实时智慧运营、提高效率且降低风险和成本。

展望2024年，诺基亚贝尔将坚持技术创新，并与产业深度合作推动数字新基建的持续增强。据胡旸透露，诺基亚贝尔将在2024年重点关注以下领域和发展趋势。

在5G-A方面，对5G-A的研究已提上日程，诺基亚贝尔将关注网络功能增强和部署场景拓展相结合的趋势，积极在物联网、XR、智能化、绿色节能等方面布局。

在IP/光网络方面，诺基亚贝尔将关注匹配算网场景的互联底座增强趋势，例如在2024年全面布局400G OTN/DCI[1]，满足数据中心城域互联的新网络和新技术。

在意图自治方面，诺基亚贝尔将关注自智网络持续增强转型的发展趋势，引入数字孪生、大模型和知识图谱等新技术和新范式，实现网络运营从智能到治理，使网络运营具备更强大的感知、认知和交互能力。

在行业专网方面，诺基亚贝尔将关注泛在、多样化的专网部署趋势上，依托工业元宇宙战略愿景和全球超675个专网部署经验，打造差异化解决方案，携手合作伙伴拓展无线专网中国运营中心，服务好众多国内外企业用户。

---

1. DCI（Data Communication Interface，数据通信接口）。

数据要素专家谈

国家数据局局长刘烈宏：解读"数据要素×"行动意义

2024年1月4日，国家数据局联合工业和信息化部等17部门正式印发《"数据要素×"三年行动计划（2024—2026年）》（以下简称《行动计划》），1月7日，国家数据局局长刘烈宏在第二十五届北大光华新年论坛上解读了《行动计划》的重要意义。

刘烈宏表示，推动"数据要素×"行动，就是要通过推动数据在多场景应用，提高资源配置效率，创造新产业新模式，培育发展新动能，实现经济发展的倍增效应，从而推动数字经济发展进入激活数据要素价值的新阶段。

在具体目标上，正式版《行动计划》将诸多量化目标中的"数据交易规模增长1倍"调整为"倍增"，将"场内交易规模大幅提升"调整为"场内交易与场外交易协调发展"等。

刘烈宏表示，从制度建设看，数据领域发展变化快，需要顶层设计和实践探索相结合；从流通利用方式看，需要建立数据基础设施；从收益分配看，数据具有报酬递增的特点，需要探索兼顾效率和公平的分配机制；从安全治理看，数据对治理方式提出新挑战，需要探索适应数据特点的安全治理模式。

在"提升数据供给水平"上，除了"加强公共数据资源供给"，正式版《行动计划》提到"引导企业开放数据""鼓励市场力量挖掘商业数据价值，支持社会数据融合创新应用"。

根据上海数据交易所数据，从2013年至2023年，中国数商企业数量从约11万家增长到超过100万家。在各行业、各领域加快数据开发利用，能够提高各类要素协同效力，找到资源配置最优解，突破产出边界，创造新产业、新业态，实现推动经济发展的乘数效应。

刘烈宏表示："数据要素市场建设是一项探索性、创新性、专业性很强的事业，国际上没有通行做法可以借鉴。必须坚持顶层设计和实践探索有机结合、良性互动。"

2023年12月29日，国家数据局副局长沈竹林在媒体吹风会上阅读了国家数据局化堵点难点为新增长点，释放数据要素乘数效应，贯彻落实《行动计划》的工作思路。

一是研究组织"数据要素×"试点示范工程。联合有关部门、地方开展政策性试点，加大支持力度，在试点中推动解决数据要素开发利用中面临的供给不足、流通不畅、应用效益不明显等问题，探索研究数据资源持有权、数据加工使用权、数据产品经营权等分置的落地举措，凝练形成一批可复制、可推广的解决方案和典型模式。

二是适时启动"数据要素×"大赛。聚焦重点行业和领域数据开发利用难点问题，组织开展"数据要素×"大赛，加强公共数据资源供给，以真实数据和场景需求为牵引，以竞技方式调动"产、学、研、用"各界根据赛题共同开发数据产品，力争通过赛事吸引培育一批专业化人才，孵化一批新技术、新产品、新应用，提升数据开发利用水平。

三是梳理发布"数据要素×"典型案例。结合"数据要素×"试点示范、大赛等工作，遴选一批典型应用。依托数字中国建设峰会等，积极发布典型案例，促进经验分享和交流合作。鼓励各地区各部门深入挖掘数据要素应用好经验、好做法，充分利用各类新闻媒体，加大宣传力度，提升影响力。

国家数据局将围绕发挥数据要素乘数作用，与相关部门一道研究实施"数据要素×"行动，从供需两端发力，在智能制造、商贸流通、交通物流、金融服务、医疗健康等若干重点领域，加强场景需求牵引、打通流通障碍、提升供给质量，推动数据要素与其他要素相结合，催生新产业、新业态、新模式、新应用、新治理。

刘烈宏表示，希望社会各界通过以下3个方面助力《行动计划》中目标的实现。

一是通过进一步深化数据要素基本理论、作用规律等的研究，共同探索激活数据要素价值的有效路径。

二是通过支持技术型、服务型、应用型数据商的发展，繁荣数据开发利用生态，做强做大数据产业。

三是通过挖掘高价值数据要素应用场景，激励多方主体积极参与数据要素开发利用、创新数据产品服务等，探索一批跑得通、有成效、可复制推广的实践案例、经验模式，将堵点难点转化为新增长点，释放数据要素乘数效应，构建以数据为关键要素的数字经济。

中国科协网络与数据法治决策咨询首席专家、工业和信息化部信息通信经济专家委员会委员、南京邮电大学信息产业发展战略研究院首席教授王春晖：数据产权制度是构建数据要素基础制度的根基

2022年12月，《中共中央 国务院关于构建数据基础制度更好发挥数据要素作用的意见》（以下简称"数据二十条"）发布。"数据二十条"除"指导思想""工作原则"和"保障措施"中的六条外，其他十四条的核心内容是建立四大类数据基础制度体系。体系一是建立保障权益、合规使用的数据产权制度体系，该类基础制度体系包括五项制度：数据产权结构性分置制度、公共数据确权授权机制、企业数据确权授权机制、个人信息数据确权授权机制、数据要素各参与方合法权益保护制度。体系二是建立合规高效、场内外结合的数据要素流通和交易制度体系，该类基础制度体系包括4项制度：完善数据全流程合规与监管规则体系、统筹构建规范高效的数据交易场所、培育数据要素流通和交易服务生态体系、构建数据安全合规有序跨境流通机制。体系三是建立体现效率、促进公平的数据要素收益分配制度体系，该类基础制度体系包括两项制度：健全数据要素由市场评价贡献和按贡献决定报酬机制、建立保障公平的数据要素收益分配体制机制。体系四是建立安全可控、弹性包容的数据要素治理制度体系，该类基础制度体系包括3项制度：创新政府数据治理机制、压实企业的数据治理责任、完善社会力量多方参与的协同治理体系。

从上述四大类数据基础制度体系可以看出，数据要素流通和交易制度体系、数据要素收益分配制度体系和数据要素治理制度体系属于数据要素基础制度体系；数据产权制度体系是其他三大类数据要素基础制度体系的根基，不属于数据要素制度体系，数据产权制度体系下的基础制度在"数据二十条"中多达5项，从数据产权结构性分置，到公共数据、企业数据、个人数据的确权授权，以及对数据要素各参与方合法权益的保障，构建了数据产权运行的基本规则，为其他3类数据要素制度的建设奠定了基础，因此，没有归属清晰、合规使用、保障权益的数据产权制度，就无法形成高效公平、安全可控的数据要素市场。

数据产权是适应当代数据市场经济发展要求

而出现的新兴经济范畴。目前，国家数据主权、企业商业利益和个人隐私保护等方面均面临确权困境。在谈及数据产权时，通常情况下会把所有权与产权混为一谈。需要指出的是，所有权不同于产权，所有权是指对财产归属关系的权利规定，强调财产关系的物质属性；产权是基于财产权的一组权利的有机结合体，强调财产关系的社会属性。

《中华人民共和国数据安全法》对数据的定义是："数据，是指任何以电子或者其他方式对信息的记录。"《中华人民共和国个人信息保护法》对个人信息给出的定义是："以电子或者其他方式记录的与已识别或者可识别的自然人有关的各种信息，不包括匿名化处理后的信息。""数据"与"信息"应当严格区分，前者是附着在电子信息系统载体上的对客观事物的记录，是未经过处理的原始信息记录，不能脱离电子信息系统载体而独立存在，例如个人在医院电子信息系统留下的原始体检记录；后者是指数据经过加工处理后，形成的具有使用价值的内容，而且可以脱离电子信息载体而独立存在，例如，专业人员从信息系统提取个人体检的电子数据后，经过分析和加工，形成的具有使用价值的体检报告，其存在形式可以是电子数据格式，也可以是其他格式。

总之，电子数据一定是附着于电子信息系统载体，是基于计算机应用和信息通信等技术手段形成的对客观信息的记录，没有信息系统作为载体就无法生成数据。电子数据的来源和结构极其复杂，原始数据基本上是以非结构化数据的形式存在，就个人数据而言，有平台交易数据、通信移动数据、机器和传感器数据等，且数据的形成过程需要多方参与，根本无法确定谁是"数据原发者"，数据要素很难像土地、资本和技术要素那样清晰地确定其所有权。

数据作为生产要素，是现代社会生产经营活动所需要的基础性资源，构建数据产权制度的核心是激活数据要素市场，因此，应淡化数据所有权，强化数据产权，聚焦数据资源持有权、数据加工使用权和数据产品经营权的"三权分置"的数据产权制度，促进公共数据、企业数据、个人数据分类分级确权授权使用机制。对此，国家发展和改革委员会明确提出，要推动数据产权结构性分置，跳出所有权思维定式，聚焦数据在采集、收集、加工使用、交易、应用全过程中各参与方的权利。一是，通过建立数据资源持有权、数据加工使用权、数据产品经营权"三权分置"，强化数据加工使用权，放活数据产品经营权；二是，加快数据产权登记制度体系建设，为推动数据有序流转、鼓励数据开发利用、引导数据产品交易、释放数据要素价值提供制度保障。

在数据要素市场条件下，数据产权的属性主要有四大特征：一是数据产权具有经济特性；二是数据产权具有可分离性；三是数据产权流动具有独立性；四是数据的财产属性具有可复制性。数据要素与其他四大要素（例如，土地要素、劳动力要素、资本要素、技术要素）最大的不同在于数据要素具有"非竞争性"，数据要素的生产是无穷尽的，尤其是数据要素的可无限复制性，导致其边际成本几乎为零，从根本上打破了稀缺性生产要素的制约。

数据产权制度的确立，需要解决数据产权在两个层面上的清晰问题：一是数据在法律层面的清晰，这要求数据产权的确立要有明确的法律保障，否则很难实现市场主体享有依法依规持有、使用、获取数据收益的权益；二是数据在经济层面的清晰，这要求数据产权的合法持有者对数据产权具有极强的约束力，需要构建数据产权的约束依据，并通过约束依据明确数据产权的收益目标。

中国移动首席科学家王晓云：面向数据要素融通的未来网络思考与实践

王晓云指出，随着信息通信领域的融合发展，网络的定位也在发生着巨大变化，未来网络正从以通信网络为核心、主要提供数据信息传输服务，向以算力为核心，提供数据信息感知、传输、存储、处理等多样化服务转变，具体呈现为"六化"发展趋势：一是性能沉浸化，实现多层次、立体式、目标导向的性能；二是覆盖全域化，打破地理限制，实现全域立体覆盖；三是要素融合化，加快形成网、智、算、数等多要素融合的新型信息基础设施；四是网络平台化，网络通过柔性变革，逐步成为聚合相关业务能力的"平台"；五是能力内生化，能力要素从外挂式走向内生式，智慧内生、安全内生等成为重要发展方向；六是服务一体化，信息通信服务向多环节融智、多形态服务演进升级。

为此，中国移动开创性提出打造"以算为中心、网为根基，多种信息技术深度融合的算力网络"，推动算力成为像电力一样可"一点接入、即取即用"的社会级服务，达成算力无所不在、网络无所不达、能力无所不及的愿景。

王晓云介绍，算力的无所不在，将支撑数据的高性能存储、处理，具体包含多层次多类型算力、智算中心网络、新型计算3个方向。架构上，多层次多类型算力将支撑算力的泛在异构。算力在跨地域、跨层级、跨内核、跨主体的统筹运用，带来了全局、智能调度，以及算力并网模式的挑战。为此，中国移动研发了"算网大脑"，持续构建算力网络全生命周期的感知、编排、调度、开放等能力，联合国内11家超算、智算及海外运营商开展并网验证，与"中国算力网"和"信息高铁"实现互联。节点上，智算中心网络需要进一步提升整体性能。随着数据、参数、模型的巨量化，现有智算中心内网络在开放性、组网架构、性能等方面存在挑战。为此，中国移动提出全调度以太网技术架构，旨在以开放生态，构建无阻塞、大带宽、低时延的新型智算中心网络。内核上，新型计算将提升单点算力性能。先进计算逐步向多元化、融合化方向发展，突破传统冯氏架构的存算一体、量子计算等技术，基于先进封装的Chiplet（芯粒）技术也在逐步走向产业化，中国移动联合清华大学打造全球首款基于忆阻器的存算一体系统级芯片（System on Chip，SoC），在芯片、软件、应用等方面持续开展系统研发和技术验证。

王晓云介绍，网络的无所不达，将支撑数据的高速、高可靠传输，具体包含下一代光网络、下一代IP两个方向。其中，下一代光网络将重点提升容量、传输距离，显著降低时延。为支撑国家"东数西算"工程，构建覆盖全国、多层次时延圈，需要重点关注400G/800G和新型光纤等新技术，中国移动近期在现网骨干网实现了400G新技术5616千米长距离传输的世界纪录，联合北京大学、暨南大学，共同推进空芯光纤及其光传输系统产业化，并且提出了相应的设计目标。下一代IP方面，需要探索在路由域引入计算信息进行联合调度，中国移动提出算力感知、通告、寻址的创新机制，并且历时4年，在IETF成立算力路由工作组并担任主席。

王晓云介绍，能力的无所不及，将支撑数据的高质量利用，具体包含数联网和泛在AI两个方向。数联网方面，为支撑国家数据要素市场的规模化发展，中国移动提出数联网理念，将构建下一代集约高效数据流通基础设施。攻关数据流通全环节，提供低成本、高效率、可信赖的"数据物流"服务。泛在AI方面，中国移动正在规划构建电信运营商特色的智算中心（E级以上），通过构建"集中+省级+边缘协同"的3层架构，打通高速高可靠互联网络，提供更加普惠、泛在的AI服务，加快实现智能无所不及。

面向未来发展，王晓云勾勒出面向未来网络的总体蓝图，并且提出了3点发展倡议：算力方面，建议推进多主体算力并网的标准化，促进生态的开放和共享，以应用为牵引，加快制定Chiplet互联标准、推进存算一体技术攻关和产业链构建；网络方面，共同加速400G/800G骨干网、空芯光纤、算力路由等关键技术的产业成熟和规模商用；能力方面，构建开放统一的数据流通标准，推出普惠泛在的AI服务，更好地释放数据和AI价值。

中国信息通信研究院副院长魏亮：筑牢数字安全坚实屏障 护航数字中国全面发展

如今网络安全的内涵和外延不断拓展，不仅关乎个人安全、企业安全，也关乎国家安全，已经成为社会治理、国家治理的重要议题。建设数字中国，必须筑牢可信可控的数字安全屏障。

数字安全成为重塑国家竞争新优势的战略支点。新一轮科技革命和产业变革深入发展，国际力量对比深刻调整，国际环境日趋复杂，不稳定性、不确定性明显增加。自2015年以来，全球已有超过170个国家将数字安全作为优先发展的战略方向，围绕数字技术、数据要素、产业生态、安全标准等的国际竞争日趋激烈。例如，以德国、法国为代表的传统技术强国通过强化"数字主权"理念以及数据、数字技术和数字基础设施安全，保障数字空间发展安全；欧盟倡导建立"单一欧洲数据空间"，构建符合欧洲数字化转型需求的数据要素安全保护模式。这些行动都体现了主要经济体进一步强化数字安全核心优势的宏伟愿景。数字安全已经成为各国抢抓战略主动权、发展主动权的关键方向，是国家数字竞争力发展中不可或缺的要素。

数字安全成为护航数字中国建设的重要因素。当前，在世界百年未有之大变局和国际形势复杂多变的动荡环境下，数字化发展正在与经济社会各领域全过程全面融合，以5G、AI、云计算等为代表的数字技术正以新理念、新业态、新模式全面融入人类经济、政治、文化、社会、生态文明建设各领域和全过程。伴随数字中国建设的深入推进，各领域数字化转型加快，数字领域安全风险演进升级，并不断延伸渗透，数字安全成为数字中国发展建设过程中不可或缺的要素。全方位认识国家开展数字安全工作的系统性、复杂性，强化数字安全战略引领和统筹布局，完善安全保障制度和管理措施，切实保障国家网络安全和数据安全，护航数字中国行稳致远。

数字安全成为落实总体国家安全观的重要体现。当前，世界经济数字化转型成为大势所趋，政治、经济、文化、军事等各领域都深深植入数字基因，网络空间与物理世界全面融合，海量工业设备泛在连接、业务系统云化应用、网络化协同制造成为新常态，病毒、木马、高级持续性威胁攻击等向数字空间传导渗透，面临"一点突破、全盘皆失"的严峻安全形势。作为国家安全的重要组成部分，数字安全在国家安全体系中的基础性、战略性、全局性地位更加突出。统筹好国内国际两个大局，主动发展数字安全能力，成为落实总体国家安全观系统性、全面性、辩证性的典型体现，是积极应对复杂威胁挑战的战略选择和应有之义。

为加快提升数字时代安全保障能力，《数字中国建设整体布局规划》（以下简称《规划》）紧紧把握数字安全作为数字中国建设基本保障的整体定位，聚焦网络安全、数据安全两大主线，提出工作部署，指明了数字中国建设整体布局下数字安全重点工作方向和实践路径。

夯实制度根基，增强网络安全整体协同性。《规划》提出"切实维护网络安全，完善网络安全法律法规和政策体系"。网络安全的重要地位和重大意义根本上取决于数字化、网络化、智能化的发展程度。当前，数字中国发展速度之快、辐射范围之广、影响程度之深前所未有，正成为抢占发展制高点、构筑国际竞争新优势的必然选择。与此同时，面临的网络安全风险挑战更加复杂严峻。

一是网络攻击事件频发，给社会稳定运行和民众生产生活带来深远影响。二是网络攻击威胁深刻变化。近些年，网络攻击手段演进升级、强度持续提升、规模不断加大，监测、响应、处置、溯源等难度加大。应加快凝聚政府、地方、企业等工作合力，深化关键信息基础设施安全保护、网络安全等级保护等制度建设，强化多主体协同联动，坚持监管和服务并重，督促压实各方网络安全责任，服务提升国家网络安全能力。

构筑顶层设计，开创数据安全管理新格局。《规划》提出，"增强数据安全保障能力，建立数据分类分级保护基础制度，健全网络数据监测预警和应急处置工作体系"。随着全球数字经济的蓬勃发展，数据已成为关键生产要素和核心战略资源，数据安全的基础保障作用和发展驱动效应日益突出，事关国家安全、经济运行和个人利益。当前，由于数据的大规模运用，数据安全风险呈现常态化、未知化、显性化的特点，以重要数据为标靶的安全事件显著增加。一是数据安全风险常态化。数据应用场景不断扩展，资产暴露面和风险敞口不断扩大，流通链条和参与主体增加，数据滥用、泄露风险加大。二是重要数据安全威胁显性化。政务、医疗和生物识别信息等高价值特殊敏感数据逐渐成为数据泄露的重灾区。应加速完善数据分类分级保护制度，推动建立健全安全可控、包容弹性的数据安全规则体系，明确重要数据安全分类要求，划定数据流通利用安全基线，成为提升数字安全保障水平的必要举措。

数字时代，数字安全迎来发展机遇期。面向数字中国建设和数字化转型安全重大需求，健全数字安全制度体系、壮大数字安全供给体系、优化数字安全治理体系，构建灵活、稳健、强大的数字安全产业生态，不断释放数字化叠加倍增效应，加快构筑数字安全综合竞争优势，为我国建设网络强国、数字中国提供强大牵引力。

加强统筹谋划，强化政策落实与实施推进。衔接国家数字安全顶层设计，构建完善数字安全体系架构，持续开展数字安全前瞻研究和理论探索，明确数字安全发展建设路线图，构建数字安全能力评价指标体系，绘制数字安全技术产业能力图谱，合理规划数字安全发展路径，统筹实现技术、产业和应用的良性互动，指引大中小型企业高效推进数字安全建设，形成适应数字化发展的安全保障能力，织密数字领域安全网，筑牢数字安全屏障。

夯实技术底座，构建安全高效的保障体系。统筹调动行业网络安全技术能力，聚合网络资产、基础资源、威胁信息等数据资源，打造大数据驱动一体联动的网络安全监测发现、预警通报、指挥调度、应急处置技术体系，全面增强数字基础设施安全态势感知和联合防御能力。构建完善行业数据安全管理平台，强化数据挖掘分析，扩展应用覆盖场景，提升行业数据安全保障能力。加强AI、区块链等数字技术的安全应用和风险防控。

强化供给服务，增强数字安全产业发展韧性。在传统网络安全产业的技术创新、产品升级、产融合作、人才培养等基础上，进一步加强以安全能力为导向的产业生态建设，以资源池、实验床、工具箱等形式，打造数字安全服务基础设施和解决方案，为产业数字化重点领域提供安全供给，保障产业数字化安全需求。同时，加强ICT产业链供应链安全升级整合协同，开展数字安全技术产品供应链的长短板分析、风险监测和攻关等，增强数字领域技术产业本质安全水平。

AI 时代的数据要素开发与治理

ChatGPT 的问世标志着 AI 从判别式发展到生成式跨越，与 AlphaGo 将数据作为查询和判别的依据不同，ChatGPT 能够得出源于数据高于数据的结论。生成式大模型赋予数据新的生命力，AI 时代大数据蕴含的价值将进一步涌现。数据因 AI 而变得越来越重要，数据要素是新型生产力的代表，数据挖掘能力成为新时代的重要国家竞争力。

一、培育数据资源，促进开放共享

数据是对生产和生活过程的记录及对自然观察的结果。中国产生和存储的数据在全球的占比均低于中国的人口、网民和经济规模在全球的比例，加快数字中国的建设将有望尽快改变这一状况。政府与研究机构及企业都会存储大量数据，其中，政府掌握全社会数据约 80%，而且是高质量数据，但主要却仅供内部使用甚至是本部门内小单位各自存储和使用而非共享，数据利用率不高。需要从制度上明确共享内容、权限和责任，促进政府部门间数据共享，更精准地把握社会和经济运行全局，提升政府部门间工作的协同性。

与共享相比，数据开放更是社会数字化的标志之一，政府及企事业单位掌握的公共数据具有很强的社会性，政府开放数据对提升政府公信力、降低社会成本、带动数字经济发展有重要作用。我国还存在政务数据标准规范体系待健全、政务数据统筹管理机制待完善和政务数据安全保障能力待加强的问题，需要从建设数据流通基础制度体系入手，加快数据立法，完善制度规范，统筹协调推进，编制数据目录，分类分级管理，夯实共享开放机制，提升安全保障。除了政府开放数据，社会公共数据的开源开放也表征数据流通的水平。AIGC 大模型都是利用语料库训练的，一些互联网大厂利用电子商务、社交、搜索等业务收集和标注了海量的语料供自身训练大模型使用，没有语料积累的企业和研究机构虽然可以从网络获得语料，但自媒体内容质量良莠不分，未经清洗与标注就用作大模型的训练语料的效果堪忧。ChatGPT 大模型训练时使用了开源语料库，但 Token 占比不到 0.1%，还不及一些小语种的比例，原因与中文开源语料库数量少和规模小有关。

国内高校也有庞大的语料库，但尚未开源。国内一些语言大模型直接采用国外开源语料库训练，在价值观的把控上存在潜在风险，建议对面向公众开放应用的对话类大模型进行语料来源的评估。面向重要应用场景的大模型不宜强调训练用数据免标注和无监督学习，而应采用经过清洗标注的数据集和保留人工微调，既有监督学习环节。行业大模型的训练也面临挑战，专业数据并不容易获得，行业内的企业往往不愿共享专业数据。为此有必要建立高质量国家级重要行业领域基础知识库、数据库、资源库等。此外要鼓励社会数据要素的合理流动和利用。《中共中央 国务院关于构建数据基础制度更好发挥数据要素作用的意见》提出，依法规范、共同参与、各取所需、共享红利的发展模式，将合理降低市场主体获取数据的门槛，增强数据要素共享性、普惠性，激励创新创业创造。

二、大模型驱动数据范式创新

基础大模型通常从通用语料训练生成，通识能力强，从聊天对话入手容易反馈迭代优化，但聊天难成刚需，落地行业应用将更凸显大模型的价值，但基础大模型缺乏行业专业知识，需要大模型提供方与垂直行业合作开发行业大模型。有以下两种情况。

一种模式是企业将数据交予基础大模型进行再训练，待调优至理想状态后再进行知识蒸馏、量化及针对特定场景迁移等缩小模型规模的工作，但后续模型微调和云、边、端部署等仍需算法工程师支撑，企业技术力量不足，需要依赖模型提供方，企业数据交予模型提供方有数据泄露风险，但数据不全面则会导致训练效果差。

另一种模式是企业具有算法工程师，按照特定业务场景以专有数据对基础大模型进行微调，形成行业大模型或多个基于实际业务的小模型，最好是在预训练阶段就加入垂直行业企业的数据，预训练和指令微调交错进行，提高模型对行业知识的表达、理解、迁移和泛化能力。

一些强监管、重数据安全的行业核心企业，例如头部金融机构等，通常不会在第三方基础大模型上构建专业大模型，而是采用数据私有化、模型私有化、本地私有云方式构建大模型，即在加密环境中使用私有数据训练专业大模型，但需要面对成本与技术门槛高的挑战。总体来说，无论自建或合作开发行业大模型，数据安全是前提条件，既掌握大模型训练技术又熟悉行业专业知识的人才是关键。中小企业因资金、技术和人才的限制，少有能力与基础大模型提供方合作开发行业大模型，MaaS 应运而生。MaaS 是针对中小企业而提出的服务模式，部署在中小企业本地设备上或公有云上，以小切口嵌入 PaaS 与 SaaS 之间，并提供调用基础大模型的接口，可加入企业自身数据对模型进行精细化调整，从而将大模型能力嵌入 SaaS 产品，解决了传统 SaaS 面临的用户定制化需求和标准化产品规模化盈利之间的难题。基于 MaaS 通过大模型可优选小程序及配套的低代码开发和模型编排等工具，PaaS 可据此搭建低代码平台，丰富工具软件，实现数据和功能的定制化，以 MaaS 方式使中小企业上云的同时使用个性化的小模型，为数字化转型提供智能解决方案。当前大模型不仅是一种技术，它重塑了数据要素生态链，引领产业研究开发应用的范式变革，标志着信息化发展从网络驱动转向数据驱动。面对大模型浪潮，需要在国家战略与规划的部署下，统筹推进"政、产、学、研、用"，引导"百模并发"形成合力，避免资源分散和低水平重复，实现数据采集汇聚、加工处理、流通交易、开发应用全链条协同。

三、数据助力社会治理信息化

从网格化管理、精细化服务、信息化支撑的基层治理平台，到一网统揽、一网通办的"城市大脑"，利用大数据、AI、物联网等信息化手段感知社会态势、畅通沟通渠道、支持快速响应，推进政府决策科学化、社会治理精准化、公共服务高效化。

AIGC 技术的应用，改变了政府与民众之间的互动过程，大模型能够提升对现实生活中复杂大系统问题的处理能力，能够精准防控社会发展中的风险，能够有力维护政治稳定和社会安全，进一步促进经济发展和社会进步。AI 特别是生成式大模型技术是"双刃剑"，其推理过程不透明，尤其是使用未经鉴别的语料训练用于社会治理的大模型，可能会误导公众，甚至引起价值观的冲突。AI 技术也可能被滥用或恶意利用来制造虚假新闻，引发社会传播风险，危害国家安全。我们既要用 AI 来辅助社会治理也要治理 AI 行为，但不能因 AI 的使用可能失控而限制对 AI 技术的研究与应用，AI 技术需要在应用中反馈和迭代升级。

当前，国际贸易、科技合作、人员往来不可避免会存在数据跨境流动，数据的社会治理也面临对外开放的挑战，解决之道是 AI 监管制度体系建设与 AI 技术研究并重，发展与安全治理协同，使 AI 的监管创新与技术发展相辅相成，以技术手段和治理规范两手应对大模型的算法偏见和伦理道德失序，以法律法规防止各类数据安全事件发生和维护国家安全。为此，第一需要按照《中共中央　国务院关于构建数据基础制度更好发挥数据要素作用的意见》，尽快完善数据产权制度、数据要素流通和交易制度、数据要素收益分配制度、数据要素治理制度，为 AI 技术的发展与治理提供行为规范。第二是重视数据监管的技术创新，APN6（基于 IPv6 的应用感知网络）和 iFIT（基于 IPv6 的随流检测）可以标注 IP 流的属性，包括数据类型和对 IP 流路径的溯源，有利于对跨境数据流动的管理，IPv6 的多归属特性可以分流敏感数据。多方计算等技术可以在不同所有者的数据融合时做到数据可用不可见。加快各类数据监管和数据安全技术的研究已成当务之急，要为数据管理规范尽快填补技术支撑手段的不足或缺失。

四、加快数据基础设施建设

大模型的数据训练与推理都需要算力支撑，算力的建设是市场行为，但国家统筹推进将优化资源的利用和产业的合理布局。"东数西算"工程作为国家战略部署具有中国特色，反映了我国区域经济、地理气候特点和能源分布的格局，政府在东西部数据资源配置与有效应用上作用重大。西部不足之处是数据中心产业配套能力薄弱和人才短缺，需要同步规划布局数据清洗标注、数据机房产品及服务业的培育发展，延伸产业链上下游，在做好承接东部温冷数据存算的同时，还要带动当地热数据的上云服务，使西部的数据集群发展形成良性循环。

算力的布局需要处理好以下 4 个方面的关系。

一是通用算力与智能算力的合理比例，通用算力以 CPU 为主，适合处理政务、智慧城市和智能客服等数据/计算密集的事务性任务；智能算力以 GPU 为主，适合做大模型训练，在数据训练过程中还需要算法工程师介入和微调，智算中心适于在数据源集中和算法工程师聚集地建设，不宜全面开花，动用财政资金支持的大型智算中心的建设应慎重规划。

二是自建算力与云原生算力，很多单位有自建算力的积极性，但麦肯锡报告显示，商用和企业数据中心的服务器的利用率很少超过 6%，通常有 30% 的服务器带电闲置。需要鼓励中小企业从自购 AI 服务器搭建数据中心向采购云服务转变，既降低成本又提高利用率，增强抗 DDoS 的能力及减碳；需要引导县级地方政府使用省地集中建设的政务云代替独立采购 IT 基础设施。

三是存算比例，存力与算力需要配合，内存与算力合理比例（GB/GFLOPS）为 1，避免因存力短缺造成算力等待而影响处理效率。

四是灾备容量与主用数据中心存储容量之比，数据中心需要异地双容灾备份，关键数据实现本地双活，2020 年数据灾备保护占数据中心存储投资的比例全球平均为 27.4%，而我国只有 7.8%，需重视改进。

作为生产要素，数据是经济理论与实践的创新。数据与土地、劳动力、资本等传统生产要素不同，数据要素的开发与治理有很多需要深入研究的问题，例如数据的可复制性、使用无损性等导致数据产权和安全管理边界难以界定。党中央决策部署组建国家数据局，负责协调推进数据基础制度建设，统筹数据资源整合共享和开发利用，统筹推进数字中国、数字经济、数字社会规划和建设等，将有力促进数据要素技术创新、开发利用和有效治理，以数据强国支撑数字中国的建设。

（中国工程院院士　邬贺铨）

安全视角下数据要素与数据交易研究

随着不断改革创新，国内社会经济和科学技术都实现了快速的发展，其中最明显的一点就是数字经济的快速发展，并且逐渐成为带动我国经济增长的重要动力，也是推动经济进一步发展的必然要求。而为了实现理想的发展目标，需要形成统一、规模化的数据要素市场，在实现数据要素流通的同时，高效推动生产力的发展。2020年，中共中央、国务院发布的《关于构建更加完善的要素市场化配置体制机制的意见》中，进一步提及了数据要素的重要性，这也为数据要素市场的发展提供了政策层面的支持。

一、数据要素流通的相关概念

在数据要素被提出之前，业界已有了数据资源和数据资产两个概念，数据要素是在之后被提出的。总体来看，数据资产、数据资源和数据要素具有自身的特定背景，这3个概念反映的是不同视角下对于数据的不同认知，但同时三者也具有一定的相通性，内核都是数据，强调了数据的重要性。同时，在相关概念相继出现的同时，体现出来的是对于数据价值定位的逐渐深化，其中数据要素流通更加准确。数据要素流通是数据要素市场化建设中的核心环节，具体是指以数据作为流通的对象，按照一定规则从数据提供方传递到数据需求方的过程。在国家政策和市场的引导之下，数据要素流通正迎来一个发展的加速期，各种数据和信息正式投入生产和服务中，数据价值被加速释放。在这种情况下，就更加需要注重数据要素流通的概念、内涵，这对于数据要素市场流通是十分重要的。

二、安全视角下数据要素与数据交易所面临的挑战

（一）流通数据形态拓展

对于大中型企业来说，承载企业数据的底层平台种类多，平台多样化，包含传统数据库、大数据平台和消息队列等，这使数据要素量呈现出爆发式增长。而对于国内的中小企业来说，虽然不像大中型企业一般具有大量的数据，但是中小企业的数量比较多，这进一步使数据资产梳理、数据分类分级等工作存在比较大的技术难点。另外，在数据要素市场中，数据本身是在不断流通的，而流通就意味着不同的变化，包含形态的变化、内容的变化等，这些也会影响到对应的数据安全挑战。其中，依据中国信息通信研究院安全研究所的调研结果来看，41.7%的企业认为数据一直处于动态变化中，这说明流通数据形态拓展所导致的数据要素分类分级的持续性差。

（二）数据流转路径复杂

数据要素作为一种要素资源，其数据量级比较大，背后的价值比较大。综合来看，当前国内大量的数据集中地点场所单一，多数情况下集中在对应的互联网、电信金融和公共事务领域中。其中，一些平台和企业借助于大数据技术和智能分析，锁定了用户，并设置了平台间的互通障碍，从而导致数据流转的路径变得十分复杂，并不利

于充分释放数据要素的价值，长此以往会损害用户与中小企业的根本利益。

（三）安全防护工作压力

在安全视角下的数据要素流通、数据交易等过程中，主要是通过算力网络、数据交易平台等设施进行的。随着时间的推移，这些流通设施的开放性、互动性会得到比较大的提升，这本身就对数据要素流转安全保护工作提出了更高的要求。目前，在国内数据要素市场中，数据存在高度集中的情况，其具备更高的价值，一旦出现安全方面的问题，所造成的负面影响更加明显，这对于数据要素市场流通和社会的发展都会造成一定的负面影响。

三、安全视角下数据要素与数据交易的优化建议

（一）夯实数据要素流通安全基础

需要从以下几个方面对数字要素流通进行优化。首先是健全完善数据分类、分级管理制度，以制度规范相关工作，从而使国内的数据要素市场更具备条理性，这也有助于数据要素的流通。其次，需要注重制定相关的数据要素标准建设，相关的企业、行业和政府部门需要通力合作，加快数据分类分级标准的制定和修订工作，并且加强相应的推广和应用。必要时还可以实现定制，即面向不同和行业、企业的需求实现定制，从而使数据要素安全产品和服务精细化，这有利于不同主体的真实需求能够得到满足。

（二）人才资源的培养

当下，全世界正处于数字经济时代，数字经济从诞生到发展，其经历的时间不长，数据要素市场与数据交易出现的时间也不长。在这种情况下，对于高素质的人才资源需求变得更加强烈。建议相关行业机构、政府部门合作，开展定时定期的培训和再教育工作，从而加强人才资源的输出。此外，还可以加强国内外的合作和交流，邀请具备成功经验的工作人员，开展相关的讲座和座谈会，分享相关的工作经验和开发经验等内容。

（三）提升流通设施的安全保障

应重视提升对一系列的基础设施安全保障能力，政府部门可以依据实际情况建立数据交易平台的准入评估机制，将不同流通设施的数据安全纳入评估指标中。

提升流通设施的安全保障能力不能一蹴而就，而是保障相关的流通设施安全保障动态化，在这一过程中，设备的流通利用、安全保护能力均可以得到对应的提升。

尽管当前的数据要素市场发展较快，但是在安全保障方面的压力同样也比较大。在这种情况下，必须高度重视安全视角下数据要素与数据交易，同时加强对应的安全保障体系建设工作，此外还需要加强对应的人才资源培养，为国内的数据要素交易市场高质量发展提供重要保障，这一点对于国内社会经济的发展也是极为重要的。

（中国通信企业协会　赵俊涅）

盘活数据价值，云计算迎接新生态

2023年，数据与算力如春潮般涌动，成为推动信息时代发展的核心动力。这一年，数据计算迎来大爆发，适应、突破、再出发，数据要素与云计算也紧跟时代发展的步伐，携手引领信息技术的潮流，描绘行业未来发展的图景。

■ 呈现四大趋势，数据与计算奔赴智能化

2023年，以ChatGPT等为代表的AIGC技术应用火遍全球，大模型使AI技术发生深刻变革。大模型时代的到来，一方面加大了企业对大规模、高质量、多样化数据集的需求，驱动稀缺数据或行业数据开放流通；另一方面，大模型也加快了各行各业的数字化和智能化升级进程。

具体来看，数据要素呈现四大发展趋势。一是数据要素供给水平持续提升。2023年下半年，高质量、多模态的开源数据语料库不断涌现，助力打造优秀的通用预训练大模型。另外，众多机构和组织也开始建设面向AI训练的数据生态，加快高质量数据的供需对接。二是数据基础设施不断完善。各地加快算力设施建设，部分政策也支持高水平的智能算力使用，将为数据提供更高效敏捷的处理能力。三是数据安全与治理将不断强化。企业逐渐借助隐私保护、加密等技术来确保数据全生命周期的可信性和安全性，同时为提升模型质量，企业更加重视数据管理与数据治理。四是数据应用趋向智能化发展。众多企业正逐步借助AI大模型的内容生成、智能分析等能力，优化设计、生产、销售和风控等流程，更好地推动企业数字化与智能化升级。

作为计算领域的重要代表，云计算在历经10余年发展后，也逐步进入发展的"深水区"。云计算在政策、市场、技术、应用4个方面取得重要突破。

云计算政策持续向好，企业数字化转型加快。 2015年，《国务院关于促进云计算创新发展培育信息产业新业态的意见》出台，2017年起，工业和信息化部印发了《云计算发展三年行动计划（2017—2019年）》《推动企业上云实施指南（2018—2020年）》《中小企业数字化赋能专项行动方案》等，鼓励云计算与大数据、AI、5G等技术的融合，推动传统企业数字化转型。"十四五"规划还将云计算列为数字经济重点产业，强调"上云用数赋智"，推动企业上云、上平台，降低技术和资金壁垒，加快企业数字化转型。

云计算市场保持高速增长，抗风险能力提高。 我国云计算市场仍处于快速发展期，预计2025年我国云计算整体市场规模将突破万亿元。不仅如此，云计算在企业数字化转型过程中扮演着越来越重要的角色，预计短期内企业将继续加大基础设施投入，市场需求依然保持旺盛。

云计算关键技术持续创新，适应多场景需要。 2023年，云计算骨干企业在大规模并发处理、海量数据存储等关键核心技术和容器、微服务等新兴领域不断取得突破，部分指标已达到国际先进水平，有效满足了亿级用户并发场景下各类复杂应用的需求。

云计算应用范畴不断拓展，融合应用日益丰

富。当前，云计算应用正从互联网行业向制造、政务、金融、交通、能源等更多行业融合渗透。

机遇挑战并存，各方如何各显神通

当前，数据要素的重要性得到广泛肯定，但数据要素价值如何界定、数据要素价值如何深挖还有待探讨。目前数据要素还存在以下4个方面的挑战。

第一，数据的独特属性与传统产权制度不适配，理论、法律和产业上尚未形成权属界定共识。目前行业虽然提出了"三权分置"的探索方向，但仍需要分场景、分行业细化实施。对此，可鼓励运用制度或技术手段开展数据确权登记，探索数据权利声明、认定的方案。

第二，数据的价值/价格还没有相对标准的衡量尺度，传统的估值定价方法很难完全适用。对此，行业仍要研究数据估值理论，选取典型场景搭建估值模型，通过开展试点，培育专业机构，在实践中摸索估值、定价、资产入表的方案。未来还可探索科学的定价监测模型，建立价格监管制度。

第三，数据流通的准入、监管没有清晰的法律界定，配套激励和保护规则不完善，市场主体顾虑较多、动力不足。对此，中国信息通信研究院正倡导建立容错免责机制，明确划定监管红线，运用各种手段激发政府和企业对于开放、共享、交易数据的热情，以及推动多层次的市场规则体系建设。

第四，数据安全流通技术尚未成熟，例如，隐私计算技术面临性能、信任、互通等落地难题。行业亟须推动前沿技术持续攻关和强化技术应用的市场认知，完善技术合规监管体系，促进新技术的广泛应用。

近年来，我国云计算创新发展虽然取得阶段性进展，但在产业规模上，我国云计算市场规模约占全球的15%；在产业应用上，当前我国企业上云率仅为30%；在国际市场上，我国企业仍有提升空间；在智能算力领域，当前我国仍缺少统一的GPU开发生态，兼容并行计算平台在短期内仍然为最有效的发展路径。

面对当前的挑战与问题，产业各界应提前从以下4个方面进行布局。

一是我国是唯一拥有联合国产业分类中全部工业门类的国家，随着各行业数字化转型进程加快，应提升上云用云意识，释放更多市场潜力。

二是我国拥有包括基础软硬件、基础设施即服务、平台即服务、软件即服务等在内的多个云计算产业链关键环节，能够提供稳定的供应链。接下来，应注重推进产业链创新协同发展，提升我国云计算在全球的竞争力和影响力。

三是加大对智能芯片知识产权的核心自研力度，打造性能优、价格低的国产化"智算芯"，增强我国智算领域的产业链整合能力。

四是进一步提升我国智算产业的应用场景、推广模式与评估方法，制定多维度、全面客观的智算性能评估标准，同时拓展"云＋大模型""云＋元宇宙"等多种模式，使中小企业能够以更低成本获取智能算力，从而加速智算产业落地。

（中国信息通信研究院　何宝宏）

站在产业发展拐点上重塑新型整供关系
——打造安全、韧性、绿色的汽车供应链

当前,随着产业变革的不断深化,中国汽车产业发展的拐点已经显现,产业分工、商业模式及整供关系都在发生全方位的深刻变化,并将决定企业的核心竞争力。

一、汽车产业发展新业态催生新型整供关系

目前,汽车产业的两大发展趋势已经非常明确:一是电动化,呈现势不可挡之势;二是智能化,这被称为汽车行业竞争的下半场,因为各家车企的产品在电动化方面的差别日渐缩小,只有依靠更好的智能化表现才能赢得用户的青睐。电动化特别是智能化,为传统汽车供应链带来了翻天覆地的改变。提供电池、电机、电控和芯片、操作系统、先进传感器等新部件,以及物联网、大数据、云计算、AI等新技术的一大批软硬件科技公司、电信运营商、服务商、内容商等,纷纷涌入汽车产业,成为汽车供应链的重要组成部分。

在此情况下,汽车产业必将出现第3个发展趋势,即生态化。生态化是指万物互联时代融合发展的新型商业模式。对于核心技术日益多元、关键能力越发广泛、参与主体不断增多的汽车产业来说,上游供应商、中游整车企业和下游经销商组成的传统产业链已经不再适用。任何一家乃至一类企业都无法独自掌握打造未来汽车产品所需的全部资源,所以不同主体只能基于各自的专业化能力,通过分工合作、协同创新的方式来集聚资源、互补短板、共同发展,从而形成"你中有我、我中有你"的全新汽车产业生态。而这样的新业态必将驱动买卖式为主的传统整供关系向伙伴式的新型整供关系加快演进。

在电动化、智能化和生态化三大趋势的影响下,中国汽车产业已经进入全新的发展阶段。这个新阶段的特征及需求与汽车供应链建设和整供关系重塑息息相关。首先,汽车产业做大做强,应确保产业安全成为第一要务,高质量发展成为重中之重。其次,核心技术是企业参与竞争之本。而汽车产业边界正在不断扩展且渐趋模糊,汽车核心技术正变得空前多样且相互交织。最后,出口激增的中国车企必须把"新出海"列入发展计划,以"海外制造、海外销售"的方式谋求更高的全球销量。

当下车企要平衡短期生存与长期发展的矛盾,聚焦符合自身定位的核心技术及能力,同时借助产业生态,从供应商合作伙伴处获得其他核心技术及能力,从而最大限度地节省资金、资源和时间,实现面向未来的可持续发展。

二、产业拐点显现,成本与差异化成为关键

当前,产业变革持续深化与国内市场渐趋饱和的影响相互叠加,中国汽车产业由循环赛阶段进入淘汰赛阶段的拐点已经显现。

此前的循环赛阶段是由硬件主导的产品竞争。循环赛的特点是"你方唱罢我登场"的交替领先。而今后的淘汰赛是硬件趋向同质化、由软件主导的生态竞争。软件定义汽车的能力培育及生态建设需要大量投入和长期积累，不过一旦成功，其竞争力就会越来越强。

进入淘汰赛阶段之后，成本战略成为企业的生存之本，或者说是第一竞争力。企业如果无法有效降低成本，就会逐渐被市场淘汰。这就要求企业必须采取各种方式加强横向和纵向的联合，以扩大规模、分摊成本。与此同时，差异化是产品的核心竞争力。未来，汽车产品的差异化主要体现在灵活调用硬件的软件上。这就要求企业必须通过软件来实现不同的功能，为用户提供个性化的服务和体验。显然，对于车企控制成本和打造差异化来说，供应链的能力强弱和整供车企之间的协作关系将变得更加重要。

三、车企竞争态势正在发生改变

随着汽车产业进入淘汰赛阶段，企业之间的竞争态势正在发生质变，具体体现为竞争节奏更快、更深入、更复杂，由此也给企业带来了更大的挑战。新阶段车企竞争态势的主要变化如图1所示。

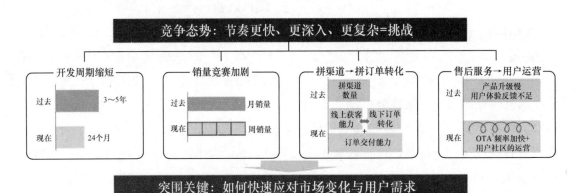

注：1. OTA（Over The Air，空中激活），是码分多址系统中通过空中接口将移动台正常工作所需要的信息输入移动台中的技术。

图1 新阶段车企竞争态势的主要变化

企业要想在此形势下突出重围，关键是满足快速应对市场变化与用户需求。之所以强调快速，一方面是源于市场竞争日趋激烈的内在诉求，另一方面更是因为车企现在可以通过数字化手段来打造产品并迭代优化，从而在客观上具备了加快节奏的可能。受此影响，传统的产品创造模式正面临全方位的严峻挑战，其用户需求反馈速度、企业决策效率、运营管理体系，以及资源组合能力等方面，均难以适应瞬息万变的新兴市场环境。因此，企业必须全力构建匹配新阶段新需求的体系化、综合化新能力，否则一旦其他企业形成这种能力，自身就毫无竞争力而言了。综上所述，面对市场竞争的根本性变化，整车及各类供应链企业必须并肩携手，共同尝试新模式、培育新能力、打造新体系，以适应产业发展进入新阶段的新竞争态势。

四、打造整供车企协同的新型共创体系

汽车企业究竟怎样才能做到快速应对市场需求与用户需求呢？就是企业必须打造全新的产品共创体系。这种共创体系能够实现企业内外部各种资源的充分互动和优化组合，通过数字化手段实现全业务链的数据打通和共享，最终形成应对

激烈市场竞争的新型体系化能力。

（一）市场需求的准确把握

建立行之有效的共创体系的前提是企业必须快速、准确、深刻地理解市场需求究竟是什么，并以此作为共创体系的输入。然而，当前在科技创新日新月异、参与主体日益多元化、消费者需求日趋个性化的汽车行业，能够预先感知到市场需求变化的到底是谁呢？答案当然是消费者，因此，一直以来整车企业都会做市场调研，收集和分析消费者的意见，并由此决定产品定义，包括定位、配置和价格等。这也是此前很多年来汽车行业通行的做法。

但是现在发生了根本性改变。一方面，消费者越来越追求个性化的体验，并且这种体验还在不断变化，而市场调研根本无法及时、随时、准确地获取消费者不断变化的个性化需求。另一方面，消费者也未必完全清楚自己的真实需求。因此，我们必须利用新技术手段来主动发现、挖掘和创造消费者的新需求。

现在汽车行业应该是由整车企业、各类科技公司为主的新型供应链企业（供应商、服务商）以及用户共同组成的紧密连接、充分互动的"联合舰队"。一方面，整车企业及其供应链伙伴必须借助网联化、信息化和数字化手段，直接实时获取用户、车辆及场景等数据，努力从中识别用户在用车过程中的现实或者潜在需求，然后基于此共同进行迭代开发，以满足消费者的共性（常用常新）和个性（越用越好）需求。显然，如果没有实时获取消费者的用车数据，也就不可能发现、挖掘乃至创造消费者需求。另一方面，整车企业及其供应链伙伴必须站在打造"新汽车"的高度来关注科技创新，在做好各自主业的前提下，有效协同、跨界创新，积极推进科技发展，同时基于对技术和商业的理解，共同思考和探索新技术可能给市场需求带来的颠覆性变化，并按此打造前瞻性的产品，尝试新型的商业模式，以满足消费者不断变化的个性化需求。

（二）新型共创体系的构成

整供企业共同组成的新型共创体系如图2所示，以前汽车企业的共创体系基本上都是内向型的，即内部各业务部门共同参与但程度不高的共创，而现在车企需要的是内外部资源共同参与的高度共创的新型创新体系。也就是说，既要有内部更深层次的共创，也要有与外部各类合作伙伴能力打通的协同共创，以实现内外部资源有效互动的联合共创。

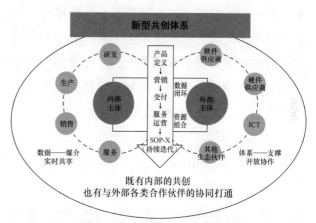

图2 整供企业共同组成的新型共创体系

整车企业必须与各类供应链企业联合起来，共同建立新型的产品共创体系，全面提升多主体协同创新的广度和深度。一方面，车企内部研发、生产、销售和服务等全业务链上的各个部门，要以实时共享的数据为媒介实现充分协同；另一方面，车企与外部的软件供应商、硬件供应商、信息通信科技公司及其他各类生态伙伴，要以体系为支撑来实现开放与协作。通过这种方式，车企内外部的各个主体就可以通过数据闭环和资源组合，以共创的方式，共同完成从产品定义到产品营销、交付、服务运营及持续迭代的全过程闭环。

（三）新型共创体系的实现方式

在共创体系中，车企的产品与技术创新一定是"自主研发＋联合开发＋开放共享"的有机组合，尤其是那些强调专业化和规模化的共性关键技术，必须通过联合开发或开放共享的方式，从供应商伙伴处获取，并由其做精做深。

为了确保新型共创体系的有效落地和可持续进化，整车企业在实践方式上需要注意以下4个重点。**一是产品定义和开发的共创体系。**车企必须将内部的研发、销售、服务等环节打通，同时与外部供应商伙伴共创，确保产品创造全过程的紧密协同。**二是订单管理及交付的共创体系。**车企必须将内部的生产和营销、交付等环节打通，同时与外部供应链联动，共同实现灵活订单的按时保质交付。**三是用户体验管理及运营的共创体系。**车企必须将内部的研发和服务运营等环节打通并形成闭环，同时与外部生态伙伴协作，共同支撑产品的体验升级和服务扩展。**四是强化资本在共创体系中的黏合剂和催化剂作用。**因为资本可以通过不同的商业模式，把相关主体有效联合甚至绑定在一起，形成真正的利益共同体，一起完成共创目标，并在共创中实现长期共生。

五、基于共创体系构建新型产品创新模式

为了有效打造"新汽车"产品，整供企业必须基于上述共创体系构建新型的产品创新模式。而这种新型汽车产品创新模式应该是研发链、生产链与用户旅程链互相打通，各链路的不同节点都要以用户不同旅程阶段追求的体验目标为导向，并且要形成闭环，这样企业内外部的各种资源才能彼此联动，实现真正意义上的产品共创。基于共创体系的全新汽车产品创新模式是以提升用户体验为核心的。因此，研发链和生产链要从用户旅程链获得输入、明确目标，同时要达成目标、反馈输出给用户旅程链。

具体来说，用户旅程链又可分为3个链路。**一是前链路，即营销。**企业要形成精准触达消费者的能力，确保消费者群体能够接触并了解合适的产品及内容，即实现极致的购车体验。**二是中链路，即销售。**企业要形成灵活的定价能力，以快速调整生产链和研发链的体系化能力为支撑，确保产品能够按时交付到消费者手中，即实现极致的交付体验。**三是后链路，即服务运营。**企业要通过持续的服务创新，在产品使用的全生命周期内为用户提供更多更好的服务，即实现极致的用车体验。

基于共创体系的全新产品创新模式必须全面覆盖企业"研、产、供、销、服"的各个环节，其实施蓝图是重塑用户旅程的三大链路，推动车企内部不同业务、不同部门之间，以及外部整供企业之间的资源共享和能力打通，以实现用户体验、运营效率、经营成本的最佳平衡。

六、基于共创体系建立新型供应链管理模式

在新型共创体系下，整车企业究竟应该如何管理供应链呢？车企应通过打通"研、产、供、服"全链条，对供应链体系进行全方位深度布局，并形成强大的掌控能力，最终实现保障供给、提高效率、降低成本的目标。

总之，整车企业不可能只凭一己之力就掌握"新汽车"所需的全部核心技术，因此，必须与各类供应商建立合理分工、紧密协作的生态伙伴关系，以期充分借助供应商的专业能力和优势资源，同时确保对供应链的有效掌控。而对于整供之间的分工，整车企业应从用户体验（感知）的强弱和技术壁垒的高低两个维度来综合考虑，按照"自研+自制""软件自研+硬件采购""联合开发+硬件采购"，以及直接外购4种不同的方式，对供应链进行全新布局和有效管理。同时，供应链企业也可以按照同样的维度来思考和理解整车企业的发展逻辑，更合理地确定自身定位，并采取与之相匹配的发展策略。当然，车企的战略目标、规模实力和发展阶段各不相同，因此，对某类供

应商应该采取的策略不同,其答案肯定也会有所不同。不过在"新汽车"时代,从用户体验和技术壁垒出发进行分析的原则应该是具有一定共性和通用的。鉴于此,本文从主流车企的一般情况出发,给出了整车企业对供应链布局和管理模式的建议。整车企业对供应链的布局和管理模式如图 3 所示。

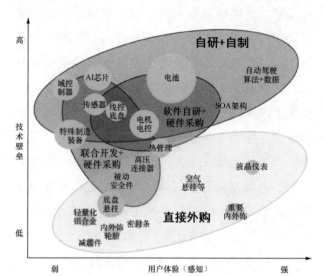

图 3　整车企业对供应链的布局和管理模式

在上述布局和管理模式下,建议车企可以采取以下供应链生态建设及降本策略。第一,要通过技术创新和合理的技术自研自制,尽可能减少供应商数量,简化供应链管理。第二,要通过扩大产销规模及掌握必要的核心技术话语权,提高对供应商的议价能力。与此同时,车企也要基于联合开发,引领和带动关键供应商的共同成长,并给予供应商合理的利润空间。第三,成熟硬件的采购要尽可能全面本土化,而且不必过多追求个性化的硬件配置(产品的差异化主要由软件实现),以进一步降低成本。第四,在供应商选择方面,要结合中国汽车出海的强劲势头,进行整体性的优化布局,努力做到全球"一盘棋"。

整车企业建立新型供应链管理模式的主导思维应该是减少供应商数量,提升议价能力,构建整供深度绑定且全球布局一体化的供应链生态,最终形成对供应链的极强掌控力。

综上所述,相关企业应该携起手来,共同重塑并形成战略互信的伴生式新型整供关系,以此支撑新型产品创新体系及供应链生态建设。这既是"新汽车"时代的必然要求,也是整供车企通向成功的必备条件。

(世界汽车工程师学会联合会　赵福全)

中国信息通信领域法治建设的进展与成效

2023年是全面贯彻党的二十大精神的开局之年，也是奋力开创信息通信法治工作新局面的重要一年。这一年，在中央推进全面依法治国的背景下，面对互联网发展的新形势，中国信息通信行业深入贯彻落实党中央关于网络强国、数字中国的决策部署，积极推进信息通信领域立法工作，不断完善相关法律制度规范，网络设施安全防护进一步加强，保障数据安全和促进数据价值释放的法律制度同步推进，互联网平台责任进一步规范，互联网法治环境日益优化，新技术新模式发展逐步规范，为经济社会高质量发展提供了有利的制度保障。

一、网络设施安全规则持续细化完善

我国高度重视网络设施的安全防护和建设发展，先后出台《中华人民共和国网络安全法》《关键信息基础设施安全保护条例》等，明确对网络设施的安全防护要求。2023年，相关部门继续完善网络安全领域配套制度规则，强化金融、交通等重点行业领域网络设施的安全保护力度。

（一）完善网络安全重点制度的实施要求

一是细化了商用密码安全管理要求。2023年4月，国务院公布修订后的《商用密码管理条例》，适应商用密码技术创新发展实践，明确对商用密码的管理要求，构建了"四级管理+专项管理"的机制，促进密码科技创新与标准化，细化了商用密码检测认证实施要求，与《中华人民共和国电子签名法》衔接，确立了电子认证商用密码管控要求，并明确商用密码进出口管制要求。二是优化了对关键设备和网络安全产品的管理。2023年3月，国家市场监督管理总局等部门联合发布《关于开展网络安全服务认证工作的实施意见》，明确了网络安全服务认证目录确定机制，以及对网络安全服务认证机构的资质、工作机制、信息公开等要求；2023年8月，国家认证认可监督管理委员会发布修订的《网络关键设备和网络安全专用产品安全认证实施规则》，明确此前已经颁发的有效安全认证证书可继续使用。

（二）重点行业出台网络安全实施细则

2023年，金融、交通等重要行业领域结合行业监管现实情况先后制定出台了网络安全管理具体规则。一是在金融领域，2023年2月，中国证券监督管理委员会发布《证券期货业网络和信息安全管理办法》，明确证券期货业网络和信息安全监督管理体系、网络和信息安全运行、投资者个人信息保护、网络和信息安全应急处置、关键信息基础设施安全保护等要求。二是在交通领域，2023年6月，交通运输部发布《公路水路关键信息基础设施安全保护管理办法》，在《关键信息基础设施安全保护条例》的基础上进一步细化公路水路关键信息基础设施认定方法、运营者责任义务、风险隐患应急处置等内容，提升了公路水路关键信息基础设施安全保护和监督管理水平。三是在航空领域，2023年12月，工业和信息化部发布《民用无人驾驶航空器生产管理若干规定》，从唯一产品识别码、电信设备进网许可、网络与数据安全、产品信息备案等方面明确了对民用无人驾驶航空器的管理要求。

二、数据要素基础制度构建全面推进

数据作为新型生产要素，是数字化、网络化、智能化的基础，数据基础制度建设事关国家发展和安全大局。2023年，我国在维护国家数据安全、保护个人信息的基础上，进一步健全数据出境规则，探索构建数据基础制度，推动数据价值释放。

（一）中国特色数据跨境流动规则体系构建形成

为促进数据依法有序自由流动，2023年我国在数据出境安全评估等管理的基础上进一步采取了优化举措。一是明确了个人信息出境标准合同的规范。2023年2月，国家互联网信息办公室发布《个人信息出境标准合同办法》，细化通过标准合同向境外提供个人信息的场景，明确了个人信息保护影响评估的要素，并规定了个人信息处理者应对个人信息出境标准合同进行备案。二是积极探索为企业数据跨境流动"减负"立法。2023年9月，国家互联网信息办公室发布《规范和促进数据跨境流动规定（征求意见稿）》，规定了无须申报数据出境的安全评估、订立个人信息出境标准合同、通过个人信息保护认证的情形，从"例外规定"视角完善了数据出境法律制度，更精准地适配数据出境的具体场景，减轻企业在数据出境中的合规压力。

（二）积极构建重点领域数据安全管理要求

一是在工业和信息化领域，数据安全管理实施细则加快推进。2023年1月，《工业和信息化领域数据安全管理办法（试行）》正式实施，确定了工业和信息化领域数据分类分级管理、重要数据识别与备案相关要求，针对不同级别的数据在数据处理全生命周期的不同环节提出相应的安全管理和保护要求。二是在金融领域，推动细化数据安全具体要求。2023年7月，中国人民银行发布《中国人民银行业务领域数据安全管理办法（征求意见稿）》，明确了中国人民银行业务领域数据定义，确定了数据分级分层的标准及划分级别，针对数据收集、存储、使用、加工、传输、提供、公开和删除各环节明确数据安全保护要求，细化风险监测、评估审计、安全事件处置等制度规则。

（三）加快推进数据要素市场依法依规构建

一是促进数据产业规范发展。2023年1月，工业和信息化部等十六部门联合印发《关于促进数据安全产业发展的指导意见》，要求提升数据安全产业的创新能力，加强核心技术攻关，构建数据安全产品体系等，壮大不同类型的数据安全服务，推广网络安全技术产品应用。二是探索构建数据资产"入表"制度。2023年8月，财政部发布《企业数据资源相关会计处理暂行规定》，要求企业根据数据资源的持有目的、形成方式、业务模式，与数据资源有关的经济利益的预期消耗方式等，对数据资源相关交易和事项进行会计确认、计量和报告。在不改变现行企业会计准则的基础上，在资产负债表中的"存货、无形资产、开发支出"3个项目下增设"数据资源"子项目，并对数据资源相关会计信息进行披露。

三、网络平台发展法治环境日益优化

网络平台在支持创新、促进增长、扩大需求、就业创业等方面发挥引领作用，是经济新旧动能转换和产业结构升级的有利引擎。中央经济工作会议提出，支持平台企业在引领发展、创造就业、国际竞争中大显身手。2023年以来，我国在数字市场竞争监管、网络社会管理等方面强化互联网平台主体责任，并在重点领域细化对互联网平台的管理要求。

（一）强化未成年人网络权益保护

2023年10月，国务院公布《未成年人网络保护条例》，构建了覆盖未成年人参与网络活动全链条保护，涵盖家庭、学校、社会、政府等多主体的网络保护体系。在提升网络素养方面，规定了政府、学校、监护人等各方主体在培育未成年人网络素养方面的责任；在网络信息内容规范方面，按照内容管理"三分法"的思路，对正能量信息、违法信息和不适宜未成年人接触的信息，分别明确不同管理要求；在未成年人个人信息网络保护方面，明确未成年人个人信息权益的行使方式，夯实未成年人个人信息保护制度基础；在网络沉迷防治方面，对应援集资、投票打榜等诱导未成年人沉迷网络、非理性消费的活动进行专门规范，对网络游戏、网络直播等重点应用的防沉迷规则提出细化要求。

（二）针对网络信息内容管理突出问题重点规范

2023年，中国加快推进网络暴力规制进程。2023年7月，国家互联网信息办公室发布《网络暴力信息治理规定（征求意见稿）》，明确了网络暴力信息的定义，规定网络信息服务提供者需要承担的网络信息内容管理主体责任，对网络暴力信息进行监测预警、及时处置，并完善对用户的网络暴力保护机制。2023年9月，最高人民法院、最高人民检察院、公安部联合发布《关于依法惩治网络暴力违法犯罪的指导意见》，对网络诽谤、网络侮辱、侵犯公民个人信息等网络暴力违法犯罪的具体情形、法律适用、定罪处罚等进行规定，提升网络暴力综合治理能力。

（三）出台数字市场反垄断配套规则

为适应平台经济发展需求、提升数字平台竞争活力，2023年3月，国家市场监督管理总局发布《禁止垄断协议规定》《禁止滥用市场支配地位行为规定》《经营者集中审查规定》等部门规章，提出了对互联网平台垄断行为监管的具体要求。其中，《禁止垄断协议规定》明确界定平台经济领域相关商品市场界定方法，禁止利用平台规则等达成垄断协议；《禁止滥用市场支配地位行为规定》结合平台经济特点明确认定平台经济领域经营者具有市场支配地位的考量因素，并规定了平台经济经营者滥用市场支配地位的具体要求；《经营者集中审查规定》明确了平台附加限制性条件减少对竞争不利影响的具体情形。

四、新技术新业态发展监管逐步规范

近年来，数字技术创新和迭代速度明显加快，在提高社会生产力、优化资源配置的同时也带来一些新问题和新挑战。2023年，我国针对AI等新技术新应用带来的风险问题加快立法应对，为数字技术规范和创新提供了基本遵循。

（一）及时制定生成式人工智能专门法律规则

近年来，AIGC技术快速发展，为经济社会的发展带来新机遇的同时，也产生了传播虚假信息、侵害个人信息权益、数据安全和偏见歧视等问题。2023年7月，国家互联网信息办公室等部门公布《生成式人工智能服务管理暂行办法》（以下简称《办法》），提出国家坚持发展和安全并重、促进创新和依法治理相结合的原则，采取有效措施鼓励AIGC创新发展，对AIGC服务实行包容审慎和分类分级监管，明确了提供和使用AIGC服务的总体要求。《办法》提出了促进AIGC技术发展的具体措施，明确了训练数据处理活动和数据标注等要求；规定了AIGC服务规范，明确AIGC服务提供者应当采取有效措施防范未成年用户过度依赖或者沉迷AIGC服务，按照相关规定对图片、视频等生成内容进行标识，发现违法内容应当及时采取处置措施等。此外，《办法》还规定了安全评估、算法备案、投诉举报等制度，明确了法律责任。

（二）探索构建科技伦理审查规则

我国以科技伦理审查为抓手，积极构建数字技术风险事前防范制度。为强化科技伦理风险防控，促进负责任创新，2023年10月，科学技术部等十部门联合印发《科技伦理审查办法（试行）》，从健全体系、规范程序、严格标准、加强监管等方面提出了一系列措施，并作出了相关规定：一是划定了科技伦理审查的主要范围，提出要坚持促进创新与防范风险相统一，客观评估、审慎对待不确定性和技术应用风险；二是明确了科技伦理审查的责任主体、科技伦理（审查）委员会的设立标准和组织运行机制，并对委员会的制度建设、监督管理等提出具体要求；三是明确了科技伦理审查的基本程序，确定了伦理审查内容和审查标准，明确了需要开展伦理审查复核的科技活动清单内容及调整更新机制；四是明确了各相关部门、地方和各类创新主体的监督管理职责，建立了科技伦理（审查）委员会和科技伦理高风险科技活动登记制度，对科技伦理违规行为及调查处理分工等作出规定。

（三）强化对重点新兴新技术管理规制

2023年5月，国务院、中央军事委员会发布《无人驾驶航空器飞行管理暂行条例》，明确对无人驾驶航空器、操控员及空域和飞行活动的管理要求。2023年6月，国家互联网信息办公室发布《近距离自组网信息服务管理规定（征求意见稿）》，对近距离自组网信息服务提供者、使用者的责任义务均作出规定，要求服务提供者采取必要的安全管理制度和技术措施，依法处置违法信息，防范和抵制传播不良信息，保存有关记录并进行报告。同年8月，国家互联网信息办公室发布《人脸识别技术应用安全管理规定（试行）（征求意见稿）》，重点规定了人脸识别技术的使用原则、禁止使用人脸识别技术的情形，以及限定使用人脸识别技术的场景，强化对人脸信息的保护。

五、奋力开创新时代信息通信法治工作新局面

党的二十大报告对全面依法治国作出战略部署，强调"加强重点领域、新兴领域、涉外领域立法，统筹推进国内法治和涉外法治，以良法促进发展、保障善治"。法治是互联网治理的基本方式，运用法治观念、法治思维和法治手段推动互联网发展治理，已经成为全球普遍共识。2024年，既是中国全功能接入互联网三十周年，也是中国启动网络强国建设十周年，这需要我们深刻认识国内外互联网发展形势，准确把握全球信息通信立法最新趋势，明确发展治理重点。从当前的治理重点看，需要聚焦AI发展治理、数据治理规则优化、信息内容规范和网络安全保障等方面，深化制度研究设计，推动制度规则与技术创新同步发展，进一步提高网络综合治理效能，构建适应数字经济和实体经济融合发展的法律制度体系。

（中国信息通信研究院　何波）

新质生产力促进电信业务管理制度创新路径分析

一、新质生产力促进电信业务管理制度创新的理论依据

马克思政治经济学理论提出的生产方式包括生产力和生产关系。生产力决定生产关系，生产关系反作用于生产力。其中生产力是社会进步的关键影响要素，其由劳动者、生产工具和劳动对象三方面构成。

新质生产力是马克思主义政治经济学理论的创新和发展。2024年政府工作报告将"大力推进现代化产业体系建设，加快发展新质生产力"列为2024年政府工作的首要任务，并做出"以科技创新推动产业创新""积极培育新兴产业和未来产业""开展'AI+'行动"等具体部署。

当前，我国经济正处于由高速增长转向高质量发展的关键时期，新质生产力成为提升国际竞争力的关键影响要素。新型信息通信技术成为新型生产工具，数据成为新的生产要素，通过AI、大数据、区块链和6G等技术革命性突破、实现创新性配置传统行业生产要素，促进产业深度转型升级，进而催生当代先进生产力，它以劳动者、劳动资料、劳动对象及其优化组合的质变为基本内涵，并以全要素生产率提升为核心标志。新质生产力、生产关系、生产方式和管理制度体系示意如图1所示。

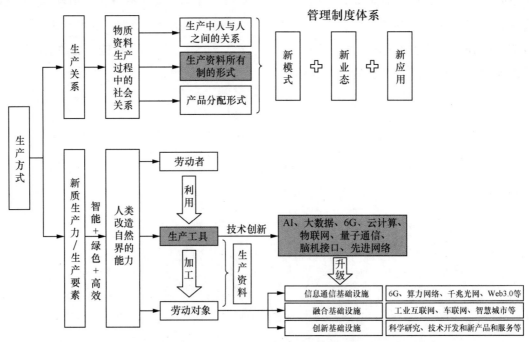

图1 新质生产力、生产关系、生产方式和管理制度体系示意

新质生产力通过不断打造经济发展新动能新优势，优化生产、分配、交换和消费等社会生产过程，解决社会发展过程中生产力与生产关系的具体矛盾。为此，代表生产关系的电信业务制度创新管理要以市场为导向，通过管理制度变迁，不断推进信息通信技术创新的产业转化升级，利用生产关系影响生产力的规律，有效促进我国数字经济和实体经济的高度融合，缓解社会各方利益冲突，最终达到高效满足社会需求与平衡社会利益的管理目的。

二、经济发展水平决定了电信业务管理制度体系建设是一项长期系统工程

生产力决定生产关系，在不同的经济发展阶段，电信业务需要有不同管理理念的电信业务管理制度与之适应。电信业务管理制度体系框架可以分为法律、行政法规和部门规章及规范性文件，在电信业务快速发展过程中，出现部分法规不适应新的发展需要或者与上位法冲突等问题。为此，电信业务管理制度体系建设需要做好相关制度上下前后管理衔接，其是一项系统建设工程。

通常来说，电信业务管理制度修订的原因主要是出现新的市场运营模式和运营主体、调整生产关系的管理部门发生改变等，既有的电信业务管理制度调整内容大体可分为以下4种情况。

（一）主管行业部门名称发生变化

2024年3月，在《国务院关于修改和废止部分行政法规的决定》（中华人民共和国国务院令第777号）中，明确提出修订1996年制定的《中华人民共和国计算机信息网络国际联网管理暂行规定》第七条第一款，将"邮电部、电子工业部、国家教育委员会"修改为"国务院电信主管部门、教育行政部门"。

（二）扩大管理范围

2016年，在《国务院关于修改部分行政法规的决定》（中华人民共和国国务院令 第666号）中，提出将《中华人民共和国电信条例》第十六条修改为"专用电信网运营单位在所在地区经营电信业务的，应当依照本条例规定的条件和程序提出申请，经批准，取得电信业务经营许可证"。

（三）主管行业部门管理权限进行调整

2014年，删去《中华人民共和国电信条例》第十九条第二款，将第二十一条第一款中的"未经国务院信息产业主管部门批准"修改为"遵守网间互联协议和国务院信息产业主管部门的相关规定，保障网间通信畅通"。2014年，《电信条例》修订，取消"网间互联协议应当向国务院信息产业主管部门备案"。

案例1：减少政府干预，增加企业自主经营权（电信网间互联互通）

部门规章：删除《公用电信网间互联管理规定》（中华人民共和国信息产业部令第9号）第二十一条第一款中的"信息产业部制定的"。

将第二十六条中的"并向电信主管部门备案"修改为"并报送电信主管部门"。

将第三十八条第一款中的"未经信息产业部批准，电信业务经营者不得擅自中断网间通信"修改为"电信业务经营者应当保障网间通信畅通，不得擅自中断互联互通"。

（管理依据：《工业和信息化部关于废止和修改部分规章的决定》（工业和信息化部令第28号）

（四）做好上下位管理文件衔接

以价格管理为例，从行政法规到部门规章制度及规范性文件做出配套管理制度。

案例2：上下位阶管理文件衔接——电信资费

1. 行政法规：国务院关于修改部分行政法规的决定（中华人民共和国国务院令 第653号，2014年7月29日）《电信条例》第二十三条修改为"电信资费实行市场调节价（原文为'电信资费标准实行以成本为基础的定价原则'）。电信业务经营者应当统筹考虑生产经营成本、电信市场供求状

况等因素，合理确定电信业务资费标准"。

删去第二十四条（原文表述为"电信资费分为市场调节价、政府指导价和政府定价。

基础电信业务资费实行政府定价、政府指导价或者市场调节价；增值电信业务资费实行市场调节价或者政府指导价。

市场竞争充分的电信业务，电信资费实行市场调节价。

实行政府定价、政府指导价和市场调节价的电信资费分类管理目录，由国务院信息产业主管部门经征求国务院价格主管部门意见制定并公布施行。制定政府定价和政府指导价的电信业务资费标准，应当采取举行听证会等形式，听取电信业务经营者、电信用户和其他有关方面的意见政府定价的重要的电信业务资费标准，由国务院信息产业主管部门提出方案，经征求国务院价格主管部门意见，报国务院批准后公布施行。

政府指导价的电信业务资费标准幅度，由国务院信息产业主管部门经征求国务院价格主管部门意见，制定并公布施行。电信业务经营者在标准幅度内，自主确定资费标准，报省、自治区、直辖市电信管理机构备案"。）

第二十五条改为第二十四条，修改为"国家依法加强对电信业务经营者资费行为的监管，建立健全监管规则，维护消费者合法权益"。

第二十六条改为第二十五条，删去第一款。

第四十一条改为第四十条，删去第三项。

2. 国务院规范性文件：《国务院关于取消和下放一批行政审批项目的决定》（国发〔2014〕5号），（2014年1月28日）明确取消"电信业务资费标准审批"。

3. 部门规范性文件：

（1）《国家发展计划委员会 信息产业部关于印发〈电信资费审批备案程序规定（试行）〉的通知》（计价格〔2002〕1489号），2002年8月29日

（2）《关于电信业务资费实行市场调节价的通告》（工业和信息化部联通〔2014〕182号），2014年5月5日

（3）《工业和信息化部 国家发展改革委关于取消电信业务资费告知制度的通告》（工业和信息化部联通信函〔2020〕100号），2020年6月1日

三、技术创新赋能电信业务管理制度实行阶段性改革

科学技术是第一生产力。事实上，信息通信行业是典型的技术创新驱动型行业，其电信业务管理制度变革历程完全可以借用新质生产力的新概念进行解读。也就是说，以不同时代信息通信技术的新质生产力为标准，大体可将电信业务管理制度分为3个阶段。

第一阶段：模拟通信技术向数据分组交换技术迭代阶段。这个阶段新质生产力驱动的电信业务服务具有两个特征：一是通信服务方式的升级迭代，即人与人之间的信息传输服务由传统的"电报"业务升级演进到固定电话、移动电话、寻呼业务和移动短信业务等；二是通信网络从传统的固定网通信扩展到蜂窝移动通信和空中卫星通信。电信业务管理以信息通信网络为核心，管理制度创新聚焦网络，具体管理要素涉及服务质量、价格和安全等维度。

第二阶段：通信网向计算机网的升级迭代。这个阶段新质生产力驱动在电信业务服务呈现的特征是：生产资料由传统的通信网络基础设施扩展到互联网基础设施升级转变，以云计算、大数据、区块链等新一代信息通信技术培育发展新质生产力，并掀开数实融合经济发展的新篇章，新型电信新业务包括QQ和微信等即时通信服务，电信业务管理范畴从原有通信领域扩展到计算机及传统产业领域，业务创新管理制度聚集行政审批事前管理制度、"互联网＋"领域和信息服务领域事中事后管理规定，电信业务管理要素从网络扩展

到平台管理，监管要素涉及电信基础设施、电信资源和服务质量等。

第三阶段：AI技术全面行业渗透的技术迭代与融合。这个阶段新质生产力的典型特征是数字经济和实体经济全面融合，以AI、量子通信和先进计算等新型信息通信技术促进新质生产力快速发展，衍生出元宇宙、数字藏品、脑机接口、ChatGPT等大模型应用和算力服务等新服务模式。新质生产力对现有生产方式提出巨大挑战，AI不仅改变了原有的信息通信领域服务方式，也改变了传统产业的生产方式，电信业务管理要素从网络、平台扩展到数据管理。监管主体横向从原来的电信行业主管部门扩展到互联网信息服务、数据管理等，纵向从原有的电信行业渗透国民经济各类传统行业。电信业务管理制度面临的变革更多是发挥基础性、先导性和战略性作用的需要，部际协同管理工作机制及管理制度日趋增多。

四、市场导向是电信业务管理制度改革跳出历史周期率的根本途径

生产关系结构是人们在生产、交换、分配、消费过程中形成的各种地位关系、权力关系、作用关系、利益关系和活动关系的总和。电信行业管理制度创新理念要牢牢把握跳出周期规律，需要行业主管部门在不同历史时期发挥主观能动性，结合市场发展实际，充分发挥不同代际信息通信技术衍生的新质生产力，提升生产力效率，要以市场需求为导向，充分平衡好政策、技术和市场的关系，最终达到推动产业转型升级，调整政府、企业和市场发展之间关系的目的。

电信业务周期规律受技术、价格和市场竞争等多要素影响，下面为我国电信市场发展数据。

· 1984年，我国寻呼机上市。

· 1987年，我国推出模拟移动电话。

· 1996年，小灵通上市。

· 1999年左右，雅虎和MSN等即时通信业务登陆国内市场。

· 1999年，IP电话上市。

· 2002年，固定长途业务量出现负增长。

· 2003年，我国移动电话用户数超过固定电话用户数。

· 2006年，固定本地电话通话量出现负增长。

· 2006年，移动长途业务量超过固定长途业务量。

· 2007年，我国固定电话用户数首次出现负增长。

· 2007年，寻呼业务退出电信业务市场。

· 2007年，WAP上市。

· 2008年，IP电话出现负增长。

· 2011年，微信上线。

· 2012年，短信业务量首次出现负增长。

· 2012年，我国移动互联网用户超过固定互联网用户。

· 2014年，小灵通退市。

· 2015年，移动本地电话通话量出现负增长。

· 2022年，我国移动物联网用户数超过移动电话用户。

通过观察上面电信新业务产生及变化的数据，可以清晰地做出判断：新技术是电信新业务市场发展的内部驱动力，但每类技术衍生的电信业务具有自己独特的生命周期。例如移动通信技术是10年一个代际，IP电话约为15年一个代际，小灵通等阶段性产品生命周期为20年左右，这不仅受技术发展影响，也受市场价格、用户业务使用偏好和市场竞争格局等社会经济因素的影响，电信业务制度管理体制改革要充分考虑这些要素。

五、调整行政审批管理制度是释放新质生产力的关键举措

生产关系反作用于生产力,为及时调整现有管理制度,发挥市场调节效率,减少行政干预,提高行政效率,进一步释放市场创新活力,需要动态调整行政审批制度。

事实上,为降低市场准入门槛,我国于1994年就启动了相关行政审批改革,自2001年国务院公布《关于行政审批制度改革工作的实施意见》,国家开始推行行政审批制度改革以来,先后公布20余次取消行政审批项目,其中,涉及电信业务的事项有境内电信企业境外上市审核、国际电话结算备案、退出电信市场审批、互联网电子公告专项审批(备案)、经营性互联网信息服务提供者境内上市前置审查、主导电信企业规划备案、电信业务资费标准审批、基础电信和跨地区增值电信业务经营许可证备案核准。

比照《国务院对确需保留的行政审批项目设定行政许可的决定》《中华人民共和国电信条例》《互联网信息服务管理办法》和《电信网码号资源管理办法》等,《法律、行政法规、国务院决定设定的行政许可事项清单(2023年版)》一共有991件行政审批许可事项,其中确定工业和信息化部行政许可事项共计36项,与业务、资源设备相关的行政许可共有9项,包括境内单位租用境外卫星资源核准、国际通信出入口局设立审批、互联网域名根服务器设置及运行机构和注册管理机构设立审批、设立互联网域名注册服务机构审批、电信业务经营许可、非经营性互联网信息服务核准、电信网码号资源使用和调整审批、主导电信企业制定的互联规程审批和电信设备进网许可。以《电信业务经营许可管理办法》修订为例,2009年3月5日公布的《电信业务经营许可管理办法》(工业和信息化部令第5号),为进一步降低市场准入门槛,侧重强化事中事后全流程监管手段,2017年对《电信业务经营许可管理办法》进行修订,形成工业和信息化部第42号令文件,修订重点为取消和简化许可要求,包括取消基础电信和跨地区增值电信业务经营许可证备案管理等要求,删除电信业务经营许可证作为工商变更登记前置程序的规定等。

总体来看,通过梳理我国电信领域行政审批制度演进路径发现,国家主管部门保留必要的电信/互联网资源和设备行政审批,先后采取取消从业资格资质认证、调整经营主体上市行为、退出电信市场和电信业务资费等调节社会生产关系的审批事项,在管理制度上保障了先进生产力的发展。

六、培育AI新质生产力是电信业务管理制度创新的内驱动力

信息通信行业在国民经济中持续发挥战略性、基础性和先导性作用。当前,AI技术的快速迭代发展,加速了我国电信业务创新管理变革周期,并带来前所未有的管理挑战。经济实体在数字世界搭建孪生体的过程中,尚未建立与之相适应的数字社会的新型生产力及新型生产关系模式。此时,信息通信行业再次站在行业管理的前端,管理对象发生了质的改变,以算力服务为例,一是涉及以数据和算法为主的新型算力基础设施,为落实全国算力一张网战略部署,必然会衍生不同层级、不同功能的新型互联网网络架构;二是涉及"AI+云"产业融合,出现算力智能调度平台等新型平台服务形态;三是涉及的AIGC所衍生的SARA和ChatGPT等新业态、新模式、新应用,不仅是对现有电信业务服务的简单升级,还涉及数据管理问题。

首先,智能物联时代,电信行业表现出更强的基础设施特点,电信设施是数字经济世界的基础底座,网络是数字社会的大动脉,具有无可替

代的行业地位，管理重点聚焦于新质生产力的变化，包括传统的劳动者变为智能机器人，生产工具衍生出各种智能终端设备。其次，从平台管理角度来看，电信业务管理制度会融入更多的社会管理制度，目的是强调其与社会经济各个环节的协同管理，社会生产方式和社会生产关系管理成为重点，主要表现为对数字社会中道德伦理、数字货币流通以及社会利益分配等的管理问题。再次，对于新出现的数据要素，需要重建管理制度体系以及配套的管理组织，可以将数据要素比作数字社会流动的血液，其承担输送营养的职责，管理重心在于保障数据的安全。

中国作为全球第一个将数据列为生产要素的国家，亟须系统调整现有电信业务管理思路，处理好社会各利益攸关方的关系，推出配套管理制度，以应对全球化大国竞争挑战。数字虚拟世界新型电信业务管理制度体系建设必将经过漫长的摸索期，它比现实社会管理涉及的变量更多、更复杂。新质生产力促进生成各种新型生产工具，并推动电信业务管理制度不断进行改革。

（中国信息通信研究院　马思宇）

IPv6 安全标准化关键问题研究及推进建议

2021年7月，中央网络安全和信息化委员会办公室、国家发展和改革委员会、工业和信息化部印发了《关于加快推进互联网协议第六版（IPv6）规模部署和应用工作的通知》和《深入推进IPv6规模部署和应用2021年工作安排》，同期，工业和信息化部、中央网络安全和信息化委员会办公室发布了《IPv6流量提升三年专项行动计划（2021—2023年）》，同年11月，中央网络安全和信息化委员会办公室等12部门发文《关于开展IPv6技术创新和融合应用试点工作的通知》，联合组织开展IPv6技术创新和融合应用试点工作，聚焦重点领域、优先方向和瓶颈问题，探索IPv6全链条、全业务、全场景部署和创新应用，以点促面，整体提升IPv6规模部署和应用水平。

2022年和2023年，中央网络安全和信息化委员会办公室、国家发展和改革委员会、工业和信息化部陆续联合印发了《深入推进IPv6规模部署和应用2022年工作安排》和《深入推进IPv6规模部署和应用2023年工作安排》。2023年4月，工业和信息化部、中央网络安全和信息化委员会办公室、国家发展和改革委员会等8部门联合印发了《关于推进IPv6技术演进和应用创新发展的实施意见》，以充分发挥IPv6协议潜力和技术优势，更好满足5G、云网融合、工业互联网、物联网等场景对网络承载更高的要求，明确到2025年年底，我国IPv6技术演进和应用创新取得显著成效，网络技术创新能力明显增强，"IPv6+"等创新技术应用范围进一步扩大，重点行业"IPv6+"融合应用水平大幅提升。

作为国家新基建的范畴，IPv6全面提速且被广泛部署与应用，涉及各行各业。与此同时，行业对IPv6安全也表现了迫切的标准化需求。

一、IPv6 安全标准化现状与趋势

自1995年以来，IETF已经制定了500多项IPv6相关RFC标准，IPv6核心标准已经完成，目前的工作主要集中在IPv4向IPv6的过渡，以及对现有的IPv6标准进行补充和完善。除IETF之外，3GPP、3GPP2、ITU-T等也制定了IPv6应用的标准。针对IPv6安全方面，IETF制定内容主要涉及IPv6安全机制，而在IPv6网络安全可信方面，以及IPv6应用在移动互联网、物联网、工业互联网等领域的安全方面，标准数量较少，标准体系也没有完全成熟。在国内标准方面，IPv6安全标准化的体系化研究还没有成形。

（一）国际标准

IETF：IETF已发布IPv6安全方面的标准有20余项，IETF的标准主要侧重在网络层面和协议层面，也有小部分从应用层面出发考虑身份认证、位置隐私等方面的标准。

ITU-T：ITU-T制订的IPv6安全方面标准，侧重于指南的研究，主要有《X.1037 IPv6 技术安全指南》。该标准定义了IPv6的引入带来的安全威胁，并提供与这些威胁相关的风险评估并记录技术解决方案，以实现安全的IPv6部署。该标准为部署IPv6网络的网络产品开发商、安全运营商和企业网络管理人员提供了技术安全指南，以减少IPv6网络上的安全威胁。该标准是适用于企业网络中IPv6的安全指南。

3GPP 组织：在IPv6安全方面的标准较少，主要有X.S0047-0：Mobile IPv6 Enhancements，即《移动IPv6增

强》。该标准中的移动 IPv6 安全增强要求这一章涉及移动设备在 IPv6 网络中的安全事项，包括移动基站 MS 等应支持的 MIP6 安全增强或身份验证的协议方法。

ETSI：在 IPv6 安全方面的标准较少，主要有《ETSI GR IP6 031：IPv6 安全、网络安全、区块链》《ETSI TR 102 419：IPv6 在电信标准中的应用安全分析》，ETSI 中的 IPv6 安全的标准偏重应用层面。

（二）国内标准

TC260：全国信息安全标准化技术委员会（TC260）于 2018 年在 WG6 开展了一个 IPv6 安全相关的标准研究课题《IPv6 网络安全标准研究》，该标准课题聚焦 IPv6 网络安全标准化工作，从国内外 IPv6 发展现状入手，在分析 IPv6 网络安全风险的基础上，研究提出涵盖应用层、网络层、终端层等不同层次的 IPv6 网络安全体系框架，并从基础、技术、管理等方面研究提出 IPv6 网络安全标准化路线图。

CCSA：在 IPv6 安全方面，CCSA 目前有 20 余个行业标准项目以及研究标准。另外，TC485 在 IPv6 安全方面，目前有 6 个国家标准项目。可以看出，CCSA 的 IPv6 安全相关标准侧重在 IPv6 场景下多种业务场景的网络安全防护要求、对应域名的检测和安全要求、网络安全测评方法、交换机、路由器的测评方法和技术要求等。

二、IPv6 安全标准体系结构

本文根据分析的情况提出了 IPv6 安全标准体系结构，给出了 IPv6 安全能够标准化的领域和技术。IPv6 安全标准体系结构如图 1 所示。

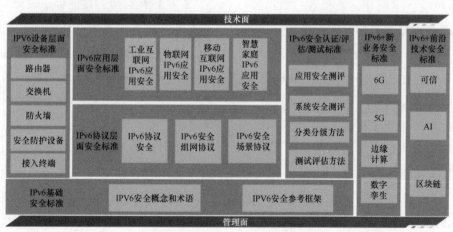

图 1　IPv6 安全标准体系结构

体系结构，帮助准确理解 IPv6 安全包含的结构层次、功能要素及其关系。

目前，IPv6 安全概念和术语、IPv6 安全参考框架相关的标准还有待研制。

（二）IPv6 层面安全标准

IPv6 层面安全标准是针对 IPv6 相关的安全风险提出的标准，包括 IPv6 协议安全、IPv6 安全组网协议、IPv6 安全场景协议提出的安全标准等。

IPv6 安全类标准，主要是围绕着 IPv6 自身存在的安全问题或者安全风险等提出的增强类或者改进类的安全标准，以降低 IPv6 自身的安全风险，

三、IPv6 安全标准的内容

（一）IPv6 基础安全标准

IPv6 基础安全标准主要包括 IPv6 安全概念和术语、IPv6 安全参考框架。

IPv6 安全概念和术语，是在 IPv6 安全方面进行技术交流的基础语言，规范术语定义和术语之间的关系，有助于准确理解和表达技术内容，方便技术交流和研究。IPv6 安全参考框架，是理解和进一步研究 IPv6 安全的基础，可通过对 IPv6 进行安全分析，提出 IPv6 安全模型，规范 IPv6 安全

提高协议自身的安全性。IPv6 安全组网协议类标准，是指将 IPv6 用在安全组网时，需要从协议层面进行增强或者改进以组网安全问题，此类方式提出的协议类的安全标准。IPv6 安全场景协议类标准，是针对使用了 IPv6 的安全场景，需要从协议层面进行增强或者改进以解决 IPv6 安全问题，此类方式提出的协议类的安全标准。

（三）IPv6 应用层面安全标准

IPv6 应用层面安全标准是针对 IPv6 应用在各个领域提出的安全标准，包括工业互联网 IPv6 应用安全、物联网 IPv6 应用安全、移动互联网 IPv6 应用安全、智慧家庭 IPv6 应用安全等。

其中，工业互联网 IPv6 应用安全类标准，主要是围绕着 IPv6 应用在工业互联网领域所涉及的各种安全标准，旨在提高工业互联网 IPv6 应用安全，为工业互联网安全应用 IPv6 提供规范与指导。

物联网 IPv6 应用安全类标准，主要是围绕着 IPv6 应用在物联网领域所涉及的各种安全标准，旨在提高物联网领域 IPv6 应用安全，为物联网安全应用 IPv6 提供规范与指导。

移动互联网 IPv6 应用安全类标准，主要是围绕着 IPv6 应用在移动互联网领域所涉及的各种安全标准，旨在提高移动互联网 IPv6 应用安全，为移动互联网安全应用 IPv6 提供规范与指导。

智慧家庭 IPv6 应用安全类标准，主要是围绕着 IPv6 应用在智慧家庭所涉及的各种安全标准，旨在提高智慧家庭 IPv6 应用安全，为智慧家庭安全应用 IPv6 提供规范与指导。

目前，IPv6 应用层面安全标准，正在逐步开展中，移动互联网 IPv6 应用安全类标准和智慧家庭 IPv6 应用安全类标准已有部分，例如《Mobile IPv6 Enhancements》《面向家庭宽带场景的 IPv6 安全隔离技术要求》，但是还需持续加强制定；工业互联网 IPv6 应用安全类标准、物联网 IPv6 应用安全类标准，目前尚缺，有待制定。

（四）IPv6 安全认证 / 评估 / 测试标准

IPv6 安全认证 / 评估 / 测试标准主要是从 IPv6 应用安全、IPv6 系统安全等方面风险安全测评要点，提炼对应的测试评估指标和测试评估方法，分析应用成熟、安全需求迫切的产品和应用的安全测试要点，提出应用安全测评、系统安全测评、分类分级方法、测试评估方法等测评类的标准。主要包括应用安全测评、系统安全测评、分类分级方法、测试评估方法等。

其中，应用安全测评类标准主要围绕 IPv6 应用是否满足安全要求展开。系统安全测评类标准主要围绕 IPv6 系统是否满足安全要求展开。分类分级方法类标准主要围绕 IPv6 网络的重要性和影响级别，提炼出相应的分类分级指标，为 IPv6 的定级备案奠定基础。测试评估方法类标准主要围绕 IPv6 安全要求及具体对象安全需求，提炼出相应的安全测试评估指标，为开展 IPv6 安全测评奠定基础。

（五）IPv6 设备层面安全标准

IPv6 设备层面安全标准主要是针对具有 IPv6 各项功能或者基于 IPv6 的各种设备所提出的各类的安全标准。包括但不限于路由器、交换机、防火墙、安全防护设备、接入终端等设备的安全技术要求、安全测试方法等安全标准。

其中，路由器的安全类标准，主要是围绕着路由器中的 IPv6 各项功能所提出的各类的安全标准，旨在提高路由器设备的 IPv6 安全性，为路由器中涉及的 IPv6 安全提供规范与指导。交换机的安全类标准，主要是围绕着交换机中的 IPv6 各项功能所提出的各类的安全标准，旨在提高交换机设备的 IPv6 安全性，为交换机中涉及的 IPv6 安全提供规范与指导。防火墙的安全类标准，主要是围绕着防火墙中的 IPv6 各项功能所提出的各类的安全标准，旨在提高防火墙设备的 IPv6 安全性，为防火墙中涉及的 IPv6 安全提供规范与指导。安全防护设备的安全类标准，主要是围绕着安全防护设备中的 IPv6 各项功能所提出的各类的安全标准，旨在提高安全防护设备的 IPv6 安全性，为安全防护设备中涉及的 IPv6 安全提供规范与指导。接入终端的安全类标准，主要是围绕着接入终端中的 IPv6 各项功能所提出的各类的安全标准, 旨在提高接入终端设备的 IPv6 安全性, 为接入终端中涉及的 IPv6 安全提供规范与指导。

已有的标准并不全面, 仍可以继续持续扩展研究路由器、交换机、接入终端相关的安全标准。同时, 针对防火墙、安全防护设备、其他接入终端等设备的安全技术要求、安全测试方法仍尚缺, 有待研制对应的标准。此处的各类设备, 可根据实际设备名称和类别进行具体定义, 例如安全防护设备可以是 IDS、IPS、负载均衡等设备。

（六）IPv6+ 新业务安全标准

IPv6+ 新业务安全标准主要是针对 IPv6 与新业务相融合后所产生的新的安全问题或者安全场景对应的新安全需求, 所提出对应的安全标准, 以及将 IPv6 与新业务相融合以更好地解决或者优化已有的安全问题, 提高安全性, 所提出的安全标准。包括 IPv6+6G、IPv6+5G、IPv6+ 边缘计算、IPv6+ 数字孪生等。此处的 IPv6+ 新业务安全标准, 是 IPv6 与这些 6G、5G、边缘计算、数字孪生等可能应用到的网络形态时所涉及的安全标准。

其中, IPv6+6G 安全类标准, 主要是围绕着 IPv6 与 6G 业务及技术相融合后所产生的新的安全问题或者安全场景对应的新安全需求, 所提出对应的安全标准; 以及将 IPv6 与 6G 技术相融合能够更好地解决或者优化已有的安全问题, 提高安全性, 所提出的安全标准。该安全类标准为 IPv6+6G 安全应用提供规范与指导。

IPv6+5G 安全类标准, 主要是围绕着 IPv6 与 5G 业务及技术相融合后所产生的新的安全问题或者安全场景对应的新安全需求, 所提出对应的安全标准; 以及将 IPv6 与 5G 技术相融合能够更好地解决或者优化已有的安全问题, 提高安全性, 所提出的安全标准。该安全类标准为 IPv6+5G 安全应用提供规范与指导。

IPv6+ 边缘计算安全类标准, 主要是围绕着 IPv6+ 边缘计算业务及技术相融合后所产生的新的安全问题或者安全场景对应的新安全需求, 所提出对应的安全标准; 以及将 IPv6+ 边缘计算技术相融合能够更好地解决或者优化已有的安全问题, 提高安全性, 所提出的安全标准。该安全类标准为 IPv6+ 边缘计算安全应用提供规范与指导。

IPv6+ 数字孪生类标准, 主要是围绕着 IPv6+ 数字孪生业务及技术相融合后所产生的新的安全问题或者安全场景对应的新安全需求, 所提出对应的安全标准; 以及将 IPv6+ 数字孪生技术相融合能够更好地解决或者优化已有的安全问题, 提高安全性, 所提出的安全标准。该安全类标准为 IPv6+ 数字孪生安全应用提供规范与指导。

目前, IPv6+ 新业务安全标准, 暂且还没有对应的专门的标准, 还有待研制。

此处, 可以关注以下内容, 例如, IPv6 技术应用在数字孪生中, 所有数字孪生中的物理世界和孪生世界的标识均用的是 IPv6 标识, 那么, 如何保护这些标识的隐私信息？如何快速的找到标识？这些点研究后对应的方案、方法、甚至系统、模块、接口等均可以转化成对应的标准。类似地, 在 5G/6G 应用业务下, 如何快速找到 IPv6？如何进行源地址溯源？如何保护隐私？综上研究后所对应的方案、方法、甚至系统、模块、接口等均可以转化成对应的标准。

（七）IPv6+ 前沿技术安全标准

IPv6+ 前沿技术安全标准主要针对 IPv6 与前沿技术相融合后所产生的新的安全问题或者安全场景对应的新安全需求, 所提出对应的安全标准, 以及将 IPv6 与前沿技术相融合以更好地解决或者优化已有的安全问题, 提高安全性, 所提出的安全标准。

其中, IPv6+ 可信安全类标准, 主要是围绕着 IPv6+ 可信技术相融合后所产生的新的安全问题或者安全场景对应的新安全需求, 所提出对应的安全标准; 以及将 IPv6+ 可信技术相融合能够更好地解决或者优化已有的安全问题, 提高安全性, 所提出的安全标准。该安全类标准为 IPv6+ 可信安全应用提供规范与指导。

IPv6+AI 安全类标准, 主要是围绕着 IPv6 与 AI 技术相融合后所产生的新的安全问题或者安全场景对应的新安全需求, 所提出对应的安全标准; 以及将

IPv6 与 AI 技术相融合能够更好地解决或者优化已有的安全问题，提高安全性，所提出的安全标准。该安全类标准为 IPv6+AI 安全应用提供规范与指导。

IPv6+ 区块链安全类标准，主要是围绕着 IPv6 与区块链技术相融合后所产生的新的安全问题或者安全场景对应的新安全需求，所提出对应的安全标准；以及将 IPv6 与区块链技术相融合能够更好地解决或者优化已有的安全问题，提高安全性，所提出的安全标准。该安全类标准为 IPv6+ 区块链安全应用提供规范与指导。

目前，IPv6+ 前沿技术安全标准，暂且还没有对应的标准，还有待研制。

此处，可以关注的点，例如，IPv6 技术与可信技术相融合，那么，如何进行可信群的查找？如何根据可信度来划分风险等级？这些点研究后对应的方案、方法、甚至系统、模块、接口等均可以转化成对应的标准。类似地，IPv6 技术与 AI、区块链技术相融合，综上研究后所对应的方案、方法、甚至系统、模块、接口等均可以转化成对应的标准。

四、IPv6 安全标准化推进建议

IPv6 的部署越来越多，IPv6 安全标准工作也越来越重要，因此建议从以下方面着手进行 IPv6 安全标准化推进工作。

第一，建议重视并完善 IPv6 安全标准体系。建议结合 IPv6 发展及安全现状，加强统筹协调，整体规划 IPv6 安全标准化工作，研制 IPv6 安全标准体系，合理布局 IPv6 安全标准建设重点，满足安全管理和行业保障需求。

第二，加快开展重点领域标准研制工作。IPv6 安全涉及的面广、应用场景较多，建议制定 IPv6 安全标准化工作推进计划，可以按照共性先立、急用先行的原则，立足 IPv6 应用和规模化部署的发展实际，着眼 IPv6 重要环节网络安全需求，合理安排标准制修订工作进度，加快基础、共性和关键技术标准等重要和急需标准项目的研究制定，加速开展重点领域、重点场景标准研制工作，有序推进 IPv6 安全标准化工作不断地深入。

第三，推广并加强 IPv6 安全标准应用实践。为提升标准的有效性和可操作性，解决 IPv6 安全风险，探索 IPv6 安全重点和难点问题标准化路径，建议深入开展 IPv6 安全标准的应用实践工作。具体的，一方面，完善 IPv6 安全标准试点机制，选取一定试点企业，开展标准适用性和实施效果评价，在实践中建立相应的实践跟踪、问题发现、经验总结、标准完善、反哺下一步标准化工作的机制，推动 IPv6 安全标准化快速高质量发展。另一方面，完善 IPv6 安全标准研究、宣贯及应用推广机制，组织高等院校、科研院所、企事业单位等共同突破 IPv6 安全标准化工作难点，发挥各单位优势，建立产学研用一体化的研究、宣贯及应用推广机制。同时，充分发挥地方主管部门、标准化组织、行业协会和专业机构的作用，组织开展标准的宣标贯标和技术研讨活动，通过培训、咨询、论坛等方式推进标准的宣贯实施。组织开展贯标试点优秀企业和案例的遴选，形成最佳实践，促进标准应用推广，产业高质量发展。

第四，加强 IPv6 安全标准化人才培养。人才是开展 IPv6 安全标准化工作的基石，建议建立健全对应领域的标准化人才培养机制。一方面，培养 IPv6 安全专业人才，建立面向专业技术、标准指定、宣贯培训、测试评估等方面的培养方案。另一方面，加强高等院校、科研院所、企事业单位间建立合作，探索综合型人才培养路径。

第五，积极参与国际 IPv6 安全标准化工作。加强与国际标准化组织的交流与合作，积极参与 IETF、ITU、ETSI 等国际组织活动及国际标准研制，促进国内标准与国际接轨，推动国内标准向国际标准转化，不断提升我国在 IPv6 安全领域的国际标准影响力和话语权。

（中国移动通信有限公司研究院 程叶霞 刘海霞 陈磊 李肖肖 董文宇）

聚焦新质生产力
江苏移动激活产业发展动能

新型工业化是新质生产力发展的主阵地。今年的政府工作报告提出，大力推进现代化产业体系建设，加快发展新质生产力。江苏以加快建设制造强省行动为抓手，持续推进"1650"产业体系建设，奋力推动全省新型工业化走在前、作示范。

为助力推进社会生产力实现新的跃升，江苏移动积极推动新技术与产业深度融合，不断提升生产要素组合效率，以更高效的生产方式、更智能的制造工艺、更环保的生产理念，塑造发展新动能新优势。此前，江苏移动联合产业伙伴申报的47个项目入选国家《2023年5G工厂名录》，数量位列全国前列，覆盖通用设备制造、纺织、食品、医药、电力、汽车、石油等国民经济大类的15个行业。

更高效的生产方式

依托数智技术优势，江苏移动助力实现生产制造系统的感知、计算和决策，提升制造企业生产效率。在苏州，华兴源创科技股份有限公司实现车间人、机、料、法、环等生产要素通过5G专网实时汇聚，助力企业生产效率提升30%，运营成本降低20%。在镇江台泥水泥5G智慧矿山作业现场，远程指挥平台通过5G专网与无人矿卡实时连接，实现了矿卡车辆的无人驾驶和机械化作业，最大程度保障人员生命安全，为企业降低生产成本90%以上。

华兴源创5G+立库实现产品的自动上架、自动存储、自动下架和自动拣选

更智能的制造工艺

将5G等新一代信息技术与生产环节深度融合，江苏移动推进制造业进行全方位、全链条的智能化改造升级。在徐州，江苏移动5G工业专网覆盖徐工传动科技有限公司11.7万平方米生产区，使数字化工艺应用、研发产品验证协同等12个重点环节的生产工艺流程实现自主分析、智能提升，大幅提高企业研发、生产、销售等方面的能力。在南京，中车南京浦镇车辆有限公司依托移动5G网络，在生产环节部署智能化设备边缘接入、机器视觉智能质检、装配过程溯源、数字孪生、XR多人协作等智慧应用，构建起更加先进的制造体系。

更环保的生产理念

聚焦钢铁、石化、建筑、矿山等高耗能行业，江苏移动推进"5G+工业互联网"创新应用，赋能制造业绿色发展。在中天钢铁集团（南通）有限公司的智慧调度中心，5G专网将环境检测设备与智控中心实时相连，通过AI动态管控废料、废气、废水排放管理，实现"三废"全厂循环处理零排放，年节约标煤133.5万吨，减少二氧化碳排放347万吨。在常州东方特钢有限公司煤库内，1062个检测点实时监控着扬尘排放情况，一旦检测到扬尘排放超标，立即通过5G信号传送到集控中心，联动雾炮喷水降尘，保障原料投放过程中污染物超低排放。

移动技术人员与东方特钢技术人员共同探讨5G智慧工厂项目方案

面临新的发展机遇，江苏移动将立足省内资源禀赋、产业基础和科研条件，以产业升级为方向，着力促进产业高端化、智能化、绿色化，助力江苏省打造具有国际竞争力的先进制造业基地。

广告

中国移动河北公司
助力雄安新区"未来之城"高质量发展

雄安新区自设立以来,始终坚持数字城市与物理城市同步规划、同步建设。中国移动河北公司深入贯彻习近平总书记视察雄安新区时提出的"高质量建设,高水平管理,高质量疏解"指示精神,主动融入雄安新区发展大局,以数智赋能"未来之城"建设发展,助力地下、地上、云上"三座城"同生共长。

中国移动河北公司参与建设的雄安新区智慧教育云平台项目,实现教育信息化与智慧城市融合创新发展,助力雄安新区建成为国内领先的智慧教育示范区。

○ 夯实数字经济底座,做创新能力先行者

中国移动河北公司积极贯彻落实"网络强国"战略,强化基础设施资源保障,做好雄安新区网络规划建设,截至目前,5G基站规模已达2578个,实现村村通5G,全区千兆网络全覆盖,承接50G PON三代五模全速率融合试点,开展万兆网络技术验证,助力打造万兆城市。建设国际互联网数据专用通道,满足6个自贸区和跨境电商园区企业直联国际,搭建雄安新区走向世界的"数字通道"。

坚守创新发展理念,开展的全国唯一E波段高容量微波通信试点有力推动高频产业发展,促进工业、民用产业共同发展。在新区各项建设工作中进行5G应用的探索创新,落地"5G天地一体化生态监测系统""5G直播""5G智能车联网""智慧庭审""智慧工地"等应用,推动生态环境治理、智能交通、工程建设多个领域创新发展。

○ 勇担数字中国主力军,助力智慧城市建设

中国移动河北公司扎实履行信息服务领域骨干央企责任,承接雄安新区高质量项目,加速雄安新区驶入数字生活"快车道"。在白洋淀景区完成5G-A通感一体鸟类保护及应急场景试点,是全国首例5G-A生态保护场景创新实践。打造白洋淀5G+北斗高精定位项目,提供白洋淀景区数字孪生、船舶导航等8个领域的应用场景服务,实现智慧旅游新模式。

在政府治理、教育、交通、安全、金融等行业领域,中国移动河北公司参与打造了容东城市运营管理中心、启动区城市数字道路、智慧教育云平台、智慧银行等20余个示范项目,承建了全国首个城市级IoT平台——物联网统一开放平台,支撑10多个应用系统的建设和应用,全力支持智慧城市建设,丰富人民数字生活,为打造"云上雄安"贡献移动力量。

○ 坚持以人民为中心,丰富为民服务画卷

在雄安新区中国移动科技创新体验中心咪咕咖啡店,协同咪咕公司打造"六位一体"多功能数实融合空间,提供AI"咖大师"、裸眼3D等富有"科技感"的产品服务,联合雄安新区疏解企业开展北京四中雄安新区大讲堂等各类活动30余场,为新区人民创建观赛、社交、娱乐的一体化空间,构建服务雄安新范式,助力新区加速集聚人气。

在推进数字乡村建设方面,中国移动河北公司全面加快数字化技术在乡村发展各领域的应用,在沟西村、胡各庄村等村庄打造数字乡村联防联控平台,为当地提供更加科学高效的管理工具;为安新县农飞农作物种植专业合作社等企业、农户建设农产品质量安全追溯管理平台,助力打造农产品标准化生产示范区,推介安全、绿色、质量可追溯的雄安农产品品牌,加快全区农业产业化进程。

一座"未来之城"正阔步走来,中国移动河北公司将立足服务新区高质量建设发展,在雄安新区这片干事创业的热土接续奋斗,持续拥抱数智化时代浪潮,为"智慧雄安"建设贡献更多数智力量!

中国移动河北公司联合咪咕公司打造的中国移动科技创新体验中心咪咕咖啡店

雄安新区5G网联无人机自动化巡检社会治理体系建设项目

我们为万物互联
服务了十八年

高新技术企业
国家专精特新"小巨人"企业
民营科技企业

博浩科技
BOHAOTECHNOLOGY

山西总部：山西省太原市小店区龙城大街75号鸿泰国际大厦A座6层
北京总部：北京市丰台区总部基地16区弘源·丰恒大厦2层
服务热线：0351-5289222/010-65538989
联系邮箱：bhkj@bhkjgf.com
微信公众号：博浩科技有限公司

广告

中浙信科技咨询有限公司

MULTI INTELLEGENT CONTROLLING PLATFORM

智慧化方式提供多元化场景应用

以规划咨询为引领的一揽子集成总包服务商

工程典范
BENCHMARKING PROJECT

公司具备标准编制、总体规划、专项规划、运营维护的企过程咨询服务能力,在标准编制方面参与地方标准、团体标准、地方规范,在总体规划方面主要是市、区、县智慧城市顶层规划。

● 亚组委信息系统及通信网络规划服务
本项目为杭州亚组委提供信息系统及通信网络导则,从整体统筹出发,从具体项目立项、采购、实施、验收各环节入手,充分整合并发挥社会各方的智囊资源,提供专业的顾问服务,为亚运会信息系统及通信网络建设的合法合规、经济性、先进性保驾护航。

数字园区大脑通过自组物联网体系,实时采集基础数据,进行分析,形成园区高效运转的生态系统能力,打造一个人性化、智能化、绿色持续的创新性现代园区。

● 广电总局机关大院
从基础设施运维、综合安全保卫、智慧管理服务、节能降本增效、应急管理保障各维度为中央广电机关大院提供全面的安全播出保障和医食住行智慧后勤服务。大数据智能预警分析、可视化资产精细管控、自动化实时监测分析、引领式指挥调度决策、场景式系统联动应用。

结合小镇未来发展的定位,建成一个可视可控、全面感知、科学分析、智能管理多元服务的信息服务平台改一下,改成集合城镇村基础设施建设,聚焦智慧城市、未来社区,未来乡村等行业规划设计。

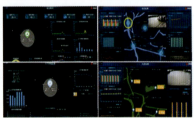

● 武义溪南社区未来社区
从武义溪南试点社区的特点和需求出发,提出"后陈经验进社区"核心理念。根据金华市相关指导意见,打造"自治"特色,创建"服务集成型未来社区"。通过数字化和线下服务联动,实现社区服务的精细化、人性化,打造精准匹配、快速响应、零延反馈的高品质服务,实现"小事不出社区,大事内外联动",通过标杆效应向全省,全国辐射后陈经验。

    中浙信科技咨询有限公司(浙江省通信产业服务有限公司咨询设计院)成立于1983年,是中国通信服务股份有限公司全资子公司,公司定位于"**以规划咨询为引领的一揽子集成总包服务商**"。

    公司主要服务于中国电信、中国移动、中国联通、中国铁塔、中国广电、国家电网等运营商、国家部委和省市县政府部门,华为、烽火、海康、大华等大型企业。公司业务深耕浙江,面向全国重要省市及海外市场,涵盖**数字工程、通信工程、建筑工程、智慧产品、网信安全**等领域的**咨询规划、勘察设计、软件开发、集成总包**等业务。

    作为大型央企的一份子,公司历经近40年的发展,参与了包括G20杭州峰会、杭州亚运会、历届世界互联网大会等重大活动的通信保障和支撑工作,承接项目多次获得国家级、省部级荣誉。

赵亮   13357198221   ZHAOLIANG@CHINACCS.CN

广告

股票代码：603220

01 公司简介

中贝通信集团股份有限公司成立于1992年，2018年在上海交易所主板上市（中贝通信603220），公司主业聚焦5G新基建、智慧城市与云网算力服务，提供算力、存储、云服务和解决方案与光电子产品，是中国移动、中国电信、中国联通、中国铁塔的重要服务商，在国际"一带一路"沿线国家开展EPC总承包业务；同时布局新能源产业，投资新能源汽车动力电池及储能系统产线，投资分布式光储充项目开发、建设运营。

公司业务已覆盖国内大部分省份和中东、东南亚、非洲等海外国家；公司坚持技术和服务为导向，深化核心专业技术、系统平台和全生命周期项目管理，国际国内协调发展。

02 公司拥有的行业资质

资质	级别	资质	级别
信工程施工总承包	壹级资质	工程设计	甲级资质
信信息网络系统集成	甲级资质	工程咨询	甲级资质
子与智能化工程专业承包	壹级资质	工程勘察	甲级资质
防工程	壹级资质	城市及道路照明工程专业承包	贰级资质
外通信工程	承包资质	机电工程施工总承包	贰级资质
信网络代维	甲级资质	电力工程施工总承包	贰级资质
信建设工程企业安全生产服务	甲级资质	钢结构工程专业承包	贰级资质
MMI / ITSS	认证资质	建筑工程施工总承包	
装（修、试）电力设施许可	四级资质	建筑装修装饰工程专业承包	贰级资质

03 业务领域

新基建

- 5G新基建
- 算力服务
- 智慧城市
- 光电子产品

新能源

- 动力电池、储能系统研发与制造
- 光伏与储能投资、营运

广告

数智科技
智慧未来

全球光通信解决方案专业供应商
PROFESSIONAL SUPPLIER OF GLOBAL OPTICAL COMMUNICATION SOLUTIONS

南方通信以满足客户需求、超越客户期待为目标,依托先进的生产技术与强大的产品研发能力,结合规范的质量管理体系和全方位的市场服务网络。

致力为客户提供**一站式的光通信产品解决方案及完善的服务**。

智慧联接　启动未来

附录 A

一图读懂10年来我国信息通信业发展情况

工业和信息化部等六部门联合印发 算力基础设施高质量发展行动计划

算力是集信息计算力、网络运载力、数据存储力于一体的新型生产力,主要通过算力基础设施向社会提供服务。算力基础设施是新型信息基础设施的重要组成部分,呈现多元泛在、智能敏捷、安全可靠、绿色低碳等特征,对于助推产业转型升级、赋能科技创新进步、满足人民美好生活需要和实现社会高效能治理具有重要意义。为加强计算、网络、存储和应用协同创新,推进算力基础设施高质量发展,充分发挥算力对数字经济的驱动作用,工业和信息化部、中央网络安全和信息化委员会办公室、教育部、国家卫生健康委、中国人民银行、国务院国有资产监督管理委员会等六部门联合印发《算力基础设施高质量发展行动计划》。

总体要求

指导思想

以习近平新时代中国特色社会主义思想为指导,全面贯彻党的二十大精神,立足新发展阶段,完整、准确、全面贯彻新发展理念,加快构建新发展格局,着力推动高质量发展。以构建现代化基础设施体系为目标,面向经济社会发展和国家重大战略需求,稳步提升算力综合供给能力,着力强化运力高效承载,不断完善存力灵活保障,持续增强算力赋能成效,全面推动算力绿色安全发展,为数字经济高质量发展注入新动能。

基本原则

- 多元供给,优化布局
- 需求牵引,强化赋能
- 创新驱动,汇聚合力
- 绿色低碳,安全可靠

主要目标 到2025年实现

- **计算力**
  - 算力规模超过**300EFLOPS**
  - 智能算力占比达到**35%**
  - 东西部算力平衡协调发展

- **运载力**
  - 国家枢纽节点数据中心集群间基本实现不高于理论时延**1.5**倍的直连网络
  - 重点应用场所光传送网(OTN)覆盖率达到**80%**
  - 骨干网、城域网全面支持**IPv6**
  - **SRv6**等创新技术使用占比达到**40%**

| 存储力 | - 存储总量超过 **1800EB**
- 先进存储容量占比达到 **30%** 以上
- 重点行业核心数据、重要数据灾备覆盖率达到 **100%** |
|---|---|
| 应用赋能 | - 打造一批算力新业务、新模式、新业态
- 工业、金融等领域算力渗透率显著提升
- 医疗、交通等领域应用实现规模化复制推广
- 能源、教育等领域应用范围进一步扩大
- 每个重点领域打造 **30个** 以上应用标杆 |

重点任务

完善算力综合供给体系

优化算力设施建设布局
- 京津冀、长三角、粤港澳大湾区、成渝等节点面向重大区域发展战略实施需要有序建设算力设施
- 贵州、内蒙古、甘肃、宁夏等节点着力提升算力设施利用效率，促进东西部高效互补和协同联动
- 整体上架率低于50%的区域规划新建项目应加强论证
- 布局海外算力设施，提升全球化服务能力

推动算力结构多元配置
- 在西部算力枢纽及人工智能发展基础较好地区集约化开展智能计算中心建设
- 逐步合理提升智能算力占比
- 推动不同计算架构的智能算力与通用算力协同发展

促进边缘算力协同部署
- 支撑工业制造、金融交易、智能电网、云游戏等低时延业务应用
- 推动"云、边、端"算力泛在化分布 协同发展
- 加快行业算力建设布局，支撑传统行业数字化转型

推动算力标准体系建设
- 加快研制基础共性标准
- 探索算力计量、感知等标准建设，支撑算网融合产业化发展

实施"算力供给提升行动"

| 开展国家算力中心典型案例遴选 | 举办算力大会等活动 | 持续发布《中国综合算力指数》 |

提升算力高效运载能力

优化算力高效运载质量
- 探索构建布局合理、泛在连接、灵活高效的算力互联网
- 增强异构算力与网络的融合能力
- 开展数据处理器、无损网络等技术的升级与试点应用

强化算力接入网络能力
- 加快大带宽、低时延的全光接入网络广泛覆盖
- 城区重要算力基础设施间时延不高于1ms
- 提升边缘节点灵活高效入算能力

提升枢纽网络传输效率
- 推动算力网络国家枢纽节点直连网络骨干节点
- 国家枢纽节点内重要算力基础设施间时延不高于5ms
- 推动超低损光纤部署,优化光缆路由
- 加快400G/800G光传输网络、全光交叉、SRv6等研发与应用

探索算力协同调度机制
- 推动以云服务方式整合算力资源
- 鼓励各方探索打造多层次算力调度架构体系
- 依托国家新型互联网交换中心、骨干直联点等设施,促进多方算力互联互通

实施"算网融合发展行动"

- 探索建设多层级算力调度平台
- 构建算力互联互通体系
- 依托中国算力平台建立算网监测机制
- 实施"算力强基揭榜挂帅"

强化存力高效灵活保障

加速存力技术研发应用
- 围绕全闪存、蓝光存储、硬盘高密等技术推动先进存储的创新和发展
- 鼓励先进存储技术的部署应用

持续提升存储产业能力
- 提升关键存储部件等自主研发制造水平
- 打造相互促进、协同发展的产业生态

推动存算网协同发展
- 加快存储网络技术研发应用
- 促进存储、网络和计算协同发展

实施"存算协同发展行动"

- 开展新型数据中心存储能力成熟度研究及评价
- 鼓励关键信息基础设施中使用自主的存储设备
- 发布《中国存力发展报告》

深化算力赋能行业应用

"算力+工业"
- 加快部署工业边缘数据中心
- 构建工业基础算力资源和应用能力融合体系
- 推进算力赋能新型工业化建设应用

"算力+教育"
- 鼓励科研院所根据需求适度建设算力资源
- 推进公共算力资源覆盖校园

"算力+金融"
- 构建多节点并行的分布式算力资源架构
- 开发部署智能边缘算力节点

"算力+交通"
- 加快"中心-区域-边缘"多层级算力设施部署
- 为低时延高可靠应用提供灵活高效的算力支撑

"算力+医疗"
- 统筹建设国家和省级医疗大数据中心
- 完善区域全民健康算力平台
- 加快基层卫生健康边缘数据中心建设

"算力+能源"
- 加快建设能源算力应用中心
- 提供"能源流、业务流、数据流"一体化算力

实施"算力应用创新行动"

| 发布《算力产业图谱》《算力强基产品目录》 | 组织开展算力赋能评价 | 举办"华彩杯"算力应用创新大赛 |

促进绿色低碳算力发展

提升资源利用和算力碳效水平
- 开展国家绿色数据中心建设
- 加快高能效、低碳排的算网存设备部署
- 支持液冷、储能等新技术应用
- 探索利用海洋、山洞等地理条件建设自然冷源数据中心

引导市场应用绿色低碳算力
- 引入绿色能源
- 鼓励算力中心采用源网荷储等技术
- 探索构建市场导向的绿色低碳算力应用体系

赋能行业绿色低碳转型
- 推动算力设施在工业等重点行业发挥应用赋能作用
- 促进企业经营活动数字化、智能化发展

实施"算力绿色低碳行动"

| 开展绿色低碳技术、算力碳效模型等研究，开展绿色低碳算力园区等级评价，发布算力设施绿色低碳发展年度报告 | 构建算力中心、算力应用"碳中和等级"能力指标体系 | 引导产业链各环节梳理核算碳足迹，发布创新低碳产品与解决方案目录 |

加强安全保障能力建设

增强网络安全保障能力
- ◆ 落实网络安全法律法规要求
- ◆ 强化安全技术手段建设
- ◆ 建立威胁闭环处置和协同联动机制

强化数据安全保护能力
- ◆ 加强数据分类分级保护
- ◆ 制定数据全生命周期安全防护要求和操作规程

强化产业链供应链安全
- ◆ 加强产业链联动协同
- ◆ 加强关键技术研发和创新
- ◆ 形成"云、网、边、端"安全态势感知和网络协同防护能力
- ◆ 推动智能化分析和决策在未知安全风险自主捕捉和防御环节的应用

保障算力设施平稳运行
- ◆ 强化算力网络保障
- ◆ 加强物理设施保护
- ◆ 发掘并消除软件系统潜在隐患

实施"算力安全保障行动"
- 实现数据的全生命周期保护和管理
- 推动算力建设运营应用安全标准体系建设
- 形成标杆应用产品与方案，构建软硬件相互适配、协调发展的生态体系

保障措施

◆ 加强统筹联动　◆ 加大金融支持　◆ 深化交流协作　◆ 强化平台支撑

一图读懂：加快推动制造业绿色化发展的指导意见

01 指导思想

以习近平新时代中国特色社会主义思想为指导,深入贯彻落实党的二十大精神,立足新发展阶段,完整、准确、全面贯彻新发展理念,加快构建新发展格局,着力推动高质量发展,以实现碳达峰碳中和目标为引领,改造升级传统产业,巩固提升优势产业,加快推动新兴产业绿色高起点发展,前瞻布局绿色低碳领域未来产业,培育绿色化数字化服务化融合发展新业态,建立健全支撑制造业绿色发展的技术、政策、标准、标杆培育体系,推动产业结构高端化、能源消费低碳化、资源利用循环化、生产过程清洁化、制造流程数字化、产品供给绿色化全方位转型,构建绿色增长新引擎,锻造绿色竞争新优势,擦亮新型工业化生态底色。

02 主要目标

 到2030年

制造业绿色低碳转型成效显著,传统产业绿色发展层级整体跃升,产业结构和布局明显优化,绿色低碳能源利用比例显著提高,资源综合利用水平稳步提升,污染物和碳排放强度明显下降,碳排放总量实现达峰,新兴产业绿色增长引擎作用更加突出,规模质量进一步提升,绿色低碳产业比重显著提高,绿色融合新业态不断涌现,绿色发展基础能力大幅提升,绿色低碳竞争力进一步增强,绿色发展成为推进新型工业化的坚实基础。

到2035年

制造业绿色发展内生动力显著增强，碳排放达峰后稳中有降，碳中和能力稳步提升，在全球产业链供应链绿色低碳竞争优势凸显，绿色发展成为新型工业化的普遍形态。

03 加快传统产业绿色低碳转型升级

一、推进传统产业绿色低碳优化重构

加快传统产业产品结构、用能结构、原料结构优化调整和工艺流程再造，提升在全球分工中的地位和竞争力。

- 实施"增品种、提品质、创品牌"行动。
- 构建清洁高效低碳的工业能源消费结构。
- 提高绿色低碳原料比重。
- 推广短流程工艺技术。

二、加快传统产业绿色低碳技术改造

定期更新发布制造业绿色低碳技术导向目录，遴选推广成熟度高、经济性好、绿色成效显著的关键共性技术，推动企业、园区、重点行业全面实施新一轮绿色低碳技术改造升级。

- 支持大型企业实施全流程系统化改造升级。
- 充分发挥链主企业带动作用。
- 鼓励工业园区、产业集聚区整体改造升级。
- 支持行业协会制定重点行业改造升级计划。

三、引导区域绿色低碳优化布局

坚持全国一盘棋,综合考虑区域产业基础、资源禀赋、环境承载力等因素,推动传统产业形成集群化、差异化的绿色低碳转型新格局。

- 落实区域重大战略定位,把绿色发展和产业转型结合起来。
- 支持中西部和东北地区有序承接产业转移。
- 稳妥有序推动高载能行业向西部清洁能源优势地区转移。
- 坚决遏制高耗能、高排放、低水平项目盲目上马。
- 推动区域产业绿色协同提升。

04 推动新兴产业绿色低碳高起点发展

一、加快补齐新兴产业绿色低碳短板弱项

聚焦制约新兴产业绿色发展的瓶颈环节,加快补齐短板弱项,着力解决新兴产业可持续发展的后顾之忧。

- 探索构建市场导向的绿色低碳算力应用体系。
- 加快废旧光伏组件、风力发电机组叶片等新型固废综合利用技术研发及产业化应用。
- 完善废旧动力电池综合利用体系。
- 开展共伴生矿与尾矿集约化利用、工业固废规模化利用、再生资源高值化利用等技术研发和应用。
- 加快增材制造、柔性成型、无损检测和拆解等关键再制造技术创新与产业化应用。
- 针对新污染物治理等新需求加强关键核心技术攻关。
- 积极发展电动飞机等新能源航空器。
- 加快绿色智能船舶研制及示范应用,推广内河、近海船舶电气化改造工程试点。

二、着力锻造绿色低碳产业长板优势

立足经济社会绿色低碳转型带来的巨大市场空间，大力发展绿色低碳产业，提高绿色环保、新能源装备、新能源汽车等绿色低碳产业占比。

- 在绿色低碳领域培育形成若干具有国际竞争力的先进制造业集群。
- 在产业链关键环节打造一批制造业单项冠军企业，培育一批专精特新"小巨人"企业。
- 推动工业互联网、大数据、人工智能、5G等新兴技术与绿色低碳产业深度融合。

三、前瞻布局绿色低碳领域未来产业

聚焦"双碳"目标下能源革命和产业变革需求，谋划布局氢能、储能、生物制造、碳捕集利用与封存（CCUS）等未来能源和未来制造产业发展。

- 构建氢能制、储、输、用等全产业链技术装备体系。
- 打造新型电力系统所需的储能技术产品矩阵。
- 建立生物制造核心菌种与关键酶创制技术体系。
- 开展CCUS与工业流程耦合、二氧化碳生物转化利用等技术研发及示范。

05 培育制造业绿色融合新业态

一、推动数字化和绿色化深度融合

发挥数字技术在提高资源效率、环境效益、管理效能等方面的赋能作用,加速生产方式数字化绿色化协同转型。

- 分行业建立产品全生命周期绿色低碳基础数据库,开发全生命周期评价、数字孪生系统等工具。
- 拓展"新一代信息技术+绿色低碳"典型应用场景。
- 建立回收利用环节溯源系统,推广"工业互联网+再生资源回收利用"新模式。
- 加快建立数字化碳管理体系。
- 推进绿色低碳技术软件化封装。

二、推动绿色制造业和现代服务业深度融合

紧跟现代服务业与制造业深度融合的变革趋势,在绿色低碳领域深入推行服务型制造,构建优质高效的绿色制造服务体系。

- 引导大型企业为上下游企业提供绿色提升服务。
- 鼓励绿色低碳装备制造企业由提供"产品"向提供"产品+服务"转变。
- 积极培育专业化绿色低碳公共服务平台和服务机构。
- 深化绿色金融服务创新。

三、推动绿色消费需求和绿色产品供给深度融合

紧紧围绕能源生产、交通运输、城乡建设等全社会各领域绿色消费需求，加大绿色产品供给，培育供需深度融合新模式，实现供需两侧协同发力，支撑经济社会绿色低碳转型。

- 全面推行工业产品绿色设计，构建工业领域从基础原材料到终端消费品全链条的绿色产品供给体系。

- 加快建立健全覆盖主要工业行业的绿色产品标准、标识、认证体系。

- 鼓励大型零售企业、电商平台丰富绿色消费场景。

06 提升制造业绿色发展基础能力

一、构建绿色低碳技术创新体系

以满足市场需求为导向，一体化部署绿色低碳技术攻关、转化应用、主体培育等，引导各类创新要素向绿色低碳领域集聚，实现创新效能转化为产业竞争新优势。

- 有序推进与绿色低碳转型密切相关的关键基础材料、基础零部件、颠覆性技术攻关。

- 培育绿色低碳领域科技领军企业、专精特新"小巨人"企业。
- 加快推进绿色低碳重点领域创新联合体和原创技术策源地建设。
- 在钢铁、石化化工、家电等行业建设一批国家产业计量测试中心。
- 布局建设绿色低碳领域制造业创新中心、试验验证平台和中试平台。
- 健全技术应用推广机制。

二、完善绿色化发展政策体系

以精准、协同、可持续为导向,完善支持绿色发展的财税、金融、投资、价格等政策,创新政策实施方式,逐步建立促进制造业绿色化发展的长效机制。

- 财政资金重点支持绿色低碳重大技术装备攻关、绿色低碳产业基础设施建设等方向和领域。
- 建立健全金融资源支持制造业绿色低碳转型的常态化工作机制,建立绿色低碳技术改造项目库和标杆企业库。
- 政府投资基金按照市场化方式培育和孵化绿色低碳领域新产业、新业态、新模式。
- 落实好对绿色技术推广应用、资源节约循环利用等方面的税收优惠政策。
- 完善工业节能管理制度。
- 完善阶梯电价制度和水价政策。
- 健全全国碳排放权交易市场配套制度。

三、健全绿色低碳标准体系

强化标准顶层设计和规范性管理,推动各级各类标准衔接配套,加强标准贯彻实施和应用评估。

- 加快制定碳排放基础通用、核算与报告、低碳技术与装备等标准,到2030年完成500项以上碳达峰急需标准制修订。
- 持续完善节能、节水、资源综合利用、环保装备标准。
- 稳步升级绿色工厂、绿色产品、绿色工业园区、绿色供应链标准。
- 协同推进数字赋能绿色低碳领域标准。

- 加强标准国际化水平。

四、优化绿色低碳标杆培育体系

发挥绿色低碳标杆的引领带动作用，构建绿色制造"综合标杆"和细分领域"单项标杆"相衔接的标杆培育体系，打造制造业绿色化发展领军力量。

- 制定绿色工厂梯度培育及管理办法，到2030年，各级绿色工厂产值占制造业总产值比重超过40%。

- 深入开展工业产品绿色设计示范企业培育，持续遴选发布能效"领跑者"、水效"领跑者"、再生资源规范条件企业、环保装备规范条件企业、工业废水循环利用试点企业园区等。

一图读懂《关于推进 5G 轻量化（RedCap）技术演进和应用创新发展的通知》

5G轻量化（RedCap，Reduced Capability）技术是5G实现人、机、物互联的重要路径。推动5G RedCap技术演进和应用创新，将对新型基础设施建设、传统产业转型升级、数字经济与实体经济深度融合等方面发挥积极作用。为推进5G RedCap技术演进、产品研发及产业化，促进5G应用规模化发展，工业和信息化部发布《关于推进5G轻量化（RedCap）技术演进和应用创新发展的通知》。

发展目标

到2025年,5G RedCap产业综合能力显著提升,新产品、新模式不断涌现,融合应用规模上量,安全能力同步增强。

1. 5G RedCap技术产业稳步发展

- 5G RedCap标准持续演进,技术能力满足多样化场景需求;
- 形成一系列5G RedCap高质量产品,打造完整产业体系;
- 推动5G RedCap芯片、模组、终端等产业关键环节成本持续下降,终端产品超过100款。

2. 5G RedCap应用规模持续增长

- 全国县级以上城市实现5G RedCap规模覆盖,5G RedCap连接数实现千万级增长;
- 5G RedCap在工业、能源、物流、车联网、公共安全、智慧城市等领域的应用场景更加丰富、应用规模持续提升;
- 遴选一批5G RedCap应用示范标杆,形成一批可复制、可推广的解决方案,打造5个以上实现百万连接的5G RedCap应用领域。

3. 5G RedCap产业生态繁荣壮大

- 建设面向5G RedCap产业发展的技术和应用创新平台、公共服务平台;
- 培育一批创新型中小企业。

七大主要任务

任务 1　推进5G RedCap标准制定

① 制定基于3GPP R17版本的5G RedCap相关行业标准；

② 支持产业各方积极参与3GPP R18及后续版本5G RedCap的国际标准制定。

任务 2　构建5G RedCap产业体系

① 推动产业链上下游协同联动，推进5G RedCap产品研发和产业化，加快与5G增强功能结合；

② 发挥基础电信企业现网优势，推动5G RedCap技术测试和应用验证，通过场景适配加速商用落地；

③ 开展5G Inside等生态活动，提升5G RedCap终端产品应用兼容性和行业认可度，推动5G RedCap芯片、模组成本下降。

任务 3 加快5G网络RedCap能力升级

① 按照适度超前的原则，分阶段分区域推进5G RedCap商用，加快主要城市实现5G RedCap连续覆盖；

② 推动行业虚拟专网应用5G RedCap技术，完善5G物联能力。

任务 4 积极开展5G RedCap应用创新

① 推动5G RedCap在无线传感、设备控制等生产环节应用，打造更多面向工业、能源、物流、港口、车联网等领域的场景化解决方案；

② 推动5G RedCap与视频采集、数据传输等融合创新，加快公共安全、智慧城市等领域的应用拓展；

③ 推动可穿戴、智能家居等新型终端向5G RedCap演进升级，助力个人应用创新不断涌现。

任务 5　打造行业领域5G RedCap示范标杆

① 推动行业龙头企业、基础电信企业打造模式创新、成效显著、易复制推广的5G RedCap应用示范标杆；

② 通过"绽放杯"5G应用大赛、工业互联网试点示范项目、5G工厂名录发布等活动，聚焦优秀案例和资源，树立先进典型。

任务 6　构建融通发展的5G RedCap生态环境

① 鼓励基础电信企业、行业龙头企业发挥产业优势，推进5G RedCap技术创新，促进产业链上下游协同发展，培育一批5G RedCap创新型中小企业；

② 发挥IMT-2020（5G）推进组平台作用，持续推进规范制定、技术测试等相关工作；

③ 依托5G应用产业方阵，推动各5G创新中心搭建5G RedCap应用测试床，提供技术咨询、测试认证、供需对接等公共服务。

任务 7　提升5G RedCap安全保障能力

① 推动5G RedCap安全与技术、应用同步规划、同步建设、同步运行。

② 围绕5G RedCap产品新特性，加快安全标准研制，加强安全风险评估，加快推动安全能力落地应用；

③ 鼓励5G RedCap安全相关检测工具、服务平台等研发，推动优秀安全产品和解决方案复制推广。

四大保障措施

① 强化统筹协调

- 鼓励地方政府出台配套政策，结合各地产业特点推进5G RedCap技术与优势行业融合发展；
- 加大对5G RedCap中小企业扶持力度。

② 做好监测评估

- 研究制定5G RedCap发展监测机制，常态化跟踪应用和产业进展；
- 开展5G RedCap网络质量监测评估，促进网络建设量质并进。

③ 加强人才培养

- 培养5G RedCap、高精度定位、5G LAN、安全保障等相关技术专家；
- 培育更多5G跨行业跨领域复合人才。

④ 加大应用推广

- 针对重点行业加强推广5G RedCap规模应用的典型案例和示范标杆；
- 推动产业各方加强跨行业对接，推广各行业5G RedCap应用的成功经验。

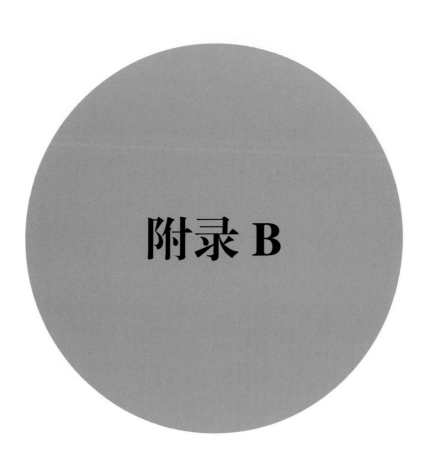

附录 B

ICT 中国（2023）创新应用案例

序号	等级	项目名称	单位名称	主创人员	参与人员
1	一等	面向算力网络的新型400G全光网	中国移动通信有限公司 华为技术有限公司	移动：王东 华为：王康	移动：张德朝、李允博、左铭青、葛大伟 华为：王健、刘磊、张培、王恩福、周俊、李奇
2	一等	极氪5G全连接工厂	中国联合网络通信有限公司浙江省分公司	杨晨、包可乐、付强	俞翔、于鑫、赖颢善、左静、金嘉杰、姚珊敏
3	一等	基于5G技术的食品行业产线升级项目	中国联合网络通信有限公司黔南州分公司	周凤麒、徐廷熙、黄效维	
4	一等	三位一体智慧医院建设项目——5G数智化技术构建高精尖多学科医疗协同体系，帮助优质医疗资源下沉基层	中国移动通信集团有限公司政企客户分公司、中国医学科学院北京协和医院、中移（成都）信息通信科技有限公司	魏冰、向炎珍、刘耕	刘金鑫、路蓑、李娜、毛一樯、王怡、秦明伟、周翔、孙国强、范靖、白雪、赵立君、种璟、靳泽宇、乔丰、栗榛、孟捷、李宸羽
5	一等	新一代5G+智慧工厂助力中国光谷华星光电抢占全球"光芯屏端网"	中国联合网络通信有限公司湖北省分公司	廖胜娟、林志	刘影、郭鸿宁、周帅
6	一等	烽火通信5G全连接工厂	中国电信股份有限公司武汉分公司	孙勤、彭燕、彭斯诚	张政、李振、刘晓鸣、杨煜龙、魏子骑、张羽、刘易诗
7	一等	5G医疗云平台，推动医疗全场景应用规模发展	中国联合网络通信有限公司湖北省分公司	湖北联通：李奕、林志、韩元伟、杨鹏 亚心：郭紫	湖北联通：蔡静、吴远、周丽、张珏 亚心总医院：陈睿 华为：张利
8	一等	贵州省高瓦斯矿井5G应用集群	中国联合网络通信有限公司六盘水市分公司	彭付军、项乐	唐本良、李树磊
9	一等	格物设备管理平台	联通数字科技有限公司	李研、何非、蒋维	闵爱佳、孙玉刚、邓楠、陆赟、于春青、王秀娟、王陈昌、朱建维、刘慧、李书益、韦珠、周云、李中雷、徐伟、杨丽
10	一等	柳州上汽通用五菱HCSO	中国电信股份有限公司柳州分公司 华为技术有限公司	柳州电信：张樑、欧阳美玲、唐涛 华为：李涛	华为：叶兰彪、徐浩楠
11	一等	业界首款5G R16 Ready基带芯片平台V516	紫光展锐（上海）科技有限公司	任奇伟 黄宇宁	鲜苗、何五红、栗娜、丁丽洁、周伟成、刘志鹏、党坤华、袁琪、张葛明、李卓群、张刚、舒伟力、邱香、陈可、王瑞兵、杜发兴、陶交

(续表)

序号	等级	项目名称	单位名称	主创人员	参与人员
12	一等	基于昇腾的星河AI统一推理框架	中国电信股份有限公司数字智能科技分公司 华为技术有限公司	电信数智科技：朱庆军、韩佩聪	电信数智科技：胡跃祥、王丽娟、李云飞、路红柱 华为：缪熙霖、刘言伟、刘志飘、陈波、薛港潇、裴博、李文文、刘威、孙小栎
13	一等	5G空天地融合网络资源管控创新应用研究	北京邮电大学、中国联通研究院、西南交通大学	北京邮电大学：崔高峰、王朝炜 中国联通研究院：程新洲	北京邮电大学：王程、胡欣、王卫东、辛星、庞明亮 孙文（西北工业大学）、贾敏（哈尔滨工业大学）、赵楠（大连理工大学） 中国联通：徐乐西、晁昆、李明欣、霍明德 西南交通大学：邢焕来、戴元顺、冯力、龚勋、张新有
14	一等	CBNET IP数据骨干网IPv6+创新	中国广电网络股份有限公司 华为技术有限公司	中国广电：万涛	中国广电：王野秋、李锐、罗沛、郑笑、张翼 华为：刘学、赵剑鹏、丁改革、路君、常宝升
15	一等	基于5G边缘计算的智慧旅游平台	中国电信股份有限公司云南分公司 中通服咨询设计研究院有限公司 北京亚鸿世纪科技发展有限公司	中国电信股份有限公司云南分公司：王耀民 中通服咨询设计研究院有限公司：张锐华 北京亚鸿世纪科技发展有限公司：陈磊	中国电信股份有限公司云南分公司：王瑾伟、李东鸿、蒋燕、夏惠铭 中国电信股份有限公司昆明分公司：陈志刚 中通服咨询设计研究院有限公司：杨军、查昊、石红晓、刘佳
16	一等	多维扩展的5G/5G-A空地协同网络部署优化技术研发与创新应用	大连理工大学、华南理工大学、中国联通研究院	大连理工大学：赵楠 华南理工大学：温淼文 中国联通研究院：程新洲	大连理工大学：邓娜、卢华兵、邹德岳、郭磊、逄小玮 华南理工大学：郑光远、金锡斌、冯义志 王帅（中科院深圳先进院）、陈颖旸（暨南大学）、孙兆洋（中国标准化研究院）、尹峰（香港中文大学（深圳））、策力木格（西安电子科大） 中国联通研究院：徐乐西、赵鑫（集团科创部）、吕非彼、关键
17	一等	5G+智慧矿山，助力中小矿企迈入数智新时代	华为技术有限公司 郴州市苏仙区黄泥坳矿业有限公司 中国移动通信集团湖南有限公司郴州分公司	华为：徐艺璇、祝煌、梁志越	移动：雷华英、韩冠、罗恬 郴州市苏仙区黄泥坳矿业有限公司：袁文明 华为：陈迪、熊韶飞、孙磊、孙昆
18	一等	超大规模物联网集中化系统基于GoldenDB分布式数据库的创新实践	中移动信息技术有限公司&中兴通讯股份有限公司	中移动信息技术有限公司：李莉、梁恩磊 中兴通讯股份有限公司：赵培	中移动信息技术有限公司：赵春阳、郑鸿健、徐珂、郑展奋、刘亚杰 中兴通讯股份有限公司：秦延涛、张校逸、吕伟初、左奇、周亚运、朱业、朱宸希、赵福建、赵轩唯、朱文凯、夏彬、徐雨田
19	一等	上海豫园5G数字商圈项目	中国联合网络通信有限公司上海市分公司	王铖、彭志伟、刘雅新	何艳、陆海妹、刘静、刘帆、陈通平、周子剑、段迪雅、周苑红、陆矢超

（续表）

序号	等级	项目名称	单位名称	主创人员	参与人员
20	一等	基于空地协同的智慧交通算网融合与可控防护创新应用	武汉大学、沈阳航空航天大学、中国联通研究院	武汉大学：曹越 沈阳航空航天大学：赵亮 中国联通研究院：徐乐西	武汉大学：李昕煜、宋宇杰、胡紫依、庄园、胡钰林 栾玉婷（中铁工程设计咨询集团）、温淼文（华南理工大学）、朱虹（中国标准化研究院） 沈阳航空航天大学：林娜、石峻岭、孙云鹤、关云冲、于存谦 中国联通研究院：程新洲、张恒、李洁、王建智、李德屹
21	一等	算力网络方舱	广东海悟科技有限公司	吕东建、张少飞、伍星星	谢文科、卢宏、周挺、印李瑞、安瑜波
22	一等	基于大数据和AI的机房智慧节能	中国电信股份有限公司研究院	孟维业（中国电信股份有限公司研究院）、王涛（中国电信集团有限公司大数据和AI中心）、李春芳（中国电信股份有限公司研究院）	中国电信股份有限公司研究院：和兴敏、贾丹、周微、孙智超、胡飞、韩仪洒、郭洲、张亚震、郑鑫兴、魏森、白凯元、赵琳强 中国电信集团有限公司大数据和AI中心：余淼、李加微 中国电信股份有限公司浙江分公司：王烨 中国电信股份有限公司广东分公司：宗凌 中国电信股份有限公司北京分公司：张渊
23	一等	武汉市汉阳区基于区校一体化的5G创新应用实践	中国联合网络通信有限公司湖北省分公司	殷婷、刘乔	黄波、熊欢、林志、关俊、刘扬、雷浩
24	一等	面向车联网场景的5G分布式边缘计算产品研发及应用示范	中国联合网络通信有限公司智网创新中心	邱佳慧、张香云、林晓伯	蔡超、刘思聪、夏小涵、候迎龙
25	一等	基于5G的集装箱制造全连接工厂	中国联合网络通信有限公司浙江省分公司	杨晨、潘璐杰、付强	俞翔、于鑫、左静、李江莉、过玮、舒涛
26	一等	中国移动通信有限公司政企客户分公司——基于可信数字身份的电子学生证，助力基础教育智能化	中国移动通信有限公司政企客户分公司	李颖、张志超、许翔宇	中国移动通信集团有限公司政企客户分公司：于璐、柯乐燕、罗娜、文蕾、董美秀、李峰 中移（成都）信息通信科技有限公司：孔令凯、袁磊、刘艳蕊、刘朋、董超、刘苏辉、彭丹、周鸿博、李佳贞 中移动金融科技有限公司：樊科、庄怀宇
27	一等	基于5GLAN虚拟专网，打造青岛港AGV多车协同作业系统	中国联合网络通信有限公司青岛市分公司	沈昉昀、杨军波、王元杰	王磊、王慎林、赵桂彬、刘德才、迟晓玲、崔宇旸、姜玉强
28	一等	5G+绿色智能制造融合应用打造家电行业新标杆	中国联合网络通信有限公司湖北省分公司	胡舒乐、舒康、王伟	黄波、鲁谋、陈沁、林志、冯阳、贺畅、杨敬笈

(续表)

序号	等级	项目名称	单位名称	主创人员	参与人员
29	一等	基于5G网络平台和数字孪生的数字化智能船坞项目	中国联合网络通信有限公司青岛市分公司	张敬姝、杨仕健、张娜	王璐、邹文杰、吴迪、王洋洋、蓝国宁、田丰彬、王晓娟、周佳丽、王冰、侯永山、张磊、杜云霄、刘素娥、王芳、黄锡青、胡军
30	一等	基于区块链的算网交易运营平台	中国移动通信集团贵州有限公司、中移动信息技术有限公司	刘娟（中国移动通信集团贵州有限公司）、谢新标（中国移动通信集团贵州有限公司）、赵思远（中移动信息技术有限公司）	董宇（中国移动通信集团贵州有限公司）、项凯（中国移动通信集团贵州有限公司）、赵江（中国移动通信集团贵州有限公司）、徐韬（中国移动通信集团贵州有限公司）、叶可可（中移动信息技术有限公司）、李翱（中移动信息技术有限公司）、郝晓雪（中移动信息技术有限公司）、黄梦芝（中移动信息技术有限公司）、曹树鹏（中移动信息技术有限公司）
31	一等	vSTB云渲染技术赋能数字亚运	中兴通讯股份有限公司 中国电信股份有限公司浙江分公司 网易（杭州）网络有限公司	中兴通讯：施军 浙江电信：李君 网易：刘柏	中兴通讯：单长亮、黄玉清、潘宏义、陈项、陈晨 浙江电信：高山、郑烙、袁文利、任韵雯、邵秀、俞琛 网易：王洲寒、刘昶、张丽莎、苏莹、陈铭、张伟斌
32	一等	面向工业互联网的广域互联智能调度解决方案	网络通信与安全紫金山实验室	石鸿伟、程智炜、郑直	陈庆强、史精文、王统柱、陈伟、安琪、陆千沂、倪中阳
33	一等	5G独立柔性专网，引领油气勘探业务变革	中石化石油物探技术研究院有限公司 中国移动通信集团江苏有限公司南京分公司 中兴通讯股份有限公司	中石化石油物探技术研究院有限公司：宋志翔 中国移动通信集团江苏有限公司南京分公司：桂林 中兴通讯股份有限公司：周承飞	中石化石油物探技术研究院有限公司：林庆富、陈楠、仇正兰、洪承煜、吕开亮、杨文广、周全、朱孝林、方梦华 中国移动通信集团江苏有限公司南京分公司：袁宇恒、刘晓明 中兴通讯股份有限公司：孙志鹏、陈永波、冯劢、贾锁骏
34	一等	"让梦走得更远"——5G助力汽车制造共赴匠心智造新征程	中国联合网络通信有限公司广东省分公司	邢燕、易祖洋、马文波	胡宝玉、孔晨光、张越鹏
35	一等	TECH4ALL数字包容：黄河三角洲国家级自然保护区生物多样性监测	黄河口生态旅游区管委会 华为技术有限公司 创视智能科技（南京）有限公司	黄河口生态旅游区管委会：刘晓、单凯 华为：艾文佳	黄河口生态旅游区管委会：刘静、马平川 华为：周建国、李伟 创视智能科技（南京）有限公司：魏标、张光曦、卞石磊
36	一等	基于"数字化孪生"及"自动化孪生"的通信网络智能化保障体系	中国联合网络通信有限公司北京市分公司	刘申申、赵金水、赵海超	刘蓬、任妍、贾金、李健、王斌、李锋、许欣、王小羽、秦敏智、杨俊哲、李楠、田娜、张萌、彭博、刘宁、臧寅、蔡露露

（续表）

序号	等级	项目名称	单位名称	主创人员	参与人员
37	一等	网络安全国产化关键技术及应用	中国联合网络通信有限公司北京市分公司	沈松、王柯、丁颖睿	徐锐、景小芃、孙妍、徐欢、张皥、武晓頔、赵莉军、王美玉、冯江璇、马澍、张祎伟、刘菲、张逸飞、马珮瑶、王翊
38	一等	5G MR 远程修障系统助力工业互联网减排增效	中电信数智科技有限公司青岛分公司	周江	孙学斌、李春涛、李津、刘龙姣、曹辰
39	一等	基于昇腾 AI 的智算平台赋能"基层智通知"创新应用	中国联合网络通信有限公司广东省分公司 华为技术有限公司 联通（广东）产业互联网有限公司	广东联通：曾楚轩 联通（广东）产互：赵文博 华为：王龙	广东联通：邓玲、程伟、李飞鹏、胡宇杰 联通（广东）产互：吕召彪、杜量、肖清、黄莉梅、许程冲 华为：赵毅、张杰、刘鑫、王菲、祝存刚、高亭亭、郑皓、郭敏学
40	一等	客房信息化终端四合一解决方案建设绿色智慧酒店	中电信数智科技有限公司青岛分公司	周江	孙学斌、孙志磊、王鹏、刘吉顺、孙鹏、张敏、田锐、韩冰、周源、王诗越、高宝玉
41	一等	混凝土 5G 智慧场站	中国电信股份有限公司武汉分公司	曹尚	曹尚、于泽超、李智
42	一等	绿色 5G FDD 8T8R 全场景创新解决方案	华为技术有限公司	方坤鹏、鲁伟栋、宫经秋	尹占辉、荆凯、漆佑军、朱群、施尧、陈俊、熊地、刘林南、袁涛涛、汪汝伟、张毓婧、简成成、侯佳翔、孙建城、李刚、王东妮
43	一等	基于预训练多模态大模型的数智人创新应用	中国移动（浙江）创新研究院有限公司 华为技术有限公司	移动：陈远峥 华为：段海峰、舒天泽	陈远峥、段海峰、舒天泽、吴明明、余凯、扬琴
44	一等	基于海量接入跨域计算技术的 5G 连接管理研究与应用	联通数字科技有限公司	李广聚、李研、何非	许冬勇、闵爱佳、白涛、陈鑫、刘帅、蔡销、刘玉宏、宋啸良、徐明月、韩同生、陈凡、苏仕祥、刘扬威、杨丽、武刚、印玺、白钰
45	一等	5G NR-U 独立专网智慧变电站解决方案	北京云智软通信息技术有限公司	任剑、高峰、杨征帆	张志乾、钱宏伟、杨博、邓海乐、王专、李宗俊、吕国荣、王晓阳、范乐、黄习文、冯德春、徐红超、包敬重、申江欣、杨晋
46	一等	5G 助力构筑江汉路休闲娱乐新体验	中国联合网络通信有限公司湖北省分公司	徐家望、杨宣、张璐	张伟、戚刚
47	一等	5G 无线智能编排，助力用户体验和网络效能双提升	中国移动通信集团河南有限公司	李军、刘永涛、王坤	程勇强、李昊、顾军
48	一等	合肥港智能网联信息化改造及自动驾驶场景应用项目	普天信息工程设计服务有限公司	苏长虹、阮添添、沈航红	郭惠军、金铁铭、刘宁、郝晓彤、王嘉璐、王培
49	一等	5G+MEC 助力桥梁迎来"智能感知"时代	中国联合网络通信有限公司湖北省分公司	刘乔、戚刚、杨威	黄波、李鹏、林志、孔钦悦、鲍峰、熊欢、殷婷、武银格、雷浩、刘扬、关俊、曾宪涛、毛小玲、肖哲、原一芳

（续表）

序号	等级	项目名称	单位名称	主创人员	参与人员
50	一等	汉川市5G通信专网系统及配套设备及服务建设项目	中国联合网络通信有限公司孝感市分公司	伍呈呈	
51	一等	基于5G+卫星的数字化战场应急救援创新应用	联通数字科技有限公司	关颖、何志畏	毕微微、杜亚娟、熊政辉、孟良成、刘海、王旭东、王晓晨、孟令威
52	一等	云网融合行业集成创新—曲靖晶龙光伏智能制造产业园区项目	中国电信股份有限公司云南分公司 广东省电信规划设计院有限公司	王耀明（中国电信股份有限公司云南分公司）孙艳（广东省电信规划设计院有限公司）	马斌（中国电信股份有限公司云南分公司）、赵凡（中国电信股份有限公司曲靖分公司）、蒋燕（中国电信股份有限公司云南分公司）、肖旭（中国电信股份有限公司曲靖分公司）、黄寅（中国电信股份有限公司云南分公司）、郑应川（广东省电信规划设计院有限公司）、唐嘉麒（广东省电信规划设计院有限公司）、肖晶晶（中国电信股份有限公司曲靖分公司）、杨承杰（广东省电信规划设计院有限公司）
53	一等	5G定制网助力化工企业园区安全高效智慧发展	中国电信股份有限公司湖北分公司	胡军、唐波、杨许	陈心龙、黎细春、张晴宇
54	一等	数字智感安防平台	天翼数字生活科技有限公司	天翼数字生活科技有限公司：叶冉、王哲哲 中国电信股份有限公司清远分公司：罗育杏	天翼数字生活科技有限公司：褚国庆、王刚、邵亚红、冯会彬、陈华、仇国祥、陈国朗、黄伟胜 中国电信股份有限公司清远分公司：戴平、孙建国、贺东、李灼华、何绮莉、陈海琪、胡斌
55	一等	5G LAN在绿色港口的多AGV调度等场景应用	中国联合网络通信有限公司青岛市分公司	田丰彬、蓝国宁、张敬姝	王洋洋、王晓娟、杨仕健、周佳丽、侯永山、王冰、张磊、刘素娥、王磊、张娟、高媛媛、王芳、黄锡青、胡军
56	一等	基于数据驱动的机加工车间智能化技术应用	通用技术集团机床工程研究院有限公司	赵钦志、邓庆野、元海	郭崇宇、王鑫、钱昕、龙鹏、肖辉、程箭、栾云
57	一等	宁德时代售后大数据平台上云项目	中国电信股份有限公司宁德分公司 华为技术有限公司	宁德电信：杨金霖 华为：徐李宁	宁德电信：周宁、庄仁忠、龚毓轩 华为：吴文、周明、芦纪葳、闫宝伟、余陈辉、杨安龙
58	一等	高性价比5G基站广角MetaAAU	华为技术有限公司	李捷、杨伟、徐峰	张兴昊、于庆锐、王春、刘林南、池强、袁涛涛
59	一等	基于算力网络的家庭云电脑解决方案	中兴通讯股份有限公司	华新海、张卫青	夏泽金、孙彪、修文飞、戚晨、王良家、于谋山、张建峰、胡媛、林雷、贾振、王松松、张露
60	一等	凯星液力5G+MA系列液力变速器装配线	中国联合网络通信有限公司贵州省分公司战略客户部	刘颖、刘达	黄效维、徐文亚、宋晓骏
61	一等	甘肃智慧水利EPC项目	联通数字科技有限公司	房秉毅、张英伟	刘含宇、白羽、张乐涛、林治宇、曹训、田大永、陈继杰

(续表)

序号	等级	项目名称	单位名称	主创人员	参与人员
62	一等	上海移动5GC全球首次无损升级案例	中国移动通信集团有限公司 中国移动通信集团上海有限公司 华为技术有限公司	移动集团：何宇 上海移动：谢志刚 华为：刘辉	移动集团：付蜜能 上海移动：胡晓冬、陈玲、王励颖 华为：邱雪峰、王怀齐、夏振峰、高燕、廖伟洪、刘杨
63	一等	基于5G的话剧院线上演播方案	中国联合网络通信有限公司北京市分公司、联通数科科技有限公司、北京国际云转播科技有限公司	北京联通：马雨佳 联通数科：袁济生 云转播：吴连军	北京联通：马睿智、李童、周杲捷、张天元、孙司远、曹淑兰、满瑞、李蔚朋 联通数科：陈丽娜、邱宇、杜松玮、黄涛、栾忱忱 云转播：上官祖荫、李天丽、冯晓宁、李达
64	一等	5G+全连接工厂在东风集团岚图汽车精益生产中的创新和实践项目	中国联合网络通信有限公司湖北省分公司	冯阳、范玉宪、潘诗颖	黄波、陈沁、吴远、舒康、林志、胡舒乐
65	一等	基于AI+大数据的智慧社会治理综合解决方案	武汉虹信技术服务有限责任公司	余道敏、肖伟明、孙含福	黄晓艳、张松、杨定义、易川、胡西平、贾卡乐、惠磊、杨凯、夏世念、郝跟民、何华清、梁振、周涛、刘俊鹏、胡西平、曹一康、夏轩
66	一等	新通话-定义通话新时代，点亮屏幕点亮生活	中国移动通信集团江苏有限公司 华为技术有限公司	孟钰	张欣耘、蒋无瑕、张志英、张力波、黄靖、何昊、张男
67	一等	智能故障管理升级2.0解决方案	中国移动通信集团广东有限公司 华为技术有限公司	广东移动：蓝万顺、吴宝庭 华为：薛晓帆	广东移动：胡广峰、许川、杨新建、张占锋、王维波、洪洁铃、彭友斌、林和曦、金岩冰、陈冠桥、卢浚锋、岑培华 华为：刘明宝、冯建利、尹志东、屠馨元、汪嘉诚
68	一等	创新池化波分建设高品质城域全光底座	中国联合网络通信集团有限公司 华为技术有限公司	李启旺、陈强、周又眉	尹祖新、张红、杨锐、满祥坤
69	一等	宜昌城市大脑智能接处警系统信息化建设项目	湖北公众信息产业有限责任公司	余轶男、刘瑄、吴军	姚闻轩、周华、望晟、刘姝含、李芹、钟毅、孔进、李佩、冯雅聪、高澄、胡娅玲
70	一等	荆州美的洗衣机5G全连接工厂项目	中国移动通信集团湖北有限公司	王婷、杨冬梅	郑暮村、刘洋、李春硕、瞿冲、罗浩、许偲、王皎、刘艳娟、魏绪兵、周露、郭晶、刘珊珊、刘杨、熊利、肖娜、黄韬
71	一等	400G QPSK全光网方案筑"东数西算"高速新干线	中兴通讯股份有限公司	王泰立、陈勇、杨先超	张红宇、陈嵩、张明超、董宪辉、陈学川、董欣、何漪、卢楠、刘哲、肖洁、马光沛、冷钢、高扬
72	一等	黄冈市120调度指挥平台	湖北公众信息产业有限责任公司	肖昕、丁为、黄佑军	孔进、姚闻轩、董熙伟、程聪、吴广、张克忠、何雪婷、张侗、王朝中、常苗
73	一等	基于全光组网的智慧酒店方案，数字化赋能酒店行业新发展	中国联合网络通信有限公司河北省分公司 华为技术有限公司	河北联通：范磊、陈杰义 华为：汪皓璐	联通：关毅、危福强、张亚彬、冯勋、王晓雅、刘根鸣、马卫卫、张东 华为：张继江、孙泽宇、张宇、张波、柯鹏、曹建伟

（续表）

序号	等级	项目名称	单位名称	主创人员	参与人员
74	一等	宜宾三江新区车路协同智慧接驳、智慧物流示范线项目	联通智网科技股份有限公司、联通数字科技有限公司、中国联合网络通信有限公司四川省分公司	叶小丽、李冠海、马鑫	卓海龙、张帆、贺美刚、苏小平、王俊森、周鑫、秦贵高、王亚媛、周光涛、周波、张会鹏、邱东岳、尹立志、由斌、郑宝金、易凯、姜小波
75	一等	5G电力虚拟专网赋能电网数字化转型	中国联合网络通信有限公司浙江省分公司	葛经纬、殷勇、胡文孙	叶佩思、谢薇、左静、宋凌云、周大鸥
76	一等	陕西省榆林电信三道沟煤矿项目	陕西省榆林电信	白云光	中国电信榆林分公司：白云光、韦伟、李涛 华为技术有限公司：谢可、杨忠诚、任康、冯超、李晓娣、马良、刘斌、蔡艳丽、郭传光、周新宽、赵斌
77	二等	面向自智网络场景的图智能AI技术研发及应用示范	中国联合网络通信有限公司研究院	李红五、叶晓煜、程新洲	杨斌、王鑫、郭熹、赵慧英、谢志普、李洁、汪悦、高伟、秦守浩、宋春涛、徐乐西、吴洋、杨子敬、闻子骏、卢洪勇
78	二等	基于健康数据标准体系的大型企业职工自动化健康白皮书解决方案	国中康健集团有限公司	张宗华	王涵、陆宪东、董希杰、张振
79	二等	5G原生装备制造产线	中兴通讯股份有限公司、中国移动广州分公司、广州明珞装备有限公司	姚维兵、唐裕生、何继青	赖建军、左志军、龙璞、张喆、贺毅、张亮、林韧、梁松林、梁锐彬、郭文润、曹玉龙、陈科霖、李振勋、汪竞飞、谭铭、方宇飞、黄君泽
80	二等	5G+北斗自动驾驶"春笋计划"项目	中国移动通信集团湖北有限公司	韩光鑫、李柏苇	
81	二等	算力网络+AI注智新一代智慧计费系统	中国移动通信集团河北有限公司 华为技术有限公司	河北移动：温立志、姚朋伟、刘艳	河北移动：金天顺、冯晨、陈鹏、杨坤、韩冰、郝会玲、焦娜欣 华为：刘岩、刘锋、武利东、黄福统、李彬先、郝建坤、张志敏、赵雪峰、蒋存亮、王勇
82	二等	物联网技术赋能，智慧健康触手可及	通用技术集团健康管理科技有限公司	赵楠、王军	薛谷一、刘宝、程燊燊、梁超、肖玮宁、武斌、周慧、郭毓姝、杨岩坤、王安安、迟翔宇、朱秋芬、陈菁菁
83	二等	5G时代下的融合边缘云	广东移动、中兴通讯	广东移动：黄继宁、梁勇、吴霜	广东移动：蔡伟文、周远明、潘孜孜、刘永毓、郭海、袁晓明 中兴通讯：朱建军、朱堃、陈云斌、杨蕤、柳勤、马晓飞
84	二等	长江生态环保5G+"智慧水管家"创新应用，助力长江大保护	中国联合网络通信有限公司湖北省分公司	李鹏、孔钦悦	黄波、戚刚、鲍峰、杨威、陈功、刘乔、卢海敏、杨威、贾超
85	二等	分布式通信基站虚拟电厂应用平台研发	中国铁塔股份有限公司	林禄辉、贾军伟	中国铁塔股份有限公司：施林苏、孔向荣、于福源、谭洋、杨慧、宋林涛、张祥、李峰、高鹏、李建伟 铁塔能源有限公司：李坦、高健、王鼎乾、张学涛

(续表)

序号	等级	项目名称	单位名称	主创人员	参与人员
86	二等	蔡甸区森林防火能力提升建设项目（一期）初步设计	湖北邮电规划设计有限公司	李娴、喻乐乐	程哲、邱天圆、陈云云
87	二等	成有王记基于5G技术的行业产线升级建设项目	中国联合网络通信有限公司黔南州分公司	徐廷熙、冯铄、黄效维	
88	二等	5G+北斗融合数字孪生赋能山东水利安澜	中国联合网络通信有限公司	司书国、于涛、孙若愚	李广聚、冯兰晓、成湘龙、姜丁、杨玉柱、王学刚、刘晓明、曲永刚、张博越、靳晓晖、曹璟、吕同庆、刘含宇、张乐涛、林治宇、张继仁
89	二等	通山县校车运输有限公司智慧校车监控工程（二期）项目	中国移动通信集团湖北有限公司咸宁分公司	周汝都	程星、陈璐、李津凯、王扬、秦军、陆梦进、胡珊
90	二等	多地试飞现场监控系统项目	中国联合网络通信有限公司上海市分公司	胡卫东、黄璿、戴翱	刘芃、于航、宋佳峰、杨木闯、牛柯、杨明、雷晓玲
91	二等	天翼云助力山西智慧旅游云平台全域旅游发展	中国电信集团有限公司太原分公司	焦旭峰、马晓伟、任牧龙	许珮、尚红妮、唐吉荣、任刚、闫慧勇
92	二等	首个基于R17的智能绿色UPF实践	中兴通讯、安徽移动	中兴通讯：陈新宇、王全 安徽移动：郑家富	中兴通讯：刘西亮、詹亚军、黄燕、高兴学、郭远功、孙璇、袁新程、蒋文佼、王龙彪、仝黎 安徽移动：田磊、李蔚、桂国富、刘绍杰、李芳、孙智、胡屿
93	二等	环保110，让技防代替人防－绵阳市空气质量网格化监测管控系统二期（大气污染防治智慧识别分析系统）	中国铁塔股份有限公司绵阳市分公司	王永忠、蒋维军、肖雨	唐蜜、张庆、赖力
94	二等	九江市乡村振兴监测预警平台	九江市乡村振兴局、中国铁塔股份有限公司九江市分公司	九江市乡村振兴局：宋晓妤 中国铁塔股份有限公司九江市分公司：王旭	九江市乡村振兴局：万建秋、石雾淞、田敬明 中国铁塔股份有限公司九江市分公司：童清、李骞、巢丽萍
95	二等	福建电信打造5G电力行业专网，加速数字化转型	中国电信股份有限公司福建分公司 华为技术有限公司	李瑜、杨剑涛、袁溢	福建电信：林达兴、陈邦文、郑元钧、陈烜、朱启儒、孙玮、周杰、黄惠芳、谢和忠、罗贵川 华为：柯艺骏、周洋、胡珣、段仁庆、宋迪
96	二等	"互联网+明厨亮灶"网络餐饮食品安全社会共治项目	天翼数字生活科技有限公司	杨晓杰、李永乐、陈瑞	刘芬、魏汉雄、李霁昀、刘丹枫、杨伟强、高利山、胡光、黄靖妍、唐乃革、杨云、荣晓婷、温洁慧、陆文燕、胡敏慧
97	二等	萍乡市全域视联感知网	中国铁塔股份有限公司萍乡市分公司	徐永坚、柳伟、丰议	王楚欣、敖曦

（续表）

序号	等级	项目名称	单位名称	主创人员	参与人员
98	二等	瑞安市智能汽车关键零部件"万亩千亿"智慧园区暨工业互联网平台	中国联合网络通信有限公司浙江省分公司	王增达、杨晨	郦家琦、秦真、左静、戴翌尔、金嘉杰、李翔、汪淑萍
99	二等	5G+MEC技术在三峡集团东岳庙大数据中心的创新示范应用	中国联合网络通信有限公司湖北省分公司	李鹏、孔钦悦、戚刚	黄波、鲍峰、杨威、陈功、刘乔、曾宪涛、贾超、毛小玲、肖哲、原一芳
100	二等	湖北容百锂电5G+工业互联网全连接工厂	中国联合网络通信有限公司鄂州市分公司	吕亮	李志伟、李奇霖、周舟
101	二等	潜江中心医院5G+MEC智慧医共体的创新应用与实践	中国联合网络通信有限公司湖北省江汉分公司	赵宇航	刘洋
102	二等	宁夏回族自治区政务信创云建设项目	联通数字科技有限公司	杨绍光、司玉辰、李娟	郭俊、詹银婷、徐笋、禹薇、王彪燚、张元、佟彤、李文斌
103	二等	基于5G专网实现产品生产与使用全生命周期智能化平台	中国联合网络通信有限公司青岛市分公司	周佳丽、王洋洋、杜宝林	张敬姝、蓝国宁、田丰彬、杨仕健、王晓娟、张磊、王冰、侯永山、刘素娥、黄戈、杨洋、冷洁、王芳、黄锡青
104	二等	荆门长城汽车5G智慧工厂项目	中国移动通信集团湖北有限公司	邹光灿、杨蓉	瞿才庆、覃健、张勇、刘启方、罗玲、田纪龙、李俊强、刘隽、余威、田丹琼、龙凤娇、徐浩、曹益豪、熊利、陶松涛、黄韬、肖娜
105	二等	低阻力双通道间接蒸发冷却空调项目	广东海悟科技有限公司	吕东建、吴先应、谢文科	谢文科、张军武、温泽威、张辉、彭延君、高尚、杨聪聪、彭天宏、陈诚、刘朕、洪德通、冯伟乐
106	二等	甘肃省数字政府大数据基座项目	中移系统集成有限公司	苏小保、常鹏飞	李永宏、杨能杰、齐怀超、韩呈麟、陈兴兴、雒菁、樊一宏、王锦青、李晨阳、花蕊、郭启文、王彩文、刘文杰
107	二等	5G消息综合服务平台	湖北公众信息产业有限责任公司	黄太山	李健、王翀、李画、邓涵月、廖逸芳、彭见春、李羊琴、叶燕、谭晶晶
108	二等	轧辊数智化平台运营指挥中心项目	中国联合网络通信有限公司上海市分公司	胡卫东、黄璿、戴翮	沈洲、杭君军、胡赟、梁佳龙、冯玮伟、刘哲、邓楚舒
109	二等	兴义市畜禽产业园2022年度补链强链(生猪屠宰场管理系统)项目	中国联合网络通信有限公司黔西南州分公司	韦克甫、颜闽、刘必胜	罗国柔、刘应凯、唐时炎、田儒学、郭涛
110	二等	呼伦贝尔农垦三河农牧场有限公司农牧业社会化服务综合体建设项目	河南省信息咨询设计研究有限公司	王洪亮、许学卿、薛帮国	马刚、祁澎泳、张锁、郑纪刚、赵红宇、朱禹冰、陈旭、景超凡、罗松华、康冀、左伟丽、胡泽亮、裴壮、堵颢、黄柱、黄少华、刘旭
111	二等	"数字赋能集成，服务转型提升"-NFV数字化集成服务解决方案	中兴通讯、安徽移动	中兴通讯：胡兵、朱静 安徽移动：郑烈	周雪银、邹俊、陈璇、沈飞、陆晓燕、王毅、范东明、杜宇、江旭群、孙晓勇、陈艳梅、张学良、李蔚、桂国富、刘绍杰、郑家富、刘会战

(续表)

序号	等级	项目名称	单位名称	主创人员	参与人员
112	二等	山东国网 5G 专网物联网项目	中国联合网络通信有限公司山东省分公司	张向明、宋雪述	陈思、潘峰、翟少伟、王建伟、李慧敏、赵浩、沈凤宇
113	二等	用户感知洞察与修复一体化管理体系创新	中国电信股份有限公司山东分公司 华为技术有限公司	山东电信：刘晓迪、张雯 华为：窦传洲	山东电信：赵耀全、陈金玲、霍浩渺、吕玲全、王文涛 华为：魏晓潘、冯贵友、陆颖轩、王英夫
114	二等	黔东南州"5G+医疗物资应急储备配送中心"项目	中国联合网络通信有限公司黔东南州分公司	冉茂刚、杨全炜	梁花肖、王朝军、曹晓波、常焦舰、文学华、曾江
115	二等	武汉市疾病预防中心 5G+发热人群监测项目	中国联合网络通信有限公司武汉市分公司	陈恳、何祥永、田原	陈磊、朱福康、马博洋、陈洪祥
116	二等	仙桃市中小学后勤管理办公室仙桃市中小学（幼儿园）食堂"互联网+明厨亮灶"管理平台建设项目	中国联合网络通信有限公司湖北省江汉分公司	周坤	刘洋
117	二等	云南政务行业云项目	中国电信股份有限公司云南分公司 天翼云科技有限公司云南分公司 华为技术有限公司	天翼云南公司：刘光榕、祝捷	天翼云南公司：杨兴跃、尚英霞、蔡旭涛、王辉、陈玥、郎冬冬 云南电信：陆松华、张俊春、刘杰、李兴旺、王文荣、彭青、余吉 天翼云南公司：侯博君、倪辉 保山电信：邵云、杨福 文山电信：张学伟、牙树磊 临沧电信：张凯宇、陈洋 楚雄电信：刘斌、徐洪波 华为：伍琛尧、齐健、贾欧阳、吴金玺、王建斌
118	二等	上海体育场 5G 智慧场馆项目	中国联合网络通信有限公司上海市分公司	邓云岚、叶梦、刘润豪	何艳、陆海妹、董天君、迟鸣、武婷婷、李连章、朱琳琳、陆矢超、梁明坤、高凌云
119	二等	智慧医院电子病历评测建设项目	中国电信股份有限公司泰安分公司	魏钰婷、周强、曹丙振	魏钰婷、周强、曹丙振
120	二等	面向 ODM 行业的千兆光网智慧工厂园区示范项目	中国联合网络通信有限公司广东省分公司	邢燕、易祖洋、马文波	温文俊、刘润程、张妍、陈瀚轩
121	二等	供应链物流一体化服务平台（物流管理系统）	鸿讯供应链科技有限公司	刘刚、白杰、吕岩	张燕薇、耿大鹏、李文龙、王跃、晁佳鹏、李уo坤、肖建平、杨凌云、张秀霞、曹叙
122	二等	基于工业互联网标识解析体系的 AR 智能交互企业服务系统	中国邮电器材集团有限公司	沈爽、李勇、柳林	康海利、邹文芳、尹俊、周波、熊力、宋杰、满俊
123	二等	整体式全天候节能机组	广东海悟科技有限公司	吕东建、谢文科、张军武	温泽威、赵飞、吴先应、陈诚、杨云倩、高尚、罗来平、周挺、王树材、樊龙、冯伟乐、彭延君

（续表）

序号	等级	项目名称	单位名称	主创人员	参与人员
124	二等	武汉公安新型网络反诈平台	中国移动通信集团湖北有限公司	吴俊、郑巍	杨军农、操倩、王汉钟
125	二等	5G+团风园区循环化改造智慧园区建设项目	中国联合网络通信有限公司黄冈市分公司	李森、黄淑平、朱玉奎	顾鑫、朱乾、汪勇
126	二等	基于时序寻优的数据中心增程式水冷智能调优方案	中国联合网络通信有限公司广州市分公司 华为技术服务有限公司	广州联通：程博华 华为：齐琦、张露迪	广州联通：曾昭才、邹卫新、黄永强、周定安、刘松茂、陈奕涛、周泽楠 华为：单夫一、赵毅、覃溪、梁宇栋、陈晓朋
127	二等	无人机巡河智能目标检测解决方案	中国联合网络通信有限公司福建省分公司	董帝烺、黄炳塔、杜丕加	王启文、许绍松、吴晶晶、钟辉、肖子雄、何晋毅、徐槟榔、吴世柏、杨培玲、杨瑞清、郭铭州
128	二等	瑞华制药5G+智慧车间解决方案	中国联合网络通信有限公司鄂州市分公司	李奇霖	李志伟、吕亮、董航航
129	二等	基于5G+MEC的智慧电厂创新示范应用项目	中国联合网络通信有限公司湖北省分公司、国能长源汉川发电有限公司、国能龙源电气有限公司	张晖、李存刚、黄波、肖斐、郑琳、郭侃敏	国能汉川发电有限公司：肖波、李建锋、郑望成、冯飞 国能龙源电器有限公司：贾莹霞、李松、杨晓军、张赞 中国联合网络通信有限公司湖北省分公司：戈明军、刘京慧、张丰华、伍呈呈
130	二等	动态智能超表面方案，助力绿色高效5G-A网络演进	中兴通讯股份有限公司	任涛、熊曼卿、海振坤	崔亦军、赵志勇、吴建军、李萍
131	二等	湖北巴东金丝猴国家级自然保护区保护及监测设施建设项目	中国铁塔股份有限公司湖北省分公司	蒲云翔	王毅、宋野
132	二等	OTN精品光网再攀品质专线新高峰，数智转型升级行业新体验	中国电信集团有限公司 华为技术有限公司	中国电信：孙军涛 华为：林毅	中国电信：王振方、刘宏杰、袁泉、马涛、戴柏星、鲁大博、霍晓莉、龚雅栋、张国新、袁伟、蒋祺 华为：杨利勇、李国平、王刚、廖旻、向微、唐川
133	二等	长江5G+北斗智慧航运创新应用项目	中国移动通信集团湖北有限公司	李柏苇、韩光鑫	
134	二等	綦江区社会治安综合治理信息系统建设项目	重庆信科设计有限公司	廖许斌、冉玉钏、胡燕	罗瑶、万聪、苏文剑、王蓬、吴迪、古达文、郑勇、石春燕、苏昕炜、崔秋菊、李昊楠、邓雅、张锦程、高煜、刘四军、黄香、彭科
135	二等	基于AI的5G专网SLA端到端智能运维解决方案	中国移动通信集团河南有限公司 华为技术有限公司	河南移动：张秀成 华为：贺少武、丁亚丽	河南移动：王玉星、种颖珊、刘佳、李婷、王崇、姜路路、姬盈利、鲁铁拳、张磊、吴俊杰、郎婷、秦宇 华为：刘晓淳、郑佳锋、李翱翔、储宇鑫、杨彦良
136	二等	智慧园区AR实景智能监控服务项目	中国铁塔股份有限公司湖北省分公司	杨艳红、罗飞	陈勇、左星光、伍聪

(续表)

序号	等级	项目名称	单位名称	主创人员	参与人员
137	二等	九江市渔政AI预警处置系统服务项目	九江市农业农村局、中国铁塔股份有限公司九江市分公司	九江市农业农村局：朱云 中国铁塔股份有限公司九江市分公司：王旭	九江市农业农村局：艾群兵、甘德贵、周文超、张正国、林喜、周杰、杨东、沈建新、吕凤琴、申泰宇、陈涛、陈珊、涂浩翔、徐殷敏、廖伟涛 中国铁塔股份有限公司九江市分公司：童清、李骞、巢丽萍
138	二等	舞钢市智慧城市建设项目	河南省信息咨询设计研究有限公司	栾杰、芦刚、谷山	栗量、张石岩、李喜梅、孙沙沙、张清杰
139	二等	成武县人民医院5G智慧医院	中国联合网络通信有限公司菏泽市分公司	张平、侣称称、丁友鹏	许凤娟、宋玉华、付艳丽
140	二等	基于无线算力网络的端到端极致体验保障	中国移动通信集团河北有限公司、中国移动通信有限公司研究院、深圳市中兴通讯技术服务有限责任公司	刘淑祎、王亭亭、顾军	赵亚锋、齐辉、张哲、杨亚伟、李卓、王锐、李飞、李婷、李响、曹晋宇、孙奇、李男、费腾、李攀、赵丁、冉凡海、蔡建楠
141	二等	传染病报卡监测预警系统（简称公卫上报系统）	中国电信股份有限公司湖北分公司	梁静、张文俊	湖北公众公司卫健事业部：安静进、李亚辉、程涛、李诗影、吴桃
142	二等	至臻黔网-区县级教育一体化安全专网	中国移动通信集团贵州有限公司 华为技术有限公司	张黔、刘烜、胡小勇	李早、黄东、李以庄、李佑、龚锐、景韵、彭迪、闫建勋、章荣生、闵铁源、易靖国、马力、姚良松、刘军、许江衡、王冲
143	二等	XGS-PON+FTTR助力直播经济	中兴通讯股份有限公司 中国电信股份有限公司杭州分公司	沈明月、俞伟、李明生	郑永强、徐火顺、黄欣、邵忠、王勇、葛得春、吴祖明、房董祥、钟康、陈项、金鑫、王磊
144	二等	贵阳贵安农村厕所革命数字化平台	中国联合网络通信有限公司贵阳市分公司 贵阳市农业农村局	何松林、李金鑫、左希	赵婧、罗民伟、田猛、林泽烜、陈曦、郭可萱、谭坤来、苏雄、李添秀、何璐君、沈敏
145	二等	黄梅县应急管理局指挥中心可视化项目	中国联合网络通信有限公司黄冈市分公司	洪攀	顾鑫、朱玉奎、熊胜、朱乾
146	二等	山东省小型水库雨水工情自动测报和水库安全运行及防洪调度项目	联通数字科技有限公司	房秉毅、张英伟	刘含宇、白羽、苏陆、张乐涛、林治宇、张继仁、徐磊、吕同庆
147	二等	智慧数字工厂云平台	山东万博科技股份有限公司	杨爱江、史修美、李月	魏现军、袁忠鹏、刘忠国、崔昌云、许长民、韩绍囡
148	二等	基于Ka高通量卫星的直升机智慧应急应用	中国卫通—宽带事业部	董坤、张晓、施悦	赵晨、谢小芳、七学郁、任毅、李萌、田锟、赵淑瑶、郭世玉、顾环宇、郝帅玲、王婷
149	二等	黄冈市中小微企业工业互联网平台	中国联合网络通信有限公司黄冈市分公司	李玮、黄淑平	廖诚、胡宽、王敏
150	二等	锡林郭勒盟智慧工业园区	联通数字科技有限公司内蒙古自治区分公司	祁贵宝、肖利民、贾斌	王国栋、吴俊美、杨帆、刘志豪、周浩、程金龙、贾彤、刘亚东、于文利
151	二等	贵州习酒5G+智慧仓储项目	中国联合网络通信有限公司贵州省分公司战略客户部	刘颖、刘达	兰亚利、李江涛、徐文亚、宋晓骏

(续表)

序号	等级	项目名称	单位名称	主创人员	参与人员
152	二等	广东联通基于可信网络技术的安全攻防解决方案	中国联合网络通信有限公司广东省分公司 中讯邮电咨询设计院有限公司 华为技术有限公司	中讯院：马季春 广东联通：薛强 华为：王志刚	中讯院：张桂玉、梁晓晨 广东联通：杨世标、叶晓斌、朱明星 华为：周家乐、郭伟雷、王喆伟、高书颖、吴红、王佳兴、蒋林波、张亚博、马乐、龚志伟、刘熙、孔令萩
153	二等	台州电子政务平台服务平台	中国电信股份有限公司台州分公司 华为技术有限公司	台州电信：张辉、叶斌、范欢欢	台州市大数据发展中心：王果慰、项高友 中国电信股份有限公司：滕勇隽、董惠琪、胡金栋、金津、葛思雨、魏婷婷、冯其、金波、盛旭、陈永才、蔡仁 浙江智慧信息产业有限公司：杨圣建 天翼云科技有限公司：张廷乐、蔡志峰 华为技术有限公司：尹伟豪
154	二等	数字乡村"乡镇云"	天翼数字生活科技有限公司	魏睿、严穗东、何海浪	梁鹰、王华毅、邓德宝、冯忠斌、刘筱晔、黄进、张涛、李子毅、黄曦、钟尧、詹志伟、梁楚仪、龙和平、翁丹妮、杨智超、张志锋
155	二等	贵州轮胎5G全连接工厂	中国联合网络通信有限公司贵州省分公司战略客户部	刘颖、刘达	黄效维、徐文亚、宋晓骏
156	二等	纤维制造运营管理平台	中国纺织科学研究院有限公司	张强	张佳星、赵同乐、张君扬、赵伟荣、刘慧洁、张红、李睿
157	二等	中小微企业高可靠网络解决方案	北京中元易尚科技有限公司	王云	余国华、李俊、刘广洋、张帆、张旭、杨旭升
158	二等	核心网"智简"运维创新方案与实践	中兴通讯	唐文斌、徐敬增	唐洪骏、王大成、王科、孙嘉
159	二等	咸丰县人民医院信息化建设项目	中国移动通信集团湖北有限公司恩施分公司	李秀宇、冯玲	邓健、胡晓伟、汪洋、王彬、商勇、吴秀芳、代松
160	二等	低空共享无人机，助力全行业发展	中国电信股份有限公司武汉分公司	王煜	董泽汇、曹立恒、朱麟友、程俊
161	二等	算力调度平台及网络构建全国一体化算力调度体系	中国电信股份有限公司甘肃分公司、中兴通讯股份有限公司、中电万维信息技术有限责任公司	中国电信：郭方平 中兴通讯：朱海东 中电万维：田毅	中国电信：郑强、赵永庆、高守纪 中兴通讯：庄严、殷强、许文强、张海峰、刘梅 中电万维：张秀娟、高嘉良、何秀文
162	二等	基于可信电子欠账多场景应用平台	中移动信息技术有限公司	蔡志翔、高梅、吴启田	丛智鑫、冯秉茹、胡旭晖、宋代强、刘敏仪、袁嵩
163	二等	多模态数智人重塑数字文旅生态体验	咪咕文化科技有限公司	李琳、杜欧杰、王乐	郑彬戈、李斌、徐夏丰、吴嘉旭、李小海、严颖、王珊珊、付万国、张凯、田永森、苏宗涛、陈佳琪、王佶堃、杨斌、胡斌、张仕钧、张闽
164	二等	宜昌姚家港智慧园区服务中心工程项目	湖北公众信息产业有限责任公司	宋刚、黄佑军、吴广	孔进、孙晓军、易平、周旭、王华、李伟、望晟、黄邦荣、袁爱华、余铁男、丁为、何雪婷、张克忠、张桐

（续表）

序号	等级	项目名称	单位名称	主创人员	参与人员
165	二等	5G 智慧急救云项目	中国联合网络通信有限公司安顺市分公司	王媛、吴志芸、吴岳	石伟奇、杨康
166	二等	5G+ 智慧医疗—多态智联，新一代基层健康云	武汉市卫生健康信息中心、中国电信股份有限公司武汉分公司、创业慧康科技股份有限公司	全巍（中国电信股份有限公司武汉分公司）、刘欣（武汉市卫生健康信息中心）、龙耀（创业慧康科技股份有限公司）	杨国良、邢福工、翟心妍、周丽荣、范一凡（武汉市卫生健康信息中心）；孙勤、肖智勇、夏敏、赵文颖、王平、汪枫、刘华国（中国电信股份有限公司武汉分公司）；薛茂勇、舒喜、高雪威、章晓、李方刚（创业慧康科技股份有限公司）
167	二等	面向 5.5G Core 的网络云平滑演进方案创新	中国移动通信集团浙江有限公司 华为技术有限公司	王晨、黄洁、唐颖	浙江移动：黄珊、吴超培、佟海岚、毛佳丽、熊飞 华为：胡科、冯立坤、马凯丰、郝岩星、王军、韩光耀、万智、蔡晓庆、徐冰
168	二等	蔡甸区森林防火能力提升建设项目案例	中国通信建设三等工程局有限公司	赵子殊、汤丽、付俊义	闵玉华、吴景明、高凯、许楚兴
169	二等	马鞍山博望区城市客厅智慧综合能源项目	安徽电信规划设计有限责任公司	贾宏星、王立锐、童鹰	孙振振、王斌斌、蒋亚运、张屹然、刘和庆、杨磊、俞城生、吴金锋、刘闯、余军、卓昭俊、邵钟奇、李亮、达传龙、吴咏壕
170	二等	湖北省襄阳市宜城市莺河一库水源地保护智能监控项目案例	中国铁塔股份有限公司湖北省分公司	刘斌、李辉、齐乾坤	郭鑫舟、梁俊霜
171	二等	5G 智慧商业综合数字化解决方案	华为技术有限公司	鲍祥英、万滔	张君、罗启林、黄忠、吕涛、何立波、王越琴、崔浩、谢伟、杨柳、付晨、苟伯茹、陈少勇、陈雅舒
172	二等	基于大数据和人工智能的智慧停车应用	中国联合网络通信有限公司遵义市分公司	骆鑫、张思	蔡漪迪、周俊强、陈炜业、刘斌
173	二等	NWDAF 直播智能体验加速案例	中国移动通信集团浙江有限公司 中国移动通信有限公司研究院 华为技术有限公司	浙江移动：唐颖 移动研究院：李爱华 华为：黄勇	浙江移动：程路、王晨、黄洁、毛佳丽 移动研究院：魏彬、史嫄嫄、刘乐、陈超 华为：邱雪峰、胡春哲、王怀齐、夏振峰、高燕
174	二等	基于机器学习的网络异常 KPI 检测技术研究与实践	中兴通讯	唐帅、于传恩	唐洪骏、王大成、王科、唐文斌、李世明、孙嘉
175	二等	黎平县 5G+"数字黎平"（一期）项目	中国联合网络通信有限公司黔东南州分公司	付勇、杨宁华	周子秋、常焦舰、王朝军、曹晓波、张海鹏、龙正华、丁立海
176	二等	东西湖区社会治理指挥中心信息化平台项目	中国电信股份有限公司武汉分公司	杜安宁、李文、刘畅	张蕾、吴涛、万信、程燕玲、张兆宇、解玉洁、李莎、陈攀

（续表）

序号	等级	项目名称	单位名称	主创人员	参与人员
177	二等	5G双域专网，助力绽放智慧教育之花	中兴通讯、福建移动	福建移动：杨林冰 吴鹏晖 中兴通讯：陈新宇	中兴通讯：王全、王卫斌、朱建军,王靖晟,叶建阳,黄德财,杨蕤、柳勤 福建移动：戴涤非、严飞、沈硕、徐华、唐冰心、陈新慧、林慧晶、庄彦、洪舒平
178	二等	通山县县域医共体信息化建设项目	中国移动通信集团湖北有限公司咸宁分公司	王杨	程星、陈璐、秦军、陆梦进、周汝都、李津凯、胡珊
179	二等	恩施州智慧教育大数据平台	中国联合网络通信有限公司恩施州分公司	李刚	杨杰
180	二等	超高效氟泵空调	广东海悟科技有限公司	吕东建	李敏华、谢志超、王黎平、陈鹏熙、黄权、向家豪、房力颖
181	二等	元遇空间—元宇宙会展中心	咪咕文化科技有限公司	李琳、周冰、仝博	苏毅、李斌、郑彬戈、雷宏伟、李小海、饶明佺、齐松、宋率领、王君贤、唐郡、李星辰、陈星睿、陈凯、王慧、殷杰、夏婷、孙一波
182	二等	引入CI/CD实现5G核心网全流程自动化升级	中国移动、中兴通讯	中国移动通信集团网络事业部：谢洪涛 中兴通讯：陈新宇、王全	中国移动通信集团网络事业部：尤梦、何宇、付蜜能、徐彬、刘方、李贞贞、王晨、常梦迪 中国移动通信集团重庆有限公司：杨松霖、周丽 中兴通讯：朱建军、郭益军、陆光辉、张固然、胡绵伟、滕继晖、陈春
183	二等	IDC全省一体化布局，通过红黄蓝订单模式确保IDC业务快速开通	中国移动通信集团山东有限公司 华为技术有限公司	葛川、蒋建忠	瞿祥明、张清馨
184	二等	青岛城轨云	青岛地铁集团有限公司 中兴通讯股份有限公司	青岛地铁集团有限公司：王义华 中兴通讯股份有限公司：尹博、徐健	青岛地铁集团有限公司：张鹏、张晓涛、唐连波、李芳娟、陈磊、高德钊、樊玺炫、蓝天 中兴通讯股份有限公司：姜永湖、彭亦辉、丁成远
185	二等	西宁市数字经济发展规划（2022-2025）	湖北邮电规划设计有限公司	申杰、岳阳春、夏雯	申杰、岳阳春、夏雯、谢凌龙
186	二等	绍兴嵊州智能厨电产业大脑	中国电信股份有限公司绍兴分公司 和利时卡优培科技有限公司 华为技术有限公司	绍兴电信：费永佳、张宇、鲁子春	和利时卡优倍科技有限公司：陈杰、刘刚、杨成、余杨 中国电信股份有限公司浙江分公司：滕勇隽、董惠琪、胡金栋、金津、鲁汉颖、沈定康、应里坚、陈嘉锦、董一新、裘炎东 天翼云科技有限公司浙江分公司：张廷乐、蔡佳彬 华为技术有限公司：陈琦
187	二等	长沟锰矿5G智能化建设项目	中国联合网络通信有限公司遵义市分公司	王勇、王永德	朱颖、鲁颖、郭朗、丁茂原、杨高进

(续表)

序号	等级	项目名称	单位名称	主创人员	参与人员
188	二等	智能意图运维保障高品质行业专线	中国移动浙江分公司 中兴通讯股份有限公司	浙江移动：程路、林翀云 中兴通讯：薄开涛	浙江移动：王晓义、张满、宋公建、陈辉、吕东、沈浩铭、洪威 中兴通讯：肖红运、李发献、彭鑫、黄卓垚、郭慧峰、杨琴、郝耀东、秦义灏、邵钰峰、胡乃俊
189	二等	湖北省应急厅指挥信息网	中国移动通信集团湖北有限公司	李炜喆	杨军农、操倩
190	二等	医院集团智慧设备物联平台的创新与应用	通用环球医疗集团有限公司	李华明、李建功、徐长海	郭飞、王新宇、王毅、刘斌、孙阿龙、胡玉国、王文杰、王帅姣、原佳星、卢彦、李雷、万洋洋、殷凯、于慧中、李柏松、刘金康、谢高丽
191	二等	面向多场景的抗弯曲低损耗单模光纤技术方案	江苏亨通光纤科技有限公司、江苏亨通光导新材料有限公司	孙楠、刘周伟、姜政	刘振华、王友兵、劳雪刚、杜森、贺作为、罗干、马磊、姜丁允、于海明、庄云锋、赵云鹏
192	二等	地停精准覆盖方案创新案例	北京鑫昇科技有限公司	樊文娟、张浩、何国栋	张冰、潘海霞、蔡树鹏、王静如、史明慧、赵文俭、冯小刚、李晓波、王保辉、郭彦明
193	三等	"街道云"基层治理平台	天翼数字生活科技有限公司	邵亚红、叶冉、李帅	边延凤、褚国庆、刘丹蓉、闫春晓、高翔、王刚、冯会彬、陈华、杨荣繁、陶然、吴娜、王乙凯、仇国祥、陈国朗、黄伟胜
194	三等	智慧医保"村村通"解决方案——乡镇医保普惠进万家，有效衔接乡村振兴	中国移动通信集团有限公司政企客户分公司、中移系统集成有限公司	刘金鑫、李东生、刘源	路葭、张祺超、武进、任世杰、李双佶、丁静、王诗璇、蘩兵、唐谊、肖青山、岳德生、卢富春、温庆福
195	三等	千兆光网筑造武汉市税务局创新应用基石	中国电信股份有限公司武汉分公司	戴大鹏、严静	
196	三等	保护环境山河美，持续发展事业兴，"数智e城"驱动"秀美峄城"健康发展	中电信数智科技有限公司枣庄分公司	樊惠敏、王飞、田东花	鞠瑞、赵亚峰、杜建、马龙、刘文文
197	三等	远安县数字驾驶舱建设项目	湖北公众信息产业有限责任公司	毛启兵、刘瑄、罗小萌	姚闻轩、孔进、王小锐、田星火、石勇、赵正平、李伟、袁爱华、钟毅、马志远、刘钰、王书叶、危俊、潘周洋、周昭宇
198	三等	FarTest自动化测试平台	深圳市法本信息技术股份有限公司	曹小冲、杨芷柳、罗海朋	杨斌、郑强、张奎、张玉炫、吴涛、辜龙超
199	三等	东津新区防汛排涝监测预警调度管理平台	中国联合网络通信有限公司襄阳市分公司	陈龙	高琪、张骞、袁思民
200	三等	WSENS+摄像头：确保隐私的适老安防方案，创造运营新价值	中兴通讯股份有限公司	严梅娟、耿兆森、薛英松	董伟杰、马小松、康皓清、张海军、熊钢

(续表)

序号	等级	项目名称	单位名称	主创人员	参与人员
201	三等	基于任务总线引领四大引擎的无线运维工作台	中国移动通信集团山东有限公司 华为技术有限公司	邱伟娜、张康、王灿鹏	王治国、潘亮、周杰、王柄鉴、孙静、张康、张磊、冷振兴、宋常亮、李伟
202	三等	智慧教室产业链集成解决方案SCIC集成)	中国通信建设三等工程局有限公司	陈杨虎	陆应林、雷志、胡永捷
203	三等	一等届全国学生（青年）运动会信息技术系统建设方案	湖北邮电规划设计有限公司	陈晓静、胡文	袁梓溢、孙晗
204	三等	5G+中药颗粒的生产全流程管控平台	中国联合网络通信有限公司广东省分公司	邢燕、易祖洋、马文波	巫剑清、方桃、谢永健
205	三等	绍兴黄酒产业大脑	中移（上海）信息通信科技有限公司	蔡贝宁、李世强、周威	周子涔、许寒旭、陈旭、张旖旎、施文骏、黄土刚、吴昊奇、陈常杰、唐鹏飞、廖广玉、衡亚亚、张良、石纯山
206	三等	丹江口市"智慧城市"建设项目	中国联合网络通信有限公司十堰市分公司	顾朝君、金凯	李晶、刘宇、陈敬勇、胡金莉、江淑萍
207	三等	基于日志深度解析的网络智能"割接卫士"	中兴通讯股份有限公司	赵松、周波、姜磊	吕锋、田畦、刘飞、尹峤之、黄雨竹、杜贤俊、罗秋野、徐国平、段银
208	三等	基于数字乡村应用场景的空天地人一体化监控方案	铁塔智联技术有限公司	孟旭、黄粤、郑洪雷	张子健、李建军、陈丰、周延、常印、侯晓辉、张玲、王秋生、杨宁、袁忠礼
209	三等	面向全流程的AI智能故障管理	中国移动通信集团四川有限公司 华为技术有限公司	四川移动：赖益民、魏巍 华为：王晶晶	四川移动：刘杰、奚雅雯、蹇卓儒、申会英、石朝辉、周琴 华为：李光灿、李琳、王国、崔莹、阮军平、卢旸、侯力雄、乔敖
210	三等	通山县国有大幕山林场2022年度森林防火综合示范建设	湖北公众信息产业有限责任公司	李俊、刘瑄、吴军	姚闻轩、张汉业、孔进、雷浩、李佩、冯雅聪、高澄、胡娅玲、杨丹妮
211	三等	成都市新津区城市数字底座项目	中国联合网络通信集团有限公司、云津智慧科技有限公司、联通（四川）产业互联网有限公司	罗煦飞	朱强、周雄、高季宇、管明亮、魏涛、穆锟、王赵全、夏枭、梅五一、张文娟、孔成、沈昭、孙春兰
212	三等	松山湖高新技术产业开发区区域治理"一网统管"试点项目	中电科普天科技股份有限公司	李国、熊国庆、黄一峰	李杰、万能、王金超、杨春、陈军、梁春丽、刘峻江、揭玉明、卢健文、刘源、周志康、梁润洪、马佳菲、孙国同
213	三等	新疆综合交通运输调度和应急指挥系统—高速公路视频云联网监测子工程可行性研究报告	中电科普天科技股份有限公司	洪江、李水宏、范磊	石磊涛、王成山、陈富江、刘斌、李英峰、吴志昊、高海林、李俊峰、阿布都合力力.吐尔孙、孟颖豪、刘仲明、张志科、于长海、张文杰、石杰、于亮、陈峰

（续表）

序号	等级	项目名称	单位名称	主创人员	参与人员
214	三等	区块链+物联网构建智慧出行5G+新生态	中移动信息技术有限公司、中国移动通信集团河南有限公司	中移动信息技术有限公司：叶可可、张晓京 中国移动通信集团河南有限公司：刘彦伯	中移动信息技术有限公司：陈国、彭伟军、张晶、韩周、燕明晓、赵思远、陈籽和、许允飞、边霄翔 中国移动通信集团河南有限公司：楼向平、裴照华、田菁菁、白琳、李仲刚、陈哲、薛晨炜、李宗正
215	三等	湖北罗田经济开发区化工企业集中区可视化安全监管信息平台项目	中国联合网络通信有限公司黄冈市分公司	顾鑫、朱玉奎	熊胜、洪攀、朱乾
216	三等	基于5G+北斗定位智慧游船方案	中国联合网络通信有限公司北京市分公司	张天元、嵇燃、于惠琳	孙司远、曲晓松、马雨佳、李蔚朋、魏泽华
217	三等	某市公安局交警支队违法抓拍增补点位建设项目	重庆信科设计有限公司	陈春梅、李发伦、王捷	袁良、杨伟、李科、乐栋、韩晨晨、李文新、母艾达岸、张力、王军霞、苏文剑、李小东、魏来、樊聪、汤艳、童光杰、张力、鲜旻
218	三等	WDM-PON多业务承载助力通信产业高价值发展	中兴通讯股份有限公司 中国电信股份有限公司安徽分公司	田䏝、李明生、杜喆	李应盛、黎明、胡靖、吴发献、杨波、吴颖、王俊杰
219	三等	面向生活多元服务的数字家园平台	天翼数字生活科技有限公司	叶冉、张本琦、王哲哲	褚国庆、孙洪、王珏、李士龙、王刚、邵亚红、冯会彬、陈华、仇宵祥、陈国朗、郭宁、郭涛、苏率斌、肖冬娣、黄思运、张步祥、尹晨光
220	三等	基于IPv6+的山东信创省级政务云大数据平台	中国联合网络通信有限公司山东省分公司	臧莹、杜福之、雷中锋	曲延庆、王元杰、郭辉、程红军、祁冬、王立本、孙栋、姜雯、傅泽森、高荣昊
221	三等	湖北宏源药业5G+AGV项目	中国联合网络通信有限公司黄冈市分公司	林志、李长春	王敏、汪勇
222	三等	网络健康智能化感知解决方案	中兴通讯	洪功存、许正礼、刘承耿、冯增平	施清启、钱铮铁、闫林、陈占海、邵鹏、喻莹
223	三等	智慧公安监管一体化平台	联通数字科技有限公司内蒙古自治区分公司	肖利民、于文利、刘志豪	包泽华、殷硕、韩彬彬、徐亚丽、贾斌
224	三等	成武县新型智慧城市平台项目（伯乐慧眼）	中国联合网络通信集团有限公司/中国联合网络通信有限公司山东省分公司/云粒智慧科技有限公司	徐广瑞、王亚婷、唐玉茹、赵翡	沈昭、李奕、许烨瑶、王瑞、孙磊、丁友鹏、刘霄、葛立涛、尹乐、马勇、宋运涛、张培鑫、宋元庆、缪兴凤、袁凌霄、尹鹏军、唐玉茹
225	三等	上海文旅智能中枢"文旅通"平台	中国联合网络通信有限公司上海市分公司	陆海妹、王铖、刘帆	何艳、张翼、潘煜、徐懿驰、刘雅新、周海霞、周苑红、曹书慧、马骏鹏、吴兵、陶俊男、陈祝、刘洋、段迪雅
226	三等	鄂尔多斯市"三农三牧"数字化指挥调度监管平台建设	中电科普天科技股份有限公司	杜心宇、谢广荣、梁晖	张志光、张宏宇、宫辉、高强、杨春昇、李鑫、白文志、郝宇、郑小军、崔晶晶、谭友丽、陈峰、秦书瑞、包巴图、窦志慧、刘春艳、苏龙嘎娃

(续表)

序号	等级	项目名称	单位名称	主创人员	参与人员
227	三等	基于"12315"的5G SA端到端业务质量保障体系	中国移动通信集团安徽有限公司	桂国富、武苑、汪慧	刘绍杰、王君诚、朱岩、李大为、许磊成、陈彦丰、殷世琼、汪源、杜昌明、宛瑞、何梦靖、何宗虎
228	三等	OTN专线业务质量管理创新方案	中国移动通信集团有限公司 中国移动通信集团北京有限公司 华为技术有限公司	移动集团：邓宇 北京移动：张德利 华为：鲁驰	移动集团：刘卓、谭代炜 北京移动：高岩、张剑、田宏伟、李文娟、崔腾涛 华为：范明惠、张新明、张博、罗分宜、张扬宪、丁哲、李琪、周兵、王光华、倪中林
229	三等	5G智能运维系统研究及推广案例	中兴通讯	杨铭如、张钊年	杜中汉、林桂香、冷漠、皇甫立卫、谢晋、徐青、蔡昊怡、王珂、张华琳、尚子渊、张文凯、张润来、张明、蓝林
230	三等	5G消息在湖北省应急厅智慧大应急领域的创新应用	中国联合网络通信有限公司湖北省分公司	吴刚、王奔	黄波、张梁、陶涛、刘体阳、胡俊
231	三等	OTN精品专网智能化开通和运维解决方案	中国移动通信集团河南有限公司 华为技术有限公司	河南移动：马小玲 华为：岳伟、谢立	河南移动：秦宇、庞桂峰、王淑蕾、王祥、杨文、刘阳、王晓磊 华为：鲁驰、黄元花、杨彦良、韩双双、沈围、郭银银、鲍平楚、毕晓东
232	三等	河南移动核心网高稳保障成功实践	中国移动通信集团河南有限公司 华为技术有限公司	河南移动：张秀成 华为：刘朋、赵琰琰	河南移动：张新鹏、张艳琼、原晓艳和静、陈海洋、孙源、王玉星 华为：马文刚、宁峰、邵友亮、李洋、王鑫、王飞飞、张杰、柳丹、席延军、张焓保
233	三等	荆州市自然资源智能监管系统服务	中国铁塔股份有限公司湖北省分公司	李娟、陆海涛、许方宏	谢丰、管于廷、陈康、廖志军、张俊、周爽、谢勇、陈飞
234	三等	安全千兆光网助力武汉智慧交通建设项目	中国电信股份有限公司武汉分公司	熊凯伦	
235	三等	宜昌市重点投资项目全生命周期监管平台及视频监控服务项目	中国铁塔股份有限公司湖北省分公司	车锋、易正鑫	罗先维、蔡冰妹、魏若汀
236	三等	数智创新为基，赋能寄递物流绿色发展新模式	中国电信集团有限公司山东分公司	李婷、王兆合、田志伟	刘然、李佳康、崔健、金勇、任申、张冬冬、龙慎鹏、王永亮、鞠立生、韩嘉民、张现振、于晓冬、苏世超
237	三等	模块化智能氟泵多联空调系统	广东海悟科技有限公司	吕东建	李敏华、冯巍山、宋鹏、梁啟钿、邴媛媛、方坤豪、余家开、廖俊、梁富涛、彭天宏
238	三等	湖北联通基于IPv6+的智能算网解决方案	中国联合网络通信集团有限公司 中国联合网络通信有限公司湖北省分公司 华为技术有限公司	联通集团：屠礼彪 湖北联通：杨进军 华为：郝辰欣	联通集团：周又眉 湖北联通：江泓兴、肖帆、赵兴、吴文、彭琳帆 华为：严薇、温兰、夏雪挺、周家乐、郭伟雷、张东凯、马彪、姚少川、王林、江雨依

(续表)

序号	等级	项目名称	单位名称	主创人员	参与人员
239	三等	基于边缘智能和TSN的工业视觉智能检测平台	网络通信与安全紫金山实验室	彭开来、刘辉、谢人超	丁成成、赵荣淳、汤雅婷、张星愿、贾庆民、陆柔伊、俞芳芳、邱伟、赵昶、许丞、邱伟、姜悦悦、陈松、黄韬、霍如、朱海龙、杨彩云
240	三等	5G智慧港口AI平台	南京港（集团）有限公司、中国联合网络通信有限公司、联通数字科技有限公司	葛洪军、刘涛、许晨、	吴鑫鹏、周林华、姚和全、张学如、杨坚东、卓海龙、弭沛、何家伟、经守强、孙中恒、卢瑞、王冰凝、张会鹏、刘兆祥、何志勇、赵开开、陈月姣
241	三等	坚实网络数据底座：数智时代的超大规模信创大数据之路	中国联合网络通信有限公司智网创新中心 华为技术有限公司	葛迪、蔡志强、邓良伟	联通智网创新中心：陈得泳、刘鹏飞、刘佳乐、刘金强、孔洁昕、李永萍、李博、李博瀚、赵彦荣、张磊、秦晓东 华为：李冬冬、王正兵、是霖骁、姜勇、李国玮、穆阳
242	三等	北京市一等六一中学南校区智慧工地项目	中国新兴建设开发有限责任公司	王硕、左昆	杨爱斌、周宗峰、张磊、杨永明、张昊、李增辉、董鹏、周捷、任金强
243	三等	新型城域网极简化与智能化运维	中国电信股份有限公司上海分公司 中兴通讯股份有限公司	上海电信：方鸣、曾韬 中兴通讯：殷强	上海电信：朱磊、姜伟萍、彭文琪、王骏、何雨洁 中兴通讯：朱海东、严峰、王怀滨、魏健、黄嘉昳、陈聪、谢传俊、储晨、郦晴云、张俊芳
244	三等	云服务基础资源设施智能健康监控与分析	中兴通讯股份有限公司	高正伟、韩静、朱堃	李韶光、刘文琴、张奇、李芸江、杜军建、郭瑞诚、葛善兵、张伟如、赵永刚、刘志强、陈志亮、王仕豪、李庆勇、姜涛、刘蔚、栗伟清
245	三等	5G园区网+能力平台助力石化园区数字化	中国石油化工股份有限公司齐鲁分公司 中国电信股份有限公司淄博分公司 中兴通讯	中兴通讯：王红欣 中国石化齐鲁分公司：刘志鹏 中国电信淄博分公司：程永生	中国石油化工股份有限公司齐鲁分公司：李明鲁、刘新成、韩晓波、毛生 中国电信股份有限公司淄博分公司：谭飞、李志强、董瑞波、于肯、刘江 中兴通讯：周建华、汪竞飞、谢安骁、刘宏
246	三等	无线智能运维管理创新方案	中国移动通信集团河南有限公司 华为技术有限公司	河南移动：李锐	河南移动：苏珂嫄、李胜前、王少哲、黄鑫 华为：姬先举、许广树、郭明哲
247	三等	SDH&OTN两网融合助力运力网品质升级	中国移动通信集团山东有限公司 华为技术有限公司	山东移动：逯向军	山东移动：尹辉、傅传家、武斌 华为：陈旭阳
248	三等	鄂汇办随州旗舰店2022年建设项目	中国联合网络通信有限公司随州市分公司	江翔	毛春华、夏林、聂磊
249	三等	上海学校数字基座市级管理服务	云启智慧科技有限公司	高鸣宇、张震、盘军	胡琦、潘赛、杨权、戴靖、杨苏、刘建、熊纯、杨言、李明、李谋文
250	三等	高新区(溧水河、府河)智能可视化治砂工程	湖北公众信息产业有限责任公司	宋忠贤、黄佑军、丁为	姚闻轩、孔进、王光磊、王泽田、王雷、吴广、张克忠、常苗、张侗、王朝中

（续表）

序号	等级	项目名称	单位名称	主创人员	参与人员
251	三等	南华大学附属二等议员之会医院项目	中国联合网络通信有限公司	周华平、王胜辉、张景、刘建	王路杨、高伟、吴鹏君、王胜辉、朱树连、熊雨薇、刘建、黄恺丰、王忠玉、边洪波、冯湘、李娇丽、汤梦雪、张维芝、袁龙、李博兴、熊雨薇
252	三等	三亚崖州湾科技城5G车路协同平台项目	联通智网科技股份有限公司	赵晓宇、韩晖、刘博宇	卓海龙、杨海军、严炎、刘杰、李胜、李光育、郭帅、谭亮、童鹏、黄陈横、陈默涵、苏文华、王丽、何荣旺、陈宏浩、周俊宇、辜灵薇
253	三等	基于多维信息聚合分析的故障和隐患主动识别方案及实践	中国移动通信集团有限公司河北分公司、中兴通讯股份有限公司	河北移动：贾燕 中兴通讯：王志伟	河北移动：梁琨、杨炜、刘弘毅、康学福、马雪、任婷婷、张华、李少辉、蒋彤彤、梁聚宏 中兴通讯：郭益军、郭兴华、廖海涛、严亮、王勇、高建勋、杨彦奎、郑芳庭、亢朝峰、赖祖红
254	三等	5G版驭风系列云电脑终端（或"5G驭风云笔电"）	中兴通讯股份有限公司	华新海、张卫青	夏泽金、孙彤、修文飞、戚晨、王良家、于谋山、张建峰、代东飞、咸奎峰、胡媛、林雷、王松松、张露
255	三等	站址体检模型应用案例	中国铁塔股份有限公司云南省分公司	杨海华、王健、王为民	陶现名、马云飞、欧阳吉纯、沐锐、魏东、漆新华、石颖、王翠云、雷跃华、杨宏、李剑巧、马亮、王丽海、苏阳、李明媚、李娟、罗鹏飞
256	三等	随州市环保行业秸秆禁烧视频监控信息化服务项目	中国铁塔股份有限公司湖北省分公司	潘春旺、张超	潘仕琦、刘佳炜
257	三等	智能AI助力监督举报呼叫中心提质增效	联通数字科技有限公司	王瑞磊、徐笋	许海峰、韩帅
258	三等	基于云底座的数字胶片智慧医院应用	中国电信股份有限公司武汉分公司、武汉大学中南医院、武汉联影医疗科技有限公司	肖辉（武汉大学中南医院）；胡钦禹（中国电信股份有限公司武汉分公司）；袁泉（武汉联影医疗科技有限公司）	张方、余莎莎、赵幽（武汉大学中南医院）；沈振宇、李峰、孙伟臣、应琦、程良雪（中国电信股份有限公司武汉分公司）；邓俊（武汉联影医疗科技有限公司）
259	三等	磐匠数字公务员助力武汉市青山区数字政府建设	中国移动通信集团湖北有限公司 中移信息技术有限公司	中国移动通信集团湖北有限公司：王静、舒有武 中移信息技术有限公司：刘春林	中国移动通信集团湖北有限公司：吉志刚、雷中杰、梅勇、杨军农、蔡小燕、刘昊、毛俊勇、李炜喆、舒欢、陈洁、明瑞波、张颖钢、胡飞 中移信息技术有限公司：陈思、陈明罡、周水源
260	三等	智慧园区综合管理平台	中国邮电器材集团有限公司	朱红波、郭佳、王朝辉	尹俊、唐芸、杨硕、肖思婷、龚焱
261	三等	呼和浩特市住建局"智慧城建"建设项目	联通数字科技有限公司内蒙古自治区分公司	祁贵宝、周骥、郭冬青	段玉成、赵彦丛、王乐燕、姜苏洋、吴俊美、乌其日乐、程金龙

（续表）

序号	等级	项目名称	单位名称	主创人员	参与人员
262	三等	武汉市一等医院基于5G云边协同的智慧医院	中国联合网络通信有限公司武汉市分公司	肖辉、吕煊威	付磊、郭秀玉、马龙、余辉、吴小明
263	三等	罗湖区时空信息赋能平台（CIM平台）项目	中电科普天科技股份有限公司	杨春、李国、熊国庆	王金超、万能、陈军、梁春丽、黄一峰、刘峻江、揭玉明、卢健文、刘源、周志康、梁润洪、马佳菲、李杰、孙国同
264	三等	黄冈市蕲春县矿产资源增加联防联控点位接入监管平台建设工程项目	湖北公众信息产业有限责任公司	吴俊滔、刘瑄、罗小萌	姚闻轩、孔进、刘婷婷、汪刚、方宇飞、刘钰、王书叶、危俊、潘周洋、周昭宇
265	三等	浙江省砂洗城中小微园区改造项目	江苏亨通光电股份有限公司	王泼、张娟、丁春雷、吴昊	秦中灿、张倩、张士中、史俊杰、戴东甫、杨玉龙、堵小进、瞿帅
266	三等	5G+PCB智能工厂场景化解决方案	中电科普天科技股份有限公司	孟新予、熊珊、谭云婷	彭恋恋、朱春荣、潘蓉、郑伊玲、何蔓香、麦世恒、杨伟锋、邓菲、赵雁、乐明、李发慧、陈韶明、徐永军
267	三等	百里杜鹃湿地公园5G+康养智慧步道项目	中国联合网络通信有限公司毕节市分公司	杜悟灵	龙涛、曾约全
268	三等	智能融合云通信（骑士云）平台	中国电信股份有限公司贵州分公司	卿晓春、孙晓文	卿晓春、孙晓文、朱坤、刘亚丽、刘知青、朱乾、王立博、蔡世伟、陈思
269	三等	上海天文馆元宇宙时光机项目	中国联合网络通信有限公司上海市分公司	周海霞、彭志伟、周苑红	何艳、王铖、陆海妹、金碧琼、潘煜、陆矢超、周申、高凌云、潘凤麟、吕东来、刘帆、陈通平、周子剑、邓斯宇、倪铭、李俊华、于忠良
270	三等	基于高通量卫星网络的边云协同视频应用	中国卫通集团股份有限公司	董坤、姚怡、谌德军	郝帅玲、谢小芳、任毅、宋雪、贾鹏、李晨晶、黄鹤林、王梦瑶、张泽、王逸璇、潘原子、杨向群、赵逸云、张晓、施悦、田锟、顾环宇、王婷
271	三等	鄂州市水利和湖泊局非法采砂可视化监管5G信息服务一期项目	中国铁塔股份有限公司湖北省分公司	李名焱、姚文芳、黄威	谈义甫、郑淑文
272	三等	服务器及存储产品全栈数智化客户支持服务	中兴通讯	刘曙光、石涵光、何翀	石婧琴、袁蜀欣、刘平军、孙丹丹、张振、李红星、何小燕、胡广伟、邹海力、凌昌文、苟秋菊、李海霞
273	三等	智慧石柱城市大脑平台项目	重庆信科设计有限公司	高兴友、罗浩、邹杰	罗瑶、钟巧利、吴诚、张国瑞、胡应鑫、赵茂伸、陈煊元、刘永洋、范永吉、陶应胜、胡越星、张玲、吴迪、刘燕、于孟来、郑勇、彭佳佳
274	三等	NVMe over RoCE技术在运营商B域核心业务场景的应用	中国移动通信集团云南有限公司 华为技术有限公司	云南移动：王云、贾黎 华为：张伟	云南移动：谭旭、王宏祥、李海波、李春梅、汤坤、杨卓 华为：赵劲中、钟响、李斌、王少晨、谌波、张江

（续表）

序号	等级	项目名称	单位名称	主创人员	参与人员
275	三等	中小微企业 FTTR-B 全光组网创新应用	中兴通讯股份有限公司	马小松、严梅娟、邵忠	张菲菲、吴超玮、梁汉阳、李轩
276	三等	平安警视 AI 应用平台，构建城市公共安全"智"理新模式	中国电信股份有限公司广东分公司	中国电信股份有限公司广东分公司：曾宪伟、曾庆发 广东亿迅科技有限公司：王玮彦	中国电信股份有限公司广东分公司：甘仕振、黄诗琳、谢弢、李红光、蔡俊霖、吴钦韬、罗育杏、李灼华、何绮莉、陈海琪 广东亿迅科技有限公司：秦渝、黄波、谢友明、阳牧红、商朗鑫
277	三等	宜昌城市大脑重点车辆监管项目	中国联合网络通信有限公司宜昌市分公司	贾楠、陈甫佳、汪传威	
278	三等	赤壁市"雪亮工程"建设项目	中国移动通信集团湖北有限公司咸宁分公司	秦军	程星、陈璐、李津凯、王扬、陆梦进、周汝都、胡珊
279	三等	基于 5G 的城市基层治理平台应用	联通数字科技有限公司	臧海兴	兰洪浩、张冲、李宏发、陈明达、高长伟、赵建强
280	三等	黄冈英山茶园与产业溯源智慧平台	湖北公众信息产业有限责任公司	王爱生、姚闻轩、江名玮	孔进、刘瑄、蔡鹏、蒋志、黎文静、尹波、周吉梦、田文浩、肖嘉磊、吴俊铎、杨丹妮
281	三等	交通大队路面智能鹰眼全光接入网项目	中国移动通信集团湖北有限公司武汉分公司	王毅、何文军、朱睿	徐辉、王守钦、杨涛、周鑫、李鑫、郑晨、严威、吴昊
282	三等	2023 年广州开发区城市建设和房地产数字档案馆建设项目	中电科普天科技股份有限公司	黄一峰、李国、孙国同	张云龙、揭玉明、刘峻江、卢健文、刘源、周志康、梁润洪、马佳菲、李杰、万能、易晓俊、王金超、杨春
283	三等	北京通州大运河国家文化公园（智慧化景区）建设项目	联通数字科技有限公司、中国联合网络通信有限公司北京市分公司	联通数科：陈丽娜、夏蓉 北京联通：吴魁	联通数科：马文明、张舒曼、任旭、贾玉博、倪明鉴
284	三等	5G 赋能十堰丹江口教联体创新应用	中国联合网络通信有限公司湖北省分公司	殷婷、熊欢	黄波、林志、刘乔、关俊、许烁、金凯、刘扬、雷浩
285	三等	基于 5G 的保险取证存证应用项目	中国联合网络通信有限公司菏泽市分公司	胡彬	岳善国、马炳鑫、何燕、林晓翔、陈玉红、薛颖、谷昊
286	三等	"智慧九江"行业应用一期工程智慧全域旅游项目	铁塔智联技术有限公司	童清、李骞	童清、李骞、张会
287	三等	语音质量智能监控分析系统及实践	中国移动通信集团新疆有限公司 中兴通讯股份有限公司乌鲁木齐市分公司	陆冬梅（新疆移动）、杜栋梁（中兴通讯）	新疆移动：王哲辉、王小剑、吴涛、李红、伊力卡尔、王颖喜、周晶晶、何晨、王磊、黄翔、滕婷 中兴通讯：穆凌江、李玉泽、李昌平、李如俊、成善宝、崔亮、洪文锋、杨涛、巴特力·木拉提、周航
288	三等	千兆光网助力智慧戒毒	中国联合网络通信有限公司武汉市分公司	刘志愚、张茂林、曹勇	张鹏、田科、杨勤甜、侯亚曼
289	三等	坪山区应急管理监测预警指挥中心项目	中电科普天科技股份有限公司	黄一峰、李国、刘峻江	王金超、劳基峰、卢健文、孙国同、杨春、陈军、梁丽丽、揭玉明、刘源、周志康、梁润洪、马佳菲、李杰、万能

（续表）

序号	等级	项目名称	单位名称	主创人员	参与人员
290	三等	安徽IT系统端到端国产化创新平台	中国电信股份有限公司安徽分公司 华为技术有限公司	安徽电信：叶晖、唐毅 华为：张欢	安徽电信：张逍遥、崔彤 华为：季卓、赵超、郑宏达
291	三等	5G轻量化语数感知评估系统	中兴通讯	孙凯文、魏航	张晨红、严海波、赵丁、谢永辉、俞胜兵、范国田、陈逸、孙业业、乔宾、吴远江、陈瀚孜、王俊杰、王仕豪、尚子渊、李群、刘爽
292	三等	当阳市智慧城市项目（秸秆禁烧监控系统）	中国联合网络通信有限公司宜昌市分公司	贾楠、陈甫佳、郭威	
293	三等	平安城市	中国电信股份有限公司武汉分公司	刘宸纲、胡丽红	
294	三等	XX银行灾备机房OTN项目	中国电信股份有限公司武汉分公司	何光锋、张凯、田备正	苏继忠、王燕、左思思、吴咏梅
295	三等	商旅通——大型企业集团差旅管理智慧引擎	通用技术集团数字智能科技有限公司	刘海舟、李旭东、李立山	宋志勇、王凤庆、黄妍、郑国伟
296	三等	基于OTN算力网络的智慧运营创新应用	中国联合网络通信有限公司广东省分公司 华为技术有限公司	广东联通：邓玲、杨振东 华为：岳伟	广东联通：程伟、张秀春、曾楚轩、骆益民、刘惜吾、邱献超、刘沛强、徐沛、陈超巍 华为：鲁驰、谢立、陶凡、陈春晖、张寒、付江、王耀民、盛振浩
297	三等	咸宁市咸安区标准化考场项目	中国移动通信集团湖北有限公司咸宁分公司	李津凯	程星、陈璐、秦军、王扬、陆梦进、周汝都、胡珊
298	三等	异构厂商数据中心自智网络创新方案	中国移动通信集团北京有限公司 华为技术有限公司 北京南天软件有限公司	北京移动：唐显莉、徐非、王世峰	北京移动：李刚、杜士光、姜宏岩、陈曦、杜佳俊、张东升 华为：张彬、王恒心、罗江淦、吴圣伟、刘洪君、李方力、戴文正、吴遥 北京南天：薛超、鲁鲜梅、王凯
299	三等	孝感市大悟县智慧乡镇综合治理视频监控系统建设项目	中国铁塔股份有限公司湖北省分公司	朱赤、刘翔、汤铁军	高天翔、李少喆、高慧君、段威
300	三等	5G+智慧护理全息平台在亚心总医院的创新应用实践	中国联合网络通信有限公司武汉市分公司	吴清林、黄灿灿、张珏	王晓燕、陈恩、李源、王雅琴
301	三等	苏州某公司5G网关+AGV改造解决方案	浪潮通信技术有限公司	魏琨、李幸福	刘灿铭、姜正芳、解贝贝、孔令勇、曹慧海、郭郑魁
302	三等	梦时代明厨亮灶食安街项目	中国电信股份有限公司武汉分公司	柳雷鸣、廖仁君、张霖	谭佑林
303	三等	深化"数"字化转型，打造品质家宽，助力FTTR发展	中国联合网络通信有限公司山西省分公司 华为技术有限公司	山西联通：蔡文寰、牛斌 华为：赵丽川	山西联通：高轩、王志斌、赵洁、张钟颖、乔爱花、张欣、李琬璐、李晓东、杨璐源、燕俊仰、毋彩萍、李海涛、秦卫秀、张鑫 华为：安琦、樊小龙、孔祥凤

(续表)

序号	等级	项目名称	单位名称	主创人员	参与人员
304	三等	意图驱动的网络业务分级体验保障	中兴通讯	周吉超、张明	李江惠、何天龙、沈远、杜永生、李攀、叶国斌、詹勇、皇甫立卫、谢晋、李永乐、张华琳、李雷鸣、张文凯、张润来、张钊年
305	三等	黄冈市创业担保贷款"1300"电子化审批系统建设项目	中国联合网络通信有限公司黄冈市分公司	黄淑平 徐骁	熊胜、占峰
306	三等	咸阳电子公文资源库项目	北京数科网维技术有限责任公司	王少康、刘丹	王素丽、周兆峰、董琦、段江、张帆、秦乐、郭锐、陶杨、雷智明、章东海、许开胜、王威
307	三等	"通财云"——大型集团型企业数智全链路财务体系	通用技术集团数字智能科技有限公司	刘海舟、李旭东、李玉芳、姜涛	凌海洋、王胜军、卢婷婷、苗灵改、李立山、丁艳、张凯峰、李青枝、龚路、黄磊、卢佳慧、赵美玲、肖亚男、焦若霖、李月欣、李蕴芝、王娜
308	三等	基于5G的边云协同渔政AI预警处置系统	中国铁塔股份有限公司重庆市分公司	潘纯洁、冉迪、常琦	唐爽、朱焱
309	三等	数智江汉总体规划（2021—2025年）	湖北邮电规划设计有限公司	陈晓静、申杰、夏雯	杜胜芳、岳阳春、黄淼、付晗、余俊、谢凌龙
310	三等	广西移动桂林5G+千里眼项目	中国移动通信集团广西有限公司	侯宇宁、朱明颖、苏耀晖	欧俊（桂林市公安局）、银俊丰（桂林市公安局）、冯志坚、张逢媛、毛国亮、彭程、杨微、王宇波、向顶杰、李伟、常海金、秦伟、何振宇、林虹、杜发、时亚萌、陈嘉宁
311	三等	间接蒸发冷却技术在数据中心的应用	中国电信集团有限公司河南分公司 华为技术有限公司	河南电信：孙普、信劲松、李建伟	华为：罗智、倪茂树、马文刚、黄威骉、陈然、潘冉冉、巩志鑫、赵文发、姚洋帅、姜伟、王晓栋、勇兴、王磊
312	三等	十六化建棚改项目C区智能化项目	中国联合网络通信有限公司宜昌市分公司	贾楠、陈甫佳、徐卫东	
313	三等	小花间（小浪底-花园口）无控区暴雨洪水监测预警系统一期项目可行性研究报告	河南省信息咨询设计研究有限公司	郭兵、王辉、刘畅	邹育良、李秋伟、李雅、申新磊、徐振戈、黄少华、马刚
314	三等	成武县天网工程平台	中国联合网络通信有限公司菏泽市分公司	王瑞	桑锋、樊巍、许凤娟、刘怀珍、张亮、闫世业
315	三等	创新交付国家级骨干直联点绿色数据中心	中兴通讯	陈鹏、蔡杰、雷婷	张大勇、杨家嫄、杨明轩、邱久文、张向红、宋超、石瑜、丁治强、阮一心、霍海林、庄涛、王刚、王军、郭家洛、何文龙、罗松、邓文军
316	三等	5G+工业互联网赋能智慧园区建设	中国联合网络通信有限公司宜昌市分公司	贾楠、陈甫佳、雷瑶	王力、高宽、刘煜鑫、张中一、陈莉莉、王传吉、肖建军、钟晓梅、杨涛、鲁博

（续表）

序号	等级	项目名称	单位名称	主创人员	参与人员
317	三等	5G+浠水河道采砂监控系统智慧环境建设项目	中国联合网络通信有限公司黄冈市分公司	陈水林、黄淑平、朱玉奎	顾鑫、朱乾、汪勇
318	三等	5G+智慧渔业监控系统 助力国家"长江十年禁渔"	铁塔智联技术有限公司	麻文军、耿时敏、闫志崟	何杰、胡威、王和民、陈兰文、刘路刚、李荣彬、任云、郭晓伟、张新、李娟、剧梦婕、蒋琦、李铀博、李军、罗兆龙、于龙广睿、吴旭东
319	三等	打造家庭用户体验质差分析和闭环体系，提升用户满意度	中国移动通信集团河南有限公司 华为技术有限公司	河南移动：高巍 华为：李健	河南移动：林磊、王立澎、王顺新、赵旭辉、徐晓蕾、李可欣 华为：高贵东、杨彦良、罗晟、牛文翔、王聪、秦莹莹、谭亮、刘蛟、樊春林、纪鹏
320	三等	5G机器人巡检	中电信数智科技有限公司贵州分公司	白杰、金磊	
321	三等	菏泽市5G+医疗废物追溯监管云平台	中国联合网络通信有限公司菏泽市分公司	刘怀珍、伲称称、张平	刘霄、王斐、鹿亚新、丁友鹏、唐玉茹
322	三等	5G移动卒中单元的创新应用与救治体系建设示范	中国联合网络通信有限公司首都医科大学宣武医院 北创动力（北京）科技发展有限公司	郭秀海、韩卓辰、辛荣寰	栗志利、吉训明、王路扬、尚国伟、单丽雅、李野、于强、张新胜、黎佳璐、王倩雯、何国良
323	三等	恩施市七里坪街道办事处智慧街道平安社区项目	中国移动通信集团湖北有限公司恩施分公司	邓建、汪洋、龚静	孟明玉、王彬、谭凯、黎君艺、黄家睿、赵琳、兰冬梅、周彦均、刘燕妮、蒋稳、米芳
324	三等	渝北区洛碛镇移民社区安全管理与帮扶工程	重庆信科设计有限公司	程惠琳、廖许斌、苏文剑	王蓬、吴迪、邓婉、吴诚、周小伟、张峻于、王玮柏、汪娟、杨小兰、程颖、鄢华、王捷、戚家元、杨雪健、刘阳、唐伟、何超
325	三等	山东联通5G全连接工厂云平台项目	中国联合网络通信有限公司山东省分公司	宋雪述	陈思、张娜、汤琼、孙洁、徐磊、纪宇慧
326	三等	册亨县应急管理指挥系统项目	中国联合网络通信有限公司黔西南州分公司	张正璇、杨旭洁、韦克甫	黄零、刘必胜、唐时炎、齐展平、郭涛
327	三等	无线网络数字孪生即服务平台	中兴通讯股份有限公司	苏可可、周冲、詹勇	刘爽、唐雪、倪燕子、张炯、高皓媛、毛凯、李攀、王栋、芮华、吕星哉
328	三等	安徽省应急管理能力提升项目初步设计	安徽电信规划设计有限责任公司	时明、刘芳	乔昊欣、王中友、詹百旺、孟军
329	三等	构建教育治理创新模式，助力家校协同绿色发展	中国电信股份有限公司威海分公司 山东省文登师范学校 威海卓恒网络科技有限责任公司	中国电信股份有限公司威海分公司：狄四平、王琳琳 山东省文登师范学校：张彬	中国电信股份有限公司威海分公司：丛少杰、肖军阳、孙竞超、孙建威、宋宇霆、陈延伟、张丽、张允慧、胡泽中、曲维峰、孙道辰、孙子童 威海卓恒网络科技有限责任公司：梁宇宸、毕艳秋

(续表)

序号	等级	项目名称	单位名称	主创人员	参与人员
330	三等	黔东南文体广电旅游局5G+"码上游黔东南"全域智慧旅游服务平台	中国联合网络通信有限公司黔东南州分公司	常焦舰、龙正华	杨培钟
331	三等	宜昌市河湖空间管控监测站点工程	中国联合网络通信有限公司宜昌市分公司	贾楠、陈甫佳、赫少庭	周菁菁、钟晓梅、鲁博、张心忆
332	三等	EPC总包统筹建设东数西算节点数据中心	中兴通讯	陈鹏、蔡杰、石瑜	张大勇、杨家虓、郭雅俊、王小军、孙廷乙、刘勇、赵旭亮、王天成、宋超、孙弦、万圣国、刘建业、陈轶
333	三等	多码融合在智慧就医的场景应用	中国联合网络通信有限公司荆门市分公司	陈前坤	杨计、任杰
334	三等	"防患于未然"，SPN网络预测性运维体系创新方案	中国移动通信集团河南有限公司 华为技术有限公司	河南移动：马小玲、郎婷 华为：薛晓帆	河南移动：王潇潇、李勇、任庭熹、高扬、别治峰 华为：刘德安、冯建利、牟泳兆、潘继雨、王志强、杨海明、隋翠翠、杨彦良、杨大志
335	三等	汕头大学精神卫生中心指挥服务能力提升建设项目	中电科普天科技股份有限公司	梁春丽、李国、劳基峰	李杰、万能、易晓俊、王金超、杨春、黄一峰、梁润洪、孙国同、周志康、马佳菲、陈军、刘峻江、卢健文、揭玉明
336	三等	5G高阶智能覆盖网优方案	中兴通讯	常海杰、韩飞、李会毅	梁婷、李建国、王郭燕、李斌、董蕾、沈毅、陈朝伟、张健健、陈云峰、沈远、孙业业、乔宾、黄颖、赵丁、王仕豪、尚子渊
337	三等	竹山县智慧应急项目	中国联合网络通信有限公司十堰市分公司	许烁、罗孝波	郭刚、尤志强、黄婧、杨胜利、陈敬勇
338	三等	天津市静海区道路交通科技设施全面提升建设项目	中电科普天科技股份有限公司	刘晓东、王学新、李永伟	罗显辉、吴亚楠、王二军、刘学明、丁小凡、李壮、黄星辉、梁晖、叶杨、张振、董亮、韩建芳、丁超、曾军、逯艳杰、宋玉飞、米洪伟
339	三等	全流程采购助力数智供应链	中国移动通信集团内蒙古有限公司	姚秀明、王佼杰、王颖	赵凯、董昱呈、袁满、史景慧
340	三等	面向运营商的全域自智网络	中兴通讯	洪功存、李瑞明	钱铮铁、梁敖、汪春、罗陶陶
341	三等	信息底座助力赋能 体系化推进乡村振兴	中国移动通信集团广东有限公司	陈晓峰、余刚、吴勇波	易影、黄兆麟、杜彦庆、段升华、张文斌、罗丽芳、张峻恺、秦娇、杨起锋、邱智谋、王硕、林效良、黄汉杰、丘文博
342	三等	绩效通——集团型企业动态绩效平台	通用技术集团数字智能科技有限公司	刘海舟、李旭东、肖亚男	季德刚、钱姝贝、王娜、李彦臻、张凯鑫
343	三等	VoNR端到端体验管理	中国移动通信集团河北有限公司 华为技术有限公司	河北移动：王亭亭 华为：郭正涛	刘淑祎、齐辉、张哲、郭腾云、蔡鑫、杨西子、康敬卫、卞静等
344	三等	5G+麻城中学（高中）校园智慧校园建设项目	中国联合网络通信有限公司黄冈市分公司	周颐、黄淑平、朱玉奎	顾鑫、朱乾、廖诚

（续表）

序号	等级	项目名称	单位名称	主创人员	参与人员
345	三等	渝中区解放碑地下环道室内导航一期工程	重庆信科设计有限公司	李发伦、高兴友、冉玉钊	胡燕、张国瑞、胡应鑫、张自成、何雨竹、戚家元、夏久洋、喻富强、王玉珏、杨航、郭珊珊、温康佳、李磷、罗浩、李小东、陈川、陈豪
346	三等	仙桃市应急管理局应急高空预警一体化执法平台项目	中国铁塔股份有限公司湖北省分公司	蒋如超、周莉	倪磊、张志刚
347	三等	"人才地图"——大型集团企业人才选拔数智引擎	通用技术集团数字智能科技有限公司	刘海舟、李旭东、肖亚男	季德刚、李彦臻、王娜、钱姝贝、张凯鑫
348	三等	积木式IDC交付助力"一带一路"国家数字化建设三等案例	中兴通讯	蒋永忠、沈晖、汤宏轩	朱中亚、蔡杰、马亮、胡晓强、罗天柱、高海江、王兰、莫小波、张鹏飞、张向红、何星、蒋昌俊、熊刚、申桦、刘康
349	三等	湖北省宜昌市枝江市"数字渔政"智能监管平台项目	中国联合网络通信有限公司宜昌市分公司	贾楠、陈甫佳、赫少庭	王力
350	三等	青少年体育管理平台	湖北邮电规划设计有限公司	丁晏飞、阮微、谢安琪	赵凯、汪俊杰、王亚楠、李翔、龙婧、黄淼、丁一为
351	三等	蔡甸区应急广播智能信息化系统（电台）建设项目	中国移动通信集团湖北有限公司武汉分公司	吴漾	宋信
352	三等	阿拉善盟公共安全视频监控建设联网应用项目	联通数字科技有限公司内蒙古自治区分公司	袁之晋、许海军、王乐燕	赵晨阳
353	三等	秸秆监管预警服务项目	中国铁塔股份有限公司湖北省分公司	黄学军、曹卫平、祝亚	卢曦、陈红兵、任治华
354	三等	基于时空熵算法和AI推理实现网络故障根因网元快速定界定位，支撑一线运维提质增效	中国移动通信集团山东有限公司 华为技术有限公司	孙明栋、孟庆岩、汪伟	宫钦、孔庆涛、朱明、曲悦、孙琳、张春莲、王健、张宁、蒋若枫、孙静、吴志鹏、宋常亮、李伟、阮军平
355	三等	建立基于AI+大数据的家庭宽带质量标准体系，打造敏捷开放的运维管理能力	中国移动通信集团北京有限公司 华为技术有限公司	北京移动：闫跃荣 华为：张山林、马雄飞	北京移动：毛慧岩 华为：樊春林、戴利平
356	三等	威胁和漏洞管理平台创新解决方案	绿盟科技集团股份有限公司	汤旭、彭超、沈育良	刘嘉奇、负珊、李瀛、谭福超、范敦球、朱晓华、雷新、封宏涛、贾智存、许伟强、马志成、杜宝丽、周素华、吕荣杰、杨森、白雪、苑嗣宗
357	三等	华星光电5G全连接工厂项目	中国联合网络通信有限公司武汉市分公司	闫玉娟、饶露、杨华	李源、刘凯、郭鸿宁、刘杨成、吴清林
358	三等	烟草运营商数据管理平台	中国联合网络通信有限公司烟台市分公司	梁伟	韩蕊蕊、张月坤
359	三等	5G农产品带货直播平台	中国联合网络通信有限公司恩施州分公司	贺燕	邹前程、黄武帝

(续表)

序号	等级	项目名称	单位名称	主创人员	参与人员
360	三等	武汉古田1967低碳数据中心项目	中国移动通信集团湖北有限公司武汉分公司	徐燕琳、黄晓璐、王泠	韩冰、杨军农、操倩、喻辉、陈慧娟、胡陈、王守钦、吴砚卿、让锋
361	三等	践行数字化转型助力企业发展及社会治理应用案例	中国铁塔股份有限公司云南省分公司	王健、杨海华、王为民	陶现名、雷跃华、王翠云、漆新华、马云飞、欧阳吉纯、沐锐、高炜轶、石颖、管玉荣、郭华、施学成、李立新、熊世杰、杨宏、李剑巧
362	三等	基于品质宽带（AEC）的家宽数字化运营创新实践	中国联合网络通信有限公司河南省分公司 华为技术有限公司	河南联通：谢敬国 华为：岳伟	河南联通：张青、黄志勇、李克利、李钢、陈鹏、宋彦峰、张远生、王巍、李来玉 华为：刘焱、李坤、范剑波、谢青松、万养军、周基发、迟菲、季运波、贺南汀
363	三等	基于AI面部识别的老年心理健康体检平台	中国电信股份有限公司湖南分公司、湖南鸿钧智能科技有限公司	吴炜：中国电信股份有限公司湖南分公司 王奋成：湖南鸿钧智能科技有限公司	湖南鸿钧智能科技有限公司：钟山、杨素心、王朝军、胡国栋、刘涛、张凤英、余家峰
364	三等	湖北宜昌养老服务信息化综合示范项目	湖北邮电规划设计有限公司	余伟	郑言、方凯、刘泉
365	三等	圳智慧·智能稳商管理服务平台	中电科普天科技股份有限公司	李国、揭玉明、劳基峰	李杰、万能、王金超、梁润洪、杨春、黄一峰、梁春丽、周志康、马佳菲、陈军、刘峻江、卢健文、孙国同、刘源
366	三等	宜昌高新区教育局校园安全智能防控平台	中国联合网络通信有限公司宜昌市分公司	贾楠、陈甫佳、江来	吴明慧、张戬、孙铭晖、江来
367	三等	天翼看店的分布式云改造项目	中电鸿信信息科技有限公司 中国电信股份有限公司苏州分公司 华为技术有限公司	苏州电信：朱扣玲 中电鸿信：周伟 华为：王宇	苏州电信：李哲人 中电鸿信：章乘、季金辉 华为：李代代、柴子明
368	三等	杭州电信AR运维项目	中国电信股份有限公司杭州分公司 中兴通讯股份有限公司	中国电信股份有限公司杭州分公司：张坚、蒋伯章、李子亮	中兴通讯股份有限公司：周琴芬、汤徐星、梁恒、钟康、周丽萍、刘盼
369	三等	基于增强确定性网络（EDN）提供连接+确定性服务能力验证	中国联合网络通信有限公司研究院、中兴通讯股份有限公司	中国联通：徐博华 中兴通讯：喻敬海、熊泉	中国联通：刘畅、张震、朱琳、张学茹、韩博文、何晓峰、武成洁、左冰 中兴通讯：杨顺普、朱向阳、刘爱华、马玉霞、谭斌、邓文博、高陈强、冯军、陶文强
370	三等	创新通用——集团级科技创新生态体系	通用技术集团数字智能科技有限公司	刘海舟、李旭东、李立山	段翼真、孙慕瑶、刘春雨、李立山、张慧、宋志勇、黄妍、郑国伟、程文卓、李蕴芝、李禾炜、狄京琪、郑磊

（续表）

序号	等级	项目名称	单位名称	主创人员	参与人员
371	三等	智慧中屏打造家庭生态入口	中兴通讯股份有限公司 中国移动通信集团云南有限公司 中移（杭州）信息技术有限公司	施军（中兴通讯股份有限公司）、张轲（中国移动通信集团云南有限公司）、魏嘉（中移（杭州）信息技术有限公司）	高冬冬、张勇、李石能、张颖、吴雪松、王子涵、王鹏（中兴通讯股份有限公司）；赵昀、肖睿、窦花云、付灿、胡佳嘉（中国移动通信集团云南有限公司）；阮泽凯、徐运、晁会勇、陈志飞、李翩（中移（杭州）信息技术有限公司）
372	三等	通视界——集团型企业智慧经营数字大脑	通用技术集团数字智能科技有限公司	刘海舟、李旭东、赵清磊	张慧、刘鸿年、杨晓芳、博格利、张江锋、凌海洋、高璐、郭胤
373	三等	贵州移动光虹膜数字化技术应用助力点亮资源	中国移动通信集团贵州有限公司 华为技术有限公司	贵州移动：张刚、翁先正 华为：胡珣睿	贵州移动：谭化文、张成程；华为：姚畅、刘天宇、吴涛、郑飞、李志伟、刘全君、唐玄
374	三等	智能字幕与智能手语赋能无障碍直播观赛	咪咕文化科技有限公司	胡苏 贝悦 黄琼峰	周效军、雷捷、雷宏伟、陆彦良、宋国栋、赵胜永、邵传贤、丁歆甯、相迎迎
375	三等	武汉市经信局区块链基础平台及中小企业服务应用上链示范项目	中国联合网络通信有限公司武汉市分公司	吴清林、赵梓伊	余诗路、陈磊、刘君钊、邢怀松、朱凯迪、华霖
376	三等	5G+UWB人员定位智慧工厂项目	北京万向新元数字科技研究院有限公司	豆京龙	杨天星、李浩、沈鸿璐、许天鹏、于伟峰
377	三等	智能运维助力网络流量精准识别及提效促营	中兴通讯	张大勇、陈鹏、罗晓炅	李建华、梁晋仲、钱铮铁、甘治国、张平、周大伟、苟阿龙、杨晶、舒秀鹏、武少龙、黄进伟、陈晓德、容虹斌、姚亮、郑博元
378	三等	端到端通信网络风险数智化管理创新与实践	中兴通讯	施清启	闫林、邵鹏、陈占海、付尧
379	三等	基于算力网络的华晨宝马智慧化承载解决方案	中国移动通信集团辽宁有限公司 华为技术有限公司	冯麓潞、朱红月、刘政奇	张玉梅、丛珊、姜英、郑旭彤、王朋朋、康恺、程明
380	三等	间接蒸发冷却＋电力模块，助力数据中心节能降碳	华为技术有限公司	熊韶飞、梁志越、王鹏	陈彪、于基业、赵亚飞、全晓、吕恢艳
381	三等	欧派家居数字化转型项目	中国电信股份有限公司广州分公司 华为技术有限公司	广州电信：刘翔 华为：潘杰	广州电信：郑丹丹 华为：吴文、陈招展

ICT 中国（2023）优秀组织单位

（排名不分先后）

序号	单位名称
1	湖北省通信行业协会
2	中国电信集团有限公司
3	中国移动通信集团有限公司
4	中国联合网络通信集团有限公司
5	中国铁塔股份有限公司
6	华为技术有限公司
7	中兴通讯股份有限公司
8	云津智慧科技有限公司
9	北京中元易尚科技有限公司
10	北京云智软通信息技术有限公司

2023 年中国通信企业团体标准

序号	标准编号	标准名称
1	T/CAICI 73—2023	基于 5G 的市场监管移动综合执法系统技术要求
2	T/CAICI 74—2023	耐高温光纤技术规范
3	T/CAICI 75—2023	4G5G 容量智能均衡识别、定位与优化方法
4	T/CAICI 76—2023	5G 无线网络集中优化方法
5	T/CAICI 77—2023	装配式通信建筑设计标准
6	T/CAICI 78—2023	5G 无线网规划设计规程
7	T/CAICI 79—2023	通信网络健康度评估指标体系和测试方法
8	T/CAICI 80—2023	存储介质数据销毁安全要求和测试方法
9	T/CAICI 81—2023	社区治理智能化服务能力评价标准

（中国通信企业协会）

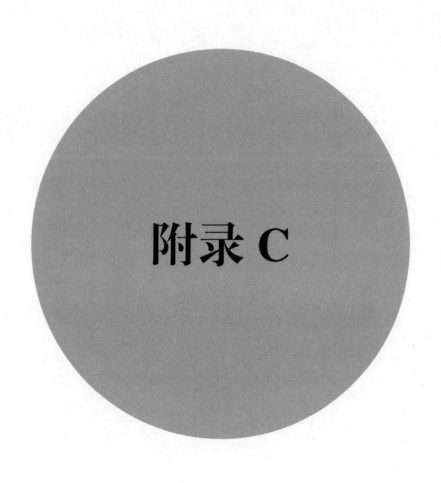

附录 C

2023年通信业统计公报

2023年,我国通信业全面贯彻落实党的二十大精神,认真落实党中央国务院各项决策部署,坚持稳中求进工作总基调,全力推进网络强国和数字中国建设,促进数字经济与实体经济深度融合,全行业主要运行指标平稳增长,5G、千兆光网等网络基础设施日益完备,各项应用普及全面加速,行业高质量发展稳步推进。

一、行业总体情况

(一)电信业务量收保持增长

经初步核算[1],2023年电信业务收入累计完成1.68万亿元,比2022年增长6.2%。按照2022年价格计算的电信业务总量同比增长16.8%。2018—2023年电信业务收入和电信业务总量增长情况如图1所示。

注:自2020年起,电信业务总量开始采用上年不变价计算方法。

图1 2018—2023年电信业务收入和电信业务总量增长情况

(二)固定互联网宽带接入业务收入平稳增长

2023年,固定互联网宽带接入业务收入完成2626亿元,比2022年增长7.7%,在电信业务收入中占比由2022年的15.2%提升至15.6%,拉动电信业务收入增长1.2%。2018—2023年互联网宽带接入业务收入发展情况如图 2 所示。

图 2　2018—2023 年互联网宽带接入业务收入发展情况

（三）移动数据流量业务收入小幅回落

2023 年，完成移动数据流量业务收入 6368 亿元，比 2022 年下降 0.9%，在电信业务收入中占比由 2022 年的 40.5% 下降至 37.8%。2018—2023 年移动数据流量业务收入发展情况如图 3 所示。

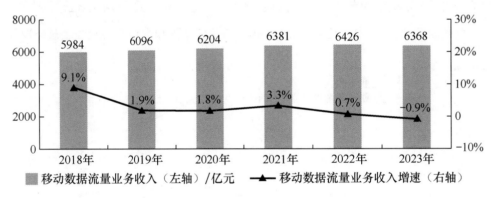

图 3　2018—2023 年移动数据流量业务收入发展情况

（四）新兴业务收入保持较高增速

数据中心、云计算、大数据、物联网等新兴业务快速发展，2023 年共完成业务收入 3564 亿元，比 2022 年增长 19.1%，在电信业务收入中占比由 2022 年的 19.4% 提升至 21.2%，拉动电信业务收入增长 3.6%。其中，云计算、大数据业务收入比 2022 年均增长 37.5%，物联网业务收入比 2022 年增长 20.3%。2018—2023 年新兴业务收入发展情况如图 4 所示。

图 4　2018—2023 年新兴业务收入发展情况

（五）语音业务收入持续下滑

互联网应用对语音业务替代影响持续加深。2023 年，3 家基础电信企业完成固定语音业务收入 185.3 亿元和移动语音业务收入 1108 亿元，比 2022 年分别下降 8% 和 2.5%，两项业务合计占电信业务收入的 7.7%，占比较 2022 年回落 0.8%。2018—2023 年语音业务收入发展情况如图 5 所示。

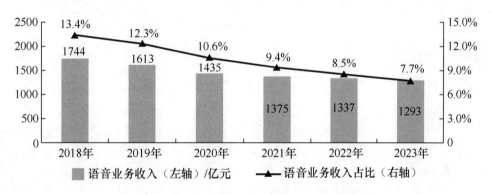

图 5　2018—2023 年语音业务收入发展情况

二、用户发展情况

（一）移动电话用户保持增长

2023 年，全国电话用户净增 3707 万户，总数达到 19 亿户。其中，移动电话用户总数 17.27 亿户，2023 年全年净增 4315 万户，普及率为 122.5 部 / 百人，比 2022 年年底提高 3.3 部 / 百人。其中，5G 移动电话用户达到 8.05 亿户，占移动电话用户的 46.6%，比 2022 年年底提高 13.3 个百分点。固定电话用户总数 1.73 亿户，2023 年全年净减 608.8 万户，普及率为 12.3 部 / 百人，比 2022 年年底下降 0.4 部 / 百人。2013—2023 年固定电话及移动电话普及率发展情况如图 6 所示。2023 年各省（自治区、直辖市）移动电话普及率情况如图 7 所示。

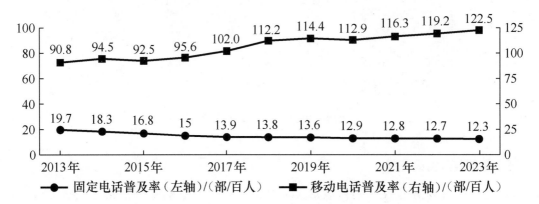

图 6　2013—2023 年固定电话及移动电话普及率发展情况

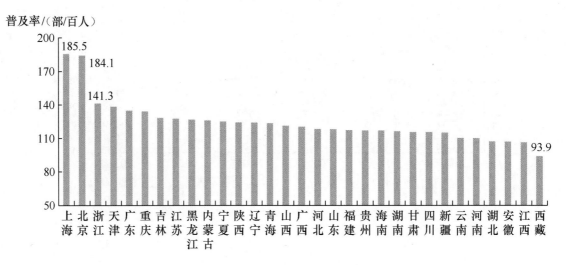

图 7　2023 年各省（自治区、直辖市）移动电话普及率情况

（二）固定宽带接入用户持续增加

截至 2023 年年底，3 家基础电信企业的固定互联网宽带接入用户总数达 6.36 亿户，2023 年全年净增 4666 万户。其中，100Mbit/s 及以上接入速率的用户为 6.01 亿户，占总用户数的 94.5%，2023 年全年净增 4756 万户，占比较 2022 年年底提高 0.6%；1000Mbit/s 及以上接入速率的用户为 1.63 亿户，2023 年全年净增 7153 万户，占总用户数的 25.7%，占比较 2022 年年底提高 10.1%。2022 年和 2023 年固定互联网宽带各接入速率用户占比情况如图 8 所示。

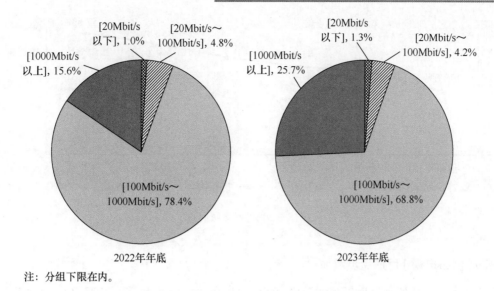

注：分组下限在内。

图 8　2022 年和 2023 年固定互联网宽带各接入速率用户占比情况

固定互联网宽带接入服务持续在农村地区加快普及，截至 2023 年年底，全国农村宽带用户总数达 1.92 亿户，2023 年全年净增 1557 万户，比 2022 年增长 8.8%，增速较城市宽带用户高 1.3%。2018—2023 年农村宽带接入用户及占比情况如图 9 所示。

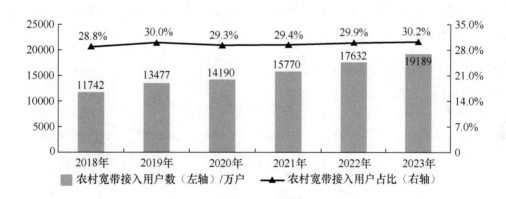

图 9　2018—2023 年农村宽带接入用户及占比情况

（三）蜂窝物联网用户规模加速扩大

截至 2023 年年底，3 家基础电信企业发展蜂窝物联网用户 23.32 亿户，2023 年全年净增 4.88 亿户，较移动电话用户数高 6.06 亿户，占移动网终端连接数（包括移动电话用户和蜂窝物联网终端用户）的比重达 57.5%。2018—2023 年物联网用户情况如图 10 所示。

图 10　2018—2023 年物联网用户情况

（四）IPTV（网络电视）用户稳步增加

截至 2023 年年底，3 家基础电信企业发展 IPTV 用户总数达 4.01 亿户，2023 年全年净增 2058 万户。

三、电信业务量情况

（一）移动互联网流量较快增长，月户均流量（DOU）持续提升

2023 年，移动互联网接入流量达 3015 亿吉比，比 2022 年增长 15.2%。截至 2023 年年底，移动互联网用户达 15.17 亿户，2023 年全年净增 6316 万户。2023 年全年移动互联网 DOU 达 16.85GB/ 户，比 2022 年增长 10.9%；12 月当月 DOU 达 18.93GB/ 户，较 2022 年年底提高 2.75GB/ 户。2018—2023 年移动互联网流量及 DOU 增长情况如图 11 所示。

图 11　2018—2023 年移动互联网流量及月户均流量（DOU）增长情况

2023 年移动互联网接入当月流量及当月 DOU 情况如图 12 所示。

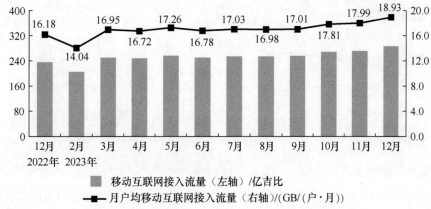

图 12　2023 年移动互联网接入当月流量及当月 DOU 情况

（二）短信业务量收和通话时长小幅下降

2023 年，全国移动短信业务量比上年下降 0.3%，移动短信业务收入比 2022 年下降 0.7%。全国移动电话去话通话时长 2.24 万亿分钟，比 2022 年下降 2.7%。2018—2023 年移动短信业务量和收入增长情况如图 13 所示。

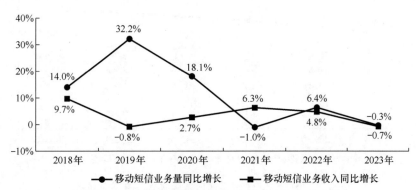

图 13　2018—2023 年移动短信业务量和收入增长情况

2018—2023 年移动电话用户和通话量增长情况如图 14 所示。

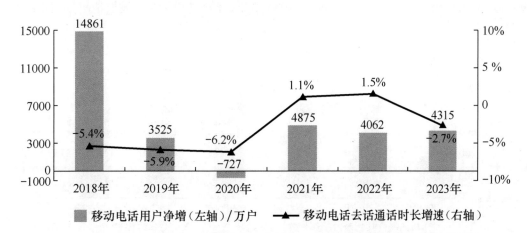

图 14　2018—2023 年移动电话用户和通话量增长情况

四、网络基础设施情况

（一）固定资产投资保持稳定

2023年，3家基础电信企业和中国铁塔股份有限公司共完成电信固定资产投资4205亿元，比2022年增长0.3%。其中，5G投资额达1905亿元，同比增长5.7%，占全部投资的45.3%。

（二）全光网建设快速推进

2023年，新建光缆线路长度473.8万千米，全国光缆线路总长度6432万千米；其中，长途光缆线路、本地网中继光缆线路和接入网光缆线路长度分别为114万千米、2310万千米和4008万千米。截至2023年年底，互联网宽带接入端口数达到11.36亿个，比2022年年底净增6486万个。其中，光纤接入（FTTH/O）端口达到10.94亿个，比2022年年底净增6915万个，占比由2022年年底的95.7%提升至96.3%。截至2023年年底，具备千兆网络服务能力的10G PON端口数达2302万个，比2022年年底净增779.2万个。2018—2023年互联网宽带接入端口发展情况如图15所示。

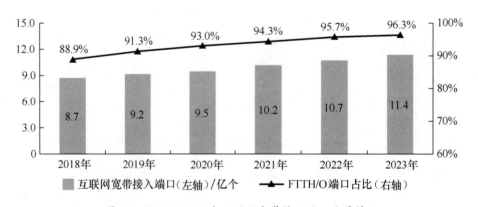

图15　2018—2023年互联网宽带接入端口发展情况

（三）5G网络建设深入推进

截至2023年年底，全国移动通信基站总数达1162万个，其中，5G基站为337.7万个，占移动基站总数的29.1%，占比较2022年年底提升7.8%。2018—2023年移动电话基站发展情况如图16所示。

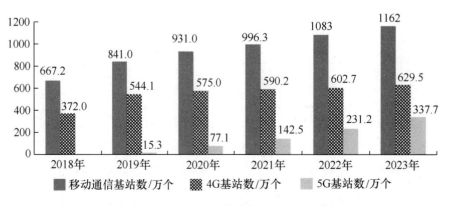

图16　2018—2023年移动电话基站发展情况

(四)数据中心机架数量大幅增长

截至 2023 年年底,3 家基础电信企业为公众提供服务的互联网数据中心机架数量达 97 万个,2023 年全年净增 15.2 万个。

五、区域发展情况

(一)各地区电信业务收入份额小幅波动

2023 年,东部、西部地区电信业务收入在全国的占比分别为 51.3%、24%,比 2022 年分别提升 0.2% 和 0.1%;中部、东北部地区占比分别为 19.5%、5.2%,比 2022 年分别下降 0.1% 和 0.2%。京津冀地区收入占全国比重为 9.4%,比 2022 年下降 0.1%;长三角地区收入占全国收入比重为 22.9%,比 2022 年提升 0.3%。2018—2023 年东、中、西、东北部地区电信业务收入比重如图 17 所示。

图 17　2018—2023 年东、中、西、东北部地区电信业务收入比重

(二)各地区千兆用户占比均实现较快提升

截至 2023 年年底,东、中、西部和东北部地区 1000Mbit/s 及以上接入速率的宽带接入用户分别达 7226 万、4133 万、4331 万和 637 万户,占本地区固定宽带接入用户总数的比重分别为 27.2%、25.6%、25.3% 和 17%,占比较 2022 年分别提高 9.5%、11%、10.6% 和 8.8%。京津冀、长三角地区 1000Mbit/s 及以上接入速率的宽带接入用户分别达 1317 万户、3170 万户,占本地区固定宽带接入用户总数的比重分别为 27.5%、25.3%,占比较 2022 年分别提高 10% 和 8.4%。2021—2023 年东、中、西、东北部地区 1000Mbit/s 及以上速率固定宽带接入用户渗透率情况如图 18 所示。

（三）各地区移动互联网接入流量均保持两位数增长

2023年，东、中、西部和东北部地区移动互联网接入流量分别达到1295亿吉比、693.9亿吉比、867.3亿吉比和158.9亿吉比，比上年分别增长15.9%、17.2%、12.2%和17.6%，区域间增速差距缩小。12月，西部地区当月户均流量达到19.91GB/户，比东部、中部和东北部地区分别高出1.28GB/户、0.37GB/户和5.05GB/户。2023年，京津冀、长三角地区移动互联网接入流量分别达到218.2亿吉比和552.8亿吉比，同比增长12.1%和16.8%。2021—2023年东、中、西、东北部地区移动互联网接入流量增速情况如图19所示。

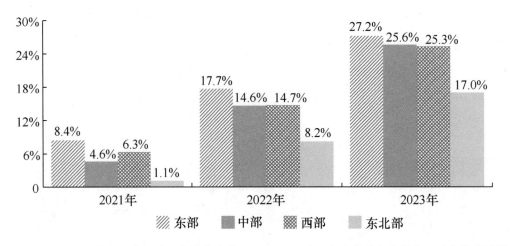

图18　2021—2023年东、中、西、东北部地区1000Mbit/s及以上速率固定宽带接入用户渗透率情况

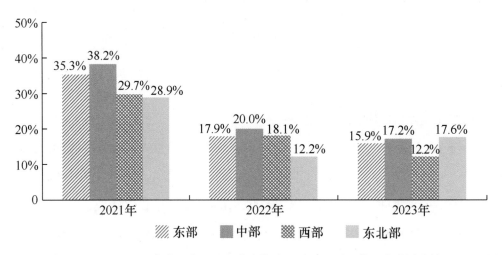

图19　2021—2023年东、中、西、东北部地区移动互联网接入流量增速情况

注释：

1.本公报中2023年数据均为初步统计数，2022年及之前年份采用年报决算数据。各项统计数据均未

包括香港特别行政区、澳门特别行政区和台湾省。部分数据因四舍五入的原因，存在总计与分项合计不等的情况。

2. 计算普及率使用的全国人口数据，来源于国家统计局发布的 2023 年末人口数。

3. 自 2023 年 3 月起，将现有 5G 基站中的室内基站数统计口径由按基带处理单元统计调整为按射频单元折算，由于具备使用条件的基站数据是动态更新的，故不能追溯调整以往数据。

2023年1~12月通信业主要指标完成情况（一）

指标名称	单位	1～12月累计	比2022年同期增长
电信业务总量（按上年不变价）	亿元	18327	16.8%
电信业务收入	亿元	16835	6.2%
其中：固定话音业务收入	亿元	185	-8%
移动话音业务收入	亿元	1108	-2.5%
移动短信业务收入	亿元	450	-0.7%
互联网宽带接入业务收入	亿元	2626	7.7%
移动数据流量业务收入	亿元	6368	-0.9%
固定资产投资完成额	亿元	4205	0.3%
移动互联网接入流量	亿吉比	3015	15.2%
移动短信业务量	亿条	18693	-0.3%
固定电话主叫通话时长合计	亿分钟	806	-3.4%
移动电话去话通话时长合计	亿分钟	22397	-2.7%

注：1. 固定电话主叫通话时长和移动电话通话时长均包含相应的IP电话通话时长。
    2. 固定资产投资含中国铁塔股份有限公司。

2023年1~12月通信业主要指标完成情况（二）

指标名称	单位	本月末到达	比2022年年末净增（＋）、减（－）
固定电话用户合计	万户	17333	-609
移动电话用户合计	万户	172660	4315
其中：移动互联网用户	万户	151701	6316
固定互联网宽带接入用户	万户	63631	4666
其中：100Mbit/s速率以上用户	万户	60136	4756
1000Mbit/s速率以上用户	万户	16328	7153
其中：城市宽带接入用户	万户	44441	3109
农村宽带接入用户	万户	19189	1557
IPTV（网络电视）用户数	万户	40102	2058
蜂窝物联网终端用户数	万户	233226	48774
固定电话普及率	部/百人	12.3	-0.4
移动电话普及率	部/百人	122.5	3.3

注：1. 比2022年末净增采用2022年年终决算数据计算得到。
2. 普及率计算中全国人口采用2023年年末人口数，各省人口采用2022年年末人口数。

2023年12月电话用户分省情况

省（自治区、直辖市）	固定电话用户/万户	移动电话用户/万户
全国	17332.6	172659.7
东部	7937	74590.8
北京	467.4	4021.1
天津	321.6	1883.4
河北	586.8	8779.5
上海	610.7	4594
江苏	1153.4	10859.4
浙江	1062.2	9293.3
福建	671	4910.5
山东	1101.6	12002.1
广东	1783.7	17047.2
海南	178.6	1200.3
中部	2801.9	40412.4
山西	278.7	4214.6
安徽	510.4	6565.2
江西	448.1	4814.9
河南	581.8	10875.3
湖北	434.3	6262.2
湖南	548.7	7680.3
西部	5347.6	45516.4
内蒙古	196.9	3026.2
广西	477.6	6073.7
重庆	594.7	4305.2
四川	1942.9	9670.5
贵州	224.7	4508
云南	247.2	5175.5
西藏	88.5	341.9
陕西	664.3	4915.6
甘肃	306.6	2879.5
青海	155.9	735.2

（续表）

省（自治区、直辖市）	固定电话用户/万户	移动电话用户/万户
宁　夏	48.8	910.2
新　疆	399.3	2974.9
东　北	1246.1	12140.1
辽　宁	555.9	5205.3
吉　林	356.9	3010
黑龙江	333.3	3924.8

2023年第四季度通信业主要通信能力

指标名称	单位	本季末到达	比2022年年末净增
光缆线路长度	千米	64317942	4737910
移动电话基站数	万个	1162	—
其中，5G基站数	万个	338	—
互联网宽带接入端口	万个	113590	6486
其中，光纤（FTTH/O）端口	万个	109442	6915

注：1. 比2022年年末净增采用2022年年终决算数据计算得到。
2. 基站数据因2023年统计口径调整，与2022年不可比。

2023 年第四季度通信水平分省情况

省（自治区、直辖市）	固定电话普及率/（部/百人）	移动电话普及率/（部/百人）
全 国	12.3	122.5
北 京	21.4	184.1
天 津	23.6	138.2
河 北	7.9	118.3
山 西	8.0	121.1
内蒙古	8.2	126.0
辽 宁	13.2	124.0
吉 林	15.2	128.2
黑龙江	10.8	126.6
上 海	24.7	185.5
江 苏	13.5	127.5
浙 江	16.2	141.3
安 徽	8.3	107.2
福 建	16.0	117.3
江 西	9.9	106.3
山 东	10.8	118.1
河 南	5.9	110.2
湖 北	7.4	107.2
湖 南	8.3	116.3
广 东	14.1	134.7
广 西	9.5	120.3
海 南	17.4	116.9
重 庆	18.5	134.0
四 川	23.2	115.5
贵 州	5.8	116.9
云 南	5.3	110.3
西 藏	24.3	93.9
陕 西	16.8	124.3
甘 肃	12.3	115.5

（续表）

省（自治区、直辖市）	固定电话普及率/（部/百人）	移动电话普及率/（部/百人）
青　海	26.2	123.6
宁　夏	6.7	125.0
新　疆	15.4	115.0

注：普及率＝用户/人口数×100%；全国人口采用 2023 年年末人口数，各省人口采用 2022 年年末人口数。

ENLIGHTENING THE FUTURE

科 技 点 亮 未 来

全球信息与能源互联解决方案服务商
THE SERVICE PROVIDER FOR SOLUTIONS OF GLOBAL INFORMATION AND ENERGY INTERCONNECTION

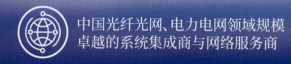

中国光纤光网、电力电网领域规模
卓越的系统集成商与网络服务商

多元布局通信、电力、海洋、新能源、物联网
大数据与产业电商、新兴材料等产业

广告

上证代码: 600522
Stock Code

使　命:光电网联美好生活
Mission: Connecting Wonderful Life with Optic-Electric Network

愿　景:为客户、员工、社会创造价值
Vision: Creating Value for Customers, Employees and the Society

价值观:以品质立尊严、以客户为中心、以奋斗者为本
Values: Honorary Quality, Customer Oriented and Strivers Founded

联合创新平台:
中国电信5G创新中心
中国移动5G联合创新中心
中国铁塔联合创新实验室

智能承载网解决方案　先进无线通信解决方案　绿色物理基础设施解决方案　高端基础材料解决方案

北京总部:金融大街33号　　如东本部:江苏南通如东中天工业园区　　南通新部:江苏南通经济技术开发区

广告

中国通信网络护航者

　　元道通信股份有限公司成立于2008年，2022年7月在深交所创业板上市。公司主业聚焦数字通信技术服务，为中国移动、中国联通、中国电信、中国铁塔、中移铁通等客户提供通信网络运维与优化、通信网络建设等通信技术服务和ICT服务。业务覆盖东北、西北、华北、华南、华中五大区域，遍布全国30多个省（自治区、直辖市）。近年来，公司紧跟数字经济发展趋势，结合自身研发实力，积极向智慧场景应用、新能源等领域探索布局，推动创新与业务深度融合，为公司高质量发展蓄势赋能。

数字化服务
ICT服务
软件开发
系统集成

新能源业务
储能业务
基站光伏改造和维护
分布式光伏安装及电站运维

通信技术服务
通信网络维护
通信网络优化
通信网络建设

　　未来，元道通信将始终坚持"专业、专心、专注"的核心经营理念，提升创新驱动效能，围绕"ICT服务、新能源、通信运维"开展协同创新，打造公司高质量发展"新引擎"。

联系方式

电话/传真：0311-67361139　　邮箱：zongheban@wintaotel.com.cn　　官网：www.wintaotel.com.cn

广告

企业简介

广东南方通信建设有限公司，是国内专业的信息通信服务商，是中国通信服务旗下国有大型骨干企业。公司自1993年10月成立以来，追求卓越，不断创新，为客户与行业创造价值。

南建公司紧随国家"十四五"规划，勇担建设网络强国、数字中国战略使命，聚焦泛在智能网络连接、新型基础设施建设，基于CT、IT、DT融合核心能力，致力打造基于信息安全底座的综合智慧服务一体化解决方案，为客户提供5G网络及应用场景、数字政府、新型智慧城市、信息技术应用创新、绿色数据中心、新能源基础设施、交通新基建、数据安全、云计算、产业互联网等领域咨询、设计、建设、维护、运营等全生命周期服务。

企业资质

通信资质
- 通信工程施工总承包壹级
- 信息通信网络系统集成企业服务能力甲级
- 通信网络代维（外包）企业资质：基站 线路 铁塔
- 通信网络优化企业能力评定证书：网络优化专业甲级
- 电子通信广电行业（有线通信、无线通信专业）：无线网络设备维修专业丙级
- 增值电信业务经营许可证：互联网接入服务业务 互联网数据中心业务

信息智能化资质
- 电子与智能化工程专业承包壹级
- 建筑智能化系统设计专项甲级
- 音视频集成工程企业资质壹级
- 音视频智能系统集成工程资质壹级
- 广东省安全技术防范系统设计、施工、装修资格壹级
- CMMI（软件能力成熟度模型集成）5级
- 信息系统安全集成服务资质壹级
- 信息系统安全运维服务资质一级
- 软件安全开发服务资质一级
- ITSS信息技术服务运行维护标准符合性成熟度叁级
- 信息系统建设和服务能力等级证书优秀级（CS4）

建筑资质
- 建筑装饰装修工程专业承包壹级
- 消防设施工程专业承包贰级
- 公路交通工程（限公路机电工程分项）专业承包贰级
- 机电工程施工总承包贰级
- 建筑装修工程设计专项乙级
- 市政公用工程施工总承包叁级
- 建筑工程施工总承包叁级
- 城市及道路照明工程专业承包叁级
- 环保工程专业承包叁级
- 防雷工程能力评价证书C级
- 建筑施工安全生产许可证
- 通信工程建设企业安全生产合格证
- 施工劳务不分等级

电力
- 电力工程施工总承包叁级
- 承装（修、试）电力设施许可证：承装类四级 承修类四级 承试类四级

通用航空企业经营许可证

管理体系
- ISO9001:2015 标准质量管理体系认证
- ISO14001:2015 标准环境管理体系认证
- ISO45001:2018 标准职业健康安全管理体系认证
- ISO20000:2011 信息技术服务管理体系认证
- ISO27001:2013 信息安全管理体系认证
- 企业诚信管理体系认证

政府机构认定及资信评价
- 广东省高新技术企业
- 连续25年广东省守合同重信用企业
- 金融机构认定AAA级资信等级
- 企业行业信用AAA等级——施工 集成 管线运维专业
- AAA级纳税信用等级
- 履约能力评价AAAAA
- 售后服务认证AAAAA

广告

中国通信服务 广西公司
CHINA COMSERVICE　GUANGXI CORPORATION

广西壮族自治区通信产业服务有限公司（以下简称公司）于2007年7月正式成立，注册资本1.92亿元，是中国通信服务股份有限公司（HK552）在广西设立的省级全资子公司。公司致力于为运营商、政府机构及其他集团客户、海外客户提供信息通信产业全方位、一体化解决方案，满足客户多元化信息需求。公司可提供的产品及服务涵盖"网络建设服务""业务流程外包服务"及"应用、内容及其他服务"3个板块，其中包括设计、施工、监理、网络维护、设施管理、装饰装修、IT 应用服务、语音增值、互联网增值服务及其他专业。目前，公司下设5家专业子（分）公司、14个地市分公司，业务范围立足广西区市县，辐射至周边其他省、市乃至东南亚国家，公司具有通信专业勘察、设计、施工、监理等资质和完善的本地一体化服务网络及一支优秀的属地化交付运营服务团队，是广西境内规模较大、实力较强的通信服务运营企业。

南宁市大学东路89号

530007

guangxi.chinaccs.cn

广东长实通信科技有限公司

专业·专注 做中国卓越的综合信息化建设服务商

广东长实通信科技有限公司（以下简称"长实通信"）是一家集综合通信网络服务、信息化工程建设、IT服务、科技研发于一体的高新技术企业，于2002年4月成立，注册资金一亿元人民币，为上市公司中嘉博创信息技术股份有限公司（股票代码：000889）的全资子公司。长实通信自成立以来，以"专业、专注，做中国卓越的综合信息化建设服务商"为发展目标，连年被评为广东企业500强、广东民营企业100强、广东服务业100强和守合同重信用AAA企业、纳税信用A级单位，荣获客户及合作方颁发的用户满意企业、优秀合作伙伴、集采A级采购商、通信网络维护服务支撑先进单位、抗疫情保障通信先进单位、五星级代维单位等多个奖项。

长实通信成立至今二十余年，业务发展已遍及全国28个省（含自治区、直辖市）及港澳地区，近一万余名各专业管理及技术人员。

长实通信具备涵盖通信工程施工、系统集成服务、电子智能化建设、电力系统、建筑工程、机电设备安装等多领域服务能力，被评为国家高新技术企业、省级工程技术中心，拥有专业的技术团队和成熟的项目管理经验。在北京、广州和清远分别设有研发基地，经过多年的投入和研发，目前已经发展成为拥有数十项发明专利和软件著作权的企业创新科研中心，2017年获得省级企业技术中心称号，2018年获得省级工程技术中心称号，多项研发成果已成功应用于通信代维服务过程中。

长实通信响应国家信息化建设的目标和方向，通过项目咨询规划、设计、建设、维护、运营等方面以丰富的实践经验，为客户提供多元一体化的服务，包含智慧园区项目解决方案、智慧交通应用管理、5G通信站址运营与建设、综合智能信息化办公系统、计算机网络系统集成、新能源科技应用研发、硬件设备安装、大数据中心管理、机电安装与电力输配工程、云端智能机器人应用服务、楼宇数字安防系统设计、建筑智能化控制系统管理等专业服务。

长实通信为保障综合代维质量，经过深入分析各区域人文特点等情况，结合管理维护特点及技术规范要求，在综合代维经验及实际运营情况，制定了多项切实可行的综合代维管理举措，通过ISO质量控制体系、三级质量检查体系、内部认证体系、隐患上报管理制度、网格化服务和信息化支撑六个方面，完善和优化管理制度，有效的掌控维护质量、服务质量、安全操作。在网络通信保障等安全保障任务中，通过设立支撑中心，加强应急材料、抢修工具、仪表、车辆、人员的调度和管理，根据基站环境、设备运行情况制定通信保障方案，精准投放资源，落实现场管控措施，确保通信通信网络和线路安全畅通。

企业文化建设方面，长实通信以战略发展规划为行动纲领，落实"责任、专业、务实、学习"的企业精神，大力推行企业文化核心理念深植并融入到经营管理之中，培育打造具长实通信特色的企业文化，实施人才强企战略，大力发展企业对外交流平台、创办内部阅读刊物、组织员工文体活动、优秀先进评选、热心参与社会公益等，激发员工积极性和创造性，增强队伍的凝聚力和归属感。同时关注客户需求，注重服务质量提高，使企业和客户紧密相连，共赢发展。